Kurzlehrbücher
für das juristische Studium

Ziekow
Öffentliches Wirtschaftsrecht

Öffentliches Wirtschaftsrecht

Ein Studienbuch

von

Dr. Jan Ziekow
o. Professor an der Deutschen Universität
für Verwaltungswissenschaften Speyer

3., neu bearbeitete Auflage

Verlag C. H. Beck München 2013

www.beck.de

ISBN 978 3 406 65867 9

© 2013 Verlag C. H. Beck oHG
Wilhelmstraße 9, 80801 München
Druck und Bindung: Nomos Verlagsgesellschaft mbh & Co. KG
In den Lissen 12, D-76547 Sinzheim

Satz: ottomedien, 64295 Darmstadt

Gedruckt auf säurefreiem, alterungsbeständigem Papier
(hergestellt aus chlorfrei gebleichtem Zellstoff)

Vorwort

Nur wenige rechtlich geregelte Bereiche entfalten eine den Feldern des öffentlichen Wirtschaftsrechts vergleichbare Dynamik. Die seit dem Erscheinen der 2. Auflage eingetretenen Wandlungen machten eine Neuauflage zwingend erforderlich. Sie ist daher nicht nur auf den neuesten Stand von Gesetzgebung, Rechtsprechung und Literatur vom Frühjahr 2013 gebracht, sondern auch in vielen Passagen neu bearbeitet worden.

Beibehalten wurde das sehr freundlich aufgenommene Konzept des Buches, das ich im Vorwort zur 1. Auflage wie folgt beschrieben habe:

Das Verhältnis von Wirtschaft und Staat ist seit Jahrhunderten eine der zentralen Gestaltungsaufgaben der jeweiligen politischen Ordnung. Mit unterschiedlicher Intensität und verschiedenen Instrumenten der Einwirkung versucht der Staat, die nach seinem politischen Vorverständnis optimale Leistungsfähigkeit der Wirtschaft sicherzustellen. Wandlungen des Staatsverständnisses in den zurückliegenden Jahren haben dazu geführt, dass zentrale Bereiche wirtschaftsbezogener staatlicher Regelungen neu justiert wurden. Der Einfluss des internationalen Wirtschaftsrechts und des EU-Rechts hat ein Übriges dazu beigetragen, dass sich das Öffentliche Wirtschaftsrecht zu einem der dynamischsten Referenzgebiete des Verwaltungsrechts entwickelt hat.

Entsprechend größer ist die Bedeutung des Öffentlichen Wirtschaftsrechts in der Praxis geworden, und die juristische Ausbildung wird nicht umhin kommen, dem Rechnung zu tragen. Geschrieben ist das Buch in erster Linie für Studierende der Rechtswissenschaft – auch der wirtschaftsrechtlichen Studiengänge an Fachhochschulen. Es eignet sich aber ebenfalls zur Wiederholung und zielgerichteten Information für Referendarinnen und Referendare sowie in der Praxis tätige Personen. Studierende anderer Disziplinen, insbesondere der Volks- oder Betriebswirtschaft, mögen von der Darstellung ebenfalls profitieren können.

Konzeptionell ist der Band als Lernbuch angelegt. An dieser Vorgabe sind Stoffauswahl, Aufbau der Darstellung und Auswahl der Rechtsprechungs- und Schrifttumsnachweise orientiert. Durch den Stoff der einzelnen Kapitel führen jeweils vorangestellte Fälle, die darüber hinaus am Schluss jedes Kapitels in einer Lösungsskizze zusammenfassend gegliedert werden. Zusätzliche Prüfungsübersichten sollen es erleichtern, das erarbeitete Wissen in Übungs- und Prüfungsarbeiten erfolgreich einbringen zu können. In Anbetracht der nicht selten aufgegebenen Beurteilung der Erfolgsaussichten eines Rechtsbehelfs sind durchweg Überlegungen zu den Rechtsschutzaspekten der jeweiligen Materie aufgenommen worden.

Ohne die wertvolle Unterstützung meiner Mitarbeiterinnen und Mitarbeiter hätte auch die 3. Auflage nicht erscheinen können. Um die Aktualisierung der Gesetzes- und Schrifttumsnachweise sowie die Korrektur der Druckfahnen hat sich Frau cand. iur. *Victoria Ziekow* verdient gemacht. Für Fehler bleibe ich selbstverständlich allein verantwortlich. Kritik und Anregungen sind ausdrücklich erbeten und erreichen mich unter ziekow@uni-speyer.de. Seitens des Verlages ist der Entstehungsprozess geduldig von Herrn Dr. *Johannes Wasmuth* begleitet worden, dessen beharrliche Erinnerungen unzweifelhaft die Fertigstellung auch dieser Auflage befördert haben.

Speyer, im Juli 2013 *Jan Ziekow*

Inhaltsverzeichnis

Abkürzungs- und Literaturverzeichnis XVII

§ 1. Zur Studienrelevanz des Öffentlichen Wirtschaftsrechts 1

1. Abschnitt. Grundlagen des Verhältnisses von Staat und Wirtschaft

§ 2. Die Entwicklung des Verhältnisses von Staat und Wirtschaft .. 8
  I. Die Bedeutung historischer Entwicklungslinien 8
  II. Vom Spätmittelalter bis zum Ausgang des 18. Jahrhunderts 8
    1. Wirtschaft und Obrigkeit im Spätmittelalter 8
    2. Die Wirtschaftspolitik der Territorialstaaten 9
  III. Von der Einführung der Gewerbefreiheit in Preußen bis zum Ende des Nationalsozialismus 10
    1. Die ersten beiden Drittel des 19. Jahrhunderts 10
    2. Norddeutscher Bund und Deutsches Reich 12

§ 3. Die Ordnung des Öffentlichen Wirtschaftsrechts 13
  I. Begriff und Gegenstände des Öffentlichen Wirtschaftsrechts 13
  II. Öffentliches und privates Wirtschaftsrecht 15
  III. Wirtschaftssystem und Wirtschaftspolitik 16
  IV. Wirtschaftsverfassungsrecht 16
    1. Die sog. Wirtschaftsverfassung 16
    2. Zuständigkeitsverteilung 17
    3. Grundrechtsschutz wirtschaftlicher Tätigkeit 19
      a) Berufsfreiheit 19
      b) Eigentumsgewährleistung 25
      c) Weitere Grundrechte 28
  V. Europäisches Wirtschaftsrecht 29
    1. Grundlagen 29
    2. Grundfreiheiten 31
      a) Verbot und Rechtfertigung von unmittelbaren Diskriminierungen 33
      b) Verbot und Rechtfertigung von mittelbaren Diskriminierungen und sonstigen Beschränkungen 33
      c) Die einzelnen Grundfreiheiten 37
        aa) Freiheit des Warenverkehrs 37
        bb) Arbeitnehmerfreizügigkeit 41
        cc) Niederlassungsrecht 41
        dd) Dienstleistungsfreiheit 45
        ee) Freiheit des Kapital- und Zahlungsverkehrs 50

§ 4. Organisation der Wirtschaftsverwaltung 52
  I. Aufgaben der Wirtschaftsverwaltung 53
  II. Staatliche Wirtschaftsverwaltung 54

III. Selbstverwaltung der Wirtschaft 56
   1. Erscheinungsformen und Aufgaben 56
   2. Organisation 59
   3. Pflichtmitgliedschaft 60
   4. Rechtsschutz bei Aufgabenüberschreitungen 62
IV. Beteiligung Privater an der Wirtschaftsverwaltung 64
   1. Beleihung 65
   2. Verwaltungshelfer und Erfüllungsgehilfen der Behörde 65
   3. Weitere Formen 66

2. Abschnitt. Staatliche Einflussnahmen auf wirtschaftliches Handeln

§ 5. Einwirkungsformen und -instrumente 67
I. Wirtschaftslenkung und Wirtschaftsförderung 67
II. Wirtschaftsaufsicht 68
III. Instrumente der Einzeleinwirkung 69
   1. Rechtsförmliches Handeln 70
      a) Anzeige- und Genehmigungspflicht 70
      b) Begleitende Überwachung 72
      c) Anordnungen und Untersagungen 73
      d) Vertragliches Handeln 74
   2. Informales Handeln 74
   3. Überwachungsbezogene Pflichten von Unternehmen 75

§ 6. Subventions- und Beihilfenrecht 76
I. Begriff, Ziele und Formen von Subventionen und Beihilfen 78
   1. Verwendete Begrifflichkeiten 78
   2. Das Subventionsverhältnis 79
II. Zulässigkeit der Subventionsgewährung 81
   1. Nationales Recht 81
   2. Die Zulässigkeit von Beihilfen nach Europarecht 83
      a) Der Begriff der Beihilfe 84
         aa) Staatliche Maßnahme oder Maßnahme unter Inanspruchnahme staatlicher Mittel 85
         bb) Gewährung eines Vorteils an den Begünstigten 86
         cc) Selektivität der Maßnahme 90
         dd) Wettbewerbsverfälschung 91
         ee) Beeinträchtigung des Handels zwischen Mitgliedstaaten 92
      b) Vereinbarkeit mit dem Binnenmarkt 93
         aa) Legalbeihilfen 94
         bb) Ermessensbeihilfen 94
      c) Verfahren 96
   3. Anspruch auf Subventionsgewährung 98
III. Öffentlich-rechtliche oder privatechtliche Ausgestaltung des Subventionsverhältnisses 99
   1. Unterscheidung nach Subventionstypen 99
      a) Verschonungssubventionen 99

b) Zahlungssubventionen	99
aa) Auszahlung durch staatliche Stelle	99
bb) Auszahlung im Bankenverfahren	100
c) Realsubventionen	101
d) Darlehenssubventionen	101
e) Gewährleistungssubventionen	102
2. Differenzierung nach Regimeentscheidungen	103
a) Ausschließlich öffentlich-rechtliche Ausgestaltung	103
b) Ausschließlich privatrechtliche Ausgestaltung	103
c) Kombiniert öffentlich-rechtliche/privatrechtliche Ausgestaltung	104
IV. Rückabwicklung des Subventionsverhältnisses	105
1. Die Rückabwicklung nach nationalem Recht	105
a) Beseitigung der Grundlage der Subventionsgewährung	106
aa) Subventionsentscheidung durch Verwaltungsakt	106
bb) Subventionsentscheidung durch Vertrag	109
b) Rückforderung der gewährten Subvention	109
aa) Rückforderung in einstufigen Subventionsverhältnissen	109
bb) Rückforderung in zweistufigen Subventionsverhältnissen	111
2. Besonderheiten bei der Rückforderung unionsrechtswidriger Beihilfen	111
a) Der Rückforderungsbeschluss der Kommission	113
b) Rückforderung der Beihilfe durch den Mitgliedstaat	114
aa) Rücknahme von rechtswidrigen Beihilfebescheiden	115
bb) Rückabwicklung bei vertraglich gewährten Beihilfen	117
cc) Die Bedeutung von Schwierigkeiten bei der Rückforderung	117
V. Rechtsschutz	118
1. Rechtsschutz des von einer Subvention oder Beihilfe begünstigten Unternehmens	119
a) Streitigkeiten bei der Durchführung des Subventionsverhältnisses	119
b) Rechtsschutz gegen die Rückabwicklung	120
aa) Grundsätze	120
bb) Beihilfenrechtliche Besonderheiten	120
2. Rechtsschutz eines am Erhalt einer Subvention bzw. Beihilfe interessierten Unternehmens	121
3. Rechtsschutz bei Förderung eines konkurrierenden Unternehmens	122
a) Negative Konkurrentenklage	122
b) Konkurrentenrechtsschutz im Beihilfenrecht	122

3. Abschnitt. Der Staat im Markt

§ 7. Öffentliches Unternehmens- und Wettbewerbsrecht	128
I. Formen staatlicher Wettbewerbsteilnahme	128
1. Zum Begriff „Öffentliche Unternehmen"	128
a) Unionsrechtliches Begriffsverständnis	128
b) Begriffsverständnis im deutschen Recht	130
2. Organisationsformen öffentlicher Unternehmen	131
a) Öffentlich-rechtliche Organisationsformen	131
aa) Eigenbetrieb	131

    bb) Rechtsfähige Anstalt des öffentlichen Rechts 132
    cc) Zweckverband 132
   b) Privatrechtliche Organisationsformen 133
    aa) GmbH und AG 133
    bb) Sonstige 134
 II. Regelungsrahmen 134
  1. Unionsrechtliche Vorgaben 134
   a) Grundfreiheiten 134
   b) Wettbewerbsregeln für öffentliche Unternehmen (Art. 106 AEUV) 135
    aa) Allgemeine Wettbewerbsregel (Art. 106 I AEUV) 135
    bb) Ausnahmen für Dienstleistungen von allgemeinem wirtschaftlichem Interesse (Art. 106 II AEUV) 136
  2. Verfassungsrecht 138
   a) Grundsätzliche Zulässigkeit wirtschaftlicher Tätigkeit des Staates? 138
   b) Insbesondere: Bedeutung der Grundrechte 139
  3. Haushaltsrecht 140
  4. Wettbewerbsrecht 141
 III. Die wirtschaftliche Betätigung der Gemeinden 142
  1. Art. 28 II GG als Legitimationsgrundlage wirtschaftlicher Betätigung 142
  2. Kommunalverfassungsrechtliche Beschränkungen in sachlicher Hinsicht 143
   a) Zulässigkeit wirtschaftlicher Betätigung im Allgemeinen 144
    aa) Zum Begriff „wirtschaftliche Betätigung" 144
    bb) Schrankentrias 145
    cc) Genehmigungs- und Anzeigepflichten 146
   b) Zulässigkeit der Führung von Unternehmen in Privatrechtsform .. 147
  3. Kommunalverfassungsrechtliche Beschränkungen in räumlicher Hinsicht 148
 IV. Rechtsschutzfragen 149
  1. Rechtsprechung vor 2002: Wettbewerbsrechtlicher Schutz gegen Marktzutritt der öffentlichen Hand 150
   a) Verwaltungsgerichte: Kein öffentlich-rechtlicher Abwehranspruch 150
   b) Zivilgerichte: Konkurrentenschutz über § 3 UWG 150
  2. Rechtsprechung ab 2002: Öffentlich-rechtliche statt wettbewerbsrechtliche Abwehransprüche 151
   a) BGH: Verstoß gegen Schrankentrias kein unlauterer Wettbewerb 151
   b) Folge: Verwaltungsgerichtlicher Konkurrentenschutz 151

§ 8. Privatisierungsrecht 154
 I. Begriff und Formen der Privatisierung 154
  1. Zum Begriff „Privatisierung" 154
  2. Formen der Privatisierung 155
   a) Formelle Privatisierung 155
   b) Funktionale Privatisierung 156
    aa) Begriff 156
    bb) Insbesondere: Public Private Partnership (PPP) 157
   c) Materielle Privatisierung 158

II. Rechtliche Rahmenbedingungen für Privatisierungen 159
   1. Staatliche Kernaufgaben und Eingriffsverwaltung 159
   2. Leistungsverwaltung 160
      a) Verfassungsrechtliche Bindungen 160
      b) Einfachgesetzliche Bindungen 163
   3. Annexaufgaben 163

§ 9. Das Recht der Vergabe öffentlicher Aufträge 164
  I. Begriff und Zielrichtung 164
  II. Rechtsquellen 165
   1. Europäisches Vergaberecht 165
   2. Nationales Vergaberecht 166
      a) Rechtslage ab Erreichen der Schwellenwerte 166
      b) Rechtslage unterhalb der Schwellenwerte 168
  III. Der sachliche Anwendungsbereich des Vergaberechts 169
   1. Der Begriff des öffentlichen Auftrags nach § 99 GWB 169
   2. Ausnahmen vom sachlichen Anwendungsbereich des Vergaberechts . 171
      a) Dienstleistungskonzessionen 172
      b) Die sog. In-House-Geschäfte 173
         aa) Wesen 173
         bb) Voraussetzungen 174
      c) Die sog. Instate-Geschäfte 177
   3. Public Private Partnership und Vergaberecht 179
   4. Übersicht sachlicher Anwendungsbereich des Vergaberechts oberhalb der Schwellenwerte 180
  IV. Der persönliche Anwendungsbereich des Vergaberechts 180
   1. Von der institutionellen zur funktionellen Betrachtungsweise 180
   2. Der Auftraggeberbegriff ab Erreichen der Schwellenwerte 181
      a) Institutionelle Auftraggeber 181
      b) Funktionale Auftraggeber 181
         aa) Juristische Person 182
         bb) Im Allgemeininteresse liegende Aufgaben 182
         cc) Nichtgewerblicher Art 183
         dd) Besonderer Gründungszweck 184
         ee) Besondere Staatsnähe 184
   3. Der Auftraggeberbegriff unterhalb der Schwellenwerte 185
   4. Der funktionale Unternehmensbegriff 185
  V. Grundsätze des Vergaberechts 186
   1. Rechtsgrundlagen und Bedeutung im Vergaberecht 186
   2. Allgemeine Strukturprinzipien (§ 97 I und II GWB) 186
      a) Wettbewerbsprinzip 186
      b) Gleichbehandlungs- und Transparenzgebot 186
   3. Bieterbezogene Auswahlkriterien (§ 97 III und IV GWB) 187
      a) Eignungskriterien 187
      b) Förderung des Mittelstands und ihre Grenzen 187
   4. Angebotsbezogene Auswahlkriterien: Das Wirtschaftlichkeitsprinzip (§ 97 V GWB) 188
   5. Die Berücksichtigung sozialer und ökologischer Gesichtspunkte 189

VI. Das Vergabeverfahren 191
   1. Verfahrensarten 191
      a) Verfahrensarten ab Erreichen der Schwellenwerte 191
      b) Verfahrensarten unterhalb der Schwellenwerte 192
      c) Bestimmung der richtigen Verfahrensart im Einzelfall 192
   2. Überblick über den Verfahrensablauf 193
      a) Offenes Verfahren/Öffentliche Ausschreibung 193
         aa) Publizitätsphase 194
         bb) Angebotsphase 195
         cc) Prüfungs- und Wertungsphase 195
         dd) Zuschlagsphase 196
      b) Nichtoffenes Verfahren/Beschränkte Ausschreibung 197
      c) Verhandlungsverfahren/Freihändige Vergabe 197
VII. Fehlerfolgen 197
   1. Die Regelung der §§ 101a, 101b I Nr. 1 GWB 198
   2. Die Unwirksamkeit von „De-facto-Vergaben" nach § 101b I Nr. 2 GWB 198
   3. Sonstige Fehlerfolgen 199
VIII. Rechtsschutz 199
   1. Rechtsschutz ab Erreichen der Schwellenwerte 199
      a) Primärrechtsschutz: Das Nachprüfungsverfahren 199
         aa) Zulässigkeit 200
         bb) Verfahren und Entscheidung 201
         cc) Rechtsmittel 202
      b) Sekundärrechtsschutz 202
   2. Rechtsschutz unterhalb der Schwellenwerte 202

4. Abschnitt. Bereiche des Öffentlichen Wirtschaftsrechts mit primär ordnungsrechtlicher Zielsetzung

§ 10. Gewerberecht 205
I. Zielsetzung und Anwendungsbereich der Gewerbeordnung 206
II. Begriff des Gewerbes 206
   1. Funktion 207
   2. Gewerbsmäßigkeit 207
      a) Erlaubte und nicht sozial unwertige Tätigkeit 207
      b) Gewinnerzielungsabsicht 208
      c) Betätigung auf Dauer 209
      d) Selbständigkeit 210
   3. Gewerbsfähigkeit 211
      a) Urproduktion 211
      b) Freie Berufe 211
      c) Verwaltung eigenen Vermögens 213
III. Für die einzelnen Gewerbearten geltende Anforderungen 213
   1. Grundsatz der Gewerbefreiheit 214
   2. Stehendes Gewerbe 215
      a) Anzeigepflicht 216
      b) Besondere Genehmigungsbedürftigkeit 217

aa) Wirkung und Aufhebung der Genehmigung 218
bb) Gewerbeüberwachung und Folgen fehlender Genehmigung .. 218
c) Untersagung wegen Unzuverlässigkeit 220
aa) Gewerberechtliche Unzuverlässigkeit 220
bb) Sachlicher und persönlicher Anwendungsbereich des § 35 GewO 224
cc) Maßnahmen bei Unzuverlässigkeit 227
dd) Rechtsschutzfragen 228
3. Reisegewerbe 229
4. Marktgewerbe 232
   a) Veranstaltungstypen 233
   b) Beteiligte des Marktrechtsverhältnisses 234
   c) Festsetzung der Veranstaltung 235
   d) Wirkungen der Festsetzung 236
      aa) Teilnahmeanspruch 237
      bb) Auswahlkriterien bei Teilnahmebeschränkungen 238
   e) Veranstaltung als kommunale Einrichtung 240

§ 11. Handwerksrecht 243
I. Regelungsgrundsätze 243
1. Zielsetzung 243
2. Verfassungsrechtliche Fragen 244
   a) Vereinbarkeit mit Art. 12 I GG 244
   b) Vereinbarkeit mit Art. 3 I GG 245
3. Unionsrechtliche Vorgaben 246
II. Der Begriff des Handwerks 247
1. Selbständiger Betrieb eines stehenden Gewerbes 248
2. Handwerksfähigkeit 248
3. Handwerksmäßigkeit 249
4. Betriebsformen 251
5. Zulassungsfreie und handwerksähnliche Gewerbe 252
III. Voraussetzungen der Ausübung eines zulassungspflichtigen Handwerks . 253
1. Eintragung in die Handwerksrolle 253
   a) Meisterprüfung 254
   b) Ausnahmebewilligung nach § 8 HandwO 254
   c) Eintragung in Fällen mit Unionsrechtsbezug 256
   d) Ausübungsberechtigung 256
2. Eintragungsunabhängige Ausübung von Tätigkeiten 256
IV. Eintragung, Löschung, Überwachung und Untersagung 257
1. Eintragung und Löschung in der Handwerksrolle 257
   a) Eintragung 257
   b) Löschung 257
2. Überwachung und Untersagung 258
   a) Überwachung 258
   b) Untersagung 259
V. Berufsbildung im Handwerk 260
VI. Organisation des Handwerks 261

§ 12. Gaststättenrecht 262
I. Struktur und Regelungsziele des Gaststättenrechts 263
II. Begriff des Gaststättengewerbes 264
    1. Gewerbebetrieb 264
    2. Zulässiger Bewirtungstyp 265
    3. Zugänglichkeit 266
III. Gaststättenerlaubnis 267
    1. Erlaubnispflicht 267
    2. Voraussetzungen der Erlaubniserteilung 268
        a) Persönliche Versagungsgründe 268
        b) Sachliche Versagungsgründe 270
            aa) Innerbetriebliche Gestaltung 270
            bb) Widerspruch zu öffentlichem Interesse 270
        c) Rechtsschutz 273
    3. Inhalt der Erlaubnis 274
    4. Auflagen 275
    5. Rücknahme und Widerruf 276
IV. Betriebsbezogene Regelungen 277
    1. Überwachung durch die Behörden 277
    2. Sperrzeitregelungen 277

5. Abschnitt. Regulierung von Infrastrukturen

§ 13. Grundgedanken und Strukturen eines Regulierungsrechts ... 280
I. Die Diskussion um ein Regulierungsrecht 280
II. Zum Begriff der Regulierung 281
III. Der Regulierungsgedanke im Kontext gewährleistungsstaatlichen Denkens 282
IV. Strukturen einer Regulierungsverwaltung 284
    1. Behördenorganisation 284
    2. Instrumente und Verfahren 286

§ 14. Telekommunikation 287
I. Regelungsgegenstand und Rechtsquellen 288
    1. Zum Begriff „Telekommunikation" 288
        a) Telekommunikation als technischer Vorgang der Signalübermittlung 288
        b) Abgrenzung zu den übermittelten Inhalten 289
    2. Wesentliche Rechtsquellen des Telekommunikationsrechts 289
II. Meldpflichten, Frequenzvergabe und Nummernverwaltung 290
    1. Meldepflichten der Netzbetreiber und Diensteanbieter 290
    2. Frequenzvergabe und Nummernverwaltung durch die BNetzA 292
III. Regulierung der Telekommunikationsmärkte 292
    1. Übersicht über die Verpflichtungen des Regulierungsrechts 293
    2. Allgemeine Verfahrensvorschriften zur Marktregulierung 294
        a) Übersicht über das Regulierungsverfahren 294
        b) Marktdefinition 295
            aa) Entscheidungskriterien 295

bb) Verfahrensbeteiligungen 296
c) Marktanalyse 297
aa) Entscheidungskriterien 297
bb) Verfahrensbeteiligungen 298
d) Regulierungsverfügung 299
3. Regulierung des Zugangs zu Infrastruktur und Dienstleistungen 300
a) Gesetzliche Angebotspflicht aller Netzbetreiber 300
b) Marktmachtunabhängige Zugangsverpflichtungen 300
c) Marktmachtabhängige Zugangsverpflichtungen 301
aa) Regulierungsverfügungen gemäß § 21 TKG 301
bb) Begleitende Verpflichtungen gem. §§ 19, 20, 23, 24 TKG ... 302
d) Anordnung des Zugangs bei unterbliebener Zugangsvereinbarung 302
4. Regulierung der Entgelte für Zugang und Dienstleistungen 303
5. Besondere Missbrauchsaufsicht 305
IV. Garantie der Universaldienstleistungen 306

§ 15. Energiewirtschaft 308
I. Regelungsgegenstand und Rechtsquellen 308
1. Energiewirtschaft im weiteren Sinne 308
2. Energiewirtschaft im engeren Sinne (Elektrizitäts- und Gaswirtschaft) 309
3. Wesentliche Rechtsquellen der Elektrizitäts- und Gaswirtschaft 310
II. Zulassung von Energieversorgern und Energieanlagen 311
1. Zulassung von Energieversorgungsunternehmen 311
a) Aufnahme des Netzbetriebs 311
b) Anzeige der Energiebelieferung von Haushaltskunden 311
2. Zulassung von Energieanlagen 311
III. Regulierung des Betriebs von Energieversorgungsnetzen 313
1. Netzanschluss 313
2. Netzzugang 314
a) Anspruch auf Netzzugang 314
b) Entgelte für den Netzzugang 314
c) Sonderbestimmungen des EEG und KWKG 315
3. Missbrauchsaufsicht und Sanktionen 316
IV. Versorgung der Letztverbraucher 318
1. Grundversorgungspflicht 318
2. Wegenutzung für Leitungsbetrieb 318

Sachverzeichnis 321

Abkürzungs- und Literaturverzeichnis

ABl.	Amtsblatt der Europäischen Union
AEG	Allgemeines Eisenbahngesetz
AEUV	Vertrag über die Arbeitsweise der Europäischen Union
a. F.	alte Fassung
AG	Aktiengesellschaft
AktG	Aktiengesetz
A. M.	Anderer Meinung
AöR	Archiv des öffentlichen Rechts (Zeitschrift)
ArbZG	Arbeitszeitgesetz
Arndt/Fetzer/Scherer	Telekommunikationsgesetz, hrsg. v. Hans-Wolfgang Arndt/Thomas Fetzer/Joachim Scherer, 2008
Art.	Artikel
Aufl.	Auflage
BAG	Bundesarbeitsgericht
BauGB	Baugesetzbuch
BauNVO	Verordnung über die bauliche Nutzung der Grundstücke (Baunutzungsverordnung)
BauR	Baurecht (Zeitschrift)
BayGVBl.	Bayerisches Gesetz- und Verordnungsblatt
BayObLG	Bayerisches oberstes Landesgericht
BayVBl.	Bayerische Verwaltungsblätter (Zeitschrift)
BayVerfGH	Bayerischer Verfassungsgerichtshof
Bbg., bbg.	Brandenburg, brandenburgisch
BbgGastG	Brandenburgisches Gaststättengesetz
BbgKVerf	Kommunalverfassung des Landes Brandenburg
Bearb.	Bearbeiter
Beck'scher TKG-Kommentar	Beck'scher TKG-Kommentar, hrsg. v. Martin Geppert/Hermann-Josef Piepenbrock/Raimund Schütz/Fabian Schuster, 3. Aufl. 2006
Beil.	Beilage
Beschl.	Beschluss
BEVVG	Gesetz über die Eisenbahnverkehrsverwaltung des Bundes
BFH	Bundesfinanzhof
BFHE	Sammlung der Entscheidungen des Bundesfinanzhofs
BGB	Bürgerliches Gesetzbuch
BGBl.	Bundesgesetzblatt
BGG	Gesetz zur Gleichstellung behinderter Menschen
BGH	Bundesgerichtshof
BGHR	Systematische Sammlung der Entscheidungen des Bundesgerichtshofes in Zivilsachen
BGHZ	Entscheidungen des Bundesgerichtshofes in Zivilsachen
BHO	Bundeshaushaltsordnung
BImSchG	Gesetz zum Schutz vor schädlichen Umwelteinwirkungen durch Luftverunreinigungen, Geräusche, Erschütterungen und ähnliche Vorgänge (Bundes-Immissionsschutzgesetz)
Birnstiel/Bungenberg/Heinrich, Europ. BeihR	Europäisches Beihilfenrecht, hrsg. v. Alexander Birnstiel/Marc Bungenberg/Helge Heinrich, 2013
BNetzA	Bundesnetzagentur
BR-Drucks.	Bundesrat Drucksachen
BremGastG	Bremisches Gaststättengesetz
BremTT-VgG	Bremisches Gesetz zur Sicherung von Tariftreue, Sozialstandards und Wettbewerb bei öffentlicher Auftragsvergabe

BR-Plenarprot.	Bundesrat Stenografischer Bericht
Britz/Hellermann/Hermes, EnwG	Energiewirtschaftsgesetz, Kommentar, hrsg. von Gabriele Britz/Johannes Hellermann/Georg Hermes, 2. Aufl. 2010
Bsp.	Beispiel
bspw.	beispielsweise
BStBl.	Bundessteuerblatt
BT-Drucks.	Drucksachen des Deutschen Bundestages
BT-Sten.Ber.	Deutscher Bundestag Stenografischer Bericht
BtMG	Gesetz über den Verkehr mit Betäubungsmitteln (Betäubungsmittelgesetz)
Buchholz	Sammel- und Nachschlagewerk der Rechtsprechung des Bundesverwaltungsgerichts, begr. v. K. Buchholz
Büdenbender, EnWG	Ulrich Büdenbender, EnWG, Kommentar zum Energiewirtschaftsgesetz, 2003
Byok/Jaeger, VergabeR	Kommentar zum Vergaberecht, hrsg. v. Jan Byok/Wolfgang Jaeger, 3. Aufl. 2011
BVerfG	Bundesverfassungsgericht
BVerfGE	Entscheidungen des Bundesverfassungsgerichts
BVerwG	Bundesverwaltungsgericht
BVerwGE	Entscheidungen des Bundesverwaltungsgerichts
BW	Baden-Württemberg
BY	Bayern
Calliess/Ruffert, EUV/AEUV	EUV/AEUV, hrsg. v. Christian Calliess/Matthias Ruffert, 4. Aufl. 2011
CEPT	Conférence Européenne des Administrations des Postes et des Télécommunications
CR	Computer und Recht (Zeitschrift)
Cronauge/Westermann, Komm. Unt.	Ulrich Cronauge/Georg Westermann, Kommunale Unternehmen, 5. Aufl. 2006
DJT	Deutscher Juristentag
d. ö. R.	des öffentlichen Rechts
DÖV	Die Öffentliche Verwaltung (Zeitschrift)
Dreier I	Grundgesetzkommentar, hrsg. v. Horst Dreier, Bd. I, 3. Aufl. 2012
DrittelbG	Gesetz über die Drittelbeteiligung der Arbeitnehmer im Aufsichtsrat (Drittelbeteiligungsgesetz)
DVBl.	Deutsches Verwaltungsblatt (Zeitschrift)
DVP	Deutsche Verwaltungspraxis (Zeitschrift)
DZWIR	Deutsche Zeitschrift für Wirtschaftsrecht (Zeitschrift)
EEG	Gesetz für den Vorrang Erneuerbarer Energien (Erneuerbare-Energien-Gesetz)
EFG	Entscheidungen der Finanzgerichte
EG	Europäische Gemeinschaft
EGV	Vertrag zur Gründung der Europäischen Gemeinschaft
Ehlers/Fehling/Pünder I	Besonderes Verwaltungsrecht, hrsg. v. Dirk Ehlers/Michael Fehling/Hermann Pünder, Bd. 1, 3. Aufl. 2012
Einl.	Einleitung
EnEG	Gesetz zur Einsparung von Energie in Gebäuden (Energieeinsparungsgesetz)
EnSiG	Gesetz zur Sicherung der Energieversorgung (Energiesicherungsgesetz)
EnWG	Gesetz über die Elektrizitäts- und Gasversorgung (Energiewirtschaftsgesetz)
ErdölBevG	Gesetz über die Bevorratung mit Erdöl und Erdölerzeugnissen (Erdölbevorratungsgesetz)
ET	Energiewirtschaftliche Tagesfragen (Zeitschrift)
EU	Europäische Union

EU/EWR-HwV	Verordnung über die für Staatsangehörige eines Mitgliedstaates der Europäischen Union oder eines anderen Vertragsstaates des Abkommens über den Europäischen Wirtschaftsraum oder der Schweiz geltenden Voraussetzungen für die Ausübung eines zulassungspflichtigen Handwerks (EU/EWR – Handwerk-Verordnung)
EuG	Europäisches Gericht erster Instanz
EuGH	Europäischer Gerichtshof (jetzt: Gerichtshof der Europäischen Union)
EuGRZ	Europäische Grundrechte-Zeitschrift (Zeitschrift)
EuR	Europarecht (Zeitschrift)
EUV	Vertrag über die Europäische Union
EuZW	Europäische Zeitschrift für Wirtschaftsrecht (Zeitschrift)
EVU	Energieversorgungsunternehmen
EWS	Europäisches Wirtschafts- und Steuerrecht (Zeitschrift)
EWSA	Europäischer Wirtschafts- und Sozialausschuss
EZGewR	Entscheidungssammlung zum Gewerberecht
f., ff.	folgende
FBeitrV	Verordnung über das Verfahren zur Aufstellung des Frequenznutzungsplanes (Frequenznutzungsbeitragsverordnung)
FG	Finanzgericht
FGebV	Frequenzgebührenverordnung
Fn.	Fußnote
FreqBZPV	Frequenzbereichszuweisungsplanverordnung
FreqNPAV	Verordnung über das Verfahren zur Aufstellung des Frequenznutzungsplanes (Frequenznutzungsplanaufstellungsverordnung)
Friauf, GewO	Kommentar zur Gewerbeordnung, hrsg. v. Karl Heinrich Friauf, Loseblatt Stand: Juni 2013
Friauf/Höfling, GG	Berliner Kommentar zum Grundgesetz, hrsg. v. Karl-Heinrich Friauf/Wolfram Höfling, Loseblatt Stand: Juni 2013
FS	Festschrift
FTEG	Gesetz über Funkanlagen und Telekommunikationsendeinrichtungen
GasGVV	Verordnung über Allgemeine Bedingungen für die Grundversorgung von Haushaltskunden und die Ersatzversorgung mit Gas aus dem Niederdrucknetz (Gasgrundversorgungsverordnung)
GasNEV	Verordnung über die Entgelte für den Zugang zu Gasversorgungsnetzen (Gasnetzentgeltverordnung)
GasNZV	Verordnung über den Zugang zu Gasversorgungsnetzen (Gasnetzzugangsverordnung)
GastG	Gaststättengesetz
GBl.Brem.	Gesetzblatt der Freien Hansestadt Bremen
GBl.BW	Gesetzblatt für Baden-Württemberg
GbR	Gesellschaft bürgerlichen Rechts
GemHVO Bbg.	Brandenburgische Verordnung über die Aufstellung und Ausführung des Haushaltsplans der Gemeinden
GemHVO BW	Baden-Württembergische Verordnung des Innenministeriums über die Haushaltswirtschaft der Gemeinden
GemHVO Doppik LSA	Verordnung über die Aufstellung und Ausführung des Haushaltsplanes der Gemeinden im Land Sachsen-Anhalt nach den Grundsätzen der Doppik
GemHVO MV	Landesverordnung über die Aufstellung und Ausführung des Haushaltsplanes der Gemeinden des Landes Mecklenburg-Vorpommern
GemHVO NW	Verordnung über das Haushaltswesen der Gemeinden im Land Nordrhein-Westfalen
GemHVO RP	Gemeindehaushaltsverordnung Rheinland-Pfalz
GenTG	Gesetz zur Regelung der Gentechnik (Gentechnikgesetz)
GewArch	Gewerbearchiv (Zeitschrift)
GewO	Gewerbeordnung

GG	Grundgesetz für die Bundesrepublik Deutschland
GHz	Gigaherz
GKZ	Gesetz über (die) kommunale Zusammenarbeit
GKZ BW	Gesetz über kommunale Zusammenarbeit Baden-Württemberg
GKZ SH	Gesetz über kommunale Zusammenarbeit Schleswig-Holstein
GmbH	Gesellschaft mit beschränkter Haftung
GmbHG	Gesetz betreffend die Gesellschaften mit beschränkter Haftung
GO	Gemeindeordnung
GO BW	Gemeindeordnung für Baden-Württemberg
GO BY	Gemeindeordnung für den Freistaat Bayern
GO NW	Gemeindeordnung für das Land Nordrhein-Westfalen
GO RP	Rheinland-Pfälzische Gemeindeordnung
GO SH	Gemeindeordnung für Schleswig-Holstein
GO ST	Gemeindeordnung für das Land Sachsen-Anhalt
Grdl. VerwR I + II	Grundlagen des Verwaltungsrechts, hrsg. v. Wolfgang Hoffmann-Riem/ Eberhard Schmidt-Aßmann/Andreas Voßkuhle, Bd. I, 2. Aufl. 2012 + Bd. II, 2. Aufl. 2012
GRUR	Gewerblicher Rechtsschutz und Urheberrecht (Zeitschrift)
GüKG	Güterkraftverkehrsgesetz
GVBl.Bbg.	Gesetz- und Verordnungsblatt für das Land Brandenburg
GVBl.RP	Gesetz- und Verordnungsblatt für das Land Rheinland-Pfalz
GVBl.LSA	Gesetz- und Verordnungsblatt für das Land Sachsen-Anhalt
GV NW	Gesetz- und Verordnungsblatt für das Land Nordrhein-Westfalen
GVOBl.M-V	Gesetz- und Verordnungsblatt für Mecklenburg-Vorpommern
GVOBl.SH	Gesetz- und Verordnungsblatt für das Land Schleswig-Holstein
GWB	Gesetz gegen Wettbewerbsbeschränkungen
Hamb.GVBl.	Hamburgisches Gesetz- und Verordnungsblatt
HandwO	Gesetz zur Ordnung des Handwerks (Handwerksordnung)
Hertwig, Auftragsvergabe	*Stefan Hertwig*, Praxis der öffentlichen Auftragsvergabe, 4. Aufl. 2009
HessGastG	Hessisches Gaststättengesetz
HessGemHVO	Hessische Verordnung über die Aufstellung und Ausführung des Haushaltsplans der Gemeinden
Hess.GVBl.	Gesetz- und Verordnungsblatt für das Land Hessen
HGB	Handelsgesetzbuch
HGO	Hessische Gemeindeordnung
HGrG	Gesetz über die Grundsätze des Haushaltsrechts des Bundes und der Länder (Haushaltsgrundsätzegesetz)
h. M.	herrschende Meinung
HmbVgG	Hamburgisches Vergabegesetz
Holznagel/Enaux/Nienhaus, TelekommR	*Bernd Holznagel/Christoph Enaux/Christian Nienhus*, Telekommunikationsrecht, 2. Aufl. 2006
Honig/Knörr, HandwO	*Gerhart Honig/Matthias Knörr*, Handwerksordnung, 4. Aufl. 2008
Hrsg.	Herausgeber
HS	Halbsatz
i. d. F.	in der Fassung
IfV	Institut für Verkehrswissenschaft und Regionalpolitik der Universität Freiburg
IHK-G	Gesetz zur vorläufigen Regelung des Rechts der Industrie- und Handelskammern
i. S. d.	im Sinne der/des
i. S. v.	im Sinne von
ITU	International Telecommunikations Union (Internationale Fernmeldeunion)
IuK	Information und Kommunikation
i. V. m.	in Verbindung mit

JA	Juristische Arbeitsblätter (Zeitschrift)
Jarass, BImSchG	Hans D. Jarass, Bundes-Immissionsschutzgesetz, 9. Aufl. 2012
JArbSchG	Gesetz zum Schutz der arbeitenden Jugend (Jugendarbeitsschutzgesetz)
JbUTR	Jahrbuch des Umwelt und Technikrechts
Jura	Juristische Ausbildung (Zeitschrift)
JuS	Juristische Schulung (Zeitschrift)
JVA	Justizvollzugsanstalt
JZ	Juristenzeitung (Zeitschrift)
Kap.	Kapitel
Kapellmann/Messerschmidt, VOB	VOB Teile A und B, hrsg. v. Klaus Kapellmann/Burkhard Messerschmidt, 4. Aufl. 2013
KAV	Verordnung über Konzessionsabgaben für Strom und Gas (Konzessionsabgabenverordnung)
KG	Kommanditgesellschaft, Kammergericht
kHz	Kilohertz
Koenig/Kühling/Ritter, EG-BeihR	Christian Koenig/Jürgen Kühling/Nicolai Ritter, EG-Beihilfenrecht, 2. Aufl. 2005
Koenig/Loetz/Neumann, TelekommR	Christian Koenig/Sascha Loetz/Andreas Neumann, Telekommunikationsrecht, 2004
KommJur	Kommunaljurist (Zeitschrift)
KommZG BY	Bayerisches Gesetz über die kommunale Zusammenarbeit
KrWaffG	Ausführungsgesetz zu Artikel 26 Abs. 2 des Grundgesetzes (Gesetz über die Kontrolle von Kriegswaffen)
KrWG	Gesetz zur Förderung der Kreislaufwirtschaft und Sicherung der umweltverträglichen Bewirtschaftung von Abfällen (Kreislaufwirtschaftsgesetz)
KSVG SL	Kommunalselbstverwaltungsgesetz Saarland
kV	Kilovolt
KV MV	Kommunalverfassung für Mecklenburg-Vorpommern
kW	Kilowatt
KWG	Gesetz über das Kreditwesen (Kreditwesengesetz)
kWh	Kilowattstunden
KWK	Kraft-Wärme-Kopplung
KWKG	Gesetz für die Erhaltung, die Modernisierung und den Ausbau der Kraft-Wärme-Kopplung (Kraft-Wärme-Kopplungsgesetz)
LadSchlG	Gesetz über den Ladenschluss
Landmann/Rohmer, GewO	Landmann/Rohmer, Gewerbeordnung und ergänzende Vorschriften, Bd. I: Gewerbeordnung, Loseblatt Stand: Feb. 2013
LFGB	Lebensmittel-, Bedarfsgegenstände- und Futtermittelgesetzbuch (Lebensmittel- und Futtermittelgesetzbuch)
LG	Landgericht
LGastG BW	Gaststättengesetz für Baden-Württemberg
lit.	litera
LKV	Landes- und Kommunalverwaltung (Zeitschrift)
LKRZ	Zeitschrift für Landes- und Kommunalrecht Hessen/Rheinland-Pfalz/Saarland (Zeitschrift)
LNG	liquefied natural gas (Flüssigerdgas)
v. Mangoldt/Klein/Starck	Kommentar zum Grundgesetz, begr. v. Hermann von Mangoldt, fortgeführt v. Friedrich Klein, hrsg. v. Christian Starck, Bd. I, 6. Aufl. 2010
MDR	Monatsschrift für Deutsches Recht (Zeitschrift)
Metzner, GastG	Richard Metzner, Gaststättengesetz, 6. Aufl. 2002

MFG SH	Schleswig-holsteinisches Mittelstandsförderungs- und Vergabegesetz
Michel/Kienzle/Pauly, GastG	Renate Pauly, Das Gaststättengesetz, begr. v. Elmar Michel, fortgeführt v. Werner Kienzle, 14. Aufl. 2003
MMR	Multimedia und Recht (Zeitschrift)
MuSchG	Gesetz zum Schutze der erwerbstätigen Mutter (Mutterschutzgesetz)
Musielak/Detterbeck, HandwR	Hans-Joachim Musielak/Steffen Detterbeck, Das Recht des Handwerks, 3. Aufl. 1995
m. w. N.	mit weiteren Nachweisen
Nds.GastG	Niedersächsisches Gaststättengesetz
Nds.GVBl.	Niedersächsisches Gesetz- und Verordnungsblatt
Nds.LVergabeG	Niedersächsisches Landesvergabegesetz
NdsVBl.	Niedersächsische Verwaltungsblätter (Zeitschrift)
n. F.	neue Fassung
NJW	Neue Juristische Wochenschrift (Zeitschrift)
NJW-RR	NJW-Rechtsprechungsreport Zivilrecht (Zeitschrift)
NKomVG	Niedersächsisches Kommunalverfassungsgesetz
Noch, VergabeR	Rainer Noch, Vergaberecht kompakt, 5. Aufl. 2011
NordÖR	Zeitschrift für öffentliches Recht in Norddeutschland (Zeitschrift)
N&R	Netzwirtschaft und Recht (Zeitschrift)
Nr.	Nummer
NuR	Natur und Recht (Zeitschrift)
NVwZ	Neue Zeitschrift für Verwaltungsrecht (Zeitschrift)
NVwZ-RR	NVwZ Rechtsprechungs-Report (Zeitschrift)
NW	Nordrhein-Westfalen
NWVBl.	Nordrhein-Westfälische Verwaltungsblätter (Zeitschrift)
NZBau	Neue Zeitschrift für Baurecht und Vergaberecht (Zeitschrift)
ÖPNV	Öffentlicher Personennahverkehr
ÖPP	Öffentlich-private Partnerschaft
o. g.	oben genannt
OHG	Offene Handelsgesellschaft
OLG	Oberlandesgericht
OVG	Oberverwaltungsgericht
OVGE Berlin	Entscheidungen des Oberverwaltungsgerichts Berlin
PBefG	Personenbeförderungsgesetz
Pöltl, GastR	René Pöltl, Gaststättenrecht, 5. Aufl. 2003
PostG	Postgesetz
PPP	Public Private Partnership
Prieß, Hdb. VergabeR	Hans-Joachim Prieß, Handbuch des europäischen Vergaberechts, 3. Aufl. 2005
RdE	Recht der Energiewirtschaft (Zeitschrift)
RdErl	Runderlass
RL	Richtlinie
Rn.	Randnummer
Robinski, GewR	Gewerberecht, begr. v. Severin Robinski, hrsg. v. Bernhard Sprenger-Richter, 2. Aufl. 2002
RP	Rheinland-Pfalz
Rs.	Rechtssache
Rspr.	Rechtsprechung
Ruthig/Storr, ÖffWiR	Josef Ruthig/Stefan Storr, Öffentliches Wirtschaftsrecht, 3. Aufl. 2011
S.	Satz, Seite
Saarl.ABl.	Amtsblatt des Saarlandes

Saarl.GastG	Saarländisches Gaststättengesetz
Sachs, GG	Grundgesetz. Kommentar, hrsg. v. Michael Sachs, 6. Aufl. 2011
SächsABl.	Sächsisches Amtsblatt
SächsGastG	Gesetz über die Gaststätten im Freistaat Sachsen
SächsGemO	Sächsische Gemeindeordnung
SächsKomZG	Sächsisches Gesetz über kommunale Zusammenarbeit
SächsVBl.	Sächsische Verwaltungsblätter (Zeitschrift)
SächsVergabeG	Gesetz über die Vergabe öffentlicher Aufträge im Freistaat Sachsen
Schenke, VerwProzR	*Wolf-Rüdiger Schenke*, Verwaltungsprozessrecht, 13. Aufl. 2012
Scheurle/Mayen, TKG	Telekommunikationsgesetz, hrsg. von Klaus-Dieter Scheurle/Thomas Mayen, 2. Aufl. 2008
Schliesky, ÖffWiR	*Utz Schliesky*, Öffentliches Wirtschaftsrecht, 3. Aufl. 2008
Schmidt, ÖffWiR AT	*Reiner Schmidt*, Öffentliches Wirtschaftsrecht. Allgemeiner Teil, 1990
Schmidt, ÖffWiR BT 1	Öffentliches Wirtschaftsrecht, Besonderer Teil 1, hrsg. von Reiner Schmidt, 1995
Schmidt/Vollmöller, ÖffWiR	Kompendium Öffentliches Wirtschaftsrecht, hrsg. v. Reiner Schmidt/Thomas Vollmöller, 3. Aufl. 2007
Schmidt-Aßmann, BesVerwR	Besonderes Verwaltungsrecht, hrsg. v. Eberhard Schmidt-Aßmann, 14. Aufl. 2008
SektVO	Verordnung über die Vergabe von Aufträgen im Bereich des Verkehrs, der Trinkwasserversorgung und der Energieversorgung (Sektorenverordnung)
SH	Schleswig-Holstein
SL	Saarland
Slg.	Sammlung der Rechtsprechung des Gerichtshofes und des Gerichts Erster Instanz
Sodan/Ziekow, GKÖR	*Helge Sodan/Jan Ziekow*, Grundkurs Öffentliches Recht, 5. Aufl. 2012
Sodan/Ziekow, VwGO	Verwaltungsgerichtsordnung. Großkommentar, hrsg. v. Helge Sodan/Jan Ziekow, 3. Aufl. 2010
SprengG	Gesetz über explosionsgefährliche Stoffe (Sprengstoffgesetz)
ST	Sachsen-Anhalt
StGB	Strafgesetzbuch
StGH	Staatsgerichtshof
Stober, AllgWiVerwR	*Rolf Stober*, Allgemeines Wirtschaftsverwaltungsrecht, 17. Aufl. 2011
Stober/Eisenmenger, BesWiVerwR	*Rolf Stober/Sven Eisenmenger*, Besonderes Wirtschaftsverwaltungsrecht, 15. Aufl. 2011
Streinz, EUV/AEUV	Vertrag über die Europäische Union und Vertrag über die Arbeitsweise der Europäischen Union, hrsg. v. Rudolf Streinz, 2. Aufl. 2012
StromNEV	Verordnung über die Entgelte für den Zugang zu Elektrizitätsversorgungsnetzen (Stromnetzentgeltverordnung)
StromNZV	Verordnung über den Zugang zu Elektrizitätsversorgungsnetzen (Stromnetzzugangsverordnung)
st. Rspr.	ständige Rechtsprechung
Tettinger/Wank/Ennuschat, GewO	*Peter J. Tettinger/Rolf Wank/Jörg Ennuschat*, Gewerbeordnung, 8. Aufl. 2011
ThürGastG	Thüringer Gaststättengesetz
Thür.GVBl.	Gesetz- und Verordnungsblatt für den Freistaat Thüringen
ThürKO	Thüringer Kommunalordnung
ThürVgG	Thüringer Gesetz über die Vergabe öffentlicher Aufträge
TierSchG	Tierschutzgesetz
TKG	Telekommunikationsgesetz
TKÜV	Verordnung über die technische und organisatorische Umsetzung von Maßnahmen zur Überwachung der Telekommunikation (Telekommunikations-Überwachungsverordnung)

TMG	Telemediengesetz
TNGebV	Telekommunikations-Nummerngebührenverordnung
Tz.	Textziffer
UBWV	Unterrichtsblätter für die Bundeswehrverwaltung (Zeitschrift)
Urt.	Urteil
UVP	Umweltverträglichkeitsprüfung
UWG	Gesetz gegen den unlauteren Wettbewerb
VBlBW	Verwaltungsblätter für Baden-Württemberg (Zeitschrift)
VerfGH	Verfassungsgerichtshof
VergabeR	Zeitschrift Vergaberecht (Zeitschrift)
Verw.	Die Verwaltung (Zeitschrift)
VerwArch	Verwaltungsarchiv (Zeitschrift)
VG	Verwaltungsgericht
VGH	Verwaltungsgerichtshof
vgl.	vergleiche
VgV	Verordnung über die Vergabe öffentlicher Aufträge (Vergabeverordnung)
VKR	Richtlinie 2004/18/EG v. 31. 3. 2004 über die Koordinierung der Verfahren zur Vergabe öffentlicher Bauaufträge, Lieferaufträge und Dienstleistungsaufträge
VO	Verordnung
VOB/A	Vergabe- und Vertragsordnung für Bauleistungen (VOB) Teil A
VOB/B	Vergabe- und Vertragsordnung für Bauleistungen (VOB) Teil B
VOF	Vergabeordnung für freiberufliche Dienstleistungen
VOL/A	Vergabe- und Vertragsordnung für Leistungen Teil A
VOL/B	Vergabe- und Vertragsordnung für Leistungen Teil B
Vorbem.	Vorbemerkung
VV	Verwaltungsvorschrift
VVDStRL	Veröffentlichungen der Vereinigung der Deutschen Staatsrechtslehrer
VwGO	Verwaltungsgerichtsordnung
VwVfG	Verwaltungsverfahrensgesetz
WaffG	Waffengesetz
WG BW	Wassergesetz für Baden-Württemberg
WHG	Gesetz zur Ordnung des Wasserhaushalts (Wasserhaushaltsgesetz)
WiVerw	Wirtschaft und Verwaltung (Zeitschrift)
WM	Wertpapier-Mitteilungen (Zeitschrift)
WRV	Verfassung des Deutschen Reichs vom 11. Aug. 1919
WUR	Wirtschaftsverwaltungs- und Umweltrecht (Zeitschrift)
WuW	Wirtschaft und Wettbewerb (Zeitschrift)
ZfBR	Zeitschrift für deutsches und internationales Bau- und Vergaberecht (Zeitschrift)
ZfSH/SGB	Zeitschrift für Sozialhilfe und Sozialgesetzbuch (Zeitschrift)
Ziekow, VwVfG	Jan Ziekow, Verwaltungsverfahrensgesetz, 3. Aufl. 2013
Ziekow/Völlink, VergabeR	Jan Ziekow/Uwe-Carsten Völlink (Hrsg.), Vergaberecht, 2. Aufl. 2013
ZNER	Zeitschrift für neues Energierecht (Zeitschrift)
ZPO	Zivilprozessordnung
z. T.	zum Teil
ZwVG	Zweckverbandsgesetz

§ 1. Zur Studienrelevanz des Öffentlichen Wirtschaftsrechts

Das Öffentliche Wirtschaftsrecht ist eine Materie, die sich in Praxis, Wissenschaft und Ausbildung in einem stärkeren Umbruch als andere Gebiete des Besonderen Verwaltungsrechts befindet. Über lange Zeit als Kombination von Wirtschaftsverfassungsrecht und allgemeinem und spezifischem Gewerberecht behandelt und von „neuen" Gebieten wie dem Umweltrecht zeitweise in den Hintergrund gedrängt, ist das Öffentliche Wirtschaftsrecht mittlerweile einer der wichtigsten Rechtsbereiche, in dem sich im Wandel befindliche Staatsvorstellungen manifestieren und Regelungskonzepte ausprobiert werden.[1] Es ist zu einem bedeutenden **Referenzgebiet für die Entwicklung allgemeiner Lehren des Verwaltungsrechts** geworden, das jahrhundertealte Wurzeln – bspw. im Handwerksrecht[2] – mit sich erst in neuester Zeit entfaltenden Zweigen wie dem Vergaberecht, dem Privatisierungsrecht oder dem Telekommunikations- und Energierecht verbindet (zu den Gegenständen des Öffentlichen Wirtschaftsrechts → § 3 Rn. 1 ff.). Die in diesem Buch vorgenommene Stoffauswahl orientiert sich in erster Linie an den durch die Ausbildungs-, Studien- und Prüfungsordnungen gesetzten Vorgaben.

Das Öffentliche Wirtschaftsrecht ist im rechtswissenschaftlichen Studium kein selbständiges Pflichtfach. Der Teilbereich des **Wirtschaftsverwaltungsrechts** gehört im **Saarland**[3] zum Pflichtfachstoff. Zu den Gegenständen des Pflichtfachs Öffentliches Recht gehört in **Hamburg** aus dem Wirtschaftsverwaltungsrecht das Gaststättenrecht und das Gewerberecht[4]. In allen anderen Bundesländern zählt auch das Wirtschaftsverwaltungsrecht nicht zu den Pflichtfächern.

Aus dem Pflichtfach **Europarecht** sind für das Öffentliche Wirtschaftsrecht u. a. die Grundfreiheiten (→ § 3 Rn. 44 ff.) und das Beihilfenrecht (→ § 6) bedeutsam. Berührungen des Pflichtfachs **Kommunalrecht** zum Öffentlichen Wirtschaftsrecht bestehen im Bereich der wirtschaftlichen Betätigung der Kommunen (→ § 7 Rn. 39 ff.) bzw. des Rechts der kommunalen Unternehmen (→ § 7 Rn. 5 ff.).

Darüber hinaus ist das Öffentliche Wirtschaftsrecht in seiner Gesamtheit oder in wesentlichen der in diesem Buch behandelten Teilbereiche Gegenstand der von den juristischen Fakultäten angebotenen Schwerpunktbereiche.

Allerdings ist die Vermittlung von Wissen auf den verschiedenen Feldern des Öffentlichen Wirtschaftsrechts keineswegs nur eine Domäne der juristischen Fakultäten. Insbesondere Studierende der wirtschaftswissenschaftlichen Fächer benötigen immer häufiger Kenntnisse des Öffentlichen Wirtschaftsrechts, um auf dem ständig wachsenden Markt der Nachfrage der öffentlichen Hand nach Beratungsleistungen kommunikationsfähig zu sein. Darüber hinaus sind sowohl an Universitäten als auch an

---

[1] Das betonen zu Recht *Ruthig/Storr*, ÖffWiR Rn. 34 f.
[2] Dazu *J. Ziekow*, Freiheit und Bindung des Gewerbes, 1992.
[3] § 8 II Nr. 5 d) Saarländisches Gesetz Nr. 1228 über die juristische Ausbildung (Juristenausbildungsgesetz – JAG –), zuletzt geändert durch das Gesetz vom 11.3.2009 (Saarl.ABl. 2009, 514).
[4] § 1 III Nr. 3 c) Hamburgische Verordnung zur Regelung der Prüfungsgegenstände für die staatliche Pflichtfachprüfung vom 23.12.2003 (Hamb.GVBl. 2004, 1) in der Fassung der 2. Änderungsverordnung vom 20.11.2011 (Hamb.GVBl. 2011, 403).

Fachhochschulen zahlreiche zukunftsträchtige Masterprogramme mit einem Schwerpunkt im Öffentlichen Wirtschaftsrecht eingerichtet worden. Auch an Studierende dieser Studiengänge wendet sich das folgende Werk.

Materialien für das Studium des Öffentlichen Wirtschaftsrechts

1. Textsammlungen

Geppert, Martin (Hrsg.), Telemediarecht, 9. Aufl. 2012

Jasper, Ute (Hrsg.), Vergaberecht, 15. Aufl. 2013

Köhler, Helmut (Hrsg.), Wettbewerbsrecht und Kartellrecht, 32. Aufl. 2012

Nill-Theobald, Christiane (Hrsg.), Energierecht, 10. Aufl. 2012.

Schliesky, Utz (Hrsg.), Öffentliches Wirtschaftsrecht, Textbuch Deutsches Recht, 3. Aufl. 2007

Sodan, Helge (Hrsg.), Öffentliches, Privates und Europäisches Wirtschaftsrecht, 13. Aufl. 2012

Stober, Rolf (Hrsg.), Quellen zur Geschichte des Wirtschaftsverwaltungsrechts, 1986

Stober, Rolf (Hrsg.), Wichtige Wirtschaftsverwaltungs- und Gewerbegesetze, 23. Aufl. 2011

Tettinger, Peter J. (Hrsg.), Gewerbeordnung, 37. Aufl. 2010

2. Lehrbücher und Fallsammlungen

Badura, Peter, Wirtschaftsverfassung und Wirtschaftsverwaltung, 4. Aufl. 2011

Ehlers, Dirk/Fehling, Michael,/Pünder, Hermann (Hrsg.), Besonderes Verwaltungsrecht, Bd. 1: Öffentliches Wirtschaftsrecht, 3. Aufl. 2012

Enchelmaier, Stefan, Europäisches Wirtschaftsrecht, 2005

Frotscher, Werner/Kramer, Urs, Wirtschaftsverfassungs- und Wirtschaftsverwaltungsrecht, 5. Aufl. 2008

Glaser, Andreas/Klement, Jan Henrik, Öffentliches Wirtschaftsrecht, 2009

Gurlit, Elke/Ruthig, Josef/Storr, Stefan, Klausurenkurs im Öffentlichen Wirtschaftsrecht, 2012

Hertwig, Stefan, Praxis der öffentlichen Auftragsvergabe, 4. Aufl. 2009

Holznagel, Bernd/Enaux, Christoph/Nienhaus, Christian, Telekommunikationsrecht, 2. Aufl. 2006

Jarass, Hans D., Wirtschaftsverwaltungsrecht und Wirtschaftsverfassungsrecht, 3. Aufl. 1997

Kilian, Wolfgang, Europäisches Wirtschaftsrecht, 4. Aufl. 2010

Koenig, Christian/Kühling, Jürgen/Rasbach, Winfried, Energierecht, 3. Aufl. 2013

Koenig, Christian/Loetz, Sascha/Neumann, Andreas, Telekommunikationsrecht, 2004

Kühling, Jürgen/Elbracht, Alexander, Telekommunikationsrecht, 2008

Leinemann, Ralf, Die Vergabe öffentlicher Aufträge, 5. Aufl. 2011

Nagel, Bernhard, Wirtschaftsrecht der Europäischen Union, 4. Aufl. 2003

Nill-Theobald, Christiane/Theobald, Christian, Grundzüge des Energiewirtschaftsrechts, 3. Aufl. 2013

Oberrath, Jörg-Dieter/Schomerus, Thomas/Schmidt, Alexander, Öffentliches Wirtschaftsrecht, 3. Aufl. 2009

Pache, Eberhard/Knauff, Matthias, Fallhandbuch Europäisches Wirtschaftsrecht, 2010

Robinski, Severin (Begr.)/Sprenger-Richter, Bernhard (Hrsg.), Gewerberecht, 2. Aufl. 2002

Ruthig, Josef/Storr, Stefan, Öffentliches Wirtschaftsrecht, 3. Aufl. 2011

Sander, Gerald G./Sigloch, Daniel, Fälle zum Wirtschaftsverfassungs- und Wirtschaftsverwaltungsrecht, 2003

Schliesky, Utz, Öffentliches Wirtschaftsrecht, 3. Aufl. 2008

Schmidt, Reiner, Öffentliches Wirtschaftsrecht. Allgemeiner Teil, 1990

Schmidt, Reiner (Hrsg.), Öffentliches Wirtschaftsrecht, Besonderer Teil 1, 1995

Schmidt, Reiner (Hrsg.), Öffentliches Wirtschaftsrecht, Besonderer Teil 2, 1996

Schmidt, Reiner/Vollmöller, Thomas, Kompendium Öffentliches Wirtschaftsrecht, 3. Aufl. 2007

Schöbener, Burkhardt/Jahn, Ralf, Fälle zum Öffentlichen Wirtschaftsrecht, 2. Aufl. 2009

Stober, Rolf, Allgemeines Wirtschaftsverwaltungsrecht, 17. Aufl. 2011

Stober, Rolf/Eisenmenger, Sven, Besonderes Wirtschaftsverwaltungsrecht, 15. Aufl. 2011

3. Kommentare und Handbücher

Arndt, Hans-Wolfgang/Fetzer, Thomas/Scherer, Joachim (Hrsg.), Telekommunikationsgesetz, 2008

Badura, Peter (Hrsg.), Beck'scher PostG-Kommentar, 2. Aufl. 2004

Bartosch, Andreas, EU-Beihilfenrecht, 2009

Birnstiel, Alexander/Bungenberg, Marc/Heinrich, Helge (Hsg.), Europäisches Beihilfenrecht, 2013

Blanke, Thomas/Trümner, Ralf (Hrsg.), Handbuch Privatisierung, 1998

Bremer, Brigitte G., Public Private Partnership – Ein Praxislexikon, 2005

Britz, Gabriele/Hellermann, Johannes/Hermes, Georg, Energiewirtschaftsgesetz, 2008

Büdenbender, Ulrich, EnWG, Kommentar zum Energiewirtschaftsgesetz, 2003

Byok, Jan, Das Verhandlungsverfahren, 2006

Byok, Jan/Jaeger, Wolfgang (Hrsg.), Kommentar zum Vergaberecht, 3. Aufl. 2011

Detterbeck, Steffen, Handwerksordnung, 4. Aufl. 2008

Dieckmann, Martin/Scharf, Jan Peter/Wagner-Cardenal, Kersten (Hrsg.), Vergabe- und Vertragsordnung für Leistungen (VOL) – Teil A, 2013

Frentzel, Gerhard (Begr.)/Jäkel, Ernst/Junge, Werner (Bearb.), Industrie- und Handelskammergesetz, 7. Aufl. 2009

Friauf, Karl Heinrich (Hrsg.), Kommentar zur Gewerbeordnung, Loseblatt Stand: Juni 2013

Geppert, Martin/Piepenbrock, Hermann-Josef/Schütz, Raimund/Schuster, Fabian (Hrsg.), Beck'scher TKG-Kommentar, 3. Aufl. 2006

Heidenhain, Martin (Hrsg.), Handbuch des Europäischen Beihilfenrechts, 2003

Heiermann Wolfgang/Zeiss, Christopher/Kullack, Andrea/Blaufuß, Jörg (Hrsg.), juris Praxis-Kommentar Vergaberecht, 3. Aufl. 2011

Heun, Sven-Erik (Hrsg.), Handbuch Telekommunikationsrecht, 2. Aufl. 2007

Höfler, Heiko/Bayer, Wolfgang (Hrsg.), Praxishandbuch Bauvergaberecht, 3. Aufl. 2012

Honig, Gerhart/Knörr, Matthias, Handwerksordnung, 4. Aufl. 2008

Horstmann, Karl-Peter/Cieslarczyk, Michael (Hrsg.), Energiehandel, 2006

Kapellmann, Klaus D./Messerschmidt, Burkhard (Hrsg.), VOB, Teile A und B, Kommentar, 4. Aufl. 2013

Kluth, Winfried (Hrsg.), Handbuch des Kammerrechts, 2. Aufl. 2011

Koenig, Christian/Kühling, Jürgen/Ritter, Nicolai, EG-Beihilfenrecht, 2. Aufl. 2005

Kulartz, Hans-Peter/Kus, Alexander/Portz, Norbert (Hrsg.), Kommentar zum GWB-Vergaberecht, 2. Aufl. 2009

Landmann, Robert von/Rohmer, Gustav, Gewerbeordnung und ergänzende Vorschriften, Bd. I: Gewerbeordnung, Loseblatt Stand: Mai 2011

Lübbig, Thomas/Martin-Ehlers, Andrés, Beihilfenrecht der EU, 2. Aufl. 2009

Metzner, Richard, Gaststättengesetz, 6. Aufl. 2002

Meyer-Hofmann, Bettina/Riemenschneider, Frank/Weihrauch, Oliver (Hrsg.): Public Private Partnership, 2. Aufl. 2008

Michel, Elmar (Begr.)/Kienzle, Werner/*Pauly, Renate* (Bearb.), Das Gaststättengesetz, 14. Aufl. 2003

Musielak, Hans-Joachim/Detterbeck, Steffen, Das Recht des Handwerks, 3. Aufl. 1995

Noch, Rainer, Vergaberecht kompakt, 5. Aufl. 2011

Pöltl, René, Gaststättenrecht, Kommentar, 5. Aufl. 2003

Prieß, Hans-Joachim, Handbuch des europäischen Vergaberechts, 3. Aufl. 2005

Prieß, Hans-Joachim/Niestedt, Marian, Rechtsschutz im Vergaberecht, 2006

Reidt, Olaf/Stickler, Thomas/Glahs, Heike, Vergaberecht, 3. Aufl. 2011

Rittner, Fritz/Dreher, Meinrad, Europäisches und deutsches Wirtschaftsrecht, 3. Aufl. 2008

Säcker, Franz Jürgen (Hrsg.), Berliner Kommentar zum Energierecht, 2. Aufl. 2010

Salje, Peter, Energiewirtschaftsgesetz, Kommentar, 2006

Schaller, Hans, Verdingungsordnung für Leistungen (VOL) Teile A und B, 4. Aufl. 2008

Scheurle, Klaus-Dieter/Mayen, Thomas (Hrsg.), Telekommunikationsgesetz, 2. Aufl. 2008

Schmidt, Ingo/Schmidt, André, Europäische Wettbewerbspolitik und Beihilfenkontrolle, 2. Aufl. 2006

Schneider, Jens-Peter/Theobald, Christian (Hrsg.), Recht der Energiewirtschaft, 3. Aufl. 2011

Schütz, Raimund, Kommunikationsrecht, 2005

Tettinger, Peter J./Wank, Rolf/Ennuschat, Jörg, Gewerbeordnung, 8. Aufl. 2011

Weber, Martin/Schäfer, Michael/Hausmann, Friedrich L. (Hrsg.), Praxishandbuch Public Private Partnership, 2005

Weyand, Rudolf, Praxiskommentar Vergaberecht, 4. Aufl. 2013

Wissmann, Martin (Hrsg.), Telekommunikationsrecht, 2. Aufl. 2006

Ziekow, Jan/Völlink, Uwe-Carsten (Hrsg.), Vergaberecht, 2. Aufl. 2013

4. Zeitschriften

ArchivPT Archiv für Post und Telekommunikation

BB Betriebsberater

DB Der Betrieb

DZWIR Deutsche Zeitschrift für Wirtschaftsrecht

GewArch Gewerbearchiv

N&R Netzwirtschaft und Recht

NZBau Neue Zeitschrift für Baurecht und Vergaberecht

RdE Recht der Energiewirtschaft

RIW Recht der internationalen Wirtschaft

VergabeR Zeitschrift Vergaberecht

WRP Wettbewerb in Recht und Praxis

WiVerw Wirtschaft und Verwaltung

ZfBR Zeitschrift für deutsches und internationales Bau- und Vergaberecht

ZHR Zeitschrift für das gesamte Handels- und Wirtschaftsrecht

ZIP Zeitschrift für Wirtschaftsrecht (früher Zeitschrift für die gesamte Insolvenzpraxis)

ZögU Zeitschrift für öffentliche und gemeinwirtschaftliche Unternehmen

1. Abschnitt. Grundlagen des Verhältnisses von Staat und Wirtschaft

§ 2. Die Entwicklung des Verhältnisses von Staat und Wirtschaft

Literatur: *G. Ambrosius*, Staat und Wirtschaftsordnung, 2001; *R. Walter*, Wirtschaftsgeschichte, 4. Aufl. 2003; *J. Ziekow*, Freiheit und Bindung des Gewerbes, 1992.

I. Die Bedeutung historischer Entwicklungslinien

1 Unabhängig davon, dass sich historische – wie alle – Forschung nicht vor vordergründigen Nützlichkeitspostulaten zu rechtfertigen braucht, lassen sich viele aktuelle Diskussionen nur richtig einordnen, wenn man sie vor der **Folie vorangehender Diskussionen und Entwicklungslinien** betrachtet. Dass im Verhältnis zwischen Staat und Wirtschaft auftretende Fragen in einer bestimmten Weise geregelt sind, beruht nicht selten auf Einsichten, denen schmerzhafte Krisen vorausgingen. Deren Kenntnis und Berücksichtigung könnte manchen modernistischen „Reform"-Vorschlag durchaus befruchten.

2 Dies ändert allerdings nichts daran, dass sich der **Kontext der das Wirtschaften betreffenden Regelungen** über die Jahrhunderte ständig gewandelt hat und weiter wandeln wird. So gab es im Mittelalter noch keinen Staat, der allgemeine Gesetze über das wirtschaftliche Handeln erließ. Erst in der frühen Neuzeit begannen sich territoriale Gebilde zu formieren, die Vorläufer der modernen Staaten wurden. Ebenso wenig war es selbstverständlich, dass obrigkeitliche Gewalten beliebig „Recht" setzen können. Dieses für den modernen Staat wesentliche Attribut ist das Ergebnis einer langen Entwicklung, die verschiedenen Einflüssen unterlag. Die dramatischen technologischen Fortschritte der Neuzeit haben die Rahmenbedingungen für die staatliche Wirtschaftspolitik stark verändert. Vor allem die Kommunikations- und Verkehrstechnologien ermöglichen mittlerweile ein weltweites wirtschaftliches Operieren, das die Regulierungsmöglichkeiten eines national verstandenen Wirtschaftsrechts an Grenzen führt.

II. Vom Spätmittelalter bis zum Ausgang des 18. Jahrhunderts

1. Wirtschaft und Obrigkeit im Spätmittelalter

3 Die Wurzeln eines obrigkeitlichen Zugriffs (von der Ausübung von Staatsgewalt lässt sich für diese Zeit noch nicht sprechen) auf das Wirtschaften reichen zurück bis in das Hochmittelalter.[1] Wirtschaft und Gesellschaft, Herrschaftsordnung und Recht waren in einen dynamischen Prozess eingebunden, der die überkommenen Strukturen **grundlegenden Veränderungen** unterzog. Wesentliche Parameter waren eine starke Bevölkerungsvermehrung, die Teile der bäuerlichen Unterschichten zur Ab-

---

[1] Dazu und zum Folgenden *J. Ziekow*, Über Freizügigkeit und Aufenthalt, 1997, S. 29 ff. mwN.

wanderung in die Städte veranlasste, sowie eine Belebung des Fern- und des Binnenhandels.

Mit der Verbesserung des Verkehrsnetzes und dem schnellen Vordringen einer auf dem Umlauf gemünzten Geldes basierenden Wirtschaft konnten sich vor allem die **Städte als Orte zentralisierten Gewerbes und Güterumschlags** etablieren. Die Bedeutung des städtischen Markts für die Entwicklung der hoch- und spätmittelalterlichen Wirtschaft und Gesellschaft kann kaum überschätzt werden. Mit dem Übergang von der grundsätzlich autonomen Güterversorgung frühmittelalterlicher Wirtschaftseinheiten zur Überschussproduktion für einen Markt war die **Durchsetzung des Erwerbsdenkens als Wirtschaftsprinzip** verbunden. Für das System der Grundherrschaft als Grundform der agrarischen Produktion bedeutete dies eine Aufgabe der archaischen Eigenbewirtschaftung zugunsten einer weitgehenden Marktorientierung. Um an den Vorteilen einer Verkehrswirtschaft in Gestalt der Deckung eigener Bedürfnisse an hochwertigen Konsumgütern partizipieren zu können, mussten die Grundherren in breiter Linie von der Eigen- zur Geldwirtschaft übergehen. 4

Gleichzeitig wurde die frühmittelalterliche Vorstellung, dass Recht nicht autoritativ geändert werden kann, sondern als (Gewohnheits-)Recht bereits vorhanden ist und nur im Urteil gefunden werden muss, überwunden.[2] Auch den weltlichen Mächten wurde nunmehr die **Kompetenz zur Setzung neuen Rechts** zuerkannt. Von Bedeutung war dies vor allem für die Entwicklung der Städte: Ältere Instrumente der Friedenssicherung wie die Willküren (gemeinschaftliche Bindungen durch Eid) wandelten sich zu von der Bürgerschaft beschlossenen Satzungen, die zur bewussten Gestaltung eingesetzt werden konnten. 5

Ein solchermaßen gewandeltes Rechtsverständnis bot die Möglichkeit, Verwaltungsaufgaben zu übertragen. So wurde der Gesamtheit der Gewerbetreibenden eines bestimmten Gewerbes die selbständige Regelung des Gewerbewesens übertragen. Diese Vereinigungen von Gewerbetreibenden, die **Zünfte**, verfügten über eine eigene Gerichtsbarkeit und hatten für eine ausreichende Menge, eine hinreichende Qualität und einen angemessenen Preis der von den Zunftmitgliedern gefertigten gewerblichen Produkte Sorge zu tragen. Um ihre Funktionen erfüllen zu können, verfügten die Zünfte über den sog. Zunftzwang, der ein Tätigwerden von anderen Gewerbetreibenden als Zunftmitgliedern in der Stadt verbot.[3] Die Voraussetzungen für die Aufnahme in die Zunft wurden von der jeweiligen Zunft selbst festgesetzt. Dazu gehörten regelmäßig die Absolvierung einer Lehrzeit – nur selten aber einer Gesellenprüfung –, die Ableistung einer Gesellenzeit, die seit dem 15. Jh. überwiegend außerhalb der Herkunftsstadt verbracht werden musste, sowie die Ablegung einer Meisterprüfung. Zumindest teilweise lassen sich seit dem 15. und 16. Jh. Versuche erkennen, über gesteigerte Aufnahmegebühren und andere Instrumente die Zahl der Zunftmitglieder zu begrenzen.[4] 6

2. Die Wirtschaftspolitik der Territorialstaaten

Als Beginn des häufig als „**Epoche des Merkantilismus**" bezeichneten Zeitraums gelten die Verheerungen des Dreißigjährigen Krieges, welche eine dirigistisch Wachstum hervorbringende Wirtschaftspolitik zu erfordern schienen.[5] Dem sich entwickelnden Territorialstaat entsprachen die staatsbildenden Wirtschaftsvorstellungen 7

---

[2] Zum Folgenden *J. Ziekow*, Freiheit und Bindung des Gewerbes, 1992, S. 33 ff. mwN.
[3] *J. Ziekow*, Freiheit und Bindung des Gewerbes, 1992, S. 45 ff. mwN.
[4] *J. Ziekow*, Freiheit und Bindung des Gewerbes, 1992, S. 79 ff. mwN.
[5] Dazu *F. Blaich*, Die Epoche des Merkantilismus, 1973.

des Merkantilismus, der nicht als ökonomisches Lehrgebäude, sondern als Bündel von Maßnahmen zur Erreichung bestimmter Zielvorstellungen zu verstehen ist. Einer seiner Kerngedanken war die Rückbeziehung des Gemeinwohls auf den Macht verkörpernden Staatsreichtum, dessen Vermehrung aufgrund der mangelnden Steigerbarkeit der natürlichen Ressourcen allein durch Konzentration von Geld und Rohstoffen im eigenen Land zu Lasten anderer Staaten möglich erschien. Ziel war eine aktive Handelsbilanz, die es durch ein planvolles Eingreifen des Staates sicherzustellen galt. Neben der Förderung international gewinnträchtiger Branchen galt das besondere Augenmerk der Gewinnung von Arbeitskräften. Im Unterschied zu den merkantilistischen Ansätzen anderer Länder, die wie etwa England das Augenmerk eher auf den Handel richteten, akzentuierte die deutsche Spielart, der **Kameralismus**, vor allem die Förderung von Landwirtschaft und Gewerbe.[6]

8 In rechtlicher Hinsicht korrespondierte dem eine Verdichtung von einzelnen Herrschaftsrechten zu einer **Territorialgewalt**, die – zumindest anfangs regelmäßig im Zusammenwirken zwischen Landesherrn und Ständen – auch die Befugnis zur Setzung von Gebotsrecht enthielt. Die „**gute Polizei**" wurde zum Inbegriff der guten Ordnung des Gemeinwesens, die Polizeiordnungen des 17. und 18. Jhs. das Instrument zu ihrer Gestaltung.[7] Durch derartige Regelungen versuchten die Territorialstaaten zunehmend, die autonome Regelung des Gewerberechts durch die Zünfte zu überlagern und zu ersetzen.[8] Restriktive Handhabungen des Zunftzwangs liefen merkantilistischen Wirtschaftsvorstellungen zuwider. Aus dem Ausland angeworbenen Handwerkern wurden finanzielle Erleichterungen gewährt.

9 Außerhalb der Zünfte forcierten die Staaten das **Manufakturwesen**. Manufakturen waren vorindustrielle Betriebe, die zwar die Handwerkstechnik weitgehend beibehielten, jedoch über die handwerkliche Betriebsorganisation durch Rationalisierung, Spezialisierung, Arbeitsteilung und Serienfertigung hinausgingen. Häufig wurden den Unternehmen Abgabenbefreiungen und andere Begünstigungen sowie das Recht eingeräumt, durch die Unternehmer importierte Technologien exklusiv nutzen zu dürfen.

III. Von der Einführung der Gewerbefreiheit in Preußen bis zum Ende des Nationalsozialismus

1. Die ersten beiden Drittel des 19. Jahrhunderts

10 Die bedeutenden Wandlungen, die das Verhältnis zwischen Staat und Wirtschaft in einigen Staaten zu Beginn des 19. Jhs. erfuhr, waren durch die klassischen Lehren des **ökonomischen Liberalismus** theoretisch vorbereitet worden. Während *David Ricardo* (1772–1823) wesentliche Beiträge zur Freihandelslehre formulierte, legte *Adam Smith* (1723–1790) die Grundlagen einer liberal-individualistischen Wirtschaftsgesellschaft. Im Mittelpunkt steht – anders als noch in der merkantilistischen Epoche – nicht der Staat, sondern der Einzelne. Das **Individuum ist der maßgebliche wirtschaftliche Akteur**, der Chancen und Risiken seiner Handlungen selbst zu erwägen und zu tragen hat. Seine Antriebskraft ist sein Selbstinteresse, das sich in der freien Konkurrenz mit den Selbstinteressen der anderen Individuen in einer auf Arbeitsteiligkeit beruhenden Wirtschaft befindet. Da das freie Spiel der Kräfte zum

---

[6] Vgl. *R. Walter*, Wirtschaftsgeschichte, 4. Aufl. 2003, S. 23 ff.
[7] *H. Maier*, Die ältere deutsche Staats- und Verwaltungslehre, 2. Aufl. 1980, S. 84 ff.
[8] *J. Ziekow*, Freiheit und Bindung des Gewerbes, 1992, S. 226 ff. mwN.

Nutzen aller Marktteilnehmer führt, hat sich der Staat unmittelbarer Eingriffe in den Markt zu enthalten. Allerdings wird der Staat nicht gänzlich bedeutungslos. Er hat vielmehr die Rahmenbedingungen zu setzen, die ein ungestörtes Funktionieren des Markts gewährleisten. Innerhalb dieses Ordnungsrahmens – aber nicht ohne denselben – vollzieht sich das Marktgeschehen wie von „**unsichtbarer Hand**" (invisible hand).[9]

Zwar lassen sich die **preußischen Reformen** ab 1807 kaum als Programm zur Durchführung dieser theoretischen Ansätze deuten. Doch brachen sie einer Wirtschaftsordnung Bahn, in der die Ideen von *Adam Smith* und anderen zur praktischen Erprobung gelangen konnten. Ausgangspunkt der Reformen in Preußen war vielmehr die Einsicht, nach der katastrophalen Niederlage 1807 die Dynamik des aufstrebenden Bürgertums für das Wiedererstarken des preußischen Staates fruchtbar zu machen.[10] Für die Wirtschaftentwicklung zentrale Elemente waren zunächst die Agrarreform und drei Jahre später die Einführung der Gewerbefreiheit.

Bei der unter der Federführung des *Freiherrn vom Stein* 1807 verwirklichten sog. **Bauernbefreiung** ging es nur instrumentell um die Einführung individueller Freiheitsrechte. Entscheidend war vielmehr, dass die auf persönliche Unfreiheit gegründete agrarische Arbeitsverfassung der zur Sanierung dringend erforderlichen Öffnung der Gutswirtschaft zum Kapitalmarkt entgegenstand. Grundbesitz und Arbeit mussten mobilisiert werden.

Notwendige Ergänzung auf dem Weg zur Erwerbsgesellschaft musste die **Einführung der Gewerbefreiheit** sein.[11] Ihre Durchsetzung durch *Hardenberg* in der konkreten Situation des Jahres 1810 diente gleichwohl primär der Steigerung der Staatseinnahmen. Die finanzpolitische Motivation wird schon daraus deutlich, dass die Gewerbefreiheit durch ein Steuergesetz, das Edikt über die Einführung einer allgemeinen Gewerbe-Steuer, eingeführt wurde. Jeder hatte ein subjektives Recht auf Erteilung eines Gewerbescheins, der zum Betrieb des Gewerbes im gesamten Geltungsbereich des Edikts berechtigte. Die Lösung eines Gewerbescheins verpflichtete zur Zahlung der nach Klassen differenzierten Gewerbesteuer. Die Zünfte wurden zwar nicht aufgelöst, jedoch wurden ihnen sämtliche Privilegien, insbesondere der Zunftzwang (→ Rn. 6), genommen. Für den Betrieb bestimmter Gewerbe konnte ein Gewerbeschein nur erteilt werden, wenn die Unbescholtenheit des Antragstellers oder andere erforderliche Eigenschaften nachgewiesen wurden. Konkretisiert und ergänzt wurden diese Regelungen durch das Gesetz über die polizeilichen Verhältnisse der Gewerbe von 1811.

Unter dem Eindruck mehrerer **schwerer wirtschaftlicher Krisen**, die vor allem für die Inhaber gewerblicher Kleinbetriebe eine Verelendung nach sich zogen, folgten bei weitem nicht alle deutschen Staaten dem preußischen Vorbild. Zahlreiche Länder führten nur sehr zurückhaltende Reformen durch, ohne eine der preußischen Regelung vergleichbare Gewerbefreiheit einzuführen. Erst mit der Konsolidierung der Situation zu Beginn der sechziger Jahre des 19. Jhs. erließen mehr und mehr deutsche Territorien gewerbefreiheitliche Regelungen.[12]

---

[9] *R. Walter*, Wirtschaftsgeschichte, 4. Aufl. 2003, S. 38 ff.
[10] Dazu und zum Folgenden *J. Ziekow*, GewArch 1985, 313 ff.
[11] *B. Vogel*, Allgemeine Gewerbefreiheit, 1983, S. 135 ff.
[12] Im Einzelnen *J. Ziekow*, Freiheit und Bindung des Gewerbes, 1992, S. 421 ff.

2. Norddeutscher Bund und Deutsches Reich

14 Eine Vereinheitlichung unter dem Vorzeichen der Gewerbefreiheit erfolgte durch die **Gewerbeordnung für den Norddeutschen Bund von 1869**, deren Geltungsbereich im Zuge der Reichsgründung bis 1872 auf das gesamte Gebiet des Deutschen Reichs erstreckt wurde. Sie umschloss mit dem Recht zur freien Errichtung und Ausübung des Gewerbebetriebs auch das Recht zum Marktzugang und konstituierte insoweit ein wesentliches Element der Wettbewerbsfreiheit, die für das Wirtschaftssystem des Kaiserreichs das prägende Prinzip blieb.[13]

15 Gleichwohl traten mit Fortschreiten der industriellen Revolution mehr und mehr Verwerfungen auf, die seit dem letzten Drittel des 19. Jhs. zu punktuellen Interventionen des Staates in die Sozial- und Wirtschaftsordnung führten. In der Gesamtschau von grundsätzlicher Marktfreiheit und bereichsspezifischen staatlichen Steuerungsmaßnahmen spricht man deshalb von der Periode des **Interventionismus**. Beispiele sind die Schaffung der gesetzlichen Sozialversicherung in den achtziger Jahren des 19. Jhs. und die Gewerbeordnungsnovellen von 1881, 1897 und 1908. Nachdem das Gesetz von 1881 die Innungen als freiwillige Verbände von Gewerbetreibenden mit öffentlich-rechtlichen Aufgaben wieder eingeführt hatte, ermöglichte das sog. Handwerkergesetz von 1897 weitergehend die Einführung von Innungen mit Beitrittszwang auf Antrag der Mehrheit der Gewerbetreibenden eines Bezirks. Darüber hinaus wurden die Handwerkskammern als pflichtige Selbstverwaltungsorganisationen eingeführt. Die Gewerbeordnungsnovelle von 1908 schließlich statuierte den sog. kleinen Befähigungsnachweis, der zwar nicht das Recht zur selbständigen Ausübung eines Gewerbes (dies wäre der große Befähigungsnachweis, wie ihn noch heute die HandwO kennt, → § 11 Rn. 28), wohl aber das Recht zur Ausbildung von Lehrlingen an eine erfolgreich abgelegte Meisterprüfung knüpfte.[14]

16 Die **Weimarer Reichsverfassung** von 1919 gewährleistete die wirtschaftliche Freiheit des Einzelnen in den Grenzen der Grundsätze der Gerechtigkeit sowie die Freiheit von Handel und Gewerbe sowie die Vertragsfreiheit nach Maßgabe der Gesetze (Art. 151, 152 WRV). Von der in Art. 156 WRV vorgesehenen Möglichkeit der Vergesellschaftung privater Unternehmen wurde in erster Linie in der Kohlewirtschaft Gebrauch gemacht. Der Markt blieb konstitutives Element der Wirtschaftsordnung. Bedeutendere Eingriffe in die Freiheit der gewerblichen Betätigung erfolgten nicht. Bedroht wurde das Wirkungsgefüge des Marktes zum einen durch eine immer stärkere Kartellbildung in der Wirtschaft, gegen die nur zurückhaltend vorgegangen wurde, sowie beträchtliche eigenwirtschaftliche Betätigungen des Staates.[15]

17 Die Zeit der **nationalsozialistischen Diktatur** nach 1933 war von einer Gemengelage von teilweise fortgeltenden wirtschaftsliberalen Regelungen und einer diese sinnentleerenden politischen Praxis gekennzeichnet. Eine innere Verbindung liegt den staatlichen Zugriffen auf das wirtschaftliche Handeln allenfalls insofern zugrunde, als sie der Verwirklichung anderer politischer Ziele, insbesondere der Wiederherstellung der Kriegs-

---

[13] *G. Ambrosius*, Staat und Wirtschaftsordnung, 2001, S. 115 f.
[14] Im Einzelnen *P. John*, Handwerk im Spannungsfeld zwischen Zunftordnung und Gewerbefreiheit, 1987, S. 290 ff.
[15] *G. Ambrosius*, Staat und Wirtschaftsordnung, 2001, S. 124 ff.

fähigkeit Deutschlands oder der Durchsetzung der nationalsozialistischen Rassenpolitik, dienten. In der Gesamtschau ergab sich zu Kriegsbeginn 1939 allerdings das Bild einer Wirtschaftsordnung, die in weitem Maße staatlich gelenkt wurde.[16]

§ 3. Die Ordnung des Öffentlichen Wirtschaftsrechts

Literatur: *E. Burk*, Art. 49, 54 AEUV: Zum Stand der Niederlassungsfreiheit für natürliche Personen und Gesellschaften nach der neueren EuGH-Rechtsprechung, Jura 2010, 284; *T. Günther/E. Franz*, Grundfälle zu Art. 9 GG, JuS 2006, 788 und 873; *H. Jochum/W. Durner*, Grundfälle zu Art. 14 GG, JuS 2005, 220, 320 und 412; *A.-B. Kaiser*, Das Apotheken-Urteil des BVerfG nach 50 Jahren, Jura 2008, 844; *W. Kluth*, Bundesverfassungsgericht und wirtschaftslenkende Gesetzgebung, in: Schmidt-Aßmann/Dolde (Hrsg.), Beiträge zum öffentlichen Wirtschaftsrecht, 2005, S. 11; *M. Nolte/Ch. Tams*, Grundfälle zu Art. 12 I GG, JuS 2006, 31, 130 und 218; *H. Röhl*, Die Warenverkehrsfreiheit (Art. 28 EGV), Jura 2006, 321; *M. Ruffert*, Zur Leistungsfähigkeit der Wirtschaftsverfassung, AöR 134 (2009), 197; *ders.*, Die Grundfreiheiten im Recht der Europäischen Union, JuS 2009, 97; *H. Sodan*, Grundsatz des Vorrangs privater Lebensgestaltung im öffentlichen Wirtschaftsrecht, in: Ziekow (Hrsg.), Wirtschaft und Verwaltung vor den Herausforderungen der Zukunft, 2000, S. 35; *A. Thiele*, Die Grundfreiheiten in der öffentlich-rechtlichen Arbeit, JA 2005, 621; *T. Trautwein*, Die Kapitalverkehrsfreiheit gem. Art. 56 I EG, JA 2008, 281.

Fall 1

Hundezüchter H züchtet Hunde einer seltenen Rasse. In Anbetracht der großen Gewinne, die er mit dem Verkauf der Hunde erzielt, widmet sich H mit seiner gesamten Zeit dieser Tätigkeit. Da die Zucht dieser Hunde deutlich von der anderer Rassen abweicht, benötigt H umfassende Spezialkenntnisse und den Austausch von Zuchthunden aus dem europäischen Ausland. Durch das „Gesetz zum Schutz der Hunde in Deutschland" wird die Zucht mit Hunden aus dem Ausland verboten; die Einfuhr der Hunde bleibt hingegen erlaubt. Diese Maßnahme wird dazu führen, dass der Zuchtbetrieb des H in 10 Jahren zum Erliegen kommt. Darüber hinaus wird die Zucht nur solchen Personen erlaubt, die einen Wohnsitz im Inland haben. Hierdurch wird dem französischen Staatsbürger F, der in Frankreich wohnt, aber eine Hundezucht in Deutschland betreibt, die Weiterführung seines Zuchtbetriebs unmöglich gemacht. H und F fühlen sich durch diese Regelungen in ihren Rechten verletzt. Trifft dies zu?

I. Begriff und Gegenstände des Öffentlichen Wirtschaftsrechts

Unter dem Begriff „Öffentliches Wirtschaftsrecht" kann die Gesamtheit der Rechts- 1
sätze, die die **Stellung des Wirtschaftssubjekts gegenüber Trägern hoheitlicher Gewalt oder deren eigene Marktteilnahme oder das Wirtschaftsverhalten privater Wettbewerber** regulieren, verstanden werden.[1] Ohne in einen fruchtlosen Streit um Begriffe zu verfallen, ist der Wandel von dem noch vielfach verwandten Begriff des Wirtschaftsverwaltungsrechts zu dem des Öffentlichen Wirtschaftsrechts zum einen der Bedeutung des Wirtschaftsverfassungs- (und des europäischen und internationalen Wirtschaftsrechts) neben dem Wirtschaftsverwaltungsrecht geschuldet (→ Rn. 7 ff.) und soll zum anderen dem Umstand Rechnung tragen, dass es nicht mehr allein um die verwaltungsrechtliche Ordnung privaten Wirtschaftens geht (die-

---

[16] Im Einzelnen *G. Ambrosius*, Staat und Wirtschaftsordnung, 2001, S. 129 ff.
[1] Vgl. *Schliesky*, ÖffWiR S. 3.

ser Gedanke ist beherrschend bei den in den §§ 10–12 behandelten Gegenständen), sondern einerseits das staatliche Agieren im Markt spezifische rechtliche Regime erzeugt hat (→ §§ 7–9) und andererseits der Rückzug des Staates von der Eigenerfüllung von öffentlichen Aufgaben auf eine Gewährleistungsverantwortung eine neue Form der Regulierung privatwirtschaftlicher Leistungserbringung nach sich gezogen hat (→ §§ 13–15).

2 Aus dieser Erläuterung des Begriffs „Öffentliches Wirtschaftsrecht" lassen sich seine **wesentlichen Gegenstände** ableiten: Auf der Ebene des **Völkerrechts** finden sich verschiedene Organisationen und Vertragswerke, insbesondere die World Trade Organization (WTO), die vorliegend nicht behandelt werden können[2]. In Anbetracht seiner Ursprünge in einer Europäischen *Wirtschafts*gemeinschaft von größter Bedeutung für die Gestaltung des Öffentlichen Wirtschaftsrechts ist das **europäische Unionsrecht**. Seine Regelungen prägen das nationale Recht häufig bis in das Detail vor, wofür das Subventions- (→ § 6) und das Vergaberecht (→ § 9) geläufige Beispiele sind. Da es deshalb im jeweiligen Sachzusammenhang mitbehandelt wird, beschränkt sich die gesonderte Behandlung dieser Regelungsebene auf die Skizzierung elementarer Grundlagen des unionsrechtlichen Primärrechts (→ Rn. 37 ff.).

3 Ebenfalls nur in seinen für das Öffentliche Wirtschaftsrecht relevanten Kernelementen wird des **Wirtschaftsverfassungsrechts** gedacht (→ Rn. 7 ff.). Neben der elementaren Frage der Stellung der Verfassung zum Wirtschaftssystem als solchem (→ Rn. 7 ff.) geht es dabei in erster Linie um die föderale Kompetenzverteilung und den Grundrechtsschutz wirtschaftlicher Tätigkeit (→ Rn. 11 ff.). Auf der **Ebene des einfachen Rechts** lässt sich das Öffentliche Wirtschaftsrecht nach verschiedenen Gesichtspunkten gliedern. Auch solche Gliederungen bergen weder eine gleichsam naturgesetzliche Logik in sich noch sind sie Selbstzweck. Sie dienen lediglich dazu, verbindende Gesichtspunkte herauszuarbeiten. Vorliegend wurde folgende Einteilung gewählt:

- Unter der Überschrift „**staatliche Einflussnahmen auf die Wirtschaft**" lässt sich neben den Formen und Instrumenten der Einwirkung (→ § 5) auch das Subventionsrecht (→ § 6) fassen. Die Ausführungen zu den Formen und Instrumenten können zusammen mit dem vorliegenden Kapitel und dem zur Organisation der Wirtschaftsverwaltung (→ § 4) als ein allgemeiner Teil des Öffentlichen Wirtschaftsrechts gelesen werden.
- Als „**Staat im Markt**" lassen sich wettbewerbsrelevante Aktivitäten des Staates und anderer Verwaltungsträger (→ § 7), die Annäherung vom Staat und anderen Verwaltungsträgern bislang selbst wahrgenommener Aufgabenerfüllung an Formen privater Aufgabenwahrnehmung durch Privatisierung (→ § 8) sowie die Vergabe öffentlicher Aufträge (→ § 9) zusammenfassen.
- Typologisch aus **ordnungsrechtlichen Wurzeln** hervorgegangen sind insbesondere das Gewerbe- (→ § 10), das Handwerks- (→ § 11) und das Gaststättenrecht (→ § 12). Sie bilden den „klassischen" Kern des „Wirtschaftsverwaltungsrechts".
- Demgegenüber ist das sog. **Regulierungsrecht** eine neuere Erscheinungsform (→ § 13). Im Kern geht es dabei darum, dass das Verhalten privater Marktakteure zur Erreichung bestimmter Gemeinwohlziele einem Mix verschiedener Steuerungsinstrumente unterworfen wird. Es wird insoweit davon ausgegangen, dass in den regulierten Bereichen die Leistungserbringung zwar durch private Akteure erfolgen soll, eine hinreichende Erreichung aller verfolgten Ziele durch den Markt jedoch nicht sicher ist. Wichtigste Beispiele sind das Telekommunikations- (→ § 14) und das Energierecht (→ § 15).

---

[2] Dazu etwa *M. Hilf/S. Oeter*, WTO-Recht, 3. Aufl. 2010; *M. Krajewski*, Wirtschaftsvölkerrecht, 3. Aufl. 2012; *C. Pitschas/J. Neumann/C. Herrmann*, WTO-Recht in Fällen, 2005; *C. Herrmann/W. Weiß/C. Ohler*, Welthandelsrecht, 2. Aufl. 2007.

Übersicht Öffentliches Wirtschaftsrecht

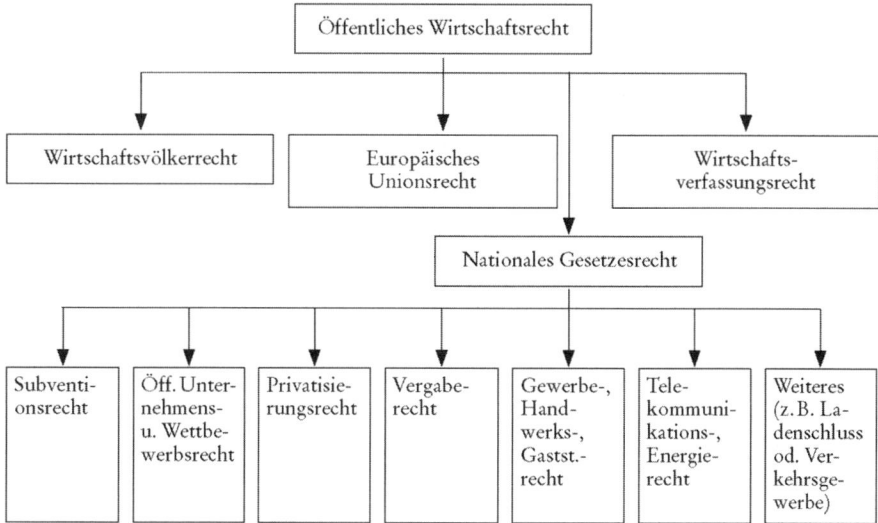

II. Öffentliches und privates Wirtschaftsrecht

Das Öffentliche Wirtschaftsrecht ist seinerseits nur Teil des auch das private Wirt- 4
schaftsrecht und das Wirtschaftsstrafrecht umfassenden Wirtschaftsrechts:

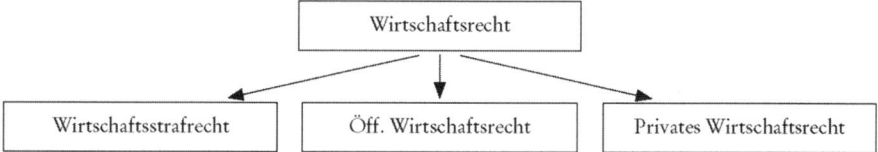

Entsprechend der allgemeinen Unterscheidung zwischen öffentlichem und privatem Recht[3] regelt das **private Wirtschaftsrecht** das Verhalten der Marktteilnehmer untereinander[4]. Beteiligt sich der Staat oder ein anderer Träger hoheitlicher Gewalt wie andere Wirtschaftssubjekte auch am Markt, so unterliegt auch er den Regeln des privaten Wirtschaftsrechts. Daraus können schwierige Gemengelagen mit dem Öffentlichen Wirtschaftsrecht entstehen, zB im Verhältnis der Vorschriften über die wirtschaftliche Betätigung der Kommunen zum Gesellschaftsrecht (→ § 7 Rn. 48 ff.). Auch die Zuordnung von Rechtsgebieten zum öffentlichen oder privaten Wirtschaftsrecht ist nicht immer eindeutig. So zählen beträchtliche Teile des Kartellrechts an und für sich zum Öffentlichen Wirtschaftsrecht, werden üblicherweise aber im Zusammenhang des privaten Wirtschaftsrechts behandelt.

---

[3] Dazu *Sodan/Ziekow*, GKÖR § 67 Rn. 1 ff.
[4] *J. Meyer*, Wirtschaftsprivatrecht, 7. Aufl. 2012; *P. Müssig*, Wirtschaftsprivatrecht, 16. Aufl. 2013; *F. Schade*, Wirtschaftsprivatrecht, 3. Aufl. 2013.

III. Wirtschaftssystem und Wirtschaftspolitik

5 Die Ausgestaltung des Öffentlichen Wirtschaftsrechts ist entscheidend von dem Rahmen geprägt, den Wirtschaftssystem und Wirtschaftspolitik als außerrechtliche Kategorien setzen. Ob es sich bei dem jeweiligen **Wirtschaftssystem** um eine zentral gelenkte Planwirtschaft mit vollständiger Verstaatlichung aller Produktionsmittel oder um eine Wirtschaftsordnung handelt, die auf vollständiger Marktfreiheit ohne jede staatliche Korrektur beruht – um zwei Pole möglicher Wirtschaftssysteme zu bezeichnen –, hat massive Auswirkungen auf das Rechtssystem. Die mannigfaltigen Wirtschaftssysteme zu behandeln, ist hier nicht der Ort.[5] Hinzuweisen ist nur darauf, dass das in Deutschland geltende Öffentliche Wirtschaftsrecht erkennbar von der **Grundstruktur der sozialen Marktwirtschaft** geprägt ist. So sind weite Linien des Subventionsrechts am Fall der Arbeitsplätze erhaltenden Subvention entlang entwickelt worden (→ § 6 Rn. 11 f.). Das Regulierungsrecht ist nicht zum Wenigsten auch sozialstaatlich unterlegt (vgl. nur § 2 II Nr. 1 und 2 TKG: flächendeckende Grundversorgung mit Telekommunikationsdiensten zu erschwinglichen Preisen; § 1 I EnWG: sichere, preisgünstige und umweltverträgliche leitungsgebundene Versorgung mit Elektrizität und Gas im Interesse der Allgemeinheit).

6 Die **Wirtschaftspolitik** trifft die Entscheidung über das Wirtschaftssystem – sofern diese nicht bereits rechtlich determiniert ist (→ Rn. 7 ff.) – und dessen Ausgestaltung selbst. Sie lässt sich beschreiben als Summe staatsleitender Maßnahmen über Ordnung, Entwicklung und Ablauf der Wirtschaft.[6] Wichtige Felder sind die Konjunktur-, die Geld-, die Wettbewerbs- und die Strukturpolitik.[7] Im Verhältnis zur umfassend verstandenen Wirtschaftspolitik weisen Wirtschaftslenkung, -förderung und -aufsicht (→ § 5 Rn. 1 ff.) instrumentellen Charakter auf. Wirtschaftssystem und -politik müssen sich in den Grenzen der Wirtschaftsverfassung (→ Rn. 7 ff.) halten.

IV. Wirtschaftsverfassungsrecht

1. Die sog. Wirtschaftsverfassung

7 Der rechtliche Rahmen für Wirtschaftspolitik, Wirtschaftssystem und Öffentliches Wirtschaftsrecht wird durch die Bestimmungen der sog. Wirtschaftsverfassung gezogen. Dabei ist zu beachten, dass es ein Wirtschaftsverfassungsrecht in dem normativen Sinne, dass das Grundgesetz ein bestimmtes, in sich geschlossenes Wirtschaftssystem entwickelt und es als verbindlich vorschreibt, nicht gibt. So – aber auch nur so – ist die bekannte Formel des BVerfG von der **„wirtschaftspolitischen Neutralität des Grundgesetzes"** zu verstehen. Der Gesetzgeber und die übrigen staatsleitenden Organe sind daher nicht an die Verfolgung einer bestimmten Wirtschaftspolitik gebunden, sondern verfügen über eine **wirtschaftspolitische Gestaltungsfreiheit**.[8]

---

[5] Dazu etwa *H. J. Thieme*, in: Vahlens Kompendium der Wirtschaftstheorie und Wirtschaftspolitik, Bd. 1, 9. Aufl. 2007, S. 1 ff.; *A. Woll*, Allgemeine Volkswirtschaftslehre, 15. Aufl. 2007, S. 50 ff.

[6] Vgl. *H. von Arnim*, Volkswirtschaftspolitik, 6. Aufl. 1998, S. 4 ff.

[7] Dazu und zu anderen Feldern der Wirtschaftspolitik im Einzelnen *J. Altmann*, Wirtschaftspolitik, 8. Aufl. 2007; *G. Mussel/J. Pätzold*, Grundfragen der Wirtschaftspolitik, 8. Aufl. 2013; *J. Weimann*, Wirtschaftspolitik, 5. Aufl. 2009.

[8] Vgl. BVerfGE 4, 7 (17 f.); 7, 377 (400); 14, 263 (275); 21, 73 (78); 25, 1 (19 f.); 30, 292 (317, 319); 50, 290 (336 ff.).

Allerdings – und auch dieses hat das BVerfG betont – entbindet diese Gestaltungs- 8
freiheit nicht von der **Beachtung der verfassungsrechtlich gezogenen Grenzen**, insbesondere nicht von der der Grundrechte.⁹ Maßnahmen der Wirtschaftspolitik müssen sich also an den jeweils einschlägigen Einzelbestimmungen des Grundgesetzes messen lassen. Die Gesamtschau dieser Bestimmungen, die Bedeutung für wirtschaftliche Entscheidungen haben, bildet in einem formellen Sinne die Wirtschaftsverfassung des Grundgesetzes.

Betrachtet man die in diesem Sinne verstandene Wirtschaftsverfassung näher, so erweist sich das **Grundgesetz als keineswegs vollständig „neutral"** und offen für jede 9
Form des Wirtschaftssystems. So gewährleistet Art. 12 I GG die eigenverantwortliche und selbstbestimmte Wahl und Ausübung des Berufs ohne staatliche Zwänge und Verbote (→ Rn. 16 ff.). Art. 14 I GG gebietet dem Gesetzgeber, die Wertentscheidung des Grundgesetzes zugunsten des Privateigentums zu beachten. Diese Wertentscheidung beinhaltet eine grundlegende Anerkennung von Privatinitiative und unternehmerischer Eigenverantwortung als Grundlage der Wirtschaftsordnung. Elementarer Kern der Eigentumsgarantie ist die Privatnützigkeit sowie die grundsätzliche Verfügungsbefugnis über den Eigentumsgegenstand (→ Rn. 28 ff.). Demgegenüber öffnet Art. 15 GG die Eigentumsordnung zugunsten der Verwirklichung gemeinwirtschaftlicher Vorstellungen, enthält aber keine objektive Wertentscheidung.¹⁰ Darüber hinaus sichert Art. 9 I GG die Freiheit, Handels- und Kapitalgesellschaften zu bilden und Wirtschaftsunternehmen zu fusionieren. Sowohl die individuelle als auch die kollektive Koalitionsfreiheit werden durch Art. 9 III GG geschützt. In der Zusammenschau mit dem Sozialstaatsprinzip sind damit zumindest **zentrale Elemente einer sozialen Marktwirtschaft fundamentiert**.¹¹

Als das Wirtschaftsverfassungsrecht prägende Norm ist weiterhin Art. 119 I AEUV zu beachten, wonach 10
die Tätigkeit von Mitgliedstaaten und Union „dem **Grundsatz einer offenen Marktwirtschaft** mit freiem Wettbewerb verpflichtet ist". Es wäre ein juristisches Missverständnis, aus dem Umstand, dass der EuGH dem Grundsatz der offenen Marktwirtschaft keine einklagbare Verbindlichkeit beigelegt hat¹², auf einen fehlenden normativen Gehalt des Grundsatzes schließen zu wollen.¹³ Art. 119 I AEUV und ähnliche Vorschriften enthalten eine Systementscheidung für die Marktwirtschaft, ohne einzelne Elemente des Wirtschaftssystems vorzuschreiben oder Interventionen auszuschließen.¹⁴ Mit den Art. 151 ff. AEUV erhält dieses marktwirtschaftliche System eine starke sozialpolitische Komponente.

2. Zuständigkeitsverteilung

Unter den Bedingungen des deutschen Föderalismus und der europäischen Integra- 11
tion sind die Zuständigkeiten zur Regelung des Öffentlichen Wirtschaftsrechts (zur Verteilung der Verwaltungskompetenzen → § 4 Rn. 4 ff.) nicht an einer Stelle kon-

---

⁹ BVerfGE 50, 290 (338).
¹⁰ *R. Wendt*, in: Sachs, GG Art. 15 Rn. 1, 3.
¹¹ *H. Sodan*, in: Ziekow, Wirtschaft und Verwaltung vor den Herausforderungen der Zukunft, 2000, S. 35 ff. Enger die h. M., die nur Extremformen einer Wirtschaftsordnung ausgeschlossen sieht: *Ruthig/Storr*, ÖffWiR § 1 Rn. 4; *Schliesky*, ÖffWiR S. 20. Weitergehend aber *R. Schmidt*, in: Schmidt/Vollmöller, ÖffWiR § 2 Rn. 7.
¹² EuGH Slg. 2000, I-8207 Rn. 25.
¹³ So aber *Ruthig/Storr*, ÖffWiR Rn. 6.
¹⁴ *A. Hatje*, in: Schwarze (Hrsg.), EU-Kommentar, 3. Aufl. 2012, Art. 119 AEUV Rn. 9 ff.; *W. Kilian*, Europäisches Wirtschaftsrecht, 4. Aufl. 2010, Rn. 200 ff.; *Schliesky*, ÖffWiR S. 23.

zentriert, sondern auf **mehrere Ebenen** verteilt. Regelungszuständigkeiten bestehen auf der Ebene des Unionsrechts, des Bundesrechts, des Landesrechts und ggf. des kommunalen Satzungsrechts.

12 Im **Verhältnis der Union zu den Mitgliedstaaten** gilt das **Prinzip der begrenzten Einzelermächtigung** (Art. 5 I EUV): Alle Zuständigkeiten, die nicht der EU übertragen wurden, verbleiben bei den Mitgliedstaaten (Art. 4 I EUV). Die EU darf nur innerhalb der Grenzen der ihr von den Mitgliedstaaten zur Verwirklichung der in den Verträgen niedergelegten Ziele übertragenen Zuständigkeiten tätig werden (Art. 5 II EUV). Die Union hat bei der Ausübung ihrer Zuständigkeiten die Grundsätze der Subsidiarität und der Verhältnismäßigkeit zu beachten (Art. 5 I 2, III, IV EUV). Sofern es sich nicht um eine ausschließliche Zuständigkeit der EU handelt, darf sie nach dem Subsidiaritätsprinzip nur tätig werden, sofern und soweit die verfolgten Ziele nicht von den Mitgliedstaaten ausreichend verwirklicht werden können (Art. 5 III EUV).

Die Zuständigkeitsordnung des AEUV kennt nunmehr eine ausschließliche Zuständigkeit der Union, eine zwischen EU und Mitgliedstaaten geteilte Zuständigkeit sowie eine Zuständigkeit der EU zur Unterstützung, Koordinierung oder Ergänzung mitgliedstaatlicher Maßnahmen:

- Soweit der EU durch die Verträge eine ausschließliche Zuständigkeit übertragen worden ist, kann nur sie gesetzgeberisch tätig werden. Die Mitgliedstaaten dürfen nur im Fall einer Ermächtigung durch die Union oder zur Ausführung von Unionsrecht tätig werden (Art. 2 I AEUV). Art. 3 AEUV zählt die ausschließlichen Zuständigkeiten der EU auf.
- Bei geteilten Zuständigkeiten, die den größten Teil der Zuständigkeiten der Union ausmachen (vgl. die in Art. 4 AEUV genannten Bereiche), können sowohl die EU als auch die Mitgliedstaaten in diesem Bereich Rechtsakte erlassen, die Mitgliedstaaten aber nur, sofern und soweit die Union ihre Zuständigkeit nicht ausgeübt hat.
- Die Bereiche, in der die EU für die Durchführung von Maßnahmen zur Unterstützung, Koordinierung oder Ergänzung mitgliedstaatlicher Maßnahmen zuständig ist, sind in Art. 6 AEUV genannt.

13 Auch im Bereich der ausschließlichen Zuständigkeiten der Union nach Art. 2 I, Art. 3 AEUV sind gleichwohl erlassene Rechtsakte der Mitgliedstaaten nicht nichtig, sondern werden nach dem **Anwendungsvorrang des Unionsrechts** verdrängt. Dieses Prinzip gilt auch für Kollisionen zwischen Unionsrecht, das anderen Kategorien von Unionskompetenzen, etwa der geteilten Zuständigkeit nach Art. 2 II, Art. 4 AEUV, zuzuordnen ist, und nationalem Recht. Es besagt, dass im Falle einer Kollision zwischen Unions- und nationalem Recht der nationale Rechtssatz nicht nichtig ist, sondern nur im konkreten Einzelfall durch die unionsrechtliche Norm verdrängt wird.[15] Vermieden werden kann die Erklärung der Unanwendbarkeit von nationalem Recht ggf. durch die sog. **unionsrechtskonforme Auslegung**. Sie verlangt die Auslegung des mitgliedstaatlichen Gesetzes nach den Anforderungen des Unionsrechts in den Grenzen der methodischen Zulässigkeit.[16]

14 Im **Verhältnis zwischen Bund und Ländern** gibt es keine abschließende Zuweisung der Regelungskompetenz für das Öffentliche Wirtschaftsrecht zu der einen oder der anderen Ebene. Vielmehr finden sich in den Art. 73 und 74 GG verschiedene Kompetenztitel mit wirtschaftsrechtlichem Bezug. Zu nennen

---

[15] Zum Verhältnis von EU-Recht und nationalem Recht EuGH Slg. 1964, 1251 (1270 f.) – Costa; 1978, 629 Rn. 17 f. – Simmenthal; 1992, I-3617 Rn. 32 – Debus; 1993, I- 4287 Rn. 9 – Levy; 1998, I-937 Rn. 30 – Solred; 1998, I-6307 Rn. 20 – In.Co.GE; 1999, I-2517 Rn. 22 – Ciola.
[16] EuGH Slg. 1988, 673 Rn. 11 – Murphy; 1990, I-4135 Rn. 8 – Marleasing; 1994, I-3325 Rn. 26 – Faccini Dori; 2000, I-929 Rn. 62 – Deutsche Post; 2004, I-8835 Rn. 113 – Pfeiffer u. a.; 2005, I-1789 Rn. 73 – Nikoloudi.

sind etwa die eine ausschließliche Bundeskompetenz begründenden Art. 73 I Nr. 4 GG (Währungswesen), Nr. 5 (Zollwesen, Freizügigkeit des Warenverkehrs) und Nr. 7 (Postwesen und Telekommunikation). Im Bereich der konkurrierenden Gesetzgebung ist in erster Linie Art. 74 I Nr. 11 GG zu nennen. Er unterstellt die Zuständigkeit für das „Recht der Wirtschaft" den Regeln des Art. 72 GG über die konkurrierende Gesetzgebung[17] und nennt als Beispiele Bergbau, Industrie, Energiewirtschaft, Handwerk, Gewerbe, Handel, Bank- und Börsenwesen sowie privatrechtliches Versicherungswesen. Durch die Föderalismusreform ist nunmehr das Recht des Ladenschlusses, der Gaststätten, der Spielhallen, der Schaustellung von Personen, der Messen, Ausstellungen und Märkte ausdrücklich von der konkurrierenden Gesetzgebung ausgenommen worden. Die Gesetzgebungsbefugnis für diese Gebiete liegt nunmehr allein bei den Ländern. Die vorhandenen bundesrechtlichen Regelungen gelten als Bundesrecht fort, können aber durch Landesrecht ersetzt werden (§ 125a I GG). Dies ist insbesondere im Ladenschlussrecht, teilweise auch im Gaststättenrecht (→ § 12 Rn. 1 f.) erfolgt. Die – nicht erschöpfend zu verstehende – Aufzählung macht deutlich, dass der Begriff **„Recht der Wirtschaft"** weit zu verstehen ist.[18] Er erfasst alle das wirtschaftliche Leben und die wirtschaftliche Betätigung regelnden Vorschriften mit wirtschaftsregulierendem oder -lenkendem Inhalt.[19] Von Bedeutung in Fallbearbeitungen ist die Kompetenzabgrenzung zB bei der Frage des Verhältnisses des Gewerberechts zum landesrechtlichen Polizei- und Ordnungsrecht (→ § 10 Rn. 78).

3. Grundrechtsschutz wirtschaftlicher Tätigkeit

Im Folgenden werden in aller Kürze einige wichtige Elemente des Grundrechtsschutzes wirtschaftlicher Tätigkeit zusammengefasst. Einzelheiten darzulegen ist hier nicht der Ort. Die Beherrschung des Pflichtfachstoffs zu den allgemeinen Grundrechtslehren und den Einzelgrundrechten wird vorausgesetzt. Im Übrigen wird auf die Darstellung der Grundrechte in den einschlägigen Lehrbüchern verwiesen.[20]   15

a) Berufsfreiheit

Ungeachtet der in Art. 12 I 1 und 2 GG angelegten Differenzierungen versteht das BVerfG Art. 12 I GG als ein **einheitliches Grundrecht der Berufsfreiheit**.[21] In seiner abwehrrechtlichen Dimension[22] ermöglicht Art. 12 I GG dem Einzelnen, zur materiellen Sicherung seiner individuellen Lebensgrundlagen seine Persönlichkeit frei zu entfalten.[23] Geschützt ist der freie Entschluss des Grundrechtsberechtigten, eine konkrete Beschäftigungsmöglichkeit in dem gewählten Beruf zu ergreifen, beizubehalten und aufzugeben.[24] Der **persönliche Schutzbereich** erstreckt sich auf Deutsche und – über Art. 19 III GG – auf inländische juristische Personen des Privatrechts[25] – gleich zu behandeln sind juristische Personen aus anderen Mitgliedstaaten der EU[26] –, nicht aber auf juristische Personen des öffentlichen Rechts[27].   16

---

[17] Dazu zusammenfassend *Sodan/Ziekow*, GKÖR § 17 Rn. 6 ff.
[18] BVerfGE 8, 143 (148 f.); 28, 119 (146); 68, 319 (330); BVerfG NJW 2007, 51 (52).
[19] BVerfGE 68, 319 (330); BVerfG NJW 2007, 51 (52).
[20] Siehe nur *J. Ipsen*, Staatsrecht II, 15. Aufl. 2012; *B. Pieroth/B. Schlink*, Staatsrecht II, Grundrechte, 28. Aufl. 2012; *Sodan/Ziekow*, GKÖR §§ 20 ff.
[21] BVerfGE 7, 377 (401 f.); 33, 303 (329 f.); 92, 140 (151); 101, 331 (346).
[22] Zu den verschiedenen Dimensionen des Grundrechtsschutzes *J. Ipsen*, Staatsrecht II, 15. Aufl. 2012, Rn. 53 ff.; *B. Pieroth/B. Schlink*, Staatsrecht II, Grundrechte, 28. Aufl. 2012, Rn. 75 ff.; *Sodan/Ziekow*, GKÖR § 22.
[23] BVerfGE 63, 266 (286); 81, 242 (254); 101, 331 (347).
[24] BVerfGE 84, 133 (146).
[25] BVerfGE 106, 275 (298); NVwZ 2006, 1041 (1042).
[26] BVerfG NJW 2011, 3428 Rn. 75 ff.
[27] Vgl. BVerfGE 45, 63 (78).

17 Zentraler Begriff für die Eröffnung des **sachlichen Schutzbereichs** ist der des Berufs. Unter einem **Beruf** iSv Art. 12 I GG ist die **auf Dauer angelegte Tätigkeit zu verstehen, die auf Erwerb gerichtet ist und der Schaffung und Erhaltung einer Lebensgrundlage dient**.[28] Entgegen einer auch in der – zumindest älteren – Rspr. des BVerfG auffindlichen Einschränkung kommt es nicht darauf an, ob die betreffende Tätigkeit erlaubt ist.[29] Es kann nicht dem einfachen Gesetzgeber offen stehen, eine Tätigkeit als verboten zu qualifizieren und sie damit dem Schutzbereich des Art. 12 I GG, der ja gerade solche Verbote erfassen soll, zu entziehen.[30] Ob die Tätigkeit im Ergebnis verboten bleibt oder es sich um einen nicht gerechtfertigten Eingriff in den Schutzbereich handelt, ist auf der Stufe der Grundrechtsschranken zu klären. Entsprechendes gilt für die Eliminierung sog. gemeinschädlicher oder schlechthin sozial unschädlicher Tätigkeiten aus dem Schutzbereich des Art. 12 I GG[31]. Bekanntes Beispiel ist das des Berufskillers, dem nicht der Schutz der Berufsfreiheit zuteil werden soll. Soweit es jedoch um die Begrenzung eines Grundrechts durch andere Verfassungsnormen – um im Beispiel zu bleiben: das Recht anderer aus Art. 2 II 1 GG – geht, ist diese nicht über eine Begrenzung des Schutzbereichs, sondern bei der Prüfung der Grundrechtsschranken zu verorten.[32]

18 Welche Tätigkeiten danach „Berufe" sind, muss nicht rechtlich vorgeprägt oder traditionell akzeptiert sein. Sofern die genannten Merkmale erfüllt sind, fallen **auch untypische** – selbständig oder unselbständig ausgeübte – **Tätigkeiten** unter Art. 12 I GG.[33] Auch liegen einmal gewachsene Berufsbilder nicht für alle Zeit fest, sondern können sich verändern. Dem Gesetzgeber steht es aber offen, auch gestaltend Berufsbilder festzulegen.[34] Eine solche **Berufsbildfixierung** zeitigt die Konsequenz, dass sich die Berufswahl in dem betreffenden Aufgabenfeld künftig nur noch innerhalb des festgelegten Berufsbildes bewegen kann.[35] Will der Betreffende das Tätigkeitsprofil modifizieren, so unterfällt dies regelmäßig nicht seiner Berufsausübungsfreiheit. Erst dann, wenn die Modifikation so weitgehend ist, dass ein anderer Beruf als der durch das Berufsbild fixierte anzunehmen ist und die Berufsbildfixierung insoweit keine Ausschlusswirkung entfaltet, kann sich der Betreffende wieder auf seine Berufswahlfreiheit berufen. Allerdings ist der Gesetzgeber seinerseits bei der Fixierung von Berufsbildern, etwa der Zusammenlegung bislang selbständiger Berufe, gehalten, die für Eingriffe in die Freiheit der Berufswahl (→ Rn. 25 f.) geltenden Anforderungen zu beachten.[36] Ein Indikator – allerdings kein allein ausschlaggebendes Kriterium – für das Vorliegen eines eigenständigen Berufs ist eine diesbezügliche besondere Berufsausbildung.[37]

---

[28] BVerfGE 54, 301 (313); 97, 228 (252 f.); 102, 197 (212); NVwZ 2006, 1041 (1042); DVBl. 2006, 625; 2007, 1555 (1559); NVwZ 2010, 1212 Rn. 85.

[29] So aber BVerfGE 13, 97 (106); 14, 19 (22); 48, 376 (388); 68, 272 (281); 81, 70 (85). Ablehnend jetzt BVerfG DVBl. 2006, 625.

[30] BVerfG DVBl. 2006, 625; BVerwGE 22, 286 (288); 96, 293 (297); 96, 302 (308 f.); *T. Mann*, in: Sachs, GG Art. 12 Rn. 52; *J. Ziekow*, Über Freizügigkeit und Aufenthalt, 1997, S. 429.

[31] Für eine solche Eliminierung etwa BVerwGE 22, 286 (289); *R. Zippelius/T. Würtenberger*, Deutsches Staatsrecht, 33. Aufl. 2008, § 30 Rn. 6 f. Überlegungen in diese Richtung auch bei BVerfG DVBl. 2006, 625.

[32] *J. Ziekow*, Über Freizügigkeit und Aufenthalt, 1997, S. 435 f. mwN.

[33] Vgl. BVerfGE 7, 377 (397); 9, 39 (48): Handel mit loser Milch; BVerwGE 94, 269 (277): Heilmagnetisieren; BVerfG GewArch 2008, 28: Huftechniker.

[34] BVerfGE 17, 232 (241); 59, 302 (315); 75, 246 (265); BVerfG GewArch 2008, 28 (29).

[35] Vgl. BVerfGE 17, 232 (241).

[36] BVerfG GewArch 2008, 28 (29 ff.).

[37] BVerfG NVwZ 2010, 1212 Rn. 86.

> Die in Fall 1 von H ausgeübte Tätigkeit eines „Vollzeit-Hundezüchters" mag eine untypische sein, erfüllt jedoch alle Merkmale eines Berufs iSv Art. 12 I GG – zumal der H seinen Lebensunterhalt offenbar allein mit den durch die Hundezucht erzielten Gewinnen bestreitet.[38] Für die an die Rechtfertigung der durch das „Gesetz zum Schutz der Hunde in Deutschland" statuierten Maßnahmen zu stellenden Anforderungen kommt es darauf an, ob als Beruf die Tätigkeit als Hundezüchter allgemein oder als Züchter gerade und ausschließlich der Hunde der seltenen Rasse anzusehen ist (→ Rn. 27).

Tätigkeiten, die nur als Bestandteil eines umfassenden oder als Erweiterung eines anderen Berufs ausgeübt werden, stellen keinen eigenständigen Beruf dar.[39] Von Bedeutung ist diese Abgrenzung für die Rechtfertigung von Grundrechtseingriffen (→ Rn. 23 ff.): Wird eine **unselbständige Teiltätigkeit** verboten, so handelt es sich hinsichtlich des umfassenden Berufs um eine Berufsausübungsregelung. Ist die Tätigkeit hingegen als selbständiger Beruf anzusehen, so liegt eine Berufswahlregelung vor.

Art. 12 I GG schützt die Berufsfreiheit umfassend: von der Entscheidung für einen bestimmten Ausbildungsplatz über die Wahl eines Berufs, dessen Ausübung und Beibehaltung bis schließlich zur Entscheidung, einen bestimmten Beruf nicht mehr auszuüben.[40] Geschützt ist das berufsbezogene Verhalten einzelner Personen oder Unternehmen am Markt.[41] Entsprechend lässt sich die Berufsfreiheit in zahlreiche **„Einzelfreiheiten"** ausdifferenzieren, so zB 19

- die **Freiheit unternehmerischer Betätigung** als Recht auf Gründung und Führung eines Unternehmens jeder Größe[42]
- die in § 1 GewO konkretisierte **Gewerbefreiheit** (→ § 10 Rn. 7),
- die **Wettbewerbsfreiheit**, also die Freiheit, sich als Bestandteil der Berufstätigkeit in Konkurrenz zu anderen Anbietern bzw. Nachfragern auf den Markt zu begeben[43], wobei diese Freiheit nur in den Grenzen der rechtlichen Regeln besteht, die den Wettbewerb selbst ermöglichen und begrenzen[44]
- das Recht auf freie Vertrags- und Preisgestaltung in der beruflichen Sphäre[45] – auch mit den eigenen Arbeitnehmern – (außerhalb dieser Sphäre ist die Vertragsfreiheit durch Art. 2 I GG geschützt[46]),
- die Freiheit, für berufliche Zwecke zu werben[47],
- den Schutz von Betriebs- und Geschäftsgeheimnissen[48]. Hierunter werden alle Umstände mit Bezug auf ein Unternehmen verstanden, die nur einem begrenzten Personenkreis zugänglich sind und an deren Nichtverbreitung der Rechtsträger ein berechtigtes Interesse hat, wobei unter einem Betriebsgeheimnis in erster Linie

---

[38] BVerfGE 110, 141 (156 f.).
[39] BVerfG GewArch 2009, 448 mwN.
[40] BVerfGE 84, 133 (146).
[41] BVerfG NVwZ 2006, 1041 (1042).
[42] BVerfGE 50, 290 (363); BVerfG DVBl. 2007, 1555 (1559).
[43] Vgl. BVerfGE 32, 311 (317); 46, 120 (137); 53, 135 (143 f.); BVerfG NJW 2007, 51 (54).
[44] BVerfG NVwZ 2006, 1041 (1042).
[45] BVerfGE 88, 145 (159); 97, 228 (262 f.); BVerfG NJW 2007, 51 (54); DVBl. 2007, 1555 (1559); NVwZ 2012, 1535 (1536).
[46] BVerfGE 8, 274 (328); 74, 129 (151 f.); 95, 267 (303 f.); 103, 197 (215).
[47] BVerfGE 9, 213 (221 f.); 65, 237 (245 ff.); 85, 248 (256); 95, 173 (181); BVerwG NJW 2008, 1686.
[48] BVerfG NVwZ 2006, 1041 (1042).

technisches Wissen im weitesten Sinne und unter einem Geschäftsgeheimnis kaufmännisches Wissen zu verstehen ist.[49]

20 Keinen Schutz gewährt Art. 12 I GG hingegen vor Konkurrenz. Da Art. 12 I GG allen privaten Wettbewerbsteilnehmern in gleichem Maße die Wettbewerbsfreiheit gewährt, kann das Gebrauchmachen von dieser Wettbewerbsfreiheit – wodurch die Konkurrenz zu anderen Wettbewerbsteilnehmern überhaupt erst entsteht – nicht gegen Art. 12 I GG verstoßen. Dies gilt zunächst gegenüber privaten Konkurrenten.[50] Da aber Art. 12 I GG bereits **schutzbereichlich nicht den Schutz vor Konkurrenz umfasst**, schützt Art. 12 I GG auch nicht gegen Konkurrenz durch die öffentliche Hand (im Einzelnen → § 7 Rn. 61). Vor Konkurrenz schützt im Übrigen ebenso wenig Art. 14 GG.[51]

> In Fall 1 könnte der H also nicht erfolgreich argumentieren, dadurch, dass er nicht ausländische Hunde zur Zucht einsetzen dürfe, die bloße Einfuhr von Hunden der betreffenden Rasse aber erlaubt bleibe, würden Konkurrenten, die Hunde nur importieren, ohne sie zu züchten, und ausländische Züchter gegenüber den inländischen Züchtern bevorteilt.

Allerdings sind nicht sämtliche staatlichen Beeinflussungen des Wettbewerbs grundrechtlich ohne Bedeutung. Art. 12 I GG schützt auch gegen erhebliche Beeinträchtigungen der beruflichen Betätigung durch eine Veränderung der Rahmenbedingungen des Wettbewerbs zu Lasten bestimmter am Wettbewerb teilnehmender Unternehmen.[52] Insbesondere dann, wenn Unternehmen keinen freien Zugang zu dem betreffenden Markt haben, sondern der **Marktzugang reguliert** ist, können Einzelakte, die für das betroffene Unternehmen erhebliche Konkurrenznachteile zur Folge haben, eine Beeinträchtigung der Berufsfreiheit darstellen. Dies ist nämlich dann der Fall, wenn die Gemeinwohlbelange, auf denen die Regulierung des Marktzugangs beruht, keine Grundlage für die die Konkurrenzverhältnisse verändernde hoheitliche Maßnahme darstellen. Dies gilt beispielsweise für die Einräumung eines Vorrangs für die bereits zum Markt zugelassenen Unternehmen gegenüber Konkurrenten, die ebenfalls auf diesen Markt drängen.[53] Gleiches gilt, wenn hinsichtlich der Frage, welches von mehreren konkurrierenden Unternehmen zu dem betreffenden Markt zugelassen werden soll, eine **Auswahlentscheidung** zu treffen ist. Denn hier führt die Zulassung des einen zwangsläufig zur Nichtzulassung des anderen Unternehmens, was einer Berufszulassungsbeschränkung zumindest nahe kommt.[54] Hier verlangt Art. 12 in Verbindung mit Art. 3 I GG eine der Berufsfreiheit angemessene, chancengleiche Ausgestaltung des Auswahlverfahrens.[55] In diesen Fällen können die nichtzugelassenen Unternehmen gegen die Bevorzugung der anderen Unternehmen vorgehen. Umgekehrt verleiht Art. 12 I GG den bereits zugelassenen Unternehmen kein Recht, den Marktzutritt weiterer Unternehmen abwehren zu können.[56]

21 Eingriffe in das Grundrecht aus Art. 12 I GG sind alle Regelungen, die bewirken, dass eine berufliche Tätigkeit nicht in der gewünschten Weise ausgeübt werden kann.[57] Dies sind zunächst die sog. **klassischen Grundrechtseingriffe**, also Ge- und Verbote, die unmittelbar und final zu einer Verkürzung grundrechtlicher Freiheiten führen[58]. Darüber hinaus können aber auch nur mittelbare bzw. **faktische Beeinträchtigungen** einen Grundrechtseingriff darstellen. Dies gilt für solche Regelungen, die zwar nicht final oder unmittelbar auf die Berufsfreiheit einwirken, jedoch in

---

[49] BVerfG NVwZ 2006, 1041 (1042).
[50] BVerfGE 34, 252 (256); 55, 261 (269); 93, 362 (370); 94, 372 (395); BVerwG NVwZ 2009, 525 (529).
[51] BVerfGE 34, 252 (257); 55, 261 (273).
[52] BVerwG NVwZ 2011, 1069 Rn. 25.
[53] BVerfG NJW 2005, 273 (274 f.).
[54] BVerfG NVwZ 2009, 977 (978).
[55] BVerfG NZBau 2011, 123 Rn. 10.
[56] BVerfG NVwZ 2009, 525 (529).
[57] BVerfG DVBl. 2007, 1555 (1559).
[58] Zu diesem Begriff des klassischen Grundrechtseingriffs BVerfGE 105, 279 (300).

engem Zusammenhang mit der Ausübung eines Berufs stehen und objektiv eine **berufsregelnde Tendenz** deutlich erkennen lassen.[59] Dieses Erfordernis der berufsregelnden Tendenz ist ein notwendiges Korrektiv, um allgemeine Veränderungen der Marktdaten und Rahmenbedingungen unternehmerischen Handelns, die vor Art. 12 I GG irrelevant sind, von Grundrechtseingriffen abgrenzen zu können.[60] Die fragliche Maßnahme muss – um einen mittelbaren Eingriff darzustellen – in ihrer Zielsetzung und Wirkung einem klassischen Eingriff gleichkommen und darf nicht lediglich mittelbare Folgen als bloßen Reflex erzeugen.[61] Beispiele für solche mittelbaren Grundrechtseingriffe können die Vorgabe, dass bei der Erfüllung öffentlicher Aufträge (→ § 9) die Arbeitnehmer nach Tarif zu bezahlen sind,[62] staatliche Informationstätigkeiten, zB Warnungen vor bestimmten Produkten bestimmter Unternehmen sein. Insoweit ist allerdings zu beachten, dass nach der – umstrittenen – Rspr. des BVerfG Art. 12 I GG nicht vor der Verbreitung zutreffender und sachlich gehaltener Informationen am Markt schützen soll, die für das wettbewerbliche Verhalten der Marktteilnehmer von Bedeutung sein können, selbst wenn die Inhalte sich auf einzelne Wettbewerbspositionen nachteilig auswirken können.[63] Zu Recht ist darauf hingewiesen worden, dass das Gericht hier in unzulässiger Weise die Fragen der Eröffnung des Schutzbereichs, des Vorliegens eines Eingriffs und von dessen Rechtfertigung miteinander vermengt.[64]

> Durch das Verbot, die für die Fortführung des Zuchtbetriebs benötigten Hunde aus dem Ausland für die Zucht zu verwenden, wird in Fall 1 das Grundrecht des H aus Art. 12 I GG eingeschränkt. Dem Verbot kommt daher eine berufsregelnde Tendenz zu.[65]

Nach dem Wortlaut des Art. 12 I GG unterliegt die Freiheit der Berufswahl (Art. 12 I 1 GG) keinem Gesetzesvorbehalt. Der **Regelungsvorbehalt des Art. 12 I 2 GG** gilt nur für die Berufsausübung. Gleichwohl zieht das BVerfG aus dem Verständnis des Art. 12 I GG als einheitlichem Grundrecht der Berufsfreiheit die Konsequenz, dass sich der Regelungsvorbehalt über die Freiheit der Berufsausübung hinaus auch auf die der Berufswahl erstreckt.[66] Auch die Berufswahlfreiheit kann also durch Gesetz oder aufgrund eines Gesetzes geregelt werden.

Allerdings ist die **Unterscheidung zwischen Berufswahl- und Berufsausübungsfreiheit** damit nicht bedeutungslos geworden. Für die Prüfung, ob eine Grundrechtsbeeinträchtigung den Anforderungen des Grundsatzes der Verhältnismäßigkeit genügt, hat das BVerfG jene Unterscheidung aufgenommen und in die Form der sog. **Drei-Stufen-Lehre** gebracht. Sie setzt folgende Markierungen, an denen sich die Verhältnismäßigkeitsprüfung orientiert:

22

23

---

[59] BVerfGE 13, 181 (186); 38, 61 (79); 75, 108 (153 f.); 95, 267 (302); 98, 83 (97); BVerfG GewArch 2009, 448; NVwZ 2012, 1535 (1536).
[60] BVerfG DVBl. 2007, 1097 (1098 f.).
[61] BVerfG NJW 2007, 51 (54); DVBl. 2007, 1097 (1099); GewArch 2009, 448 (449).
[62] BVerfG NJW 2007, 51 (54).
[63] BVerfGE 105, 252 (265 ff.).
[64] Vgl. nur *P. M. Huber*, JZ 2003, 290 (293 f.); *Sodan/Ziekow*, GKÖR § 24 Rn. 12.
[65] Vgl. BVerfGE 110, 141 (157).
[66] BVerfGE 7, 377 (402 f.); 33, 303 (336); 54, 237 (245 f.).

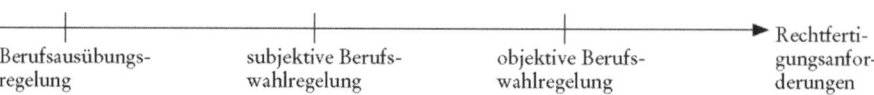

| Berufsausübungs- | subjektive Berufs- | objektive Berufs- | Rechtferti- |
| regelung | wahlregelung | wahlregelung | gungsanforderungen |

24 ■ **Berufsausübungsregelungen** betreffen das „Wie" der beruflichen Betätigung, also ihre sämtlichen Modalitäten (Bsp.: ladenschlussrechtliche Regelungen[67] Werbebeschränkungen[68], Nachtbackverbot[69]). Sie sind bereits dann verhältnismäßig, wenn sie durch vernünftige Erwägungen des Gemeinwohls legitimiert werden sowie zur Erreichung des verfolgten Zwecks geeignet, erforderlich und verhältnismäßig im engeren Sinne sind.[70] An der Verhältnismäßigkeit einer Berufsausübungsregelung kann es fehlen, wenn einzelne den betreffenden Beruf Ausübende von der Regelung härter als andere betroffen werden. Dies ist bspw. bei einem für Gaststätten geltenden **Rauchverbot** der Fall, wenn den Gaststätten die Möglichkeit eingeräumt wird, Nebenzimmer als besondere Raucherräume einzurichten. Zwar dient ein auf gesetzlicher Grundlage erlassenes Verbot dem Schutz der Bevölkerung vor den Gefahren des Passivrauchens. Doch verfügen die Betreiber kleiner Gaststätten mit nur einem Raum – anders als die Betreiber größerer Gaststätten – nicht über die Möglichkeit, einen separaten Raucherraum auszuweisen. Da solche Kleingaststätten typischerweise den Großteil ihres Umsatzes nicht mit dem Angebot von Speisen, sondern dem von Getränken erzielen und die hierdurch angesprochenen Gäste voraussichtlich ausbleiben würden, wenn sie nicht rauchen dürfen, werden sie durch die Konzeption des Rauchverbots in ihrer Existenz gefährdet. *Insoweit* ist das Rauchverbot daher unverhältnismäßig.[71] Hingegen ist das Drohen wirtschaftlicher Einbußen von Gaststätten, die wegen ihrer Größe einen Raucherraum ausweisen können, gegenüber dem verfolgten Ziel des Gesundheitsschutzes nachrangig.[72]

25 ■ **Subjektive Berufswahlregelungen** machen das „Ob" der Aufnahme eines bestimmten Berufs von der Erfüllung von Voraussetzungen abhängig, die persönliche Eigenschaften oder Fähigkeiten oder Leistungen des Einzelnen betreffen (Bsp.: Befähigungs- bzw. Sachkundenachweise[73] → § 11 Rn. 28, Höchstaltersgrenzen[74], Prüfung der Zuverlässigkeit vor Aufnahme der Tätigkeit[75] → § 10 Rn. 41). Solche Zulassungsvoraussetzungen sind nur dann verhältnismäßig, wenn sie dem Schutz besonders wichtiger Gemeinschaftsgüter dienen.[76]

26 ■ Unter **objektiven Berufswahlregelungen** sind Voraussetzungen für die Zulassung zu einem Beruf zu verstehen, auf deren Erfüllung der einzelne keinen Einfluss hat (Bsp.: Bedürfnisprüfungen[77], Höchstzahlregelungen[78], staatliche Monopole, die Private von dieser Tätigkeit ausschließen[79]). Ihre Rechtfertigung verlangt, dass sie der Abwehr nachweisbarer oder höchstwahrscheinlicher schwerer Gefahren für ein überragend wichtiges Gemeinschaftsgut dienen.[80]

27 Zwei ergänzende Hinweise: Erstens betrifft die Stufung nicht erst die Anforderungen an die Verhältnismäßigkeit im engeren Sinne, sondern schon die **Prüfung der Erforderlichkeit der Beeinträchtigung** der Berufsfreiheit. Könnte der Zweck der Maßnahme ebenso gut durch einen auf einer niederen Stufe anzusiedelnden Eingriff erreicht werden, so ist die gleichwohl auf höherer Stufe eingreifende Maßnahme nicht

---

[67] BVerfGE 13, 237 (239 f.); 14, 19 (22).
[68] BVerfGE 85, 248 (256); 94, 372 (389); 95, 173 (181).
[69] BVerfGE 87, 363 (382 f.).
[70] BVerfGE 7, 377 (405 f.); 61, 291 (312); 68, 272 (282); 93, 362 (369); 106, 181 (192).
[71] BVerfG DVBl. 2008, 1110 (1112 ff.).
[72] BVerfG NVwZ 2010, 38 (39).
[73] BVerfGE 13, 97 (106); 34, 71 (77); 69, 209 (218); 80, 1 (23 f.).
[74] BVerfGE 9, 338 (345); 64, 72 (82).
[75] BVerfGE 41, 378 (390).
[76] BVerfGE 13, 97 (107); 19, 330 (337); 69, 209 (218); 73, 301 (316); 93, 213 (235).
[77] BVerfGE 7, 377 (415 f.); 9, 39 (48 f.); 79, 208 (210 f.); 86, 28 (39).
[78] BVerfGE 40, 196 (218).
[79] BVerfGE 21, 261 (267); BVerfG NVwZ 2010, 1212 Rn. 97 ff.
[80] BVerfGE 7, 377 (407 f.); 11, 168 (183); 40, 196 (218); 84, 132 (151); 97, 12 (32); BVerfG NVwZ 2010, 1212 Rn. 96.

erforderlich. Zweitens führt das BVerfG die Verhältnismäßigkeitsprüfung bei Art. 12 I GG nicht mehr in strikter Abschichtung der drei Stufen durch, sondern verwendet diese – entsprechend dem Schaubild → Rn. 23 – als Marksteine auf einer **gleitenden Skala der Verhältnismäßigkeitsprüfung**. Die drei Marksteine stellen insoweit eher Vergleichswerte für die Wirkungsintensität beeinträchtigender Maßnahmen dar, an denen die jeweils in Rede stehende Maßnahme in ihrer Wirkung zu messen ist. Das Ergebnis dieses Vergleichs bestimmt dann die Anforderungen an die Verhältnismäßigkeitsprüfung.[81]

In Fall 1 ist die Antwort auf die Frage, ob das Verbot, ausländische Hunde zur Zucht einzusetzen, das „Ob" der Aufnahme des Berufs des H und damit die Stufe der Berufswahlregelung betrifft, nicht davon abhängig, wie der Beruf des H zu bestimmen ist. Selbst wenn man als Beruf nicht die Zucht von Hunden allgemein, sondern von Hunden speziell der seltenen Rasse ansehen würde, regelt das „Gesetz zum Schutz der Hunde in Deutschland" nur Modalitäten der Berufsausübung. Es handelt sich also um eine Berufsausübungsregelung.[82]

Allerdings sprechen in Fall 1 der Umstand, dass die Zucht von Hunden dieser Rasse von der Zucht anderer Hunde deutlich abweicht und der hohe Spezialisierungsgrad des H dafür, dass der maßgebliche Beruf in dem des Züchters von Hunden gerade der seltenen Rasse zu sehen ist. Aufgrund des Verbots der Zucht mit Hunden aus dem Ausland wird die Fortführung dieses Berufs in spätestens 10 Jahren unmöglich werden. Da sie auf das „Ob" der Weiterführung des Berufs zurückwirkt, **kommt die Berufsausübungsregelung in ihren Wirkungen einer Berufswahlregelung gleich**. In solchen Fällen lässt das BVerfG nicht die sonst für Berufsausübungsregelungen geltenden Anforderungen – also vernünftige Erwägungen des Gemeinwohls – an die Verhältnismäßigkeit genügen, sondern verlangt Gemeinwohlbelange von hoher Bedeutung, die so schwer wiegen, dass sie gegenüber dem schutzwürdigen Interesse des Betroffenen an ungehinderter Betätigung den Vorrang verdienen.[83] Um im Bild der gleitenden Skala der Verhältnismäßigkeitsprüfung → Rn. 23 zu bleiben: Wegen ihrer Wirkungsintensität rückt der Maßstab der Verhältnismäßigkeit näher an den Markstein der objektiven Berufswahlregelung heran. Da das „Gesetz zum Schutz der Hunde in Deutschland" nur die Zucht mit Hunden aus dem Ausland, nicht aber deren Einfuhr verbietet, sind Gemeinwohlbelange von hoher Bedeutung, die dieses Verbot rechtfertigen könnten, nicht erkennbar.

b) Eigentumsgewährleistung

Die Gewährleistung des Eigentums durch Art. 14 I 1 GG soll dem Träger des Grundrechts einen **Freiheitsraum im vermögensrechtlichen Bereich** sichern. Dieser Freiheitsraum ist von vornherein nur durch die **Privatnützigkeit des Eigentums** zu erreichen, nämlich 28

- in Zuordnung zu einem Rechtsträger als Grundlage des Handelns im privaten Interesse und
- mit grundsätzlicher Verfügungsbefugnis über den Vermögensgegenstand.[84]

---

[81] Dazu *T. Mann*, in: Sachs, GG Art. 12 Rn. 114 ff.
[82] Vgl. BVerfGE 110, 141 (157).
[83] BVerfGE 61, 291 (311); 77, 84 (106); 82, 209 (230).
[84] BVerfGE 31, 229 (240); 50, 290 (339); 53, 257 (290); 91, 294 (308); 101, 54 (74 f.); 102, 1 (15); BVerfG DVBl. 2007, 1555 (1557); NJW 2012, 3081 Rn. 52.

Dies schließt es aus, dass neben natürlichen Personen und inländischen juristischen Personen auch juristische Personen des öffentlichen Rechts grundrechtsberechtigt sein können: Denn: Art. 14 I GG schützt „nicht das Privateigentum, sondern das Eigentum Privater".[85]

29 **„Eigentum"** iSv Art. 14 GG *können* alle vermögenswerten Rechtspositionen sein, die dem Einzelnen als Sacheigentum oder ähnlich wie dieses zur privaten Nutzung und Verfügung zugeordnet sind.[86] Was als Eigentum *konkret* geschützt ist bestimmt sich deshalb nach den durch das **einfache Recht** vorgenommenen derartigen Zuordnungen und ihren Grenzen. Neben dem zivilrechtlichen Eigentum iSv § 903 BGB unterfallen bspw. auch das Recht zum Besitz der gemieteten Wohnung[87], das in einer Aktie verkörperte Anteilseigentum[88], Urheber-, Patent- und Markenschutzrechte[89] und öffentlich-rechtliche Rechtspositionen, soweit sie ihre Grundlage in eigenen Leistungen des Betroffenen haben und der Sicherung seiner Existenz dienen[90]. An einem solchen Beruhen auf eigenen Leistungen des Betroffenen fehlt es in der Regel bei für den Betrieb eines Unternehmens erteilten Genehmigungen. Sie stellen eine durch das öffentliche Recht gewährte und bestimmte Rechtsposition dar und unterfallen nicht dem Eigentumsschutz des Art. 14 GG.[91] Etwas anderes gilt allerdings dann, wenn der Unternehmer auf der Grundlage der erteilten öffentlich-rechtlichen Genehmigung bereits Investionen in die Anlage getätigt hat. In diesem Fall erstreckt sich der Schutz des Sacheigentums an der Anlage auch auf die durch die Genehmigung begründete Rechtsposition.[92]

30 Nicht als durch Art. 14 I GG gewährleistetes Eigentum ist das **Vermögen als solches** anzusehen.[93] Dies hat zu Konsequenz, dass die Auferlegung von öffentlich-rechtlichen Geldleistungspflichten, insbesondere von Steuern, nicht am Maßstab des Art. 14 I GG, sondern an dem des Art. 2 I GG zu messen ist.[94] Die Eigentumsgarantie ist aber insofern von Bedeutung, als eine sog. konfiskatorische Besteuerung, also eine das vorhandene *Eigentum* „erdrosselnde" Auferlegung von Steuern, durch Art. 14 I GG ausgeschlossen wird.[95] Auch gewährleistet die Eigentumsgarantie nicht allgemein die Aufrechterhaltung des gegenwärtigen Werts bestimmter Positionen.[96]

31 Hinsichtlich der Reichweite der Eigentumsgewährleistung ist zunächst zu beachten, dass der Schutz des Art. 14 I GG an den **vorhandenen Bestand** an geschützten Rechtspositionen anknüpft.[97] Von Bedeutung ist dies zum einen für die Abgrenzung zu dem durch Art. 12 I GG gewährten Schutz: Im Unterschied zu Art. 12 I GG (→ Rn. 17) **schützt Art. 14 GG nicht den „Erwerb", sondern das „Erworbene".**[98] Zukünftige Chance und Verdienstmöglichkeiten werden durch Art. 14 I nicht er-

---

[85] BVerfGE 61, 82 (108 f.).
[86] In diesem Sinne BVerfGE 83, 201 (208); 95, 267 (300).
[87] BVerfGE 89, 1 (5 ff.).
[88] BVerfG NJW 2012, 3081 Rn. 52.
[89] BVerfGE 31, 229 (240 ff.); 36, 281 (290 f.); 49, 382 (392); 51, 193 (216 ff.); 77, 263 (270).
[90] BVerfGE 69, 272 (300); 72, 9 (19 f.); 100, 1 (32).
[91] BVerfG NVwZ 2009, 1426 (1428).
[92] BVerfG NVwZ 2010, 771 Rn. 27 f.
[93] BVerfGE 4, 7 (17); 91, 207 (220); BVerfG NJW 2012, 3081 Rn. 53.
[94] BVerfGE 19, 253 (257, 267 f.); 70, 219 (230); 75, 108 (154); 78, 249 (277).
[95] BVerfGE 14, 221 (241); 30, 250 (272); 87, 153 (169); 108, 186 (233); BVerfG DVBl. 2007, 1097 (1098).
[96] BVerfG NVwZ 2009, 1426 (1428); 2010, 512 Rn. 38.
[97] Vgl. nur BVerfGE 89, 1 (7).
[98] BVerfGE 30, 292 (335); 84, 132 (157); 85, 360 (383); BVerfG NVwZ 2010, 1212 Rn. 84.

fasst.⁹⁹ Dabei stehen die beiden Grundrechte nicht in einem sich wechselseitig ausschließenden Exklusivitätsverhältnis. So kann eine Nutzung vorhandener Vermögenswerte, die zu beruflichen Zwecken erfolgt, sowohl durch Art. 14 GG als auch durch Art. 12 I GG geschützt sein.¹⁰⁰

> So verhält es sich in Fall 1: Das Verbot, Hunde aus dem Ausland zur Zucht im Inland einzusetzen, stellt einen Eingriff in das Grundrecht des H aus Art. 12 I GG dar (→ Rn. 21). Erwirbt der H Hunde im Ausland und führt sie – erlaubterweise – nach Deutschland ein, so schützt Art. 14 I GG auch das Recht des H, die in seinem Eigentum stehenden Hunde durch den Einsatz zur Zucht zu nutzen. In dieses Recht greift das „Gesetz zum Schutz der Hunde in Deutschland" ein.

Zum anderen schließt es die Anknüpfung an den vorhandenen Bestand aus, dass bloße Erwartungen, Hoffnungen, Aussichten oder tatsächliche Nutzungsvorteile sowie Erwerbs- oder Gewinnchancen als Eigentum iSv Art. 14 GG eingeordnet werden können.¹⁰¹ Relevanz gewinnt diese Abgrenzung u. a. für die Frage, ob das **Recht am eingerichteten und ausgeübten Gewerbebetrieb** dem verfassungsrechtlichen Eigentumsbegriff unterfällt. BVerwG, BGH und Teile des Schrifttums bejahen diese Frage und unterstellen das Recht am Gewerbebetrieb richtigerweise Art. 14 I GG.¹⁰² Allerdings bedarf es keines Rückgriffs auf die Figur des Rechts am Gewerbebetrieb, soweit die fragliche Beeinträchtigung auf Bestandteile des Gewerbebetriebs bezogen ist, die wie Grundstücke, Warenbestände, Forderungen etc. bereits jeweils für sich dem Schutz des Art. 14 I GG unterfallen. Umgekehrt werden bloße Erwerbschancen und tatsächliche Situationsvorteile nicht dadurch zu „Eigentum", dass sie im Rahmen eines Gewerbebetriebs entstanden sind.¹⁰³ Diese Klarstellungen hat das BVerfG in der treffenden Formel zusammengefasst, dass der Schutz des eingerichteten und ausgeübten Gewerbebetriebs nicht weiter gehen kann als der, den seine wirtschaftliche Grundlage genießt.¹⁰⁴ Das Recht am eingerichteten und ausgeübten Gewerbebetrieb entfaltet daher in aller Regel nur dann eigenständige Bedeutung, wenn zwar **in die Substanz des Betriebes eingegriffen** wird, die abzuwehrenden oder auszugleichenden Folgen jedoch über den konkret betroffenen Betriebsbestandteil hinausreichen (Bsp.: Ausgleich für Umsatzeinbußen durch überlange Straßenbauarbeiten).¹⁰⁵

32

Weiterhin bedeutet die Anknüpfung an den vorhandenen Bestand geschützter Rechtspositionen nicht, dass dieser Bestand nur gegen einen Entzug geschützt ist. Vielmehr gewährleistet Art. 14 I GG auch die **Befugnis zur Verfügung** über den Bestand der Rechtspositionen, d. h. ihre Nutzung durch den Eigentümer selbst oder andere, denen der Eigentümer die Nutzungsbefugnis eingeräumt hat, sowie die Veräußerung oder anderweitige Verfügung.

33

> In Fall 1 steht nur die Nutzung einzelner Bestandteile des Gewerbebetriebs des H, nämlich der im Ausland erworbenen Hunde, in Rede. Das Recht am eingerichteten und ausgeübten Gewerbebetrieb vermittelt daher keinen weitergehenden Schutz als das Eigentum an den Hunden selbst.

---

[99] BVerfG NVwZ 2010, 512 Rn. 38.
[100] *Sodan/Ziekow*, GKÖR § 40 Rn. 17.
[101] BVerfGE 68, 193 (222); 78, 205 (211 f.); 105, 252 (277).
[102] BVerwGE 62, 224 (226); 81, 49 (54); BGHZ 111, 349 (356); *O. Depenheuer*, in: v. Mangoldt/Klein/Starck I Art. 14 Rn. 135 f.; *R. Wendt*, in: Sachs, GG Art. 14 Rn. 47. Ablehnend etwa *J. Wieland*, in: Dreier I Art. 14 Rn. 52.
[103] BVerfGE 77, 84 (118); BVerfG NVwZ 2009, 1426 (1428).
[104] BVerfGE 58, 300 (353); BVerfG NVwZ 2009, 1426 (1428).
[105] Dazu *Sodan/Ziekow*, GKÖR § 87 Rn. 8 ff.

34 Die mit der verfassungsrechtlichen Rechtfertigung von Beeinträchtigungen der Eigentumsfreiheit zusammenhängenden Probleme können hier nicht im Einzelnen dargestellt werden. Im Ausgangspunkt ist nach der Art des Eingriffs zu unterscheiden:

Eingriffe in die Eigentumsfreiheit und ihre Rechtfertigung

	Enteignung	Inhalts- u. Schrankenbestimmung	Sonstige Beeinträchtigungen
Art des Eingriffs	Vollständige oder teilweise Entziehung konkreter subjektiver Eigentumspositionen[106]	Generelle und abstrakte Festlegung der Rechte und Pflichten des Eigentümers[107]	Regelnde und faktische Einwirkungen auf das Eigentum im Einzelfall ohne Enteignungscharakter
Grundlage	Art. 14 III GG	Art. 14 I 2 GG	Inhalts- u. schrankenbestimmende Vorschrift; bei faktischen Eingriffen genügt u. U. Aufgabenzuweisung[108]
Form	Durch Gesetz (Legalenteignung) oder aufgrund eines Gesetzes (Administrativenteignung)	Gesetz im materiellen Sinne	Verwaltungsakt oder faktische Beeinträchtigung
Rechtmäßigkeitsanforderungen	– Nur zum Wohle der Allgemeinheit (Art. 14 III 1 GG) – Verhältnismäßigkeit – Junktimklausel (Art. 14 III 2 GG: gleichzeitige Regelung von Art und Ausmaß der Entschädigung)	Verhältnismäßigkeit, wobei im Einzelfall unverhältnismäßige Belastungen durch Zubilligung eines finanziellen Ausgleichsanspruchs im Gesetz ausgeglichen werden kann (ausgleichspflichtige Inhalts- und Schrankenbestimmung)	Bei Akten in Anwendung oder zum Vollzug inhalts- und schrankenregelnder Regelungen: Einhaltung der Grenzen dieser Regelung sowie Verhältnismäßigkeit im Einzelfall; bei anderen Eingriffen: Verhältnismäßigkeit

Das Verbot, im Ausland erworbene Hunde zur Zucht einzusetzen, stellt im Fall 1 eine Bestimmung von Inhalt und Schranken des Eigentums iSv Art. 14 I 2 GG dar. Für die Zulässigkeit dieser Inhalts- und Schrankenbestimmung gilt nichts anderes als für die Rechtfertigung des Eingriffs in das Grundrecht des H aus Art. 12 I GG (→ Rn. 27).[109]

c) Weitere Grundrechte

35 Für einige weitere Grundrechte, die für den Schutz wirtschaftlicher Tätigkeiten von Bedeutung sein können, kann im vorliegenden Zusammenhang nur auf wenige spezifische Bezüge zu im Rahmen des Öffentlichen Wirtschaftsrechts relevanten Fragen

---

[106] Vgl. nur BVerfGE 70, 191 (199 f.).
[107] BVerfGE 58, 300 (330); BVerfG NVwZ 2010, 512 Rn. 39.
[108] Vgl. BVerfGE 105, 279 (303 ff.).
[109] Vgl. BVerfGE 110, 141 (167).

hingewiesen werden. In diesem Sinne umschließt die Deutschen vorbehaltene **Vereinigungsfreiheit** nach Art. 9 I GG auch den Zusammenschluss in und von Personen- und Kapitalgesellschaften.[110] Die Pflichtmitgliedschaft in Industrie- und Handels-, Handwerks- und sonstigen Kammern ist nicht an Art. 9 I GG, sondern an Art. 2 I GG zu messen (→ § 4 Rn. 21 f.). Die **Koalitionsfreiheit** nach Art. 9 III GG enthält eine besondere Gewährleistung für den wirtschaftlichen Bereich, nämlich für die Bildung von Vereinigungen zur Wahrung und Förderung der Arbeits- und Wirtschaftsbedingungen. Neben der Bildung solcher Koalitionen sichert Art. 9 III GG insbesondere die Tarifautonomie und die Freiheit zu Arbeitskampfmaßnahmen.[111]

Art. 11 GG gewährleistet – entgegen der überwiegenden Auffassung, die insoweit allein Art. 12 I GG für einschlägig hält – u. a. die **wirtschaftliche Freizügigkeit**, insbesondere den Vorgang der Verlagerung einer wirtschaftlichen Tätigkeit in ihrer Gesamtheit an einen anderen Ort.[112] Der Schutz der **Unverletzlichkeit der Wohnung** nach Art. 13 GG erstreckt sich auch auf Betriebs- und Geschäftsräume.[113] Wichtig ist dies bspw. für die Bewertung behördlicher Betretungs- und Besichtigungsrechte (→ § 5 Rn. 20 f.). Auf Art. 13 GG können sich nicht nur natürliche, sondern auch juristische Personen berufen.[114] Das **Auffanggrundrecht des Art. 2 I GG** schützt alle wirtschaftlichen Betätigungen, die nicht von spezielleren Freiheitsgrundrechten erfasst sind, so etwa – außerhalb des Schutzbereichs insbesondere des Art. 12 I GG (→ Rn. 16 ff.) – die Privatautonomie und die wirtschaftliche Handlungsfreiheit[115]. Da mehrere der einschlägigen Grundrechte (zB Art. 9 I, Art. 11, Art. 12 I GG) Deutschengrundrechte sind, entfaltet Art. 2 I GG für die wirtschaftliche Betätigung von Ausländern eine noch weiterreichende Auffangwirkung. Der **allgemeine Gleichheitssatz** des Art. 3 I GG weist vielfache Bezüge zur rechtlichen Steuerung wirtschaftlicher Betätigungen auf. Beispiele sind die Bewertung von Sonderregelungen für bestimmte Wirtschaftszweige, etwa im Handwerksrecht, am Maßstab des Art. 3 I GG (→ § 11 Rn. 5 ff.) oder die Selbstbindung im Rahmen von Ermessensentscheidungen (→ § 6 Rn. 55). **36**

V. Europäisches Wirtschaftsrecht

Das Europäische Wirtschaftsrecht umfasst die Normen, die in den primärrechtlichen Vorschriften des AEUV sowie sekundärrechtlichen Bestimmungen Regelungen für wirtschaftliche Betätigungen enthalten. Es kann hier nicht in größerem Umfang dargestellt werden.[116] In seinen **prüfungsrelevanten Bezügen zum nationalen Verwaltungsrecht** wird es im jeweiligen Sachzusammenhang mitbehandelt. Zur Unterstützung des Verständnisses dieser Abschnitte werden im Folgenden nur einige elementare Zusammenhänge skizziert, insbesondere die sog. Grundfreiheiten (→ Rn. 44 ff.). **37**

1. Grundlagen

Eines der zentralen wirtschaftlichen Ziele der Europäischen Union ist die Verwirklichung des Binnenmarktes. Der Begriff des Binnenmarktes wird in Art. 26 II AEUV definiert, nämlich als Raum ohne Binnengrenzen, in dem der freie Verkehr von **38**

---

[110] *W. Höfling*, in: Sachs, GG Art. 9 Rn. 11 f.
[111] *W. Kluth*, in: Friauf/Höfling, GG Art. 9 III Rn. 67 ff. mwN.
[112] *J. Ziekow*, in: Friauf/Höfling, GG Art. 11 Rn. 51 ff. m. N. auch zur herrschenden Gegenauffassung.
[113] BVerfGE 32, 54 (69 ff.); BVerfG NVwZ 2007, 1049 (1050); *J. Ziekow/A. Guckelberger*, in: Friauf/Höfling, GG Art. 13 Rn. 39 (auch zur Auseinandersetzung mit der Gegenansicht).
[114] BVerfG NVwZ 2007, 1047 (1048).
[115] BVerfG NVwZ 2012, 1535 (1537). Zusammenfassend *W. Höfling*, in: Friauf/Höfling, GG Art. 2 Rn. 40 mwN.
[116] Eingehend etwa *W. Kilian*, Europäisches Wirtschaftsrecht, 4. Aufl. 2010.

Waren, Personen, Dienstleistungen und Kapital gewährleistet sein soll. Die Beseitigung bzw. das **Verbot von Hindernissen** für diese Verkehre ist im Binnenmarktkonzept von vornherein angelegt (vgl. auch Art. 26 I AEUV).

39 Hinsichtlich der Rechtsquellen des Unionsrechts ist in erster Linie zwischen dem primären und dem sekundären Unionsrecht zu unterscheiden.[117] Unter dem **primären Unionsrecht** versteht man im hier interessierenden Zusammenhang die Vorschriften des **sekundären Unionsrecht** die von den Organen der EU auf der Grundlage des AEUV erlassenen Rechtsakte zu verstehen. Als Formen dieser Rechtsakte nennt Art. 288 AEUV die Verordnungen, Richtlinien, Beschlüsse, Empfehlungen und Stellungnahmen:

- Eine **Verordnung** hat allgemeine Geltung, ist in allen ihren Teilen verbindlich und gilt unmittelbar in jedem Mitgliedstaat (Art. 288 II AEUV). Sie ist also nicht nur an die Union und die Mitgliedstaaten adressiert, sondern gilt auch für und gegen die Bürger und Einwohner der Mitgliedstaaten, ohne einer Umsetzung durch nationales Recht zu bedürfen.
- **Richtlinien** sind für jeden Mitgliedstaat, an den sie gerichtet werden, hinsichtlich des jeweils zu erreichenden Ziels verbindlich, überlassen jedoch den innerstaatlichen Stellen die Wahl von Form und Mitteln (Art. 288 III AEUV). Sie bedürfen also zu ihrer Geltung der Umsetzung in mitgliedstaatliches Recht. Damit nicht die Mitgliedstaaten begünstigt werden, die die Pflicht zur Umsetzung der Richtlinienbestimmungen verletzen, haben diese unter bestimmten Voraussetzungen unmittelbare Wirkung im Verhältnis zwischen dem Mitgliedstaat und dem Bürger.[118]
- **Beschlüsse** sind ebenfalls verbindlich, wenn sie an bestimmte Adressaten gerichtet sind jedoch nur für diese (Art. 288 IV AEUV).

40 Im Falle von Kollisionen von nationalem Recht und Unionsrecht bei der Anwendung auf einen Sachverhalt genießt das Unionsrecht einen **Anwendungsvorrang**; ggf. ist das nationale Recht unionsrechtskonform auszulegen (→ Rn. 13). Grundlage der Anwendungs- und Auslegungsregeln ist vor allem das **Effektivitätsgebot**. Dabei handelt es sich um einen das gesamte Unionsrecht durchziehenden Grundsatz, der es verbietet, dass die Anwendung nationalen Rechts Tragweite und Wirksamkeit des Unionsrechts beeinträchtigt.[119] Zusammen mit dem Diskriminierungsverbot leitet das Effektivitätsgebot die Handhabung auch des Öffentlichen Wirtschaftsrechts der Mitgliedstaaten.

41 Eines der Kernelemente der Union ist das **Diskriminierungsverbot**, das jede Diskriminierung aus Gründen der Staatsangehörigkeit verbietet (Art. 18 AEUV). Sein Anwendungsbereich ist auf den des AEUV beschränkt, so dass sich Angehörige von anderen Staaten als den Mitgliedstaaten, die sog. Drittstaatsangehörigen, nur ausnahmsweise auf das Diskriminierungsverbot berufen können.[120] Inhaltlich verbietet das Diskriminierungsverbot sowohl unmittelbare als auch mittelbare Diskriminierungen aufgrund der Staatsangehörigkeit.[121] Insoweit entspricht der, im Übrigen weiterreichende Gewährleistungsgehalt des Art. 18 AEUV dem der Grundfreiheiten, die

---

[117] Dazu und zu den weiteren Rechtsquellen des EU-Rechts *B. Biervert*, in: Schwarze (Hrsg.), EU-Kommentar, 3. Aufl. 2012, Art. 288 AEUV Rn. 11 f.
[118] Dazu etwa *S. Steinbarth*, Jura 2005, 607.
[119] Vgl. nur EuGH Slg. 1970, 69 Rn. 4 f. – Bollmann; 1977, 1177 Rn. 6 – Balkan-Import-Export; 1982, 1449 Rn. 6 – Fromme; 1982, 1503 Rn. 29 – BayWa; 1995, I-4599 Rn. 12 – Peterbroeck; 1997, I-4025 Rn. 27 – Palmisani; 2001, I-6117 Rn. 121 – Banks; 2001, I-6297 Rn. 29 – Courage und Crehan; 2002, I-5553 Rn. 67 – HI; EuZW 2012, 621 Rn. 48 – Vale Epitesi.
[120] Im Einzelnen *M. Holoubek*, in: Schwarze (Hrsg.), EU-Kommentar, 3. Aufl. 2012, Art. 18 AEUV Rn. 36 ff.
[121] EuGH EuZW 2009, 862 Rn. 27.

vom EuGH zu einem über das Diskriminierungsverbot hinausreichenden Beschränkungsverbot entwickelt wurden (→ Rn. 50 ff.).

Eine sog. „**umgekehrte Diskriminierung**", d. h. die Schlechterstellung eines Inländers gegenüber EU-Ausländern aufgrund von getroffenen oder unterlassenen Regelungen des nationalen Rechts, ist **durch das EU-Recht nicht untersagt**. Für dessen Anwendung ist vielmehr regelmäßig ein Bezug zu unionsrechtlich geregelten Sachverhalten, insbesondere ein grenzüberschreitendes Element – bspw. durch Gebrauchmachen von einer Grundfreiheit (→ Rn. 44 ff.) – erforderlich.[122] Ein solches Element kann etwa darin liegen, dass sich ein Bürger gegenüber dem eigenen Mitgliedstaat auf Qualifikationen beruft, die er in einem anderen Mitgliedstaat erworben hat. In einem solchen Fall schließt es die betreffende Grundfreiheit aus, dass der Mitgliedstaat etwa die Qualifikationen von EU-Ausländern in vergleichbaren Fällen anerkennt[123], die des eigenen Staatsangehörigen aber außer acht lässt, bloß weil sie in einem anderen Mitgliedstaat erworben wurden.[124]

42

Aus der Sicht des **nationalen Rechts** kommt ein Verstoß gegen Art. 3 I GG nicht in Betracht, wenn die Inländerungleichbehandlung darauf beruht, dass der nationale Gesetzgeber die durch Unionsrecht für die Angehörigen anderer Mitgliedstaaten geforderten Rechtspositionen nicht auf Inländer erstreckt. Solche unionsrechtlich veranlassten Ungleichbehandlungen rein innerstaatlicher Sachverhalte können im Rahmen des Art. 3 I GG nicht dem nationalen Gesetzgeber zugerechnet werden, da Art. 3 I GG **nur Ungleichbehandlungen durch *denselben*** Normgeber verbietet, hier aber die unterschiedliche Behandlung auf dem Nebeneinander von Unions- und nationalem Recht beruht.[125]

43

2. Grundfreiheiten

Unter den sog. Grundfreiheiten des AEUV werden

44

- die Freiheit des Warenverkehrs (Art. 28 ff. AEUV),
- die Arbeitnehmerfreizügigkeit (Art. 45 ff. AEUV),
- das Niederlassungsrecht (Art. 49 ff. AEUV),
- die Dienstleistungsfreiheit (Art. 56 ff. AEUV) und
- die Freiheit des Kapital- und Zahlungsverkehrs (Art. 63 ff. AEUV)

verstanden.

Dabei werden die Arbeitnehmerfreizügigkeit, das Niederlassungsrecht und die Dienstleistungsfreiheit unter dem Begriff **Personenverkehrsfreiheiten** zusammengefasst. Es handelt sich dabei um eine zweckgebundene Freizügigkeit, d. h. den Bürgern der Union wird das Recht auf Einreise und Aufenthalt zur Ausübung einer Erwerbstätigkeit in abhängiger oder selbständiger Beschäftigung gewährt. Weitergehend begründet Art. 21 AEUV ein Recht auf Freizügigkeit unabhängig von einem bestimmten Aufenthaltszweck.[126] Für die Themenfelder des Öffentlichen Wirt-

---

[122] EuGH Slg. 1979, 399 Rn. 24 – Knoors; 1980, 833 Rn. 9 – Debauve; 1986, 3231 Rn. 8 ff. – Driancourt; 1987, 809 Rn. 6 ff. – Mathot; 1996, I-3089 Rn. 32 – Asscher; BVerwG ZFSH/SGB 2002, 343 (345 f.); GewArch 2004, 488 (489); BFHE 210, 43 (45).
[123] Vgl. dazu die RL 2005/36/EG v. 7.9.2005 über die Anerkennung von Berufsqualifikation, ABl. Nr. L 255/22. Dazu *W. Kluth/F. Rieger*, EuZW 2005, 486; *dies.*, GewArch 2006, 1.
[124] EuGH Slg. 1979, 399 Rn. 20 ff. – Knoors; 1990, I 3551 Rn. 13 – Bouchoucha; 1993, I-1663 Rn. 15 ff. – Kraus; 1995, I-301 Rn. 8 ff. – Aubertin.
[125] Vgl. instruktiv BFHE 210, 43 (47) mwN, sowie FG Köln EFG 2004, 138 (140); *M. Holoubek*, in: Schwarze (Hrsg.), EU-Kommentar, 3. Aufl. 2012, Art. 18 AEUV Rn. 28 ff. Dass der Anspruch auf Gleichbehandlung dem Einzelnen nur gegenüber dem einzelnen Normgeber zusteht, ist anerkannt von EuGH Slg. 1996, I-161 Rn. 17 – Perfili mwN; BVerfGE 21, 54 (68); 76, 1 (73).
[126] Dazu *J. Ziekow*, in: Dörr, Ein Rechtslehrer in Berlin, 2004, S. 101 ff.

schaftsrechts sind insbesondere das Niederlassungsrecht (→ Rn. 70 ff.) und die Dienstleistungsfreiheit (→ Rn. 78 ff.) von Bedeutung. Sie werden daher ausführlicher als die Arbeitnehmerfreizügigkeit (→ Rn. 68 f.) dargestellt.

45 Die diese Grundfreiheiten gewährenden Bestimmungen entfalten **unmittelbare Wirkung**, d. h. sie enthalten unmittelbar geltendes Recht, ohne einer Konkretisierung durch Akte des Sekundärrechts (→ Rn. 39) zu bedürfen. Für den Einzelnen beinhalten die Grundfreiheiten gerichtlich durchsetzbare subjektive Rechte. In Fällen mit Unionrechtsbezug sind sie daher mit Anwendungsvorrang vor nationalem Recht (→ Rn. 13) als Grundlage eines geltend gemachten Begehrens zu prüfen.

46 Die Rspr. des EuGH hat zu einer weitgehenden **Konvergenz der Strukturen der Grundfreiheiten** geführt[127], die sich in folgendem Grundmuster der Prüfung von Grundfreiheiten darstellen lassen:

Grundstruktur der Prüfung der Beschränkung einer Grundfreiheit

1. Unmittelbare Diskriminierung aus Gründen der Staatsangehörigkeit
→ Rechtfertigung nur auf der Grundlage der Sondervorschriften des AEUV (Art. 36, 45 III, 52 I [iVm Art. 62], 65 I AEUV) (→ Rn. 47 f.)
2. Mittelbare Diskriminierung oder sonstige Beschränkung
→ Rechtfertigung unter folgenden Voraussetzungen:
   a) Keine unionsrechtliche Regelung (→ Rn. 55)
   b) Anwendung der fraglichen Maßnahme in nichtdiskriminierender Weise (→ Rn. 55)
   c) Maßnahme dient zwingenden Gründen des Allgemeininteresses (→ Rn. 55)
   d) Eignung der Maßnahme zur Erreichung des mit ihr verfolgten Zwecks (→ Rn. 55)
   e) Maßnahme geht nicht über das hinaus, was zur Erreichung des Ziels erforderlich ist (→ Rn. 55)

---

47 Bei den Beschränkungen muss es sich nicht zwingend um staatliche Maßnahmen handeln. Hinsichtlich der Beschränkungen der Personenverkehrsfreiheiten sind auch autonome Regelwerke einzubeziehen, die die abhängige oder selbstständige Arbeit bzw. die Erbringung von Dienstleistungen **kollektiv regeln** sollen. Beispiel ist der von einer Gewerkschaft auf ein Unternehmen ausgeübte Druck, einen Tarifvertrag abzuschließen. Dementsprechend können sich Unternehmen gegenüber derartigen Maßnahmen auf die Grundfreiheiten, bspw. das Niederlassungsrecht oder die Dienstleistungsfreiheit, berufen.[128]

---

[127] Dazu EuGH Slg. 1993, I-1663 Rn. 32 – Kraus; 1995, I-4165 Rn. 37 – Gebhard; *D. Ehlers*, Jura 2001, 266 u. 482; *A. Thiele*, JA 2005, 621.
[128] EuGH EuZW 2008, 246 Rn. 32 ff., 56 ff. – ITF; 2009, 659 Rn. 37.

a) Verbot und Rechtfertigung von unmittelbaren Diskriminierungen

Unter einer unmittelbaren (bzw. offenen oder direkten) Diskriminierung ist jede 48
Maßnahme zu verstehen, die das **Merkmal der Staatsangehörigkeit ausdrücklich als differenzierendes Kriterium** verwendet – sei es, dass Staatsangehörigen anderer Mitgliedstaaten bestimmte Rechtspositionen vorenthalten werden, sie im Vergleich zu Inländern zusätzliche Voraussetzungen erfüllen müssen oder sonstige Ungleichbehandlungen vorgesehen sind. Charakteristische Beispiele sind die Erhebung unterschiedlicher Eintrittspreise für Museen[129] oder eine Staffelung von Studiengebühren nach der Staatsangehörigkeit[130].

> In Fall 1 ist das Verbot, Hunde aus dem Ausland zur Zucht einzusetzen, eine unmittelbar diskriminierende Maßnahme, weil das Zuchtverbot ausschließlich zu Lasten eingeführter Waren (Hunde) anwendbar ist. Die weitere Regelung, dass der Zuchtbetrieb nur solchen Personen erlaubt ist, die einen Wohnsitz im Inland haben, enthält hingegen keine Anknüpfung an die Staatsangehörigkeit.

Unmittelbare Diskriminierungen sind **grundsätzlich verboten**. Eine Ausnahme gilt 49
nur dann, wenn sich die diskriminierende Maßnahme ihrerseits auf Vorschriften des AEUV stützen lässt. Eine Rechtfertigung unmittelbarer Diskriminierungen ist insbesondere aus Gründen der öffentlichen Ordnung, Sicherheit und Gesundheit etc. möglich (Art. 36, 45 III, 52, 62, 65 I lit. b AEUV). Diese Vorbehalte sind eng auszulegen.[131] So setzt eine Inanspruchnahme des Vorbehalts der öffentlichen Ordnung und Sicherheit voraus, dass eine tatsächliche und hinreichend **schwere Gefährdung eines Grundinteresses der Gesellschaft** vorliegt.[132]

> Da sich auf Art. 36 AEUV auch Maßnahmen zum Schutz von Menschen und Tieren stützen lassen, könnte das unmittelbar diskriminierend wirkende Verbot der Zucht mit ausländischen Hunden in Fall 1 möglicherweise insoweit gerechtfertigt sein. Da aber sowohl die Zucht mit Hunden aus dem Inland als auch die Einfuhr von Hunden nach wie vor erlaubt bleiben, dürfte das Verbot nicht zur Erreichung eines Schutzes von Menschen oder Tieren geeignet sein.

b) Verbot und Rechtfertigung von mittelbaren Diskriminierungen und sonstigen Beschränkungen

Mittelbare (bzw. versteckte oder indirekte) **Diskriminierungen** knüpfen zwar nicht 50
explizit an die Staatsangehörigkeit als Unterscheidungsmerkmal an, führen jedoch **durch Anlegung anderer Differenzierungskriterien faktisch zu demselben Ergebnis wie unmittelbare Diskriminierungen**. Trotz scheinbarer Neutralität treffen mittelbar diskriminierende Maßnahmen Angehörige aus anderen Mitgliedstaaten typischerweise in einer gegenüber der Wirkung für Inländer erschwerenden Weise.[133]

---

[129] EuGH Slg. 1994, I-911 Rn. 10.
[130] EuGH Slg. 1994, I-1593 Rn. 19.
[131] EuGH Slg. 1974, 1337 Rn. 18 f. – van Duyn; 1977, 1999 Rn. 33 ff. – Bouchereau; 1999, I-11 Rn. 23 – Calfa; 2000, I-1221 Rn. 28; 2004, I-5257 Rn. 64 f. – Orfanopulus und Oliveri; EuGRZ 2006, 54 (57).
[132] EuGH EuZW 2009, 458 Rn. 70; 2010, 217 Rn. 49.
[133] Vgl. nur EuGH Slg. 1974, 153 Rn. 11 – Sotgiu; 1980, 3427 Rn. 9 – Boussac; 1990, I-1779 Rn. 13 – Biehl; 1997, I-285 Rn. 16 – Pastoors; 2010, 578 Rn. 118 – Pérez.

Wichtige Beispiele sind die Anknüpfung an Wohnsitz, Ansässigkeit oder Niederlassung im Inland[134] oder die Vorgabe nationaler Normen für die Produktion[135]. Hierunter fallen auch Konstellationen, in denen ein Mitgliedstaat zB die Erbringung von Dienstleistungen von einem Dienstleistungserbringer aus einem anderen Mitgliedstaat gegenüber Dienstleistungen, die nur innerhalb des erstgnannten Mitgliedstaats erbracht werden, erschwert.[136]

> Mittelbar diskriminierend wirkt in Fall 1 das Verbot der Hundezucht gegenüber Personen ohne Wohnsitz im Inland.

51 Anders als bei der Anwendung des Art. 18 AEUV hat die Kategorie der mittelbaren Diskriminierung für die Prüfung der Rechtfertigung einer Maßnahme im Anwendungsbereich der Grundfreiheiten nur noch für die Warenverkehrsfreiheit Bedeutung. Generell unterliegt sie den **gleichen Anforderungen wie jede andere Beschränkung** der jeweiligen Grundfreiheit, die keine unmittelbare Diskriminierung darstellt. Im Bereich der Warenverkehrsfreiheit ist die Unterscheidung jedoch relevant, weil dort mittelbar diskriminierend wirkende Regelungen von Verkaufsmodalitäten einer Rechtfertigung durch zwingende Gründe des Allgemeininteresses bedürfen, während solche Regelungen, die unterschiedslos auf in- und ausländische Waren anwendbar sind, von vornherein keine Beeinträchtigungen der Warenverkehrsfreiheit darstellen (→ Rn. 63 ff.).

52 **Sonstige Beschränkungen** sind solche Maßnahmen, die zwar unterschiedslos auf Staatsangehörige des betreffenden Mitgliedstaats und anderer Mitgliedstaaten anwendbar sind, jedoch die **Wahrnehmung der jeweiligen Grundfreiheit faktisch beeinträchtigen**, sie insbesondere unterbinden, behindern oder weniger attraktiv machen.[137] Beispiele sind Pflichten zur Einholung einer Genehmigung oder zur Eintragung in ein Register vor Ausübung der Grundfreiheit unterfallender Tätigkeiten, der Zwang, zur Wahrnehmung dieser Tätigkeit bestimmte Vertragsformen zu verwenden, oder das Vorschreiben bestimmter Standards, ohne dass gleichwertige Alternativlösungen zugelassen werden. Dazu zählen auch Maßnahmen eines Mitgliedstaats, die die Angehörigen dieses Mitgliedstaats davon abhalten können, in Ausübung ihrer EU-Freizügigkeitsrechte diesen **Mitgliedstaat zu verlassen**.[138]

53 Bekanntes Beispiel aus dem Bereich des Vergaberechts sind die sog. UNIX-Urteile. Sie betreffen ein niederländisches und ein österreichisches Vergabeverfahren, in denen den Bietern u. a. vorgeschrieben wurde, dass als Betriebssystem das in den USA entwickelte UNIX-System verwendet werden müsse. Obwohl es sich um ein **aus einem Drittland stammendes System** handelte und deshalb nicht einmal eine mittel-

---

[134] EuGH Slg. 1981, 3305 Rn. 14 – Webb; 1991, I-4007 Rn. 10 – Mediawet I; 1992, I-3351 Rn. 27 – Ramrath; 1995, I-3955 Rn. 12 ff. – Svensson; 1997, I-285 Rn. 17 – Pastoors; 1999, I-2517 Rn. 14 – Ciola; 2003, I-721 Rn. 14; EuZW 2011, 219 Rn. 59 – Josemans.
[135] EuGH Slg. 1988, 4929 Rn. 19 f.
[136] EuGH EuZW 2009, 659 Rn. 35.
[137] Vgl. etwa EuGH Slg. 1991, I-4221 Rn. 12 – Säger; 1993, I-1663 Rn. 32 – Kraus; 1994, I-3803 Rn. 14 – Vander Elst; 1995, I-4165 Rn. 37 – Gebhard; 1997, I-3091 Rn. 16 – SETTG; 2000, I-7919 Rn. 33 – Corsten; DVBl. 2006, 364 Rn. 30; NZBau 2007, 122 Rn. 28; NJW 2009, 1325 Rn. 78 – Kattner Stahlbau; 2011, 1575 Rn. 45; EuZW 2012, 234 Rn. 38; 2013, 269 Rn. 32 – A Oy.
[138] EuGH, Urt. v. 8.5.2013 – Rs. C-197 u. 203/11 –, Rn. 38 – Libert.

bare Diskriminierung vorlag, beanstandete der EuGH die Vorgabe als handelsbehindernd, da sie Interessenten, die ähnliche Systeme wie UNIX verwenden, davon abhalte, sich an der Ausschreibung zu beteiligen.[139]

Im Bereich einzelner Grundfreiheiten finden sich **Typisierungen**, die die Einordnung bestimmter Maßnahmen als Beschränkungen leiten. Zu nennen ist insoweit in erster Linie die Unterscheidung zwischen Verkaufsmodalitäten und produktbezogenen Regelungen im Bereich der Warenverkehrsfreiheit (→ Rn. 63 ff.). 54

Mittelbare Diskriminierungen und sonstige Beschränkungen sind **unter folgenden Voraussetzungen gerechtfertigt**: 55

- Sind der innerstaatliche und der grenzüberschreitende Sachverhalt objektiv nicht miteinander vergleichbar, so ist die Beschränkung mit der Niederlassungsfreiheit vereinbar[140]. Ist dies nicht der Fall, so gilt Folgendes:
- Es darf **keine unionsrechtliche Harmonisierungsregelung** bestehen, die den von der fraglichen mitgliedstaatlichen Maßnahme betroffenen Bereich bereits abschließend geregelt hat. In diesem Fall ist der Bereich schon „gesperrt", so dass eine nationale Regelung nicht gerechtfertigt sein kann.[141]
- Die Maßnahme muss **in nichtdiskriminierender Weise angewendet** werden[142]. Unmittelbare Diskriminierungen sind nur aufgrund von Vorschriften des AEUV einer Rechtfertigung zugänglich (→ Rn. 48 f.).
- Weiterhin muss die Maßnahme **zwingenden Gründen des Allgemeininteresses dienen**.[143] Der Kreis solcher zwingender Gründe ist nicht abschließend festgelegt. Da die Grundfreiheiten gerade dazu dienen, einen durch einen hindernisfreien wirtschaftlichen Verkehr gekennzeichneten Binnenmarkt zu konstituieren, kann es sich dabei allerdings nur um solche Allgemeininteressen handeln, die nichtwirtschaftlicher Natur sind[144]. Sonst könnte über die Anerkennung wirtschaftlicher Gesichtspunkte als Beschränkung der Binnenmarktfreiheiten der Binnenmarktgrundsatz ausgehöhlt werden.[145] Beispiele, für die das Vorliegen eines zwingenden Grundes des Allgemeininteresses anerkannt wurde, sind der Verbraucherschutz[146], der Umweltschutz[147], die Sicherheit des Straßenverkehrs[148], die Lauterkeit des Handelsverkehrs[149], die Funktionsfähigkeit der Rechtspflege[150], die Bekämpfung von Steuerhinterziehung[151], die Verfolgung von kulturpolitischen Zielen[152] und der Gesundheitsschutz[153]. Ausreichende Gründe zur Eindämmung des Glücksspiels können sowohl der Schutz von Glücksspielern vor Be-

---

[139] EuGH Slg. 1995, I-157 Rn. 27; Slg. 1999, I-7479 Rn. 68 ff.
[140] EuGH EuZW 2013, 269 Rn. 33 – A Oy.
[141] Vgl. EuGH EuZW 2009, 458 Rn. 41; *P.-C. Müller-Graff*, in: Streinz, EUV/AEUV Art. 49 AEUV Rn. 83 mwN.
[142] Zusammenfassend EuGH Slg. 1995, I-4165 Rn. 37 – Gebhard.
[143] EuGH Slg. 1995, I-4165 Rn. 37 – Gebhard; 1997, I-2471 Rn. 26, 31 – Futura; NZBau 2006, 386 Rn. 45; EuZW 2013, 269 Rn. 33 – A Oy.
[144] EuGH EuZW 2011, 557 Rn. 74; 2011, 674 Rn. 52 – Zeturf.
[145] *P.-C. Müller-Graff*, in: Streinz, EUV/AEUV Art. 49 AEUV Rn. 85 mwN.
[146] EuGH Slg. 1979, 649 Rn. 8 – Rewe; 1986, 3755 Rn. 30 – Versicherungsaufsichtsgesellschaft; 1990, I-667 Rn. 18 – GB-INNO-BM; 1990, I-4827 Rn. 12 – Pall; 1991, I-2023 Rn. 17 – Boscher; 1994, I-3879 Rn. 20 – Schott; 1997, I-3843 Rn. 46 – De Agostini; 2004, I-8961 Rn. 21 – CaixaBank France.
[147] EuGH Slg. 1985, 531 Rn. 13 – Association de défense des brûleurs; 1988, 4607 Rn. 9; 1992, I-4431 Rn. 29 ff.; 1998, I-4473 Rn. 19 – Aher-Waggon; 2001, I-209 Rn. 73 ff. – PreussenElektra; DVBl. 2006, 103 Rn. 70; EuZW 2009, 617 Rn. 32 – Åklagaren.
[148] EuGH EuZW 2009, 173 Rn. 60.
[149] EuGH Slg. 1979, 649 Rn. 8 – Rewe; 1989, 229 Rn. 17; 1990, I-4827 Rn. 12 – Pall; 1990, I-4285 Rn. 4; 1997, I-3843 Rn. 46 – De Agostini.
[150] EuGH Slg. 1974, 1299 Rn. 14 ff. – van Binsbergen; 1996, I-6511 Rn. 36 – Broede.
[151] EuGH EuZW 2009, 532 Rn. 45 – X.
[152] EuGH Slg. 1991, I-4007 Rn. 23, 27 – Mediawet I; 1994, I-4795 Rn. 19 – TV10.
[153] EuGH Slg. 2001, I-837 Rn. 28 – Mac Queen u. a.

trug[154] als auch die „sittlich und finanziell schädlichen Folgen für den Einzelnen wie für die Gesellschaft"[155] sein.

- Eine **Eignung der Maßnahme** zur Erreichung des mit ihr verfolgten Zwecks ist nicht gegeben, wenn sie auch unter Berücksichtigung eines Ermessens- bzw. Prognosespielraums des Mitgliedstaats nicht zur Erreichung des verfolgten Ziels taugt. Dabei muss ein kohärentes und systematisches Konzept verfolgt werden.[156] Die Eignung fehlt bspw., wenn eine mitgliedstaatliche Regelung, die eine Tätigkeit im Bereich der Glücksspiele von einer Genehmigung abhängig macht, mit einer Eindämmung der Spielleidenschaft begründet wird, derselbe Mitgliedstaat jedoch gleichzeitig eine expansive Ausdehnung der Glücksspiele betreibt, um die Staatseinnahmen zu erhöhen.[157] In diesem Fall setzt die Eignung der Maßnahme voraus, dass sie sich gegen ein zunehmendes rechtswidriges Glücksspiel richtet und das Spielbedürfnis der Verbraucher in rechtmäßige Bahnen lenken soll.[158]

- Schließlich darf die Maßnahme **nicht über das hinausgehen, was zur Erreichung des Ziels erforderlich** ist. Dies beinhaltet zum einen, dass das gleiche Ergebnis nicht durch weniger einschränkende Maßnahmen erreicht werden kann.[159] So kann das Erfordernis, vor Aufnahme der fraglichen Tätigkeit eine bestimmte Erklärung gegenüber den Behörden abzugeben, ein milderes Mittel im Vergleich zur Notwendigkeit einer vorherigen Genehmigung darstellen.[160] Begründet der Mitgliedstaat ein allgemeines Verbot der Einführung alkoholischer Getränke mit dem Schutz der Gesundheit Jugendlicher vor den Gefahren des Alkohols, so geht das altersunabhängig wirkende Einfuhrverbot über das zur Zielerreichung Erforderliche hinaus.[161] Zum anderen ist der Rspr. des EuGH zu entnehmen, dass die aus einem zwingenden Allgemeininteresse ergriffene Maßnahme in einem angemessenen Verhältnis zur Beschränkung der Grundfreiheit stehen muss.[162] Diese Angemessenheitsbetrachtung erfolgt im Rahmen der Erforderlichkeitsprüfung und ist nicht als eigenständige, mit der Prüfung der Verhältnismäßigkeit im engeren Sinne im deutschen Recht vergleichbare Stufe der Güterabwägung ausgeprägt.

Sofern unionsrechtliche Regelungen zur Harmonisierung im Bereich des von dem Mitgliedstaat in Anspruch genommenen zwingenden Erfordernisses fehlen, ist es Sache des Mitgliedstaates zu bestimmen, welches Niveau er hinsichtlich der Verwirklichung dieses Erfordernisses erreichen und durch welche Maßnahmen er dieses Niveau sicherstellen will.[163] Hat also **ein Mitgliedstaat weniger strenge Vorschriften als der andere**, so bedeutet dies nicht, dass die Regelungen des letztgenannten Mitgliedstaats unverhältnismäßig sind.[164] Ist zB ein Anbieter von Internetwetten in einem Mitgliedstaat A zugelassen und unterliegt dort Kontrollen durch die Behörden, so muss dies ein anderer Mitgliedstaat B nicht als ausreichend dafür ansehen, dass der Wettanbieter auch in diesem Mitgliedstaat B tätig werden darf. Wegen der Schwierigkeiten, die eine Kontrolle von Anbietern von Glücksspiel über das Internet mit sich bringt, darf Mitgliedstaat B vielmehr den Anbieter seinen eigenen Regelungen unterwerfen, auch wenn es sich dabei um eine Ausschließlichkeitsregelung (Monopol) zugunsten eines anderen Wettanbieters handelt.[165] Der Umstand allein, dass die Kontrolle nur eines einzigen Anbieters

---

[154] EuGH NJW 2009, 3221 Rn. 63 – Bwin.
[155] EuGH EuZW 2010, 503 Rn. 27 – Betfair.
[156] EuGH NVwZ 2010, 1422 Rn. 65 – Carmen Media Group; EuZW 2011, 219 Rn. 70 – Josemans; NVwZ 2012, 1165 Rn. 22 – HIT.
[157] EuGH EuZW 2007, 209 Rn. 54 – Placanica; NVwZ 2010, 1422 Rn. 68 – Carmen Media Group.
[158] EuGH EuZW 2010, 593 Rn. 30 – Ladbrokes.
[159] Vgl. nur EuGH Slg. 1986, 3755 Rn. 29 – Versicherungsaufsichtsgesellschaft; 1991, I-659 Rn. 15; 1996, I-1905 Rn. 13 – Guiot; NZBau 2006, 386 Rn. 45.
[160] EuGH NJW 2006, 3126 Rn. 52 – Burtscher.
[161] EuGH DVBl. 2007, 894 Rn. 51.
[162] EuGH Slg. 1991, I-4151 Rn. 17 f. – Aragonesa; 1997, I-3689 Rn. 19 – Familiapress; 1997, I-3843 Rn. 54 – De Agostini; 2002, I-6279 Rn. 42 – Carpenter; EuZW 2012, 234 Rn. 49.
[163] EuGH EuZW 2010, 503 Rn. 28 – Betfair; 2010, 593 Rn. 20 – Ladbrokes; 2011, 188 Rn. 32 – Humanplasma.
[164] EuGH NJW 2008, 3693 Rn. 51; EuZW 2009, 173 Rn. 65; 2010, 668 Rn. 38 – Sjöberg; 2011, 188 Rn. 40 – Humanplasma.
[165] EuGH EuZW 2010, 503 Rn. 33 ff. – Betfair; NVwZ 2010, 1409 Rn. 79 ff. – Stoß; EuZW 2011, 674 Rn. 41 f. – Zeturf.

für die Verwaltung kostengünstiger wäre als die Kontrolle mehrerer Anbieter, reicht allerdings zur Rechtfertigung eines Ausschließlichkeitsrechts nicht aus.[166]

Aus den → Rn. 49 genannten Gründen wird in Fall 1 auch keine Rechtfertigung des Wohnsitzerfordernisses in Betracht kommen.

c) Die einzelnen Grundfreiheiten

aa) Freiheit des Warenverkehrs

Prägend auch für die Dogmatik der übrigen Grundfreiheiten ist die Ausformung der in den Art. 34 ff. AEUV gewährleisteten Warenverkehrsfreiheit in der Rspr. des EuGH geworden. Der Wortlaut der genannten Vorschriften bietet wenig Anhaltspunkte, so dass eine Prüfung in der Klausur nicht einfach ist. Als Orientierungshilfe kann die folgende Gliederung dienen: 56

Prüfungsübersicht Warenverkehrsfreiheit

Anwendungsbereich
1. Persönlicher Anwendungsbereich
   a) Begünstigte (→ Rn. 57)
   b) Verpflichtete: Mitgliedstaaten (→ Rn. 57)
2. Sachlicher Anwendungsbereich: Vorliegen einer Ware (→ Rn. 58)

Vorliegen einer Beschränkung
1. Mengenmäßige Einfuhrbeschränkung (→ Rn. 59)
2. Maßnahme gleicher Wirkung: Eignung der Maßnahme zur Handelsbehinderung („Dassonville-Formel") (→ Rn. 60 ff.)
   a) Beschränkung oder Verbot von Verkaufsmodalitäten („Keck-Formel") (→ Rn. 63 ff.)
      aa) Nichtdiskriminierende Regelung von Verkaufmodalitäten: Keine Maßnahme gleicher Wirkung
      bb) Diskriminierende Regelung von Verkaufsmodalitäten: Maßnahme gleicher Wirkung
   b) Produktbezogene Regelungen: Maßnahmen gleicher Wirkung („Keck-Formel") (→ Rn. 66)

Rechtfertigung von Beschränkungen
1. Rechtfertigungsgründe des Art. 36 AEUV (→ Rn. 65)
2. Rechtfertigung durch zwingende Erfordernisse („Cassis de Dijon-Urteil"[167]) (→ Rn. 66)

---

[166] EuGH EuZW 2011, 674 Rn. 48 – Zeturf.
[167] EuGH Slg. 1979, 649 – Rewe.

(1) Anwendungsbereich

57 Auf die Freiheit des Warenverkehrs können sich **natürliche und juristische Personen** berufen, selbst wenn sie nicht Angehörige eines Mitgliedstaats sind: Gemäß Art. 28 II AEUV gilt die Warenverkehrsfreiheit auch für Waren aus Drittstaaten. **Adressaten** der Art. 34 ff. AEUV sind nur die Mitgliedstaaten und die Union selbst, nicht jedoch Private[168].

58 Der sachliche Anwendungsbereich der Art. 34 ff. AEUV ist eröffnet, wenn es sich um den Handel mit **Waren** handelt. Von Relevanz ist dieses Merkmal insbesondere für die Abgrenzung der Warenverkehrs- von der Dienstleistungsfreiheit (→ Rn. 78 ff.). Waren i. S. d. Art. 34 ff. AEUV sind **körperliche Gegenstände**, die einen Geldwert haben und Gegenstand von Handelsgeschäften sein können.[169] Zu beachten ist, dass die Warenverkehrsfreiheit nicht nur für Waren gilt, die aus Mitgliedstaaten stammen, sondern auch für Waren aus Drittländern, sofern sie sich in den Mitgliedstaaten iSv Art. 29 AEUV im freien Verkehr befinden (Art. 28 II AEUV).

> Dass – wie die Hunde im Fall 1 – auch Tiere Waren iSv Art. 34 ff. AEUV sein können, ist nicht zu bezweifeln.[170]

(2) Vorliegen und Rechtfertigung von Beschränkungen

59 Hinsichtlich der Beschränkungen der Freiheit des Warenverkehrs ist zwischen mengenmäßigen Einfuhrbeschränkungen und Maßnahmen gleicher Wirkung zu unterscheiden. **Mengenmäßige Einfuhrbeschränkungen** sind dabei alle Maßnahmen, mit denen die Einfuhr einer Ware ganz oder teilweise verboten oder nach Menge, Wert oder Zeitraum begrenzt wird.[171] Art. 34 AEUV erfasst daher auch Rechtsvorschriften, die das Verbringen einer Ware von einem Mitgliedstaat in einen anderen gänzlich untersagen.[172] Als mengenmäßige Beschränkung ist auch das Verbot, alkoholische Getränke zu importieren, anzusehen, selbst wenn die Einwohner des betreffenden Mitgliedstaats die Möglichkeit haben, die Getränke über ein Monopolunternehmen zu bestellen.[173]

> Das Verbot, aus dem Ausland eingeführte Hunde zur Zucht zu verwenden, stellt in Fall 1 keine mengenmäßige Einfuhrbeschränkung dar, weil die Einfuhr von Hunden als solche weiterhin erlaubt bleibt.

60 Von in der Praxis weitaus größerer Bedeutung ist das **Verbot von Maßnahmen gleicher Wirkung**. Ausgangspunkt der Prüfung ist die vom EuGH entwickelte „Dassonville-Formel": Maßnahme gleicher Wirkung ist jede Handelsregelung der Mitgliedstaaten, die geeignet ist, den Handel innerhalb der Union unmittelbar oder mittelbar, tat-

---

[168] EuGH Slg. 1987, 3801 Rn. 30 – Vlaamse Reisbureaus; 1988, 5249 Rn. 11 f. – Bayer; Schlussanträge des Generalanwalts Jacobs, EuGH, Slg. 2002, I-9977 Rn. 10.
[169] EuGH Slg. 1968, 633 (642).
[170] EuGH Slg. 1998, I-8033 – Bluhme; 1999, I-2921 Rn. 23 ff. – Monsees.
[171] EuGH Slg. 1973, 865 Rn. 7 – Geddo.
[172] EuGH Slg. 1979, 3795 Rn. 11 ff. – Henn und Darby.
[173] EuGH DVBl. 2007, 894 Rn. 33 ff.

sächlich oder potenziell zu behindern.¹⁷⁴ Wichtig ist, dass dieser Grundsatz sowohl auf Maßnahmen, die inländische und eingeführte Waren in unterschiedlicher Weise betreffen (sog. diskriminierende Regelungen), als auch auf solche Maßnahmen anwendbar ist, die unterschiedslos auf eingeführte und einheimische Waren anwendbar sind.¹⁷⁵ Ausschlaggebend ist allein die Eignung der Maßnahme zur Handelsbehinderung.

Nicht erforderlich ist ein Nachweis, dass die Maßnahme tatsächlich einen Einfuhrrückgang herbeigeführt hat.¹⁷⁶ Es genügt die *potenzielle* Handelsbehinderung.¹⁷⁷ Durchzuführen ist ein prognostischer Vergleich zwischen der voraussichtlichen Entwicklung mit der Maßnahme und der Entwicklung ohne sie.¹⁷⁸ Die Grenze der Nichteignung ist erst dort erreicht, wo die Maßnahme entweder definitiv keine oder rein hypothetische Auswirkungen auf den innergemeinschaftlichen Handel zeitigen kann.¹⁷⁹ **61**

> In Fall 1 wird man davon ausgehen müssen, dass das – unmittelbar diskriminierend wirkende (→ Rn. 48) – Verbot, Hunde aus dem Ausland zur Zucht einzusetzen, geeignet ist, den Handel innerhalb der Union zu behindern. Alle die Hundezüchter, die wie der H bisher für Zwecke ihres Betriebs Hunde aus dem europäischen Ausland eingeführt haben, werden in Zukunft auf die Einfuhr verzichten müssen. Hieraus lässt sich ohne weiteres ein Einfuhrrückgang prognostizieren.

> Weiterhin kommt es nicht darauf an, dass die Handelsbehinderung einen spezifischen Bezug zum Grenzübertritt aufweist.¹⁸⁰ Eine Maßnahme gleicher Wirkung liegt auch dann vor, wenn sie erst auf der **Stufe der Vermarktung** der Ware handelsbehindernde Wirkung entfalten kann.¹⁸¹ Schließlich verlangt Art. 34 AEUV nicht, dass die betroffene Ware in einem anderen Mitgliedstaat rechtmäßig hergestellt und in den Verkehr gebracht worden ist.¹⁸² Schutz gegen die Vermarktung schädlicher Produkte kann insoweit durch eine auf Art. 36 AEUV gestützte Maßnahme (→ Rn. 49) oder die Berufung auf zwingende Erfordernisse (→ Rn. 55) geleistet werden.¹⁸³ **62**

---

¹⁷⁴ EuGH Slg. 1974, 837 Rn. 5 – Dassonville; 1982, 2349 Rn. 9 – Robertson; 1993, I-2361 Rn. 9 – Yves Rocher; 1995, I-1923 Rn. 12 – Mars; 1995, I-2467 Rn. 9 – Belgapom; 1999, I-731 Rn. 19 – van der Laan; 2000, I-10663 Rn. 15 – Guimont; 2003, I-5659 Rn. 56 – Schmidberger; 2003, I-9693 Rn. 39; 2004, I-1559 Rn. 18; 2004, I-3025 Rn. 36 – Karner; NJW 2006, 2540 Rn. 14 – Schmidt; DVBl. 2007, 894 Rn. 32; EuZW 2008, 177 Rn. 26 – Dynamic Medien; 2011, 112 Rn. 47 – Ker-Optika; 2011, 188 Rn. 26 – Humanplasma.
¹⁷⁵ EuGH Slg. 1979, 649 Rn. 14 – Rewe; 1999, I-731 Rn. 19 – van der Laan; 1997, I-5909 Rn. 68 ff. – Franzén; EuZW 2009, 617 Rn. 24 – Åklagaren; 2011, 112 Rn. 49 – Ker-Optika; 2012, 508 Rn. 34 – ANETT.
¹⁷⁶ EuGH Slg. 1975, 181 Rn. 14; 1982, 4005 Rn. 26; 1984, 1229 Rn. 20 – Rewe; 1986, 3935 Rn. 7.
¹⁷⁷ EuGH Slg. 1986, 3935 Rn. 7; 1988, 4233 Rn. 9 – 3 Glocken; 1995, I-1923 Rn. 12 – Mars; 1997, I-2343 Rn. 43 – Pistre; 1997, I-5909 Rn. 69 – Franzén.
¹⁷⁸ *P.-C. Müller-Graff*, in: H. von der Groeben, Kommentar zum Vertrag über die Europäische Union und zur Gründung der Europäischen Gemeinschaft, Bd. 1, 6. Aufl. 2003, Art. 28 Rn. 63.
¹⁷⁹ Vgl. EuGH Slg. 1990, I-583 Rn. 11 – Krantz; 1993, I-2361 Rn. 21 – Yves Rocher; 1993, I-5009 Rn. 12 – CMC Motorradcenter; 1994, I-3453 Rn. 24 – Peralta; 1995, I-3257 Rn. 29 – DIP; 1998, I-8033 Rn. 22 – Bluhme.
¹⁸⁰ EuGH Slg. 1997, I-2343 Rn. 44 – Pistre; *P.-C. Müller-Graff*, in: H. von der Groeben, Kommentar zum Vertrag über die Europäische Union und zur Gründung der Europäischen Gemeinschaft, Bd. 1, 6. Aufl. 2003, Art. 28 Rn. 58.
¹⁸¹ Vgl. EuGH Slg. 1984, 1299 Rn. 23 – Prantl; 1997, I-2343 Rn. 45 – Pistre.
¹⁸² *P.-C. Müller-Graff*, in: H. von der Groeben, Kommentar zum Vertrag über die Europäische Union und zur Gründung der Europäischen Gemeinschaft, Bd. 1, 6. Aufl. 2003, Art. 28 Rn. 67.
¹⁸³ *P.-C. Müller-Graff*, in: H. von der Groeben, Kommentar zum Vertrag über die Europäische Union und zur Gründung der Europäischen Gemeinschaft, Bd. 1, 6. Aufl. 2003, Art. 28 Rn. 70.

63 Diese Weite der „Dassonville-Formel" hatte zur Konsequenz, dass zahlreiche nationale Regelungen, die nicht den Handelsverkehr als solche betrafen, sondern allgemeine Rahmenbedingungen für wirtschaftliche Betätigungen setzten, Gefahr liefen, mit der Warenverkehrsfreiheit zu kollidieren. Aus diesem Grunde entwickelte der EuGH die sog. **Keck-Formel**, die bestimmte nationale Regelungen bereits auf Tatbestandsebene als Beschränkungen der Warenverkehrsfreiheit ausschließt. Zu diesem Zweck erfolgt eine Unterscheidung zwischen der Regelung von Verkaufsmodalitäten und produktbezogenen Regelungen:

64 ▪ **Verkaufsmodalitäten** regeln solche Bestimmungen, die sich nicht auf die Merkmale der betreffenden Waren beziehen, sondern die wirtschaftliche Handlungsfreiheit der Wirtschaftsteilnehmer beschränken[184]: „wer verkauft was, wann darf verkauft werden, wo und wie darf verkauft werden"[185]. Beispiele für Verkaufsmodalitäten betreffende Bestimmungen sind das Verbot des Verkaufs von Waren unter dem Einkaufspreis, ladenschlussrechtliche Regelungen oder Werbeverbote, die sich nicht auf den Inhalt oder das Erscheinungsbild eines Produktes beziehen (in diesem Fall liegt eine produktbezogene Regelung vor[186]), sondern bspw. die Werbung durch bestimmte Berufsgruppen beschränken.

65 ▪ Regelungen von Verkaufsmodalitäten sind **bereits tatbestandlich nicht zur Handelsbehinderung geeignet**, wenn sie zum einen für alle ihre Tätigkeit im Inland ausübenden Wirtschaftsteilnehmer, gelten und zum anderen inländische Waren und Waren aus anderen Mitgliedstaaten rechtlich wie tatsächlich in der gleichen Weise berühren.[187] Der Verkauf der aus anderen Mitgliedstaaten stammenden Waren darf also gegenüber dem Verkauf inländischer Waren nicht erschwert werden.[188] Da sie schon keine Beeinträchtigungen des freien Warenverkehrs darstellen, sind nichtdiskriminierende Regelungen von Verkaufsmodalitäten also nicht rechtfertigungsbedürftig. Anderes gilt für (unmittelbar oder mittelbar; → Rn. 48 ff.) diskriminierende Regelungen von Verkaufsmodalitäten: Sie sind zur Behinderung des innergemeinschaftlichen Handels geeignet. Unmittelbare Diskriminierungen können nur nach Art. 36 AEUV gerechtfertigt werden (→ Rn. 49), mittelbare Diskriminierungen auch durch (sonstige) zwingende Gründe (→ Rn. 55).

66 ▪ Hingegen sind die **produktbezogenen Regelungen** von vornherein zur Handelsbehinderung geeignet und damit **Maßnahmen gleicher Wirkung**, und zwar selbst dann, wenn sie für in- und ausländische Waren unterschiedslos wirken.[189] Unter produktbezogenen sind solche Regelungen zu verstehen, die sich auf das Erzeugnis selbst und seine Merkmale, zB auf Abmessung, Bezeichnung, Form, Gewicht, Zusammensetzung, Verpackung und Etikettierung beziehen,[190] also zB anordnen, dass das Produkt an die im Vermarktungsmitgliedstaat geltenden Vorschriften anzupassen ist[191]. Unterschiedslos wirkende Maßnahmen können durch zwingende Gründe gerechtfertigt werden (→ Rn. 55).

67 Zu beachten ist, dass der Kreis möglicher zur Handelsbehinderung geeigneter mitgliedstaatlicher Maßnahmen durch die Regelungen von Verkaufsmodalitäten und produktbezogenen Regelungen nicht abschließend erfasst wird[192]. Für diese **sonsti-**

---

[184] EuGH Slg. 1995, I-1621 Rn. 13.
[185] Schlussanträge des Generalanwalts Tesauro, EuGH, Slg. 1993, I-6787 Rn. 20 – Hünermund.
[186] Vgl. EuGH Slg. 1994, I-317 Rn. 13 ff. – Clinique; 1995, I-1923 Rn. 13 f. – Mars; 1999, I-3175 Rn. 37 f. – Colim.
[187] EuGH Slg. 1993, I-6097 Rn. 14 – Keck; 1993, I-6787 Rn. 21 – Hünermund; 1995, I-1141 Rn. 37 – Alpine Investments; 1995, I-2467 Rn. 12 – Belgapom; 1997, I-3689 Rn. 9 – Familiapress; 1997, I-3843 Rn. 40 – De Agostini; 2003, I-4581 Rn. 60; NJW 2006, 2540 Rn. 15 – Schmidt; EuZW 2008, 177 Rn. 29 – Dynamic Medien; 2008, 3693 Rn. 29; 2011, 112 Rn. 51 – Ker-Optika.
[188] EuGH NJW 2008, 3693 Rn. 34 f.; EuZW 2011, 112 Rn. 51 – Ker-Optika.
[189] EuGH Slg. 1993, I-6097 Rn. 15 – Keck; 1994, I-3879 Rn. 10 – Schott; 1995, I-1923 Rn. 12 – Mars; 2000, I-8749 Rn. 46 – Ruwet; 2003, I-459 Rn. 72.
[190] EuGH Slg. 1987, 1227 Rn. 29, 40; 1988, 4233 Rn. 11 – 3 Glocken; 1994, I-3879 Rn. 10 – Schott; 1995, I-1923 Rn. 12 ff. – Mars; 2000, I-8749 Rn. 48 – Ruwet.
[191] EuGH EuZW 2008, 177 Rn. 31 – Dynamic Medien.
[192] EuGH EuZW 2009, 617 Rn. 24 – Åklagaren. Siehe die Fallgruppen bei *W. Schroeder*, in: Streinz, EUV/AEUV Art. 34 AEUV Rn. 54 ff.

gen **Maßnahmen** bedarf es der Feststellung der potenziellen Handelsbehinderung im Einzelfall (→ Rn. 61). Eine solche liegt bspw. vor, wenn nationale Vorschriften die Verwendung bestimmter Produkte, zB von spezifischen Fahrzeugen, weil Verbraucher in diesem Mitgliedstaat dann nur ein geringes Interesse haben werden, dieses Produkt zu erwerben.[193] Ihre Rechtfertigung richtet sich nach den dargestellten Grundsätzen (→ Rn. 65).

> So verhält es sich in Fall 1: Das Verbot, Hunde aus dem Ausland zur Zucht zu verwenden, stellt weder eine Regelung von Verkaufsmodalitäten noch eine produktbezogene Regelung dar. Es handelt sich vielmehr um eine unmittelbar diskriminierende sonstige Maßnahme, deren Rechtfertigung nicht gelingen wird (→ Rn. 49).

bb) Arbeitnehmerfreizügigkeit

Die Arbeitnehmerfreizügigkeit (Art. 45 ff. AEUV) soll den Bürgern der Union eine freie, von der jeweiligen Staatsangehörigkeit unabhängige Standortwahl für die Ausübung ihrer (abhängigen) Tätigkeit ermöglichen. **Arbeitnehmer** i. S. d. Art. 45 ff. AEUV sind alle Personen, die während einer bestimmten Zeit für einen anderen nach dessen Weisung Leistungen erbringen und dafür als Gegenleistung eine Vergütung erhalten.[194] Nach der Rspr. des EuGH ist der Arbeitnehmerbegriff im Interesse einer möglichst umfassenden Mobilitätsgarantie weit auszulegen.[195] 68

Kernstück des Freizügigkeitsrechts ist das in Art. 45 II AEUV normierte Verbot jeglicher Diskriminierung von Arbeitnehmern aufgrund der Staatsangehörigkeit. Als Spezialvorschrift verdrängt diese Norm in ihrem Anwendungsbereich das allgemeine Diskriminierungsverbot des Art. 18 AEUV und gewährleistet jedem Arbeitnehmer, der Staatsangehöriger eines anderen Mitgliedstaates ist, einen Anspruch auf Inländergleichbehandlung (→ Rn. 42 f.). Das Gleichbehandlungsgebot des Art. 45 II AEUV verbietet nicht nur unmittelbare und mittelbare Diskriminierungen (→ Rn. 48 ff.), sondern enthält auch weitergehend ein **umfassendes Beschränkungsverbot**, so dass jegliche Behinderung der Freizügigkeit, die die grenzüberschreitende Mobilität von Arbeitnehmern einzuschränken droht, an Art. 45 II AEUV zu messen ist.[196] Das Freizügigkeitsrecht umfasst auch die für seine Ausübung erforderlichen **Begleitrechte**, wie Reise-, Aufenthalts- und Verbleiberechte, die in Art. 45 III AEUV gewährleistet und durch sekundärrechtliche Vorschriften konkretisiert sind. 69

cc) Niederlassungsrecht

Soweit das Niederlassungsrecht (Art. 49 ff. AEUV) den Maßstab für die Beurteilung der Unionsrechtmäßigkeit einer mitgliedstaatlichen Maßnahme darstellt, kann diese Prüfung wie folgt vorgenommen werden: 70

---

[193] EuZW 2009, 173 Rn. 57 f.; 2009, 617 Rn. 26 f. – Åklagaren.
[194] EuGH Slg. 1986, 2121 Rn. 17 – Lawrie-Blum; 1992, I-1027 Rn. 10 – Raulin; EuZW 2008, 529 Rn. 33 – Raccanelli.
[195] EuGH Slg. 1982, 1035 Rn. 12 ff. – Levin; 1986, 1741 Rn. 13 – Kempf; 1986, 2121 Rn. 16 – Lawrie-Blum; 1991, I-745 Rn. 11 – Antonissen; 2000, I-9265 Rn. 24 – Yiadom.
[196] EuGH Slg. 1995, 4921 Rn. 94 ff. – Bosman; 1999, I-345 Rn. 36 ff. – Terhoeve; 2000, I-493 Rn. 23 – Graf.

> **Prüfungsübersicht Niederlassungsrecht**
>
> I. Anwendungsbereich
>   1. Persönlicher Anwendungsbereich
>   a) Begünstigte: Natürliche Personen oder Gesellschaften mit (Wohn-)Sitz in einem Mitgliedstaat (→ Rn. 71)
>   b) Verpflichtete
>   aa) Mitgliedstaaten (→ Rn. 71)
>   bb) Private (→ Rn. 71)
>   2. Sachlicher Anwendungsbereich: Vorliegen eines Niederlassungsvorgangs
>   a) Selbständige Erwerbstätigkeit (→ Rn. 72)
>   b) Keine Ausübung öffentlicher Gewalt (Art. 51 AEUV)
>   c) Dauerhafte Teilnahme am Wirtschaftsleben eines anderen Mitgliedstaats (→ Rn. 73 f.); Erscheinungsformen:
>   aa) Primäre Niederlassungsfreiheit: Aufnahme und Ausübung selbständiger Erwerbstätigkeit sowie Gründung und Leitung von Unternehmen (→ Rn. 75)
>   bb) Sekundäre Niederlassungsfreiheit: Gründung von Agenturen, Zweigniederlassungen oder Tochtergesellschaften (→ Rn. 75)
>   d) Grenzüberschreitendes Element (→ Rn. 76)
> II. Vorliegen einer Beschränkung
>   1. Unmittelbare Diskriminierung (→ Rn. 77)
>   2. Mittelbare Diskriminierung oder sonstige Beschränkung (→ Rn. 77)
> III. Rechtfertigung der Beschränkung
>   1. Rechtfertigungsgründe des Art. 52 I AEUV (→ Rn. 77)
>   2. Maßnahmen im zwingenden Allgemeininteresse (→ Rn. 77)

(1) Anwendungsbereich

71 **Begünstigte** des Niederlassungsrechts sind zum einen natürliche Personen mit der Staatsangehörigkeit eines Mitgliedstaats, zum anderen die nach den Rechtsvorschriften eines Mitgliedstaats gegründeten Gesellschaften mit Sitz innerhalb der Union (Art. 54 AEUV). **Adressaten** des Niederlassungsrechts sind neben den Organen der EU in erster Linie die Mitgliedstaaten. Dabei schützen die Art. 49 ff. AEUV auch gegen niederlassungsbeschränkende Maßnahmen desjenigen Staates, dessen Staatsangehörigkeit der Betroffene hat bzw. in dem die betreffende Gesellschaft ihren Sitz hat. Voraussetzung ist in jedem Fall das Vorliegen eines grenzüberschreitenden Elements (→ Rn. 76). Private, insbesondere Vereinigungen, kommen ebenfalls als Verpflichtete der Niederlassungsfreiheit in Betracht.[197]

72 Inhaltlich setzt das Vorliegen eines Niederlassungsvorgangs eine **selbständige Erwerbstätigkeit** voraus. Die grenzüberschreitende Tätigkeit in abhängiger Beschäftigung unterfällt hingegen Art. 45 ff. AEUV. Um eine *Erwerbs*tätigkeit handelt es sich nur dann, wenn die Tätigkeit einen wirtschaftlichen Charakter aufweist. Dieser erfor-

---

[197] Vgl. *M. Schlag*, in: Schwarze (Hrsg.), EU-Kommentar, 3. Aufl. 2012, Art. 49 AEUV Rn. 41.

dert zumindest eine **Erwerbsorientierung** der Tätigkeit, nicht zwingend aber eine unmittelbare Entgeltlichkeit. Nicht erfasst sind aber in jedem Fall Tätigkeiten ohne jede wirtschaftliche Ausrichtung, zB Hilfsleistungen im sozialen Miteinander, der Sportverkehr im Amateurbereich etc. Im Übrigen kommt es auf die Art der Tätigkeit nicht an, so dass gewerbliche Erwerbstätigkeiten ebenso erfasst werden wie sog. freie Berufe und andere Tätigkeiten.

Im Unterschied zur Dienstleistungsfreiheit (→ Rn. 85) setzt eine Niederlassung i. S. d. Art. 49 ff. AEUV eine **dauerhafte Teilnahme am Wirtschaftsleben eines anderen Mitgliedstaats** voraus.[198] Ob von einer Dauerhaftigkeit in diesem Sinne auszugehen ist, ist anhand einer Gesamtschau der im einzelnen Fall vorliegenden Merkmale zu bewerten. Bloß vorübergehende oder gelegentliche Tätigkeiten, die in einem anderen Mitgliedstaat ausgeübt werden, genügen diesem Erfordernis nicht. Typisches Beispiel für die Inanspruchnahme der Niederlassungsfreiheit ist die zeitlich unbeschränkte Ausübung der betreffenden Tätigkeit, bspw. die Gründung einer Niederlassung.[199] Allerdings kann auch die ständige Wiederholung von für sich betrachtet kurzfristigen Tätigkeiten in einem anderen Mitgliedstaat dem Kriterium der Dauerhaftigkeit genügen. Hier kann zumindest dann von einer dauerhaft oder schwerpunktmäßig auf diesen Mitgliedstaat ausgerichteten Tätigkeit ausgegangen werden, wenn die Tätigkeit unter **Nutzung einer festen Einrichtung** im Bestimmungsstaat ausgeübt wird.[200] 73

Wesentlich ist, dass das Unternehmen oder der die Tätigkeit Ausübende in dem Bestimmungsstaat über eine Infrastruktur – bspw. ein Büro oder Betriebsräume – verfügt, die es ihm erlaubt, in stabiler und kontinuierlicher Weise einer Erwerbstätigkeit nachzugehen.[201] Sofern zur Ausübung der Tätigkeit eine solche Infrastruktur nicht erforderlich ist, kann die Dauerhaftigkeit auch durch einen in dem betreffenden Mitgliedstaat konzentrierten Kundenstamm des Unternehmens vermittelt werden.[202] 74

> In Fall 1 würde die Eröffnung des sachlichen Anwendungsbereichs des Niederlassungsrechts voraussetzen, dass F in Deutschland dauerhaft einen Zuchtbetrieb unterhält. Diese Voraussetzung ist erfüllt. Er ist – ebenso wie der H – von dem Verbot der Verwendung ausländischer Hunde zur Zucht, darüber hinaus aber auch durch das Erfordernis eines Wohnsitzes im Inland in seiner Niederlassungsfreiheit betroffen.

Das Niederlassungsrecht umfasst die Aufnahme und Ausübung selbständiger Erwerbstätigkeiten sowie die Gründung und Leitung von Unternehmen (Art. 49 II AEUV). Dabei lassen sich **zwei Formen der Niederlassung** unterscheiden, ohne 75

---

[198] Siehe EuGH 1991, I-3905 Rn. 20 – Factortame II; 1995, I-4165 Rn. 25 – Gebhard; 1997, I-3395 Rn. 24 – Sodemare.
[199] EuGH Slg. 1988, 6159 Rn. 16 f. – Steymann; 1991, I-3905 Rn. 20 – Factortame II; EuZW 2012, 621 Rn. 34 – Vale Epitesi.
[200] Vgl. EuGH Slg. 1986, 3755 Rn. 22 – Versicherungsaufsichtsgesellschaft; EuZW 2012, 621 Rn. 34 – Vale Epitesi.
[201] EuGH Slg. 1986, 3755 Rn. 21 – Versicherungsaufsichtsgesellschaft; NVwZ 2010, 1409 Rn. 59 – Stoß.
[202] Vgl. EuGH Slg. 1974, 1299 Rn. 13 – van Binsbergen: Niederlassungsrecht kann anwendbar sein, wenn Tätigkeit ganz oder vorwiegend auf das Gebiet dieses Staates ausgerichtet ist.

dass dies Folgen für die Maßstäbe für die Beurteilung von Beschränkungen (→ Rn. 77) hätte:

- Bei der Grundform der sog. **primären Niederlassung** nimmt eine natürliche Person oder eine Gesellschaft in einem anderen Mitgliedstaat eine wirtschaftliche Tätigkeit auf, wählt also dort den Hauptstandort ihres Unternehmens.
- Im Falle der sog. **sekundären Niederlassung** erfolgt nicht die Begründung des Hauptstandorts in einem anderen Mitgliedstaat, sondern die Gründung von Agenturen, Zweigniederlassungen oder Tochtergesellschaften (Art. 49 I 2 AEUV). Dabei kommt es nicht darauf an, ob sich der Hauptsitz des Unternehmens in demselben Mitgliedstaat, in dem die Zweigniederlassung etc. gegründet werden soll, oder in einem anderen Mitgliedstaat befindet, sofern ein grenzüberschreitendes Element vorliegt (→ Rn. 76). Ebenso wenig muss das Unternehmen den Schwerpunkt seiner Geschäftstätigkeit in dem Mitgliedstaat entfalten, in dem sein Hauptsitz liegt. Vielmehr steht es dem Unternehmer frei, die Hauptniederlassung nur deshalb in einem bestimmten Mitgliedstaat zu begründen, weil dieser Mitgliedstaat ihm gesellschaftsrechtlich die aus Sicht des Unternehmers besten Bedingungen bietet, obwohl die Geschäftstätigkeit nahezu ausschließlich über eine Zweigniederlassung in einem anderen Mitgliedstaat abgewickelt wird.[203]

76 In der Grundkonstellation der primären Niederlassung besteht das erforderliche **grenzüberschreitende Element** im Aufsuchen eines anderen Mitgliedstaats zwecks Begründung eines Unternehmenssitzes. Dabei ist zu beachten, dass es nicht notwendig zu einer Grenzüberschreitung kommen muss. Die Niederlassungsfreiheit verbietet auch, eigene Staatsangehörige oder nach nationalem Recht gegründete Gesellschaften an einem Wegzug bzw. der Sitzverlegung in einen anderen Mitgliedstaat zu hindern bzw. ihn zu erschweren.[204] Ebenso erfasst ist die Rückverlegung eines zunächst in einem anderen als dem Herkunftsstaat gegründeten oder aus dem Herkunftsstaat verlegten Unternehmens zurück in den Herkunftsstaat. Da eine sekundäre Niederlassung iSv Art. 49 I 2 AEUV auch dann vorliegt, wenn die Zweigniederlassung in demselben Mitgliedstaat gegründet wird, in dem das Unternehmen seinen Hauptsitz hat (→ Rn. 75), wird man als grenzüberschreitendes Element verlangen müssen, dass zuvor der Hauptsitz grenzüberschreitend begründet wurde.

(2) Vorliegen und Rechtfertigung von Beschränkungen

77 Über den Wortlaut des Art. 49 II AEUV hinaus enthält die Niederlassungsfreiheit nicht nur ein Diskriminierungsverbot, sondern weitergehend ein **Verbot jeglicher Beschränkung**.[205] Beispiele unmittelbarer Diskriminierungen im Bereich der Niederlassungsfreiheit sind:

- Vorbehalt bestimmter Tätigkeiten für eigene Staatsangehörige;
- Genehmigungserfordernisse allein für Angehörige anderer Staaten;
- Ausschluss oder Benachteiligung von Ausländern beim Erwerb von Immobilien oder Wirtschaftsgütern, beim Zugang zu Krediten oder bei der Beschäftigung von Arbeitnehmern.

Mittelbare Diskriminierungen und sonstige Beschränkungen können etwa sein:

- Wohnsitzerfordernisse bzw. die Anknüpfung bestimmter rechtlicher oder wirtschaftlicher Positionen an das Bestehen eines Wohnsitzes im Inland;

---

[203] Vgl. EuGH Slg. 1999, I-1459 Rn. 27 ff. – Centros; 2003, I-10155 Rn. 95 f. – Inspire Art.
[204] EuGH EuZW 2011, 951 Rn. 35 – National Grid.
[205] Vgl. EuGH Slg. 2002, I-305 Rn. 22; 2002, I-8923 Rn. 26 – Payroll; EuZW 2009, 83 Rn. 19 – Jobra; 2009, 298 Rn. 33 – Hartlauer Handelsgesellschaft; 2009, 417 Rn. 43; 2011, 557 Rn. 63 ff.; EuZW 2011, 951 Rn. 36 – National Grid; 2013, 191 Rn. 33 – Finanziaria di Diego; 2013, 269 Rn. 32 – A Oy.

- das Verlangen einer inländischen Ausbildung oder Prüfung als Voraussetzung für die Zulassung zu einer Betätigung;
- das Erfordernis der Eintragung in bestimmte Register oder der Einholung einer Genehmigung vor Ausübung einer Tätigkeit[206];
- Zweitniederlassungsverbote;
- das Verlangen, dass bestimmte Tätigkeiten nur durch Unternehmen in der Rechtsform einer Aktiengesellschaft erbracht werden dürfen, weil dadurch die Niederlassungsfreiheit sowohl für natürliche Personen als auch hinsichtlich der Gründung von Zweitniederlassungen beschränkt wird[207];
- das Erfordernis einer Mindestkapitalausstattung, das faktisch zum Zwang der Gründung einer juristischen Person vor Aufnahme der Tätigkeit in dem betreffenden Mitgliedstaat führt[208];
- Sanktionierungen des Wegzugs, bspw. durch steuerliche Nachteile.

Die **Rechtfertigung** von Diskriminierungen und Beschränkungen richtet sich nach den → Rn. 49, 55 skizzierten Grundsätzen.

In Fall 1 liegt in dem Verbot, ohne Wohnsitz im Inland eine Hundezucht zu betreiben, eine Beschränkung der Niederlassungsfreiheit von Hundezüchtern aus anderen Mitgliedstaaten (in Form einer mittelbaren Diskriminierung). Zwingende Gründe des Allgemeininteresses, die eine solche Beschränkung rechtfertigen könnten, sind nicht ersichtlich. Anders wäre es bspw., wenn ein Sachkundenachweis für die Zucht von Hunden gefordert würde.

dd) Dienstleistungsfreiheit

Ob eine auf nationaler Ebene ergriffene Maßnahme, sei es eine Rechtsvorschrift oder ein Einzelakt, gegen die in den Art. 56 ff. AEUV gewährleistete Dienstleistungsfreiheit verstößt, kann anhand der folgenden Gliederung geprüft werden: 78

Prüfungsübersicht Dienstleistungsfreiheit

I. Anwendungsbereich
  1. Persönlicher Anwendungsbereich
    a) Begünstigte: Natürliche Personen oder Gesellschaften mit (Wohn-)Sitz in einem Mitgliedstaat (→ Rn. 80)
    b) Verpflichtete
      aa) Mitgliedstaaten (→ Rn. 81)
      bb) Private (→ Rn. 81)
  2. Sachlicher Anwendungsbereich: Vorliegen einer Dienstleistung
    a) Selbständige nichtkörperliche Leistung (→ Rn. 82 f.)
    b) Keine Ausübung öffentlicher Gewalt (Art. 62 iVm Art. 51 AEUV)
    c) Entgeltlichkeit (→ Rn. 84)
    d) Vorübergehende Erbringung (→ Rn. 85)
    e) Grenzüberschreitung
      aa) des Leistungserbringers (→ Rn. 87)
      bb) des Leistungsempfängers (→ Rn. 88)
      cc) der Dienstleistung (→ Rn. 89)

---

[206] EuGH EuZW 2009, 298 Rn. 44 – Hartlauer Handelsgesellschaft; 2010, 578 Rn. 54 – Pérez.
[207] EuGH EuZW 2010, 821 Rn. 28 – Engelmann.
[208] EuGH NVwZ 2012, 714 Rn. 38 – Baranzate und Venegono.

> II. Vorliegen einer Beschränkung
> 1. Unmittelbare Diskriminierung (→ Rn. 90)
> 2. Mittelbare Diskriminierung oder sonstige Beschränkung (→ Rn. 90)
> III. Rechtfertigung der Beschränkung
> 1. Rechtfertigungsgründe des Art. 62 iVm Art. 52 I AEUV (→ Rn. 90)
> 2. Maßnahmen im zwingenden Allgemeininteresse (→ Rn. 90)

79 Im Verhältnis zu den anderen Grundfreiheiten bildet die Dienstleistungsfreiheit keinen **subsidiären Auffangtatbestand**: Nach Art. 57 I AEUV kann von einer Dienstleistung i. S. d. Art. 56 ff. AEUV nur gesprochen werden, soweit die Tätigkeit nicht den Vorschriften über den freien Waren- und Kapitalverkehr und über die Freizügigkeit der Personen unterliegt. Dabei handelt es sich um keine Anordnung einer Subsidiarität, sondern um eine rein begriffliche Abgrenzung.[209] Eine entsprechende Regelung im Verhältnis zur Niederlassungsfreiheit enthält Art. 57 III AEUV. Die Abgrenzung zur Niederlassungsfreiheit wird durch das Merkmal der nur vorübergehenden Betätigung (→ Rn. 85), zur Arbeitnehmerfreizügigkeit durch das Kriterium der Selbständigkeit (→ Rn. 82) und zur Warenverkehrsfreiheit durch das Merkmal der Unkörperlichkeit (→ Rn. 83) geleistet. Im Verhältnis zur Freiheit des Kapital- und Zahlungsverkehrs kommt es darauf an, ob der entsprechende Vorgang in mehrere Tätigkeiten aufgespalten werden kann oder nicht. Selbständige Begleitmaßnahmen des Kapital- und Zahlungstransfers unterfallen den Art. 56 ff. AEUV, die Transfermaßnahmen selbst den Art. 63 ff. AEUV. Bei nicht aufspaltbaren Vorgängen können die betreffenden Maßnahmen kumulativ den Vorschriften über die Dienstleistungsfreiheit und denen über den freien Kapital- und Zahlungsverkehr zu unterstellen sein.[210] Im Einzelfall kann aber eine der beiden Grundfreiheiten auch nur am Rande berührt sein und deshalb als nachrangig zurücktreten.[211]

(1) Anwendungsbereich

80 Auf die Dienstleistungsfreiheit können sich zum einen **natürliche Personen** berufen, die Staatsangehörige eines Mitgliedstaats und in einem Mitgliedstaat ansässig sind. Begünstigt sind dabei sowohl die Dienstleistungserbringer als auch die Dienstleistungsempfänger[212] (→ Rn. 88). Den natürlichen Personen gleichgestellt sind gem. Art. 62 iVm Art. 54 S. 1 AEUV die **Gesellschaften** i. S. d. Art. 54 S. 2 AEUV.

81 Zur Unterlassung von Beschränkungen der Dienstleistungsfreiheit verpflichtet sind in erster Linie die **Mitgliedstaaten**. Wegen des notwendigen grenzüberschreitenden Elements (→ Rn. 86) muss die Dienstleistungsfreiheit eine doppelte Schutzrichtung haben, nämlich zum einen gegen Beschränkungen durch denjenigen Mitgliedstaat, in dem der Dienstleistungserbringer seinen (Wohn-)Sitz hat und von aus demzufolge die Dienstleistung erbracht wird (Herkunftsstaat), und zum anderen gegen Beschränkungen durch den Bestimmungsstaat.[213] Das ist derjenige Mitgliedstaat, in dem (aktive Dienstleistungsfreiheit) oder in den hinein (Grenzüberschreitung der Dienstleistung) die Dienstleistung erbracht wird oder in

---

[209] Die Subsidiarität explizit verneinend EuGH EuZW 2006, 689 Rn. 32 – Fidium Finanz AG.
[210] Zusammenfassend *P.-C. Müller-Graff*, in: Streinz, EUV/AEUV Art. 56 AEUV Rn. 28.
[211] EuGH EuZW 2006, 689 Rn. 34 – Fidium Finanz AG; NJW 2009, 3221 Rn. 47 – Bwin.
[212] EuGH EuZW 2010, 503 Rn. 23 – Betfair; 2010, 593 Rn. 15 – Ladbrokes; NVwZ 2012, 1165 Rn. 16 – HIT.
[213] Vgl. nur EuGH Slg. 1984, 377 Rn. 16, 37 – Luisi und Carbone; 1994, I-1783 Rn. 30, 35 – Corsica Ferries; 1994, I-3453 Rn. 40 – Peralta; 1997, I-3843 Rn. 50 – De Agostini.

den sie vom Dienstleistungsempfänger „mitgenommen" wird (passive Dienstleistungsfreiheit). Weitere Adressaten der Dienstleistungsfreiheit sind die **Organe der Union** selbst sowie **private Vereinigungen** und Einrichtungen, die im Rahmen ihrer Autonomie Beschränkungen der Dienstleistungsfreiheit errichten;[214] insoweit entfaltet die Dienstleistungsfreiheit mithin Drittwirkung.

Die Art. 56 und 57 AEUV enthalten die wesentlichen Elemente des **Begriffs der** 82 **Dienstleistung.** Unter Leistungen iSv Art. 57 I AEUV sind nur solche Betätigungen zu verstehen, die einen Teil des Wirtschaftslebens darstellen,[215] sofern sie nicht einen so geringen Umfang haben, dass sie als völlig untergeordnet und unwesentlich anzusehen sind[216]. In Anbetracht der nach Art. 57 I AEUV erforderlichen Abgrenzung zur Arbeitnehmerfreizügigkeit (→ Rn. 68 f.) muss es sich dabei um **selbständig ausgeübte Tätigkeiten** handeln.[217] Keine wirtschaftlichen Tätigkeiten sind bspw. aus dem Staatshaushalt finanzierte Erfüllungen staatlicher Aufgaben auf sozial-, kultur- oder bildungspolitischem Gebiet.[218] Die Bereichsausnahme der Verbindung der Tätigkeit mit der Ausübung öffentlicher Gewalt gilt auch hier (Art. 62 iVm Art. 51 AEUV).

Das **Merkmal der Nichtkörperlichkeit** dient der Abgrenzung der Dienstleistungs- 83 von der Warenverkehrsfreiheit. Schwierigkeiten bereitet diese Abgrenzung vor allem dann, wenn Waren als körperliche Gegenstände mit nichtkörperlichen Elementen (Bsp.: Installation und Inbetriebnahme der gelieferten Waren) zusammentreffen. Hier kommt es zunächst darauf an, ob die **körperlichen und die nichtkörperlichen Elemente** jeweils eine nicht nur untergeordnete eigenständige Bedeutung haben und deshalb getrennt voneinander zum einen nach den Art. 28 ff. und zum anderen den Art. 56 ff. AEUV beurteilt werden können (was im genannten Beispiel der Lieferung von Geräten einerseits und der Zurverfügungstellung von Installations-Know how andererseits der Fall sein kann[219]). Bei Nichttrennbarkeit erfolgt die Zuordnung nach dem Schwerpunkt des Leistungsinhalts.[220] So steht bei der Bewirtung in Restaurants der Gesichtspunkt der Bewirtung (= Dienstleistung), nicht die Lieferung der Getränke und Speisen im Vordergrund, so dass eine Prüfung von Beschränkungen allein am Maßstab der Dienstleistungsfreiheit erfolgt.[221]

Da die Leistung ausweislich des Art. 57 I AEUV *in der Regel* **gegen Entgelt** erbracht 84 werden muss, hindert die gelegentliche unentgeltliche Erbringung nicht die Qualifizierung als Dienstleistung. „*Gegen* Entgelt" heißt, dass das Entgelt die **wirtschaftliche Gegenleistung** für die fragliche Leistung sein muss.[222] Von wem die Gegenleistung erbracht wird, ist hingegen unerheblich; dies muss also nicht der Empfänger der

---

[214] EuGH 1974, 1405 Rn. 16, 19 – Walrave; 1976, 1333 Rn. 17 f. – Dona; 2000, I-2549 Rn. 47 – Deliège.
[215] Vgl. EuGH Slg. 1974, 1405 Rn. 4, 10 – Walrave; 1988, 6159 Rn. 10 – Steymann; 2000, I-2549 Rn. 53 – Deliège.
[216] EuGH Slg. 1988, 6159 Rn. 13 – Steymann.
[217] So die h. M., vgl. nur *S. Hobe,* Europarecht, 7. Aufl. 2012, § 18 Rn. 211; *P.-C. Müller-Graff,* in: Streinz, EUV/AEUV Art. 56 AEUV Rn. 26.
[218] EuGH Slg. 1988, 5365 Rn. 17 – Humbel; 1993, I-6447 Rn. 15 – Wirth.
[219] EuGH Slg. 2002, I-607 Rn. 32 f. – Canal Satélite.
[220] Vgl. EuGH Slg. 1994, I-1039 Rn. 22 ff. – Schindler; 1994, I-4837 Rn. 14 – van Schaik.
[221] EuGH EuZW 2011, 219 Rn. 49 f. – Josemans.
[222] Siehe EuGH Slg. 1988, 5365 Rn. 17 – Humbel; 1993, I-6447 Rn. 15 – Wirth; EuZW 2007, 601 Rn. 38 – Schwarz; 2008, 152 Rn. 29 – Jundt.

Leistung sein.[223] Ebenso wenig muss der Leistende beabsichtigen, mit der Leistung einen Gewinn zu erzielen; es ist nicht einmal erforderlich, dass die Gegenleistung zu einer Deckung der Kosten der Leistung führt.[224]

85 Im Gegensatz zur Niederlassungsfreiheit betrifft die Dienstleistungsfreiheit Erwerbstätigkeiten, die nicht auf Dauer gerichtet sind, sondern **nur vorübergehend (Art. 57 III AEUV) in einem anderen Mitgliedstaat ausgeübt** werden.[225] Abgrenzungskriterien sind insoweit Dauer, Häufigkeit, Regelmäßigkeit und Kontinuität der Leistungen.[226] Dabei ist zu beachten, dass Dienstleistungen i. S. d. Art. 56 ff. AEUV nicht nur einmalige oder kurzfristig erbrachte, sondern auch solche Leistungen sein können, die sich – wie größere Bauaufträge – über mehrere Jahre hinziehen können[227] oder regelmäßig erbracht werden. Sofern es für die Erbringung der Dienstleistung erforderlich ist, kann der Dienstleistungserbringer im Aufnahmemitgliedstaat auch ein **Büro unterhalten**, ohne dass es sich dabei um eine Niederlassung handeln würde.[228] In letzter Konsequenz wird es darauf anzukommen haben, ob sich der Betreffende stabil in die Wirtschafts- und Sozialordnung des Aufnahmestaats integriert hat (dann Niederlassung) oder eine solche Integration noch nicht stattgefunden hat (dann Dienstleistung).

86 Durch den Hinweis auf die Ansässigkeit des Leistungserbringers in einem anderen Mitgliedstaat als der Leistungsempfänger beschreibt Art. 56 I AEUV das für das Vorliegen einer Dienstleistung notwendige **grenzüberschreitende Element**. Dieses kann in **drei Fallgestaltungen** vorliegen: durch Grenzüberschreitung des Leistungserbringers, durch Grenzüberschreitung des Leistungsempfängers und durch Grenzüberschreitung allein der Dienstleistung.

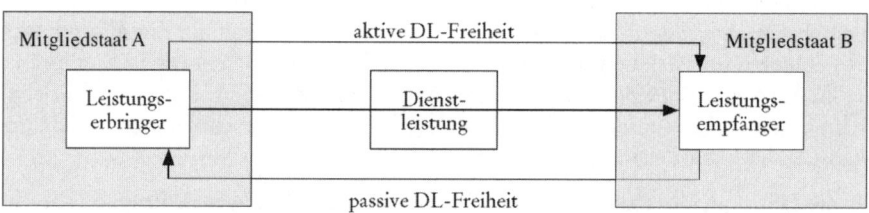

87 ■ Bei der sog. **aktiven Dienstleistungsfreiheit** wird die **Grenzüberschreitung durch den Leistungserbringer** vorgenommen, der sich zur Erbringung der Leistung in einen anderen Mitgliedstaat als denjenigen begibt, in dem er selbst ansässig ist. In der im Schaubild dargestellten Grundkonstellation erfolgt die Leistungserbringung im Staat des Leistungsempfängers. Zwingend ist dies allerdings nicht: Sofern nur die Leistungserbringung in einem anderen als dem Mitgliedstaat des Leistungserbringers erfolgt, ist es unerheblich, in welchem Mitgliedstaat der Leistungsempfänger ansässig ist.[229] Leistungserbringer und -empfänger können also in demselben Mitgliedstaat ansässig sein.[230]

---

[223] Vgl. EuGH Slg. 1988, 2085 Rn. 16 – Bond van Adverteerders; 2000, I-2549 Rn. 56 – Deliège; EuZW 2007, 601 Rn. 41 – Schwarz.
[224] Dazu EuGH Slg. 1988, 5365 Rn. 19 – Humbel; 1993, I-6447 Rn. 15 – Wirth; 2001, I-5473 Rn. 50 ff. – Smits und Peerbooms; EuZW 2008, 152 Rn. 33 – Jundt.
[225] EuGH Slg. 1995, I-4165 Rn. 26 – Gebhard; 1997, I-3395 Rn. 38 – Sodemare.
[226] EuGH Slg. 1995, I-4165 Rn. 26 ff. – Gebhard; 2003, I-1659 Rn. 21 ff.
[227] EuGH NVwZ 2012, 714 Rn. 32 – Baranzate und Venegono; 2012, 1162 Rn. 28 – SIA Garkalns.
[228] EuGH Slg. 1995, I-4165 Rn. 27 – Gebhard; 2002, I-3129 Rn. 57; 2003, I-14847 Rn. 28 ff. – Schnitzer.
[229] EuGH Slg. 1997, I-3091 Rn. 8 – SETTG; 1999, I-7641 Rn. 19 – Vestergaard.
[230] EuGH Slg. 1991, I-659; 1991, I-709; 1991, I-727.

- In der Konstellation der **passiven Dienstleistungsfreiheit** überschreitet nicht der Leistungserbringer, sondern der **Leistungsempfänger die Grenze**. Die Art. 56 ff. AEUV gewährleisten auch die Freiheit, sich ohne Beschränkungen in einen anderen Mitgliedstaat zu begeben, um dort eine Dienstleistung in Anspruch zu nehmen.[231]

88

- Schließlich kann das erforderliche grenzüberschreitende Element auch dadurch konstituiert werden, dass allein die **Dienstleistung die Grenze überschreitet**. Ein Grenzübertritt durch Leistungserbringer oder -empfänger erfolgt hingegen nicht. Beispiele für solche Dienstleistungen sind die grenzüberschreitende Ausstrahlung von Fernseh- oder Werbesendungen[232], das grenzüberschreitende telefonische, elektronische oder postalische Angebot von Finanzdienstleistungen[233] oder das Angebot von Glücksspielen über das Internet[234].

89

> Die Eröffnung des Anwendungsbereichs der Vorschriften über die Dienstleistungsfreiheit kommt in Fall 1 unter zwei Gesichtspunkten in Betracht: Erstens könnte eine Dienstleistung dann vorliegen, wenn ein Hundezüchter aus einem anderen Mitgliedstaat seinen Hund nur zu dem Zweck der Verwendung im Zuchtbetrieb eines anderen Züchters in das Inland verbringt und anschließend wieder mit in den Herkunftsstaat nimmt. Doch dürfte es sich hierbei – in Abgrenzung zur Warenverkehrsfreiheit (→ Rn. 83) – nicht um eine nichtkörperliche Leistung handeln. Schwerpunkt ist vielmehr die Verbringung und Verwendung des Tieres als körperliches Objekt. Hingegen liegt zweitens eine Inanspruchnahme der Dienstleistungsfreiheit dann vor, wenn ein Hundezüchter aus einem anderen Mitgliedstaat für Zwecke der eigenen Hundezucht einen Hund in das Inland einführt. Voraussetzungen sind das Fehlen einer Niederlassung im Inland und die Entgeltlichkeit der Zuchtverwendung.

(2) Vorliegen und Rechtfertigung von Beschränkungen

Auch Art. 56 AEUV enthält über den Grundsatz der Inländergleichbehandlung hinaus ein **umfassendes Beschränkungsverbot**.[235] Gegen die Freiheit des Dienstleistungsverkehrs verstoßende unmittelbare Diskriminierungen können etwa sein:

90

- Ausschluss anderer als eigener Staatsangehöriger von bestimmten Tätigkeiten;
- Benachteiligungen von Ausländern beim Zugang der für die Erbringung der Dienstleistung erforderlichen Ressourcen;
- Schlechterstellung der Staatsangehörigen anderer Mitgliedstaaten bei der Inanspruchnahme von Dienstleistungen, zB durch die Pflicht zur Entrichtung erhöhter Entgelte.

Als Beispiele für mittelbare Diskriminierungen und sonstige Beschränkungen im Bereich der Dienstleistungsfreiheit können genannt werden:

- das Erfordernis einer Ansässigkeit im Inland für die Erbringung oder Inanspruchnahme bestimmter Dienstleistungen;
- die Pflicht zur Begründung einer Niederlassung vor Erbringung einer Dienstleistung[236];

---

[231] EuGH Slg. 1984, 377 Rn. 10, 16 – Luisi und Carbone; 1989, 195 Rn. 15 – Cowan; 1998, I-1931 Rn. 35 – Kohll; 2001, I-5473 Rn. 69 – Smits und Peerbooms; 2003, I-4509 Rn. 44 – Müller-Fauré und van Riet; EuZW 2007, 601 Rn. 36 – Schwarz.
[232] EuGH Slg. 1974, 409 Rn. 6 – Sacchi; 1988, 2085 Rn. 15 – Bond van Adverteerders; 1994, I-4795 Rn. 13 – TV10; 1997, I-3843 Rn. 48 – De Agostini.
[233] Vgl. EuGH Slg. 1995, I-1141 Rn. 20 ff. – Alpine Investments.
[234] EuGH NJW 2009, 3221 Rn. 52 f. – Bwin; NVwZ 2010, 1422 Rn. 41 – Carmen Media Group.
[235] EuGH Slg. 1991, I-4221 Rn. 12 – Säger; 1994, I-3803 Rn. 14 – Vander Elst; 1997, I-3091 Rn. 16 – SETTG; 1997, I-3899 Rn. 18 – Parodi; 2000, I-7919 Rn. 33 – Corsten; DVBl. 2006, 364 Rn. 30; NZBau 2007, 122 Rn. 28; NJW 2009, 1325 Rn. 78 – Kattner Stahlbau; 2009, 3221 Rn. 51 – Bwin; EuZW 2010, 503 Rn. 23 – Betfair; 2010, 593 Rn. 15 – Ladbrokes; 2012, 234 Rn. 38; NVwZ 2012, 1165 Rn. 16 – HIT.
[236] EuGH EuZW 2010, 217 Rn. 39; 2011, 832 Rn. 21.

- die Pflicht, die Tätigkeit vor ihrer Ausübung in dem betreffenden Mitgliedstaat anzumelden[237];
- Genehmigungserfordernisse[238];
- eine Ausschließlichkeitsregelung, nach der allein ein bestimmtes Unternehmen zur Erbringung einer Dienstleistung (zB Angebot von Glücksspiel) befugt ist[239];
- das Verbot eines Mitgliedstaats, dass in einem anderen Mitgliedstaat niedergelassene Dienstleistungserbringer in dem erstgenannten Mitgliedstaat Dienstleistungen, zB Glücksspiele, über das Internet anbieten[240];
- das Erfordernis, bestimmte für die Erbringung der Dienstleistung relevante Erfahrungen im Inland erworben zu haben[241];
- die Abhängigmachung der Möglichkeit zur Erbringung einer Dienstleistung von der Mitgliedschaft in bestimmten Organisationen, zB berufsständischen Kammern;
- die Verpflichtung, beim Abschluss von Verträgen mit nicht im Inland registrierten Unternehmen von der Vergütung einen bestimmten Prozentsatz abzuziehen[242];
- das Verbot, bestimmte Mindesthonorare zu unterschreiten[243];
- der Abschluss von andere Bewerber ausschließenden Verträgen über die Erbringung der Dienstleistung über eine lange Laufzeit[244].

Die **Rechtfertigung** von Diskriminierungen und Beschränkungen richtet sich nach den → Rn. 49, 55 skizzierten Grundsätzen.

In Fall 1 liegen Beschränkungen (in Gestalt mittelbarer Diskriminierungen) der Dienstleistungsfreiheit von Hundezüchtern aus anderen Mitgliedstaaten (vgl. → Rn. 89) zum einen darin, dass sie ihre aus einem anderen Mitgliedstaat eingeführten Hunde im Inland überhaupt nicht mehr zur Zucht verwenden dürfen. Insoweit unterscheidet sich die Prüfung der Rechtfertigung dieser Beschränkung nicht von der in → Rn. 49 angestellten. Zum anderen wirkt das Wohnsitzerfordernis mittelbar diskriminierend (zur Rechtfertigung → Rn. 77).

ee) Freiheit des Kapital- und Zahlungsverkehrs

91 Die in den Art. 63 ff. AEUV gewährleistete Freiheit des Kapital- und Zahlungsverkehrs erfasst die **einseitige Wertübertragung** in Form von Sach- und Geldkapital (Kapitalverkehr, Art. 63 I AEUV; Beispiele: Wertpapiergeschäfte, Darlehen – und zwar auch unentgeltliche, so dass auch der grenzüberschreitende Verleih von Kraftfahrzeugen unter die Kapitalverkehrsfreiheit fällt[245] – und Kredite, Bürgschaften, Direktinvestitionen, Spenden) sowie jeglichen **Transfer von Zahlungsmitteln** zur Erfüllung von vertraglichen Zahlungsverpflichtungen (Zahlungsverkehr, Art. 63 II AEUV). In Abgrenzung dazu werden nationale Vorschriften, die die Beteiligung an und die Beherrschung von einem Unternehmen durch einen in einem anderen Mitgliedstaat ansässigen Anteilseigner betreffen, von den Bestimmungen über das Niederlassungsrecht (→ Rn. 72 ff.) erfasst[246] (vgl. Art. 55 AEUV). Wie bereits der Wort-

---

[237] EuGH EuZW 2012, 234 Rn. 34 ff.
[238] EuGH NVwZ 2012, 1162 Rn. 34 – SIA Garkalns.
[239] EuGH EuZW 2010, 593 Rn. 16 ff. – Ladbrokes.
[240] EuGH NJW 2009, 3221 Rn. 52 – Bwin.
[241] EuGH NZBau 2006, 386 Rn. 44.
[242] EuGH NZBau 2007, 122 Rn. 30 ff.
[243] EuGH NJW 2007, 281 Rn. 58 ff. – Cipolla.
[244] EuGH NZBau 2006, 386 Rn. 44. EuZW 2012, 234 Rn. 38.
[245] EuGH EuZW 2012, 551 Rn. 31 ff. – van Putten.
[246] EuGH EuZW 2007, 697 Rn. 13 – VW; 2009, 458 Rn. 34; 2011, 150 Rn. 47 – Idryma Typou. Vgl. aber zur Abgrenzung EuGH EuZW 2009, 415 Rn. 46. Siehe eingehend *C. F. Germelmann*, EuZW 2008, 596.

laut des Art. 63 AEUV deutlich macht schützt auch die Freiheit des Kapital- und Zahlungsverkehrs nicht nur vor Diskriminierungen, sondern weitergehend gegen **jegliche Beschränkungen**[247] (→ Rn. 48, 50ff.). So stellt eine mitgliedstaatliche Maßnahme, die geeignet ist, die in dem Mitgliedstaat Ansässigen von der Aufnahme von Darlehen in einem anderen Mitgliedstaat[248], Investitionen in Immobilien in einem anderen Mitgliedstaat[249] oder dem Erwerb von Aktien eines in einem anderen Mitgliedstaat ansässigen Unternehmens[250] abzuhalten, eine Beschränkung des freien Kapitalverkehrs dar. Zu beachten sind insoweit die ausdrücklichen Beschränkungsmöglichkeiten nach Art. 65 AEUV. Gerechtfertigt sind solche Beschränkungen, wenn sie ein im Allgemeininteresse liegendes Ziel verfolgen, sie in nicht diskriminierender Weise angewandt werden und dem Grundsatz der Verhältnismäßigkeit genügen.[251]

> **Lösungshinweise zu Fall 1**
>
> I. Verletzung von Rechten des H
>   1. Verletzung von Grundrechten des GG
>   a) Art. 12 I GG
>   – Schutzbereich eröffnet: auch untypische Tätigkeit wie „Vollzeit-Hundezüchter" ist Beruf iSv Art. 12 I GG (→ Rn. 18)
>   – Eingriff liegt vor: Verbot der Zucht mit ausländischen Hunden hat berufsregelnde Tendenz (→ Rn. 21)
>   – Rechtfertigung des Eingriffs: Verhältnismäßigkeitsprüfung
>   • Berufswahl- oder -ausübungsregelung? → Ob Beruf in der Zucht von Hunden allgemein oder in der von Hunden der seltenen Rasse besteht kann offen bleiben, da Gesetz in jedem Fall nur Modalitäten der Berufsausübung regelt (→ Rn 27).
>   • Aber: Da Rückwirkung auf das „Ob" der Weiterführung des Berufs, liegt Berufsausübungsregelung mit den Wirkungen einer Berufswahlregelung vor (→ Rn. 27).
>   • Zur Rechtfertigung des Verbots erforderliche Gemeinwohlbelange von hoher Bedeutung sind nicht erkennbar, da die bloße Einfuhr (ohne Zucht) von Hunden aus dem Ausland erlaubt bleibt (→ Rn. 27).
>   b) Art. 14 I GG
>   – Schutzbereich eröffnet: Art. 14 I GG schützt auch das Recht des H, die in seinem Eigentum stehenden, im Ausland erworbenen Hunde zur Zucht zu nutzen (→ Rn. 31).
>   – Recht am eingerichteten und ausgeübten Gewerbebetrieb vermittelt keinen weitergehenden Schutz als das Eigentum an den Hunden (→ Rn. 33).
>   – Verbot des Einsatzes der Hunde zur Zucht ist Inhalts- und Schrankenbestimmung iSv Art. 14 I 2 GG (→ Rn. 34).
>   – Keine Rechtfertigung des Eingriffs (s. o. 1 a).
>   2. Beschränkung der Warenverkehrsfreiheit (Art. 34ff. AEUV)
>   a) Anwendungsbereich
>   – Begünstigter: H ist natürliche Person (→ Rn. 57)
>   – Tier als Ware (→ Rn. 58)
>   b) Vorliegen einer Beschränkung
>   – keine mengenmäßige Einfuhrbeschränkung (→ Rn. 59)

---

[247] EuGH EuZW 2006, 722 Rn. 18; 2012, 551 Rn. 40 – van Putten.
[248] EuGH EuZW 2009, 532 Rn. 33 – X.
[249] EuGH, Urt. v. 8.5.2013 – Rs. C-197 u. 203/11 –, Rn. 44 – Libert.
[250] EuGH EuZW 2010, 701 Rn. 50.
[251] EuGH NJW 2006, 3126 Rn. 44 – Burtscher; EuZW 2006, 722 Rn. 33f.

- Maßnahme gleicher Wirkung
  - Keine Regelung von Verkaufsmodalitäten oder produktbezogene Regelung („Keck-Formel") (→ Rn. 67)
  - potenzielle Handelsbehinderung durch sonstige, unmittelbar diskriminierend wirkende Maßnahme liegt vor (→ Rn. 66)
- c) Keine Rechtfertigung der Beschränkung nach Art. 36 AEUV (→ Rn. 67)
3. Ergebnis: H ist in seinen Grundrechten aus Art. 12 I und 14 I GG und der für ihn ein subjektives Recht begründenden Freiheit des Warenverkehrs (Art. 34 AEUV) verletzt.

II. Verletzung von Rechten des F
1. Verletzung von Grundrechten des GG
   a) Art. 12 I GG: (Personaler) Schutzbereich nicht eröffnet, da F kein Deutscher ist.
   b) Art. 14 I GG (wie o. I 1 b)
2. Beschränkung des Niederlassungsrechts (Art. 49 ff. AEUV)
   a) Anwendungsbereich
      - Begünstigter: F ist natürliche Personen mit Wohnsitz in einem anderen Mitgliedstaat (→ Rn. 71)
      - Vorliegen eines Niederlassungsvorgangs
        - Selbständige Erwerbstätigkeit (→ Rn. 72)
        - Dauerhafte Teilnahme am Wirtschaftsleben eines anderen Mitgliedstaats in Form der primären Niederlassungsfreiheit (→ Rn. 74)
        - Grenzüberschreitendes Element (→ Rn. 76)
   b) Vorliegen einer Beschränkung in Gestalt des mittelbar diskriminierend wirkenden Wohnsitzerfordernisses (→ Rn. 77)
   c) Rechtfertigung der Beschränkung: keine zwingenden Gründe des Allgemeininteresses (→ Rn. 77)
3. Ergebnis: F ist in seinem Grundrecht aus Art. 14 I GG und dem für ihn ein subjektives Recht begründenden Niederlassungsrecht (Art. 49 AEUV) verletzt.

§ 4. Organisation der Wirtschaftsverwaltung

Literatur: *M. Burgi*, Der Beliehene – ein Klassiker im modernen Verwaltungsrecht, in: Staat, Kirche, Verwaltung. FS Maurer, 2001, S. 581; *D. Hahn*, Verwaltungsstreitverfahren zwischen Kammern und ihren Mitgliedern, WiVerw 2004, 178; *A. Hatje/J. P. Terhechte*, Das Bundesverfassungsgericht und die Pflichtmitgliedschaft, NJW 2002, 1849; *A. Kumanoff/A. Schwarzkopf/A. Fröse*, Die Verwaltungshilfe als Variante der Hoheitsverwaltung durch die Gemeinde, SächsVBl. 1997, 73; *R. Jahn*, Wirtschaftliche und freiberufliche Selbstverwaltung durch Kammern, GewArch 2002, 353; *W. Meyer/W. Diefenbach*, Handwerkskammern, andere Wirtschaftskammern und Berufskammern, 2005; *H. Sodan*, Berufsständische Zwangsvereinigung auf dem Prüfstand des Grundgesetzes, 1991.

Fall 2

Die Handwerkskammer H betreibt unter der Bezeichnung „Blumen statt Krieg" einen Blumenhandel, um Mittel für eine wirtschaftliche Aufbauhilfe in einem südostasiatischen Land zu erwirtschaften, das durch einen Bürgerkrieg zerstört wurde. In der von der H herausgegebenen „H-Zeitung" bezeichnet der Präsident der H die neuen Machthaber in dem asiatischen Land als „Lichtblick" und deren Gegner als „zerlumptes Gesindel". Der S ist Mitglied der H und Sohn des nach Deutschland geflohenen Aktivisten A der unterlegenen Bürgerkriegspartei. S und A möchten gegen den Blumenhandel und die Äußerung des Präsidenten der H vorgehen. Hätten Klagen von S und A vor dem Verwaltungsgericht Aussicht auf Erfolg?

I. Aufgaben der Wirtschaftsverwaltung

Versteht man unter dem „Öffentlichen Wirtschaftsrecht" die Gesamtheit der Rechtssätze, die die Stellung des Wirtschaftssubjekts gegenüber Trägern hoheitlicher Gewalt oder deren eigene Marktteilnahme oder das Wirtschaftsverhalten privater Wettbewerber regulieren (→ § 3 Rn. 1), so lassen sich im Anschluss hieran die **Funktionen der Wirtschaftsverwaltung** beschreiben. Aufgabe der Wirtschaftsverwaltung ist danach zum einen der **Vollzug der Normen des Öffentlichen Wirtschaftsrechts**: Anträge auf Erteilung erforderlicher Genehmigungen müssen geprüft und bei Vorliegen der Voraussetzungen muss die Erlaubnis erteilt werden, gegen nicht genehmigte erlaubnisbedürftige Tätigkeiten muss eingeschritten werden, bei Beeinträchtigung Dritter können ggf. nachträgliche Auflagen erteilt werden etc. (→ § 5 Rn. 9 ff.). Diese Beispiele auf dem Gebiet der Wirtschaftsüberwachung (→ § 5 Rn. 7) lassen sich ergänzen durch solche aus dem Bereich der Regulierungsüberwachung, die die Erreichung der Regulierungsziele sicherstellen soll (→ §§ 13 ff.): Entgelte sind zu regulieren, Frequenzbereiche können für den Handel freigegeben werden u. a. m.

Zum anderen hat die Wirtschaftsverwaltung eigene **wirtschaftliche Entscheidungen von Hoheitsträgern vorzubereiten und umzusetzen**: Die benötigten Güter und Leistungen sind zu ermitteln, eine Ausschreibung ist zu veranlassen und dem Bieter, der das wirtschaftlich günstigste Angebot abgegeben hat, ist der Zuschlag zu erteilen (→ § 9). Der Bedarf für ein wirtschaftliches Unternehmen des Staates ist zu ermitteln und dieses ggf. zu gründen (→ § 7). Von staatlichen Stellen bislang selbst erfüllte Aufgaben sind auf ihr Potential für eine Privatisierung bzw. eine öffentlich-private Partnerschaft zu überprüfen und entsprechende Schritte ggf. zu unternehmen (→ § 8). Drittens kann **Einfluss auf die Bedingungen privaten Wirtschaftens** genommen werden, bspw. durch die Gewährung von Subventionen oder Beratungsleistungen im Rahmen der Wirtschaftsförderung (→ § 5 Rn. 3).

Der Vielfalt der Aufgaben der Wirtschaftsverwaltung entspricht ein **Pluralismus der mit diesen Aufgaben befassten Stellen**. Zur Organisation der Wirtschaftsverwaltung in diesem Sinne zählen Stellen auf europäischer, mitgliedstaatlicher sowie Länder- und kommunaler Ebene, Organisationen der funktionalen Selbstverwaltung der Wirtschaft, öffentliche Unternehmen und in die Wirtschaftsverwaltung einbezogene Private:

Mit Aufgaben der Wirtschaftsverwaltung befasste Stellen

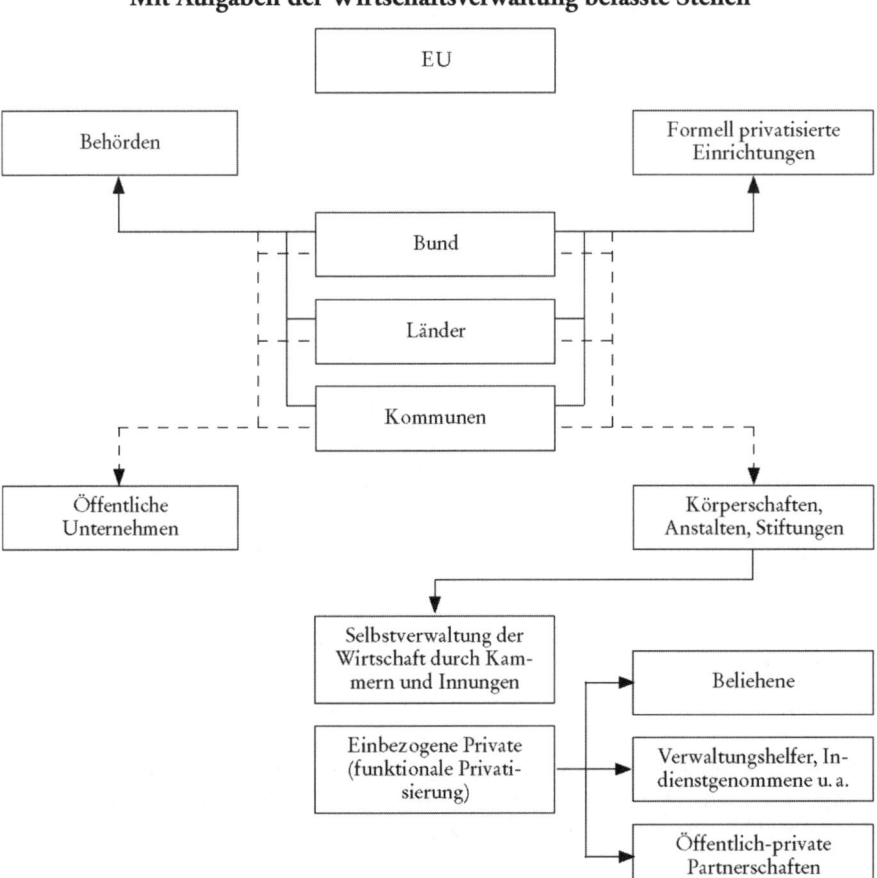

II. Staatliche Wirtschaftsverwaltung

4 Ungeachtet des Grundsatzes, dass die Kompetenz für den Vollzug des Unionsrechts im Regelfall bei den Mitgliedstaaten liegt (→ § 3 Rn. 11), findet sich auf **Unionsebene** eine wachsende Zahl von Einrichtungen, die zur Wahrnehmung besonderer Aufgaben der Wirtschaftsverwaltung eingerichtet worden sind.[1] Wichtiges Beispiel einer Zuständigkeit der Kommission ist die Beihilfenkontrolle nach Art. 108 AEUV (→ § 6 Rn. 48).

5 Innerstaatlich richtet sich die Verteilung von Zuständigkeiten für die Wirtschaftsverwaltung zwischen Bund und Ländern nach den Art. 30, 83 ff. GG. Zentrale Bedeutung kommt der **Festlegung der Wirtschaftspolitik durch die Bundesregierung** zu. Gemäß Art. 65 S. 1 GG bestimmt der Bundeskanzler auch insoweit die Richtlinien der Politik, innerhalb derer die jeweils ressortzuständigen Bundesminister selbständig und in eigener Verantwortung handeln (Art. 65 S. 2 GG). Die Verwirk-

---

[1] Vgl. die Beispiele bei *Stober*, AllgWiVerwR § 39 VI.

lichung der wirtschaftspolitischen Entscheidungen erfolgt nicht allein in der Form von Rechtsvorschriften, sondern über zahlreiche Instrumente, auch informeller Art. Beispiele sind die Einberufung „runder Tische" und ähnlicher Koordinations- und Kooperationszusammenhänge oder die Vereinbarung informeller Absprachen unter Beteiligung der Bundesregierung (→ § 5 Rn. 28).

Hierzu zählt weiterhin die **Abgabe von Warnungen vor gefährlichen Handlungen oder Produkten** 6 durch Mitglieder der Bundesregierung (→ § 5 Rn. 27): Nach Auffassung des BVerfG ergibt sich aus der der Bundesregierung zugewiesenen staatsleitenden Funktion auch die Aufgabe, im Rahmen ihrer Öffentlichkeitsarbeit auf aktuelle streitige, die Öffentlichkeit erheblich berührende Fragen einzugehen – insbesondere wenn den Bürgern zu wenige oder mit dem Risiko der Einseitigkeit behaftete Informationen zur Verfügung stehen. Für die Kompetenzabgrenzung zwischen Bund und Ländern sind danach im Bereich des Informationshandelns weder die Art. 70 ff. GG noch die Art. 83 ff. GG einschlägig. Die diesbezügliche Kompetenz der Bundesregierung besteht vielmehr in all den Bereichen, in denen ihr eine gesamtstaatliche Verantwortung zur Staatsleitung zukommt.[2]

Den Bundesministerien als obersten Bundesbehörden nachgeordnet finden sich zunächst die sog. **selbständigen Bundesoberbehörden** ohne eigenen Verwaltungsunterbau und mit Zuständigkeit für das gesamte Bundesgebiet. Grundlage für Ihre Errichtung ist – vorbehaltlich besonderer Regelungen im GG – Art. 87 III 1 GG. Beispiele sind das Bundeskartellamt, das Bundesamt für Güterverkehr, die Bundesnetzagentur (→ § 13 Rn. 13 ff.), das Bundesamt für Wirtschaft und Ausfuhrkontrolle, das Bundesverwaltungsamt, das Kraftfahrt-Bundesamt sowie das Luftfahrt-Bundesamt. Als Träger der mittelbaren Bundesverwaltung nach Art. 87 III GG in Form rechtlich **selbständiger bundesunmittelbarer Anstalten und Körperschaften** ist bspw. die Bundesanstalt für Finanzdienstleistungsaufsicht, die Bundesanstalt für Landwirtschaft und Ernährung, das Bundesinstitut für Risikobewertung (Anstalt d. ö. R.), die Bundesagentur für Arbeit (Körperschaft d. ö. R.), die Deutsche Rentenversicherung Bund (Körperschaft d. ö. R. mit Selbstverwaltung) sowie die Berufsgenossenschaft für Transport und Verkehrswirtschaft (Körperschaft d. ö. R. mit Selbstverwaltung) zu nennen.

Das Schwergewicht der Wirtschaftsverwaltung liegt entsprechend der Kompetenzverteilungsregelung des Art. 30 GG bei den **Ländern.** Oberste Landesbehörden sind die Landesministerien, darunter findet sich in der Mehrzahl der Länder (noch) die Mittelinstanz (Bezirksregierung, Regierungspräsidium). Allgemeine Verwaltungsbehörden der Unterstufe sind die Kreisverwaltungen bzw. kreisfreien Städte.[3] Zusätzlich nehmen die **Kommunen** häufig im Rahmen ihres Selbstverwaltungsrechts Aufgaben der Wirtschaftsförderung wahr.

Dem Bereich der staatlichen (bzw. kommunalen) Wirtschaftsverwaltung zugerechnet werden können 9 schließlich die öffentlichen Unternehmen und formell privatisierten Einrichtungen. Mit Hilfe **öffentlicher Unternehmen** werden verschiedene Zielsetzungen erfüllt, die zumindest teilweise – wie etwa die Erbringung von durch die Privatwirtschaft nicht ausreichend zur Verfügung gestellten Leistungen – der Wirtschaftsverwaltung zugeordnet werden können (→ § 7). Beispiele für **formell privatisierte Einrichtungen** (→ § 8 Rn. 3 f.), die Aufgaben der Wirtschaftsverwaltung erfüllen, sind neben den in Organisationsformen des Gesellschaftsrechts überführten ehemaligen Eigenbetrieben u. ä. (→ § 7 Rn. 8 ff.) Wirtschaftsförderungsgesellschaften, insbesondere auf kommunaler Ebene.

---

[2] BVerfGE 105, 279 (301 ff.).
[3] Vgl. die Ausführungen bei *Sodan/Ziekow*, GKÖR §§ 59, 60.

III. Selbstverwaltung der Wirtschaft

10 Organisatorisch zur **mittelbaren Staatsverwaltung** zählt auch die Erfüllung von öffentlichen Aufgaben der Wirtschaftsverwaltung durch gegenüber der staatlichen Verwaltung **verselbständigte juristische Personen des öffentlichen Rechts**. Diese verselbständigten Verwaltungsträger müssen nicht zwangsläufig mit Selbstverwaltungsrechten ausgestattet sein.[4] Allerdings kann die Verleihung von Selbstverwaltungsrechten Vorteile bieten:[5]

- Die Selbstverwaltungseinrichtung ist keine reine Interessenvertretung, sondern **aktiviert und bündelt den Sachverstand und die Interessen** der Wirtschaftssubjekte, die ihre Mitglieder sind, zur Erledigung ihrer eigenen Angelegenheiten.
- Sachverstand und Interessen der Wirtschaftssubjekte werden nicht partikularisiert, sondern **unter Berücksichtigung von Gesamtinteressen strukturiert und ausgewogen** in den wirtschaftspolitischen Willensbildungsprozess eingebracht.
- Durch die Eigenwahrnehmung von öffentlichen Aufgaben und die Beratung der staatlichen Behörden durch die Selbstverwaltungseinheiten wird die **staatliche Wirtschaftsverwaltung entlastet**.

11 Unter Aufnahme dieser Merkmale wird von einer Einrichtung der Selbstverwaltung der Wirtschaft gesprochen, wenn **durch eine öffentlich-rechtliche Organisationsform öffentliche Verwaltungsaufgaben für bestimmte private Wirtschaftszweige erledigt** werden.[6] Da diese Organisationen in der Regel mitgliedschaftlich verfasst sind, handelt es sich ganz überwiegend um **Körperschaften des öffentlichen Rechts**[7]. Sie sind typologisch der funktionalen Selbstverwaltung[8] zuzuordnen.

12 Nicht der wirtschaftlichen Selbstverwaltung in diesem Sinne zuzurechnen ist zunächst die **berufsständische Selbstverwaltung** insbesondere der freien Berufe durch Rechtsanwalts-, Ärzte-, Architekten-, Wirtschaftsprüferkammern etc. Sie gehören zwar ebenfalls zur funktionalen Selbstverwaltung, werden jedoch von der wirtschaftlichen Selbstverwaltung unterschieden. Abzugrenzen ist die wirtschaftliche Selbstverwaltung darüber hinaus von der Tätigkeit der Wirtschaftsverbände. **Wirtschaftsverbände** wie der Bundesverband der Deutschen Industrie (BDI), der Zentralverband des Deutschen Handwerks (ZDH) etc. sind privatrechtliche Vereinigungen von Wirtschaftssubjekten auf freiwilliger Basis, die keine öffentlichen Verwaltungsaufgaben erfüllen. Sie werden nicht gemeinwohlorientiert tätig, sondern verfolgen die **spezifischen Interessen ihrer Mitglieder**.[9] Gleichwohl erfüllen die Wirtschaftsverbände wichtige Funktionen bei der Vorbereitung wirtschaftspolitisch relevanter Entscheidungen, indem sie die Interessen eines großen Teils der von den Entscheidungen Betroffenen im Vorhinein artikulieren und dadurch zur sachgerechten Formulierung, zur Akzeptanz und damit zur Realisierung der Entscheidungen beitragen. Auch sind die Verbände in der Regel Partner von Politik und Verwaltung bei selbstverpflichtenden Absprachen.

1. Erscheinungsformen und Aufgaben

13 Auf **Landesrecht** beruhende Selbstverwaltungskörperschaften der Wirtschaft sind die **Landwirtschaftskammern**. Ihnen gehören in der Regel Betriebe des Ackerbaus, der Grünlandwirtschaft, der Forstwirtschaft, des Weinbaus, des Gartenbaus und der Fischerei an. Ihre Aufgaben sind die Förderung der Land-

---

[4] So für Art. 87 III 1 GG *M. Sachs*, in: Sachs, GG Art. 87 Rn. 67.
[5] Zum Folgenden BVerfG NVwZ 2002, 335 (336 f.).
[6] *Stober*, AllgWiVerwR § 43 I 1.
[7] Zu diesen *Sodan/Ziekow*, GKÖR § 60 Rn. 2 ff.
[8] Ausführlich zu ihr *W. Kluth*, Funktionale Selbstverwaltung, 1997.
[9] VG Neustadt GewArch 1997, 23 (24).

wirtschaft und der in ihr Tätigen sowie ihre fachliche Vertretung – jeweils im Einklang mit den Interessen der Allgemeinheit –, insbesondere die Regelung und Durchführung der Berufsbildung, die Mitwirkung bei der Vermarktung, die Mitwirkung bei planerischen Akten und dem Naturschutz, die Förderung des Zusammenschlusses zu Erzeugergemeinschaften u. a.

Ausbildungsrelevanter sind die bundesrechtlich **geregelten Selbstverwaltungskörperschaften**, nämlich die Industrie- und Handelskammern, die Handwerkskammern und die Handwerksinnungen. Ihr Mitglieder- und Aufgabenkreis wird in der folgenden Übersicht zusammengefasst: 14

Mitglieder und Aufgaben bundesrechtlich geregelter Selbstverwaltungskörperschaften

	Industrie- und Handelskammern	Handwerkskammern	Handwerksinnungen
Mitglieder	– Zur Gewerbesteuer veranlagte natürliche und juristische Personen sowie nichtrechtsfähige Personenmehrheiten im Kammerbezirk (§ 2 I IHK-G). – Angehörige freier Berufe sowie Land- und Forstwirte nur bei Eintrag in das Handelsregister (§ 2 II IHK-G). – In die Handwerksrolle oder das Verzeichnis handwerksähnlicher Betriebe Eingetragene nur hinsichtlich des nichthandwerklichen bzw. nichthandwerksähnlichen Betriebsteils (§ 2 III IHK-G). **Pflichtmitgliedschaft!**	– Inhaber eines Betriebs eines Handwerks und eines handwerksähnlichen Gewerbes des Handwerkskammerbezirks sowie deren Gesellen, andere Arbeitnehmer mit abgeschlossener Berufsausbildung und Lehrlinge (§ 90 II HandwO). – Selbständig eine gewerbliche Tätigkeit iSv § 1 II 2 Nr. 1 HandwO in einer dem Handwerk entsprechenden Betriebsform Ausübende, sofern bestimmte Voraussetzungen vorliegen (§ 90 III, IV HandwO) **Pflichtmitgliedschaft!**	Inhaber von Betrieben – des gleichen zulassungspflichtigen Handwerks, – des gleichen zulassungsfreien Handwerks, – des gleichen handwerksähnlichen Gewerbes, – sich fachlich oder wirtschaftlich nahestehender Handwerke oder handwerksähnlicher Gewerbe, innerhalb eines bestimmten Bezirks (§§ 52 I, 58 HandwO). **Freiwillige Mitgliedschaft!**
Pflichtaufgaben (Auswahl)	– Wahrnehmung des Gesamtinteresses der Mitglieder – Förderung der gewerblichen Wirtschaft – Unterstützung und Beratung der Behörden – Wahrung von Anstand und Sitte des ehrbaren Kaufmanns (§ 1 I IHK-G) – Ausstellung von Ursprungszeugnissen u. a. Bescheinigungen (§ 1 III IHK-G)	– Förderung der Interessen des Handwerks – Unterstützung der Behörden – Führung der Handwerksrolle – Regelung und Überwachung der Berufsausbildung; Förderung der Fortbildung – Erlass von Vorschriften für Prüfungen im Rahmen der Fortbildung sowie von Gesellen- und Meisterprüfungsordnungen; Errichtung von Prüfungsausschüssen	– Förderung der gemeinsamen gewerblichen Interessen (§ 52 I 1 HandwO) – Pflege von Gemeingeist und Berufsehre – Regelung der Lehrlingsausbildung – Abnahme von Gesellenprüfungen – Förderung des handwerklichen Könnens – Mitwirkung bei der Verwaltung der Berufsschulen – Förderung des Genossenschaftswesens im Handwerk

Pflichtaufgaben (Auswahl) (Fortsetzung)		– Bestellung und Vereidigung von Sachverständigen Einrichtung von Vermittlungsstellen – Ausstellung von Ursprungszeugnissen u. a. Bescheinigungen – Maßnahmen zur Unterstützung notleidender Handwerker und Arbeitnehmer	– Erstattung von Gutachten und Auskünften für Behörden – Durchführung der von der Handwerkskammer erlassenen Vorschriften (§ 54 I 2 HandwO)
Freiwillige Aufgaben (Auswahl)	– Begründung, Unterhaltung und Unterstützung von Anlagen und Einrichtungen, die der Förderung der gewerblichen Wirtschaft oder einzelner Gewerbezweige dienen – Maßnahmen zur Förderung und Durchführung der Berufsbildung (§ 1 II IHK-G)	Alle dem Interesse des Handwerks dienliche Aufgaben, zB Rechtsberatung und -betreuung der Kammermitglieder oder Errichtung von Inkassostellen.[10]	*Soll-Aufgaben (§ 54 II HandwO):* – Förderung der Erhöhung der Wirtschaftlichkeit der Betriebe – Beratung der Vergabestellen *Kann-Aufgaben (§ 54 III HandwO):* – Abschluss von Tarifverträgen – Errichtung von Unterstützungskassen – Vermittlung bei Streitigkeiten mit Auftraggebern – sonstige Maßnahmen zur Förderung der gemeinsamen gewerblichen Interessen der Mitglieder (§ 54 IV HandwO)
Übertragene Aufgaben	Durch Gesetz oder Rechtsverordnung übertragene Aufgaben (§ 1 IV IHK-G)		

15 Zwar handelt es sich bei allen drei Selbstverwaltungseinrichtungen gleichermaßen um Körperschaften des öffentlichen Rechts, jedoch besteht ein wesentlicher **Unterschied zwischen Kammern einerseits und Innungen andererseits** darin, dass die Mitgliedschaft in den Innungen freiwillig ist, während für die Kammern Pflichtmitgliedschaft (→ Rn. 20 ff.) angeordnet ist. Entsprechend beruht die Errichtung von Handwerksinnungen auf der freien Willensentschließung der Handwerker[11], wohingegen zB die Handwerkskammern von den obersten Landesbehörden errichtet werden (§ 90 V HandwO).

16 Diese Unterschiede schlagen sich in einer unterschiedlichen Rechtsstellung nieder. Anders als den Kammern kommt den **Innungen eine Doppelnatur** zu: Sie sind einerseits Teil der (mittelbaren) staatlichen Verwaltung, andererseits aber Organisationen zur Wahrung der gemeinsamen berufsständischen und wirtschaftlichen Inte-

---

[10] *Honig/Knörr*, HandwO § 91 Rn. 46 mwN.
[11] *Honig/Knörr*, HandwO § 52 Rn. 10.

ressen der in ihnen zusammengeschlossenen Handwerker.[12] Soweit sie durch einen staatlichen Akt in der letztgenannten Funktion betroffen werden, sind die **Innungen nach Art. 19 III GG grundrechtsberechtigt**. Dies gilt hingegen nicht, soweit die Innungen als Teil der staatlichen Verwaltung berührt werden.[13] Denn nach der Rspr. des BVerfG hängt die Grundrechtsberechtigung von der Funktion ab, in der die juristische Person des öffentlichen Rechts von dem beanstandeten Akt der öffentlichen Gewalt betroffen wird.[14] Mit Ausnahme der Justizgrundrechte[15] wird man den Kammern als Zwangskörperschaften hingegen die Berufung auf die Grundrechte versagen müssen.[16] Hieran ändert das Selbstverwaltungsrecht der Kammern nichts.[17]

> Im Fall 2 kann sich die Handwerkskammer H daher für den Betrieb ihres Blumenhandels nicht auf Art. 12 I GG und hinsichtlich der Äußerung ihres Präsidenten nicht auf Art. 5 I GG berufen. Gleiches gilt für das Auffanggrundrecht des Art. 2 I GG.

Nach der Aufgabenstruktur lassen sich ähnlich wie bei der kommunalen Selbstverwaltung **pflichtige und freiwillige Selbstverwaltungsangelegenheiten** sowie **Aufgaben des (staatlicherseits) übertragenen Wirkungskreises** (vgl. § 1 IV IHK-G) unterscheiden. Zu beachten ist, dass die gesetzlichen Aufgabenkataloge der Handwerkskammern und -innungen nicht abschließend sind. Voraussetzung für die Übernahme weiterer Aufgaben ist allerdings, dass diese Aufgaben in der jeweiligen Satzung vorgesehen sind.[18] Eine solche Offenheit weist der Aufgabenkatalog für die Industrie- und Handelskammern in § 1 IHK-G strukturell zwar nicht auf. Jedoch lässt sich die in § 1 I IHK-G beschriebene Aufgabe der Vertretung der Interessen der gewerblichen Wirtschaft im weitesten Sinne kaum exakt eingrenzen.[19] Prüfungsrelevant ist in diesem Zusammenhang der Problemkreis des Rechtsschutzes gegen Aufgabenüberschreitungen (→ Rn. 26 ff.). Bei der Wahrnehmung ihrer Aufgaben handeln die Kammern in Ausübung eines öffentlichen Amtes iSv Art. 34 GG, § 839 BGB.[20]

17

2. Organisation

Industrie- und Handelskammern, Handwerkskammern und Handwerksinnungen sind sämtlich als **Körperschaften des öffentlichen Rechts** verfasst (§ 3 I IHK-G, § 53 S. 1, § 90 I HandwO), die Handwerkskammern und -innungen als Personalkörperschaften, die Industrie- und Handelskammern als Realkörperschaften[21]. Kammern und Innungen sind jeweils für einen **bestimmten Bezirk** errichtet (§ 2 I IHK-

18

---

[12] Vgl. BVerfGE 68, 193 (208 f.).
[13] Vgl. BVerwG NVwZ 1993, 675 (677).
[14] BVerfGE 68, 193 (208); BVerfG, Beschl. v. 9.6.2004 – 2 BvR 1248/03 u. a. –.
[15] Vgl. BVerfGE 61, 82 (104).
[16] Nachdrücklich *H. Bethge*, Die Grundrechtsberechtigung juristischer Personen nach Art. 19 Abs. 3 Grundgesetz, 1985, S. 118 ff.
[17] Zur Unerheblichkeit des Selbstverwaltungsrechts für die Grundrechtsberechtigung BVerfG, Beschl. v. 9.6.2004 – 2 BvR 1248/03 u. a. –.
[18] Vgl. für die Handwerksinnungen § 55 II Nr. 2 HandwO; für die Handwerkskammern *Honig/Knörr*, HandwO § 91 Rn. 46.
[19] BVerwGE 112, 69 (74); OVG Hamburg GewArch 2008, 74.
[20] BGH DVBl. 2001, 811 (812).
[21] Zur Begrifflichkeit *Sodan/Ziekow*, GKÖR § 60 Rn. 26.

G, § 52 I, § 90 V HandwO). Industrie- und Handels- sowie Handwerkskammern unterliegen der **Rechtsaufsicht** der jeweiligen Landesbehörden (§ 11 I IHK-G, § 115 I HandwO), die Handwerksinnungen der der Handwerkskammer des betreffenden Bezirks (§ 75 HandwO). Die Finanzierung der Tätigkeit der Kammern und Innungen erfolgt über die von den Mitgliedern erhobenen **Beiträge** sowie Gebühren für Amtshandlungen und für die Inanspruchnahme besonderer Einrichtungen oder Tätigkeiten (§ 3 IHK-G, §§ 73, 113 HandwO).

19 Bestandteil des Selbstverwaltungsrechts der Kammern und Innungen ist ihre (teilweise allerdings beschränkte) **Satzungshoheit**: Für Industrie- und Handelskammern wird die Satzung durch das von den Kammerzugehörigen gewählte (§ 5 IHK-G) Beschlussorgan der Kammer, die Vollversammlung, beschlossen (§ 4 S. 2 Nr. 1 IHK-G) und bedarf der Genehmigung der Aufsichtsbehörde (§ 11 II IHK-G). Für Handwerkskammern wird die Satzung durch die oberste Landesbehörde als Aufsichtsbehörde erlassen (§ 105 I 1 HandwO). Der Beschlussfassung der Vollversammlung, des von den Mitgliedern nach bestimmtem Gruppenproporz gewählten Beschlussorgans (vgl. § 93 HandwO), unterliegt nur die (der Genehmigung durch die oberste Landesbehörde bedürfende) Änderung der Satzung (§ 105 I 2 HandwO). Da die Innung als Körperschaft des öffentlichen Rechts erst mit der Genehmigung der Satzung (durch die Handwerkskammer, § 56 I HandwO) im Rechtssinne existiert (§ 53 HandwO), wird die Satzung von der Versammlung der Gründungsmitglieder der Innung beschlossen.[22] Änderungen der Satzung werden von der Innungsversammlung beschlossen (§ 61 II Nr. 8 HandwO) und bedürfen der Genehmigung durch die Handwerkskammer (§ 61 III HandwO).

3. Pflichtmitgliedschaft

20 Anders als die Mitgliedschaft in den Handwerksinnungen ist die Mitgliedschaft in den Industrie- und Handelskammern sowie den Handwerkskammern nicht freiwillig. Wer dem im Gesetz beschriebenen Personenkreis zuzurechnen ist, gehört vielmehr **der Kammer kraft Gesetzes an** (§ 2 IHK-G, § 90 II, III HandwO). Die Vereinbarkeit dieser Pflichtmitgliedschaft mit Verfassungs- und EU-Recht ist ein immer wieder in Prüfungen relevanter Fragenkomplex.

21 Nach der Rspr. des BVerfG ist die **Pflichtmitgliedschaft allein an Art. 2 I GG** zu messen. Das Grundrecht der Berufsfreiheit aus Art. 12 I GG ist danach nicht berührt, weil die Pflichtmitgliedschaft bloße Folge der Berufsausübung ist und weder die Art und Weise der Berufsausübung regelt noch eine objektiv berufsregelnde Tendenz aufweist.[23] Ebensowenig wird die Pflichtmitgliedschaft vom Schutzbereich des Art. 9 I GG erfasst: Da das Element der Freiwilligkeit konstituierend für eine Art. 9 I GG unterfallende Vereinigung ist, fallen öffentlich-rechtliche Körperschaften mit gesetzlich angeordneter Pflichtmitgliedschaft von vornherein nicht unter den Begriff des Vereins iSv Art. 9 I GG. Mangels Eröffnung des Schutzbereichs schützt auch die sog. negative Vereinigungsfreiheit nicht gegen die Pflichtmitgliedschaft in Kammern.[24]

22 Die verfassungsrechtliche **Prüfung der Pflichtmitgliedschaft** am Maßstab des Art. 2 I GG ist in folgenden Schritten zu vollziehen:

---

[22] S. Detterbeck, HandwO, 4. Aufl. 2008 § 52 Rn. 14 f.
[23] BVerfGE 15, 235 (239); 32, 54 (64).
[24] Zusammenfassend BVerfG NVwZ 2002, 335 (336) mwN zur Rspr.

1. Die öffentlich-rechtliche Körperschaft mit Pflichtmitgliedschaft muss **legitime öffentliche Aufgaben** erfüllen.[25] Legitim in diesem Sinne sind solche Aufgaben,
   a) an deren Erfüllung ein **gesteigertes Interesse der Gemeinschaft** besteht,
   b) die aber **weder allein im Wege privater Initiative** wirksam wahrgenommen werden können
   c) **noch zu den im engeren Sinn staatlichen Aufgaben** zählen, die der Staat selbst durch seine Behörden wahrnehmen muss.

   Der Staat hat einen weiten Ermessensspielraum, ob diese Voraussetzungen vorliegen.[26] Die den Kammern obliegenden Aufgaben der Förderung der Interessen der gewerblichen Wirtschaft bzw. des Handwerks (→ Rn. 13 ff.) einerseits und der Wahrnehmung von Verwaltungsaufgaben andererseits sind gerade **in dieser spezifischen Kombination weder privat noch staatlich wahrnehmbar** und deshalb als legitime öffentliche Aufgaben anzusehen.[27]

2. Die angeordnete Pflichtmitgliedschaft muss den Anforderungen des **Grundsatzes der Verhältnismäßigkeit** genügen[28]:
   a) **Geeignetheit**: Nach der nicht zu beanstandenden Einschätzung des Gesetzgebers würde eine Aufteilung der von den Kammern gerade kombiniert wahrgenommenen Aufgaben auf private Verbände einerseits und Behörden andererseits die mit der Kombination verfolgten Ziele verfehlen.
   b) **Erforderlichkeit**: Ein milderes, zur Zielerreichung gleich wirksames Mittel besteht nicht. Insbesondere kommt es nicht darauf an, ob einzelne der von den Kammern wahrgenommenen Aufgaben in gegenüber der Organisation als öffentlich-rechtlicher Verband mit Pflichtmitgliedschaft weniger belastenden Weise erfüllt werden können. Eine gleich wirksame Erfüllung des von dem Gesetzgeber bewusst in dieser Weise konzipierten Aufgaben*verbundes* in seiner Gesamtheit durch private Verbände oder Behörden ist nicht möglich.
   c) **Verhältnismäßigkeit im engeren Sinne**: Die Pflichtmitgliedschaft schränkt die unternehmerische Handlungsfreiheit nur marginal ein und eröffnet sowohl die Gelegenheit der Beteiligung an staatlichen Entscheidungsprozessen als auch die Möglichkeit, sich nicht aktiv zu beteiligen. Eventuell zu befürchtende Aufgabenüberschreitungen der Kammer können die einzelnen Mitglieder durch Klage vor dem VG abwehren (→ Rn. 26 ff.).

Im Fall 2 ist der S Pflichtmitglied der H; die Pflichtmitgliedschaft als solche ist verfassungsrechtlich nicht zu beanstanden.

---

[25] BVerfGE 15, 235 (241); BVerfG NVwZ 2002, 335 (336).
[26] BVerfG NVwZ 2002, 335 (336); 2007, 808 (811).
[27] BVerfG NVwZ 2002, 335 (336 f.).
[28] Zum folgenden BVerfG NVwZ 2002, 335 (337); dem folgend OVG Bautzen SächsVBl. 2008, 191.

23 Hinsichtlich der **Vereinbarkeit der Pflichtmitgliedschaft mit dem EU-Recht** ist zwischen Niederlassungs- und Dienstleistungsfreiheit zu unterscheiden:

24 ■ Sofern die betreffende Tätigkeit als **Dienstleistung** iSv Art. 57 AEUV anzusehen ist (→ § 3 Rn. 78 ff.), ist die Frage der Pflichtmitgliedschaft bereits nach deutschem Recht von nur geminderter Relevanz. Die Dienstleistungserbringung führt nicht zur Pflichtmitgliedschaft in der Handwerkskammer nach § 90 II HandwO. Dieser Vorschrift unterfallen nur die Inhaber eines Betriebs im Handwerkskammer*bezirk*, so dass Erbringer handwerklicher Dienstleistungen aus anderen Mitgliedstaaten mangels Betrieb im Bezirk der Handwerkskammer nicht erfasst sind.[29] Für die Pflichtmitgliedschaft in der Industrie- und Handelskammer setzt § 2 I IHK-G voraus, dass der Betreffende im Kammerbezirk eine Betriebsstätte unterhält. Soweit danach mit Blick auf die Rspr. des EuGH, dass der vorübergehende Charakter der Dienstleistung für den Dienstleistungserbringer nicht die Möglichkeit ausschließt, sich im Aufnahmemitgliedstaat mit einer bestimmten Infrastruktur (einschließlich Büro, Praxis oder Kanzlei) auszustatten, soweit es für die Erbringung der Dienstleistung erforderlich ist,[30] noch unter § 2 I IHK-G fallende Dienstleistungserbringer denkbar sind, gilt: Aus der Rspr. des EuGH insbesondere zur Handwerksrollenpflichtigkeit von Dienstleistern aus anderen Mitgliedstaaten lässt sich entnehmen, dass Anforderungen, die wegen des damit verbundenen Zeit- und Kostenaufwands geeignet sind, von der Inanspruchnahme der Dienstleistungsfreiheit abzuhalten, mit den Art. 56 ff. AEUV nicht zu vereinbaren sind[31]. Dem entspricht eine Pflichtmitgliedschaft nur, wenn sie dem Dienstleistungserbringer **kein Tätigwerden abverlangt** und **nicht mit einer Beitragspflicht** zur Kammer verbunden ist.[32]

25 ■ Verfügt der Gewerbetreibende aus einem anderen Mitgliedstaat hingegen über eine **Niederlassung** iSv Art. 49 ff. AEUV in Deutschland, so sind die Voraussetzungen der § 90 II HandwO, § 2 I IHK-G für eine Pflichtmitgliedschaft erfüllt. Selbst wenn man die beitragspflichtige Pflichtmitgliedschaft als Beschränkung der Dienstleistungsfreiheit verstehen wollte[33], dürfte – da der jeweilige Betrieb sich bei Gründung einer Niederlassung dauerhaft mit der deutschen Wirtschaftsordnung verbinden will – die **Pflichtmitgliedschaft kein Erschwernis** sein, das geeignet ist, von der Inanspruchnahme der Niederlassungsfreiheit abzuhalten.[34]

4. Rechtsschutz bei Aufgabenüberschreitungen

26 Die Verfassung der Kammern als öffentlich-rechtliche Körperschaften mit Pflichtmitgliedschaft (→ Rn. 20 ff.) zeitigt die Konsequenz, dass die Kammern **nur innerhalb ihres gesetzlich festgelegten Aufgabenbereichs** (→ Rn. 13 ff.) agieren dürfen.

---

[29] W. *Meyer*/W. *Diefenbach*, Handwerkskammern, andere Wirtschaftskammern und Berufskammern, 2005, S. 111 f.
[30] EuGH Slg. 2003, I-14847 Rn. 28 ff. – Schnitzer.
[31] Vgl. EuGH Slg. 2000, I-7919 Rn. 45 ff. – Corsten; 2003, I-14847 Rn. 36 ff. – Schnitzer.
[32] *Stober*, AllgWiVerwR § 43 IV 3.
[33] So W. *Meyer*/W. *Diefenbach*, Handwerkskammern, andere Wirtschaftskammern und Berufskammern, 2005, S. 117 f. Ablehnend M. *Burgi*, in: Jahrbuch des Kammerrechts 2002, 23 (34 f.); W. *Kluth*, Verw. 2002, 349 (372 f.).
[34] Im Ergebnis auch VG Darmstadt GewArch 2007, 85.

Der in der Pflichtmitgliedschaft liegende Eingriff in das Grundrecht des einzelnen Pflichtmitglieds aus Art. 2 I GG ist nur insoweit gerechtfertigt wie durch Gesetz legitime öffentliche Aufgaben der Kammer definiert worden sind (→ Rn. 22). Überschreitungen dieses Aufgabenbereichs verletzen daher das Mitglied in seinem Grundrecht aus Art. 2 I GG.[35]

Gegen diese **rechtswidrige Ausdehnung** seiner Zwangsunterworfenheit kann sich das Mitglied im **Klagewege**, insbesondere durch Erhebung einer verwaltungsgerichtlichen Feststellungs- oder Unterlassungsklage, wehren. Nicht erforderlich ist dabei, dass das einzelne Mitglied zusätzlich individuell in Form eines besonderen Nachteils belastet ist.[36] Personen, die nicht Pflichtmitglieder der betreffenden Kammer sind, können sich hingegen auf die Aufgabenüberschreitung durch die Kammer nicht berufen. Sie müssen vielmehr geltend machen können, durch die fragliche Maßnahme in ihren eigenen subjektiven Rechten verletzt zu sein. 27

> Sofern im Fall 2 durch den Betrieb des Blumenhandels durch die H sowie die Äußerung des Präsidenten der H der gesetzlich festgelegte Aufgabenkreis der H überschritten sein sollte (→ Rn. 13 ff.), kann sich der S hiergegen mit einer Unterlassungsklage vor dem VG wehren. Als Nichtmitglied der H kann sich der A hingegen nicht auf eine Aufgabenüberschreitung durch die H berufen.

Prüfungsträchtige Problemfelder sind vor allem die Wahrnehmung eines allgemeinpolitischen Mandats durch die Kammer oder deren wirtschaftliche Betätigung. **Ausgangspunkt der Prüfung** muss die **im Gesetz enthaltene Aufgabenfestlegung** sein. Sie ist allerdings sehr weit (§ 1 I IHK-G: Förderung der gewerblichen Wirtschaft; § 91 I Nr. 1 HandwO: Förderung der Interessen des Handwerks) und erlaubt ein Tätigwerden der Kammern bereits dann, wenn Belange der gewerblichen Wirtschaft bzw. des Handwerks nur am Rande berührt werden.[37] 28

Eine Industrie- und Handelskammer kann deshalb auch zu **Fragen der allgemeinen Wirtschaftspolitik** Stellung nehmen, sofern diese Fragen sich auf die gewerbliche Wirtschaft im Bezirk der betreffenden Kammer konkret auswirken.[38] Liegt ein solcher Bezug auf den Kammerbezirk nicht vor, so reicht es nicht aus, dass eine politische Entscheidung auch wirtschaftliche Auswirkungen haben könnte.[39] Beispiel ist eine geplante Reform der Unternehmenssteuern. Eine diskutierte Gesundheitsreform weist hingegen keinen Bezug etwa zur Förderung der Interessen des Handwerks und damit zu den Aufgaben der Handwerkskammern auf, wohl aber zu den Aufgaben bspw. der Apotheker- und Ärztekammern. Die zulässige Betätigung der Kammern wird überdehnt, wenn einer Handelskammer die Befugnis eingeräumt wird, zur Absenkung von Quoren für Akte der Volksgesetzgebung Stellung zu nehmen, weil damit auch Gefahren für die wirtschaftliche Entwicklung verbunden sein könnten[40]. 29

> Im Fall 2 überschreitet die Herausgabe der „H-Zeitung" mit auch allgemeinem wirtschaftspolitischem Inhalt nicht den Aufgabenkreis der H. Anderes gilt für die in der „H-Zeitung" abgedruckte Äußerung des Präsidenten der H zu den neuen Machthabern in dem südostasiatischen Land. Hierbei handelt es sich um eine Stellungnahme mit nicht einmal mehr wirtschaftspolitischem, sondern ausschließlich allgemein-politischem Charakter, die nicht zu den Aufgaben der H gehört. Darüber hinaus entspricht die Bezeichnung der Gegner der neuen Machthaber als „zerlumptes Gesindel"

---

[35] BVerwGE 107, 169 (174 f.); 112, 69 (72); BVerwG NVwZ-RR 2010, 882 Rn. 21.
[36] BVerwGE 112, 69 (72); VGH München GewArch 2007, 417, 418.
[37] BVerwGE 112, 69 (74); BVerwG NVwZ-RR 2010, 882 Rn. 24.
[38] BVerwG NVwZ-RR 2010, 882 Rn. 31.
[39] BVerwG NVwZ-RR 2010, 882 Rn. 31.
[40] Für Zulässigkeit einer solchen Stellungnahme hingegen OVG Hamburg GewArch 2008, 74 f.

> nicht den Anforderungen, die an Äußerungen der Kammern zu stellen sind. Da sie als juristische Personen des öffentlichen Rechts öffentliche Aufgaben wahrnehmen, müssen ihre Äußerungen sachlich und zurückhaltend formuliert sein.[41] Die damit formulierten Grenzen werden zB durch großflächige Plakatierungen, die keine differenzierte Auseinandersetzung mit den verschiedenen Aspekten ermöglichen, überschritten.[42]

30 Eine allgemeine **wirtschaftliche Betätigung**, die in erster Linie der Erzielung von Einnahmen dient, ist den Kammern nicht gestattet. Eine solche Betätigung ließe sich auch nicht damit begründen, dass über die Erzielung von Einnahmen für die Kammer deren Tätigkeit und damit mittelbar die Interessen der gewerblichen Wirtschaft bzw. des Handwerks gefördert würden. Erforderlich ist vielmehr, dass die wirtschaftliche Betätigung nach ihrem Inhalt selbst auf die Förderung dieser Interessen bezogen ist. Deshalb ist es auch nicht Aufgabe der Kammern, Einrichtungen zu unterhalten oder Tätigkeiten auszuüben, die allein dem allgemeinen öffentlichen Interesse dienen.[43] Sie können sich aber zB an privatrechtlich organisierten Gesellschaften beteiligen, selbst wenn diese Gesellschaften **Infrastruktureinrichtungen** wie einen Flugplatz unterhalten, die auch der Allgemeinheit zugute kommen, oder andere Gesellschafter ausschließlich erwerbswirtschaftliche Interessen verfolgen. Voraussetzung ist allein, dass die Tätigkeit der Gesellschaft im Interesse der gewerblichen Wirtschaft bzw. des Handwerks liegt.[44]

> Der Betrieb des Blumenhandels „Blumen statt Krieg" im Fall 2 durch die H ist eine wirtschaftliche Betätigung ohne jeden Bezug zur Förderung des Handwerks. Die Förderung des wirtschaftlichen Aufbaus in einem südostasiatischen Land gehört nicht zu den Aufgaben einer Handwerkskammer. In Anbetracht der räumlichen Entfernung des Landes vom Kammerbezirk der H ließe sich auch nicht argumentieren, durch die Aufbauhilfe solle den Mitgliedern der H ein neuer Markt erschlossen werden.

IV. Beteiligung Privater an der Wirtschaftsverwaltung

31 Aufgaben der Wirtschaftsverwaltung müssen nicht zwingend durch Verwaltungsträger der unmittelbaren oder mittelbaren Staatsverwaltung in öffentlich-rechtlichen Organisationsformen erfüllt werden. So können bisher in die unmittelbare staatliche Wirtschaftsverwaltung eingegliederte Stellen **formell privatisiert** werden, indem sie in Form einer juristischen Form des Privatrechts rechtlich verselbständigt werden. Beispiel sind Eigengesellschaften, insbesondere in Form einer GmbH. Darüber hinaus können sich Staat oder Kommunen gemeinsam mit Privaten in einer eigenständigen Organisation zusammenschließen, um Aufgaben der Wirtschaftsverwaltung in Form einer **öffentlich-privaten Partnerschaft** (ÖPP) zu erledigen. Zu denken ist insofern etwa an Wirtschaftsförderungsgesellschaften, die gemeinsam von Kommunen und Unternehmen der örtlichen Wirtschaft getragen werden. Diese Formen der Organisation der Aufgabenerledigung werden gesondert im Kapitel „Privatisierungs-

---

[41] BVerwG NVwZ-RR 2010, 882 Rn. 32 f.
[42] VG Stuttgart GewArch 2011, 244 (245).
[43] BVerwGE 112, 69 (75 f.).
[44] BVerwGE 112, 69 (76 f.).

recht" behandelt (→ § 8). Im Folgenden stehen daher solche Konstellationen im Mittelpunkt, in denen ein Privater in die Erfüllung von Aufgaben der Wirtschaftsverwaltung einbezogen wird, an welchem die öffentliche Hand nicht beteiligt ist. Die Sonderform der Auferlegung von Eigenüberwachungspflichten für Unternehmen ist ebenfalls an anderer Stelle dargestellt (→ § 5 Rn. 29 ff.).

1. Beleihung

Das Spezifische an der Beleihung ist die **Übertragung der Fähigkeit, hoheitlich zu handeln**, an einen Privaten. Beliehener ist, wem 32

- als natürliche Person oder juristische Person des Privatrechts
- durch Gesetz oder aufgrund eines Gesetzes
- zur Wahrnehmung von Verwaltungsaufgaben
- im eigenen Namen
- Hoheitsbefugnisse verliehen worden sind.

Die Beleihung kann sich immer nur auf **einzelne Verwaltungsaufgaben** beziehen und ist ohne gesetzliche Grundlage unzulässig. Die Fähigkeit zu öffentlich-rechtlichem Handeln besteht **nur in den durch den Beleihungsakt gezogenen Grenzen**. Solange sich der Beliehene innerhalb dieser Grenzen hält, ist er Behörde iSv § 1 IV VwVfG[45], die gegenüber dem Bürger öffentlich-rechtlich handelt, also zB Verwaltungsakte erlassen und Gebühren erheben kann.

Bei der Wahrnehmung der Verwaltungsaufgabe unterliegt der Beliehene der **Aufsicht der beleihenden Stelle**. Verletzt der Beliehene bei der Erfüllung der ihm zur Wahrnehmung übertragenen Verwaltungsaufgabe seine Pflichten und kommt dadurch ein Dritter zu Schaden, so haftet der beleihende Verwaltungsträger nach § 839 BGB, Art. 34 GG. Außerhalb dieser Grenzen des hoheitlichen Handelns bleibt der Beliehene Privatperson, die gegenüber anderen Privatpersonen nur privatrechtlich handeln kann. Beispiele für Beliehene sind Bezirksschornsteinfegermeister, Flug- und Schiffskapitäne, Prüfingenieure für Baustatik sowie die anerkannten Sachverständigen für den Kraftfahrzeugverkehr.[46] 33

2. Verwaltungshelfer und Erfüllungsgehilfen der Behörde

Keine Beliehenen sind die sog. **Verwaltungshelfer**. Hierunter versteht man Privater, die nicht im eigenen Namen tätig werden, sondern die Behörde bei der Wahrnehmung von Verwaltungsaufgaben im Auftrag und nach Weisung der Behörde unterstützen. Das Handeln des Verwaltungshelfers wird in vollem Umfang der Behörde, die ihn beauftragt hat, zugerechnet. Beispiel ist der Einsatz von privaten Sachverständigen zur Vorbereitung einer behördlichen Entscheidung. 34

Wegen seiner Selbständigkeit bei der Erfüllung seiner Verpflichtungen vom (unselbständigen) Verwaltungshelfer zu unterscheiden ist der **Erfüllungsgehilfe der Behörde**. In der neuren Literatur wird diese Unterscheidung allerdings mehr und mehr aufgegeben und insoweit von „**selbständiger Verwaltungshilfe**" gesprochen.[47] Klassisches Beispiel ist der per zivilrechtlichem Werkvertrag mit dem Abschleppen eines verkehrswidrig geparkten Kraftfahrzeugs beauftragte Abschleppunternehmer, der damit in die tatsächliche Erfüllung von Verwaltungsaufgaben eingeschaltet wird. 35

---

[45] Zum Behördenbegriff *Ziekow*, VwVfG § 1 Rn. 32 ff.
[46] Weitere Beispiele bei *R. Stober*, in: Wolff/Bachof/Stober, Verwaltungsrecht III, 5. Aufl. 2004, § 90 Rn. 6 ff.
[47] *R. Stober*, in: Wolff/Bachof/Stober, Verwaltungsrecht III, 5. Aufl. 2004, § 90a Rn. 13 ff.

3. Weitere Formen

36 Bei der sog. **Inpflichtnahme Privater** werden Privaten durch Rechtssatz bestimmte Pflichten auferlegt. Beispiele sind die Statuierung der Pflicht, bestimmte Sachen für Krisensituationen zu bevorraten, oder der Verpflichtung, bestimmte Daten für die Behörden zu erstellen, um wirtschaftspolitische Entscheidungen zu erleichtern.[48]

> **Lösungshinweise zu Fall 2**
> 1. Vorgehen des S gegen den Blumenhandel und die Äußerung des Präsidenten der H
>   a) Sachentscheidungsvoraussetzungen
>   – Verwaltungsrechtsweg (§ 40 VwGO) eröffnet, da Klage aus öffentlich-rechtlichem Mitgliedschaftsverhältnis
>   – Zuständigkeit des Verwaltungsgerichts (§ 45 VwGO)
>   – statthafte Klageart: Unterlassungsklage
>   – Klagebefugnis (§ 42 II VwGO analog): S kann Verletzung seines Grundrechts aus Art. 2 I GG geltend machen (→ Rn. 26)
>   – Vorverfahren nicht erforderlich
>   b) Begründetheit der Klage
>   – Grundlage für Unterlassungsanspruch des S: Art. 2 I GG (→ Rn. 27)
>   – Rechtswidrige Beeinträchtigung: Überschreitung des gesetzlichen Aufgabenbereichs der Handwerkskammer H
>   • Äußerung des Präsidenten der H in der „H-Zeitung": Aufgabenüberschreitung, da allgemein-politische Äußerung ohne wirtschaftspolitischen Gehalt (→ Rn. 29)
>   • Betrieb des Blumenhandels: Aufgabenüberschreitung, da ohne jeden Bezug zur Förderung der Interessen des Handwerks (→ Rn. 30)
>   c) Ergebnis: Unterlassungsklage des S hätte Erfolg
> 2. Vorgehen des A: Klage von vornherein unzulässig, da rechtliche Grundlage für Unterlassungsanspruch des A nicht ersichtlich.

---

[48] Weitere Beispiele bei *R. Stober*, in: Wolff/Bachof/Stober, Verwaltungsrecht III, 5. Aufl. 2004, § 90a Rn. 64 ff.

2. Abschnitt. Staatliche Einflussnahmen auf wirtschaftliches Handeln

§ 5. Einwirkungsformen und -instrumente

Literatur: *M. Fehling*, Informelles Verwaltungshandeln, in: Grdl.VerwR II, § 38; *H. Jarass*, Die Genehmigungspflicht für wirtschaftliche Tätigkeiten, GewArch 1980, 177; *M. Thiel*, Auskunftverlangen und Nachschau als Instrumente der Informationsbeschaffung im Rahmen der Gewerbeaufsicht, GewArch 2001, 403; *J. Ziekow*, Zur rechtlichen Lage der Wirtschaftsaufsicht, WUR 1991, 243.

> **Fall 3**
>
> Behördenmitarbeiter B ist nach einer nächtlichen Zechtour auf einem fremden Grundstück gelandet, das von S, der bei dem Bewachungsunternehmen U beschäftigt ist, bewacht wird. Nachdem B und S heftig gestritten haben, beschließt B am nächsten Tag, es dem U „richtig zu zeigen". Mit der Begründung, der S weise nicht die für Bewachungspersonal erforderliche Qualifikation auf und dies müsse geklärt werden, ordnet B eine nächtliche Besichtigung der Betriebsräume des U an. B fühlt sich hierdurch in seinem Grundrecht aus Art. 13 GG verletzt. Zu Recht?

I. Wirtschaftslenkung und Wirtschaftsförderung

Den Begriffen Wirtschaftslenkung, Wirtschaftsförderung sowie Wirtschaftsaufsicht – als weitere Kategorien können noch die Wirtschaftsinformation und die Wirtschaftsplanung genannt werden[1] – ist gemeinsam, dass sie unterschiedliche **Formen der staatlichen Einwirkung auf wirtschaftliches Handeln** beschreiben. Zu beachten ist allerdings, dass ihre Verwendung durchaus unterschiedlich erfolgt und in jedem Fall nur eine Grobeinteilung bedeuten kann. Im hier verwendeten Verständnis lässt sich die Zuordnung von Maßnahmen zu einer der genannten Kategorien in erster Linie nach der Aufgabenstruktur vornehmen: 1

- Als **Wirtschaftslenkung** lassen sich staatliche Maßnahmen charakterisieren, die durch Einwirkung auf den wirtschaftlichen Prozess bestimmte, gesamtwirtschaftlich erwünschte Zustände hervorrufen sollen.[2] Das Instrumentarium hierfür liegt nicht fest, sondern kann je nach dem zu erzielenden Lenkungseffekt angepasst oder neu entwickelt werden. Beispiele sind direkte Interventionen wie Ge- oder Verbote, Rahmensetzungen für unternehmerische Entscheidungen wie Höchst- oder Festbetragsregelungen, die es dem Unternehmer überlassen, ob er seine Kalkulation entsprechend anpasst, oder die vor allem aus dem Umweltrecht bekannten Lenkungsabgaben, bei denen die Entstehung oder Höhe der Abgabenpflicht vom Verhalten des Wirtschaftssubjekts abhängt. 2

- Unter den Begriff der **Wirtschaftsförderung** können solche Instrumente gefasst werden, die als Dienstleistung oder sächliche Ressource dem Wirtschaftssubjekt zugute kommen. In der Regel werden mit dieser Förderung weitere Ziele verfolgt. So 3

---

[1] Dazu *Schliesky*, ÖffWiR S. 127 ff., 130 ff.; *Stober*, AllgWiVerwR §§ 27, 28.
[2] Vgl. BVerwGE 71, 183 (190); *Stober*, AllgWiVerwR § 30 I.

zielt die kommunale Wirtschaftsförderung in Form der Beratung und Begleitung ansiedlungsinteressierter Unternehmen auf die Steigerung der Steuereinnahmen und der verfügbaren Arbeitsplätze in der Kommune ab. Durch die Gewährung direkter Subventionen soll ein gewünschtes Verhalten des Subventionsempfängers erzeugt werden (→ § 6 Rn. 12*)*. Entsprechendes gilt für sog. Verschonungssubventionen, die den Begünstigten wegen des erwünschten Verhaltens in Gestalt von Steuer- oder Abgabenvergünstigungen ganz oder teilweise von Belastungen freistellen.

4 ■ **Wirtschaftsaufsicht** soll die, die privatwirtschaftliche Freiheit des Wirtschaftssubjekts begrenzende Verantwortung für bestimmte Schutzgüter im Einzelfall aktualisieren (→ Rn. 9).

5 Diese Begrifflichkeit wird intensiv diskutiert und teilweise auch kritisiert.[3] Einigkeit sollte darüber bestehen, dass es sich bei den genannten Kategorien **nicht um Rechtsbegriffe** in dem Sinne handelt, dass die Zuordnung einer Maßnahme zur einen oder anderen Kategorie rechtliche Konsequenzen zeitigt. Zweck dieser Einteilung ist vielmehr eine (grobe) Typologisierung von Formen staatlicher Einwirkungen auf die Wirtschaft. Dementsprechend gibt es auch Überschneidungsbereiche, in denen sich Maßnahmen sowohl der einen als auch der anderen Kategorie zuordnen lassen.

II. Wirtschaftsaufsicht

6 Aufgabe der Wirtschaftsaufsicht ist es, die die privatwirtschaftliche Freiheit des Wirtschaftssubjekts begrenzende **Verantwortung für bestimmte Schutzgüter im Einzelfall zu aktualisieren**, was für den betroffenen Unternehmer nicht selten einschneidende Beschränkungen mit sich bringt. Die Gefahrenabwehr in gewerbepolizeirechtlicher Tradition ist nur noch ein Teil, wenngleich ein wesentlicher, der Aufgaben der Wirtschaftsaufsicht. Typologisch nimmt die Wirtschaftsaufsicht keinen Einfluss auf die autonomen Entscheidungen des Wirtschaftssubjekts, sondern sucht das öffentliche Interesse am Funktionieren bestimmter ökonomischer Konstellationen im Einzelfall durchzusetzen.[4] Die Wirtschaftsaufsicht lässt sich grob in **zwei Fallgruppen** unterteilen:

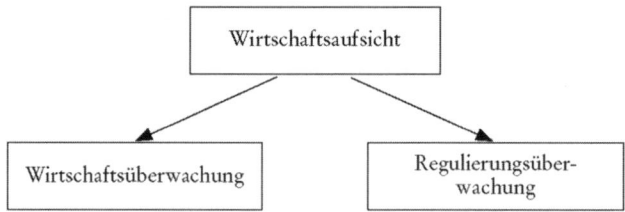

7 Die eine Fallgruppe wird durch die **Wirtschaftsüberwachung** gebildet. Hierbei handelt es sich um eine Zusammenfassung begleitender und reaktiver Instrumente, die punktuell normwidrigen, spezifisch wirtschaftlichen Fehlentwicklungen entgegenwir-

---

[3] Kritisch zur Kategorie der Wirtschaftslenkung etwa *Schmidt*, ÖffWiR AT § 7 I 1.
[4] *R. Scholz*, Wirtschaftsaufsicht und subjektiver Konkurrentenschutz, 1971, S. 17 f. Der Begriff der Wirtschaftsaufsicht wird allerdings nicht durchgängig in diesem Sinne verwendet; bspw. versteht *Schliesky*, ÖffWiR S. 122 unter Wirtschaftsaufsicht die Kontrolle der wirtschaftsrelevanten Tätigkeit der dem Innenbereich des Staates zuzurechnenden Einheiten.

ken sollen.⁵ In diesem Sinne kontrolliert die Wirtschaftsüberwachung privates wirtschaftliches Verhalten anhand der dafür geschaffenen Rechtsregeln.⁶ Kennzeichnend für sie sind bestimmte Instrumente der Einzeleinwirkung (→ Rn. 9 ff.).

Die andere – neuere – Fallgruppe lässt sich als Regulierungsüberwachung bezeichnen. Prozesse der Liberalisierung und Privatisierung (→ § 8) haben einen Wandel des Verständnisses von staatlichen Aufgaben herbeigeführt. Statt durch eigene Behörden tätig zu werden, verlässt sich der Staat zur Erfüllung öffentlicher Aufgaben mehr und mehr auf Private. Bei diesem Übergang von der Erfüllungsverantwortung zur Gewährleistungsverantwortung werden zwar einerseits bestehende Regulierungen abgebaut, andererseits aber neue Regulierungen, die den Wettbewerb auf den liberalisierten Märkten ermöglichen sollen, erlassen (→ § 13). Beispiele für solche Re-Regulierungen sind das Energie- (→ § 15) und das Telekommunikationsrecht (→ § 14). 8

III. Instrumente der Einzeleinwirkung

Welches Instrumentarium der Wirtschaftsüberwachung zur Verfügung steht, ist einerseits von den Eigenheiten der zu überwachenden wirtschaftlichen Betätigung und andererseits von den Spezifika des zu schützenden Rechtsguts abhängig. Die **Formulierung eines bestimmten Schutzguts** ist schon deshalb erforderlich, um den überwachungsrechtlichen Eingriff vor den Grundrechten des betroffenen Wirtschaftssubjekts legitimieren zu können. Wegen der Vielgestaltigkeit und Dynamik der von der Wirtschaftsüberwachung erfassten Materien lässt sich ein geschlossenes System aufsichtsrechtlicher Zweckbestimmungen nicht ableiten. Nach der Art des geschützten Rechtsguts lassen sich allerdings **zwei Gruppen von Überwachungsnormen** einteilen: 9

Wirtschaftsüberwachung

Strukturbestimmte Schutzgüter	Gefahrenbezogene Schutzgüter
Charakteristikum: Bestimmung des Schutzgutes erfolgt im Wege einer Strukturentscheidung, die mit dem Instrumentarium der Wirtschaftsüberwachung flankiert und durchgesetzt werden soll.	Charakteristikum: Abwehr von Gefahren.
Beispiele: Missbrauchsaufsicht durch die Kartellbehörden nach den §§ 32 ff. GWB zur Sicherung der sozioökonomischen Funktionen des Wettbewerbs⁷; Sicherung eines geordneten Kreditwesens als gesamtwirtschaftlicher Faktor durch das KWG (vgl. §§ 6 II, 47 I KWG)⁸.	Beispiele für den nahezu unübersehbaren, vom Schutz von Leben und Gesundheit über die Gewährleistung der Sittlichkeit bis zum Schutz des Vermögens und dem des Verbrauchers reichenden Kreis geschützter Positionen: Gesundheitsschutz (vgl. § 5 LFGB); Leben, Gesundheit, Sittlichkeit bzw. öffentliche Sicherheit oder Ordnung (vgl. § 4 I Nr. 2 GastG); Schutz der Allgemeinheit (vgl. §§ 33a I 3, 34 I 2, 34a I 2, 34b III, 34c I 2 GewO).

Die Einwirkungsinstrumente lassen sich zunächst danach differenzieren, ob ein **staatliches Handeln** oder eine **Aufgabenwahrnehmung durch Private** (→ § 4 Rn. 31 ff.) vorliegt. Die Kategorie des staatlichen Tätigwerdens lässt sich weiter in rechtsförmliches (→ Rn. 11 ff.) und informales Handeln (→ Rn. 26 ff.) unterteilen. 10

---

⁵ *Schmidt*, ÖffWiR AT § 7 II 1; *Stober*, AllgWiVerwR § 29 I 1.
⁶ *Schmidt*, ÖffWiR AT § 7 II 1.
⁷ *V. Emmerich*, Kartellrecht, 12. Aufl. 2012, § 27 Rn. 5 ff.
⁸ Zum öffentlichen Schutzzweck des KWG siehe BVerwG Buchholz 451.61 KWG Nr. 17; BGH NJW 2001, 3115 (3116 f.). Allgemein zur Finanzmarktaufsicht *R. Pitschas/S. Gille*, VerwArch 2003, 68.

1. Rechtsförmliches Handeln

a) Anzeige- und Genehmigungspflicht

11 Die das Wirtschaftssubjekt am wenigsten belastende Form der Überwachung des Zugangs zu der angestrebten wirtschaftlichen Betätigung ist die Pflicht, die **Aufnahme dieser Tätigkeit der zuständigen Behörde anzuzeigen**. Sie ist in § 14 I GewO für den Anfang des selbständigen Betriebs eines jeden stehenden Gewerbes statuiert (→ § 10 Rn. 30 ff.) und findet sich ebenso in Spezialnormen des öffentlichen Wirtschaftsrechts. Anzeige- (bzw. melde-)pflichtig sind etwa bestimmte reisegewerbekartenfreie Tätigkeiten im Reisegewerbe (→ § 10 Rn. 69), die Aufnahme eines Schusswaffen oder Munition herstellenden (§ 21 VI WaffG) oder eines mit explosionsgefährlichen Stoffen umgehenden Betriebs (§ 14 SprengG) oder die Aufnahme des gewerblichen Betriebs öffentlicher Telekommunikationsnetze (§ 6 I TKG). Gemeinsame Funktion der Anzeigepflichten ist es, die Aufsichtsbehörde darüber zu informieren, dass ein **Aufsichtsbedarf eingetreten** ist.[9] Dem entspricht es, dass die Anzeige kein Zulassungsverfahren auslöst und der Behörde keinerlei selbständige Interventionsbefugnis verleiht.

12 Von der Anzeigepflicht unterscheidet sich die Pflicht, vor der Aufnahme der wirtschaftlichen Tätigkeit eine **Erlaubnis** einzuholen, dadurch, dass die Betätigung ohne die Erteilung der Erlaubnis verboten ist und – grundsätzlich – schon deshalb unterbunden werden kann (vgl. § 15 II GewO; → § 10 Rn. 39). EU-rechtlich verlangen die Grundfreiheiten, dass die Kriterien für die Erteilung oder Versagung der Erlaubnis in objektiver und nicht diskriminierender Weise im Voraus feststehen.[10] Typologisch lassen sich unterscheiden:

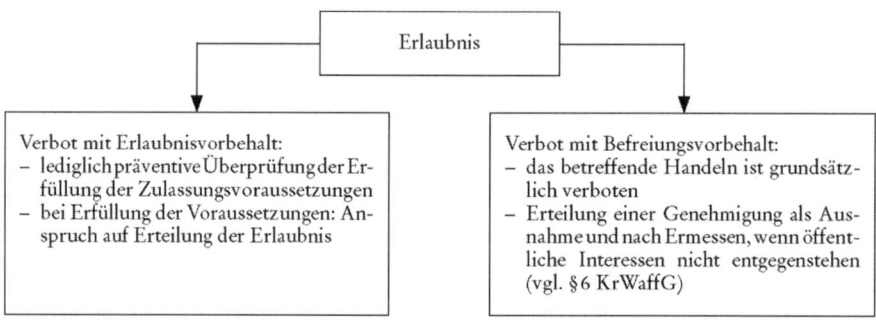

13 In Abhängigkeit von den der Erlaubniserteilung zugrundeliegenden **Prüfungsmaßstäben** lassen sich als Formen der Genehmigung die Personalkonzession, die Sachkonzession und die aus diesen beiden Typen kombinierte Konzession unterscheiden:

14 ■ Sind die Maßstäbe der Genehmigungserteilung ausschließlich personenbezogen, so liegt eine **Personalkonzession** vor (vgl. §§ 34, 34a, 34b, 34c GewO, § 7 HandwO, § 21 WaffG). Solche personenbezogenen Kriterien sind:

---

[9] W. Henke, DVBl. 1983, 982 (983).
[10] EuGH NVwZ 2010, 1422 Rn. 87 – Carmen Media Group.

Kriterium	Beispiele	Inhalt
Zuverlässigkeit	§§ 30 I Nr. 1, 33a II Nr. 1, 33c II 1, 33d III 1, 33i II Nr. 1, 34 I 3 Nr. 1, 34a I 3 Nr. 1, 34b IV Nr. 1, 34c II Nr. 1 GewO, § 4 I 1 Nr. 1 GastG	Genehmigungsbehörde hat Prognose anzustellen, ob der Antragsteller die Gewähr dafür bietet, dass er die betreffende Wirtschaftstätigkeit in der Zukunft ordnungsgemäß ausüben wird (→ § 10 Rn. 42 ff.).
Finanzielle Situation des Antragstellers	§§ 34 I 3 Nr. 2, 34a I 3 Nr. 2 GewO, § 33 I Nr. 1 KWG, § 34b IV 1 Nr. 2, § 34c II Nr. 2 GewO, § 13 I Nr. 1 PBefG	Vorhandensein der für den Betrieb erforderlichen Mittel. Verbot ungeordneter Vermögensverhältnisse. Leistungsfähigkeit des Betriebs.
Fachkunde	§ 7 I HandwO, § 33 I 1 Nr. 4 KWG, § 13 I Nr. 3 PBefG	Die zur Ausübung der Tätigkeit erforderliche Fachkunde ist nachzuweisen. Unterhalb der Ebene eines Fachkundenachweises bleiben bloße Unterrichtungsnachweise wie der nach § 4 I 1 Nr. 4 GastG.

Eine Personalkonzession geht bei einer Betriebsübertragung nicht auf den Erwerber über und erlischt beim Tode ihres Inhabers. Zur Erhaltung des Betriebs als Lebensgrundlage ist es jedoch den engsten Angehörigen des Konzessionierten häufig gestattet, den Betrieb beim **Tod des Erlaubnisinhabers** durch einen Stellvertreter fortzuführen, der die Konzessionsvoraussetzungen erfüllt (vgl. § 46 GewO; weitergehend § 4 HandwO).

- Sachorientierte Voraussetzungen der Erlaubniserteilung können anknüpfen an die 15 Beschaffenheit der Betriebsmittel (§ 33c I 2 GewO) oder der Betriebsräume (§§ 30 I 2 Nr. 2, 33i II Nr. 2 GewO, 4 I 1 Nr. 2 GastG) oder an die Lage der Betriebsstätten im Raum (§§ 30 I 2 Nr. 4, 33a II Nr. 3, 33i II Nr. 2 GewO, 4 I 1 Nr. 3 GastG). Der Gedanke der Gefahrenabwehr ist dabei absolut dominierend. Auf Existenz und Umfang des Betriebs und damit sachbezogene Elemente beziehen sich auch Bedürfnisprüfungen wie die für den Straßenbahn-, Obus- und Linienverkehr mit Kraftfahrzeugen (§ 13 II Nr. 2 PBefG) und die Funktionsfähigkeitsprüfung des § 13 IV PBefG für den Verkehr mit Taxen. Die auf rein sachbezogenen Anforderungen basierenden **Sachkonzessionen** haften an dem konzessionierten Gegenstand, so dass sie regelmäßig erlöschen, wenn dieser seine Identität in den von der Konzession abgesteckten Grenzen verliert. Wechsel in der Person des Betriebsinhabers berühren ihren Bestand nicht.

- Der Typus der **kombinierten Konzession** (§§ 30, 33a, 33i GewO, 4 GastG) 16 schließlich stützt sich auf sowohl personen- als auch sachbezogene Erteilungsmaßstäbe. Grundsätzlich erlischt sie bereits vollständig bei einem Identitätsverlust nur eines ihrer Bezugsobjekte. Gehen etwa die von der Konzessionierung erfassten Betriebsräume unter, so steht bei einer Neuerteilung der Konzession für den bisherigen Betriebsinhaber bspw. dessen Zuverlässigkeit erneut zur Prüfung an.

Im Fall 3 bedarf der U der Erlaubnis nach § 34a GewO, die eine Personalkonzession ist. Gemäß § 34a I 4 GewO muss auch der S die erforderliche Zuverlässigkeit und den Unterrichtungsnachweis nach § 34a I 3 Nr. 3 GewO besitzen.

b) Begleitende Überwachung

17 Die Erlaubnispflichtigkeit der Aufnahme der Wirtschaftstätigkeit verhindert nicht, dass das durch das einschlägige Recht geschützte Schutzgut durch den **laufenden Betrieb** dennoch in Gefahr gerät. Ein Gewerbetreibender, der bei Aufnahme der Gewerbetätigkeit zuverlässig war, kann bspw. später unzuverlässig geworden sein. Um derartige und ähnliche Entwicklungen erkennen und auf sie reagieren zu können, bedarf auch die *Ausübung* einer Wirtschaftstätigkeit der behördlichen Überwachung und der Möglichkeit des behördlichen Einschreitens.

18 Die Inanspruchnahme von Prüfungskompetenzen durch die Überwachungsbehörden setzt voraus, dass ein **behördliches Informationsbedürfnis** überhaupt besteht. Nicht erforderlich ist ein begründeter Verdacht, dass eine behördliche Intervention geboten sein könnte.[11] Denn die Prüfungsbefugnisse sollen die Behörde gerade in den Stand setzen zu ermitteln, ob Anlass zum Einschreiten besteht. Einzige Voraussetzung der jeweiligen Informationsbeschaffung ist regelmäßig die **Erforderlichkeit der Maßnahme** für die Durchführung der einschlägigen Vorschriften. Um ihren Zweck nicht zu gefährden, muss die behördliche Prüfung dem Betriebsinhaber nicht angekündigt werden.[12]

> Im Fall 3 besteht das für die Anordnung von Überwachungsmaßnahmen nach § 29 GewO erforderliche behördliche Informationsbedürfnis nicht. B hat vielmehr die nächtliche Besichtigung der Betriebsräume des U allein aus Rache angeordnet, so dass die Anordnung schon aus diesem Grunde rechtswidrig ist.

19 Als **Prüfungsinstrumente** werden meist mehrere Maßnahmen benannt, unter denen die Behörde nach pflichtgemäßem Ermessen und unter Berücksichtigung des **Grundsatzes der Verhältnismäßigkeit** auszuwählen hat.[13] Überwiegend werden der Aufsichtsbehörde kumulativ die Befugnisse verliehen, Auskunft zu verlangen, die Vorlage von Geschäftsunterlagen zu fordern und Einsicht in diese zu nehmen, Grundstücke und Betriebsräume zu betreten und zu besichtigen sowie Proben zu entnehmen und Prüfungen durchzuführen (§ 29 GewO, §§ 22, 23 BtMG, § 22 I, II GastG, § 39 I, II WaffG, § 31 SprengG, § 44 KWG, § 16 III TierSchG, § 18 EnWG). Korrespondierend werden dem Wirtschaftssubjekt regelmäßig Duldungs- und Unterstützungspflichten auferlegt (§ 24 BtMG, § 22 II 2 GastG, § 31 II 4 SprengG). Auf Fragen, deren Beantwortung ihn oder einen seiner Angehörigen der Gefahr straf- oder ordnungswidrigkeitenrechtlicher Verfolgung aussetzen würde, kann der Pflichtige die Auskunft verweigern (§ 29 III GewO, § 24 II BtMG, § 22 III GastG, § 39 I 2 WaffG, § 31 III SprengG, § 18 II 2 EnWG).

> Selbst wenn im Fall 3 ein behördliches Informationsbedürfnis bestehen würde (→ Rn. 18), würde die Anordnung des B nicht notwendig sein: Mildere Mittel im Verhältnis zur Besichtigung der Geschäftsräume wären etwa das Verlangen um Auskunft über die Qualifikation des S oder auf Vorlage seines Unterrichtungsnachweises.

20 Nach der Rspr. des BVerfG zeichnen sich **Betriebs- und Geschäftsräume** durch eine im Vergleich zur privaten Wohnung gesteigerte Offenheit nach außen aus, die zu einer **Reduzierung des Schutzbedürfnisses** führe. Behördliche Betretungs- und Be-

---

[11] *Tettinger/Wank/Ennuschat*, GewO § 29 Rn. 18.
[12] *Tettinger/Wank/Ennuschat*, GewO § 29 Rn. 27.
[13] S. *Scholl*, Behördliche Prüfungsbefugnisse im Recht der Wirtschaftsüberwachung, 1989, S. 183 ff.

sichtigungsrechte sollen deshalb unter folgenden Voraussetzungen keine Eingriffe oder Beschränkungen sein, die den strengeren Anforderungen des Art. 13 VII GG unterliegen; für sie soll vielmehr **nur eine einfache Verhältnismäßigkeitsprüfung** durchzuführen sein[14]:

1. **Besondere gesetzliche Vorschriften** müssen zum Betreten der Räume ermächtigen.
2. Das Betreten der Räume sowie die Vornahme der Besichtigungen und Prüfungen müssen einem **erlaubten Zweck** dienen und für dessen Erreichen erforderlich sein.
3. In dem Gesetz muss der Zweck des Betretens, der Gegenstand und der Umfang der Besichtigung **deutlich erkennbar** sein.
4. Das Betreten der Räume sowie die Besichtigung und Prüfung sind nur in den **Zeiten** zulässig, zu denen die Räume normalerweise für die jeweilige geschäftliche oder betriebliche Nutzung zur Verfügung stehen.

Dogmatisch ist diese Lösung unbefriedigend: Wenn man richtigerweise von der **Eröffnung des Schutzbereichs des Art. 13 I GG** auch für Geschäftsräume ausgeht[15], so wird man kaum behaupten können, dass die Wahrnehmung von Betretens- oder Nachschaurechten keinen **Eingriff in das Grundrecht aus Art. 13 I GG** darstellen soll. Ob der Betroffene den Eingriff als solchen empfindet oder sich mit ihm abfindet, weil die Art des behördlichen Vorgehens bekannten und langjährig geübten Handlungsmustern entspricht[16], ist unerheblich. In dieser Betrachtungsweise stellen sich die vom BVerfG formulierten Anforderungen als Elemente für die Rechtfertigung derartiger Grundrechtseingriffe dar. Soweit es sich nicht im Einzelfall um Durchsuchungen iSv Art. 13 II GG handelt[17], sind die **Schrankenvorbehalte des Art. 13 VII GG** einschlägig.[18]

21

> Die nächtliche Besichtigung im Fall 3 erfolgt außerhalb der üblichen Betriebs- und Geschäftszeiten und stellt deshalb auch nach Auffassung des BVerfG einen Eingriff in das Grundrecht des U aus Art. 13 I GG dar, welcher der Rechtfertigung nach Art. 13 VII GG (oder – bei Vorliegen einer Durchsuchung – am Maßstab des Art. 13 II GG) bedarf.[19] Eine solche Rechtfertigung scheidet unter den gegebenen Umständen aus.

c) Anordnungen und Untersagungen

Führt die Nutzung behördlicher Überwachungsbefugnisse (→ Rn. 9 f., 17 ff.) zu dem Ergebnis, dass **Rechtsverstöße** vorliegen, so ist die Notwendigkeit eines behördlichen Einschreitens zugunsten des betreffenden Schutzgutes zu prüfen. Die einzelnen Spezialgesetze enthalten häufig ein differenziertes Eingriffsinstrumentarium. Bei konzessionspflichtigen Tätigkeiten sind als Sanktionsmöglichkeiten häufig **Rücknahme**

22

---

[14] BVerfGE 32, 54 (76 f.); siehe auch BVerfGE 97, 228 (266); BVerwG DVBl. 1996, 149 (150 f.); NVwZ 2007, 1049 (1050).
[15] BVerfGE 32, 54 (69 ff.).
[16] Darauf stellt BVerfGE 32, 54 (75 f.) ab.
[17] Die überwiegende Auffassung geht davon aus, dass es sich bei den behördlichen Betretungs- und Besichtigungsrechten generell um keine Durchsuchungen i. S. v. Art. 13 II GG handelt: BVerfGE 32, 54 (73); BVerwGE 78, 251 (254); BVerwG DVBl. 1996, 149 (150); *P. Kunig*, Jura 1992, 476 (481). Dem wird man für die Fälle, in denen die Nachschau darauf angelegt ist, etwas in den betroffenen Räumen aufzufinden, was der Betroffene gerade nicht preisgeben will, nicht zustimmen können, *J. Ziekow/A. Guckelberger*, in: Friauf/Höfling, GG Art. 13 Rn. 56.
[18] Im Einzelnen *J. Ziekow/A. Guckelberger*, in: Friauf/Höfling, GG Art. 13 Rn. 127 f. mwN.
[19] *Tettinger/Wank/Ennuschat*, GewO § 29 Rn. 24.

und **Widerruf der Erlaubnis** vorgesehen (§ 33d IV, V, § 33e II GewO, § 45 WaffG, § 25 PBefG, § 35 KWG). Wo dies nicht der Fall ist, richten sich Rücknahme und Widerruf der Genehmigung nach den §§ 48, 49 VwVfG. Da in der Regel die Auferlegung von **nachträglichen Auflagen** vorgesehen ist (vgl. nur §§ 33a I 3 HS 2, 33c I 3 HS 2, 33i I 2 HS 2, 34 I 2 HS 2, 34a I 2 HS 2, 34b III HS 2 GewO), kommt bei Nichterfüllung ein Widerruf nach § 49 II 1 Nr. 2 VwVfG in Betracht.

23 Die **Untersagung der Fortsetzung des Betriebes** ist möglich, wenn eine Wirtschaftstätigkeit ohne die notwendige Genehmigung ausgeübt wird (§§ 15 II, 60d GewO, § 16 III HandwO, § 37 KWG; → § 10 Rn. 39 f.). Von Bedeutung insbesondere für Gewerbetreibende, die keiner Genehmigung bedürfen, ist das Untersagungsverfahren gegen unzuverlässige Gewerbetreibende nach § 35 GewO, welches ggf. sogar auf alle Gewerbe erstreckt werden kann (→ § 10 Rn. 41 ff.). Im **Verhältnis zur polizeilichen Generalklausel** kommt es darauf an, ob die wirtschaftsrechtliche Spezialregelung als exklusive Sondernorm zu verstehen ist oder Raum für die Anwendung der Generalklausel lässt.[20] Prüfungsrelevant ist diese Frage vor allem im Gewerberecht (→ § 10 Rn. 28). Insbesondere dort, wo der Gesetzgeber nur ein Ge- oder Verbot ausspricht, ohne die überwachende Behörde zum Eingreifen zu ermächtigen, stellt die Generalklausel die Grundlage für ein behördliches Eingreifen dar.[21]

d) Vertragliches Handeln

24 Für die Einflussnahme auf wirtschaftliches Handeln ist der Staat nicht auf ein einseitiges Vorgehen mittels hoheitlicher Ge- und Verbote beschränkt. Neben die Steuerung mittels Gebots tritt mehr und mehr die Steuerung durch kooperative Verhaltensweisen.[22] Soweit es sich dabei nicht um informale Kooperationsformen handelt (→ Rn. 26), wird der Staat insoweit durch den **Abschluss von Verträgen** tätig. In Betracht kommen sowohl privatrechtliche als auch öffentlich-rechtliche Verträge. Beispiele für privatrechtliche Verträge finden sich etwa im Beschaffungswesen (→ § 9 Rn. 10) und bei der Subventionierung Privater (→ § 6 Rn. 73).

25 Weiterhin kann die Behörde mit demjenigen, an den sie sonst einen Verwaltungsakt richten würde, anstatt dessen einen sog. subordinationsrechtlichen **öffentlich-rechtlichen Vertrag** iSv § 54 S. 2 VwVfG abschließen. Ein Verbot für die Behörde, durch Vertrag zu handeln, besteht nicht bereits dann, wenn im Gesetz lediglich ein Handeln durch „Bescheid", „Verfügung" o. ä. vorgesehen ist. Vielmehr ermöglicht in diesen Fällen § 54 S. 2 VwVfG gerade ein Handeln durch öffentlich-rechtlichen Vertrag anstatt durch Verwaltungsakt. Ob das Handeln in einer anderen Form als der des Vertrages zwingend vorgeschrieben ist, muss im Einzelfall durch Auslegung ermittelt werden. Die Rechtmäßigkeit und die Fehlerfolgen öffentlich-rechtlicher Verträge richten sich nach den §§ 54 ff. VwVfG.[23]

2. Informales Handeln

26 Als informal werden all die Handlungsformen der Verwaltung bezeichnet, die rechtlich nicht näher festgelegt sind. Sie sind nicht auf die Herbeiführung eines bestimmten rechtlichen, sondern eines **tatsächlichen Erfolgs** gerichtet. Ihre Vorteile werden

---

[20] Vgl. für das Verhältnis zwischen § 4 I GastG und der polizeirechtlichen Generalklausel VGH Mannheim VBlBW 2006, 35.
[21] *Sodan/Ziekow*, GKÖR § 75 Rn. 8 ff.
[22] Siehe aus der umfangreichen Literatur nur *H. Schulze-Fielitz*, in: Grdl.VerwR I, § 12 Rn. 64 ff.
[23] Im Einzelnen *Sodan/Ziekow*, GKÖR § 83 Rn. 1 ff.

in einem hohen Maß an Flexibilität, der Vermeidung von Rechtsstreitigkeiten und der Verringerung von Rechtsunsicherheit gesehen.[24] Beispiele sind vor der Antragstellung erfolgende Verhandlungen zwischen der Behörde und dem Träger eines genehmigungsbedürftigen Vorhabens (vgl. auch § 25 II VwVfG), Verknüpfungsabsprachen zwischen der Genehmigung einer Neu- und der Sanierung einer Altanlage, die Duldung der Ausübung einer konzessionspflichtigen wirtschaftlichen Tätigkeit ohne Erlaubnis oder selbstverpflichtende Zusagen und Selbstbeschränkungsabkommen. Auch bei diesen und anderen informalen Verwaltungshandlungen sind selbstverständlich der **Vorrang des Gesetzes** und die Grundrechte der Personen zu beachten, die von der Handlung betroffen werden. Als im Bereich des Öffentlichen Wirtschaftsrechts relevante Beispiele können benannt werden:

- **Staatliche Warnungen**, insbesondere der Öffentlichkeit vor bestimmten gefährlichen Produkten[25] und Empfehlungen: Derartige Warnungen erscheinen zwar auf den ersten Blick weniger einschneidend als ein behördliches Verbot, können aber für diejenigen Personen oder Unternehmen, auf die sich die Warnung bezieht, mit durchaus weitergehenden Folgen verbunden sein. So kann die öffentliche Warnung vor einem einzelnen Produkt dazu führen, dass auch alle anderen Produkte desselben Unternehmens nicht mehr gekauft werden. Zur Prüfung der Rechtmäßigkeit solcher Warnungen oder Empfehlungen sind vor allem die Fragen 27
  1. der **Befugnis zur Abgabe** einer derartigen Erklärung (zur Befugnis der Bundesregierung → § 4 Rn. 6),
  2. der **Geltung des Gesetzesvorbehalts**, insbesondere bei Grundrechtsberührungen, sowie
  3. der **Verhältnismäßigkeit** der jeweiligen Erklärung zu beantworten.[26]

- **Informelle Absprachen**: Statt bspw. nachträgliche Auflagen zur Genehmigung einer wirtschaftlichen Tätigkeit anzuordnen, können Behörde und Unternehmen auch vereinbaren, dass das Unternehmen den behördlichen Beanstandungen Rechnung trägt und die Behörde im Gegenzug auf die Anordnung verzichtet. Erwägungen zugunsten einer informellen Absprache können sein, einen Beschleunigungseffekt zu erzielen oder die Akzeptanz der gefundenen Lösung zu erhöhen. Zuweilen kann die Behörde auch auf eine informelle Kooperation angewiesen sein, um den fraglichen Sachverhalt herauszuarbeiten und die relevanten Elemente bewerten zu können. Kennzeichen solcher Absprachen ist ihre **rechtliche Unverbindlichkeit**. Gleichwohl darf die Verwaltung keine informellen Absprachen treffen, die dem geltenden Recht zuwiderlaufen. Dies ergibt sich aus der Gesetzesbindung der Verwaltung (Art. 20 III GG). Darüber hinaus dürfen ggf. bestehende Beteiligungs- und Anhörungsrechte Dritter durch die informelle Vorbindung nicht ausgehöhlt werden. 28

3. Überwachungsbezogene Pflichten von Unternehmen

Dem Wirtschaftssubjekt auferlegte Pflichten, die laufend und nicht erst auf behördliche Anordnung zu erfüllen sind, sollen die Aufsicht der Behörden über die Beachtung der einschlägigen Vorschriften erleichtern. Zu nennen sind insoweit zunächst die **Anzeigepflicht** (→ Rn. 11), aber auch **Aufzeichnungspflichten**, die etwa zur Dokumentation des Umgangs mit gefährlichen Gütern (§ 17 BtMG, § 23 WaffG, § 12 II KrWaffG, § 16 SprengG, § 6 III GenTG) oder zum Schutz des Wirtschaftsgutes selbst (§ 11a I TierSchG) auferlegt werden. Um seine Verantwortlichkeit sicherzustellen, wird weiterhin dem Hersteller bestimmter Produkte aufgegeben, das Produkt mit seinem Namen zu kennzeichnen (§ 24 I WaffG); andere 29

---

[24] Vgl. für das öffentliche Wirtschaftsrecht *H. Bauer*, VerwArch 78 (1987), 241 (250 ff.).
[25] Vgl. BVerfGE 105, 252; BVerwGE 87, 37: Veröffentlichung einer Liste glykolhaltiger Weine. OLG Stuttgart NJW 1990, 2690: Warnung vor vermutet verdorbenen Teigwaren.
[26] *Sodan/Ziekow*, GKÖR § 73 Rn. 5 ff.

Kennzeichnungspflichten dienen dem Schutz und der Unterrichtung des Verbrauchers.

30 Der Wirtschaftsüberwachung im Sinne einer Eigenüberwachung zuzurechnen ist die Pflicht des Betriebsinhabers, für bestimmte Bereiche einen **Betriebsbeauftragten** zu bestellen (vgl. §§ 53 ff. BImSchG, §§ 59 f. KrWG, §§ 64 ff. WHG, § 8b TierSchG, § 6 IV GenTG), der entweder für jeden einschlägig tätigen Betrieb (GenTG, TierSchG) oder erst ab einer festgesetzten Gefährdungsschwelle (BImSchG, KrWG, WHG) gefordert wird. Die zentralen Funktionen der Betriebsbeauftragten liegen in der Überwachung der für das Schutzgut gefährlichen Vorgänge und der Kontrolle der Einhaltung der einschlägigen Vorschriften, der Information der Betriebsangehörigen, der Initiative zu Verbesserungen des Rechtsgüterschutzes und der Berichterstattung an den Betriebsinhaber. Der Beauftragte ist vom Betriebsinhaber bei der weisungsfreien Erfüllung seiner Aufgaben zu unterstützen und darf deswegen nicht benachteiligt werden; hoheitliche Befugnisse kommen ihm allerdings nicht zu.

Lösungshinweise zu Fall 3

Verletzung des Grundrechts des U aus Art. 13 GG?
1. Eröffnung des Schutzbereichs (Art. 13 I GG): Betriebs- und Geschäftsräume sind geschützt
2. Eingriff: Da Besichtigung außerhalb der üblichen Betriebs- und Geschäftszeiten, liegt auch nach Auffassung des BVerfG Eingriff vor (Durchsuchung iSv Art. 13 II GG oder Eingriff bzw. Beschränkung nach Art. 13 VII GG) (→ Rn. 20 f.).
3. Rechtfertigung:
   – Voraussetzungen des § 29 II GewO sind nicht erfüllt, da behördliches Informationsbedürfnis nicht besteht, sondern B sich nur rächen will (→ Rn. 18).
   – Eingriffsvoraussetzungen des Art. 13 II bzw. VII GG liegen nicht vor (→ Rn. 21).
   – Eingriff ist nicht erforderlich (2. Stufe der Verhältnismäßigkeitsprüfung): Verlangen, Auskunft über die Qualifikation des S zu erteilen oder dessen Unterrichtungsnachweis vorzulegen, wäre milderes Mittel (→ Rn. 19).
4. Ergebnis: Von B angeordnete Besichtigung der Betriebsräume des U verletzt diesen in seinem Grundrecht aus Art. 13 GG.

---

§ 6. Subventions- und Beihilfenrecht

Literatur: *Ch. Arhold*, Beihilfenrechtliche Konkurrentenklagen im Lichte der neuesten höchstrichterlichen Rechtsprechung, EWS 2011, 209; *T. Becker*, Die Beihilfenkontrolle unter dem Einfluss der Verfahrensverordnung Nr. 659/1999/EG, EWS 2007, 255; *P. v. Carnap-Bornheim*, Einführung in das Europäische Beihilfenrecht, JuS 2013, 215; *D. Ehlers*, Rechtsprobleme der Rückforderung von Subventionen, GewArch 1999, 305; *Ch. Finck/E. Gurlit*, Die Rückabwicklung formell unionsrechtswidriger Beihilfen, Jura 2011, 87; *L. Giesberts/T. Streit*, Anforderungen an den „Private Investor Test" im Beihilfenrecht, EuZW 2009, 484; *A. Goldmann*, Rechtsfolgen des Verstoßes gegen das EG-Beihilfenrecht für privatrechtliche Verträge und ihre Rückabwicklung, Jura 2008, 275; *J. Kassow*, Beihilferechtliche Zulässigkeit staatlicher Förderankündigungen, EuZW 2010, 856; *Ch. Koenig/M. Hellstern*, Der EU-beihilferechtliche Effektivitätsgrundsatz im nationalen Prozessrecht, EuZW 2011, 702; *J. Kühling/S. el-Barudi*, Grundzüge des Rechts der Wirtschaftsförderung, Jura 2006, 672; *A. Martin-Ehlers*, Drittschutz im Beihilfenrecht – Paradigmenwechsel in der deutschen Rechtsprechung, EuZW 2011, 583; *U. Soltész/M. Hellstern*, "Mittelbare Beihilfen" – Indirekte Begünstigungen im EU-Beihilferecht, EuZW 2013, 489.

Fall 4

Das Unternehmen U ist ein größeres mittelständisches Unternehmen des produzierenden Gewerbes in einem Marktsegment, das bisher nur nationale Bedeutung hatte. Dementsprechend sind die bisherigen Kunden von U nur in Deutschland ansässig. Neben U sind auch mehrere kleinere mittelständische Unternehmen in diesem Bereich tätig, darunter das Unternehmen K.

Da sich nach Einschätzung des Bundeswirtschaftsministeriums das Geschäftsfeld, auf dem U tätig ist, zu einem wichtigen internationalen Markt entwickeln wird, möchte die Bundesregierung von vornherein ein deutsches Unternehmen so positionieren, dass es in der Lage ist, eine führende Stellung in diesem Markt zu erringen. Hierfür kommt nach Auffassung des Ministeriums allein U in Betracht, obwohl das Unternehmen durch unternehmerische Fehlentscheidungen in eine bedrohliche wirtschaftliche Lage geraten ist. U soll saniert und zu einem dominierenden Marktteilnehmer aufgebaut werden. Im nächsten Haushaltsplan des Bundes wird deshalb ein Betrag für die Förderung des Wirtschaftszweigs eingestellt, dem U angehört. Anschließend erlässt das Bundeswirtschaftsministerium eine Verwaltungsvorschrift, die die Voraussetzungen und einzelnen Bedingungen für die Gewährung einer Zahlung aus diesen Haushaltsmitteln zum Zwecke der Erhöhung der Produktionskapazitäten der begünstigten Unternehmen regelt. Die Voraussetzungen sind so gefasst, dass sie ausschließlich von U erfüllt werden.

Auf Antrag des U ergeht seitens des Bundeswirtschaftsministeriums unter Hinweis auf die Verwaltungsvorschrift eine „Mitteilung" an U, dass ihm folgende Mittel zur Verfügung gestellt werden: 1. ein Betrag von € 10 000 000.–, der direkt vom Ministerium ausgezahlt werde; 2. ein Darlehen über € 50 000 000.–, das bei der A-Bank beantragt werden müsse. Die Anteile der privatrechtlich organisierten A-Bank liegen vollständig beim Bund, der auch die Mitglieder der Geschäftsführung bestimmt. In dem zwischen U und der A-Bank geschlossenen „Darlehensvertrag" wird ein Zinssatz von 3% (wobei der marktübliche Satz bei 6% liegt) sowie eine Rückzahlung in jährlichen Raten von € 500 000.– zzgl. der in dem jeweiligen Jahr aufgelaufenen Darlehenszinsen vereinbart.

Beide Punkte teilt das Bundeswirtschaftsministerium der Kommission in Brüssel mit. Um jedoch den Vorsprung vor anderen Staaten zu nutzen, werden der Zuschussbetrag und die Darlehenssumme sogleich an U ausgezahlt. U nutzt umgehend den gesamten Betrag, um im großen Stil neue Produktionsanlagen zu errichten.

a) Konkurrent K sieht sein Unternehmen durch die dem U zuteil gewordene Förderung bedroht, da U eine erdrückende Übermacht in dem betreffenden Marktsegment gewinne. Außerdem werde die gesamte Wirtschaftsstruktur in Deutschland massiv verschoben. Am liebsten wäre es K, er könnte die gleiche Förderung wie U erlangen. Notfalls würde sich K aber auch damit begnügen, dass U die empfangenen Fördermittel wieder zurückzahlen muss. Wie sind die Aussichten von K, diese Begehren klageweise durchzusetzen?

b) Spielt es eine Rolle, ob die Kommission nach Erhebung einer Klage des K gegen die Förderung von U die Förderung für mit dem Binnenmarkt vereinbar erklärt und die Einleitung eines förmlichen Prüfverfahrens ablehnt? Kann sich K gegen diesen Beschluss der Kommission wehren?

c) Die Kommission erklärt die Förderung von U für mit dem Binnenmarkt unvereinbar und verlangt von der Bundesrepublik Deutschland, dass sie alle notwendigen Maßnahmen ergreife, um die Fördermittel von U zurückzufordern. Daraufhin erlässt das Bundeswirtschaftsministerium einen Bescheid, mit dem U die Rückzahlung der erhaltenen Mittel aufgegeben wird. Gegen diesen Bescheid wendet sich U mit einer Anfechtungsklage vor dem Verwaltungsgericht. Er trägt u. a. vor, dass er die Mittel vollständig ausgegeben habe und eine Rückzahlung das Unternehmen zerstören würde. Hierdurch entfielen tausende Arbeitsplätze und geriete ein gesamter Wirtschaftszweig ins Wanken. Wie wird das Verwaltungsgericht entscheiden?

I. Begriff, Ziele und Formen von Subventionen und Beihilfen

1 Subventionen und Beihilfen sind der wichtigste Fall der Einwirkung des Staates auf wirtschaftliches Handeln in **Form der Wirtschaftsförderung** (→ § 5 Rn. 3). Sie dienen dazu, durch direkte oder indirekte Zuwendungen bestimmte, im öffentlichen Interesse liegende Zwecke zu erreichen.

1. Verwendete Begrifflichkeiten

2 Weder der Begriff der Subvention noch der der Beihilfe ist für die Ordnungsfunktionen des Öffentlichen Wirtschaftsrechts legaldefiniert. Allerdings ist der Begriff der Beihilfe iSv Art. 107 I AEUV durch die Rspr. des EuGH im Einzelnen durchgeformt worden (→ Rn. 18ff.), so dass insoweit auf einer konsolidierten begrifflichen Grundlage gearbeitet werden kann. Dabei ist zu beachten, dass Zweck des Beihilfenrechts des AEUV die Verhinderung einer Verfälschung des Wettbewerbs durch die staatliche Unterstützung von Unternehmen ist (→ Rn. 23). Wegen dieser gegenüber dem allgemeinen Subventionsrecht spezifischen Zwecksetzung ist der Beihilfenbegriff nicht als Beschreibung von Subventionen im Allgemeinen verwendbar. Im Folgenden wird der Begriff der Beihilfe daher nur im Anwendungsbereich der Art. 107 ff. AEUV und im Übrigen der Begriff der Subvention verwendet. In dem hier zugrunde gelegten Verständnis ist der **Begriff der Subvention gegenüber dem Begriff der Beihilfe also der weitere**. Die entgegengesetzte Bestimmung des Verhältnisses von Beihilfen- und Subventionsbegriff durch den EuGH[1] beruht darauf, dass der EuGH insoweit von dem Begriff der Subvention im engeren Sinne ausgeht (→ Rn. 23).

3 Ähnlich ist das Verhältnis zwischen dem Begriff der Zuwendung und dem Begriff der Subvention. Unter **Zuwendungen** sind Ausgaben und Verpflichtungsermächtigungen für Leistungen an Stellen außerhalb der Verwaltung des Bundes oder eines Landes zur Erfüllung bestimmter Zwecke zu verstehen (§ 14 HGrG). Der Zuwendungsbegriff ist enger als der der Subvention und umfasst bspw. nicht die Übernahme von Bürgschaften, Sachleistungen u. a.[2] Gleichwohl ist der Begriff der Zuwendung für das Subventionsrecht von Bedeutung, weil Subventionen, die als Zuwendungen i. S. d. Haushaltsrechts zu qualifizieren sind, die haushaltsrechtlichen Voraussetzungen für die Gewährung von Zuwendungen erfüllen müssen (→ Rn. 13).

4 Wichtige Anhaltspunkte für die Begriffsbildung im Öffentlichen Wirtschaftsrecht liefert der **strafrechtliche Subventionsbegriff**, der jedoch ebenfalls zu eng ist und deshalb nicht ohne Weiterungen übernommen werden kann. Subvention ist nach § 264 VII StGB eine Leistung aus öffentlichen Mitteln nach Bundes- oder Landesrecht an Betriebe oder Unternehmen, die wenigstens zum Teil ohne marktmäßige Gegenleistung gewährt wird und der Förderung der Wirtschaft dienen soll. Insbesondere die Beschränkung des Subventionsziels auf die Förderung der Wirtschaft im Sinne eines angestrebten Zwecks führt zu einer Reduzierung der in den Subventionsbegriff einbezogenen Leistungen, die für das Öffentliche Wirtschaftsrecht nicht sinnvoll ist.

5 Bei allen Unterschieden im Einzelnen dürfte der folgende **Subventionsbegriff** in der verwaltungsrechtlichen Literatur weitgehend konsensfähig sein: Unter Subventionen sind **vermögenswerte Leistungen einer rechtsfähigen Einrichtung der öffentlichen Hand an eine natürliche Person, eine juristische Person des Privatrechts**

---

[1] EuGH Slg. 1961, 3 (43) – De Gezamenlijke Steenkolenmijnen; 1994, I-877 Rn. 13 – Banco Exterior de España; 1998, I-7907 Rn. 34 – Ecotrade; 2001, I-8365 Rn. 38 – Adria-Wien; 2004, I-6717 Rn. 90.

[2] Zum Begriff der Zuwendung *E. Krämer*, DÖV 1990, 546 ff.

oder – unter bestimmten Voraussetzungen – des öffentlichen Rechts ohne marktmäßige Gegenleistung zur Verwirklichung im öffentlichen Interesse liegender Ziele zu verstehen.³

2. Das Subventionsverhältnis

Das durch die Gewährung einer Subvention entstehende Subventionsverhältnis lässt sich wie folgt skizzieren: 6

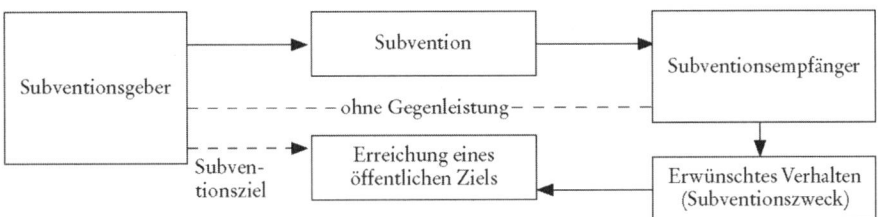

- **Subventionsgeber** kann jede rechtsfähige Einrichtung der öffentlichen Hand sein.⁴ Hierzu zählen u. a. EU und andere supra- und internationale Organisationen, Bund, Länder, Kommunen und andere juristische Personen des öffentlichen Rechts sowie juristische Personen des Privatrechts, auf deren Entscheidungen eine juristische Person des öffentlichen Rechts einen beherrschenden Einfluss ausübt. Nicht erforderlich ist, dass die Leistung auch aus den eigenen Haushaltsmitteln dieser Einrichtung erfolgt. Die Einschaltung Privater (etwa einer Bank) in die Abwicklung der Subventionsgewährung macht diese Privaten nicht zu Subventionsgebern. 7

In Fall 4 ist Subventionsgeber der Bund, auch wenn die Gewährung des Darlehens über die bundeseigene A-Bank erfolgt. Da die Anteile der A-Bank vollständig in der Hand des Bundes liegen, ist davon auszugehen, dass der Bund auf die Entscheidungen der Bank einen beherrschenden Einfluss ausüben kann.

- **Subventionsempfänger** können natürliche Personen sowie juristische Personen des Privatrechts sein, und zwar letztere auch dann, wenn ihre Anteile ganz oder teilweise von der öffentlichen Hand gehalten werden.⁵ Juristische Personen des öffentlichen Rechts können hingegen nur dann Empfänger einer Subvention sein, wenn sie sich in einer gleichsam subventionstypischen Lage befinden.⁶ Dies ist etwa dann der Fall, wenn ein öffentliches Unternehmen in Rechtsformen des öffentlichen 8

---

³ Vgl. *G. Haverkate*, in: Schmidt, ÖffWiR BT 1 § 4 Rn. 3; *W. Kahl/L. Diederichsen*, in: Schmidt/Vollmöller, ÖffWiR § 7 Rn. 2; *Ruthig/Storr*, ÖffWiR Rn. 770.
⁴ Enger wohl *W. Kahl/L. Diederichsen*, in: Schmidt/Vollmöller, ÖffWiR § 7 Rn. 3: nur Träger hoheitlicher Gewalt.
⁵ *Ruthig/Storr*, ÖffWiR Rn. 774; wohl a.M.: BVerwG NVwZ 1986, 42; *Schliesky*, ÖffWiR, S. 125.
⁶ Weitergehend *G. Haverkate*, in: Schmidt, ÖffWiR BT 1 § 4 Rn. 9 f. Ablehnend gegenüber einer Einbeziehung öffentlich-rechtlich verfasster Einrichtungen etwa *W. Kahl/L. Diederichsen*, in: Schmidt/Vollmöller, ÖffWiR § 7 Rn. 3 (geeignet aber öffentliche Unternehmen); *J. Kühling*, in: Ehlers/Fehling/Pünder I § 29 Rn. 4.

Rechts geführt wird (→ § 7 Rn. 8 ff.) und das Unternehmen ebenso gut als privatrechtliche Gesellschaft organisiert werden könnte. Erfolgen die fraglichen Zuweisungen hingegen im Rahmen des öffentlichen Haushaltsrechts, bspw. des Finanzausgleichs, so ist eine solche subventionstypische Lage nicht gegeben.

> U ist ein privates Unternehmen und in Fall 4 Subventionsempfänger.

9 ■ Eine als Subvention zu qualifizierende **vermögenswerte Leistung** liegt vor, wenn das Vermögen des Subventionsempfängers durch die fragliche Maßnahme einen Zuwachs erfährt. Dabei muss es sich nicht um eine Leistung in Form einer Geldzahlung handeln. Dem Subventionsbegriff unterfallen vielmehr auch Sachleistungen. Grundsätzlich unterscheiden lassen sich folgende **Formen** der direkten und der indirekten Subventionen mit Ausprägung in insgesamt **fünf Subventionstypen**:

direkte Subventionen	indirekte Subventionen
vom Subventionsgeber unmittelbar gewährte vermögenswerte Zuwendungen, zB • Subventionstyp **Zahlungssubvention**: nicht zurückzuzahlende Geldleistungen (verlorene Zuschüsse), • Subventionstyp **Darlehenssubvention**: Darlehen, • Subventionstyp **Gewährleistungssubvention**: insbes. Übernahme von Bürgschaften, • Subventionstyp **Realsubvention**: kostenlose oder vergünstigte Sachleistungen (etwa durch Zurverfügungstellung von Baugrundstücken unter Verkehrswert)	Erzielung mittelbarer vermögenswerter Zuwendungen an den Subventionsempfänger durch Verminderung der von diesem zu tragenden Belastungen (Subventionstyp: **Verschonungssubvention**), zB durch Gewährung von Steuer- und Abgabenvergünstigungen

Zwar sind **für das Studium insbesondere die direkten Subventionen relevant**, auf die sich deshalb auch die folgenden Ausführungen konzentrieren. Doch ändert dies nichts daran, dass Subventionen i. S. d. öffentlichen Wirtschaftsrechts auch die indirekten Subventionen sind. Dies ist schon deshalb sinnvoll, um ein Auseinanderfallen von nationalem Subventions- und unionsrechtlichem Beihilfenbegriff zu vermeiden, umfasst doch letzterer eindeutig auch indirekte Subventionen (→ Rn. 23). Darüber hinaus sind direkte und indirekte Subventionen als Instrumente zur Erreichung eines bestimmten Zwecks häufig austauschbar und werden politisch unter Opportunitätsaspekten eingesetzt.

> Die dem U zugewendeten vermögenswerten Leistungen bestehen in Fall 4 in einem verlorenen Zuschuss in Höhe von € 10 000 000.– und einem Darlehen in Höhe von € 50 000 000.–.

10 ■ Die vom Subventionsgeber gewährte Leistung bleibt **ohne marktmäßige Gegenleistung**, wenn der Subventionsempfänger entweder keine Gegenleistung erbringt oder seine Gegenleistung unter dem bleibt, was am Markt für die durch den Subventionsgeber gewährte Leistung aufzuwenden gewesen wäre. Entspricht die Gegenleistung dem am Markt Üblichen, so liegt auch dann keine Subvention vor, wenn die öffentliche Hand mit der Leistungsgewährung auch andere Ziele als einen Leistungsaustausch verfolgen sollte. So ist der bevorzugte Verkauf von kommunalen Grundstücken an bestimmte Bevölkerungsgruppen (zB Einheimische) keine Subvention, wenn diese Käufer den marktüblichen Verkaufspreis zahlen. In Zweifelsfällen kann auf die Rspr. des EuGH zum Beihilfenrecht (→ Rn. 24 ff.) zurückgegriffen werden.

> Der verlorene Zuschuss über € 10 000 000.– bleibt in Fall 4 von vornherein ohne marktmäßige Gegenleistung des U. Bei der Gewährung eines Darlehens ist zu unterscheiden: Hätte U das gewährte Darlehen zu gleichen Bedingungen auch von einer anderen Bank als der A-Bank erhalten können, so würde U die übliche marktmäßige Gegenleistung eines Darlehensnehmers erbringen. Davon kann jedoch schon deshalb nicht ausgegangen werden, weil U statt des marktüblichen Zinssatzes von 6% nur 3% zu zahlen hat. Siehe im Übrigen → Rn. 28.

■ Eine Subvention wird gewährt, um **im öffentlichen Interesse liegende Ziele** zu verwirklichen. Ob es sich dabei um ein zulässiges Ziel handelt oder die gewährte Leistung zur Erreichung des Ziels geeignet ist, spielt für das Vorliegen einer Subvention keine Rolle – wohl aber möglicherweise für deren Rechtmäßigkeit. Welches das angestrebte Ziel ist, wird vom Subventionsgeber bestimmt. Dementsprechend gibt es keinen Katalog von Subventionszielen. Beispiele solcher Ziele sind die Sicherung von Arbeitsplätzen, die Stärkung der Wettbewerbsfähigkeit von Unternehmen, die Förderung strukturschwacher Regionen, die Erhöhung der Forschungsleistung von Unternehmen, die Sicherung eines ausreichenden Angebots preisgünstigen Wohnraums, die vermehrte Einstellung von Auszubildenden, die Förderung umweltschonender Produktionsweise u. v. m. 11

Allerdings wird dieses Subventionsziel in aller Regel nicht bereits durch die bloße Gewährung der Subvention erreicht. Hinzu kommen muss vielmehr ein **Verhalten des Subventionsempfängers**, das durch die Subventionsgewährung stimuliert werden soll: Die Subvention wird genutzt, um Wohnungen zu bauen, die Forschungskapazitäten zu erhöhen, umweltschonendere Technologien anzuschaffen etc. Dieses Verhalten des Subventionsempfängers ist also Mittel zur Erreichung des Subventionsziels (vgl. das Schaubild → Rn. 6). Dass der Subventionsempfänger dieses Verhalten an den Tag legt, wird als **Subventionszweck** bezeichnet. (Primärer) Subventionszweck und (sekundäres) Subventionsziel sind daher voneinander zu unterscheiden. Während die Verfolgung eines im öffentlichen Interesse liegenden Subventionsziels für das Vorliegen einer Subvention von Bedeutung ist, kommt es bspw. für die Zulässigkeit der Rückforderung einer Subvention u. a. auf die Erreichung des Subventionszwecks an (→ Rn. 85). 12

> In Fall 4 besteht das von der Bundesregierung verfolgte Subventionsziel darin, dass gerade ein deutsches Unternehmen eine führende Stellung in dem sich entwickelnden Markt erringt, um hierdurch bspw. die Wettbewerbsfähigkeit der deutschen Wirtschaft zu stärken und Arbeitsplätze zu sichern. Zur Erreichung dieses Subventionsziels ist es erforderlich, dass das von der Subvention begünstigte Unternehmen U seine Produktionskapazitäten ausbaut (Subventionszweck).

II. Zulässigkeit der Subventionsgewährung

1. Nationales Recht

Das Grundgesetz belässt dem Parlament einen großen Entscheidungsspielraum bei der Frage, welche Personen oder Unternehmen in welcher Höhe durch Zuwendungen gefördert werden sollen.[7] Gesetzliche Grundlagen für die Gewährung von Sub- 13

---

[7] BVerfG NVwZ-RR 2009, 655 (656); OVG Lüneburg NVwZ-RR 2013, 465 (468).

ventionen gibt es nur in bestimmten Bereichen. Beispiele sind die Mittelstandsförderungsgesetze der Länder oder das Filmförderungsgesetz[8]. Haushaltsrechtlich ist lediglich bestimmt, dass Zuwendungen nur veranschlagt werden dürfen, wenn der Bund oder das Land an der Erfüllung des betreffenden Zwecks durch Stellen außerhalb der Verwaltung ein erhebliches Interesse hat, das ohne die Zuwendung nicht oder nicht in notwendigem Umfang befriedigt werden kann (§ 14 HGrG, § 23 BHO). Die Nichtbeachtung dieser **haushaltsrechtlichen Vorgaben** führt jedoch nicht dazu, dass die Subventionsgewährung im Verhältnis zum Subventionsempfänger rechtswidrig wäre.

14 In der Regel erfolgt die Gewährung einer Subvention auf der Grundlage einer **Ausweisung der entsprechenden Mittel im jeweiligen Haushaltsplan** des Bundes oder Landes, wobei die Maßstäbe und das Verfahren für die Verteilung der Mittel im Einzelnen durch **Subventionsrichtlinien** festgelegt werden. Dabei handelt es sich nicht um Rechtsnormen, sondern um ermessenslenkende Verwaltungsvorschriften, denen – anders als den sog. normkonkretisierenden Verwaltungsvorschriften – keine unmittelbare Außenwirkung gegenüber dem Bürger zukommen und die keiner Veröffentlichung bedürfen.[9]

15 Ob die Mittelausweisung im Haushaltsplan in Verbindung mit den Subventionsrichtlinien als Grundlage für die Gewährung einer Subvention ausreicht, ist nach wie vor umstritten. Insbesondere die Rspr. lässt als **Rechtsgrundlage für die Bereitstellung der Mittel** das Haushaltsgesetz in Verbindung mit dem Haushaltsplan genügen.[10] Dem wird man insoweit zustimmen können wie durch den Beschluss des Haushaltgesetzes eine Entscheidung des Gesetzgebers in der Form eines formellen Gesetzes getroffen worden ist. Im Verhältnis zum Subventionsempfänger bedarf es keiner weitergehenden gesetzlichen Grundlage in der Form eines Parlamentsgesetzes mit Außenwirkung gegenüber dem Bürger, die der Haushaltsausweisung gerade nicht zukommt. Denn durch die Subventionsgewährung als solche wird der Subventionsempfänger lediglich begünstigt; ein Eingriff in seine Rechte liegt nicht vor.

16 Anders verhält es sich teilweise **im Verhältnis zu Dritten**. Allerdings wird man insoweit differenzieren müssen. Nicht jede Subventionierung bedarf einer Ermächtigung durch ein materielles Parlamentsgesetz.[11]

■ Wird die Subvention nach dem „**Gießkannenprinzip**" ausgeschüttet und kommt damit jedem Unternehmen des betreffenden Wirtschaftszweigs in gleicher Weise zugute, so werden **rechtlich relevan-**

---

[8] Gesetz über Maßnahmen zur Förderung des deutschen Films (Filmförderungsgesetz – FFG) v. 24.8.2004, geändert durch Gesetz v. 31.7.2010.
[9] Zur fehlenden unmittelbaren Außenwirkung ermessenslenkender Verwaltungsvorschriften OVG Lüneburg NVwZ-RR 2013, 465 (467); VGH Kassel NVwZ-RR 2005, 304; *Ruthig/Storr*, ÖffWiR Rn. 812; *Ziekow*, VwVfG § 40 Rn. 32 mwN; zur fehlenden Veröffentlichungsbedürftigkeit BVerwGE 104, 220 (224); BVerwG NVwZ 2005, 602 (604). Zur anderen Beurteilung normkonkretisierender Verwaltungsvorschriften BVerwG NVwZ 2000, 440; 2001, 1165; 2005, 602 (604); *Ziekow*, VwVfG § 40 Rn. 57 f.
[10] BVerwGE 6, 282 (287 f.); 58, 45 (48 f.); 104, 220 (222). Ebenso etwa *T. Busch*, JuS 1992, 563 (564); *C. Degenhart*, Staatsorganisationsrecht, 28. Aufl. 2012, Rn. 306; *W. Frotscher/U. Kramer*, Wirtschaftsverfassungs- und Wirtschaftsverwaltungsrecht, 5. Aufl. 2008, Rn. 561.
[11] A. M. *H. Bauer*, DÖV 1983, 53 ff.; *W. Kahl/L. Diederichsen*, in: Schmidt/Vollmöller, ÖffWiR § 7 Rn. 57.

te Positionen Dritter nicht betroffen. Auch hier reicht das Haushaltsgesetz in Verbindung mit dem Haushaltsplan als Grundlage der Subventionierung aus.

- Werden **nur einzelne Unternehmen subventioniert** und dadurch deren Marktchancen gegenüber Konkurrenten verändert, ohne dass in die Grundrechte der Konkurrenten eingegriffen wird (dazu sogleich), so fordert weder der grundrechtliche Gesetzesvorbehalt noch die sog. **Wesentlichkeitstheorie** eine materiell-rechtliche Grundlage.[12] Eine solche ist vielmehr nur dann erforderlich, wenn die gesamtwirtschaftliche Bedeutung oder die Höhe der Subvention oder ihre Auswirkungen auf den Wettbewerb oder verfassungsrechtlich geschützte Institutionen von einer solchen Bedeutung sind, dass es einer gesetzgeberischen Entscheidung bedarf, die über die haushaltsmäßige Ausweisung hinausgeht.[13] Beispiel ist eine Subventionierung der Presse, ohne die sich ein freiheitliches Pressewesen nicht aufrecht erhalten ließe oder die umgekehrt die Staatsfreiheit und Kritikfähigkeit der Presse gefährdet.[14]
- Eine **materiell-gesetzliche Grundlage** ist in jedem Fall erforderlich, wenn durch die Subventionierung in **Grundrechte Dritter**, insbesondere von Konkurrenten, eingegriffen wird.[15] Beispiele sind der mit Art. 3 I GG nicht zu vereinbarende willkürliche Ausschluss bestimmter Unternehmen aus dem Kreis der Subventionsempfänger oder die Subventionierung eines Vereins, der vor einer Sekte warnen soll, wodurch in deren Grundrecht aus Art. 4 I und II GG eingegriffen wird[16]. In die durch Art. 12 I GG geschützte Wettbewerbsfreiheit des Konkurrenten wird eingegriffen, wenn seine wettbewerbliche Position in unerträglichem Maße eingeschränkt und das Unternehmen tatsächlich in seinen Wettbewerbsmöglichkeiten unzumutbar geschädigt wird. Wird eine bestehende Subventionsregelung dahingehend verändert, dass einige der bisher schon Begünstigten in Zukunft höher gefördert werden als andere, die nach der bisherigen Regelung genauso viel erhielten, so ist dies schon dann zulässig, wenn für eine solche Umstellung hinreichend sachbezogene, nach Art und Gewicht vertretbare Gründe vorliegen.[17]

> In Fall 4 ist die die Voraussetzungen der Subventionierung regelnde Verwaltungsvorschrift (Subventionsrichtlinie) bewusst so gefasst, dass von vornherein nur U eine Subvention erhalten kann. Nach dem – insoweit als zutreffend unterstellten – Vortrag des K würde U durch die Subvention eine erdrückende Marktmacht gewinnen und sich die gesamte Wirtschaftsstruktur in Deutschland massiv verschieben. Bereits wegen dieser gesamtwirtschaftlichen Bedeutung und wegen ihrer massiven Auswirkungen auf die Wettbewerbsstruktur bedarf die dem U gewährte Subvention unter Wesentlichkeitsgesichtspunkten einer materiell-gesetzlichen Grundlage. Darüber hinaus wird durch die Subventionsgewährung in Grundrechte der Konkurrenten von U dadurch eingegriffen, dass der Kreis möglicher Subventionsempfänger bewusst auf den U verengt worden ist. Konkurrenzunternehmen haben keine Chance, ebenfalls eine Subvention zu erhalten. Dass nach Einschätzung des Bundeswirtschaftsministeriums allein U in der Lage sein wird, auch international eine führende Rolle zu spielen, ist kein sachgerechtes Differenzierungskriterium. Die Begünstigung ausschließlich von U ist deshalb willkürlich und verstößt gegen Art. 3 GG. Ebenso wird in die Wettbewerbsfreiheit (Art. 12 I GG) der Konkurrenten von U, bspw. des K, eingegriffen, indem deren wettbewerbliche Position durch die subventionsbedingte überragende Marktstellung von U unzumutbar beschnitten wird. In Ermangelung der erforderlichen materiell-gesetzlichen Grundlage ist die Subventionsgewährung an U daher rechtswidrig.

2. Die Zulässigkeit von Beihilfen nach Europarecht

Gleichsam das „Herzstück" des Subventions- und Beihilfenrechts stellt mittlerweile 17 das Beihilfenrecht der Art. 107 ff. AEUV dar. Zweck des Beihilfenrechts des AEUV

---

[12] A. M. *Ruthig/Storr*, ÖffWiR Rn. 808.
[13] Schliesky, ÖffWiR S. 105.
[14] BVerfG DVBl. 1989, 869 (870).
[15] *J. Kühling*, in: Ehlers/Fehling/Pünder I § 29 Rn. 13 ff.
[16] Vgl. BVerwGE 90, 112 (122 f.).
[17] BVerfG NVwZ-RR 2009, 655 (656).

ist die **Verhinderung einer Verfälschung des Wettbewerbs** durch die staatliche Unterstützung von Unternehmen. Zur Erreichung dieses Zwecks wird ein Verbot der Gewährung von Beihilfen statuiert, dessen Beachtung durch eine von der Kommission wahrzunehmende umfassende Beihilfenkontrolle (→ Rn. 48 ff.) gesichert wird. Dieses Beihilfenkontrollsystem greift tief in die wirtschafts- und steuerpolitischen Gestaltungsmöglichkeiten der Mitgliedstaaten ein.[18] Es stellt gleichzeitig sicher, dass „erwünschte" Beihilfen, insbesondere zum Ausgleich von Marktstörungen oder zur Herstellung von Wettbewerbsfähigkeit, zugelassen werden können. Das **Beihilfenverbot** gilt daher nicht absolut, sondern stellt sich als präventives Verbot mit Genehmigungsvorbehalt dar.[19]

a) Der Begriff der Beihilfe

18 Art. 107 I AEUV erklärt staatliche oder aus staatlichen Mitteln gewährte Beihilfen gleich welcher Art, die durch die Begünstigung bestimmter Unternehmen oder Produktionszweige den Wettbewerb verfälschen oder zu verfälschen drohen, für mit dem Binnenmarkt unvereinbar, soweit sie den Handel zwischen Mitgliedstaaten beeinträchtigen. Das Vorliegen einer Beihilfe hängt danach von folgenden **Voraussetzungen** ab[20]:

---

1. Staatliche Maßnahme oder Maßnahme unter Inanspruchnahme staatlicher Mittel
   a) Direkte Beihilfegewährung durch den Staat (→ Rn. 19)
   b) Inanspruchnahme staatlicher Mittel
      aa) Unerheblichkeit von Rechtsform und organisatorischer Zuordnung der die Beihilfe gewährenden Stelle (→ Rn. 19)
      bb) Beherrschender Einfluss des Staates auf die Stelle o. aa) hinsichtlich der Verwendung der zu gewährenden Mittel (→ Rn. 19 f.)
      cc) Zurechenbarkeit der Maßnahme zum Staat (→ Rn. 21)
   c) Gründe und Ziele der Maßnahme sind unerheblich (→ Rn. 22)
2. Gewährung eines Vorteils an den Begünstigten
   a) Positive Leistung oder Verminderung regelmäßiger Belastungen (→ Rn. 23)
   b) Keine marktgerechte Gegenleistung des Unternehmens (→ Rn. 24)
      aa) Erfüllung gemeinwirtschaftlicher Verpflichtungen als Gegenleistung (→ Rn. 24 f.)
      bb) Grundsatz des privaten Investors (→ Rn. 26 ff.)
3. Begünstigung bestimmter Unternehmen oder Produktionszweige (Selektivität der Maßnahme) (→ Rn. 36 ff.)
4. Verfälschung oder drohende Verfälschung des Wettbewerbs durch die Maßnahme (→ Rn. 3)
5. Eignung der Maßnahme, den Handel zwischen Mitgliedstaaten zu beeinträchtigen (→ Rn. 37 f.)

---

[18] *T. Lübbig/A. Martín-Ehlers*, Beihilfenrecht der EU, 2. Aufl. 2009, Rn. 1.
[19] *Koenig/Kühling/Ritter*, EG-BeihR Rn. 2 f.
[20] EuGH Slg. 2003, I-7747 Rn. 75 – Altmark Trans; 2004, I-7139 Rn. 33 – Pearle; 2005, I-1627 Rn. 27 – Heiser; EuZW 2010, 824 Rn. 31 – Fallimento Traghetti.

Beim Begriff der Beihilfe handelt es sich um einen anhand **objektiver Kriterien** auszulegenden Rechtsbegriff.[21]

aa) Staatliche Maßnahme oder Maßnahme unter Inanspruchnahme staatlicher Mittel

Eine Beihilfe liegt nur vor, wenn die betreffende Vergünstigung als staatliche Maßnahme oder Maßnahme unter Inanspruchnahme staatlicher Mittel zu qualifizieren ist. Es kommt also nicht darauf an, ob eine Beihilfe direkt vom Staat oder ob sie von einer öffentlichen oder privaten Einrichtung gewährt wird, die vom Staat dazu bestimmt oder errichtet wurde.[22] Ausschlaggebend sind vielmehr **Herkunft der Mittel und Zurechnung der Maßnahme**: Nur Mittel, die unmittelbar oder mittelbar aus staatlichen Mitteln gewährt werden, können eine Beihilfe sein.[23] Es muss ein enger Zusammenhang zwischen dem gewährten Vorteil und der Belastung des Staatshaushalts bestehen. Dabei kommt es allerdings nicht darauf an, dass der Vorteil der Belastung des Staatshaushalts gleichsam spiegelbildlich entspricht.[24] Erfasst sind alle Geldmittel, auf die der Staat tatsächlich zur Unterstützung von Unternehmen zurückgreifen kann. Hierfür genügt es, dass diese Mittel ständig unter staatlicher Kontrolle und somit tatsächlich zur Verfügung der nationalen Behörden stehen,[25] ohne dass sie auf Dauer zum Vermögen des Staates gehören müssten.[26]

19

Dies ist zB auch dann der Fall, wenn der Staat beherrschender Anteilseigner der die Vergünstigung gewährenden Bank ist und die Mitglieder des Verwaltungsrats der Bank ernennt. Denn dann kann der Staat unmittelbar oder mittelbar einen **beherrschenden Einfluss auf die Verwendung der Geldmittel der Bank** ausüben.[27] An der Herkunft aus staatlichen Mitteln fehlt es hingegen bspw., wenn ein Unternehmen verpflichtet wird, bestimmte Erzeugnisse (Strom aus erneuerbaren Energiequellen) zu über dem tatsächlichen wirtschaftlichen Wert des Stroms liegenden Mindestpreisen abzunehmen. Die Vorteile der Erzeuger solchen Stroms werden ausschließlich durch die verpflichteten Unternehmen, nicht aber aus staatlichen Mitteln bezahlt. Darauf, dass diese Abnahmepflicht auf einem Gesetz beruht, kommt es insoweit nicht an.[28]

20

> In Fall 4 ist der Bund alleiniger Inhaber der Anteile der A-Bank und ernennt die Mitglieder der Geschäftsführung der Bank. Er übt dadurch einen beherrschenden Einfluss auf die Verwendung der Mittel der A-Bank aus. An der Qualifizierung dieser Mittel als staatliche ändert sich auch nichts, wenn die von der A-Bank an U ausgezahlte Darlehenssumme von € 50 000 000.– unter Rückgriff auf freiwillige Kapitaleinlagen Privater, zB Spareinlagen o. ä., bei der A-Bank bereitgestellt worden sein sollte. Denn auf den durch den Zu- und Abfluss von Geldern entstehenden Saldo kann die A-Bank ebenso wie auf ihr endgültig zur Verfügung stehende Mittel in eigener Verantwortung zurückgreifen.[29]

---

[21] EuGH Slg. 2000, I-3271 Rn. 25 – Ladbroke.
[22] EuGH Slg. 1988, 219 Rn. 35 – van der Kooy; 1998, I-2629 Rn. 13 – Viscido; 2001, I-2099 Rn. 58 – PreussenElektra; 2003, I-13769 Rn. 23 – GEMO; 2004, I-7139 Rn. 34 – Pearle.
[23] EuGH NVwZ 2003, 461 Rn. 24; Slg. 2003, I-13769 Rn. 24 – GEMO; 2004, I-7139 Rn. 35 – Pearle; EuZW 2013, 393 Rn. 99 – Bouygues.
[24] EuGH EuZW 2013, 393 Rn. 109 f. – Bouygues. Zu diesem Fragenkreis auch *U. Soltész*, EuZW 2011, 254.
[25] EuGH Slg. 2003, I-4035 Rn. 33 – SIM 2 Multimedia; 2004, I-3997 Rn. 52.
[26] EuGH Slg. 2000, I-3271 Rn. 50 – Ladbroke; 2002, I-5397 Rn. 37; EuG Slg. 2000, II-4055 Rn. 65 – Ufex.
[27] EuGH Slg. 2003, I-4035 Rn. 33 – SIM 2 Multimedia; 2004, I-3997 Rn. 53 f.
[28] EuGH Slg. 2001, I-2099 Rn. 59 ff. – PreussenElektra.
[29] Vgl. dazu EuG Slg. 1996, II-2109 Rn. 66 f.

21 Darüber hinaus müssen die **Vergünstigungen dem Staat zuzurechnen** sein.[30] Die Zurechnung kann in jedem Fall erfolgen, wenn die Maßnahme vom Staat im Sinne einer Veranlassung ausgeht.[31] Allerdings handelt es sich dabei nicht um eine notwendige Bedingung. Vielmehr reicht es aus, dass die Zurechenbarkeit der Maßnahme an den Staat aus einem Komplex von Indizien abgeleitet werden kann, die sich aus den Umständen des Einzelfalls ergeben.[32] Eine Zurechnung wird jedoch nicht bereits dadurch begründet, dass der Staat die die Vergünstigung gewährende Stelle kontrollieren kann.[33]

> Ein Indiz für die Zurechnung der Vergünstigung zum Staat ist insbesondere, dass die betreffende Stelle die Entscheidung über die Gewährung der Vergünstigung nicht treffen kann, ohne den staatlichen Anforderungen Rechung zu tragen.[34] Da die A-Bank in Fall 4 bei der Gewährung des Darlehens an U an die vom Bundeswirtschaftsministerium in der Subventionsrichtlinie formulierten Voraussetzungen gebunden ist, ist die Gewährung des Darlehens dem Staat zuzurechnen.

22 Handelt es sich danach um eine aus staatlichen Mitteln gewährte Beihilfe, so kommt es **nicht auf die Gründe oder Ziele der Maßnahme an**.[35] Ob mit der Vergünstigung gleichsam eine Begünstigungsabsicht verbunden ist, ist unerheblich. Ebenso wenig von Bedeutung ist, ob mit der Maßnahme wirtschafts-, sozial-, gesundheits-, umweltpolitische oder andere Ziele verfolgt werden.[36] Sonst könnte durch die Formulierung solcher Ziele die Anwendung des Art. 107 I AEUV praktisch unmöglich gemacht werden. Nach Art. 107 I AEUV sind vielmehr die Wirkungen der fraglichen Maßnahme ausschlaggebend.[37]

> Ob die Bundesregierung in Fall 4 mit der Gewährung des Darlehens und des verlorenen Zuschusses über die Positionierung eines sog. nationalen Champions hinaus weitere Ziele, etwa die Sicherung von Arbeitsplätzen verfolgte, ist für das Vorliegen einer Beihilfe unerheblich.

bb) Gewährung eines Vorteils an den Begünstigten

(1) Wirtschaftliche Vergünstigung ohne marktgerechte Gegenleistung

23 Der Begriff der Beihilfe umfasst den Erhalt einer wirtschaftlichen Vergünstigung, die das begünstigte Unternehmen unter normalen Marktbedingungen nicht erhalten hätte.[38] Eingeschlossen sind dabei nicht nur **positive Leistungen** (Subvention in einem engeren Sinne), sondern auch Maßnahmen, die in verschiedener Form die von einem Unternehmen regelmäßig zu tragenden **Belastungen vermindern**.[39] Dabei

---

[30] EuGH Slg. 1991, I-1433 Rn. 11; EuGH NVwZ 2003, 461 Rn. 24; Slg. 2003, I-13769 Rn. 24 – GEMO; 2004, I-7139 Rn. 35 – Pearle.
[31] EuGH Slg. 2003, I-13769 Rn. 26 – GEMO.
[32] EuGH NVwZ 2003, 461 Rn. 55 ff.
[33] EuGH NVwZ 2003, 461 Rn. 52.
[34] Vgl. EuGH Slg. 1988, 219 Rn. 37 – van der Kooy.
[35] EuGH EuZW 2012, 581 Rn. 77 – EDF.
[36] EuG Slg. 2002, II-1385 Rn. 51 – Territorio Histórico.
[37] EuGH Slg. 1996, I-723 Rn. 79; 1996, I-4551 Rn. 20; 1999, I-3671 Rn. 25; 2002, I-5163 Rn. 61; 2002, I-11991 Rn. 45; 2003, I-13769 Rn. 34 – GEMO; 2004, I-4461 Rn. 51; 2008, I-10505 Rn. 85 – British Aggregates Association; EuZW 2013, 393 Rn. 102 – Bouygues.
[38] EuGH Slg. 1996, I-3547 Rn. 60 – SFEI; 1999, I-2459 Rn. 41; 1999, I-3913 Rn. 22 – DMT; 2008, I-5497 Rn. 79 – Essent Netwerk; EuZW 2010, 824 Rn. 34 – Fallimento Traghetti.
[39] EuGH Slg. 2001, I-8365 Rn. 38 – Adria-Wien; 2001, I-9067 Rn. 15 – Ferring; 2002, I-5163 Rn. 60; 2002, I-11991 Rn. 32; 2003, I-4035 Rn. 35 – SIM 2 Multimedia; 2003, I-13769 Rn. 28 – GEMO;

kommt es nur darauf an, ob die staatliche Maßnahme zur Begünstigung des Empfängers geeignet ist. Unerheblich ist demgegenüber, ob sich die Situation des durch die Maßnahme angeblich Begünstigten im Vergleich zur vorherigen Lage tatsächlich verbessert oder verschlechtert hat oder unverändert geblieben ist.[40]

Steht der staatlichen Maßnahme eine **marktgerechte Gegenleistung** des Unternehmens gegenüber, so handelt es sich nicht um eine Beihilfe.[41] Staatliche Leistung und Gegenleistung des Unternehmens brauchen dabei nicht in einem unmittelbaren Austauschverhältnis zu stehen. Gegenleistungen im beschriebenen Verständnis sind auch von dem Unternehmen **zur Erfüllung gemeinwirtschaftlicher Verpflichtungen erbrachte Leistungen**. Hierunter fällt bspw. auch die für die Nutzer kostenlose Zurverfügungstellung eines dem Unternehmen gehörenden Parkplatzes für Dritte im Interesse der Allgemeinheit.[42]

24

Stellt sich die staatliche Maßnahme als Ausgleich für eine solche von dem Unternehmen erbrachte Leistung dar, so erhält das Unternehmen in Wirklichkeit keinen Vorteil und keine Stärkung seiner Position gegenüber den mit ihm im Wettbewerb stehenden Unternehmen und es liegt keine Beihilfe vor.[43] Hierfür müssen folgende **Voraussetzungen** erfüllt sein[44]:

25

- Das begünstigte Unternehmen muss tatsächlich mit der Erfüllung klar definierter gemeinwirtschaftlicher Verpflichtungen betraut sein.
- Die **Parameter für die Berechnung des Ausgleichs** müssen zuvor objektiv und transparent aufgestellt sein.
- Der Ausgleich darf nicht über das hinausgehen, was erforderlich ist, um die **Kosten der Erfüllung der gemeinwirtschaftlichen Verpflichtungen** unter Berücksichtigung der dabei erzielten Einnahmen und eines angemessenen Gewinns aus der Erfüllung dieser Verpflichtungen ganz oder teilweise zu decken.
- Die Auswahl des Unternehmens kann **mit und ohne Vergabeverfahren** erfolgen. Unterbleibt ein Vergabeverfahren, so ist die Höhe des erforderlichen Ausgleichs auf der Grundlage einer Analyse der Kosten zu bestimmen, die ein durchschnittliches, gut geführtes Unternehmen bei der Erfüllung der betreffenden Verpflichtungen hätte. Dabei sind die aus der Erfüllung der gemeinwirtschaftlichen Verpflichtung erzielten Einnahmen und ein angemessener Gewinn zu berücksichtigen.

Für die Feststellung der Marktgerechtigkeit des Verhältnisses von staatlicher Leistung und Gegenleistung des Unternehmens ist der sog. **Grundsatz des privaten Investors** anzuwenden. Nach ihm liegt keine beihilferechtlich relevante Vergünstigung vor, wenn sich die die Leistung gewährende staatliche Stelle im Wettbewerb wie ein privates Unternehmen unter den jeweils geltenden Marktbedingungen verhält.[45] Hierfür ist eine komplexe wirtschaftliche Beurteilung erforderlich.[46] Je nach der konkre-

26

2005, I-1627 Rn. 36 – Heiser; 2005, I-10901 Rn. 77; EuZW 2006, 306 Rn. 131 – Cassa di Risparmio di Firenze; Slg. 2006, I-5293 Rn. 29 – Air Liquide; 2006, I-5479 Rn. 86 – Forum 187; EuZW 2011, 878 Rn. 45 – Paint Graphos; 2013, 393 Rn. 101 – Bouygues.

[40] EuGH Slg. 2001, I-8365 Rn. 41 – Adria-Wien.
[41] *J. Kleine/S. Sühnel*, in: Birnstiel/Bungenberg/Heinrich, Europ. BeihR, Kap. 1 Rn. 103.
[42] EuG Slg. 2004, II-3145 Rn. 132 – Valmont.
[43] EuGH Slg. 2001, I-9067 Rn. 26 f. – Ferring; 2003, I-7747 Rn. 87 – Altmark Trans; 2003, I-14243 Rn. 31 – Enirisorse; EuZW 2010, 824 Rn. 35 – Fallimento Traghetti.
[44] EuGH Slg. 2003, I-7747 Rn. 88 ff. – Altmark Trans; 2008, I-5497 Rn. 80 ff. – Essent Network; EuZW 2010, 824 Rn. 36 ff. – Fallimento Traghetti.
[45] EuGH Slg. 2003, I-4035 Rn. 37 – SIM 2 Multimedia; EuG Slg. 2003, II-2957 Rn. 113 – P&O European Ferries.
[46] EuGH Slg. 1996, I-723 Rn. 10 f.; EuG Slg. 1998, II-3437 Rn. 81 – BFM.

ten Situation der staatlichen Leistungsgewährung sind verschiedene **Ausprägungen des Grundsatzes** des privaten Investors zu unterscheiden:

27 ■ Gewährt der Staat **Erleichterungen**, bspw. Stundungen, bei der Rückzahlung von Beträgen, die das Unternehmen schuldet, so ist der **Grundsatz des privaten Gläubigers** anzuwenden. Hier ist Vergleichsmaßstab ein privater Gläubiger, der von einem Schuldner, der sich in finanziellen Schwierigkeiten befindet, die Zahlung der von ihm geschuldeten Beträge zu erlangen sucht.[47]

28 ■ Bei der **Zuführung von Kapital** ist hingegen zu prüfen, ob ein privater Investor von vergleichbarer Größe wie die Einrichtung des öffentlichen Sektors unter den gleichen Umständen hätte veranlasst werden können, Kapital in diesem Umfang zuzuführen.[48] Es ist davon auszugehen, dass ein **umsichtiger privater Kapitalgeber**, der seine Gewinne maximieren möchte, bei der Berechnung der für seine Anlage zu erwartenden angemessenen Vergütung grundsätzlich eine Mindestrendite in Höhe der Durchschnittsrendite in dem betreffenden Sektor verlangen würde.[49] Ob die Kapitalgabe für den Staat aus anderen Gründen sinnvoll ist, ist unerheblich (→ Rn. 22).[50] Daher sind alle Vorteile, die der Staat als Träger öffentlicher Gewalt aus der Kapitalzuführung ziehen kann, irrelevant.[51] Zinsverbilligte Darlehen von staatlichen Stellen an Unternehmen, welche die Unternehmen in dieser Form nicht am Markt erhalten hätten, stellen eine Beihilfe dar.[52] Besteht die fragliche staatliche Maßnahme in der Gewährung einer Bürgschaft, so ist darauf abzustellen, ob das begünstigte Unternehmen das Darlehen auf dem Kapitalmarkt ohne die Bürgschaft erhalten könnte.[53] Bereits die Ankündigung, der Staat als Mehrheitsaktionär werde dem Unternehmen zum jederzeitigen Abruf einen Kredit in Form eines Aktionärsvorschusses gewähren, kann einen relevanten Vorteil begründen. Denn diese Ankündigung kann zu einer Änderung der Liquidität des begünstigten Unternehmens durch andere Kapitalgeber führen, so dass das Unternehmen weitere Kredite am Markt aufnehmen kann, die es sonst nicht erhalten hätte.[54]

29 Nach diesen Maßstäben kann sich der Staat durchaus **wie ein privater Anteilseigner** verhalten, der einem Unternehmen das zur Sicherstellung seines Fortbestands erforderliche Kapital zuführen kann, wenn es sich in vorübergehenden Schwierigkeiten befindet.[55] Anders ist die Situation jedoch, wenn von einer Sicherung der Existenzfähigkeit des Unternehmens nicht ausgegangen werden kann.[56] Insbesondere spricht gegen ein einem privaten Investor vergleichbares Verhalten, wenn einem in Schwierigkeiten befindlichen Unternehmen ohne Vorlage eines realistischen **Umstrukturierungsplans** Kapital zugeführt wird.[57]

> In Fall 4 entbehren die dem U gewährten Vergünstigungen eindeutig einer marktgerechten Gegenleistung. Dies gilt zunächst für den verlorenen Zuschuss in Höhe von € 10 000 000.–. Insoweit wird von Ü überhaupt keine Gegenleistung erbracht. Da der Zuschuss dem in einer bedrohlichen wirtschaftlichen Lage befindlichen U gewährt wird, ohne dass von U zuvor die Erarbeitung eines Umstrukturierungsplans gefordert worden ist, verhält sich der Bund bei der Gewährung des Zuschusses nicht wie ein privater Anteilseigner. Gleiches gilt hinsichtlich der Gewährung des Darlehens. Überdies hätte U ein Darlehen zu diesen Bedingungen nicht am Kapitalmarkt erhalten: Zum einen zahlt U nur die Hälfte des marktüblichen Darlehenszinses. Zum an-

---

[47] EuGH Slg. 1999, I-3913 Rn. 24 – DMT; EuG Slg. 2004, II-2717 Rn. 99 – Technische Glaswerke Ilmenau.
[48] EuGH Slg. 2002, I-4397 Rn. 70; 2003, I-4035 Rn. 38 – SIM 2 Multimedia; EuZW 2012, 581 Rn. 78 f. – EDF.
[49] EuG Slg. 2003, II-435 Rn. 255 – WestLB.
[50] EuG Slg. 2003, II-435 Rn. 315 – WestLB.
[51] EuGH EuZW 2012, 581 Rn. 79 – EDF. Dazu *P. Melcher*, EuZW 2012, 576.
[52] EuGH Slg. 1999, I-2459 Rn. 42.
[53] EuGH Slg. 2000, I-8237 Rn. 30.
[54] EuGH EuZW 2013, 393 Rn. 132 ff. – Bouygues. Zu diesem Problemkreis auch *J. Kassow*, EuZW 2010, 856.
[55] EuGH Slg. 1991, I-1433 Rn. 21 f.; EuG Slg. 1998, II-3437 Rn. 80 – BFM.
[56] EuG Slg. 1998, II-3437 Rn. 82 ff. – BFM.
[57] EuGH Slg. 2003, I-4035 Rn. 44 – SIM 2 Multimedia.

deren dürfte es kaum den marktüblichen Bedingungen entsprechen, dass U nur € 500 000.– pro Jahr zurückzahlen muss. Denn dies entspricht einer Tilgungsdauer von 100 Jahren. Zu beachten ist, dass sich die Höhe der Beihilfe nach dem Fehlen einer marktgerechten Gegenleistung bemisst. Dem U wird also keine Beihilfe in Höhe der Darlehenssumme von € 50 000 000.– gewährt, sondern nur in Höhe der Differenz der gegenüber dem Marktzins niedrigeren Verzinsung und des Vorteils, der sich aus der auf 100 Jahre gestreckten Rückzahlung ergibt. Dies kann zB eine Rolle für das Vorliegen einer De-minimis-Beihilfe (→ Rn. 38) spielen.

- Vergünstigung nach Art. 107 I AEUV ist auch der Verkauf oder die **Bereitstellung von Gütern oder Dienstleistungen zu günstigen Bedingungen**, insbesondere unter Marktpreis.[58] Entsprechend dem Grundsatz des privaten Verkäufers, kann es im Einzelfall allerdings nachvollziehbare Gründe für einen Verkauf unterhalb dieses Preises geben. Solche Gründe können bspw. in dem schnelleren Rückfluss von Subventionen oder der Vermeidung künftiger Zinsverluste bestehen.[59] 30

Eine gewährte **Steuerbefreiung oder Befreiung von Soziallasten** für bestimmte Sachverhalte ist ein aus staatlichen Mitteln gewährter wirtschaftlicher Vorteil. Denn der Staat verzichtet auf die Erzielung von Einnahmen in bestimmter Höhe und vermindert so die finanzielle Belastung, die die betroffenen Unternehmen normalerweise zu tragen haben.[60] Als beihilferechtlich relevanter Vorteil ist auch die **Stundung** und selbst die rein tatsächliche Hinnahme der verspäteten Erfüllung von Leistungsverpflichtungen anzusehen, die wie zB Steuern oder Sozialversicherungsbeiträge von anderen Unternehmen ebenfalls zu tragen und regelmäßig zu entrichten sind.[61] 31

(2) Begünstigter

Die betreffende Leistung muss „Unternehmen" zugute kommen. **Unternehmen** in diesem Sinne ist, wer als selbständiger Wirtschaftsteilnehmer Waren oder Dienstleistungen auf einem Markt erbringt[62], d. h. eine wirtschaftliche Tätigkeit (→ § 7 Rn. 3 f.) ausübt[63]. Auch ein niedergelassener Arzt kann danach Unternehmen gemäß Art. 107 I AEUV sein.[64] Der Charakter als Beihilfe im Sinne von Art. 107 I AEUV wird nicht dadurch ausgeschlossen, dass die Leistung neben Unternehmen auch solchen Begünstigten zugute kommt, die keine Unternehmen sind.[65] Von Bedeutung kann dieses Kriterium insbes. bei den sog. **„mittelbaren" Beihilfen** sein, bei denen ein nicht unter den Unternehmensbegriff fallender Endverbraucher, zB der Käufer eines Decoders für digitale Fernsehsender, durch einen Zuschuss zum Kaufpreis gefördert wird, hiervon jedoch auch die Betreiber der digitalen Fernsehsender profitieren. Auch solche mittelbaren Begünstigungen können zum Vorliegen einer Beihilfe führen.[66] 32

---

[58] EuGH Slg. 2003, I-13769 Rn. 29 – GEMO.
[59] Vgl. EuG Slg. 2004, II-3145 Rn. 62 ff. – Valmont.
[60] EuGH Slg. 1994, I-877 Rn. 14 – Banco Exterior de España; 1999, I-3913 Rn. 19 – DMT; 2000, I-6857 Rn. 25; 2002, I-2289 Rn. 51; 2005, I-10901 Rn. 78; EuZW 2006, 306 Rn. 132 – Cassa di Risparmio di Firenze; 2011, 878 Rn. 46 – Paint Graphos.
[61] EuGH Slg. 1999, I-3913 Rn. 19 – DMT; 2004, I-8091 Rn. 26.
[62] EuGH EuZW 2006, 306 Rn. 107 f. – Cassa di Risparmio di Firenze; Slg. 2006, I-2843 Rn. 28 f. – Enirisorse.
[63] EuGH, Urt. v. 19.12.2012 – C-288/11 P –, juris, Rn. 36.
[64] EuGH Slg. 2005, I-1627 Rn. 26 – Heiser.
[65] EuGH Slg. 2005, I-10901 Rn. 92.
[66] EuGH Slg. 2011, I-117 Rn. 80 ff. – Mediaset.

cc) Selektivität der Maßnahme

33 Verboten sind nur Beihilfen zur **Begünstigung bestimmter Unternehmen oder Produktionszweige**. Eine unterschiedslos allen Unternehmen im Inland zugute kommende Maßnahme ist keine staatliche Beihilfe.[67] Begünstigungen bestimmter Unternehmen oder Produktionszweige werden als „**selektive Beihilfen**" bezeichnet. Maßgebend ist, ob die nationale Maßnahme geeignet ist, bestimmte Unternehmen oder Produktionszweige gegenüber anderen Unternehmen oder Produktionszweigen, die sich im Hinblick auf das mit der betreffenden Regelung verfolgte Ziel in einer vergleichbaren tatsächlichen und rechtlichen Situation befinden, zu begünstigen.[68] Eine solche Selektivität kann selbst dann vorliegen, wenn die Beihilfe einen ganzen Wirtschaftssektor betrifft.[69] Beispiel sind dem Bankensektor gewährte Senkungen der Körperschaftsteuer für Banken, die Zusammenschlüsse oder ähnliche Umstrukturierungen vornehmen. In einem solchen Fall wirkt die Maßnahme sowohl im Verhältnis zu anderen Wirtschaftssektoren als auch im Bankensektor selbst selektiv.[70] Die **Zahl der Unternehmen**, die die betreffende Maßnahme in Anspruch nehmen können, ist unerheblich. Selbst wenn diese Zahl sehr groß ist oder die Unternehmen verschiedenen Wirtschaftszweigen angehören, kann die Maßnahme selektiv wirken.[71] Beispiel ist die Begrenzung einer Vergünstigung auf KMU.[72]

34 Gegenbegriff zur Selektivität ist die **allgemeine Maßnahme**.[73] Dabei reicht es für das Vorliegen der Selektivität nicht aus, dass aus einer allgemein geltenden Regelung, bspw. über die Gewährung einer Steuerbefreiung, bestimmte Unternehmen einen größeren Vorteil als andere Unternehmen ziehen können.[74] Allerdings kann auch eine allgemeine Maßnahme Selektivität aufweisen, wenn etwa die Behörden, die die Regelung anzuwenden haben, über ein Ermessen verfügen.[75]

35 Nach der neueren Rechtsprechung des EuGH ist bei der **Selektivitätsprüfung** zwischen materieller und geographischer Selektivität zu unterscheiden:

- Der Begriff der **materiellen Selektivität** bezieht sich auf die Gewährung von Vorteilen, die nicht für alle Wirtschaftsteilnehmer gelten, sondern Unternehmen gewährt werden, die Tätigkeiten bestimmter Art ausüben, obwohl sich auch nichtbegünstigte Unternehmen in einer tatsächlich und rechtlich vergleichbaren Situation befinden[76].
- Hingegen knüpft die **geographische Selektivität** einer Maßnahme an deren räumlichen Bezugsrahmen an. An und für sich würde eine Maßnahme, die sich nur auf einen bestimmten Teil des Gebiets

---

[67] EuG Slg. 2008, II-591 Rn. 85.
[68] EuGH Slg. 2003, I-1487 Rn. 47; 2003, I-13769 Rn. 35 – GEMO; 2005, I-1627 Rn. 40 – Heiser; 2006, I-5479 Rn. 199 – Forum 187; 2008, I-10505 Rn. 82 – British Aggregates Association; EuZW 2011, 878 Rn. 49 – Paint Graphos.
[69] EuGH Slg. 1999, I-3671 Rn. 33; 2005, I-1627 Rn. 42 – Heiser; EuZW 2006, 209 Rn. 45 – Unicredito Italiano.
[70] EuGH Slg. 2005, I-10901 Rn. 96 ff.; EuZW 2006, 209 Rn. 48 – Unicredito Italiano.
[71] EuGH Slg. 2003, I-1487 Rn. 48; 2003, I-13769 Rn. 39 GEMO; 2005, I-1627 Rn. 42 – Heiser.
[72] EuGH Slg. 2002, I-8031 Rn. 40.
[73] EuGH Slg. 1999, I-3913 Rn. 27 – DMT; 2005, I-10901 Rn. 99; EuZW 2006, 209 Rn. 49 – Unicredito Italiano.
[74] EuG EWS 2006, 419 Rn. 109 – Stadtwerke Schwäbisch Hall.
[75] EuGH Slg. 1996, I-4551 Rn. 23 f.; 1998, I-7907 Rn. 40 – Ecotrade; 1999, I-3735 Rn. 39 – Piaggio; 1999, I-3913 Rn. 27 – DMT; EuG Slg. 2004, II-3597 Rn. 129 – Lenzing.
[76] EuGH Slg. 2006, I-5293 Rn. 31 – Air Liquide. Eingehend zur materiellen Selektivität *A. Bartosch*, EuZW 2010, 12 ff.

eines Mitgliedstaats bezieht, selektiv wirken, weil sie die Unternehmen in diesem Gebiet gegenüber Unternehmen mit Sitz in anderen Teilen desselben Staats bevorteilt. Jedoch kann in spezifischen Konstellationen eine abweichende Beurteilung geboten sein. Nach der Rechtsprechung des EuGH ist der durch eine regionale Körperschaft gesetzte Regelungsrahmen für die Beurteilung der Selektivität maßgebend, wenn dies in Ausübung von Befugnissen erfolgt, die gegenüber der Zentralgewalt ausreichend autonom sind, und die Maßnahme ausschließlich für Unternehmen im Zuständigkeitsgebiet der regionalen Körperschaft gilt.[77] Das Kriterium der ausreichenden Autonomie beinhaltet wiederum zwei Unterpunkte, nämlich die Unabhängigkeit der Regelungskompetenz und die Risikotragung. Die Unabhängigkeit der Regelungskompetenz verlangt, dass der regionalen Körperschaft verfassungsrechtlich ein gegenüber der Zentralregierung eigener politischer und administrativer Status eingeräumt sein muss und dass die Zentralregierung keine Möglichkeit hatte, auf den Inhalt der fraglichen Maßnahme Einfluss zu nehmen.[78] Das Erfordernis der Risikotragung verlangt, dass die politischen und finanziellen Auswirkungen der fraglichen Maßnahme allein von der regionalen Körperschaft getragen werden und diese insbesondere keine Zuschüsse aus anderen Regionen oder von der Zentralregierung erhält.[79] Diese vom EuGH zur Beurteilung nur in einem begrenzten geographischen Gebiet eines Mitgliedstaats geltender Steuervergünstigungen entwickelten Grundsätze[80] sind auch auf Maßnahmen außerhalb des Steuerrechts und deshalb bspw. auch auf die Regelungen der deutschen Bundesländer übertragbar[81].

In Fall 4 handelt es sich bei U um ein Unternehmen iSv Art. 107 I AEUV, das als einzelnes Unternehmen begünstigt wird, obwohl auch andere mittelständische Unternehmen in dem betreffenden Marktsegment tätig sind. Die U gewährten Vorteile wirken daher (materiell) selektiv.

dd) Wettbewerbsverfälschung

Eine Maßnahme verfälscht im Sinne des Art. 107 I AEUV den Wettbewerb, wenn sie die Belastungen des begünstigten Unternehmens vermindert und damit seine **Stellung gegenüber anderen Unternehmen**, die mit ihm in Wettbewerb stehen, stärkt.[82] Es darf allerdings nicht ausgeschlossen sein, dass das begünstigte Unternehmen im Wettbewerb mit Unternehmen aus anderen Mitgliedstaaten steht.[83] Hierfür genügt die Feststellung, dass das begünstigte Unternehmen auf einem Markt tätig ist, der **durch die Erbringung grenzüberschreitender Leistungen gekennzeichnet** ist.[84] Auch ist nicht erforderlich, dass die Verfälschung des Wettbewerbs oder die Gefahr einer solchen Verfälschung und die Beeinträchtigung des Handels innerhalb der Union spürbar oder erheblich sind.[85]

36

In Fall 4 ist es gerade das Ziel der Bundesregierung, U durch die Subventionierung so zu positionieren, dass es eine führende Stellung im Markt erlangen kann. Von einer drohenden Wettbewerbsverfälschung ist daher auszugehen.

---

[77] EuGH Slg. 2006, I-7115 Rn. 65; EuZW 2008, 757 Rn. 49 ff. – UGT-Rioja.
[78] EuGH Slg. 2006, I-7115 Rn. 67; EuZW 2008, 757 Rn. 51 – UGT-Rioja.
[79] EuGH Slg. 2006, I-7115 Rn. 67 f.; EuZW 2008, 757 Rn. 123 ff. – UGT-Rioja.
[80] EuGH Slg. 2006, I-7115 Rn. 52 ff.
[81] Vgl. *B. Bär-Bouyssière*, in: Schwarze (Hrsg.), EU-Kommentar, 3. Aufl. 2012, Art. 107 EGV Rn. 51.
[82] EuGH Slg. 2006, I-5479 Rn. 131 mwN; EuZW 2011, 878 Rn. 79 – Paint Graphos.
[83] Vgl. EuGH Slg. 2005, I-1627 Rn. 35 – Heiser.
[84] Vgl. *T. Eilmansberger*, in: Birnstiel/Bungenberg/Heinrich, Europ. BeihR, Kap. 1 Rn. 293, 302.
[85] EuGH Slg. 1990, I-959 Rn. 42 f.; EuG Slg. 1998, II-717 Rn. 46 – Vlaams Gewest; 2002, II-1385 Rn. 78 – Territorio Histórico.

ee) Beeinträchtigung des Handels zwischen Mitgliedstaaten

37 Das Erfordernis der **Beeinträchtigung des Handels zwischen Mitgliedstaaten** enthält das für die Anwendung des Unionsrechts regelmäßig vorauszusetzende **grenzüberschreitende Element**. Für die Frage des Vorliegens einer Beeinflussung des innergemeinschaftlichen Handels durch eine von einem Mitgliedstaat gewährte Beihilfe kommt es in erster Linie auf das Bestehen einer Wettbewerbssituation zwischen dem begünstigten Unternehmen und Unternehmen in anderen Mitgliedstaaten an. Maßgebend ist eine Beeinflussung dieser Wettbewerbssituation dadurch, dass die Stellung eines Unternehmens gegenüber anderen Wettbewerbern in diesem Handel durch die Beihilfe gestärkt wird.[86] Dabei ist nicht erforderlich, dass das begünstigte Unternehmen selbst am Handel innerhalb der Union teilnimmt oder außerhalb des Mitgliedstaates aktiv ist. Vielmehr kann das **durch die Beihilfe gestärkte Unternehmen** seine Tätigkeit im Inland dadurch beibehalten oder ausbauen. Hierdurch verringern sich zum einen die Chancen von in anderen Mitgliedstaaten niedergelassenen Unternehmen, auf dem Markt des die Beihilfe gewährenden Mitgliedstaates Fuß zu fassen, ihn zu durchdringen.[87] Beispiel ist die Gewährung einer Beihilfe zur Erbringung von Leistungen oder Herstellung von Waren für den eigenen Bedarf des Unternehmens, da hierdurch für die professionellen Erbringer der Leistungen bzw. Hersteller der Waren der Markt beschränkt wird.[88] Allerdings ist in einer solchen Konstellation sorgfältig zu prüfen, ob Eigenerbringer und professionelle Erbringer tatsächlich am gleichen Markt teilhaben.[89] Zum anderen kann das gestärkte Unternehmen nunmehr gerade seinerseits in die Lage versetzt sein, den Markt eines anderen Mitgliedstaates zu durchdringen.[90]

38 Die **Eignung der fraglichen Maßnahme zur Beeinträchtigung des Handels** hängt nicht von der Größe des Tätigkeitsgebiets dieser Unternehmen oder davon ab, ob die von den Unternehmen erbrachten Leistungen nur einen örtlichen oder regionalen Charakter aufweisen.[91] Entsprechendes gilt für den **Umfang einer Beihilfe** oder die Größe des Unternehmens. Auch bei einer geringen Beihilfe oder einer verhältnismäßig geringen Größe des Unternehmens kann der Handel zwischen Mitgliedstaaten beeinträchtigt werden.[92] So kann auch eine verhältnismäßig geringe Beihilfe den Handel beeinträchtigen, wenn in dem jeweiligen Wirtschaftssektor ein lebhafter

---

[86] EuGH Slg. 1980, 2671 Rn. 11 – Philip Morris; 2001, I-9067 Rn. 21 – Ferring; 2003, I-13769 – GEMO; 2005, I-7419 Rn. 44 – Xunta de Galicia; 2005, I-10901 Rn. 115; EuZW 2006, 209 Rn. 56 – Unicredito Italiano; EuZW 2006, 306 Rn. 141 – Cassa di Risparmio di Firenze.

[87] EuGH Slg. 2002, I-2289 Rn. 84; 2002, I-8031 Rn. 47; EuZW 2006, 306 Rn. 143 – Cassa di Risparmio di Firenze; 2006, I-5293 Rn. 35 – Air Liquide; EuZW 2011, 878 Rn. 80 – Paint Graphos; EuG Slg. 2008, II-3269 Rn. 248 – Hotel Cipriani.

[88] EuGH Slg. 2002, I-8031 Rn. 47.

[89] EuGH Slg. 2002, I-8031 Rn. 48.

[90] EuGH Slg. 2005, I-7419 Rn. 45 – Xunta de Galicia; 2005, I-10901 Rn. 117; EuZW 2006, 209 58 – Unicredito Italiano; EuZW 2006, 306 Rn. 143 – Cassa di Risparmio di Firenze.

[91] EuGH Slg. 2003, I-7747 Rn. 82 – Altmark Trans; 2004, I-3679 Rn. 60; 2005, I-1627 Rn. 33 – Heiser; 2005, I-7419 Rn. 40 – Xunta de Galicia.

[92] EuGH Slg. 2002, I-2289 Rn. 86; 2002, I-7657 Rn. 46; 2002, I-8031 Rn. 51; Slg. 2003, I-7747 Rn. 81 – Altmark Trans; 2003, I-14243 Rn. 28 – Enirisorse; 2004, I-3679 Rn. 53; 2004, I-3997 Rn. 69; 2004, I-4087 Rn. 54; 2005, I-1627 Rn. 32 – Heiser; 2005, I-7419 Rn. 41 – Xunta de Galicia; 2008, I-5497 Rn. 76 – Essent Netwerk.

Wettbewerb herrscht.[93] Auch im übrigen kommt es auf die Struktur dieses Sektors an: Ist dieser bspw. durch eine hohe Anzahl kleiner Unternehmen gekennzeichnet, so kann auch eine für das einzelne begünstigte Unternehmen relativ geringe Beihilfe Auswirkungen auf den Handel zwischen Mitgliedstaaten haben, wenn die Beihilfe potentiell allen oder sehr vielen Unternehmen des Sektors offen steht.[94] Umgekehrt kann die geringe Bedeutung der Beihilfe je nach Sektor auch dazu führen, dass der Handel zwischen Mitgliedstaaten nicht beeinträchtigt ist.[95]

Eine Sonderregelung gilt im Fall der sog. **De-minimis-Beihilfen** nach der „De-minimis-Verordnung"[96]. Nach dieser Verordnung in der bis Ende 2013 geltenden Fassung setzt eine Einstufung als De-minimis-Beihilfe folgendes voraus:

- **Keine Exportbeihilfe** oder Beihilfe vor allem in den Sektoren Verkehr, Landwirtschaft, Fischerei und Aquakultur.
- Summe der dem Unternehmen über drei Jahre gewährten Beihilfen übersteigt nicht € 200 000,– (bzw. € 100 000,– im Straßentransportsektor); **mehrere Beihilfen** unterhalb dieser Grenze in den letzten drei Jahren sind also zu addieren, wobei nur die diese Grenze überschreitende weitere Beihilfe keine De-minimis-Beihilfe mehr darstellt.
- **Qualifizierung der Beihilfe** gerade als De-minimis-Beihilfe bei der Gewährung durch den Mitgliedstaat.[97]

Liegt danach eine De-minimis-Beihilfe vor, so gilt sie als eine solche Maßnahme, die den **Handel zwischen Mitgliedstaaten nicht beeinträchtigt** und/oder den Wettbewerb nicht verfälscht.

> Ob U in Fall 4 bislang nur auf einem rein national strukturierten Markt agiert hat, ist unerheblich. Durch die Beihilfe soll U gerade in die Lage versetzt werden, auch grenzüberschreitend mit guten Wettbewerbschancen zu operieren. Die Beihilfe beeinträchtigt daher den Handel zwischen Mitgliedstaaten.

Ob die fragliche Beihilfe tatsächlich den Handel zwischen Mitgliedstaaten beeinträchtigt, muss **von der Kommission** im Rahmen ihrer Prüfung **nicht nachgewiesen** werden. Vielmehr muss nur geprüft werden, ob die Beihilfe zur Beeinträchtigung des Handels *geeignet* ist, d. h. die genannten Wirkungen entfalten *kann*.[98]

b) Vereinbarkeit mit dem Binnenmarkt

Eine nach Art. 107 I AEUV mit dem Binnenmarkt unvereinbare Beihilfe ist nicht generell verboten. Vielmehr enthalten die Absätze 2 und 3 des Art. 107 AEUV **Ausnahmetatbestände**, die sich dadurch unterscheiden, dass in den Fällen des Art. 87 II AEUV die Beihilfe von der Kommission für mit dem Binnenmarkt vereinbar erklärt werden *muss*, wohingegen ihr bei Vorliegen der Voraussetzungen des Art. 107 III

39

---

[93] EuGH Slg. 2002, I-7601 Rn. 30; 2002, I-8031 Rn. 63; 2004, I-3679 Rn. 54; 2004, I-4087 Rn. 54; 2004, I-3997 Rn. 70; 2005, I-7419 Rn. 42 – Xunta de Galicia; EuG Slg. 2008, II-3269 Rn. 247 – Hotel Cipriani.
[94] EuGHSlg. 2002, I-8031 Rn. 64; 2004, I-3679 Rn. 57; 2005, I-7419 Rn. 43 – Xunta de Galicia; EuG Slg. 2008, II-3269 Rn. 247 – Hotel Cipriani.
[95] EuGH Slg. 2002, I-8031 Rn. 51.
[96] VO (EG) Nr. 1998/2006 der Kommission vom 15.12.2006 über die Anwendung der Artikel 107 und 108 AEUV auf „De-minimis"-Beihilfen, ABl. 2006 Nr. L 379/5.
[97] *J. P. Terhechte*, in: Birnstiel/Bungenberg/Heinrich, Europ. BeihR, Kap. 1 Rn. 416.
[98] EuGH Slg. 2004, I-3679 Rn. 44; 2005, I-10901 Rn. 111; EuZW 2006, 209 Rn. 54 f. – Unicredito Italiano; EuZW 2006, 306 Rn. 140 – Cassa di Risparmio di Firenze.

AEUV ein Ermessen hinsichtlich der Erklärung der Vereinbarkeit mit dem Binnenmarkt zusteht.

aa) Legalbeihilfen

40 Bei den in Art. 107 II AEUV genannten Fallgruppen handelt es sich um Beihilfen, die zwar unter Art. 107 I AEUV fallen, jedoch unmittelbar durch Art. 107 AEUV für mit dem Binnenmarkt vereinbar erklärt werden. Dies ändert nichts daran, dass auch die **Prüfung**, ob die Voraussetzungen des Art. 107 II AEUV erfüllt sind, **der Kommission vorbehalten** ist. Auch eine Legalbeihilfe muss daher nach Art. 108 III AEUV notifiziert werden und wird entsprechend von der Kommission geprüft (→ Rn. 48 ff.).

41 Art. 107 II AEUV nennt folgende **Fälle** von Legalbeihilfen:

- Beihilfen **sozialer Art** an einzelne Verbraucher (lit. a);
- Beihilfen zur Beseitigung durch Naturkatastrophen entstandener Schäden (lit. b);
- Beihilfen für die Wirtschaft bestimmter durch die **Teilung Deutschlands** betroffener Gebiete der Bundesrepublik Deutschland (lit. c), womit nicht der Ausgleich von allgemeinen wirtschaftlichen Schlechterstellungen der „neuen" Bundesländer, sondern nur der durch die Errichtung der physischen Grenze verursachten Nachteile gemeint ist[99].

Eine Legalbeihilfe liegt in Fall 4 nicht vor.

bb) Ermessensbeihilfen

42 Damit eine Beihilfe über die Fälle des Art. 107 II AEUV hinaus von der Kommission für mit dem Binnenmarkt vereinbar erklärt werden kann, muss einer der Tatbestände des Art. 107 III AEUV erfüllt sein. Der Katalog dieser Ausnahmetatbestände ist zwar abschließend, weist jedoch bereits auf Tatbestandsseite ein nur gering verdichtetes Normprogramm auf. Es finden sich zahlreiche unbestimmte Rechtsbegriffe, deren Ausfüllung vom **Entscheidungsspielraum der Kommission** umfasst wird.

43 Zu beachten ist weiterhin, dass der Kommission auch bei Vorliegen der tatbestandlichen Voraussetzungen einer der Fallgruppen Art. 107 III lit. a) – e) AEUV ein **weites Ermessen** bei ihrer Entscheidung darüber zukommt, ob sie die Beihilfe für mit dem Binnenmarkt vereinbar erklärt.[100] Ermessensleitend sind insoweit auf die Union als Ganzes zu beziehende wirtschaftliche und soziale Wertungen.[101] Die Kommission hat die positiven Auswirkungen der Beihilfe gegen ihre negativen Auswirkungen auf die Handelsbedingungen und die Aufrechterhaltung eines unverfälschten Wettbewerbs abzuwägen.[102] Dabei verbleibt der Kommission ein beträchtlicher politischer Gestaltungsspielraum, der gerichtlich nur auf zurückgezogener Linie einer Überprüfung unterliegt. Eine Ermessensbindung tritt insbesondere durch von der Kommission selbst verlautbarte Rahmen und Mitteilungen über die Handhabung des Ermessens ein.[103]

---

[99] EuGH Slg. 2000, I-6857 Rn. 52 f.; 2003, I-9975 Rn. 23 ff. – Volkswagen.
[100] EuGH EuZW 2008, 723 Rn. 59 – Glunz-AG.
[101] Vgl. nur EuGH EuZW 2006, 209 Rn. 71 – Unicredito Italiano; 2008, 723 Rn. 59 – Glunz-AG.
[102] EuGH Slg. 2004, I-3679 Rn. 82.
[103] EuGH EuZW 2008, 723 Rn. 60 – Glunz-AG.

(1) Regionale, sektorale und horizontale Beihilfen. Nach Art. 107 III lit. a) AEUV können Beihilfen zur Förderung der wirtschaftlichen Entwicklung von Gebieten, in denen die Lebenshaltung außergewöhnlich niedrig ist oder eine erhebliche Unterbeschäftigung herrscht, für mit dem Binnenmarkt vereinbar angesehen werden. Dabei handelt es sich um eine Unterform der **Regionalbeihilfen**, die gebietsbezogen auf die Entwicklung geographisch definierter (benachteiligter) Gebiete zielen. Bezugsmaßstab für die Beurteilung des Vorliegens der Voraussetzungen des Art. 107 III lit. a) AEUV ist die gesamte Union.[104] Erfasst sind nur Gebiete, in denen die wirtschaftliche Lage im Vergleich zur gesamten Union äußerst ungünstig ist.[105] Demgegenüber muss es sich bei den Regionalbeihilfen zur Förderung der Entwicklung gewisser Wirtschaftsgebiete nach Art. 107 III lit. c) Alt. 2 AEUV lediglich um die Förderung eines Gebiets handeln, das im Vergleich zum *nationalen* Durchschnitt des jeweiligen Mitgliedstaats benachteiligt ist.[106]

44

Art. 107 III lit. c) AEUV kennt – in der Praxis der Kommission – im Wesentlichen zwei weitere Formen von Beihilfen, nämlich horizontale und sektorale Beihilfen. **Horizontale Beihilfen** sind solche, die sich auf ein von Regionen und Sektoren unabhängiges Förderziel beziehen, während man unter **sektoralen** solche **Beihilfen** versteht, die die Entwicklung bestimmter Wirtschaftszweige fördern sollen.[107] Soweit die Beihilfen notleidenden Unternehmen zugute kommen sollen, setzt eine Vereinbarkeitserklärung nach Art. 107 III lit. c) AEUV voraus, dass die Beihilfe nicht nur Verluste des Unternehmens ausgleichen soll, sondern mit einem Umstrukturierungsplan für das Unternehmen verbunden ist.[108]

45

> In Fall 4 dürfte lediglich die Erklärung der Vereinbarkeit mit dem Binnenmarkt als sektorale Beihilfe gem. Art. 107 III lit. c) AEUV in Betracht kommen. Allerdings dürfte dies bereits zweifelhaft sein, da es sich im Kern nicht um eine Beihilfe zur Förderung gewisser Wirtschafts*zweige*, sondern um die gezielte Förderung eines einzelnen Unternehmens handelt.

(2) Beihilfen im gemeinsamen europäischen Interesse oder zur Beseitigung wirtschaftlicher Störungen in einem Mitgliedstaat. Art. 107 III lit. b) AEUV ermöglicht es, Beihilfen zur Förderung wichtiger Vorhaben von gemeinsamem europäischem Interesse oder zur Behebung einer beträchtlichen Störung im Wirtschaftsleben eines Mitgliedstaats für mit dem Binnenmarkt vereinbar zu erklären. Das **Vorliegen eines gemeinsamen europäischen Interesses** setzt nicht voraus, dass Unionsorgane ein solches Interesse formuliert haben. Ein koordiniertes Vorgehen von mehreren Mitgliedstaaten zur Verwirklichung eines von diesen Staaten getragenen Interesses reicht aus,[109] sofern dieses Interesse nicht den Interessen anderer Mitgliedstaaten widerspricht. Vorauszusetzen ist aber in jedem Fall ein grenzüberschreitender Bezug der fraglichen Maßnahme im Sinne der Berührung einer europäischen Dimension.[110] Nicht ausreichend sind daher Maßnahmen zur Einleitung eines Privatisierungsprozesses in einem Mitgliedstaat[111] oder die Förderung einer neuen Technologie durch die Beihilfe[112].

46

(3) Weitere Ermessensbeihilfen. Als weitere Fallgruppen von Ermessensbeihilfen kennt Art. 107 III AEUV

47

- Beihilfen zur **Förderung der Kultur** und der Erhaltung des kulturellen Erbes (lit. d) und
- Beihilfen, die der Rat durch einen **Beschluss** auf Vorschlag der Kommission bestimmt (lit. e).

---

[104] EuGH Slg. 1987, 4014 Rn. 19.
[105] EuGH Slg. 2002, I-2289 Rn. 77; 2002, I-7657 Rn. 79.
[106] EuGH Slg. 1987, 4014 Rn. 19; 2002, I-7657 Rn. 79.
[107] Zu dieser Einteilung *C. Koenig/J. Kühling*, NJW 2000, 1065 (1071); *J. Heithecker*, in: Birnstiel/Bungenberg/Heinrich, Europ. BeihR, Kap. 1 Rn. 1462 ff.
[108] EuGH Slg. 1994, I-4103 Rn. 67; EuG Slg. 1998, II-3437 Rn. 98 – BFM.
[109] Vgl. EuGH Slg. 1988, 1573 Rn. 22 f. – Exécutif Régional Wallon.
[110] *H. Heinrich*, in: Birnstiel/Bungenberg/Heinrich, Europ. BeihR, Kap. 1 Rn. 1170.
[111] EuGH EuZW 2006, 209 Rn. 77 – Unicredito Italiano.
[112] EuGH Slg. 1988, 1573 Rn. 25 – Exécutif Régional Wallon.

c) Verfahren

48 Will ein Mitgliedstaat eine neue Beihilfe einführen oder eine bestehende Beihilfe[113] umgestalten, so muss er die Kommission von seiner Absicht so rechtzeitig unterrichten, dass sie sich dazu äußern kann (Art. 108 III 1 AEUV). Diese **Notifizierungspflicht** soll die Kommission in den Stand setzen, präventiv zu überprüfen, ob eine mit dem Binnenmarkt unvereinbare Beihilfe vorliegt. Die Pflicht besteht daher auch dann, wenn der Fall einer Legalbeihilfe nach Art. 107 II AEUV vorliegt oder die Beihilfe nach Art. 107 III AEUV für mit dem Binnenmarkt vereinbar erklärt werden kann. Denn die Prüfung, ob die Voraussetzungen des Art. 107 AEUV vorliegen, obliegt in ihrer Gesamtheit der Kommission.

49 Die Notifizierung löst ein **Beihilfenkontrollverfahren** aus, dessen Einzelheiten in der Verordnung (EG) Nr. 659/1999 vom 22.3.1999 über besondere Vorschriften für die Anwendung von Artikel 108 AEUV[114] geregelt sind. Im Überblick läuft das Verfahren folgendermaßen ab:

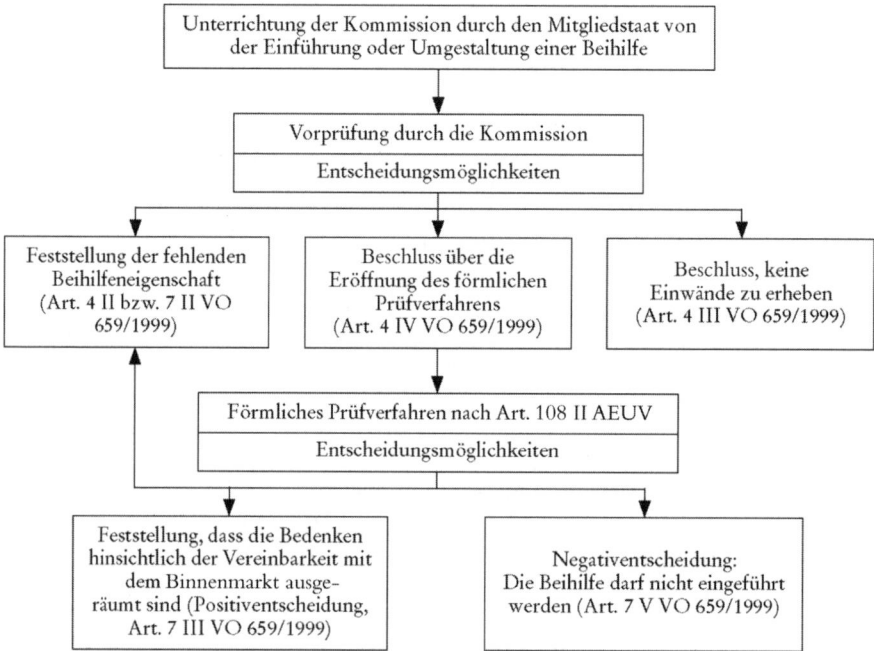

50 Bereits die **Vorprüfung durch die Kommission** kann also mit Beschlüssen enden, die das Beihilfenkontrollverfahren beenden: der Feststellung, dass die angemeldete Maßnahme keine Beihilfe darstellt (Art. 4 II VO 659/1999), oder dem Beschluss, keine Einwände zu erheben, durch die festgestellt wird, dass die Maßnahme keinen Anlass zu Bedenken hinsichtlich ihrer Vereinbarkeit mit dem Binnenmarkt gibt

---

[113] Die Begriffe „bestehende Beihilfen" und „neue Beihilfen" sind in Art. 1 lit. b) und c) der Verordnung (EG) Nr. 659/1999 v. 22.3.1999 über besondere Vorschriften für die Anwendung von Artikel 88 des EG-Vertrags, ABl. 1999 Nr. L 83/1, legaldefiniert.
[114] ABl. 1999 Nr. L 83/1.

(Art. 4 III VO 659/1999). Allerdings darf die Kommission diese Beschlüsse zum Abschluss der Vorprüfungsphase nur dann treffen, wenn sie in dieser ihr lediglich eine erste Meinungsbildung ermöglichenden Phase aufgrund des ihr vorliegenden Entscheidungsmaterials tatsächlich in der Lage war, zu einer solchen Entscheidung zu kommen. Stellt das vorliegende Entscheidungsmaterial die Beurteilung der Kommission allerdings vor ernsthafte Schwierigkeiten, so muss sie das förmliche Prüfverfahren eröffnen, in dem sie den betreffenden Mitgliedstaat und die anderen Beteiligten zur Äußerung auffordern muss (Art. 108 II AEUV, Art. 6 I 2 VO 659/1999), wodurch sich ihre Entscheidungsgrundlage verbreitert.[115] Die Möglichkeiten nach Art. 6a VO 659, 1999, auch andere Auskunftgeber als den jeweiligen Mitgliedstaat um Auskunft zu ersuchen, stehen der Kommission erst nach Einleitung des förmlichen Prüfverfahrens zur Verfügung. Die **das Vorprüfungsverfahren abschließenden Entscheidungen**, durch die kein förmliches Prüfverfahren eröffnet wird, können von den Beteiligten gerichtlich angegriffen werden (→ Rn. 135).

> In Fall 4 ist die dem U gewährte Beihilfe durch die Mitteilung des Bundeswirtschaftsministeriums an die Kommission notifiziert worden.

Zur Sicherstellung, dass die Kommission in dem durch die Notifizierung ausgelösten Beihilfenkontrollverfahren das betreffende Vorhaben im Einzelnen prüfen und die ggf. erforderlichen Schritte einleiten kann[116], bestimmt Art. 108 III 3 AEUV, dass der betreffende Mitgliedstaat die beabsichtigte Maßnahme nicht durchführen darf, bevor die Kommission einen abschließenden Beschluss erlassen hat. Abschließende Beschlüsse in diesem Sinne sind alle oben dargestellten Entscheidungsmöglichkeiten der Kommission mit Ausnahme der Entscheidung über die Eröffnung des förmlichen Prüfverfahrens. Dieses **Durchführungsverbot** entfaltet unmittelbare Wirkung, so dass die Gewährung der Beihilfe unter Verletzung des Durchführungsverbots rechtswidrig ist und sich Konkurrenten des begünstigten Unternehmens vor den Gerichten der Mitgliedstaaten auf das Durchführungsverbot stützen können (→ Rn. 134), solange die Kommission keine abschließende Entscheidung erlassen hat.[117] Unter den Voraussetzungen des Art. 11 II VO 659/1999 kann eine Verletzung des Durchführungsverbots die Konsequenz einer einstweiligen Rückforderung der Beihilfe zeitigen (→ Rn. 100). 51

> Im Fall 4 ist durch die Auszahlung des verlorenen Zuschusses und der Darlehenssumme an U unmittelbar nach der Notifizierung gegen das Durchführungsverbot verstoßen worden. Die Beihilfengewährung an U ist demnach rechtswidrig.

Bei Beachtung der Notifizierungspflicht durch die Mitgliedstaaten kann die Situation der unionsrechtswidrigen Gewährung von Beihilfen an und für sich nicht eintreten. Da es aber sonst die Mitgliedstaaten durch Unterlassen der Notifizierung in der Hand hätten, die Überprüfung der Vereinbarkeit einer Maßnahme mit dem Binnenmarkt zu umgehen, erfolgt die **Beihilfenkontrolle** durch die Kommission nicht nur auf Notifizierung durch die Mitgliedstaaten. 52

---

[115] EuG Slg. 1998, II- 3235 Rn. 164 – BP Chemicals; 2000, II-2125 Rn. 70 ff. – SIC; EWS 2006, 419 47 ff. – Stadtwerke Schwäbisch Hall.

[116] Zu diesem Zweck der Notifizierungspflicht EuGH EuZW 2008, 145 Rn. 36 – CELF.

[117] Vgl. EuGH Slg. 1991, I-5505 Rn. 10 ff. – FNCE; 1996, I-3547 Rn. 40 – SFEI; NVwZ 2007, 64 Rn. 40 – Transalpine Ölleitung; EuZW 2008, 145 Rn. 38 – CELF.

53 Vielmehr wird die Kommission auch **von Amts wegen** tätig, wenn sie Hinweise auf das **Vorliegen einer rechtswidrigen Beihilfe** hat (Art. 10 I VO 659/1999). Diese Kontrolle des Vorliegens rechtswidriger Beihilfen darf nicht mit der Überprüfung bestehender Beihilfen nach Art. 108 I AEUV verwechselt werden. Bestehende Beihilfen sind in Art. 1 lit. b) VO 659/1999 legaldefiniert und unterliegen den besonderen Verfahrensbestimmungen der Art. 17–19 VO 659/1999. „Rechtswidrige Beihilfen" sind hingegen *neue* Beihilfen, die unter Verstoß gegen Art. 108 III AEUV eingeführt werden (Art. 1 lit. f VO 659/1999). Nach dieser Definition keine „rechtswidrige Beihilfe" ist streng genommen die Einführung einer Beihilfe gegen eine das förmliche Prüfverfahren abschließende Negativentscheidung. Denn das Durchführungsverbot des Art. 108 III 3 AEUV gilt nach seinem Wortlaut nur bis zum Erlass eines abschließenden Kommissionsbeschlusses.[118] Doch perpetuiert das Einführungsverbot des Art. 7 V VO 659/1999 das Durchführungsverbot des Art. 108 III 3 AEUV, so dass man auch die Einführung einer Beihilfe entgegen einer vorliegenden Negativentscheidung als rechtswidrige Beihilfe behandeln muss.[119]

54 Bei Vorliegen von Informationen über rechtswidrige Beihilfen leitet die Kommission das **Verfahren nach den Art. 10 ff. VO 659/1999** ein, das eine repressive Beihilfenkontrolle in Gang setzt; es wird im Zusammenhang der Rückforderung unionsrechtswidriger Beihilfen dargestellt (→ Rn. 98).

3. Anspruch auf Subventionsgewährung

55 Ein strikter Rechtsanspruch auf Gewährung einer Subvention besteht in der Regel nur, wenn er spezialgesetzlich ausdrücklich statuiert ist. Im Übrigen, insbesondere also bei allein im Haushaltplan ausgewiesenen Mitteln, aber auch dann, wenn dies das jeweilige Subventionsgesetz so vorsieht, steht die **Subventionsgewährung im Ermessen** der zuständigen Behörde. Zwar muss die Behörde über einen Antrag auf Gewährung einer Subvention nach Ermessen auch dann entscheiden, wenn sie keine Verwaltungsvorschriften über die Handhabung des Ermessens erlassen hat.[120] Doch werden die Voraussetzungen, unter denen eine Subvention gewährt wird, durch die **Subventionsrichtlinien** konkretisiert. Insoweit besteht aus Art. 3 I GG ein Anspruch jedes Subventionsinteressenten darauf, dass auch ihm gegenüber nach diesen Richtlinien verfahren wird,[121] sofern die Behörde dies in anderen Fällen auch getan hat. Erfüllt der Bewerber die in der Subventionsrichtlinie vorgesehenen Voraussetzungen und haben alle anderen Unternehmen, die den Voraussetzungen genügen, eine Subvention erhalten, so hat der Bewerber unmittelbar aus Art. 3 I GG einen Anspruch auf Subventionierung. Voraussetzung ist allerdings, dass die bereitgestellten **Haushaltsmittel noch nicht erschöpft** sind („Windhundprinzip"). Hat sich die Behörde jedoch in ihrer Praxis der Subventionsgewährung nicht an die Vorgaben der Subventionsrichtlinie gehalten, so ist eine Selbstbindung der Verwaltung nicht entstanden. Denn nur diese tatsächliche Selbstbindung kann einen Anspruch aus Art. 3 I GG vermitteln, nicht aber die Subventionsrichtlinie als solche.

> Dass der K in Fall 4a) die Voraussetzungen der Subventionsrichtlinie erfüllt, ist nicht ersichtlich. Auch eine von der Richtlinie abweichende tatsächliche Subventionierungspraxis besteht nicht. Eine Selbstbindung der Verwaltung, die einen Anspruch des K, die gleiche Subvention wie U zu erhalten, tragen könnte, ist daher nicht erkennbar.

---

[118] Hierauf weist *F. Lindner*, BayVBl. 2002, 193 (197) hin.
[119] Vgl. *Ch. Harringa*, in: Birnstiel/Bungenberg/Heinrich, Europ. BeihR, Kap. 2 Rn. 382.
[120] BVerwG NVwZ 2008, 1355 (1356).
[121] BVerwGE 104, 220 (223); BVerwG NJW 1979, 280; NVwZ 2006, 1184 (1188).

Ein Anspruch, eine **erhaltene Subvention auch in Zukunft** in gleicher Höhe weiter zu beziehen, besteht 56
selbst dann nicht, wenn der Subventionsempfänger die Fördermittel über einen Zeitraum von mehreren
Jahren erhalten hat. Da der Subventionsempfänger damit rechnen muss, dass die Verwaltung berechtigt
ist, ein durch Verwaltungsvorschriften festgelegtes Förderprogramm zu verändern, kann insoweit kein
schutzwürdiges Vertrauen auf Weitergewährung der Subvention entstehen.[122]

III. Öffentlich-rechtliche oder privatechtliche Ausgestaltung des Subventionsverhältnisses

Der Grundsatz der **Formenwahlfreiheit der Verwaltung**[123] ermöglicht es der Verwaltung, zur Gewährung von Subventionen verschiedene Formen der Gestaltung 57
von Rechtsverhältnissen zu nutzen, sofern nicht gesetzlich etwas anderes, bspw. die
Subventionsgewährung durch Verwaltungsakt vorgeschrieben ist. Einen abschließenden Katalog von Gestaltungsformen gibt es nicht. Ob die jeweilige Subvention auf
Handlungsformen des öffentlichen Rechts oder solchen des Privatrechts basiert oder
privat- und öffentlich-rechtliche Bestandteile kombiniert werden, ist eine Frage des
Einzelfalls. Von Bedeutung ist die Frage, welche Ausgestaltung im konkreten Einzelfall gewählt wurde, vor allem für die Rückabwicklung des Subventionsverhältnisses
(→ Rn. 78 ff.) und den Rechtsschutz, insbesondere den eröffneten Rechtsweg
(→ Rn. 121 f.). Die jeweiligen Ausgestaltungsmöglichkeiten sollen im Folgenden zunächst für die oben (→ Rn. 9) dargestellen fünf Subventionstypen aufgezeigt werden,
bevor auf die Struktur der verschiedenen Ausgestaltungen eingegangen wird
(→ Rn. 71 ff.).

1. Unterscheidung nach Subventionstypen

a) Verschonungssubventionen

Verschonungssubventionen werden dadurch gewährt, dass auf gesetzlicher Grundlage eine Befreiung von einer öffentlich-rechtlichen Abgabe oder Soziallast gewährt 58
wird. Ihre **Zuordnung zum öffentlichen Recht** ist zwingend.

b) Zahlungssubventionen

Bei Zahlungssubventionen ist danach zu unterscheiden, ob die Auszahlung des verlorenen Zuschusses unmittelbar durch eine staatliche Stelle oder durch eine Bank erfolgt. 59

aa) Auszahlung durch staatliche Stelle

Erfolgt die Auszahlung durch eine staatliche Stelle, so liegt ein **einstufiges Subventionsverhältnis** vor, d. h. Bewilligung und tatsächliche Gewährung der Subvention 60
erfolgen in einem Akt. Hier findet sich in Rspr. und Literatur nicht selten die Auffassung, einstufige Zahlungssubventionen würden ausschließlich durch Verwaltungsakt gewährt, der allenfalls durch einen öffentlich-rechtlichen Vertrag ersetzt werden

---

[122] BVerwGE 104, 220 (223, 227); BVerwG NVwZ 2006, 1184 (1188); OVG Hamburg NVwZ-RR 2005, 258.
[123] Zu ihm *Sodan/Ziekow*, GKÖR § 67 Rn. 14 ff. mwN.

könne.[124] Soweit es sich um Zuwendungen im haushaltsrechtlichen Sinne handelt, kann sich diese Auffassung auf Nr. 4.1 der VV-BHO zu § 44 Abs. 1 BHO[125] stützen, der lautet: "Zuwendungen werden durch schriftlichen Zuwendungsbescheid ... bewilligt." Der BGH geht davon aus, dass eine einstufige Zahlungssubvention nur in seltenen atypischen Ausnahmefällen in Formen des Privatrechts, in aller Regel vielmehr öffentlich-rechtlich gewährt wird.[126]

61 Insoweit ist zwischen der empirischen Situation und der rechtlichen Bewertung zu unterscheiden. Empirisch mag es so sein, dass der überwiegende Teil der unmittelbar von staatlichen Stellen ausgezahlten verlorenen Zuschüssen auf der Grundlage eines Bewilligungsbescheids gewährt wird. Hierfür spricht in der Praxis insbesondere die leichtere Durchsetzbarkeit von Rückforderungsansprüchen (→ Rn. 90 f.). Zwingend ist dies jedoch nicht. Die Verwaltung ist nicht daran gehindert, **Zahlungssubventionen auch in Formen des Privatrechts** zu vergeben, wenn sie dies im Einzelfall für zweckmäßiger hält.

62 Dabei ist zu beachten, dass sich eine öffentlich-rechtliche Ausgestaltung nicht bereits daraus ergibt, dass mit der Subvention öffentliche Interessen gefördert werden sollen[127] oder zur Auszahlung von in den Haushaltsplan eingestellten öffentlichen Haushaltsmitteln nur ein Träger öffentlicher Gewalt befugt ist[128]. Diese Bezugnahmen auf die zur Abgrenzung von öffentlichem und privaten Recht verwendete **Interessentheorie und Sonderrechtstheorie**[129] sind im vorliegenden Zusammenhang nicht weiterführend: Die Interessentheorie führt – wie häufig – zu einem Zirkelschluss. Sind nämlich Subventionen vermögenswerte Leistungen der öffentlichen Hand zur Verwirklichung im *öffentlichen Interesse* liegender Ziele (→ Rn. 5), dann könnte es nach der Interessentheorie überhaupt keine privatrechtlich gewährten Subventionen geben – was auch die Gegenauffassung nicht behauptet. Würde allein die Verfügung über öffentliche Haushaltsmittel zur Qualifizierung als öffentlich-rechtliche Maßnahme führen, so wäre auch jeder Beschaffungsvorgang dem öffentlichen Recht zu unterstellen – was aber gerade nicht der Fall ist (→ § 9 Rn. 97).

bb) Auszahlung im Bankenverfahren

63 Wird die Zahlungssubvention im sog. Bankenverfahren, d. h. von einer Bank im eigenen Namen, aber innerhalb staatlicher Förderrichtlinien gewährt, so erfolgt dies **grundsätzlich in privatrechtlichen Handlungsformen**. Ausnahmen sind nur denkbar, wenn es sich entweder um ein öffentlich-rechtlich verfasstes Kreditinstitut handelt oder eine private Bank mit hoheitlichen Handlungsbefugnissen beliehen (→ § 4 Rn. 32 f.) worden ist. In beiden Fällen ist aber für eine Unterstellung der Subventionsgewährung unter das öffentliche Recht zusätzlich erforderlich, dass die Bank gerade anders entscheidet als es eine private Bank tun würde, weil sie nämlich dem öffentlichen Recht angehörende Vorschriften anwendet.[130]

64 Zu beachten ist, dass eine im Bankenverfahren gewährte Zahlungssubvention **auch zweistufig ausgestaltet** sein kann. Dies ist dann der Fall, wenn über die Zuschussgewährung nicht die Bank im Rahmen staatlicher Richtlinien, sondern zunächst eine Behörde durch Verwaltungsakt entscheidet und dann zwischen Bank und Subventionsempfänger ein zivilrechtliches Zuwendungsverhältnis begründet wird. In dieser Konstellation liegt ein Anwendungsfall der sog. Zweistufentheorie vor (→ Rn. 74 ff.).

---

[124] Vgl. nur *H. Maurer*, Allgemeines Verwaltungsrecht, 18. Aufl. 2011, § 17 Rn. 29.
[125] Allgemeine Verwaltungsvorschriften zur Bundeshaushaltsordnung.
[126] BGHZ 57, 130 (133).
[127] So aber BVerwGE 1, 308 (310); *D. Ehlers*, VerwArch 1983, 112 (115).
[128] So aber wohl *J. Schwarze*, JuS 1978, 94 (97).
[129] Dazu *Sodan/Ziekow*, GKÖR § 67 Rn. 6 ff.
[130] BVerwG GewArch 2006, 432.

c) Realsubventionen

Bei der wichtigsten Gruppe von Realsubventionen, der **Veräußerung von Grund-** **65** **stücken an bestimmte Personengruppen** (zB junge Familien) oder Unternehmensgruppen (zB für die lokale Wirtschaftsstruktur wichtige Unternehmen) durch Kommunen wird ein nach Zivilrecht zu beurteilendes Rechtsgeschäft in Gestalt der Veräußerung eines Grundstücks abgeschlossen. Deshalb ist der in der Rspr. der Oberverwaltungsgerichte häufig formulierten Notwendigkeit, die Auswahlentscheidung für die Zuteilung der Grundstücke dem öffentlichen Recht zu unterwerfen und sie als Verwaltungsakt zu qualifizieren[131], in dieser pauschalen Formulierung zu widersprechen. Der bloße Umstand, dass mit der Veräußerung öffentliche Zwecke verfolgt werden, führt nicht dazu, dass zwangsläufig ein Handeln in öffentlich-rechtlichen Formen erfolgen muss.[132] Da am Schluss ein **privatrechtlicher Vertrag** geschlossen werden soll, unterfällt das Auswahlverfahren der öffentlichen Hand einheitlich dem Zivilrecht. Die Notwendigkeit, eine Auswahlentscheidung zu treffen, führt keineswegs zur Anwendung des öffentlichen Rechts.[133]

Allerdings *kann* dem Vertragsschluss im Einzelfall eine **öffentlich-rechtliche Auswahlentscheidung** vor- **66** geschaltet sein, wenn nämlich eine besondere rechtliche Ordnung des Auswahlverhältnisses erfolgt. Dies setzt eine *gesetzliche* Verpflichtung zu bevorzugter Berücksichtigung eines bestimmten Personenkreises voraus.[134]

d) Darlehenssubventionen

Erfolgt die Subventionsgewährung in Form der Gewährung eines Darlehens, so wird **67** nicht selten davon ausgegangen, dass es sich in diesen Fällen um ein zweistufiges Subventionsverhältnis handelt[135], die Entscheidung über das „Ob" der Gewährung also durch Verwaltungsakt erfolgt, während das „Wie" des Darlehensverhältnisses durch zivilrechtlichen Darlehensvertrag geregelt wird. Hier ist **in der Klausur Vorsicht** geboten: Die Darlehenssubvention ist zwar ein Anwendungsfall der sog. Zweistufentheorie (→ Rn. 74 ff.), jedoch entbindet dies nicht von der Feststellung, ob im Einzelfall wirklich eine zweistufige oder nicht doch eine andere Ausgestaltung des Subventionsverhältnisses gewählt worden ist.

■ Entscheidet die **Behörde** über die Gewährung der Darlehenssubvention und **übernimmt auch selbst** **68** **die Auszahlung und Verwaltung des Darlehens**, so kann Beides auch einaktig in einem zivilrechtlichen Darlehensvertrag zusammengezogen werden. Ebenso kann die Behörde eine einaktig öffentlich-rechtliche Ausgestaltung durch Verwaltungsakt oder öffentlich-rechtlichen Vertrag wählen. Eine zweistufige Ausgestaltung steht ihr nach neueren Rspr. des BVerwG, nach der die in den Abschluss eines zivilrechtlichen Vertrages mündenden Verfahrensentscheidungen der Behörde ebenfalls dem Zivilrecht unterstehen, nur in Ausnahmefällen zu Gebote – nämlich dann, wenn die zu treffende Gewährungsentscheidung durch besondere gesetzliche Vorschriften dem öffentlichen Recht zugeordnet worden ist[136].

---

[131] Vgl. OVG Koblenz NVwZ 1993, 281 (382); OVG Münster NJW 2001, 698.
[132] Vgl. BVerwG NVwZ 2007, 820 (821).
[133] Vgl. BVerwG NVwZ 2007, 820 (822). Zur zivilrechtlichen Realsubventionierung BGH NVwZ 2007, 246 (247).
[134] Vgl. BVerwG NVwZ 2007, 820 (821).
[135] BVerwGE 1, 308 (310); 45, 13 (14); BGH NJW 1997, 328; *F. O. Kopp/U. Ramsauer*, VwVfG, 13. Aufl. 2012, § 35 Rn. 78.
[136] Vgl. BVerwG NVwZ 2007, 820 (823).

69 ■ Die eigentliche Domäne der Zweistufentheorie liegt bei der **Darlehenssubventionierung im sog. Bankenverfahren.** Hier beantragt der zukünftige Subventionsempfänger die Gewährung des Darlehens bei der Bank, diese reicht den Antrag an die zuständige Behörde weiter, die durch Bescheid über die Darlehensbewilligung entscheidet und dann den Bewilligungsbescheid dem Subventionsempfänger über die Bank als Bote mitteilt. Dieser Bescheid betrifft grundsätzlich nur das Rechtsverhältnis zwischen der Bewilligungsbehörde und dem Subventionsempfänger als Adressaten. Ein öffentlich-rechtlicher Auszahlungsanspruch des Subventionsempfängers gegen die Bank ergibt sich hieraus nur dann, wenn dies gesetzlich angeordnet ist. Die Verpflichtung der Bank zum Abschluß eines Darlehensvertrags mit dem Subventionsempfänger ergibt sich regelmäßig aus dem Innenverhältnis zwischen Bank und Verwaltungsträger der Bewilligungsbehörde, bspw. in Form eines Geschäftsbesorgungsvertrags, der dem Zivilrecht unterliegt. Aufgrund *dieser* Verpflichtung schließt dann die Bank mit dem Subventionsempfänger einen zivilrechtlichen Darlehensvertrag.

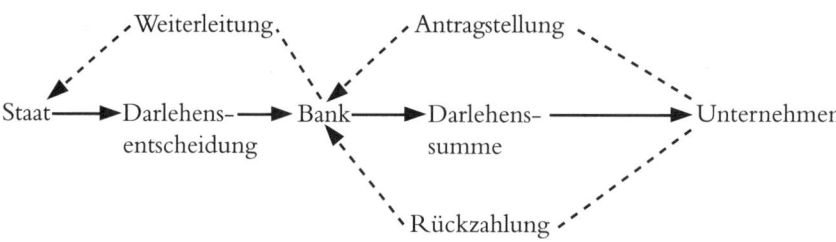

Bankenverfahren

Genau genommen handelt es sich also nicht um ein zweistufiges, sondern ein **dreistufiges Rechtsverhältnis**, nimmt man auch die der im Einzelfall erfolgenden Subventionsbeantragung vorausgehende Begründung des Binnenverhältnisses zwischen Staat und Bank in den Blick. Hier gibt es also nicht *das* Subventionsverhältnis, das sich dem öffentlichen Recht oder dem Privatrecht zuordnen ließe, sondern drei Rechtsverhältnisse, deren Zuordnung – hierauf legt die Rechtsprechung großen Wert – getrennt voneinander vorzunehmen ist[137]. Allerdings sind auch andere Ausgestaltungen des Bankenverfahrens möglich. So kan sich die zuständige Behörde durch einen Bewilligungsbescheid *gegenüber der Bank* oder durch eine dieser gegenüber abgegebene zivilrechtliche Refinanzierungszusage zur Bereitstellung der Darlehensmittel verpflichtet haben, ohne einen Bewilligungsbescheid gegenüber dem Subventionsempfänger zu erlassen.[138] In diesem Fall handelt es sich im Verhältnis zum Subventionsempfänger um eine **einstufige Ausgestaltung des Bankenverfahrens**.

e) Gewährleistungssubventionen

70 Auch Gewährleistungssubventionen in Form der Übernahme von Bürgschaften durch den Staat müssen **nicht zwingend zweistufig** ausgestaltet sein[139]. Bei der Zuordnung von Gewährleistungssubventionen zum öffentlichen Recht – zB in Gestalt einer Zusage – oder zum Privatrecht – als Bürgschaftsvertrag nach den §§ 765 ff. BGB – oder zu einer zweistufigen Konstruktion – wenn besondere gesetzliche Vorschriften auf der ersten Stufe eine öffentlich-rechtliche Gewährungsentscheidung vorsehen – handelt es sich um eine **Einzelfallentscheidung,** für die es auch nicht darauf ankommt, wie die Verwaltung handeln musste, sondern darauf wie sie tatsächlich gehandelt hat.[140]

---

[137] BVerwG NJW 2006, 2568; BGH NJW 2003, 2451 (2453).
[138] Vgl. OVG Weimar DVBl. 2011, 242 (243 f.).
[139] A. M. *P. Selmer*, JuS 2007, 581 (582).
[140] BGH NJW 1997, 328.

2. Differenzierung nach Regimeentscheidungen

a) Ausschließlich öffentlich-rechtliche Ausgestaltung

Auf der Grundlage der Ausführungen zu den bei den einzelnen Subventionsmöglichkeiten eröffneten Möglichkeiten der öffentlich-rechtlichen oder privatrechtlichen Ausgestaltung (→ Rn. 58 ff.) kommen für eine ausschließlich öffentlich-rechtliche Ausgestaltung des Subventionsverhältnisses die Handlungsformen des **Verwaltungsakts** (§ 35 VwVfG) und des **öffentlich-rechtlichen Vertrags** (§ 54 VwVfG) *u. a.* in folgenden Fällen in Betracht:

Verwaltungsakt (= Bewilligungsbescheid)	öffentlich-rechtlicher Vertrag
Zahlungssubvention: Einmalige Gewährung einer nicht rückzahlbaren Subvention (verlorener Zuschuss). Darlehenssubvention: Gewährung eines Darlehens durch Verwaltungsakt	Alle Formen der Subventionierung regelbar.
Einstufiges Subventionsverhältnis: Bewilligung und Gewährung der Subvention erfolgen in einem Akt.	Einstufiges Subventionsverhältnis: Begründung und Ausgestaltung des Rechtsverhältnisses erfolgen umfassend durch den Vertrag.

Denkbar ist darüber hinaus auch eine **Kombination von Verwaltungsakt und öffentlich-rechtlichem Vertrag** in einem zweistufigen Rechtsverhältnis, in dem über die Gewährung der Subvention, das „Ob" der Subventionierung, durch Verwaltungsakt entschieden wird und die Fragen der Abwicklung des Subventionsverhältnisses, das „Wie" der Subventionierung, in einem öffentlich-rechtlichen Vertrag geregelt werden. In der Praxis hat sich weitestgehend allerdings durchgesetzt, dass die Stufe des „Wie" durch privatrechtliche Verträge ausgestaltet wird (→ Rn. 74 ff.).

In Fall 4 hat U beim Bundeswirtschaftsministerium – wie in der Verwaltungsvorschrift vorgesehen – Mittel zur Erhöhung seiner Produktionskapazität beantragt. Hierauf hat der U vom Ministerium die „Mitteilung" erhalten, dass ihm der Zuschuss und das Darlehen zur Verfügung gestellt würden. Die Stellung eines „Antrags" durch U und der Gehalt der „Mitteilung", dass U die beantragten Mittel „zur Verfügung gestellt werden", deuten darauf hin, dass es sich bei der „Mitteilung" um einen mitwirkungsbedürftigen Verwaltungsakt handelt, der den Anspruch auf Gewährung der Subvention regelt. Ob diese Bewertung zutrifft, ist allerdings eine Frage des Einzelfalls. Es ist ebenso möglich, dass eine solche Mitteilung nicht die Qualität eines Verwaltungsakts gegenüber demjenigen, der das Darlehen schließlich erhalten soll, hat, sondern einen bewilligenden Verwaltungsakt oder nur die Zusage einer Refinanzierung gegenüber der das Darlehen auszahlenden Bank enthält.[141] Da der verlorene Zuschuss in Höhe von € 10 000 000.– unmittelbar auf der Grundlage dieses Subventionsbescheids ausgezahlt wird, ist das Subventionsverhältnis *insoweit* einstufig öffentlich-rechtlich. Zur Ausgestaltung des Subventionsverhältnisses betr. das Darlehen → Rn. 73.

b) Ausschließlich privatrechtliche Ausgestaltung

Sich ausschließlich in den Formen des Privatrechts vollziehende Subventionierungen erfolgen in der Praxis in erster Linie im Bereich der Real- (→ Rn. 65) und Gewährleistungssubventionen (→ Rn. 70), können aber auch für Zahlungs- (→ Rn. 61) und Darlehenssubventionen (→ Rn. 68) gewählt werden. Es handelt sich in diesen Fällen um dem Privatrecht zuzuordnende **einstufige Rechtsverhältnisse**, wobei die Verwal-

---
[141] Vgl. OVG Weimar DVBl. 2011, 242 (243 f.).

tung nach den **Grundsätzen des Verwaltungsprivatrechts** (→ § 7 Rn. 31) an die Grundrechte gebunden bleibt. Wegen der hierdurch gewährleisteten Geltung öffentlich-rechtlicher Bindungen bedarf es nicht einer vorgängigen Entscheidung über das „Ob" des Vertragsschlusses durch Verwaltungsakt[142].

> Nach dem Sachverhalt muss in Fall 4 das Darlehen von U „bei der A-Bank beantragt werden". Hieraus könnte geschlossen werden, dass allein die A-Bank darüber entscheidet, ob sie dem U ein Darlehen gewährt oder nicht. In diesem Fall würde sich das Subventionsverhältnis auf den Abschluss des zivilrechtlichen Darlehensvertrags beschränken und einstufig privatrechtlich ausgestaltet sein. Das Gesamtbild der Gewährung der Subvention an U führt jedoch zu einer anderen Bewertung. Die „Mitteilung" des Bundeswirtschaftsministeriums an U entscheidet als Subventionsbescheid (→ Rn. 72) einheitlich über die Gewährung nicht nur des verlorenen Zuschusses, sondern auch des Darlehens an U. *Dass* dem U die „Mittel zur Verfügung gestellt werden", wird bereits durch diesen Bescheid geregelt. Darüber hinaus regelt die Verwaltungsvorschrift des Ministeriums neben den Voraussetzungen auch die Bedingungen der Subventionierung. Lediglich zur Abwicklung der Subventionierung ist die Nutzung der zivilrechtlichen Form des Darlehensvertrags notwendig. Die „Beantragung" des Darlehens durch U bei der A-Bank ist daher als Aufforderung zu werten, U einen Vertragsentwurf anzubieten. Es handelt es sich daher auch insoweit um eine rein privatrechtliche Ausgestaltung des Subventionsverhältnisses wie es um die Darlehensgewährung durch die A-Bank geht.

c) Kombiniert öffentlich-rechtliche/privatrechtliche Ausgestaltung

74 Insbesondere für die Subventionierung durch ein **rückzahlbares Darlehen** (Darlehenssubvention) im Bankenverfahren (→ Rn. 69) oder die Übernahme einer Bürgschaft (→ Rn. 70) wird häufig eine kombiniert öffentlich-rechtliche und privatrechtliche Ausgestaltung gewählt:

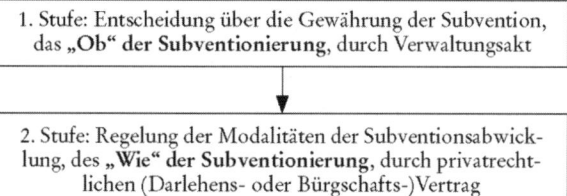

75 Ob die Subventionierung in einer solchen zweistufigen Gestaltung des Rechtsverhältnisses erfolgt oder nicht, unterliegt der Formenwahlfreiheit der Verwaltung. Das Vorliegen einer Zweistufigkeit ist daher eine Frage des Einzelfalls und nicht Gegenstand einer Theorie. Daher ist es zwar an und für sich verfehlt von einer „**Zweistufentheorie**" zu sprechen. Gleichwohl sollte in der **Klausur** dieser eingebürgerte Begriff verwendet werden („Nach den Grundsätzen der sog. Zweistufentheorie ..."), sofern eine zweistufige Ausgestaltung im konkreten Fall auch wirklich festgestellt werden kann. Hierzu ist der gegebene Sachverhalt gründlich auszuwerten. Im Fall verlorener Zuschüsse ergeht zwar ein Bewilligungsbescheid, jedoch ist das Subventionsverhältnis nur einstufig ausgestaltet (→ Rn. 71 f.). Bei der Übernahme von Bürgschaften und Darlehen ist zu beachten, dass die Subventionierungsverfahren auf die Abgabe einer privatrechtlichen Willenserklärung gerichtet und deshalb einheitlich nach Zivilrecht zu beurteilen sind. Eine Ausnahme gilt nur dann, wenn ge-

---

[142] A. M. VGH Mannheim NJW 1978, 2050 (2051).

setzliche Vorschriften gerade eine öffentlich-rechtliche Auswahl- oder Gewährungsentscheidung fordern.¹⁴³

Hingegen dürfte bei der Gewährung von Darlehenssubventionen im Bankenverfahren (→ Rn. 69) von Zweistufigkeit ausgegangen werden können, wenn sich dem Sachverhalt nichts Gegenteiliges entnehmen lässt. Ist davon die Rede, dass ein Darlehen „gewährt" oder „bewilligt" werde, so kann das als Hinweis auf das Vorliegen einer gesonderten Entscheidung über das „Ob" der Subventionierung durch Verwaltungsakt gewertet werden. 76

> Soweit es die Gewährung des Darlehens an U im Fall 4 anbetrifft, handelt es sich um ein zweistufiges Subventionsverhältnis mit einem über das „Ob" der Darlehensgewährung entscheidenden Subventionsbescheid des Bundeswirtschaftsministeriums und einem zur Abwicklung mit der A-Bank geschlossenen Darlehensvertrag (→ Rn. 73). Hinsichtlich der an U ausbezahlten € 10 000 000.– ist das Subventionsverhältnis einstufig ausgestaltet (→ Rn. 72).

IV. Rückabwicklung des Subventionsverhältnisses

1. Die Rückabwicklung nach nationalem Recht

Die Antwort auf die Frage, wie ein Subventionsrechtsverhältnis nach teilweiser oder vollständiger Subventionsgewährung rückabgewickelt und die gewährte Leistung, bspw. die Darlehenssumme, zurückgefordert werden kann, hängt von der gewählten Ausgestaltung des Subventionsverhältnisses (→ Rn. 57 ff.) ab. Strikt zu unterscheiden sind mithin die **Beseitigung der Grundlage** für das „Ob" der Subventionsgewährung (also ggf. des Verwaltungsakts, des öffentlich-rechtlichen Vertrags etc.; → Rn. 78 ff.) und die erst anschließend mögliche **Rückforderung gewährter Leistungen** (→ Rn. 89 ff.). Bei (nach Bundesrecht gewährten) Subventionen iSv § 264 StGB (→ Rn. 4) muss der Subventionsnehmer dem Subventionsgeber alle Tatsachen mitteilen, die für die Rückforderung der Subvention erheblich sind (§ 3 I SubvG¹⁴⁴). Damit der Subventionsnehmer diese Pflicht erfüllen kann, ist er vom Subventionsgeber bereits vor der Gewährung der Subvention auf die Tatsachen hinzuweisen, die rückforderungsrelevant sein können (§ 2 I SubvG). 77

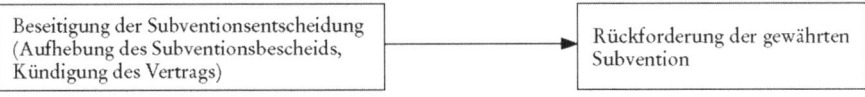

> In Fall 4c) wäre ein Rückzahlungsbescheid, der sich auf die Verpflichtung des U zur Zurückzahlung der erhaltenen Subvention beschränken würde, rechtswidrig, da die Grundlage dafür, dass U die Mittel erhalten hat, dadurch nicht beseitigt ist. Es bedarf also zumindest gleichzeitig der Aufhebung des Subventionsbescheids (→ Rn. 79 ff.). Einer Kündigung des Darlehensvertrags bedarf es hingegen selbst dann nicht, wenn in diesem Vertrag die Grundlage für die das Behaltendürfen der Darlehenssumme zu sehen sein sollte (→ Rn. 88). Denn mit der Negativentscheidung der Kommission steht fest, dass der Vertrag unwirksam ist (→ Rn. 112).

---

¹⁴³ Vgl. BVerwG NVwZ 2007, 820.
¹⁴⁴ Gesetz gegen missbräuchliche Inanspruchnahme von Subventionen (Subventionsgesetz) v. 29.7. 1976, BGBl. I 2034.

Sofern es sich um die **Rückforderung einer unionsrechtswidrigen Beihilfe** handelt, richtet sich die Rückabwicklung zwar nach nationalem Recht, jedoch wird das Rückabwicklungsregime des nationalen Rechts durch Vorgaben des Unionsrechts überlagert (→ Rn. 103 ff.).

a) Beseitigung der Grundlage der Subventionsgewährung

78 In welcher Weise die **Entscheidung über das „Ob" der Subventionsgewährung** beseitigt werden kann, hängt von der Art dieser Entscheidung (Verwaltungsakt oder Vertrag) ab.

aa) Subventionsentscheidung durch Verwaltungsakt

79 Ist über das „Ob" der Subventionierung durch Verwaltungsakt entschieden worden, so muss der Verwaltungsakt **nach den §§ 48 ff. VwVfG aufgehoben** werden, bevor die gewährte Subvention zurückgefordert werden kann. Dies gilt unabhängig davon, ob das Subventionsverhältnis einstufig ausgestaltet ist (→ Rn. 71) oder sich dem Subventionsbescheid noch eine zweite (öffentlich-rechtlich oder privatrechtlich ausgestaltete; → Rn. 74 f.) Stufe anschließt.

80 Keiner der Rückforderung der Leistung vorangehenden Aufhebung des Subventionsbescheids bedarf es, wenn der **Bescheid unwirksam** geworden ist. Eine solche Unwirksamkeit kann sich insbesondere daraus ergeben, dass die Gewährung der Subvention vom Eintritt einer aufschiebenden Bedingung oder der Fortbestand der Gewährung vom Eintritt einer auflösenden Bedingung (§ 36 II Nr. 2 VwVfG) abhängt. Ebenso wenig erfolgt eine Aufhebung nach den §§ 48, 49 VwVfG, wenn die Subvention **zunächst nur vorläufig bewilligt** worden ist, weil eine endgültige Entscheidung noch nicht getroffen, zB der Sachverhalt noch nicht in dem erforderlichen Umfang ermittelt werden konnte. In diesem Fall unterliegt die Behörde nicht den Bindungen der §§ 48, 49 VwVfG, wenn sie den vorläufigen Bescheid nach Beseitigung der Ungewissheit durch eine endgültige Regelung ersetzt.[145]

81 Die Aufhebung des Subventionsbescheids richtet sich – vorbehaltlich spezialgesetzlicher Regelungen – nach den §§ 48 ff. VwVfG. Ist der **Bescheid rechtswidrig**, so kann er **nach § 48 VwVfG zurückgenommen**, ist er **rechtmäßig**, so kann er **nach § 49 VwVfG widerrufen** werden. Nach allgemeinen Grundsätzen ist dabei § 48 VwVfG nur dann anwendbar, wenn der Subventionsbescheid von Anfang an rechtswidrig war. Für einen zunächst rechtmäßig erlassenen und später rechtswidrig gewordenen Verwaltungsakt gilt § 49 VwVfG.[146] Auf die allgemeinen Voraussetzungen von Rücknahme und Widerruf einzugehen, ist hier nicht der Raum[147]. Im Folgenden sei daher lediglich auf einige für das Subventionsrecht relevante Punkte hingewiesen.

(1) Rücknahme rechtswidriger Bescheide

82 Da es sich bei einem Subventionsbescheid um einen begünstigenden Verwaltungsakt iSv § 48 I 2, II VwVfG handelt, ist die Rücknahme eines rechtswidrigen Subventionsbescheids nur unter den **einschränkenden Voraussetzungen des § 48 II VwVfG** zulässig. Für das Subventionsrecht wird häufig § 48 II 2 VwVfG von Bedeutung sein, wonach das Vertrauen des Begünstigten auf den Bestand des Verwaltungsakts in der Regel schutzwürdig ist, wenn der Begünstigte **gewährte Leistungen verbraucht** oder Vermögensdispositionen getroffen hat, die er nicht mehr oder nur unter unzumutbaren Nachteilen rückgängig machen kann. Hierunter fällt bspw. der Fall, dass der Sub-

---

[145] BVerwG GewArch 2010, 113 Rn. 15 ff.
[146] *Ziekow*, VwVfG § 48 Rn. 6 mwN.
[147] Dazu etwa *Sodan/Ziekow*, GKÖR § 82.

ventionsempfänger die Subvention in einer dem Subventionszweck entsprechenden Weise eingesetzt, etwa die gewünschten Umweltschutzinvestitionen getätigt hat.

In Fall 4 ist der vom Bundeswirtschaftsministerium erlassene Subventionsbescheid (→ Rn. 71 f.) rechtswidrig: Zum einen kann er sich nicht auf eine notwendige materiell-gesetzliche Ermächtigungsgrundlage (→ Rn. 16) stützen und zum anderen ist er unter Verstoß gegen das Durchführungsverbot des Art. 108 III 3 AEUV erlassen worden (→ Rn. 51). Die Voraussetzungen des § 48 I 1 VwVfG sind daher erfüllt. Allerdings hat der U die Mittel bereits vollständig zur Verwirklichung des Subventionszwecks (→ Rn. 82) verbraucht und neue Produktionsanlagen errichtet. Sein Vertrauen in den Fortbestand des Subventionsbescheids wäre daher gem. § 48 II 2 VwVfG schutzwürdig, wenn es sich hier nicht um eine Beihilfe iSv Art. 107 I AEUV handeln würde. Erlässt die Kommission wie in Fall 4c) eine Negativentscheidung (→ Rn. 99), so *muss* der Bescheid mit Wirkung für die Vergangenheit zurückgenommen werden (→ Rn. 108). Der Verstoß gegen das Durchführungsverbot hingegen zwingt nicht zur Rücknahme des Subventionsbescheids. Hier steht der Kommission das Instrument der einstweiligen Rückforderungsanordnung nach Art. 11 II VO 659/1999 zu Gebote (→ Rn. 100).

Weiterhin ist zu beachten, dass ein Vertrauensschutz des Subventionsempfängers nicht erst bei Vorliegen einer arglistigen Täuschung (§ 48 II 3 Nr. 1 VwVfG), sondern schon dann ausscheidet, wenn der Begünstigte den Bescheid durch in wesentlichen Beziehungen **unrichtige oder unvollständige Angaben** erwirkt hat (§ 48 II 3 Nr. 2 VwVfG). Da es auf ein Verschulden des Begünstigten nicht ankommt[148], ist es auch unerheblich, ob er die Unrichtigkeit der in seiner Sphäre liegenden Angaben kannte oder hätte kennen müssen[149]. Allerdings müssen die fehlerhaften oder unvollständigen Angaben für den Erlass des rechtswidrigen Verwaltungsakts kausal gewesen sein.[150] 83

Das nach § 48 I 1 VwVfG bestehende **Rücknahmeermessen** kann schließlich auf Null reduziert sein, wenn es sich um die Rückforderung einer unionsrechtswidrigen Beihilfe handelt (→ Rn. 108).

(2) Widerruf rechtmäßiger Bescheide

Für den Widerruf eines rechtmäßigen (oder rechtswidrig gewordenen) Subventionsbescheids ist zwischen einem Widerruf mit Wirkung für die Vergangenheit und einem solchen auch mit Wirkung für die Zukunft zu unterscheiden. Diese Unterscheidung ist mit Blick darauf von großer Bedeutung, dass nur bei einer **Aufhebung mit Wirkung für die Vergangenheit** die an den Subventionsempfänger bereits erbrachten Leistungen zu erstatten sind (§ 49a I 1 VwVfG). Liegen die Voraussetzungen für einen Widerruf auch mit Wirkung ex tunc nach § 49 III VwVfG nicht vor, so wird ein Rückgriff auf die Möglichkeit eines Widerrufs mit Wirkung ex nunc nach § 49 II VwVfG dadurch nicht gesperrt. 84

§ 49 III VwVfG gilt nur für solche Geld- und Sachleistungs-Verwaltungsakte, die die **Leistung zur Erfüllung eines bestimmten Zwecks** gewähren oder hierfür Voraussetzung sind. Da eine Subvention bereits begrifflich nur vorliegt, wenn ein bestimmtes Subventionsziel verfolgt wird und hierzu die Erreichung eines Subventionszwecks erforderlich ist (→ Rn. 12), fallen Subventionsbescheide regelmäßig unter § 49 III VwVfG. Über den Wortlaut der Vorschrift hinaus ist allerdings erforderlich, dass die **Bestimmung des Subventionszwecks in dem Subventionsbescheid** selbst erfolgen muss. Eine Inbezugnahme der einschlägigen Subventionsrichtlinien (→ Rn. 14) oder 85

---
[148] BVerwGE 74, 357 (364); BVerwG NJW 1988, 1682; VGH Mannheim VBlBW 2008, 226 (228).
[149] BVerwGE 78, 139 (142 f.); VGH Mannheim VBlBW 2008, 226 (228).
[150] BVerwGE 68, 159 (162).

eventueller Ausführungen im Haushaltsplan reicht nicht aus.¹⁵¹ Ebenso wenig genügt ein Verstoß gegen das dem Zuwendungsbescheid zugrunde liegende Gesetz, um eine Widerrufsmöglichkeit nach Abs. 3 S. 1 Nr. 1 zu eröffnen.¹⁵²

> Der vom Bundeswirtschaftsministerium in Fall 4 gegenüber U erlassene Subventionsbescheid ist unter Hinweis auf die vom Ministerium erlassene Verwaltungsvorschrift und den dort festgeschriebenen Subventionszweck, für eine Erhöhung der Produktionskapazitäten der begünstigten Unternehmen zu sorgen, ergangen. Da der Bescheid selbst keine Bestimmung des Subventionszwecks enthält, würde er auch dann nicht unter § 49 III VwfG fallen, wenn er nicht rechtswidrig (→ Rn. 81), sondern rechtmäßig wäre. Im Übrigen wäre keiner der Fälle des § 49 III 1 VwVfG (→ Rn. 86) einschlägig, da U die Subvention umgehend entsprechend dem Subventionszweck verwendet hat.

86 Liegen diese Voraussetzungen vor, so ist bei Vorliegen folgender **Widerrufsgründe** ein Widerruf des Subventionsbescheids auch mit Wirkung für die Vergangenheit zulässig:

- Nach § 49 III 1 Nr. 1 VwVfG kann der Bescheid widerrufen werden, wenn der Subventionsempfänger die Leistung nicht, nicht alsbald nach der Erbringung oder nicht mehr für den bestimmten Zweck verwendet. Die 1. Variante erfasst Fälle, in denen die Leistung **von vornherein nicht für den im Bescheid vorgesehenen Zweck** verwendet wird, sei es, dass der Begünstigte die Mittel für andere Zwecke verwendet hat, die Leistung untergegangen oder dem Begünstigten auf andere Weise abhanden gekommen ist.¹⁵³
- § 49 III 1 Nr. 1 Var. 2 VwVfG zielt auf die **Vermeidung von Verzögerungen der Mittelverwendung** ab. „Alsbald" bedeutet nicht das Gleiche wie „unverzüglich" in § 121 BGB, sondern „kurz danach" oder „sogleich". Auf ein Verschulden des Subventionsempfängers kommt es nicht an. Ebenso wenig sind die Gründe für das Verstreichenlassen des Zeitraums relevant. Allerdings kann fehlendes Verschulden im Rahmen der Ermessensausübung (→ Rn. 87) einen außergewöhnlichen Umstand darstellen, der ein Absehen vom Widerruf ermöglicht.¹⁵⁴ Als Richtwert für die „alsbaldige" Verwendung kann in Anlehnung an haushaltsrechtliche Regelungen ein Zeitraum von bis zu zwei Monaten angenommen werden.¹⁵⁵
- Mit § 49 III 1 Nr. 1 Var. 3 VwVfG soll die zweckgemäße Verwendung der gewährten Leistung dauerhaft sichergestellt werden. Die Vorschrift kommt deshalb auch dann zur Anwendung, wenn die **Mittel anfänglich zweckentsprechend verwendet** wurden.
- Schließlich ist ein Widerruf mit Wirkung auch für die Vergangenheit möglich, wenn der Begünstigte eine **Auflage nicht oder nicht fristgemäß erfüllt** hat (§ 49 III 1 Nr. 2 VwVfG). Häufiges Beispiel einer solchen Auflage ist die Vorgabe, dass der Subventionsempfänger bei der Beauftragung von Unternehmen aus den empfangenen Mitteln die Vorschriften des Vergaberechts (→ § 9) einzuhalten hat.

87 Die Entscheidung der Behörde, den Subventionsbescheid mit Wirkung für die Vergangenheit zu widerrufen, steht im **Ermessen der Behörde**. Dabei kommt den haushaltsrechtlichen Grundsätzen der Wirtschaftlichkeit und Sparsamkeit für den Widerruf von Subventionsbescheiden wegen Zweckverfehlung allerdings eine ermessenslenkende Bedeutung zu, so dass in der Regel **nur der Widerruf als ermessensfehlerfrei** anzusehen ist. Die genannten Grundsätze überwiegen im Allgemeinen das Interesse des Subventionsempfängers, die Subvention behalten zu dürfen, und verbieten einen großzügigen Verzicht auf den Widerruf von Subventionsbescheiden.¹⁵⁶

---

¹⁵¹ *J. Suerbaum*, VerwArch 90 (1999), 361 (367).
¹⁵² OVG Lüneburg 26.4.2007 – 8 LB 82/05.
¹⁵³ *M. Sachs*, in: Stelkens/Bonk/Sachs, VwVfG, 7. Aufl. 2008, § 49 Rn. 103.
¹⁵⁴ BVerwG NVwZ 2003, 221 (223).
¹⁵⁵ OVG Weimar NVwZ-RR 1999, 437 (438); OVG Magdeburg NVwZ-RR 2001, 284.
¹⁵⁶ BVerwGE 105, 55 (58); OVG Münster NVwZ-RR 2003, 473 (474); 2006, 86 (88).

bb) Subventionsentscheidung durch Vertrag

Ist die Entscheidung über das „Ob" der Subventionsgewährung durch Vertrag getroffen worden, so bedarf es vor einer Rückforderung bereits gewährter Subventionen regelmäßig einer **Kündigung des Vertrags** bzw. eines Rücktritts. Entsprechende Regelungen können in Gestalt eines Kündigungs- oder Rücktrittsrechts zunächst im Vertrag selbst enthalten sein. Möglich ist auch die Vereinbarung einer auflösenden Bedingung, deren Eintritt den Vertrag entfallen lässt. Bei Realsubventionen in Gestalt einer Kaufpreisermäßigung (→ Rn. 65) wird die Festschreibung eines Subventionszwecks im Vertrag häufig so zu interpretieren sein, dass die Verfehlung des Zwecks zwar nicht zum Entfall des Kaufvertrages führt, wohl aber unmittelbar eine Pflicht des Subventionsempfängers zur Rückzahlung der Subvention auslöst[157]. Öffentlich-rechtliche Subventionsverträge können darüber hinaus unter den Voraussetzungen des § 60 VwVfG gekündigt werden.

88

b) Rückforderung der gewährten Subvention

Ist der Subventionsbescheid oder der Vertrag, durch den eine positive Entscheidung über das „Ob" der Subventionierung getroffen worden war, nicht mehr wirksam (→ Rn. 78 ff.), so führt dies noch nicht von allein dazu, dass bereits gewährte Leistungen wieder zurückgezahlt werden. Vielmehr bedarf es einer **Anspruchsgrundlage**, aufgrund derer die Behörde ihr **Rückforderungsbegehren** geltend machen kann. Dabei ist zwischen ein- und zweistufigen Subventionsverhältnissen zu unterscheiden.

89

aa) Rückforderung in einstufigen Subventionsverhältnissen

(1) Durch Verwaltungsakt begründete Subventionsverhältnisse

Die Rückforderung von Subventionen, über deren Gewährung einstufig durch Verwaltungsakt entschieden wurde, richtet sich nach **§ 49a VwVfG**. Gemäß § 49a I 1 VwVfG sind bereits erbrachte Leistungen zu erstatten, soweit ein Verwaltungsakt mit Wirkung für die Vergangenheit zurückgenommen oder widerrufen worden oder infolge des Eintritts einer auflösenden Bedingung unwirksam geworden ist. § 49a I 1 VwVfG geht für seinen Anwendungsbereich als **Anspruchsgrundlage** dem allgemeinen öffentlich-rechtlichen Erstattungsanspruch vor. Die Durchsetzung dieses Anspruchs erfolgt nach § 49a I 2 VwVfG **durch Verwaltungsakt**, dessen Erlass nicht im Ermessen der Behörde steht. Die Festsetzung des Erstattungsanspruchs durch Verwaltungsakt setzt nicht voraus, dass der Rücknahme- oder Widerrufsbescheid bestandskräftig ist; beide Entscheidungen können auch miteinander verbunden werden.

90

Den **Umfang der Erstattungspflicht** regelt § 49a II VwVfG mittels Verweisung auf die §§ 812 ff. BGB. Es handelt sich dabei um eine **Rechtsfolgenverweisung**, so dass die Tatbestandsvoraussetzungen des § 812 BGB nicht zusätzlich geprüft werden müssen. Der Verweis umfasst zB nicht § 814 BGB, da diese Vorschrift nicht den Umfang der Erstattung regelt.[158] Zu beachten ist, dass § 49a II 2 VwVfG eine Sonderregelung enthält, die eine Geltendmachung einer Entreicherung in bestimmten Fällen ausschließt. Von der Verzinsung einer zu erstattenden Subvention nach § 49a III VwVfG ist der Zinsanspruch nach § 49a IV VwVfG zu unterscheiden. Er ermöglicht es der Behörde, zunächst von einem Widerruf nach § 49 III 1 Nr. 1 VwVfG (→ Rn. 98) abzusehen und (Zwischen-)Zinsen zu verlangen, wenn die Subvention nicht alsbald nach der Auszahlung für den bestimmten Zweck verwendet wird.

91

---

[157] BGH NVwZ 2007, 246 (248).
[158] BVerwGE 116, 74 (77).

> In Fall 4c) kann eine Rückforderung jedenfalls insoweit durch Rückforderungsbescheid nach § 49a I VwVfG angeordnet werden wie es um den U gewährten verlorenen Zuschuss von € 10 000 000.– geht und der Subventionsbescheid mit Wirkung für die Vergangenheit zurückgenommen worden ist. Hinsichtlich der Rückerstattung der Darlehenssumme sind die für zweistufige Subventionsrechtsverhältnisse geltenden Besonderheiten zu beachten (→ Rn. 95 ff.). Würde sich die Rückforderung allein nach nationalem Recht richten, so würde sich die Frage, ob sich U auf einen Wegfall der Bereicherung (§ 49a II 1 VwVfG, § 818 III BGB) berufen kann, weil er die erhaltenen Mittel zwecksprechend für die Errichtung neuer Produktionsanlagen errichtet hat, nicht stellen. Denn der Bescheid könnte ja schon nicht zurückgenommen werden, weil das Vertrauen des U in den Fortbestand des Subventionsbescheides gem. § 48 II 2 VwVfG schutzwürdig ist (→ Rn. 82). Unterstellt, man würde die letztgenannte Frage anders beantworten, so wäre nach den Grundsätzen der sog. Saldotheorie ein Vergleich des Vermögens des U zum Zeitpunkt des Erhalts der Subvention und zum Zeitpunkt der Rückforderung anzustellen. Soweit sich dabei durch die Errichtung neuer Produktionsanlagen ein Wertzuwachs bei U ergibt, ist er noch bereichert. Da es sich allerdings in Fall 4c) um eine Beihilfe iSv Art. 107 I AEUV handelt, kann die Frage nach der Entreicherung in der Klausur offen gelassen werden: U kann sich auf einen Wegfall der Bereicherung nicht berufen (→ Rn. 106 f.).

(2) Durch Vertrag begründete Subventionsverhältnisse

92 Bei einstufig durch Vertrag gewährten Subventionen besteht bei durch Kündigung oder in anderer Weise beendeten öffentlich-rechtlichen Verträgen nach überwiegender[159] (wenngleich unzutreffender[160]) Auffassung ein **öffentlich-rechtlicher Erstattungsanspruch** auf Rückgewähr der ausgezahlten Subvention. Bei privatrechtlichen Verträgen ergibt sich der Anspruch unmittelbar aus den §§ 812 ff. BGB.

93 Auch wenn es sich bei dem der Subvention zugrundeliegenden Vertrag um einen öffentlich-rechtlichen Vertrag gehandelt hat, muss die Behörde ihren öffentlich-rechtlichen Erstattungsanspruch grundsätzlich mit einer **Leistungsklage vor dem Verwaltungsgericht** geltend machen. Die Rückforderung mittels eines Verwaltungsakts steht ihr regelmäßig nicht zu Gebote.[161] Ausnahmsweise kann die Behörde jedoch einen Leistungsbescheid erlassen, wenn dies spezialgesetzlich vorgesehen ist[162] oder der Vertrag ein ergänzendes einseitig-hoheitliches Vorgehen der Behörde nicht ausschließen soll.[163]

94 In jedem Fall ausgeschlossen ist die **Rückforderung durch Bescheid**, wenn die Subventionsgewährung einstufig durch privatrechtlichen Vertrag erfolgte.[164] Dies gilt auch dann, wenn es sich um eine unionsrechtswidrige Beihilfe handelt, deren Rückforderung durch die Behörden des betreffenden Mitgliedstaats geboten ist (→ Rn. 113). Art. 14 III der VO 659/1999, der die Ermöglichung einer sofortigen und tatsächlichen Vollstreckung der Entscheidung der Kommission fordert, verlangt nicht die Wahl gerade der Handlungsform des Verwaltungsakts und stellt keine Rechtsgrundlage für den Erlass eines Rückforderungsbescheids dar.[165]

---

[159] BVerwGE 71, 85 (88); 112, 351 (353 f.); OVG Berlin EuZW 2006, 91 (92); OVG Koblenz DVBl. 1992, 785 (787); VGH Mannheim NVwZ 1991, 583 (588); *U. Schliesky*, in: Knack/Henneke, VwVfG, 9. Aufl. 2010, § 59 Rn. 56 mwN.
[160] *Ziekow*, VwVfG § 59 Rn. 25 f.: Anwendbarkeit der §§ 812 ff. BGB über § 62 S. 2 VwVfG.
[161] BVerwGE 50, 171 (173 f.); 59, 60 (65); VGH München BayVBl. 2000, 595 (596); 2005, 143 (146).
[162] BVerwGE 59, 60 (65); 89, 345 (348 f.); VGH München BayVBl. 2000, 595 (596).
[163] BVerwGE 59, 60 (63); VG Regensburg NuR 2006, 402: Im konkreten Fall war die Rückforderung durch Bescheid im Vertrag ausdrücklich zugelassen.
[164] OVG Weimar DVBl. 2011, 242 (243 f.).
[165] OVG Weimar DVBl. 2011, 242 (244); VG Berlin EuZW 2005, 659; *A. Goldmann*, Jura 2008, 275 (279 ff.); *C. Herrmann/T. Kruis*, EuR 2007, 141 (151 ff.); *J. Hoffmann/M. Bollmann*, EuZW 2006, 398 (400 f.). A. M. OVG Berlin EuZW 2006, 91 (93); *D. v. Brevern*, EWS 2006, 150 (153 f.).

bb) Rückforderung in zweistufigen Subventionsverhältnissen

In zweistufigen Subventionsrechtsverhältnissen besteht die Besonderheit, dass über das „Ob" der Subventionsgewährung durch Verwaltungsakt entschieden worden ist und die Einzelheiten der Subventionsgewährung durch privatrechtlichen (oder öffentlich-rechtlichen) Vertrag, bspw. einen Darlehensvertrag, geregelt werden. Wird hier der **Subventionsbescheid mit Wirkung für die Vergangenheit zurückgenommen oder widerrufen**, so ist zu unterscheiden: 95

- § 49a VwVfG ist nicht anwendbar, wenn sich aus dem Subventionsbescheid nicht unmittelbar ein **Anspruch** auf Auszahlung der Darlehenssumme, sondern nur **auf Abschluss des Darlehensvertrages** über die in dem Subventionsbescheid genannte Darlehenssumme ergibt. Diese Gestaltung dürfte den Regelfall in zweistufigen Subventionsverhältnissen darstellen. In dieser Konstellation ist der **Darlehensvertrag Rechtsgrundlage für das Behaltendürfen** der Darlehenssumme. Die Behörde muss mithin zunächst den Darlehensvertrag wegen des Wegfalls des zugrunde liegenden Subventionsbescheids kündigen (ein solches Kündigungsrecht ist regelmäßig in den Darlehensverträgen vorgesehen) und anschließend ihren zivilrechtlichen Bereicherungsanspruch (→ Rn. 92) geltend machen. Hier kann die Behörde also den Erstattungsbetrag nicht durch Verwaltungsakt festsetzen, sondern muss ihn vor dem ordentlichen Gericht einklagen.[166] 96

- Anderes gilt, wenn der **Subventionsbescheid unmittelbare Grundlage für den Anspruch auf Auszahlung** des Darlehens ist und der zivilrechtliche Vertrag nur die weiteren Modalitäten wie Verzinsung, Rückzahlungsraten etc. regelt. Mit Wegfall des Subventionsbescheids darf der Subventionsempfänger das Darlehen nicht mehr behalten. In dieser Fallgestaltung ist **§ 49a VwVfG** (→ Rn. 90 f.) anwendbar. 97

> In der Klausur wäre zu prüfen, ob der gegenüber U in Fall 4c) erlassene Rückforderungsbescheid insoweit rechtswidrig ist, wie das U gewährte Darlehen durch Verwaltungsakt zurückgefordert wird. Denn § 49a VwVfG könnte deshalb nicht anwendbar sein, weil zwischen U und der A-Bank ein Darlehensvertrag geschlossen worden ist, der die Rechtsgrundlage für das Behaltendürfen der Darlehenssumme darstellen könnte. Doch ist bereits → Rn. 72 dargestellt worden, dass das Bundeswirtschaftsministerium über die Gewährung nicht nur des verlorenen Zuschusses, sondern auch des Darlehens einheitlich durch Subventionsbescheid entschieden hat. Der grundsätzliche Anspruch des U auf die Gewährung des Darlehens ergibt sich bereits aus diesem Bescheid. Der Darlehensvertrag wird lediglich zur Abwicklung der Subventionierung geschlossen. Daher konnte das Bundeswirtschaftsministerium – nach Rücknahme des Subventionsbescheids mit Wirkung für die Vergangenheit (→ Rn. 82) – auf der Grundlage des § 49a VwVfG einen Rückforderungsbescheid erlassen.

2. Besonderheiten bei der Rückforderung unionsrechtswidriger Beihilfen

Sobald der Kommission Informationen über rechtswidrige Beihilfen (→ Rn. 17 ff.) vorliegen, hat sie diese unverzüglich zu prüfen (Art. 10 I VO 659/1999). Im Überblick gestaltet sich das **Rückforderungsverfahren** folgendermaßen: 98

---

[166] BVerwG NJW 2006, 536 (537).

Verfahrensstufe	Maßnahme	Handelnde Stelle
Verfahrenseinleitung	Prüfung von Informationen über rechtswidrige Beihilfen (Art. 10 I VO 659/1999); Beteiligtenbeschwerde in der Form des Art. 20 II VO 659/1999	Kommission
Informationsstufe	Auskunftsverlangen gegenüber dem betreffenden Mitgliedstaat, ggf. durch Beschluss (Art. 10 II, III VO 659/1999)	Kommission
Sicherungsstufe	Anordnung gegenüber dem betreffenden Mitgliedstaat, bis zur Entscheidung über die Vereinbarkeit der Beihilfen mit dem Binnenmarkt die Beihilfen auszusetzen oder einstweilig zurückzufordern (Art. 11 VO 659/1999)	Kommission
Vorprüfungsstufe	Beschluss, – dass keine Beihilfe vorliegt, – keine Einwände zu erheben oder – das förmliche Prüfverfahren zu eröffnen (Art. 13 I 1 iVm Art. 4 II – IV VO 659/1999; → Rn. 50)	Kommission
Förmliches Prüfverfahren	(bei Eröffnungsbeschluss auf der Vorprüfungsstufe) 1. Verfahren: – vorläufige Würdigung im Eröffnungsbeschluss – Aufforderung des betreffenden Mitgliedstaats und anderer Beteiligter zur Stellungnahme – Einholung einer Äußerung des betreffenden Mitgliedstaats zu den eingegangenen Stellungnahmen (Art. 6 VO 659/1999) – Soweit erforderlich Ersuchen um Erteilung von Marktauskünften an andere Mitgliedstaaten, Unternehmen oder Unternehmensvereinigungen (Art. 6a VO 659/1999) 2. Beschluss – der fehlenden Beihilfeneigenschaft, – der Vereinbarkeit mit dem Binnenmarkt (Positiventscheidung) oder – dass die Beihilfe wegen ihrer Unvereinbarkeit mit dem Binnenmarkt nicht eingeführt werden darf (Negativentscheidung) (Art. 13 I 2 iVm Art. 7 II-V VO 659/1999; → Rn. 51 ff.)	Kommission
Rückforderungsbeschluss	(bei Negativentscheidung im förmlichen Prüfverfahren) Beschluss, dass der betreffende Mitgliedstaat alle notwendigen Maßnahmen zu ergreifen hat, um die Beihilfe vom Empfänger zurückzufordern (Art. 14 I 1 VO 659/1999) – Frist: zehn Jahre ab Gewährung der Beihilfe (Unterbrechung mit neuem Fristlauf durch jede Maßnahme der Kommission!) (Art. 15 VO 659/1999) – Kein Rückforderungsverlangen bei Verstoß gegen einen allgemeinen Grundsatz des Unionsrechts (Art. 14 I 2 VO 659/1999) – Zinspflicht des Empfängers ab Verfügbarkeit der Beihilfe für den Empfänger (Art. 14 II VO 659/1999)	Kommission
Durchführung der Rückforderung	Rückforderung der rechtswidrigen Beihilfe von deren Empfänger – nach nationalem Verfahrensrecht, sofern hierdurch die sofortige und tatsächliche Vollstreckung des Kommissionsbeschlusses ermöglicht wird (d. h. Überlagerung des nationalen Rechts durch das Effektivitätsgebot) – unverzüglich – Pflicht des Mitgliedstaats, alle zur Durchsetzung der Rückforderung erforderlichen, einschließlich vorläufiger Maßnahmen zu ergreifen (Art. 14 III VO 659/1999)	Zuständige Behörden des betreffenden Mitgliedstaats

a) Der Rückforderungsbeschluss der Kommission

99 Zur Rückforderung einer rechtswidrigen Beihilfe kommt es mithin nur, wenn die Kommission im förmlichen Prüfverfahren nach Einholung von Stellungnahmen des Mitgliedstaats, der die Beihilfe gewährt hat, und der anderen Beteiligten eine **Negativentscheidung** trifft, also feststellt, dass die Beihilfe mit dem Binnenmarkt unvereinbar ist und nicht eingeführt werden durfte (Art. 13 iVm Art. 7 V VO 659/1999).

> Eine solche Negativentscheidung ist in Fall 4a) (noch) nicht getroffen worden. In Fall 4c) hat die Kommission eine Negativentscheidung getroffen.

100 Ein **Rückforderungsbeschluss** ergeht mithin allein bei einer *materiell* rechtswidrigen Beihilfe. Ein Verstoß gegen das Notifizierungs- oder das Durchführungsverbot (→ Rn. 48 ff.) des Art. 108 III 3 AEUV macht die Beihilfegewährung lediglich formell rechtswidrig. Aufgrund der allein formellen Rechtswidrigkeit kann die Kommission keinen endgültigen Rückforderungsbeschluss erlassen.[167] Hier ist nur eine einstweilige Rückforderungsanordnung bis zum Erlass des Beschlusses über die materielle Rechtmäßigkeit der Beihilfe zulässig, wenn es sich zweifelsfrei um eine Beihilfe handelt, ein Tätigwerden dringend geboten und ein Schaden für einen Konkurrenten ernsthaft zu befürchten ist (Art. 11 II VO 659/1999).

> In Fall 4b) ist die Beihilfengewährung an U wegen des Verstoßes gegen das Durchführungsverbot rechtswidrig (→ Rn. 51). Hier hätte die Kommission eine einstweilige Rückforderungsanordnung erlassen können, hat dies aber nicht getan. Fraglich ist, ob die spätere Positiventscheidung der Kommission die aus dem Verstoß gegen das Durchführungsverbot entstandene Rechtswidrigkeit heilt, so dass sich die Konkurrentenklage des K erledigen würde (→ Rn. 134).

101 „**Andere Beteiligte**", die von der Kommission nach Art. 108 II AEUV, Art. 6 I 2 VO 659/1999 zur Äußerung aufgefordert werden, sind nicht nur die durch die Beihilfe begünstigten Unternehmen, sondern alle durch die Gewährung der Beihilfe evtl. in ihren Interessen verletzten Personen, Unternehmen oder Vereinigungen. Hierzu gehören insbesondere **konkurrierende Unternehmen**, sofern ihre Wettbewerbsposition auf dem Markt durch die Gewährung der Beihilfe beeinträchtigt wird.[168] Dieses Äußerungsrecht können die Beteiligten notfalls gerichtlich durchsetzen (→ Rn. 133). Keine Beteiligten sind Unternehmen, an die die Kommission ein Marktauskunftsersuchen nach Art. 6a VO 659/1999 gerichtet hat.

> Äußerungsberechtigt nach Art. 108 II AEUV, Art. 6 I 2 VO 659/1999 ist in Fall 4 der K. In Fall 4b) ist ihm dieses Äußerungsrecht durch den Beschluss der Kommission, kein förmliches Prüfverfahren einzuleiten, genommen worden (→ Rn. 133).

102 Die Negativentscheidung der Kommission ist **an den betreffenden Mitgliedstaat gerichtet**, nicht an das durch die Beihilfe begünstigte Unternehmen. Das Unternehmen wird durch die Negativentscheidung noch nicht zur Rückgewähr der empfangenen Vergünstigung verpflichtet. Die Negativentscheidung enthält bei rechtswidrigen Beihilfen zusätzlich zur Feststellung der Unvereinbarkeit mit dem Binnenmarkt die

---

[167] Vgl. EuGH Slg. 1990, I-307 Rn. 19 f. – Boussac; 1991, I-5505 Rn. 13 f. – FNCE; 1996, I-3547 Rn. 43 – SFEI.
[168] EuGH Slg. 1984, 3809 Rn. 16 – Intermills; 1993, I-2487 Rn. 24 – Cook; 1998, I-1719 Rn. 41 – Sytraval; EuG Slg. 1998, II-3713 Rn. 62 – Waterleiding Maatschappij; 2001, II-1037 Rn. 40 f. – HHLA; EuZW 2008, 49 Rn. 23 – Stadtwerke Schwäbisch Hall; 2008, 723 Rn. 39 – Glunz-AG.

„Rückforderungsentscheidung" der Kommission. Durch diese Rückforderungsentscheidung wird der betreffende Mitgliedstaat verpflichtet, alle notwendigen Maßnahmen zu ergreifen, um die Beihilfe vom Empfänger zurückzufordern (Art. 14 I 1 VO 659/1999). Gegenüber dieser Rückforderungsentscheidung kann sich der Mitgliedstaat nicht auf ein evtl. bei dem begünstigten Unternehmen entstandenes Vertrauen berufen.[169]

> Eine solche Rückforderungsentscheidung hat die Kommission in Fall 4c) erlassen. In Umsetzung dieser Entscheidung hat das Bundeswirtschaftsministerium den Rückforderungsbescheid gegenüber U erlassen.

b) Rückforderung der Beihilfe durch den Mitgliedstaat

103 Die Rückforderung der Beihilfe durch den Mitgliedstaat gegenüber dem Beihilfenempfänger ist unionsrechtlich nicht geregelt, sondern findet nach dem **in dem jeweiligen Mitgliedstaat hierfür vorgesehenen Verfahren** statt (→ Rn. 77 ff.).[170] Aus unionsrechtlicher Perspektive ist es dem Mitgliedstaat freigestellt, durch welche Mittel er seiner durch die Negativentscheidung der Kommission begründeten Rückforderungsverpflichtung nachkommt.[171] Er muss also nicht notwendig von dem begünstigten Unternehmen eine Barrückzahlung der Beihilfen verlangen. Denkbar ist zB auch eine Rückforderung im Wege der Aufrechnung.[172] Allerdings muss das Unionsrecht ein **kollusives Zusammenwirken von begünstigtem Unternehmen und Mitgliedstaat** mit dem Ziel, den faktischen Verbleib der Vergünstigung bei dem Unternehmen zu erreichen, verhindern. Denn der zur Rückforderung verpflichtete Mitgliedstaat und der Beihilfenempfänger sitzen häufig „in einem Boot", liegt es doch im Interesse des Mitgliedstaats, die Stellung der heimischen Unternehmen im Wettbewerb mit Unternehmen aus anderen Mitgliedstaaten zu stärken.

104 Daher gebietet der **Effektivitätsgrundsatz** (→ § 3 Rn. 40), dass die von dem Mitgliedstaat ergriffenen Maßnahmen geeignet sein müssen, die durch die Gewährung der rechtswidrigen Beihilfe verfälschten Wettbewerbsbedingungen wieder herzustellen, und dass diese Maßnahmen dem Unionsrecht entsprechen.[173] Die Anwendung nationalen Rechts darf die unionsrechtlich vorgeschriebene **Rückforderung nicht praktisch unmöglich machen** und den Unionsrechtsvorschriften über die staatlichen Beihilfen jede praktische Wirksamkeit nehmen. Die Rückforderungsmaßnahme des Mitgliedstaats muss die sofortige und tatsächliche Vollstreckung der Kommissionsentscheidung ermöglichen (Art. 14 III VO 659/1999). Aus diesen Grundsätzen ergeben sich **Modifikationen des nach deutschem Recht bestehenden Rückabwicklungsregimes**.

---

[169] EuGH NVwZ 2008, 985 Rn. 24.
[170] EuGH Slg. 1997, I-1591 Rn. 24 – Alcan; 2001, I-5107 Rn. 51; 2002, I-11695 Rn. 32 – WestLB; EuZW 2009, 771 Rn. 65 f.
[171] EuGH Slg. 2002, I-11695 Rn. 34 – WestLB; EuZW 2009, 771 Rn. 67; 2010, 585 Rn. 21 – Scott.
[172] EuGH EuZW 2009, 771 Rn. 68.
[173] EuGH Slg. 2002, I-11695 Rn. 35 – WestLB; EuZW 2010, 585 Rn. 21 f. – Scott.

aa) Rücknahme von rechtswidrigen Beihilfebescheiden

Bei der Anwendung einer Vorschrift, die die Rücknahme eines rechtswidrigen Verwaltungsakts von der Abwägung der widerstreitenden Interessen abhängig macht, muss das **Interesse der Union an der Durchsetzung der unionsrechtlichen Wettbewerbsordnung** in vollem Umfang berücksichtigt werden.[174] Hierdurch kommt es zu Überlagerungen der für die Rücknahme von begünstigenden Verwaltungsakten nach § 48 VwVfG geltenden Grundsätzen (→ Rn. 82 ff.) durch das Unionsrecht: 105

- Ein **Vertrauensschutz für das Unternehmen**, das von der Beihilfe begünstigt wird, ist bei Nichtbeachtung der Verfahrensvorgaben des Art. 108 AEUV nahezu ausgeschlossen. Hier steht der EuGH auf dem Standpunkt, dass die Nichtbeachtung der Notifizierungspflicht (→ Rn. 48 ff.) die Konsequenz zeitigt, dass ein berechtigtes Vertrauen des Empfängers in die Ordnungsgemäßheit ihrer Gewährung nicht entstanden sein kann.[175] Denn die Beurteilung, ob eine Beihilfe mit dem Binnenmarkt vereinbar ist oder nicht, liegt allein bei der Kommission.[176] Nur sie kann bei Beachtung des Verfahrens des Art. 108 AEUV einen Vertrauenstatbestand zugunsten des Beihilfenempfängers setzen.[177] 106

Von einem sorgfältigen Gewerbetreibenden kann regelmäßig erwartet werden, dass er sich **über die Einhaltung des Verfahrens vergewissert**.[178] Erkundigungen bei den mitgliedstaatlichen Behörden dürften insoweit nicht ausreichen, da hierdurch die Gefahr eines kollusiven Zusammenwirkens zwischen Beihilfenempfänger und Mitgliedstaat nicht ausgeschlossen werden kann.[179] Im Zweifelsfall muss sich der **Beihilfenempfänger bei der Kommission erkundigen**. Erteilt diese dem Beihilfenempfänger keine Auskunft, so wird er sich auf einen Schutz seines Vertrauens berufen können. Denn der EuGH hat nicht ausgeschlossen, dass sich auch der Empfänger einer rechtswidrigen Beihilfe ausnahmsweise auf vertrauensschützende Umstände berufen kann.[180] Solche Umstände werden regelmäßig nur aus einem Verhalten der Kommission geschlossen werden können.[181] So hat der EuGH darauf hingewiesen, dass ein überlanges Zögern der Kommission, ein Beihilfenkontrollverfahren einzuleiten, gegen den Grundsatz der Rechtssicherheit verstoßen kann.[182] Schließlich kann sich ein Unternehmen nicht darauf berufen, dass es wegen seiner geringen Größe nicht in der Lage gewesen sei, sich die Bedeutung der unionsrechtlichen Vorschriften über staatliche Beihilfen zu erarbeiten.[183] Allerdings kann der Beihilfenempfänger einen **Schadensersatzanspruch gegen die deutsche Behörde**, die gegen die Notifizierungspflicht verstoßen hat, haben, wenn die Behörde ihn nicht auf die unterlassene Notifizierung und die daraus resultierende Gefahr einer sofortigen Rückforderung der Beihilfe hingewiesen hat.[184] 107

- Da Folge der Feststellung der Rechtswidrigkeit der Beihilfengewährung durch die Kommission die Rückforderung der Beihilfe ist, ist eine Betätigung des verbleibenden Rücknahmeermessens (§ 48 I 1 VwVfG) zugunsten des Beihilfenempfängers grundsätzlich nicht möglich.[185] Das öffentliche Interesse an der Verhinderung 108

---

[174] Vgl. EuGH Slg. 1983, 2633 Rn. 27 ff. – Deutsche Milchkontor; 1989, 175 Rn. 12; 1990, I-3437 Rn. 10 ff.; 2000, I-4897 Rn. 55. Aus der deutschen Rspr.: BVerwGE 92, 81 (85 f.); 106, 328 (332).
[175] EuGH Slg. 2004, I-10609 Rn. 44 f. – Demesa; EuZW 2006, 209 Rn. 104 – Unicredito Italiano.
[176] EuGH EuZW 2006, 209 Rn. 107 – Unicredito Italiano.
[177] EuGH EuZW 2006, 209 Rn. 104 – Unicredito Italiano.
[178] EuGH Slg. 1990, I-3437 Rn. 12; 1997, I-1591 Rn. 25 – Alcan; 2004, I-10609 Rn. 44 – Demesa.
[179] Vgl. *M. Bungenberg*, in: Birnstiel/Bungenberg/Heinrich, Europ. BeihR, Kap. 2 Rn. 498.
[180] EuGH Slg. 2004, I-4087 Rn. 86; 2004, I-10609 Rn. 51 – Demesa.
[181] Eingehend *M. Bungenberg*, in: Birnstiel/Bungenberg/Heinrich, Europ. BeihR, Kap. 2 Rn. 491 ff.
[182] EuGH Slg. 2004, I-4087 Rn. 90.
[183] EuG Slg. 2000, II-3207 Rn. 126 – CETM.
[184] BGH EuZW 2009, 28 (30).
[185] EuGH Slg. 1997, I-1591 Rn. 34 – Alcan; BVerwGE 92, 81 (87).

wettbewerbsverfälschender Beihilfen und der Wiederherstellung der früheren Lage setzt sich insoweit durch. Die Behörde ist sogar dann **zur Rückforderung verpflichtet**, wenn sie für die Rechtswidrigkeit in einem solchen Maße verantwortlich ist, dass die Rücknahme dem Begünstigten gegenüber als Verstoß gegen Treu und Glauben erscheint, sofern der Begünstigte wegen Nichteinhaltung des in Art. 108 AEUV vorgesehenen Verfahrens kein berechtigtes Vertrauen in die Ordnungsmäßigkeit der Beihilfe haben konnte.[186]

> In Fall 4c) war dem Bundeswirtschaftsministerium ein Absehen von der Rückforderung der Beihilfen nicht möglich. Das Ministerium musste den Rückforderungsbescheid erlassen – ungeachtet der von U vorgetragenen Gesichtspunkte (→ Rn. 110).

109 ■ Auch eine Berufung auf den Grundsatz der Rechtssicherheit scheidet aus, da wegen der Rechtswidrigkeit der Beihilfengewährung das Drohen eines Rechtsstreits bereits zum Zeitpunkt der Gewährung vorhersehbar war.[187] Ob die Behörde eine nach nationalem Recht beachtliche Ausschlussfrist wie etwa die nach § 48 IV VwVfG hat verstreichen lassen, ist dementsprechend unbeachtlich.[188] Nur in besonderen Ausnahmefällen kann es geboten sein, dem Empfänger einer rechtswidrigen Beihilfe die Berufung auf vertrauensschützende Umstände zu ermöglichen, so dass er die Beihilfe nicht zurückzuzahlen braucht.[189]

110 ■ In der Regel verstößt die Rückforderung einer rechtswidrigen Beihilfe nicht gegen den **Grundsatz der Verhältnismäßigkeit**. Der EuGH bezeichnet die Rückforderung als „die logische Folge der Feststellung ihrer Rechtswidrigkeit", die nur die Lage vor der Gewährung der Beihilfe wieder herstellt. Insbesondere wird der rechtswidrige Vorteil des Beihilfenempfängers gegenüber seinen Konkurrenten beseitigt.[190] Der Umstand, dass eine Rückforderung der Beihilfe zu einem finanziellen Zusammenbruch der begünstigten Unternehmen und in Folge dessen zu einer schweren Krise im sozialen Bereich führen könnte, stellt aus gemeinschaftsrechtlicher Perspektive eine unbeachtliche interne Schwierigkeit dar.[191]

> Selbst wenn in Fall 4c) die Rückzahlung der von U empfangenen Beihilfen zur Zerstörung von U führen würde und hierdurch tausende Arbeitsplätze entfielen und ein gesamter Wirtschaftszweig ins Wanken geriete, dürfte das Bundeswirtschaftsministerium nicht von der Rückforderung absehen.

111 ■ Schließlich ist ein nach nationalem Recht bei fehlender Bösgläubigkeit des Empfängers möglicher **Wegfall der Bereicherung irrelevant**.[192] Könnte das von einer rechtswidrigen Beihilfe begünstigte Unternehmen der Rückforderung entgegenhalten, es habe die empfangene Vergünstigung verplant und eine Rückforderung habe dementsprechend negative Auswirkungen auf die finanzielle Situation des Unternehmens, so würde dies auf nahezu jedes Unternehmen zutreffen; die Kon-

---

[186] EuGH Slg. 1997, I-1591 Rn. 49 – Alcan.
[187] EuGH EuZW 2006, 209 Rn. 104 – Unicredito Italiano.
[188] EuGH Slg. 1997, I-1591 Rn. 38 – Alcan.
[189] EuGH GewArch 2008, 247 Rn. 43.
[190] Vgl. EuGH Slg. 1999, I-3671 Rn. 64 f.; 2000, I-8717 Rn. 35; 2004, I-3925 Rn. 74 f.; EuZW 2006, 209 Rn. 113 – Unicredito Italiano.
[191] EuGH Slg. 2004, I-3679 Rn. 105.
[192] EuGH Slg. 1997, I-1591 Rn. 50 f. – Alcan; BVerwGE 106, 328 (338).

trolle staatlicher Beihilfen durch die Union würde dadurch praktisch wirkungslos.[193]

U kann sich deshalb in Fall 4c) nicht darauf berufen, dass er die ihm als Beihilfen zugewendeten Mittel vollständig ausgegeben habe.

bb) Rückabwicklung bei vertraglich gewährten Beihilfen

Ist die Beihilfe nicht durch Verwaltungsakt, sondern durch (öffentlich-rechtlichen oder zivilrechtlichen) Vertrag gewährt worden (→ Rn. 71 ff.), so ist der Vertrag nach der Rspr. des BGH wegen des **Verstoßes gegen das Durchführungsverbot** des Art. 108 III 3 AEUV nach § 134 BGB (bei öffentlich-rechtlichen Verträgen iVm § 59 I VwVfG) **nichtig**.[194] Dem wird man nicht zustimmen können. Art. 108 III 3 AEUV fordert keine Nichtigkeit des die Beihilfe gewährenden Vertrages von Anfang an. Vielmehr eröffnet der EuGH dem jeweiligen Mitgliedstaat statt einer Rückforderung der Beihilfe wegen des Verstoßes auch die Möglichkeit die durch die verfrühte Beihilfegewährung eingetretene Wettbewerbsverzerrung durch eine Zins- und Schadensersatzpflicht des begünstigten Unternehmens auszugleichen (→ Rn. 134). Ausreichend ist es daher, die die Beihilfe gewährenden Verträge bis zu einer abschließenden Entscheidung der Kommission nur als schwebend unwirksam zu behandeln.[195] Auf der Grundlage öffentlich-rechtlicher Verträge gewährte Beihilfen werden nach überwiegender Auffassung über den öffentlich-rechtlichen Erstattungsanspruch rückabgewickelt.[196] Die oben für die Rücknahme von Verwaltungsakten dargestellten unionsrechtlichen Überlagerungen gelten allerdings auch hier.

112

Für die Rückabwicklung von auf der Grundlage **zivilrechtlicher Verträge** gewährter Beihilfen ergibt sich die Besonderheit, dass das Rückabwicklungsrechtsverhältnis durch die Negativentscheidung der Kommission öffentlich-rechtlich geprägt wird. Dies gilt auch im Verhältnis zu dem von der Beihilfe begünstigten Unternehmen, das durch eine Negativentscheidung unmittelbar und individuell betroffen wird (→ Rn. 125). Anspruchsgrundlage für die Rückforderung ist daher auch hier der **öffentlich-rechtliche Erstattungsanspruch**, die §§ 812 ff. BGB kommen nicht zur Anwendung.[197] Allerdings ergibt sich hieraus noch nicht die Befugnis der deutschen Behörden, das Rückforderungsbegehren mittels Verwaltungsakts durchzusetzen (→ Rn. 112). Vielmehr ist eine Leistungsklage vor dem Verwaltungsgericht zu erheben.

113

cc) Die Bedeutung von Schwierigkeiten bei der Rückforderung

Gegen die an den jeweiligen Mitgliedstaat gerichtete Entscheidung, dass der Mitgliedstaat die Beihilfe von dem Empfänger zurückzufordern hat (→ Rn. 102), kann sich der Mitgliedstaat (und das begünstigte Unternehmen) mit der absoluten **Unmöglichkeit der richtigen Durchführung der Kommissionsentscheidung** verteidigen.[198]

114

---

[193] EuGH EuZW 2006, 209 Rn. 110 – Unicredito Italiano.
[194] BGH EuZW 2003, 444 (445); 2004, 252 (253); 2004, 254 (255); 2011, 440 Rn. 40.
[195] Vgl. nur *V. Fiebelkorn/H. Petzold*, EuZW 2009, 323 (325); *A. Goldmann*, Jura 2008, 275 (278) mwN.
[196] *M. Bungenberg/M. Motzkus*, in: Birnstiel/Bungenberg/Heinrich, Europ. BeihR, Kap. 5 Rn. 116; *Koenig/Kühling/Ritter*, EG-BeihR Rn. 457 ff. Kritisch *Ziekow*, VwVfG § 59 Rn. 25 f. mwN: Rückabwicklung gem. § 62 S. 2 VwVfG, §§ 812 ff. BGB.
[197] OVG Berlin EuZW 2006, 91 (92 f.); *D. v. Brevern*, EWS 2006, 150 (151 f.).
[198] EuGH Slg. 1995, I-673 Rn. 16; 1998, I-259 Rn. 13; 1999, I-3671 Rn. 87; 2001, I-5107 Rn. 30; 2002, I-11695 Rn. 70 – WestLB; 2005, I-3875 Rn. 35; EuZW 2011, 517 Rn. 35.

Voraussetzung ist in jedem Fall, dass der Mitgliedstaat mit der Kommission loyal zusammengewirkt hat, um das Rückforderungshindernis zu überwinden.[199] Der Mitgliedstaat muss gegenüber dem betroffenen Unternehmen ernsthafte Maßnahmen zur Rückforderung der Beihilfe ergreifen und der Kommission ggf. andere, die Schwierigkeiten beiseite räumende Möglichkeiten zur Durchführung der Entscheidung vorschlagen. Für das Vorliegen einer absoluten Unmöglichkeit der Durchführung reicht es dagegen nicht aus, dass der Mitgliedstaat der Kommission lediglich die mit der Durchführung der Entscheidung verbundenen rechtlichen, politischen oder praktischen Schwierigkeiten schildert,[200] bspw. auf drohende soziale Verwerfungen hinweist[201].

115 **Keine absolute Unmöglichkeit der Rückforderung** ist anzunehmen, wenn der betreffende Mitgliedstaat lediglich geltend macht,

- die große Zahl der betroffenen Unternehmen[202],
- technische und/oder administrative Schwierigkeiten der Wiedereinziehung[203],

erschwerten eine Rückforderung oder das betroffene Unternehmen werde sich bei einer Beseitigung der Beihilfe finanziellen Schwierigkeiten gegenübersehen[204]. Unterhalb der Ebene der absoluten Unmöglichkeit der Durchführung der Kommissionsentscheidung kann der Mitgliedstaat die Kommission allerdings auf **unvorhersehbare Schwierigkeiten** und nicht beabsichtigte Folgen der Durchführung der Entscheidung hinweisen. In diesem Fall wird die Durchführung der Entscheidung, d. h. die Rückforderung durch den Mitgliedstaat, zwar nicht gehindert. Jedoch ist die Kommission nach dem Grundsatz der loyalen Zusammenarbeit verpflichtet, ihre Entscheidung ggf. zu modifizieren.[205]

> Die von U in Fall 4c) vorgetragenen Probleme, die mit einer Rückforderung der ihm gewährten Beihilfen möglicherweise verbunden sind (Zerstörung des Unternehmens, Vernichtung von Arbeitsplätzen, Verwerfungen für einen ganzen Wirtschaftszweig), stellen interne Schwierigkeiten des betroffenen Mitgliedstaats (Deutschlands) dar, die nicht zu einer absoluten Unmöglichkeit der Rückforderung der Beihilfen führen.

V. Rechtsschutz

116 Die Gewährung von Subventionen oder Beihilfen kann aus verschiedenen Perspektiven Rechtsschutzfragen aufwerfen. Grundsätzlich unterscheiden lassen sich folgende **Positionen:**

1. Unternehmen, die eine Subvention oder Beihilfe bereits erhalten haben und sie ungeschmälert behalten wollen oder hinsichtlich der Einzelheiten der Durchführung des Subventionsverhältnisses anderer Auffassung als die Behörde sind (→ Rn. 119 f.);
2. Unternehmen, die eine Subvention oder Beihilfe noch nicht erhalten haben, eine solche aber erhalten möchten (→ Rn. 127);

---

[199] EuGH Slg. 2005, I-3875 Rn. 42; EuZW 2011, 517 Rn. 37.
[200] EuGH Slg. 2001, I-5107 Rn. 32; 2005, I-3875 Rn. 43; EuZW 2011, 517 Rn. 36.
[201] EuGH Slg. 1999, I-2981 Rn. 32 ff.
[202] EuGH Slg. 1998, I-259 Rn. 18 ff.
[203] EuGH Slg. 2001, I-5107 Rn. 41 f.
[204] EuGH Slg. 2000, I-4897 Rn. 53.
[205] EuGH Slg. 1999, I-3671 Rn. 88; 2000, I-4897 Rn. 40; 2001, I-5107 Rn. 31.

3. Unternehmen, die sich gegen die Förderung eines konkurrierenden Unternehmens wenden (→ Rn. 128 ff.).

Für die sich aus der Durchsetzung dieser Positionen ergebenden subventionsrechtlichen Streitigkeiten sind die **nationalen Gerichte zuständig**, wobei in Deutschland in Abhängigkeit von der Ausgestaltung des Subventionsverhältnisses (→ Rn. 57 ff.) der ordentliche Rechtsweg oder der Verwaltungsrechtsweg eröffnet sein kann.

Die Zuständigkeit der deutschen Gerichte ist auch für Streitigkeiten gegeben, die die Gewährung von Beihilfen iSv Art. 107 AEUV betreffen. Hinzu kommen Verfahren, die vor den **Unionsgerichten** (EuGH und EuG) durchgeführt werden. Neben den im Rahmen von Verfahren vor den nationalen Gerichten eingeholten Vorabentscheidungen des EuGH nach Art. 267 AEUV und der besonderen Vertragsverletzungsklage der Kommission nach Art. 108 II UAbs. 2 AEUV ist vor allem die Möglichkeit der Nichtigkeitsklage nach Art. 263, 264 AEUV zu nennen.

Die **Bedeutung der Nichtigkeitsklage** für den Rechtsschutz im Beihilfenrecht ergibt sich daraus, dass sie sich u. a. gegen alle Handlungen der Kommission richten kann, sofern die Handlung verbindliche Rechtswirkung nach außen erzeugt[206]. Eine die abschließende Entscheidung nur vorbereitende Handlung, die keinen über die abschließende Entscheidung hinausgehenden eigenständigen Entscheidungsgehalt hat, kann hingegen nicht eigenständig mit der Nichtigkeitsklage angegriffen werden.[207] Relevant ist diese Differenzierung insbesondere für eine Nichtigkeitsklage gegen die Entscheidung über die Eröffnung des förmlichen Prüfverfahrens (→ Rn. 135).

1. Rechtsschutz des von einer Subvention oder Beihilfe begünstigten Unternehmens

a) Streitigkeiten bei der Durchführung des Subventionsverhältnisses

Entstehen zwischen Subventionsgeber und Subventionsempfänger Streitigkeiten bei der Durchführung des Subventionsverhältnisses, zB über die Einhaltung von Rückzahlungsterminen, die Erfüllung vertraglicher Nebenpflichten wie zB Dokumentationspflichten, so ergeben sich Probleme der Wahl des richtigen Rechtswegs nur bei zweistufigen gemischt öffentlich-rechtlich/privatrechtlichen Subventionsverhältnissen (→ Rn. 74 f.). In aller Regel wird es sich hierbei um Fragen handeln, die das **„Wie" der Subventionierung** betreffen und ausschließlich auf der Stufe des privatrechtlichen Vertrages angesiedelt sind. Für diesbezügliche Streitigkeiten sind die **ordentlichen Gerichte** zuständig.

Eine Ausnahme gilt lediglich, wenn es sich um **Essentialia der Subventionsgewährung** handelt, die das „Ob" der Subventionierung betreffen: Die Subvention soll nur so und nicht anders gewährt werden.[208] Allerdings liegt auch in diesem Fall nur dann eine öffentlich-rechtliche Streitigkeit vor, wenn in concreto tatsächlich um den Bestand des Subventionsbescheids gestritten wird. Geht es hingegen lediglich darum, aus dem fortbestehenden Subventionsverhältnis folgende Verpflichtungen durchzusetzen, so handelt es sich um Streitigkeiten aus dem privatrechtlichen Darlehensvertrag, für die der ordentliche Rechtsweg eröffnet ist.

---

[206] Dazu *J. Schwarze*, in: ders. (Hrsg.), EU-Kommentar, 3. Aufl. 2012, Art. 263 AEUV Rn. 26.
[207] *J. Schwarze*, in: ders. (Hrsg.), EU-Kommentar, 3. Aufl. 2012, Art. 263 AEUV Rn. 27.
[208] Vgl. dazu BVerwGE 13, 47 (50).

b) Rechtsschutz gegen die Rückabwicklung

aa) Grundsätze

121 Der Rechtsschutz gegen die Rückforderung von Subventionen richtet sich nach dem Charakter des Rückabwicklungsverhältnisses. Ist ein **Erstattungsbescheid nach § 49a I 2 VwVfG** (→ Rn. 90) erlassen worden, so kann sich der Subventionsempfänger hiergegen mit der **Anfechtungsklage vor dem Verwaltungsgericht** zur Wehr setzen. Rückforderungsansprüche unter dem Gesichtspunkt des öffentlich-rechtlichen Erstattungsanspruchs (→ Rn. 92) muss die Behörde selbst vor dem Verwaltungsgericht mittels Leistungsklage geltend machen. Bereicherungsansprüche aus den §§ 812 ff. BGB (→ Rn. 92 f.) hat die Behörde vor den ordentlichen Gerichten einzuklagen.

122 Ist die Subvention im sog. **Bankenverfahren** gewährt worden, bei der eine Subvention auf der Grundlage eines staatlichen Förderprogramms von einer Bank im eigenen Namen und für Rechnung des Landes ausbezahlt wird, so ist ein Rückforderungsanspruch durch die Bank vor den Zivilgerichten zu erheben. Dies gilt selbst dann, wenn es sich um eine öffentlich-rechtlich organisierte Bank und bei der Subvention um einen verlorenen Zuschuss handelt.[209]

bb) Beihilfenrechtliche Besonderheiten

123 Das Interesse eines Unternehmens, das eine nach Auffassung der Kommission als unzulässige Beihilfe anzusehende Begünstigung erhalten hat, wird sich in der Regel darauf richten, diese Begünstigung behalten und eine eventuelle Rückforderung abwehren zu können. Da die Rückforderung der Beihilfe durch den betreffenden Mitgliedstaat erfolgt (→ Rn. 103 ff.), ist gegen diese Entscheidung **Rechtsschutz vor den nationalen Gerichten** zu suchen. Die Form des Rechtsschutzverlangens hängt dabei von der Ausgestaltung der Beihilfengewährung ab; insoweit gelten für die Rückforderung von Beihilfen die dargestellten allgemeinen Grundsätze (→ Rn. 105 ff.). Eine Besonderheit gilt insofern, als ein Form- oder Verfahrensfehler bei Erlass der Rückforderungsentscheidung nicht dazu führen darf, dass der Beihilfeempfänger die rechtswidrige Beihilfe auch nur vorläufig behalten darf oder gar zurück erhält.[210]

124 Allerdings ist zu beachten, dass ein Vorgehen gegen die Rückforderung der Beihilfe durch die nationalen Behörden vor den nationalen Gerichten eine **bestandskräftige Rückforderungsentscheidung der Kommission** (→ Rn. 99 ff.) nicht beseitigen kann. Da der Beihilfenempfänger gem. Art. 20 I VO 659/1999 eine Kopie der Negativentscheidung der Kommission erhält, kann er sich im Verfahren vor dem nationalen Gericht nicht mehr auf die Rechtswidrigkeit der Negativentscheidung berufen, um das nationale Gericht zu einer Vorlage zu veranlassen. Vielmehr muss der Beihilfenempfänger sich mit der Nichtigkeitsklage nach Art. 263 IV AEUV vor dem EuG gegen die Negativentscheidung wehren.[211]

125 Eine **Nichtigkeitsklage** gegen eine Entscheidung der Kommission (→ Rn. 135) kann gem. Art. 263 IV AEUV jede natürliche oder juristische Person erheben, wenn die Entscheidung an sie ergangen ist oder sie unmittelbar und individuell betrifft. Zwar ist Adressat einer **Negativentscheidung der Kommission** nicht der Beihilfenemp-

---

[209] BVerwG NJW 2006, 2568.
[210] EuGH EuZW 2010, 585 Rn. 30 f. – Scott.
[211] *Koenig/Kühling/Ritter*, EG-BeihR Rn. 430.

fänger, sondern der betreffende Mitgliedstaat (→ Rn. 102), so dass die Entscheidung nicht an das beihilfenbegünstigte Unternehmen ergangen ist. Jedoch wird ein begünstigtes Unternehmen durch eine Negativentscheidung immer unmittelbar und individuell betroffen und ist deshalb zur Erhebung einer Nichtigkeitsklage befugt.[212] Das Rechtsschutzinteresse entfällt auch nicht dadurch, dass die nationalen Behörden eine gewährte Beihilfe bereits zurückgefordert und damit die Negativentscheidung der Kommission durchgeführt haben.[213]

> In Fall 4c) ist die von U beim Verwaltungsgericht gegen den vom Bundeswirtschaftsministerium erlassenen Rückforderungsbescheid erhobene Anfechtungsklage zulässig, aber unbegründet. Die von U vorgetragenen Gesichtspunkte stehen der Rechtmäßigkeit des Rückforderungsbescheids nicht entgegen (→ Rn. 115). Durch die von der Kommission erlassene Negativentscheidung steht die materielle Unionsrechtswidrigkeit der Beihilfe fest. Gegen die Negativentscheidung muss sich U mit einer Nichtigkeitsklage zum EuG wenden.

Gegen eine **das Vorprüfungsverfahren abschließende Entscheidung** der Kommission (→ Rn. 50) kann das begünstigte Unternehmen grundsätzlich keine Nichtigkeitsklage erheben, da es sich um eine die abschließende Entscheidung nur vorbereitende Handlung (→ Rn. 118) handelt. Eine Ausnahme gilt allerdings dann, wenn die Kommission die fragliche Maßnahme als neue Beihilfe bewertet und das förmliche Prüfverfahren eröffnet. Denn in diesem Fall besteht das Durchführungsverbot des Art. 108 III 3 AEUV (→ Rn. 51), das eine eigenständige Rechtswirkung erzeugt.[214] 126

2. Rechtsschutz eines am Erhalt einer Subvention bzw. Beihilfe interessierten Unternehmens

Will ein bisher nicht begünstigtes Unternehmen die Gewährung einer Subvention gerichtlich durchsetzen, so hängt die zu wählende Rechtsschutzform von der Ausgestaltung des angestrebten Subventionsverhältnisses ab: Verpflichtungsklage im Verwaltungsrechtsweg ist zu erheben, wenn über das „Ob" der Subventionierung durch Verwaltungsakt entschieden wird. Sofern keine Reduzierung des Ermessens der über die Subventionsvergabe entscheidenden Behörde auf Null vorliegt (→ Rn. 55 f.), wird allerdings nur eine **Bescheidungsklage** in Betracht kommen. Einstufige Subventionsgewährungen durch Vertrag sind durch **Leistungsklage** vor den Verwaltungsgerichten (öffentlich-rechtlicher Vertrag) bzw. Zivilgerichten (privatrechtlicher Vertrag) durchzusetzen. 127

> In Fall 4a) richtet sich das primäre Interesse von K darauf, die gleiche Förderung wie U zu erlangen. Da über die Subventionierung von U durch Verwaltungsakt entschieden wurde (→ Rn. 72), muss sich das Begehren des K auf den Erlass eines entsprechenden, ihn begünstigenden Subventionsbescheids richten. Einen Anspruch auf Subventionierung hat K nicht (→ Rn. 55), so dass die Erhebung einer Verpflichtungsklage aussichtslos wäre.

---

[212] EuG EuZW 2012, 555 Rn. 26 – Iberdrola.
[213] EuG Slg. 2001, II-3367 Rn. 28, 34.
[214] EuGH Slg. 1992, 4117 Rn. 18 ff.; 1992, 4145 Rn. 24 ff.; 2001, I-7303 Rn. 46 ff.; EuG Slg. 2002, II-4217 Rn. 36 ff.

3. Rechtsschutz bei Förderung eines konkurrierenden Unternehmens

128 Die Rechtsschutzmöglichkeiten eines Unternehmens, dessen Konkurrent durch die Gewährung einer Subvention begünstigt wird, hängen zunächst vom **Rechtsschutzziel** ab: Will das nicht begünstigte Unternehmen selbst eine Subvention wie das konkurrierende Unternehmen erhalten (**positive Konkurrentenklage**), so richtet sich der Rechtsschutz nach den → Rn. 127 dargestellten Grundsätzen.

a) Negative Konkurrentenklage

129 Der nicht begünstigte Konkurrent kann sich jedoch auch darauf beschränken, die Subventionierung des anderen Unternehmens zu verhindern, ohne selbst eine Subvention erhalten zu wollen (negative Konkurrentenklage). Gegen durch Verwaltungsakt getroffene Subventionsentscheidungen kann der Konkurrent mit einer **verwaltungsgerichtlichen Anfechtungsklage** (§ 42 I VwGO) vorgehen. Bei einstufigen Subventionsgewährungen durch öffentlich-rechtlichen Vertrag kann Rechtsschutz über die **Feststellungsklage** (§ 43 VwGO) oder eine **vorbeugende Unterlassungsklage** zu den Verwaltungsgerichten gesucht werden.

130 Während die nach § 42 II VwGO erforderliche **Klagebefugnis** des nicht begünstigten Konkurrenten in Anbetracht der nicht von vornherein auszuschließenden Beeinträchtigung des Konkurrenten in seinen Grundrechten aus Art. 3 I GG (wirtschaftliche Chancengleichheit), Art. 12 I GG (Wettbewerbsfreiheit) und Art. 14 I GG (Recht am eingerichteten und ausgeübten Gewerbebetrieb) in der Regel bestehen wird,[215] ist die **Begründetheit der Klage** nur in Ausnahmefällen gegeben. Eine Rechtverletzung des nicht subventionierten Konkurrenten liegt nur vor, wenn er willkürlich aus dem Kreis der Subventionsempfänger ausgeschlossen worden ist oder seine wettbewerbliche Position in unerträglichem Maße eingeschränkt und das Unternehmen tatsächlich in seinen Wettbewerbsmöglichkeiten unzumutbar geschädigt wird (→ Rn. 16).

b) Konkurrentenrechtsschutz im Beihilfenrecht

131 Soweit es um die Abwehr von einem Konkurrenzunternehmen gewährten Beihilfen geht, kann sich das **Interesse des nicht begünstigten Wettbewerbers** auf Folgendes richten:

1. Durchsetzung eines Einschreitens der Kommission;
2. Sicherung seines Äußerungsrechts nach Art. 108 II AEUV, Art. 6 I 2 VO 659/1999 (→ Rn. 101);
3. Durchsetzung des Durchführungsverbots des Art. 108 III 3 AEUV (→ Rn. 51);
4. Vorgehen gegen Entscheidungen der Kommission, die das Vorliegen einer Beihilfe verneinen oder die Zulässigkeit einer Beihilfe bejahen.

132 Hat der Wettbewerber des begünstigten Unternehmens die Kommission über das mögliche Vorliegen einer rechtswidrigen Beihilfe informiert, so muss die Kommission ggf. ein Rückforderungsverfahren einleiten (Art. 10 I VO 659/1999; → Rn. 98 ff.). Unterlässt sie dies oder erlässt sie keine Entscheidung in der Sache, so

---

[215] *J. Kühling*, in: Ehlers/Fehling/Pünder I § 29 Rn. 29.

kann der nicht begünstigte Wettbewerber unter den Voraussetzungen des Art. 265 AEUV **Untätigkeitsklage** beim EuG erheben.[216]

Da das **Äußerungsrecht von Konkurrenten** des begünstigten Unternehmens nach Art. 108 II AEUV (→ Rn. 101) nur im förmlichen Prüfverfahren besteht, nimmt eine Entscheidung der Kommission, kein förmliches Prüfverfahren einzuleiten, den Wettbewerbern diese Stellungnahmemöglichkeit. Deshalb können die Wettbewerber eine solche Entscheidung mit der Nichtigkeitsklage nach Art. 263 IV AEUV angreifen. Sofern es ihnen dabei nur um die Wahrung ihrer Verfahrensrechte geht, sind die Voraussetzungen des Art. 263 IV AEUV erfüllt.[217] Geht es dem Wettbewerber allerdings darüber hinaus auch um die inhaltliche Richtigkeit der von der Kommission getroffenen Entscheidung, durch die zB die Beihilfeneigenschaft der fraglichen Begünstigung verneint wird, so muss er zusätzlich dartun, dass seine Marktstellung durch die betreffende Beihilfe spürbar beeinträchtigt wird.[218] Auch in diesem Fall erfolgt allerdings zB die Feststellung, dass es sich um eine Beihilfe handelt, nicht durch das Gericht, da hierdurch das von der Kommission durchzuführende förmliche Prüfverfahren vorweggenommen würde. Das Gericht kann nur überprüfen, ob die Kommission das förmliche Prüfverfahren hätte eröffnen müssen.[219]

133

Art. 108 III 3 AEUV bestimmt, dass der betreffende Mitgliedstaat die beabsichtigte Maßnahme nicht durchführen darf, bevor die Kommission eine abschließende Entscheidung erlassen hat (→ Rn. 51). Dieses **Durchführungsverbot** ist unmittelbar anwendbares Unionsrecht und begründet **subjektive Rechte der Wettbewerber** des begünstigten Unternehmens, die vor den nationalen Gerichten durchgesetzt werden können[220] – aber auch müssen. Es erschwert die Durchsetzung des EU-Rechts nicht unzumutbar, dass die Rechte der Konkurrenten von diesen innerhalb der Klagefrist gerichtlich geltend gemacht werden müssen.[221] Im Rahmen eines solchen Verfahrens erfolgt auch die Prüfung, ob eine Beihilfe iSv Art. 107 I AEUV vorliegt, durch die nationalen Gerichte.[222] In Betracht kommen vor allem eine Anfechtungsklage gegen einen Bewilligungsbescheid, eine Klage auf Unterlassung der tatsächlichen Gewährung der Beihilfe und eine Klage, die Behörde zur vorläufigen Rückforderung einer bereits gewährten Beihilfe zu verpflichten.[223] Einstweiliger Rechtsschutz ist im ersten Fall über § 80 VwGO, in den beiden anderen Fällen durch einen Antrag auf Erlass einer einstweiligen Anordnung nach § 123 VwGO zu suchen.

134

In Fall 4 hat Deutschland durch die Auszahlung des verlorenen Zuschusses und der Darlehenssumme an U vor einer abschließenden Kommissionsentscheidung gegen das Durchführungsverbot des Art. 108 III 3 AEUV verstoßen (→ Rn. 51). Der K hat in Fall 4a) ein subjektives Recht darauf, dass U nicht unter Verstoß gegen das Durchführungsverbot begünstigt wird. K könnte mit Erfolg Anfechtungsklage gegen den Subventionsbescheid des Bundeswirtschaftsministeriums erheben und den Erlass einer einstweiligen Anordnung beantragen, durch die das Ministerium verpflichtet wird, die Beihilfen vorläufig von U zurückzufordern. Das nationale Gericht muss zur Beseitigung der Rechtswidrigkeit der Durchführung der Beihilfe geeignete Maßnahmen erlassen und darf das Ver-

---

[216] Vgl. EuG EuZW 2007, 505 Rn. 52 – Asklepios. Im Einzelnen *Koenig/Kühling/Ritter*, EG-BeihR Rn. 416 ff.
[217] EuGH Slg. 1993, I-2487 Rn. 22 ff. – Cook; I-3203 Rn. 16 f. – Matra; 1998, I-1719 Rn. 38 ff. – Sytraval; 2005, I-10737 Rn. 34 ff. mwN; EuZW 2008, 49 Rn. 21 f. – Stadtwerke Schwäbisch Hall; 2008, 723 Rn. 38 – Glunz-AG.
[218] Vgl. EuGH Slg. 1986, 391 Rn. 22 ff. – Cofaz; 2005, I-10737 Rn. 37 mwN; EuZW 2008, 49 Rn. 24 – Stadtwerke Schwäbisch Hall; 2008, 723 Rn. 40 – Glunz-AG; 2011, 592 Rn. 65.
[219] EuG EWS 2006, 419 Rn. 51, 55 – Stadtwerke Schwäbisch Hall.
[220] EuGH EuZW 2010, 587 Rn. 26 – CELF; BGH EuZW 2011, 440 Rn. 26.
[221] BVerwG EuZW 2011, 269 Rn. 17.
[222] EuGH Slg. 1996, I-3547 Rn. 49 – SFEI; NVwZ 2007, 64 Rn. 39 – Transalpine Ölleitung; EuZW 2007, 511 Rn. 50 – Lucchini; 2010, 587 Rn. 36 – CELF.
[223] *Koenig/Kühling/Ritter*, EG-BeihR Rn. 428 f.

fahren nicht etwa aussetzen, bis die Kommission eine Entscheidung erlassen hat.[224] Die Pflicht zur Anordnung von Maßnahmen durch das nationale Gericht gilt allerdings nur, wenn

- es sich um eine staatliche Beihilfe handelt,
- die Durchführung der Beihilfe unmittelbar bevorsteht oder bereits erfolgt ist und
- keine Umstände vorliegen, die zur Unangemessenheit einer Rückforderung führen.[225]

Nach st. Rspr. der Unionsgerichte können die nationalen Gerichte auch die vorläufige Rückzahlung formell rechtswidrig gewährter Beihilfen anordnen.[226] Dabei sind die nationalen Gerichte nicht an die engen Voraussetzungen des Art. 11 II VO 659/1999 gebunden, unter denen die Kommission eine einstweilige Rückforderungsanordnung erlassen kann.[227]

Ob die Kommission in Fall 4b) während der Anhängigkeit der negativen Konkurrentenklage des K erklärt, die dem U gewährten Beihilfen seien mit dem Gemeinsamen Markt vereinbar (Positiventscheidung; → Rn. 49), ist für den Erfolg der Klage des K ohne Bedeutung. Die Positiventscheidung genehmigt die Beihilfe nur mit Wirkung ex nunc und hat **keine Heilung von Verstößen gegen das Durchführungsverbot** zur Folge.[228] Das nationale Gericht ist deshalb weiterhin verpflichtet, die Auswirkungen der aus der Verletzung des Durchführungsverbots folgenden Rechtswidrigkeit zu beseitigen. Dies bedeutet allerdings nicht, dass das Gericht zwingend die Rückzahlung der gesamten Beihilfe anordnen *muss*. Denn nach der Positiventscheidung der Kommission steht ja fest, dass die Beihilfe mit dem Binnenmarkt vereinbar ist und keine mit den Art. 107 ff. AEUV unerwünschten Wettbewerbsverzerrungen erzeugt. Durch das nationale Gericht zu beseitigen ist daher nur die Verbesserung der Wettbewerbsposition, die das begünstigte Unternehmen durch die *verfrühte* Auszahlung der Beihilfe erlangt hat. Vom Unionsrecht gefordert ist in jedem Fall, dass das nationale Gericht dem Beihilfenempfänger die Zahlung von **Zinsen auf die empfangene Beihilfe** bis zur Entscheidung der Kommission auferlegt. Allerdings reicht dies zur Beseitigung des Verstoßes gegen das Durchführungsverbot nicht aus.[229] Darüber hinaus muss das Gericht prüfen, ob weitere Anordnungen zum Ausgleich des rechtswidrigen Wettbewerbsvorteils des begünstigten Unternehmens erforderlich sind. Solche weiteren Anordnungen können zB die zeitweilige Rückforderung der Beihilfe, die Verpflichtung zur Einzahlung der Beträge auf ein Sperrkonto oder die Gewährung von Schadensersatz an durch die Wettbewerbsverzerrung geschädigte andere Unternehmen sein.[230]

Unionsrechtlich problematisch sind die Fälle der „**verdeckten positiven Konkurrentenklage**", in denen sich der Konkurrent gegen die unter Verstoß gegen das Durchführungsverbot erfolgte Gewährung einer Beihilfe wendet, in deren Genuss er aber eigentlich selbst kommen möchte. Hier darf das nationale Gericht nicht eine Erstattung der Beihilfe zu Gunsten anderer Betriebe anordnen, da sonst der Verstoß gegen Art. 108 III 3 AEUV nicht beseitigt würde.[231]

135 Wie bereits ausgeführt (→ Rn. 133) kann der Wettbewerber eines begünstigten Unternehmens gegen die inhaltliche Richtigkeit eines **Beschlusses der Kommission, kein förmliches Prüfverfahren zu eröffnen**, weil die fragliche Maßnahme keine Beihilfe darstellt oder mit dem Binnenmarkt vereinbar ist (→ Rn. 50), mit der Nichtigkeitsklage nach Art. 263 AEUV vorgehen, sofern er eine spürbare Beeinträchtigung seiner Marktstellung durch die Maßnahme dartun kann. Unter der gleichen Voraussetzung kann der Wettbewerber eine das förmliche Prüfverfahren abschließende **Positiventscheidung**

---

[224] EuGH EuZW 2010, 587 Rn. 30 f. – CELF.
[225] EuGH EuZW 2010, 587 Rn. 36 – CELF.
[226] Vgl. EuGH Slg. 1996, I-3547 Rn. 68 – SFEI; 2003, I-12249 Rn. 64; EuG Slg. 2004, II-127 Rn. 136; EuZW 2010, 587 Rn. 37 – CELF.
[227] *Koenig/Kühling/Ritter*, EG-BeihR Rn. 428.
[228] EuGH Slg. 1991, I-5505 Rn. 17; 1996, I-3547 Rn. 67 – SFEI; 2003, I-12249 Rn. 62 f.; NVwZ 2007, 64 Rn. 41 – Transalpine Ölleitung; EuZW 2008, 145 Rn. 40 – CELF.
[229] EuGH EuZW 2010, 587 Rn. 38 – CELF.
[230] EuGH EuZW 2008, 145 Rn. 46 ff. – CELF; 2010, 587 Rn. 37 – CELF.
[231] EuGH NVwZ 2007, 64 Rn. 49 f. – Transalpine Ölleitung.

(→ Rn. 49 f.) oder Entscheidung, dass die Maßnahme keine Beihilfe darstellt, mit der Nichtigkeitsklage angreifen. In diesem Verfahrensstadium muss allerdings als weitere Anforderung hinzukommen, dass der Wettbewerber im Rahmen des förmlichen Prüfverfahrens eine aktive Rolle gespielt, d. h. in dem Verfahren eine Stellungnahme nach Art. 108 II AEUV, Art. 6 VO 659/1999 abgegeben hat.[232]

In Fall 4b) hat die Kommission das Vorprüfungsverfahren (→ Rn. 50) mit der Entscheidung, keine Einwände gegen die Beihilfengewährung an U zu erheben, abgeschlossen. Ein förmliches Prüfverfahren ist deshalb nicht eröffnet worden. Da ein Äußerungsrecht des K nach Art. 108 II AEUV nur in einem förmlichen Prüfverfahren besteht, ist dem K dieses Recht durch die Entscheidung der Kommission genommen worden. Wegen dieser Vereitelung seines Äußerungsrechts kann K die Entscheidung der Kommission mit der Nichtigkeitsklage nach Art. 263 IV AEUV zum EuG angreifen (→ Rn. 133). Da seine Marktstellung durch die an U gewährte Beihilfe spürbar beeinträchtigt wird, kann K darüber hinaus die inhaltliche Richtigkeit der Kommissionsentscheidung mit der Nichtigkeitsklage zur Überprüfung stellen (→ Rn. 133).

Lösungshinweise zu Fall 4

1. (Abwandlung a): Konkurrentenklage des K
   a) Anspruch des K auf Erhalt einer Subvention (positive Konkurrentenklage)
      aa) Sachentscheidungsvoraussetzungen (Auswahl)
         – Rechtsweg: Verwaltungsrechtsweg (§ 40 VwGO)
            – Klageart: Verpflichtungsklage (§ 42 I VwGO) (→ Rn. 127)
            – zuständiges Gericht: Verwaltungsgericht (§ 45 VwGO)
            – Klagebefugnis (§ 42 II VwGO): Anspruch aus Art. 3 I GG nicht von vornherein ausgeschlossen
            – Vorverfahren: nicht erforderlich (§ 68 I 2 Nr. 1, II VwGO)
      bb) Begründetheit der Klage
         Klage unbegründet, da keine Selbstbindung der Verwaltung, die einen Anspruch des K aus Art. 3 I GG begründen könnte (→ Rn. 55 f.)
      cc) Ergebnis: Klage des K wäre zulässig, aber unbegründet
   b) Anspruch des K auf Rückzahlung der Fördermittel durch U (negative Konkurrentenklage)
      aa) Anfechtung des Subventionsbescheids
         (1) Sachentscheidungsvoraussetzungen (Auswahl)
            – Rechtsweg: Verwaltungsrechtsweg (§ 40 VwGO)
            – Klageart: Anfechtungsklage (§ 42 I VwGO) (→ Rn. 129)
            – zuständiges Gericht: Verwaltungsgericht (§ 45 VwGO)
            – Klagebefugnis (§ 42 II VwGO): Verletzung des Rechts des K auf Beachtung des Durchführungsverbots des Art. 108 III 3 AEUV (→ Rn. 51) möglich
            – Vorverfahren: nicht erforderlich (§ 68 I 2 Nr. 1 VwGO)
         (2) Begründetheit der Klage
            – Vorliegen einer Beihilfe iSv Art. 107 I AEUV (→ Rn. 18 ff.)
            – Bestehen des Durchführungsverbots: noch keine abschließende Entscheidung der Kommission (Art. 108 III 3 AEUV) (→ Rn. 51)
            – Bestehen eines subjektiven Rechts des K auf Beachtung des Durchführungsverbots (→ Rn. 134)
            – Verletzung dieses Rechts durch Missachtung des Durchführungsverbots (→ Rn. 134)
      bb) Rückforderung der Subvention
         – Verfahrensart: Antrag auf Erlass einer einstweiligen Anordnung (§ 123 VwGO) (nur vorläufige Rückforderung, da abschließender Beschluss der Kommission noch aussteht)

---

[232] EuGH Slg. 1986, 391 Rn. 24 f. – Cofaz; 2000, I-3659 Rn. 40; EuG Slg. 2004, II-3597 Rn. 74 – Lenzing.

- Anordnungsanspruch: Verletzung des Rechts auf Beachtung des Durchführungsverbots
- Anordnungsgrund
    - Bestehen eines Anordnungsgrunds nicht nur bei Vorliegen der Voraussetzungen des Art. 11 II VO 659/1999 (→ Rn. 134)
    - Abwägung zwischen den Interessen des K und des U: Anders als bei der Entscheidung über die (endgültige) Rücknahme des Beihilfenbescheids (→ Rn. 106 f.) ist im einstweiligen Rechtsschutz Berücksichtigung von Vertrauensschutz zugunsten des Beihilfenempfängers möglich.[233] Anhaltspunkte für ein besonderes Vertrauen des U sind nicht ersichtlich. Aus dem sofortigen Verbrauch der Beihilfe kann sich ein solches Vertrauen nicht ergeben, da Verstöße gegen das Durchführungsverbot sonst regelmäßig sanktionslos blieben.
  cc) Ergebnis: Anfechtungsklage des K gegen den Subventionsbescheid wäre zulässig und begründet; Antrag auf Anordnung der vorläufigen Rückforderung der Beihilfe hätte Erfolg
2. (Abwandlung b): Erklärung der Vereinbarkeit der Beihilfen mit dem Binnenmarkt
  a) Bedeutung für die anhängige Klage des K
    - Anhängigkeit einer Anfechtungsklage gegen den Beihilfenbescheid wegen Verletzung des Durchführungsverbots (o. 1b aa)
    - Keine Erledigung durch die Erklärung der Kommission, dass die Beihilfe mit dem Binnenmarkt vereinbar ist, da keine Heilung des Verstoßes gegen das Durchführungsverbot (→ Rn. 134)
  b) Rechtsschutz gegen die Vereinbarkeitserklärung der Kommission
    aa) Sachentscheidungsvoraussetzungen
      - Klageart: Nichtigkeitsklage (Art. 263 IV AEUV) (→ Rn. 135)
      - zuständiges Gericht: EuG
      - Parteifähigkeit: K als Kläger (natürliche oder juristische Person, Art. 263 IV AEUV), die Kommission als Beklagte (Art. 263 I AEUV)
      - Klagegegenstand: Handlung mit verbindlicher Rechtswirkung nach außen
        - Problem: Vereinbarkeitserklärung durch die Kommission ist nur das Vorprüfungsverfahren abschließende Handlung (→ Rn. 135)
        - Im förmlichen Kontrollverfahren hätte K Äußerungsrecht nach Art. 108 II AEUV (→ Rn. 135)
        - Beschluss der Kommission, kein förmliches Prüfverfahren zu eröffnen, vereitelt Äußerungsrecht des K und stellt deshalb Handlung mit verbindlicher Außenwirkung dar (→ Rn. 135)
      - Klagebefugnis: unmittelbare und individuelle Betroffenheit des K durch den Beschluss der Kommission (Art. 263 IV AEUV)
        - Wenn K nur sein Äußerungsrecht wahren will, Klagebefugnis gegeben
        - Wenn K die Entscheidung der Kommission, keine Einwände zu erheben, auch inhaltlich angreifen will, muss er dartun, dass seine Marktstellung durch die an U gewährte Beihilfe spürbar beeinträchtigt wird. Dies wird ihm vorliegend gelingen (→ Rn. 135).
      - Klagefrist: zwei Monate (Art. 263 V AEUV)
    bb) Begründetheit: Verstoß gegen primäres oder sekundäres Unionsrecht (Art. 263 II AEUV)
      - Keine Überprüfung, ob Beihilfe iSv Art. 107 I AEUV vorliegt, da diese Feststellung im förmlichen Prüfverfahren durch die Kommission erfolgt (→ Rn. 133).
      - Wenn die Nichtigkeitsklage nur das Äußerungsrecht des K wahren soll (o. 2b aa): Beschränkung der Überprüfung darauf, ob die Kommission das förmliche Prüfverfahren hätte eröffnen müssen (→ Rn. 135). Vorliegend dürfte ein verfahrensabschließender Beschluss der Kommission im Vorprüfungsverfahren nicht möglich sein (→ Rn. 50), so dass die Nichtigkeitsklage Erfolg hätte

---

[233] *T. Schmidt-Kötters*, in: Heidenhain, Handbuch des Europäischen Beihilfenrechts, 2003, § 57 Rn. 101 ff.

§ 6. Subventions- und Beihilfenrecht

- Wenn die inhaltliche Richtigkeit des Kommissionsbeschlusses angegriffen werden soll (o. 2b aa): Überprüfung der Rechtmäßigkeit der Feststellung der Vereinbarkeit der Beihilfe mit dem Binnenmarkt. Da von einer solchen Vereinbarkeit nicht ausgegangen werden kann (→ Rn. 45): Aufhebung des die Einleitung eines förmlichen Prüfverfahrens ablehnenden Beschlusses.
  - cc) Ergebnis: Nichtigkeitsklage des K wäre zulässig und begründet.
3. (Abwandlung c): Rückforderung der Beihilfe von U
   a) Sachentscheidungsvoraussetzungen
      - Rechtsweg: Verwaltungsrechtsweg (§ 40 VwGO)
      - Klageart: Anfechtungsklage (§ 42 I VwGO) (→ Rn. 121)
      - zuständiges Gericht: Verwaltungsgericht (§ 45 VwGO)
      - Klagebefugnis (§ 42 II VwGO): Verletzung des U in seinen Grundrechten aus Art. 12 I, Art. 14 I GG nicht von vornherein ausgeschlossen.
      - Vorverfahren: nicht erforderlich (§ 68 I 2 Nr. 1 VwGO)
   b) Begründetheit der Klage
      - Ermächtigungsgrundlage für den Rückforderungsbescheid: Differenzierung zwischen Gewährung des verlorenen Zuschusses und des Darlehens
        • Rückforderung des durch Subventionsbescheid gewährten verlorenen Zuschusses nach § 49a I VwVfG möglich (→ Rn. 90)
        • Auch der Anspruch auf das Darlehen ergibt sich bereits aus dem Subventionsbescheid, so dass der Darlehensvertrag nur zur Abwicklung geschlossen wurde und keine Grundlage für das Behaltendürfen des Darlehens darstellt: ebenfalls Rückforderung nach § 49a I VwVfG möglich (→ Rn. 97)
      - Voraussetzung: gleichzeitige Rücknahme des Subventionsbescheids mit Wirkung für die Vergangenheit
        • Rechtswidrigkeit des Subventionsbescheids: Fehlen einer materiell-gesetzlichen Grundlage (→ Rn. 16); durch Negativentscheidung der Kommission festgestellte Unionsrechtswidrigkeit (→ Rn. 45). Das VG prüft nicht die Rechtmäßigkeit des Kommissionsbeschlusses nach, auch nicht, ob überhaupt eine Beihilfe iSv Art. 107 I AEUV vorliegt (→ Rn. 124)
        • Bei unionsrechtswidrigen Beihilfen kein Vertrauensschutz nach § 48 II 2 VwVfG (→ Rn. 106 f.)
        • Unbeachtlichkeit der Jahresfrist des § 48 IV VwVfG (→ Rn. 109)
        • Rücknahmeermessen (§ 48 I 1 VwVfG)
          o Keine Unmöglichkeit der Rückforderung (→ Rn. 108)
          o Rücknahmeermessen auf Null reduziert: Rücknahme muss erfolgen (→ Rn. 110)
      - Festsetzung der zu erstattenden Leistung durch schriftlichen Rückforderungsbescheid (§ 49a I 2 VwVfG)
      - Berufung auf Wegfall der Bereicherung (§ 49a II 1 VwVfG, § 818 III BGB): Vorliegen einer Entreicherung bei Anwendung der Saldotheorie kann offen bleiben, da bei Rückforderung rechtswidriger Beihilfen Wegfall der Bereicherung unerheblich (→ Rn. 111)
      - Ergebnis: Rückforderungsbescheid rechtmäßig
   c) Gesamtergebnis: Anfechtungsklage des U ist zulässig, aber unbegründet

3. Abschnitt. Der Staat im Markt

§ 7. Öffentliches Unternehmens- und Wettbewerbsrecht

Literatur: *A. Berger*, Das kommunalrechtliche Subsidiaritätsgebot als subjektives öffentliches Recht, DÖV 2010, 118; *C. Braun*, Unlauterer Wettbewerb durch kommunale Gesellschaften, SächsVBl. 2009, 201; *Ch. Brüning*, Die Wege des Rechts sind verschlungen – Wettbewerbsrelevante Betätigung der öffentlichen Hand und Rechtsschutz, NVwZ 2012, 671; *U. Cronauge/G. Westermann*, Kommunale Unternehmen, 5. Aufl. 2006; *W. Frenz*, Kommunale wirtschaftliche Betätigung zwischen GO, GG und EG, GewArch 2006, 100; *A. Guckelberger*, Die wirtschaftliche Betätigung kommunaler Unternehmen *außerhalb* des Gemeindegebiets, BayVBl. 2006, 293; *T. Jungkamp*, Rechtsschutz privater Konkurrenz gegen die wirtschaftliche Betätigung der Gemeinden, NVwZ 2010, 546; *H. Pünder/R. Dittmar*, Die wirtschaftliche Betätigung der Gemeinden, Jura 2005, 760.

> **Fall 5**
>
> Die von der Gemeinde G vormals in Form eines städtischen Eigenbetriebs geführten, zwischenzeitlich in die S-GmbH mit G als alleinigem Gesellschafter umgewandelten Stadtwerke S versorgen die Bevölkerung mit Strom, Gas, Wasser, Wärme, öffentlichen Verkehrsmitteln, Bädern und Telekommunikation. Der Elektrounternehmer E ist seit Jahren auf Messen, Märkten und Festen in G tätig, wo er Verteilerschränke auf- und abbaut und die Elektroinstallationen für die fliegenden Bauten der Kaufleute vornimmt. Nach der Privatisierung führt nun die S-GmbH ihrerseits solche Elektroarbeiten auf den Veranstaltungen in G aus. Dadurch sind bereits zahlreiche – auch langjährige – Kunden von E zur S-GmbH übergewechselt.
>
> E verklagt die S-GmbH vor dem zuständigen Landgericht auf Unterlassung des Angebots oder der Herstellung von elektrischen Energieanlagen für private oder gewerbliche Auftraggeber. Er ist der Meinung, die S-GmbH verstoße mit ihrer Tätigkeit gegen die Vorgaben der Gemeindeordnung und handle damit zugleich wettbewerbswidrig. Viele der Kaufleute seien zu ihr übergewechselt, um sich das Wohlwollen von G zu sichern. Die S-GmbH sieht die angebotenen Elektrodienstleistungen hingegen als zulässige „Annex-Tätigkeit" zu ihren Leistungen der Daseinsvorsorge an und beantragt Klageabweisung.
>
> Hat die Klage des E vor dem Landgericht Aussicht auf Erfolg? Falls nein, könnte E auf anderem Wege gegen die Tätigkeit der S-GmbH vorgehen?

I. Formen staatlicher Wettbewerbsteilnahme

1 Die Teilnahme der öffentlichen Hand, d. h. des Bundes, der Länder, der Kommunen und sonstiger verselbständigter öffentlich-rechtlicher Einheiten, am Wettbewerb vollzieht sich in erster Linie durch **öffentliche Unternehmen** dieser Körperschaften.

1. Zum Begriff „Öffentliche Unternehmen"

a) Unionsrechtliches Begriffsverständnis

2 Auf der Ebene des **Unionsrechts** findet der Begriff „öffentliche Unternehmen" in Art. 106 I AEUV Verwendung, welcher die Mitgliedstaaten bezüglich dieser Unternehmen auf die Beachtung des AEUV, insbesondere dessen Art. 18 und 101 bis 109 verpflichtet (→ Rn. 19). Art. 2 I lit. b der aufgrund Art. 106 III AEUV erlassenen

Transparenzrichtlinie¹ definiert das öffentliche Unternehmen als „jedes Unternehmen, auf das die öffentliche Hand aufgrund Eigentums, finanzieller Beteiligung, Satzung oder sonstiger Bestimmungen, die die Tätigkeit des Unternehmens regeln, unmittelbar oder mittelbar einen beherrschenden Einfluss ausüben kann".

Als **Unternehmen** gilt nach der Rspr. des EuGH zum Wettbewerbsrecht (Art. 101 ff. AEUV) jede eine wirtschaftliche Tätigkeit ausübende Einheit, unabhängig von ihrer Rechtsform und der Art ihrer Finanzierung.² Eine **wirtschaftliche Tätigkeit** erblickt der EuGH wiederum in jeder Tätigkeit, die darin besteht, Güter oder Dienstleistungen auf einem bestimmten Markt anzubieten.³ Im Bereich des Niederlassungsrechts (Art. 49 ff. AEUV) und des freien Dienstleistungsverkehrs (Art. 56 ff. AEUV) liegt das entscheidende Abgrenzungskriterium in der Teilnahme am Wirtschaftsleben und der Entgeltlichkeit der Leistung, wobei mit dem Entgelt allerdings weder eine Kostendeckung noch gar eine Gewinnerzielungsabsicht verbunden sein muss (→ § 3 Rn. 84).⁴ Dieses für die „Erwerbstätigkeiten" natürlicher Personen (Art. 49 II AEUV) angenommene weite Verständnis wirtschaftlicher Tätigkeit kann auf das für Gesellschaften maßgebliche Merkmal des „Erwerbszwecks" iSv Art. 54 II AEUV übertragen werden.⁵

3

Damit unterfallen auch typische **Leistungen der Daseinsvorsorge** wie etwa die in den Gemeindeordnungen ausgenommenen Gesundheits- (zB Krankenhaus-) und Sozialdienstleistungen dem EU-Wettbewerbsrecht und, da eine Übernahme der Entgeltzahlung durch Dritte (zB die Krankenkasse) unionsrechtlich unbeachtlich ist,⁶ auch dem Niederlassungsrecht (Art. 49 ff. AEUV) sowie der Dienstleistungsfreiheit (Art. 56 ff. AEUV).⁷ Um eine wirtschaftliche Tätigkeit handelt es sich zB nicht nur beim Betrieb eines Flughafens, sondern auch beim – eine Aufgabe der Daseinsvorsorge darstellenden – Bau von Flughafeninfrastruktur durch den Betreiber, da sich Bau und Betrieb in diesem Fall nicht trennen lassen.⁸ Selbst bei Trägern der Sozialversicherung bilden weder soziale Zwecke noch fehlende Gewinnerzielungsabsicht, das Solidaritätsprinzip oder das Bestehen von Rechtsvorschriften, welche u. a. die Investitionstätigkeit beschränken, Ausschlusskriterien für das Vorliegen einer wirtschaftlichen Tätigkeit, sofern die Mitgliedschaft freiwillig ist und der Versicherer nach dem Kapitalisierungsprinzip arbeitet.⁹ Rein ideellen oder altruistischen Zielen dienende Aktivitäten zB kultureller oder karitativer Natur sind demgegenüber nicht erfasst. Im Einzelnen ist die Abgrenzung wirtschaftlicher von nichtwirtschaftlichen Tätigkeiten allerdings schwierig und auch nach dem Bekunden der EU-Kommission nicht abschließend möglich.¹⁰

4

---

¹ RL 2006/111/EG v. 16.11.2006 über die Transparenz der finanziellen Beziehungen zwischen den Mitgliedstaaten und den öffentlichen Unternehmen, ABl. Nr. L 318/17.
² EuGH Slg. 1991, I-1979 Rn. 21 – Höfner und Elser; 1998, I-3851 Rn. 36; 2000, I-6451 Rn. 78 – Pavlov; NJW 2009, 1325 Rn. 34 – Kattner Stahlbau.
³ EuGH Slg. 1987, 2599 Rn. 7; 1998, I-3851 Rn. 36; 2000, I-6451 Rn. 79 – Pavlov; Urt. v. 19.12.2012 – C-288/11 P –, juris, Rn. 40.
⁴ EuGH Slg. 1988, 5365 Rn. 19 – Humbel; 1993, I-6447 Rn. 15 – Wirth; 2001, I-5473 Rn. 50, 52 – Smits und Peerbooms.
⁵ BFH BStBl. 2005 II, 721; *J. Bröhmer*, in: Calliess/Ruffert, EUV/AEUV Art. 54 Rn. 2; *P. Jung*, in: Schwarze, EU-Kommentar, 3. Aufl. 2012, Art. 54 Rn. 7.
⁶ EuGH Slg. 1988, 2085 Rn. 16 – Bond van Adverteerders; 2000, I-2549 Rn. 56 – Deliège; 2001, I-5473 Rn. 57 – Smits und Peerbooms.
⁷ So explizit die Mitteilung der Kommission zu Sozialdienstleistungen von allgemeinem Interesse, KOM (2006) 177 vom 26.4.2006, S. 7.
⁸ EuGH, Urt. v. 19.12.2012 – C-288/11 P –, juris, Rn. 44.
⁹ EuGH Slg. 1995, I-4013 Rn. 17–23 – Fédération française des sociétés d'assurance; 1999 I-6121 Rn. 78–85 – Drijvende Bokken. Zur Abgrenzung beachte aber EuGH NJW 2009, 1325 Rn. 36 ff. – Kattner Stahlbau.
¹⁰ Vgl. Grünbuch der Kommission zu Dienstleistungen von allgemeinem Interesse, KOM (2003) 270 v. 21.5.2003, S. 17 sowie Mitteilung KOM (2006) 177, S. 7.

> Die im Fall 5 von der Gemeinde G als alleinigem Gesellschafter betriebenen Stadtwerke stellen nach unionsrechtlichem Verständnis ein öffentliches Unternehmen dar, und zwar sowohl in Form des Eigenbetriebs als auch der GmbH. Der weite Begriff der Wirtschaftlichkeit umfasst sowohl die Daseinsvorsorgeleistungen der S-GmbH als auch deren Elektroarbeiten.

b) Begriffsverständnis im deutschen Recht

5 Im deutschen Recht ist **mangels Legaldefinition** auf die in der Literatur herausgearbeiteten Merkmale öffentlicher Unternehmen zurückzugreifen[11]:

- Es muss eine **verselbständigte Einheit** von einer gewissen organisatorischen Festigkeit vorliegen, die auf Dauer zur Erfüllung der ihr übertragenen Aufgaben eingerichtet worden ist.[12] Ein Handeln der Ämter der Verwaltungsbehörde selbst oder sonstiger Einrichtungen der unmittelbaren Verwaltung wie etwa eines Regiebetriebs (→ Rn. 9) oder einer nichtrechtsfähigen Anstalt des öffentlichen Rechts (→ Rn. 10) genügt diesen Anforderungen mangels Verselbständigung nicht.

6 ■ Das Unternehmen hat eine **wirtschaftliche Tätigkeit** zum Gegenstand. Unter wirtschaftlicher Tätigkeit des Staates versteht man die entgeltliche Erbringung von Leistungen auf einem Markt, wobei die Tätigkeit entweder (auch) auf Gewinnerzielung ausgerichtet sein kann (sog. **erwerbswirtschaftliche Tätigkeit**) oder nicht (so im Falle der Erbringung von **Leistungen der Daseinsvorsorge**).[13] Der Begriff „wirtschaftliche Tätigkeit" ist damit weiter gefasst als das Verständnis von Wirtschaftlichkeit, welches in den Gemeindeordnungen bezogen auf den Charakter kommunaler Unternehmen (→ Rn. 43) zugrundegelegt wird.[14] Dort wird zum einen teilweise explizit darauf abgestellt, dass die Leistung ihrer Art nach auch von einem Privaten mit Gewinnerzielungsabsicht erbracht werden könnte,[15] zum anderen werden angesichts der Abgrenzungsschwierigkeiten zwischen wirtschaftlicher und nichtwirtschaftlicher Betätigung bestimmte Einrichtungen (insbesondere der Daseinsvorsorge) über eine Fiktion für nichtwirtschaftlich erklärt.[16] Dessen ungeachtet sind auch diese Einrichtungen nach wirtschaftlichen Gesichtspunkten zu verwalten, was verdeutlicht, dass sich „nichtwirtschaftliche Einrichtung" und „wirtschaftliche Tätigkeit" nicht ausschließen.[17]

7 ■ Die öffentliche Hand ist entweder alleiniger **Träger des Unternehmens** oder beherrscht dieses auf sonstige Weise. Bei Wahl einer privatrechtlichen Organisationsform, zB einer GmbH oder AG, liegt unproblematisch eine solche Trägerschaft vor, wenn die öffentliche Hand 100% der Anteile an der Gesellschaft hält, die dann eine sog. Eigengesellschaft darstellt. Sind hingegen sowohl die öffentliche

---

[11] *Ruthig/Storr*, ÖffWiR Rn. 677 ff.; *T. Vollmöller*, in: Schmidt/Vollmöller, ÖffWiR § 5 Rn. 3 f. mwN.
[12] VGH Mannheim NVwZ-RR 2006, 714 (715).
[13] *R.-M. Müller*, Die wirtschaftliche Tätigkeit der öffentlich-rechtlichen Rundfunkanstalten und ihre rechtlichen Grenzen, 1993, S. 11 ff.; *H. Schricker*, Wirtschaftliche Tätigkeit der öffentlichen Hand und unlauterer Wettbewerb, 2. Aufl. 1987, S. 3 ff.; *S. Vogel*, Der Staat als Marktteilnehmer, 2000, S. 12 ff.
[14] So auch *M. Burgi*, Kommunalrecht, 4. Aufl. 2012, § 17 Rn. 3.
[15] § 91 I 1 BbgKVerf; § 107 I 3 GO NW.
[16] § 102 IV GO BW; § 108 III NGO; § 85 IV GO RP; § 101 IV GO SH.
[17] So zu Recht *H. D. Jarass*, Kommunale Wirtschaftsunternehmen im Wettbewerb, 2002, S. 50 Fn. 7.

§ 7. Öffentliches Unternehmens- und Wettbewerbsrecht

Hand als auch Private an der Gesellschaft beteiligt (sog. gemischtwirtschaftliche Gesellschaft), ist für die Zuordnung der Trägerschaft ein bloßes Abstellen auf die Beteiligungsverhältnisse für sich genommen nicht aussagekräftig, weshalb vorzugsweise das auf die Steuerungsmöglichkeit bezogene Kriterium des **beherrschenden Einflusses** herangezogen werden sollte.[18]

So stellt auch Art. 2 lit. b der Transparenzrichtlinie (→ Rn. 2) zutreffender Weise nicht lediglich auf Eigentum und Beteiligungsverhältnisse ab, sondern nennt außerdem Satzung und unternehmensregelnde Bestimmungen. Nach deutschem Recht kommt ein **steuernder Einfluss** etwa über die Organe einer Gesellschaft (zB Gesellschafterversammlung, Aufsichtsrat), durch Beschränkung der Vertretungsbefugnisse der Geschäftsführung, durch – allerdings nur begrenzt wirksame (→ Rn. 16) – Weisungsrechte gegenüber Geschäftsführung bzw. Aufsichtsrat oder durch Beherrschungsverträge in Betracht.[19]

Im Fall 5 ist der Unternehmensbegriff nach deutschem Recht ebenfalls erfüllt, unabhängig davon, ob die durch die S-GmbH als Eigengesellschaft (bzw. zuvor durch den Eigenbetrieb) erbrachten Leistungen der Daseinsvorsorge kraft Kommunalverfassungsrechts für nichtwirtschaftlich erklärt werden. Die angebotenen Elektroarbeiten sind als erwerbswirtschaftlich einzustufen.

2. Organisationsformen öffentlicher Unternehmen

a) Öffentlich-rechtliche Organisationsformen

aa) Eigenbetrieb

Der Eigenbetrieb[20] bildet die klassische Organisationsform öffentlicher Unternehmen auf kommunaler Ebene. Die maßgeblichen Rechtsgrundlagen finden sich in den Gemeindeordnungen[21] sowie den Eigenbetriebsgesetzen der Länder. Weite Verbreitung im Bereich wirtschaftlicher Betätigung hat dieser Unternehmenstyp insbesondere im Hinblick auf die (häufig durch die Stadtwerke erbrachten) **kommunalen Infrastrukturdienstleistungen** gefunden, so etwa für Energieversorgung, Wasserversorgung/Abwasserbeseitigung, Abfallentsorgung und Verkehrsbetriebe. 8

Eigenbetriebe stellen zwar **rechtlich unselbständige**, aber organisatorisch und finanzwirtschaftlich verselbständigte Sondervermögen der Kommune dar. Merkmal der **organisatorischen Selbständigkeit** ist die Ausstattung mit eigenen Organen; dies sind üblicherweise eine Betriebsleitung und ein Betriebsausschuss. Der Betriebsleitung obliegt hierbei die laufende Betriebsführung, wirtschaftliche Führung und Vertretung nach außen, freilich regelmäßig verbunden mit einer Auskunftspflicht und Weisungsgebundenheit gegenüber der Verwaltungsleitung (zB Bürgermeister), die zudem in dienstlichen Angelegenheiten zuständig ist. Der Betriebsausschuss hat als beschließender Ausschuss eigene Entscheidungsbefugnisse und berät im Übrigen die dem Gemeinderat bzw. Kreistag vorbehaltenen Entscheidungen vor; ferner überwacht er die Betriebsleitung. In finanzwirtschaftlicher Hinsicht tritt bei Eigenbetrie- 9

---

[18] *Ruthig/Storr*, ÖffWiR Rn. 685 f.; *T. Vollmöller*, in: Schmidt/Vollmöller, ÖffWiR § 5 Rn. 4.
[19] Vgl. etwa die „Hinweise für die Verwaltung von Bundesbeteiligungen", Beschluss der Bundesregierung v. 24.9.2001, Tz. 13, 46 ff.
[20] Ausführlich zu dieser Unternehmensform *Cronauge/Westermann*, Komm. Unt. Rn. 141 ff.; *H. Bolsenkötter/H. Dau/E. Zuschlag*, Gemeindliche Eigenbetriebe und Anstalten, 5. Aufl. 2004.
[21] § 93 BbgKVerf; § 127 HGO, § 140 NKomVG; § 114 GO NW.

ben an die Stelle des kommunalen Haushaltsplans ein eigener Wirtschaftsplan, der dem Haushaltsplan beizufügen ist.

Im Unterschied zum Eigenbetrieb handelt es sich beim **Regiebetrieb** um kein öffentliches Unternehmen, da dieser (über die rechtliche Unselbständigkeit hinaus) keine organisatorische, personelle, leitungs- und haushaltsmäßige Verselbständigung aufweist, sondern als Verwaltungsabteilung unmittelbar in die Behördenorganisation integriert ist.[22]

bb) Rechtsfähige Anstalt des öffentlichen Rechts

10 Als weitere Organisationsform öffentlicher Unternehmen können rechtsfähige Anstalten des öffentlichen Rechts[23] entweder durch Gesetz oder aufgrund eines Gesetzes errichtet werden. Das Kommunalrecht sieht z. T. auch die Möglichkeit einer Umwandlung bestehender Eigenbetriebe in solche gelegentlich auch als **„Kommunalunternehmen"** bezeichnete Anstalten vor.[24] Ein bekanntes Beispiel für diesen Unternehmenstyp sind die auf kommunaler Ebene errichteten Sparkassen.

Die rechtsfähige Anstalt des öffentlichen Rechts ist als juristische Person im Unterschied zum Eigenbetrieb auch **rechtlich verselbständigt**, kann je nach Umfang der Aufgabenübertragung selbst Aufgabenträger sein, Satzungen und Verwaltungsakte erlassen sowie Gebühren erheben. Sie stellt insbesondere auf kommunaler Ebene eine Alternative zur Gründung einer GmbH oder AG dar, da sich die Vertretungskörperschaft weitreichende Einwirkungsmöglichkeiten sichern kann, ohne in Widerspruch zu gesellschaftsrechtlichen Grundsätzen zu geraten (→ Rn. 16). Auch können der Verwaltungsleitung Beanstandungs- und Widerspruchsrechte eingeräumt werden.[25]

cc) Zweckverband

11 Zweckverbände[26] als Organisationsformen der interkommunalen Zusammenarbeit stellen organisatorisch und rechtlich verselbständigte **Körperschaften des öffentlichen Rechts** dar. Sie sind nach Maßgabe des jeweiligen Landesgesetzes (GKZ bzw. ZwVG) zwingend mit eigenen Organen auszustatten, nämlich der Verbandsversammlung und dem Verbandsvorsteher, welche funktional der kommunalen Vertretungskörperschaft und der Verwaltungsleitung entsprechen. Mit Gründung des Zweckverbands werden die betroffenen, bislang von den sich zusammenschließenden Kommunen wahrgenommenen **Aufgaben**[27] **vollständig auf den Zweckverband übertragen**. Der Zweckverband kann folglich anstelle der beteiligten Kommunen Satzungen und Verwaltungsakte erlassen sowie Gebühren und Beiträge erheben. Diese Organisationsform wird vornehmlich für größer dimensionierte Vorhaben auf den Gebieten der Abfallentsorgung (zB Mülldeponien), Fernwasserversorgung, Abwasserbeseitigung (zB Kläranlagen), des ÖPNV, im Schul-, Kultur- und Freizeitbereich so-

---

[22] *Cronauge/Westermann*, Komm. Unt. Rn. 30 ff.
[23] Hierzu näher *M. Wambach*, Die AöR, das Kommunalunternehmen, 2004.
[24] Art. 89 GO BY; § 141 NKomVG, § 114a GO NW; § 86a GO RP; § 106a GO SH.
[25] *Städte- und Gemeindebund Nordrhein-Westfalen*, Anstalt des öffentlichen Rechts, 2001, S. 3, 15.
[26] Zu dieser Organisationsform im Einzelnen *T. Schmidt*, Kommunale Kooperation, 2005.
[27] Je nachdem, ob es sich um eine freiwillige Aufgabe oder eine Pflichtaufgabe handelt, schließen sich die beteiligten Kommunen durch Vereinbarung einer Verbandssatzung mittels öffentlich-rechtlichen Vertrags (§§ 54 ff. VwVfG) zu einem sog. **Freiverband** zusammen, oder es erfolgt die Bildung eines sog. **Pflichtverbands** kraft Verfügung der Aufsichtsbehörde; s. §§ 6, 10 GKZ BW; Art. 17 f., 28 KommZG BY; §§ 5, 7 GKZ SH.

wie etwa für Krankenhäuser gewählt. Der Zweckverband kann zur Wahrnehmung seiner Aufgaben seinerseits Unternehmen in öffentlich-rechtlicher oder privatrechtlicher Form gründen.

b) Privatrechtliche Organisationsformen

aa) GmbH und AG

GmbH und AG sind Handelsgesellschaften und juristische Personen des privaten Rechts, deren wesentliche Rechtsgrundlagen im GmbHG bzw. AktG niedergelegt sind. Sie stellen in der kommunalen Praxis die **vorherrschenden Typen öffentlicher Unternehmen in Privatrechtsform** dar, wobei die AG vorwiegend in größeren Kommunen und für größer dimensionierte Unternehmen gewählt wird. Die GmbH stellt demgegenüber die geeignete Gesellschaftsform für kleine und mittlere Unternehmen dar.[28] GmbH und AG sind nicht nur rechtlich, organisatorisch und finanzwirtschaftlich vollständig gegenüber der Kommune verselbständigt, sondern – im Unterschied zu den öffentlich-rechtlichen Unternehmensformen – auch von den Bindungen des öffentlichen Dienstes wie etwa Besoldungs-/Vergütungs- und Personalvertretungsregelungen befreit, so dass (zumindest theoretisch) betriebswirtschaftliche und kaufmännische Grundsätze die Unternehmensführung und Personalwirtschaft dominieren.[29] Ein hoheitliches Tätigwerden, etwa durch den Erlass von Verwaltungsakten (einschließlich Gebührenbescheiden[30]), ist vorbehaltlich einer Beleihung ausgeschlossen.

12

Organe einer AG sind der Vorstand (§§ 76 ff. AktG), der bei der GmbH der Geschäftsführer entspricht (§§ 35 ff. GmbHG), die Hauptversammlung (§§ 118 ff. AktG), welche bei der GmbH in der Gesellschafterversammlung (§§ 48 ff. GmbHG) ihr Pendant findet, und der Aufsichtsrat (§§ 95 ff. AktG), der bei einer GmbH mit bis einschließlich 500 Arbeitnehmern nur fakultativ ist (§ 52 GmbHG, § 1 I Nr. 3 DrittelbG). In Bezug auf die Rechte und Pflichten dieser Organe und die Möglichkeit der Einflussnahme durch die Trägerkörperschaft ergeben sich zwischen beiden Gesellschaftsformen z. T. deutliche Unterschiede:

13

- Grundsätzlich ist das Recht der **GmbH** durch **weniger strenge** und in weiterem Umfang **dispositive Vorschriften** gekennzeichnet als das Aktienrecht, weshalb die Spielräume für eine Regelung im Gesellschaftsvertrag (der Satzung) größer sind.

14

- Im Hinblick auf die **Machtverteilung innerhalb der Gesellschaft** liegt bei der GmbH das Schwergewicht – anders als bei der durch eine starke Stellung des Vorstands geprägten AG – auf der Gesellschafterversammlung,[31] deren Beschlüsse für die Geschäftsführung gemäß § 37 I GmbHG im Innenverhältnis weitgehende Bindungswirkung entfalten können. Bei öffentlichen Unternehmen besteht so die Möglichkeit, über Vertreter der Kommune als Mitglieder der Gesellschafterver-

15

---

[28] So auch die gesetzgeberische Intention, vgl. *C. Windbichler*, Gesellschaftsrecht, 23. Aufl. 2013, § 20 Rn. 8.
[29] *Cronauge/Westermann*, Komm. Unt. Rn. 204.
[30] Die Gesellschaft kann allerdings privatrechtliche Entgelte erheben, sofern sie hierzu seitens des Verwaltungsträgers beauftragt worden ist; eine Gebührenerhebung ist demgegenüber mangels Beleihung dem Verwaltungsträger vorbehalten.
[31] *C. Windbichler*, Gesellschaftsrecht, 23. Aufl. 2013, § 22 Rn. 3.

sammlung, die sich bei Eigengesellschaften (→ Rn. 7) zB aus dem gesamten Rat zusammensetzen kann, der Geschäftsführung Weisungen zu erteilen. Im Aktienrecht, wo die eigenverantwortliche Geschäftsführungsbefugnis des Vorstands nur in engen Grenzen beschränkt werden kann (siehe §§ 76, 82 AktG), besteht eine solche Möglichkeit nicht, es sei denn, der Vorstand selbst wünscht eine Entscheidung der Hauptversammlung über Fragen der Geschäftsführung (§ 119 II AktG).[32]

16 ■ Hinsichtlich des regelmäßig ebenfalls mit Vertretern der kommunalen Vertretungskörperschaft besetzten **Aufsichtsrats** als Kontrollorgan verweist § 52 I GmbHG auf eine Vielzahl von Vorschriften des AktG, allerdings unter Vorbehalt anderweitiger Bestimmung im Gesellschaftsvertrag. Während bei Aktiengesellschaften dem Aufsichtsrat zwar Zustimmungs-, aber keine Weisungsrechte eingeräumt werden können, ist dies bei der GmbH durchaus möglich; insoweit handelt der Aufsichtsrat anstelle der Gesellschafterversammlung. Bei beiden Gesellschaftsformen sind hingegen kraft Kommunalrechts[33] verbürgte **Weisungsbefugnisse des Gemeinderats** an ein aus seiner Mitte entsandtes Aufsichtsratsmitglied ohne Wirksamkeit auf die Beschlüsse des Aufsichtsrats, da dieser allein dem Gesellschaftsinteresse verpflichtet ist. Insofern wird Kommunalrecht durch (bundesgesetzliches) Gesellschaftsrecht überlagert mit der Folge, dass solche Weisungen lediglich im Innenverhältnis zum Rat rechtliche Bedeutung erlangen. Eine Bindung des von der Kommune entsandten Mitglieds an die Weisung tritt auch im Innenverhältnis nur ein, wenn die Weisung sich in den Grenzen des gesellschaftsrechtlich Zulässigen hält.[34]

bb) Sonstige

17 Außer der AG und der GmbH kommen theoretisch weitere privatrechtliche Organisationsformen in Betracht, nämlich **Personengesellschaften** (BGB-Gesellschaft, OHG, KG einschließlich der Sonderform GmbH & Co. KG), nichtrechtsfähige und rechtsfähige Vereine, Genossenschaften und rechtsfähige Stiftungen. Diese Typen besitzen jedoch im Bereich öffentlicher Unternehmen wenig praktische Bedeutung, was im Falle der Personengesellschaften u. a. bereits auf gesetzlich geforderte Haftungsbeschränkungen (→ Rn. 36, 49) zurückzuführen ist.[35]

II. Regelungsrahmen

1. Unionsrechtliche Vorgaben

a) Grundfreiheiten

18 Die Grundfreiheiten des AEUV (→ § 3 Rn. 44 ff.), namentlich der freie Warenverkehr (Art. 28 ff. AEUV), das Niederlassungsrecht (Art. 49 ff. AEUV) und der freie Dienstleistungsverkehr (Art. 56 ff. AEUV), sind für die staatliche Wettbewerbsteilnahme mittels öffentlicher Unternehmen in **zweierlei Hinsicht von Bedeutung:**

---

[32] Zur Geschäftsführungsbefugnis bei der AG *C. Windbichler*, Gesellschaftsrecht, 23. Aufl. 2013, § 27 Rn. 22 ff.
[33] So zB in § 138 I 2 NKomVG; § 113 I 2 GO NW; § 104 II i. V. m. § 25 I GO SH.
[34] Vgl. OVG Münster NVwZ 2007, 609; VGH Kassel LKRZ 2009, 300; NVwZ-RR 2012, 566 (567). Zu dieser Problematik *H. Altmeppen*, NJW 2003, 2561 (2563 ff.). Diesem Grundsatz tragen einige Gemeindeordnungen explizit Rechnung, so etwa Art. 93 II 3 GO BY; § 125 II 1 iVm I 4 HGO; § 119 II 1 iVm I 5 GO ST.
[35] Näher zu diesen Organisationsformen *Cronauge/Westermann*, Komm. Unt. Rn. 113 ff.

■ Der Staat kann sich als **Adressat der Grundfreiheiten** nicht dadurch seinen uni- 19
onsrechtlichen Verpflichtungen entziehen, dass er öffentliche Unternehmen in die
Leistungserstellung einschaltet. Die öffentlichen Unternehmen dürfen daher bei ihrer Tätigkeit nicht gegen die Grundfreiheiten anderer verstoßen, die als gegenüber
Art. 18 AEUV spezielle Diskriminierungsverbote ebenfalls von der wettbewerbsrechtlichen Beachtenspflicht nach Art. 106 I AEUV (→ Rn. 22 ff.) erfasst sind.[36]

■ Öffentliche Unternehmen können aber grundsätzlich auch **Berechtigte der** 20
Grundfreiheiten sein, wie Art. 54 II AEUV klarstellt.[37] Soweit dies angesichts des
für die Anwendbarkeit der Grundfreiheiten konstitutiven Erfordernisses grenzüberschreitender Tätigkeit[38] für Unternehmen in Trägerschaft der öffentlichen
Hand relevant ist, können die Grundfreiheiten sowohl dem anderen Mitgliedstaat
als auch dem eigenen Staat entgegengehalten werden. In Bezug auf letzteren darf
eine Berufung auf die Grundfreiheiten wegen Art. 345 AEUV allerdings nicht dazu genutzt werden, um sich nach nationalem Recht bestehenden Tätigkeitsbeschränkungen zu entziehen, wie sie etwa für die exterritoriale wirtschaftliche Betätigung kommunaler Unternehmen (→ Rn. 51 ff.) gelten.[39]

b) Wettbewerbsregeln für öffentliche Unternehmen (Art. 106 AEUV)

Das europäische Wettbewerbsrecht enthält in Art. 106 AEUV spezielle Vorgaben für 21
die seitens der Mitgliedstaaten veranlasste **Tätigkeit öffentlicher, rechtlich privilegierter oder mit besonderen Aufgaben betrauter Unternehmen**. Während
Art. 106 I AEUV hierbei allgemeine Regeln aufstellt, beinhaltet Art. 106 II AEUV
einen Ausnahmetatbestand für Unternehmen, die Dienstleistungen von allgemeinem
Interesse erbringen.

aa) Allgemeine Wettbewerbsregel (Art. 106 I AEUV)

Nach Art. 106 I AEUV ist es den Mitgliedstaaten untersagt, in Bezug auf öffentliche 22
Unternehmen (→ Rn. 2 ff.) sowie Unternehmen, denen sie ausschließliche oder besondere Rechte gewähren, dem AEUV, insbesondere dem allgemeinen Diskriminierungsverbot (Art. 18 AEUV) sowie den Wettbewerbsregeln (Art. 101 bis 109 AEUV)
widersprechende Maßnahmen zu treffen oder beizubehalten. Die Vorschrift enthält
den Grundsatz der **Gleichbehandlung privater und öffentlicher Unternehmen**[40]
und untersagt eine Besserstellung letzterer gegenüber ihren privaten Wettbewerbern.
Liest man die Vorschrift im Zusammenhang mit Art. 345 AEUV, dem zufolge die
nationale Eigentumsordnung durch den AEUV unberührt bleibt, wird hierdurch weder ein Rückzug des Staates begründet noch ein Privatisierungsdruck aufgebaut;[41]

---

[36] Vgl. Entscheidung der Kommission v. 26.6.1997, ABl. Nr. L 244/18, Rn. 11–13; *C. Jung*, in: Calliess/Ruffert, EUV/AEUV Art. 106 Rn. 23.
[37] Zum Ausschlusskriterium fehlenden Erwerbszwecks → Rn. 3.
[38] Vgl. etwa zu Art. 49 AEUV EuGH Slg. 1992, I-4265 Rn. 21 – Singh; 2000, I-11619 Rn. 21 – AMID. Zu Art. 56 AEUV EuGH Slg. 1980, 833 Rn. 9 – Debauve; 1984, 377 Rn. 10 – Luisi und Carbone; 1991, I-659 Rn. 9.
[39] Vgl. *A. Guckelberger*, BayVBl. 2006, 293 (300).
[40] EuGH Slg. 1991, I-1433 Rn. 16, 19 f.; *C. Jung*, in: Calliess/Ruffert, EUV/AEUV Art. 106 AEUV Rn. 3.
[41] So explizit Mitteilung der Kommission zu Leistungen der Daseinsvorsorge in Europa, KOM (2000) 580 v. 20.9.2000, S. 11; anders *Schliesky*, ÖffWiR S. 73.

dessen ungeachtet befreit Art. 345 AEUV die Mitgliedstaaten nicht von den sich aus dem AEUV ergebenden (wettbewerbsrechtlichen) Bindungen.[42]

23 Gegenständlich hebt Art. 106 I AEUV neben dem allgemeinen **Diskriminierungsverbot** des Art. 18 AEUV auch die **Kartell- und Beihilfenregelungen** der Art. 101 bis 109 AEUV hervor. Öffentlichen Unternehmen ist es somit untersagt,

- durch Vereinbarungen zwischen Unternehmen, Beschlüsse von Unternehmensvereinigungen oder aufeinander abgestimmte Verhaltensweisen eine Wettbewerbsbeschränkung zu bezwecken oder zu bewirken (**Kartellverbot**, Art. 101 AEUV), sowie
- eine marktbeherrschende Stellung in einer den Handel zwischen Mitgliedstaaten potenziell beeinträchtigenden Weise missbräuchlich auszunutzen (**Missbrauchsverbot**, Art. 102 AEUV);
- wettbewerbswidrige und den Handel zwischen Mitgliedstaaten beeinträchtigende **Beihilfen** zu gewähren (Art. 107 AEUV). Angesichts des weitgefassten Beihilfenbegriffs des EuGH, der nicht danach unterscheidet, ob die Beihilfe unmittelbar vom Staat oder durch damit beauftragte öffentliche bzw. privilegierte Unternehmen gewährt wird (→ § 6 Rn. 19 ff.), ist der verbleibende Anwendungsbereich des Art. 106 I AEUV insoweit gering.[43]

Bedeutsame von Art. 106 I AEUV erfasste Vorschriften des AEUV sind ferner diejenigen über die Grundfreiheiten (→ Rn. 19).

bb) Ausnahmen für Dienstleistungen von allgemeinem wirtschaftlichem Interesse (Art. 106 II AEUV)

24 Nach Art. 106 II AEUV gelten die Wettbewerbsregeln für Unternehmen, die mit Dienstleistungen von allgemeinem wirtschaftlichem Interesse betraut sind oder Finanzmonopolcharakter besitzen, nur, soweit diese Vorschriften die Erfüllung dieser besonderen **Aufgaben nicht rechtlich oder tatsächlich behindern.** Hierbei darf allerdings die Entwicklung des Handelsverkehrs nicht in einem dem Unionsinteresse zuwiderlaufenden Umfang beeinträchtigt werden. Die Vorschrift schränkt die in Bezug auf öffentliche Unternehmen bestehenden Pflichten der Mitgliedstaaten nach Art. 106 I AEUV ein,[44] erstreckt sich darüber hinaus aber auch auf das Handeln privater Unternehmen.

25 Art. 106 II AEUV ist nicht bereits dann anwendbar, wenn ein Unternehmen im Interesse der Allgemeinheit tätig wird, sondern nur dann, wenn es **spezifisch mit der Dienstleistung betraut** worden ist.[45] Dabei kommt es nach der neueren Praxis von Kommission und EuGH nicht darauf an, ob die Betrauung des Unternehmens mit Dienstleistungen von allgemeinem wirtschaftlichem Interesse **durch Hoheitsakt oder durch Vertrag** erfolgt.[46] Entscheidend ist aber, dass die Zuordnung der genannten Dienstleistungen zu dem betreffenden Unternehmen aktiv durch einen erkennbaren und inhaltlich insoweit eindeutig festgelegten Akt erfolgt.[47] Denn nur

---

[42] Mitteilung KOM (2000) 580 v. 20.9.2000, S. 11; *T. Kingreen*, in: Callies/Ruffert, EUV/ AEUV Art. 345 AEUV Rn. 12; vgl. auch EuGH Slg. 1991, I-1603 Rn. 24.
[43] *P. Voet van Vormizeele*, in: Schwarze, EU-Kommentar, 3. Aufl. 2012, Art. 106 AEUV Rn. 48.
[44] In EuGH Slg. 1993, I-2533 Rn. 12–14 – Corbeau, fungiert Art. 86 II EGV (= Art. 106 II AEUV) als Prüfungsmaßstab zur positiven Begründung der Zulässigkeit von ausschließlichen Rechten gemäß Art. 86 I EGV (= Art. 106 I AEUV).
[45] Vgl. EuGH Slg. 1981, 2021 Rn. 7 – Züchner; 1983, 483 Rn. 29 ff. – GVL.
[46] Hoheitsakt: EuGH Slg. 1974, 313 Rn. 19/22 – BRT I; 1981, 2021 Rn. 7 – Züchner; 1989, 803 Rn. 55 – Saeed. Vertrag: Daseinsvorsorgemitteilung der Kommission v. 20.9.2000, ABl. C 2001 17/4 Rn. 22.
[47] *C. Jung*, in: Calliess/Ruffert, EUV/AEUV Art. 106 AEUV Rn. 40.

diese spezifische Betrauung rechtfertigt die partielle Freistellung von den Wettbewerbsregeln des AEUV, soweit eine Anwendung dieser Regeln die Erfüllung der übertragenen besonderen Aufgabe rechtlich oder tatsächlich hindern würde. Dahinter steht der Gedanke, dass der Betrauungsakt erforderlich ist, um durch die **Zurückführung auf eine übergeordnete, dem Gemeinwohl verpflichtete Instanz** den Zusammenhang zwischen der betreffenden, besonderen Bindungen unterliegenden Tätigkeit und dem Allgemeininteresse herzustellen.[48] Nicht ausreichend ist daher die Erteilung einer bloß gewährenden Erlaubnis für eine grundsätzlich jedem offen stehende Versorgungstätigkeit.[49]

Unter **Dienstleistungen von allgemeinem wirtschaftlichem Interesse** versteht man wirtschaftliche, d. h. marktbezogene Tätigkeiten (→ Rn. 3), die im Interesse der Allgemeinheit erbracht werden und daher mit besonderen Gemeinwohlverpflichtungen verbunden sind.[50] Sie bilden eine Teilmenge der „Dienstleistungen von allgemeinem Interesse", synonym auch als „Leistungen der Daseinsvorsorge" bezeichnet, welche neben den wirtschaftlichen auch nichtwirtschaftliche Leistungen mit Gemeinwohlbezug umfassen.[51] Durch das **Merkmal des *allgemeinen*** Interesses werden die von Art. 106 II AEUV erfassten Tätigkeiten von Dienstleistungen abgegrenzt, die primär im Individual- oder Partikularinteresse liegen. Erforderlich ist daher, dass die Dienstleistungen zumindest auch im öffentlichen Interesse liegen.[52] Hierfür reicht es aus, dass die Dienstleistung im Interesse eines Teils der Bevölkerung eines Mitgliedstaats erbracht wird.[53] Indiziell hierfür ist ein Tätigwerden von Unternehmen, obwohl dies **den eigenen wirtschaftlichen Interessen der Unternehmer widersprechen** würde.[54] Der Begriff ist nicht abschließend vorgegeben. Da die Mitgliedstaaten bei der Bestimmung der Tätigkeiten, die als Dienstleistungen von allgemeinem wirtschaftlichem Interesse gelten sollen, ihre eigenen politischen Ziele berücksichtigen dürfen,[55] kommt ihnen ein **Gestaltungsspielraum** zu, dem eine auf offenkundige Fehler beschränkte Kontrolle seitens der Kommission und des EuGH korrespondiert.[56] Diese führt auch regelmäßig zur Anerkennung der mitgliedstaatlichen Einstufung einschlägiger Tätigkeiten.[57]

26

---

[48] *F. Montag/C. Leibenath*, in: Heidenhain, Europäisches Beihilfenrecht, 2003, § 30 Rn. 45 mwN.
[49] *C. Jung*, in: Calliess/Ruffert, EUV/AEUV Art. 106 AEUV Rn. 40.
[50] Grünbuch KOM (2003) 270, S. 8; Europäischer Wirtschafts- und Sozialausschuss, Dienstleistungen von allgemeinem Interesse, EWSA-Spezial, 2004, S. 10, 23, 39.
[51] Grünbuch KOM (2003) 270, S. 7 f.; Europäischer Wirtschafts- und Sozialausschuss, Dienstleistungen von allgemeinem Interesse, EWSA-Spezial, 2004, S. 10, 23, 39.
[52] *C. Jung*, in: Calliess/Ruffert, EUV/AEUV Art. 106 AEUV Rn. 38; *P. Voet van Vormizeele*, in: Schwarze (Hrsg.), EU-Kommentar, 3. Aufl. 2012, Art. 106 AEUV Rn. 64.
[53] *I. Hochbaum/R. Klotz*, in: von der Groeben/Schwarze (Hrsg.), Kommentar zum Vertrag über die Europäische Union und zur Gründung der Europäischen Gemeinschaft, Bd. 2, 6. Aufl. 2003, Art. 86 EGV Rn. 60.
[54] *C. Jung*, in: Calliess/Ruffert, EUV/AEUV Art. 106 AEUV Rn. 38; *P. Voet van Vormizeele*, in: Schwarze (Hrsg.), EU-Kommentar, 3. Aufl. 2012, Art. 106 AEUV Rn. 64.
[55] EuGH Slg. 1997, I-5815 Rn. 56.
[56] EuG, 22.10.2008, T-309/04 u. a., TV2/Danmark, Rn. 101; Erwägungsgrund 7 der Entscheidung 2005/842/EG v. 28.11.2005, ABl. L 312/67.
[57] So etwa für die Tätigkeit öffentlich-rechtlicher Rundfunkanstalten EuGH Slg. 1974, 409 Rn. 15 – Sacchi; die öffentliche Versorgung mit Strom und Gas EuGH Slg. 1997, I-5815 Rn. 57; die öffentliche Postverteilung EuGH Slg. 1993, I-2533 Rn. 15 – Corbeau; das Monopol für das öffentliche Fernmeldenetz EuGH Slg. 1991, I-5941 Rn. 16 – GB-INNO-BM; die Arbeitsvermittlung durch eine öffentlich-rechtliche Anstalt für Arbeit, EuGH Slg. 1991, I-1979 Rn. 24 – Höfner und Elser; Zusatz-

27 Eine Abweichung von den Vertragsvorschriften ist zulässig, wenn sie **für die Aufgabenerfüllung des Unternehmens erforderlich** ist, was aufgrund einer Einzelfallprüfung in enger Auslegung der Ausnahmevorschrift des Art. 106 II AEUV zu beurteilen ist. Insoweit bedarf es nicht einer existenziellen Bedrohung des Unternehmens, sondern lediglich einer Gefährdung der Aufgabenerfüllung.[58] Die Möglichkeit der Freistellung von den Vertragsregeln wird zudem dadurch eingeschränkt, dass sie die Entwicklung des Handelsverkehrs[59] nicht in einem Umfang beeinträchtigen darf, der einem – den Zielen und Grundsätzen des AEUV zu entnehmenden – Interesse der Union zuwiderläuft. Für die Anwendung der beihilferechtlichen Regelungen der Art. 107, 108 AEUV auf Dienstleistungen von allgemeinem wirtschaftlichem Interesse hat die EU-Kommission umfangreiche Sonderregelungen erlassen.[60]

2. Verfassungsrecht

a) Grundsätzliche Zulässigkeit wirtschaftlicher Tätigkeit des Staates?

28 Dem Grundgesetz sind **keine expliziten Aussagen** darüber zu entnehmen, ob und inwieweit eine wirtschaftliche Tätigkeit des Staates zulässig ist. Allerdings finden sich Vorschriften über wirtschaftliche Unternehmen des Bundes in Privatrechtsform (Art. 87e III, Art. 87f II GG); ferner werden die Existenz von Bundesbetrieben und Sondervermögen (Art. 110 I GG), das Bundes- und Landesvermögen einschließlich Unternehmensbeteiligungen (Art. 134, 135 VI GG) sowie die Möglichkeit der Überführung von Vermögensgegenständen in die Gemeinwirtschaft (Art. 15 GG) anerkannt. Wenngleich sich die Zulässigkeit wirtschaftlichen Staatshandelns auf Basis dieser Bestimmungen wohl nicht positiv begründen lassen dürfte,[61] so stellen sie doch zumindest gewichtige Indizien dafür dar, dass eine solche Tätigkeit **nicht von vornherein ausgeschlossen** ist.[62]

29 Auch eine **erwerbswirtschaftliche Tätigkeit** (→ Rn. 6) ist nicht per se unzulässig, sondern insofern gestattet, als sie im Zusammenhang mit der Wahrnehmung öffentlicher Aufgaben erfolgt. Untersagt ist lediglich die „rein erwerbswirtschaftliche", allein auf Gewinnerzielung ausgerichtete Tätigkeit, bei der den Gemeinwohlzwecken nicht unmittelbar durch die angebotene Leistung, sondern allenfalls mittelbar durch die erzielten Gewinne und Erträge Rechnung getragen wird.[63]

Nicht zu überzeugen vermag der Einwand, eine Einnahmenerzielung durch Teilnahme am Wirtschaftsleben unterhöhle die primär auf die Finanzierung staatlicher Aufgaben mittels Steuereinnahmen ausgerichtete **Finanzverfassung**[64]. Letztere markiert allenfalls die Grenze der Einnahmenerzielung durch wirtschaftliche Tätigkeit, welche dort liegt, wo die Finanzierung nicht mehr „in erster Linie"[65] aus dem

---

rentensysteme Slg. 1999 I-6025 Rn. 98 – Brentjens; Festmacherdienste im Hafen EuGH Slg. 1998, I-3949 Rn. 45 – Corsica Ferries; sowie zum Betrieb unrentabler Fluglinien aus Gründen des allgemeinen Interesses verpflichtete Lufttransportleistungen EuGH Slg. 1989, 803 Rn. 55 – Saeed.

[58] EuGH Slg. 1997, I-5815 Rn. 59; zum Ganzen *M. Bruhns*, Dienste von allgemeinem wirtschaftlichem Interesse, 2001, S. 135 ff.

[59] Gemeint ist der unmittelbar betroffene Handelsverkehr auf dem relevanten Markt, nicht der Handel innerhalb der EU in seiner Gesamtheit, der kaum je relevant betroffen sein dürfte; so zutreffend *M. Bruhns*, Dienste von allgemeinem wirtschaftlichem Interesse, 2001, S. 138 f. mwN.

[60] Dazu *N. Sonder/A. Bühner*, BayVBl. 2013, 296.

[61] *Stober*, AllgWiVerwR § 24 V 2; *T. Vollmöller*, in: Schmidt/Vollmöller, ÖffWiR § 5 Rn. 21.

[62] *Ruthig/Storr*, ÖffWiR Rn. 700.

[63] BVerfGE 61, 82 (107 f.); *D. Ehlers*, Jura 1999, 212 (214).

[64] So *D. Ehlers*, Jura 1999, 212 (214).

[65] So BVerfGE 93, 319 (342), allerdings im Verhältnis von Steuern (Art. 105 ff. GG) und sonstigen Abgaben.

Steuerertrag erfolgt. Ferner existiert im kommunalen Bereich, auf den das Gros wirtschaftlicher Staatstätigkeit entfällt, ein solcher Vorrang der Steuerfinanzierung im Verhältnis zur Einnahmenbeschaffung aus Entgelten für erbrachte Leistungen ohnedies nicht.[66]

Im **Verhältnis von Bund und Ländern** erstreckt sich Art. 30 GG auch auf wirtschaftliches Staatshandeln,[67] weshalb diese Bestimmung ein grundsätzliches Vorrangverhältnis zugunsten der Länder begründet. Soweit dem Bund gemäß den Art. 87 ff. GG als „andere Regelung" iSv Art. 30 GG die Verwaltungskompetenz zusteht, ist er nicht gehindert, auch privatrechtliche Organisationsformen zu wählen, etwa durch Ausgliederung einer Verwaltungsabteilung oder eines Eigenbetriebs in eine Eigengesellschaft (sog. formelle oder Organisationsprivatisierung, → § 8 Rn. 3 f.). Außerhalb ausdrücklicher Bestimmungen wie Art. 87e III, Art. 87f II GG besteht entgegen verbreiteter Ansicht diesbezüglich **kein allgemeiner Gesetzesvorbehalt** in Gestalt eines Organisationsvorbehalts.[68] Entsprechendes gilt für die Länder, soweit das Landesrecht nichts anderes vorsieht. 30

Die **Kommunen** können die ihnen im Rahmen der Gesetze, insbesondere der Gemeindeordnungen, eingeräumte Befugnis zu wirtschaftlicher Tätigkeit verfassungsrechtlich auf Art. 28 II GG stützen (→ Rn. 39 ff.).

b) Insbesondere: Bedeutung der Grundrechte

Bedeutsame Vorgaben für die Tätigkeit öffentlicher Unternehmen enthalten die Grundrechte. Sie wirken hierbei ebenso wie die unionsrechtlichen Grundfreiheiten (→ Rn. 18 ff.) **sowohl verpflichtend als auch berechtigend:** 31

■ Wenngleich auch die Grundrechte keine positive Aussage zur generellen Zulässigkeit wirtschaftlicher Tätigkeit des Staates treffen, so zeigen sie dem Staat als **Adressaten der Grundrechte** (Art. 1 III GG) jedenfalls die Grenzen auf, die seiner Wettbewerbsteilnahme im Verhältnis zu privaten Konkurrenten gesetzt sind. Die Reichweite der Grundrechtsbindung bei **staatlichem Handeln in Privatrechtsform**, d. h. nach Maßgabe privatrechtlicher Vorschriften, ist umstritten. Während eine Auffassung Art. 1 III GG auf die Wahrnehmung von Verwaltungsaufgaben (insbesondere solche der Daseinsvorsorge) in Privatrechtsform, das sog. Verwaltungsprivatrecht beschränken will,[69] kann sich der Staat nach der zutreffenden Gegenansicht auch bei fiskalischer und erwerbswirtschaftlicher Tätigkeit (→ Rn. 6) seiner Grundrechtsbindung nicht entziehen[70]. Dies gilt auch dann, wenn das öffentliche Unternehmen nicht im Alleineigentum des Staates steht, sondern es sich um eine gemischtwirtschaftliche Gesellschaft (→ § 7 Rn. 7) handelt. Voraussetzung ist, dass diese durch die öffentliche Hand beherrscht wird.[71] Zu den ggf. einschlägigen Grundrechten privater Konkurrenten → § 3 Rn. 15 ff.

---

[66] Vgl. die Formulierungen „im Übrigen aus Steuern" in den Gemeindeordnungen, so etwa § 78 II 1 Nr. 2 GO BW; § 64 II Nr. 2 BbgKVerf; § 77 II Nr. 2 GO NW; § 76 II Nr. 2 GO SH.
[67] BVerfGE 12, 205 (224 ff.).
[68] Zutreffend *C. Gramm*, UBWV 2004, 81 (83). A. M. *T. Vollmöller*, in: Schmidt/Vollmöller, ÖffWiR § 5 Rn. 31.
[69] BGHZ 36, 91 (95 f.); *R. Stober*, in: Wolff/Bachof/Stober, Verwaltungsrecht III, 5. Aufl. 2004, § 91 Rn. 94
[70] BVerfG NJW 2011, 1201 Rn. 47 f.; *H. Dreier*, in: Dreier I Art. 1 III Rn. 66 f.; *W. Höfling*, in: Sachs, GG Art. 1 Rn. 102 ff.
[71] BVerfG NJW 2011, 1201 Rn. 46 ff.

32 ■ Umgekehrt stellt sich die Frage, inwieweit öffentliche Unternehmen unter Berufung auf Art. 19 III GG selbst **Träger der o. g. Grundrechte** sein können. Nach Art. 19 III GG kommt ein Grundrechtsschutz, der in erster Linie dem Schutz der Freiheit des Einzelnen dient, für juristische Personen nur dann in Betracht, wenn ihre Gründung und Betätigung die freie Entfaltung der hinter ihr stehenden natürlichen Personen zum Ausdruck bringt. Dies ist bei öffentliche Aufgaben wahrnehmenden juristischen Personen des öffentlichen Rechts nicht der Fall.[72] Gleiches gilt für **Unternehmen im alleinigen Anteilseigentum der öffentlichen Hand**, auch wenn es sich um eine Eigengesellschaft in Privatrechtsform (z. B GmbH) handelt. Sie können sich nicht auf den Schutz der Grundrechte berufen, wenn sie ihrer Bestimmung gemäß öffentliche Aufgaben wahrnehmen und gerade in dieser Aufgabenwahrnehmung von dem Hoheitsakt, den sie beanstanden betroffen werden.[73]

33 ■ Bei **gemischtwirtschaftlichen Gesellschaften** kommt es für die Grundrechtsfähigkeit wiederum entscheidend auf das Kriterium des **beherrschenden Einflusses** an, welcher nicht allein anhand der Beteiligungsverhältnisse, sondern auch nach sonstigen Steuerungsmöglichkeiten zu bemessen ist (→ Rn. 7).[74] Liegt eine solche Beherrschung durch die öffentliche Hand vor, ist die gemischtwirtschaftliche Gesellschaft selbst nicht grundrechtsfähig.[75] Denn sonst könnte ein Hoheitsträger sich durch einen bloßen Formenwandel in Gestalt der Aufgabenwahrnehmung durch eine juristische Person des Privatrechts der Bindung an die Grundrechte entziehen und eine eigene Grundrechtsfähigkeit erwerben, die ihm als Hoheitsträger versagt bleibt.[76] Unbeschadet hiervon nehmen die privaten Anteilseigner mit ihren Gesellschaftsanteilen auch dann am Grundrechtsschutz (Art. 14 I GG) teil, wenn es sich bei diesen Anteilseignern ihrerseits um juristische Personen des Privatrechts handelt.

3. Haushaltsrecht

34 Einfachgesetzliche Rahmenbedingungen wirtschaftlicher Tätigkeit des Staates setzt das Haushaltsrecht. Oberste Leitlinie der öffentlichen Haushaltswirtschaft ist der gemäß Art. 114 II GG auch mit Verfassungsrang ausgestattete **Grundsatz der Wirtschaftlichkeit**, der haushaltsgesetzlich durch den **Grundsatz der Sparsamkeit** ergänzt wird.[77] Das Wirtschaftlichkeitsprinzip zielt auf die Optimierung des Verhältnisses von Mitteleinsatz und Ergebnis ab, wobei entweder ein bestimmtes Ergebnis mit möglichst geringem Mitteleinsatz (Minimalprinzip) oder ein möglichst gutes Er-

---

[72] BVerfG NVwZ-RR 2009, 361; NVwZ 2009, 1282 (1283).
[73] Vgl. BVerfGE 68, 193 (205 ff.); BVerfG NJW 1990, 1783; NVwZ 2009, 1282 (1283). Eine Ausnahme gilt freilich für die Justizgrundrechte der Art. 101 I, 103 I GG, auf die sich auch von der öffentlichen Hand beherrschte juristische Personen berufen können.
[74] So stellt BVerfG NJW 1990, 1783, neben der 72%igen Beteiligung des öffentlichen Trägers zur Verneinung des Grundrechtsschutzes auch auf die Einschränkung der privatrechtlichen Selbständigkeit durch strenge gesetzliche Bindungen ab.
[75] BVerfG NVwZ 2009, 1282 (1283). Zustimmend *Ruthig/Storr*, ÖffWiR Rn. 705; ablehnend *T. Vollmöller*, in: Schmidt/Vollmöller, ÖffWiR § 5 Rn. 17 mwN.
[76] BVerfG NVwZ 2009, 1282 (1283).
[77] Siehe § 6 I HGrG und jeweils § 7 I der Haushaltsordnungen des Bundes und der Länder, auf die sich die folgende Darstellung konzentriert. Zur wirtschaftlichen Betätigung der Kommunen → Rn. 39 ff.

gebnis mit einem vorgegebenen Mitteleinsatz (Maximalprinzip) angestrebt wird.[78] Sparsamkeit meint demgegenüber die Vermeidung unnötiger Ausgaben.[79]

Diese Grundsätze gelten auch für die unternehmerische Tätigkeit des Staates. Wie in § 7 I 2 der Haushaltsordnungen auf Bundes- und zumeist auch auf Landesebene niedergelegt, verpflichten sie zur Prüfung, inwieweit öffentlichen Zwecken dienende wirtschaftliche Tätigkeiten durch **Ausgliederung oder Privatisierung** erfüllt werden können, was jedenfalls die Gründung der oben (→ Rn. 8 ff.) dargestellten öffentlichen Unternehmen, namentlich derjenigen in Privatrechtsform, in die Überlegungen einschließt.[80] Das Wirtschaftlichkeits- und Sparsamkeitsprinzip spielt auch in die einschränkenden haushaltsrechtlichen Voraussetzungen für die Gründung von bzw. die **Beteiligung an privatrechtlichen Unternehmen** durch die öffentliche Hand hinein, welche mit im Wesentlichen gleichem Inhalt in § 65 I der Haushaltsordnungen des Bundes und der Länder niedergelegt sind.

35

Demnach sollen Gründungen bzw. Beteiligungen von Bund und Ländern nur dann erfolgen, wenn die nachstehend genannten Bedingungen erfüllt sind:

36

- Es liegt ein **wichtiges Interesse** des Bundes oder des Landes vor, was der Fall ist, wenn hierdurch bedeutsame Aufgaben der jeweiligen Körperschaft erfüllt werden, nicht aber, wenn die Beteiligung ausschließlich der Einnahmenerzielung dient.[81] Hierdurch wird der Bezug zur Wahrnehmung öffentlicher Aufgaben hergestellt.[82]
- Zugleich darf sich der angestrebte Zweck nicht besser und wirtschaftlicher auf andere Weise erreichen lassen. Diese **Subsidiaritätsklausel**[83] schließt die bereits in § 7 II 3 BHO vorgeschriebene, im Zuge eines Interessenbekundungsverfahrens anzustellende Prüfung ein, ob und inwieweit öffentlichen Zwecken dienende wirtschaftliche Tätigkeiten nicht **mindestens ebenso gut durch private Anbieter** erbracht werden könnten.[84]
- Weiter muss die **Einzahlungsverpflichtung** des Bundes bzw. der Länder auf einen bestimmten Betrag **begrenzt** sein, wodurch mit einer persönlichen Haftung verbundene Beteiligungen etwa an einer GbR, OHG oder KG (als Komplementär) ausscheiden. Die öffentliche Hand muss außerdem einen **angemessenen Einfluss** erhalten, womit wiederum der Gedanke der **Beherrschung des Unternehmens** (→ Rn. 7) in Geltung tritt.[85] Schließlich sind für Aufstellung und Prüfung von Jahresabschluss und Lagebericht die §§ 264 ff. HGB anzuwenden.

4. Wettbewerbsrecht

Wettbewerbsrechtlich sind zunächst die Vorgaben des AEUV einzuhalten (→ Rn. 21 ff.). Hinsichtlich der Anwendbarkeit deutschen Wettbewerbsrechts enthält § 130 I GWB eine eindeutige Regelung und erstreckt den **Geltungsbereich des GWB** auch auf öffentliche Unternehmen. Bedeutsame Vorgaben für wettbewerbswirksames Handeln des Staates als Auftraggeber enthält das im GWB, der VgV, der

37

---

[78] So auch Nr. 1 VV-BHO § 7.
[79] *J. Schmidt*, Wirtschaftlichkeit in der öffentlichen Verwaltung, 7. Aufl. 2006, S. 49.
[80] *C. Helm*, in: Piduch, Bundeshaushaltsrecht, 2. Aufl. Stand Jun. 2007, § 7 BHO Rn. 16.
[81] Vgl. „Hinweise für die Verwaltung von Bundesbeteiligungen", Beschluss der Bundesregierung v. 24.9.2001, Tz. 7; *D. Ehlers*, Jura 1999, 212 (214).
[82] BVerfGE 61, 82 (107 f.).
[83] *Ruthig/Storr*, ÖffWiR Rn. 727.
[84] Vgl. „Hinweise für die Verwaltung von Bundesbeteiligungen", Beschluss der Bundesregierung v. 24.9.2001, Tz. 8.
[85] Zu den Mitteln der Einflussnahme vgl. „Hinweise für die Verwaltung von Bundesbeteiligungen", Beschluss der Bundesregierung v. 24.9.2001, Tz. 13, 46 ff., 141 ff.

SektVO sowie den jeweiligen Vergabe- und Vertragsordnungen niedergelegte Vergaberecht (→ § 9).

38 Im Unterschied zum GWB fehlt im **UWG** eine entsprechende Vorschrift zur Anwendbarkeit auf öffentliche Unternehmen. Die Rspr. wendet jedoch § 3 UWG (§ 1 UWG a. F.) seit jeher auch auf die wirtschaftliche Betätigung der öffentlichen Hand an, soweit das **Verhalten im Wettbewerb**, d. h. die Art und Weise (das „Wie") ihrer Wettbewerbsbeteiligung betroffen ist.[86] Die Frage, inwieweit das UWG die Privatwirtschaft darüber hinaus vor dem **Zugang der öffentlichen Hand zum Markt** schützen will, mithin auch das „Ob" staatlicher Wettbewerbsteilnahme erfasst, wird hingegen in der neueren Judikatur des BGH restriktiver beantwortet als zuvor.[87] Zur damit verbundenen Rechtsweg- und Drittschutzproblematik → Rn. 59 ff.

III. Die wirtschaftliche Betätigung der Gemeinden

1. Art. 28 II GG als Legitimationsgrundlage wirtschaftlicher Betätigung

39 Art. 28 II 1 GG sichert den Gemeinden im Rahmen der Gesetze einen grundsätzlich alle Angelegenheiten der örtlichen Gemeinschaft umfassenden Aufgabenbereich sowie die Befugnis zu eigenverantwortlicher Führung der Geschäfte in diesem Bereich.[88] Diese **institutionelle Garantie kommunaler Selbstverwaltung** schließt zum einen die Befugnis ein, sich aller Angelegenheiten der örtlichen Gemeinschaft ohne speziellen Kompetenztitel anzunehmen („Universalität" des gemeindlichen Wirkungskreises, „Allzuständigkeit" der Gemeinde) und begründet folglich ein Aufgabenfindungsrecht.[89] Zum anderen beinhaltet sie die Entscheidungsbefugnis über die **Art und Weise** der Erledigung der örtlichen Angelegenheiten.[90]

40 Insbesondere letztgenannte Berechtigung bildet eine verfassungsrechtliche Legitimationsgrundlage für die wirtschaftliche Betätigung der Gemeinden.[91] Sie deutet auf zwei aus Art. 28 II GG abgeleitete Gemeindehoheiten hin, nämlich die **Organisationshoheit** und die **Finanzhoheit**. Erstere räumt den Gemeinden einen Spielraum hinsichtlich der Ausgestaltung ihrer Organisation, der Abläufe und Entscheidungszuständigkeiten ein.[92] Letztere garantiert die Befugnis zur eigenverantwortlichen Einnahmen- und Ausgabenwirtschaft[93] sowie eine aufgabenadäquate Finanzausstattung (Art. 28 II 3 GG).[94] Zu Recht werden Gemeindewirtschaft, Daseinsvorsorge und Verwaltung der öffentlichen Einrichtungen als essentielle Bestandteile der kommunalen Selbstverwaltung betrachtet.[95]

---

[86] BGHZ 82, 375 (397); BGH NJW 1974, 1333; MDR 1987, 114; NJW 2002, 2645 (2648); NJW 2003, 752 (754).
[87] BGH NJW 2002, 2645 (2646 ff.).
[88] BVerfGE 26, 228 (237 f.); 79, 127 (143); 91, 228 (236).
[89] BVerfGE 79, 127 (146); *A. Schink*, NVwZ 2002, 129 (133).
[90] BVerfGE 79, 127 (143).
[91] *A. Schink*, NVwZ 2002, 129 (133).
[92] BVerfGE 38, 258 (278 ff.); 91, 228 (236).
[93] BVerfGE 26, 228 (244).
[94] BVerwGE 106, 282 (289).
[95] *D. Sterzel*, in: Blanke/Trümner, Handbuch Privatisierung, 1998, Rn. 277 mwN.

Die aus Art. 28 II GG abgeleitete Befugnis zu wirtschaftlicher Betätigung gilt jedoch nicht schrankenlos. **41**
In sachlicher Hinsicht setzt Verfassungsrecht, wie bereits dargelegt (→ Rn. 39), insofern eine Grenze, als wirtschaftliches Staatshandeln stets unmittelbar mit der **Wahrnehmung einer öffentlichen Aufgabe** verknüpft sein muss, die im Vordergrund zu stehen hat. Hierbei ist im kommunalen Bereich freilich nicht zwingend erforderlich, dass es sich um eine Aufgabe der Daseinsvorsorge handelt.[96] Allerdings sind rein erwerbswirtschaftliche, nur auf Gewinnerzielung ausgerichtete, Gemeinwohlzwecken allenfalls mittelbar dienende Tätigkeiten nach h. M. auch auf kommunaler Ebene unzulässig.[97] Selbst eine entgegen Art. 28 II 3 GG unzureichende Finanzausstattung gestattet es den Gemeinden nicht, sich losgelöst von ihrem Aufgabenkreis unter Berufung auf die – nur im Rahmen dieses Aufgabenkreises gewährte – Finanzhoheit[98] beliebig neue Einnahmequellen zu erschließen.

Darüber hinaus enthält Art. 28 II GG in räumlicher Hinsicht eine Kompetenzgrenze für **wirtschaftliche Betätigung außerhalb des Gemeindegebiets**, da „Angelegenheiten der örtlichen Gemeinschaft" nur solche sind, die in der örtlichen Gemeinschaft wurzeln oder auf sie einen spezifischen Bezug haben (→ Rn. 51 ff.).

2. Kommunalverfassungsrechtliche Beschränkungen in sachlicher Hinsicht

Konkrete Vorgaben zu Umfang und Grenzen kommunaler wirtschaftlicher Betäti- **42**
gung als gesetzliche Rahmenbedingungen iSv Art. 28 II 1 GG enthalten die Gemeindeordnungen. In sachlicher Hinsicht bestimmen die Gemeindeordnungen zunächst, unter welchen **Bedingungen eine wirtschaftliche Betätigung** in der Form eines öffentlichen Unternehmens an sich zulässig ist. Sodann normieren sie zusätzliche Voraussetzungen für die Führung von Unternehmen in Privatrechtsform.

---

[96] BVerwGE 39, 329 (333 f.).
[97] BVerfGE 61, 82 (107 f.); *P. Badura*, DÖV 1998, 818 (821); *K. Rennert*, Verw. 2002, 319 (334); *A. Schink*, NVwZ 2002, 129 (134).
[98] So aber *O. Otting*, Neues Steuerungsmodell und rechtliche Betätigungsspielräume der Kommunen, 1997, S. 166 ff.

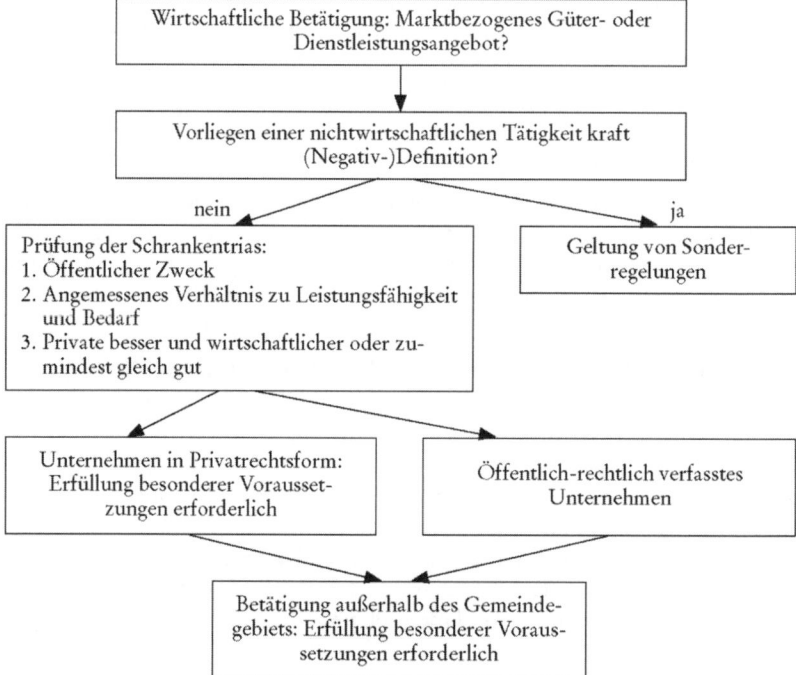

Übersicht Prüfung der Zulässigkeit einer wirtschaftlichen Betätigung einer Gemeinde

a) Zulässigkeit wirtschaftlicher Betätigung im Allgemeinen

aa) Zum Begriff „wirtschaftliche Betätigung"

43 Wie bereits dargelegt (→ Rn. 6) finden sich (nur) in einigen Gemeindeordnungen Begriffsdefinitionen für „wirtschaftliche Betätigung", während sämtliche Kommunalverfassungen **Negativtatbestände** enthalten, die bestimmte Tätigkeiten über eine Fiktion vom Geltungsbereich der Vorschriften über die wirtschaftliche Betätigung ausnehmen. Den **Positivbestimmungen** zufolge handelt es sich bei wirtschaftlicher Betätigung um das Herstellen, Anbieten oder Verteilen von Gütern oder Dienstleistungen am Markt, sofern die Leistung ihrer Art nach auch von einem Privaten mit Gewinnerzielungsabsicht erbracht werden könnte.[99] Nicht als wirtschaftlich, wenngleich sie nach wirtschaftlichen Grundsätzen zu führen sind, gelten nach den Gemeindeordnungen regelmäßig Unternehmen, zu denen die Gemeinde verpflichtet ist, ferner zahlreiche Einrichtungen der Daseinsvorsorge (namentlich aus den Bereichen Kultur/Erziehung/Bildung, Sport/Erholung und Gesundheits-/Sozialwesen, z. T. auch Umweltschutz) sowie Hilfsbetriebe zur Deckung des Eigenbedarfs.[100]

---

[99] § 91 I BbgKVerf; § 107 I 3 GO NW.
[100] § 102 IV GO BW; § 136 III NKomVG; § 85 IV GO RP; § 101 IV GO SH; die Unternehmen der Daseinsvorsorge nicht ausnehmend § 97 SächsGemO.

> Im Fall 5 würden die von der S-GmbH erbrachten Leistungen der Daseinsvorsorge mit Ausnahme der Bäder und – je nach Landesrecht – der Entsorgungsleistungen auch kommunalverfassungsrechtlich zur wirtschaftlichen Betätigung zählen, ebenso die als erwerbswirtschaftlich einzustufenden, streitbefangenen Elektroarbeiten. Letztere können nicht als Tätigkeiten im Rahmen eines als nichtwirtschaftlich geltenden Hilfsbetriebs zur Deckung des Eigenbedarfs angesehen werden, da die S-GmbH diese Leistungen losgelöst von jeglicher Eigenbedarfsdeckung der G ausschließlich Dritten wie ein privater Unternehmer anbietet.[101]

bb) Schrankentrias

Den Gemeinden ist es nach den Kommunalverfassungen nur gestattet, wirtschaftliche Unternehmen zu errichten, zu übernehmen, wesentlich zu erweitern oder sich daran zu beteiligen, wenn folgende **drei Voraussetzungen** vorliegen (sog. **Schrankentrias**): 44

- Um die von Art. 28 II GG geforderte Verknüpfung der wirtschaftlichen bzw. unternehmerischen Tätigkeit mit der Erfüllung öffentlicher Aufgaben (→ Rn. 41) herzustellen, verlangen die Gemeindeordnungen zum Ersten, dass ein **öffentlicher Zweck** diese Tätigkeit rechtfertigt[102] bzw. erfordert[103]. § 107 I Nr. 1 GO NW verlangt darüber hinausgehend das Vorliegen eines *dringenden* öffentlichen Zwecks. Eine wirtschaftliche Betätigung der Gemeinde wird nicht erst dann „erfordert", wenn die Betätigung unausweichlich ist. Es genügt, dass die Betätigung vernünftigerweise geboten ist.[104] Bei der Bewertung, was zur Erreichung der verfolgten öffentliche Zwecke objektiv erforderlich ist, kommt den Gemeinden eine **Einschätzungsprärogative** zu, die der richterlichen Beurteilung weitgehend entzogen ist.[105] Nicht erforderlich ist, dass es sich um die Erfüllung von Aufgaben der Daseinsvorsorge handelt.[106] Allerdings nehmen einige Gemeindeordnungen Aktivitäten, bei denen die **Gewinnerzielung** einziges oder vorrangiges Ziel ist, konsequenterweise von den durch öffentliche Zwecke gerechtfertigten Tätigkeiten aus.[107] Gleichwohl wird die Erzielung von Erträgen, Überschüssen bzw. Gewinnen für den Haushalt als Ergebnis der wirtschaftlichen Tätigkeit ausdrücklich verlangt.[108] Insofern ist eine Gewinn*mitnahme* als zulässig anzusehen.

- Im Zusammenhang mit der Forderung nach Überschüssen für den Haushalt (→ Rn. 44) sowie den Grundsätzen wirtschaftlicher und sparsamer Haushaltsführung allgemein[109] sehen die Kommunalverfassungen zum Zweiten vor, dass das Unternehmen nach Art und Umfang in einem angemessenen Verhältnis zur **Leis-** 45

---

[101] Vgl. OLG Hamm NJW 1998, 3504 (3505).
[102] § 102 I Nr. 1 GO BW; § 91 II Nr. 1 BbgKVerf; § 85 I Nr. 1 GO RP; § 101 I Nr. 1 GO SH.
[103] Art. 87 I 1 Nr. 1 GO BY; § 107 I 1 Nr. 1 GO NW; § 71 I Nr. 1 ThürKO.
[104] OVG Münster NVwZ 2008, 1031 (1035).
[105] BVerwGE 39, 329 (334); OVG Münster NVwZ 2008, 1031 (1035); *Cronauge/Westermann*, Komm. Unt. Rn. 261; *D. Sterzel*, in: Blanke/Trümner, Handbuch Privatisierung, 1998, Rn. 286; einschränkend auf das Verhältnis zum Staat, nicht aber zum Bürger als Grundrechtsträger *U. Hösch*, DÖV 2000, 393 (400).
[106] BVerwGE 39, 329 (333f.).
[107] § 91 II Nr. 1 BbgKVerf; § 108 III 3 KSVG SL; § 116 I 2 GO ST; strenger Art. 87 I 2 GO BY.
[108] § 102 III GO BW; § 92 IV BbgKVerf; § 109 I 2, II GO NW; § 85 III GO RP; unter dem Vorbehalt unterbleibender Beeinträchtigung des öffentlichen Zwecks § 75 I KV MV.
[109] Art. 61 II 1 GO BY; § 92 II GO HGO; § 110 II NKomVG; § 90 II GO ST.

tungsfähigkeit der Gemeinde und zum voraussichtlichen Bedarf steht.[110] Im Falle einer Überforderung durch die wirtschaftliche Betätigung ist der öffentliche Zweck auf andere Weise zu verfolgen.

46 ■ Drittens schließlich enthalten die Gemeindeordnungen eine **Subsidiaritätsklausel**, welche die wirtschaftliche Betätigung davon abhängig macht, dass der Zweck nicht mindestens ebenso gut und wirtschaftlich[111] durch einen privaten Anbieter erfüllt wird oder werden kann. Diese Subsidiaritätsklausel beschränkt sich z. T. auf Aufgabenfelder, die außerhalb der (im Wesentlichen ohnedies bereits vom Anwendungsbereich ausgenommenen) Daseinsvorsorge liegen.[112] In einigen Gemeindeordnungen wird zum Nachweis der Vorteilhaftigkeit kommunaler Leistungserstellung oder generell vor Gründung kommunaler Unternehmen eine auf einer **Markterkundung** basierende Analyse der Chancen und Risiken des wirtschaftlichen Engagements gefordert,[113] die dem Gemeinderat vorzulegen ist.

Im Fall 5 liegt mit der Durchführung der Elektroarbeiten auf den Veranstaltungen durch die S-GmbH eine **wesentliche Erweiterung** eines vorhandenen wirtschaftlichen Unternehmens der G vor. Die S-GmbH kann sich nicht darauf berufen, dass diese Arbeiten einen **bloßen Annex-Charakter** zu einer erlaubten Betätigung aufweisen, welche etwa zulässig wäre, um im Sinne des Wirtschaftlichkeitsgrundsatzes nicht ausgelastete Kapazitäten zu nutzen.[114] Vielmehr zielt die Tätigkeit auf die dauerhafte Erschließung neuer, nicht mit dem Unternehmensgegenstand in Verbindung stehender Geschäftsfelder ab, um sich durch eine solche Expansion für den Wettbewerb mit privaten Stromanbietern zu wappnen.[115]

Damit fehlt in Fall 5 in Bezug auf diese Elektroarbeiten auch der in den Gemeindeordnungen vorgegebene **öffentliche Zweck**. Denn dieser muss sich aus einem Bedürfnis der örtlichen Gemeinschaft ergeben und darf nicht erst durch die Gemeinde selbst geschaffen werden, indem sie öffentliche Unternehmen so dimensioniert, dass diese nur durch ergänzende privatwirtschaftliche Aktivitäten effizient arbeiten können.[116] Im Übrigen ordnet die Verkehrsanschauung solche Tätigkeiten wesensmäßig dem Elektrohandwerk und nicht öffentlichen Stromversorgern zu.

cc) Genehmigungs- und Anzeigepflichten

47 Die Gründung, Übernahme, Erweiterung und Veräußerung von Unternehmen bzw. die Beteiligung an diesen ist gegenüber der Rechtsaufsichtsbehörde anzeigepflichtig;[117] z. T. sind darüber hinaus **Genehmigungspflichten für bestimmte Rechtsgeschäfte** vorgesehen[118].

---

[110] § 102 I Nr. 2 GO BW; § 91 II Nr. 2 BbgKVerf; § 107 I 1 Nr. 2 GO NW; § 101 I Nr. 2 GO SH.
[111] § 102 I Nr. 3 GO BW; § 91 III 1 BbgKVerf; § 121 I 1 Nr. 3 HGO; § 136 I 1 Nr. 3 NKomVG; § 107 I 1 Nr. 3 GO NW; § 85 I Nr. 3 GO RP.
[112] Art. 87 I 1 Nr. 4 GO BY; § 71 I Nr. 4 ThürKO; für Infrastrukturdienstleistungen auch § 107 I 1 Nr. 3 GO NW.
[113] Diese ist nach § 107 V GO NW und § 108 V KSVG SL den Kammern zur Stellungnahme zu unterbreiten (Branchendialog). Ähnliche Analysen sehen §§ 91 III 2 BbgKVerf, §§ 116 I 1 Nr. 3, 123 GO ST (ohne Markterkundung), § 71 I Nr. 4 ThürKO sowie bei Unternehmen in Privatrechtsform auch § 95 III SächsGemO vor.
[114] Vgl. *A. Schink*, NVwZ 2002, 129 (134).
[115] Vgl. OLG München NVwZ 2000, 835 (836).
[116] OLG Hamm NJW 1998, 3504 (3505); OLG München NVwZ 2000, 835 (836).
[117] Art. 96 I GO BY; § 127a HGO; § 72 ThürKO; § 118 KSVG SL.
[118] § 152 II, III NKomVG.

b) Zulässigkeit der Führung von Unternehmen in Privatrechtsform

Zusätzliche **kommunalverfassungsrechtliche Einschränkungen** bestehen, wenn die 48
Gemeinde Unternehmen in Privatrechtsform gründen, übernehmen, wesentlich erweitern oder sich daran beteiligen möchte. Die sämtlichen Gemeindeordnungen gemeinsamen Voraussetzungen ähneln hierbei denjenigen in § 65 der Bundes- und Landeshaushaltsordnungen (→ Rn. 35 f.):

- So wird häufig deklaratorisch auf die Vorschriften verwiesen, welche die **Schrankentrias** normieren,[119] z. T. bezogen auf den öffentlichen Zweck weitergehend eine wichtiges Interesse der Gemeinde gefordert[120]. Die ordnungsgemäße Erfüllung dieses Zwecks muss durch eine entsprechende Ausgestaltung des Gesellschaftsvertrags oder der Satzung sichergestellt sein.[121] Ferner existieren **spezielle Subsidiaritätsklauseln**, die entweder die Gleichwertigkeit oder Vorteilhaftigkeit privatrechtlicher gegenüber öffentlich-rechtlichen Organisationsformen verlangen[122] oder aber die AG unter den Vorbehalt der Gleichwertigkeit gegenüber anderen Gesellschaftsformen stellen[123].

- Die **Einzahlungsverpflichtung und die Haftung der Gemeinde** müssen auf einen ihrer Leistungsfähigkeit entsprechenden Betrag begrenzt werden.[124] Damit 49
scheidet die Beteiligung als persönlich haftender Gesellschafter an Personengesellschaften auch auf kommunaler Ebene aus.

- Sodann muss der Gemeinde ein in den Regelungen des Gesellschaftsvertrags verankerter **angemessener Einfluss** eingeräumt werden, insbesondere über den Aufsichtsrat oder ein entsprechendes Überwachungsorgan.[125] Dieser Einfluss soll die 50
nachhaltige Erfüllung des öffentlichen Zwecks sicherstellen. In Ergänzung der gesellschaftsrechtlichen Steuerungsinstrumente (→ Rn. 13 ff.) sehen die Gemeindeordnungen deshalb weitere Mittel zur Wahrung des öffentlichen Interesses vor, so etwa haushaltsrechtliche Informations- und Prüfungsrechte (§§ 53, 54 HGrG), Beteiligungsberichte, die teilweise Übernahme der Bestimmungen über das Rechnungswesen von Eigenbetrieben, die Aufnahme des – ebenso wie bei Unternehmen des Bundes und der Länder nach den §§ 264 ff. HGB zu erstellenden – Jahresabschlusses und Lageberichts als Anhang in den Gemeindehaushalt sowie die (allerdings nur im kommunalrechtlichen Innenverhältnis wirksame → Rn. 16) **Weisungsgebundenheit der kommunalen Vertreter** in den Gesellschaftsorganen.[126] Allerdings ist zu beachten, dass im Konfliktfall das bundesrechtliche Gesellschaftsrecht sich gegenüber den kommunalrechtlichen Bestimmungen des Landesrechts durchsetzt (→ Rn. 16). In einigen Bundesländern müssen bei einer GmbH bestimmte Entscheidungen der Gesellschafterversammlung vorbehalten bleiben.[127]

---

[119] § 122 I 1 Nr. 1 HGO; § 137 I Nr. 1 NKomVG; § 117 I GO ST; § 73 I 1 Nr. 1 ThürKO.
[120] § 110 I Nr. 1 KSVG SL.
[121] Art. 92 I 1 Nr. 1 GO BY; § 69 I Nr. 2 KV MV; § 137 I Nr. 5 NKomVG; § 96 I Nr. 1 SächsGemO.
[122] § 69 I Nr. 1 KV MV; § 117 I Nr. 1 GO ST; § 102 I 1 Nr. 1 GO SH; § 73 I 1 Nr. 2 ThürKO.
[123] § 103 II GO BW; § 122 III HGO; § 108 IV GO NW; § 87 II GO RP.
[124] § 96 I Nr. 3 BbgKVerf; § 108 I 1 Nr. 3 bis 5 GO NW; § 87 I 1 Nr. 4 bis 6 GO RP; § 110 I Nr. 2 KSVG SL.
[125] Art. 92 I 1 Nr. 2 GO BY; § 122 I 1 Nr. 3 HGO; § 137 I Nr. 6 NKomVG; § 117 I Nr. 3 GO ST.
[126] Vgl. exemplarisch §§ 108 I 1 Nr. 8, II, 112, 113 GO NW.
[127] § 103a GO BW; § 108 V GO NW; § 87 III GO RP; § 73 I 2 ThürKO.

3. Kommunalverfassungsrechtliche Beschränkungen in räumlicher Hinsicht

51 In den Kommunalverfassungen finden sich ferner Vorgaben für die **wirtschaftliche Betätigung der Gemeinden außerhalb ihres Gemeindegebiets**, d. h. ein Ausgreifen auf das Gebiet anderer Gemeinden (ohne Vorliegen einer interkommunalen Zusammenarbeit) oder gar eine Betätigung im Ausland. Eine solche Überschreitung der Gemeindegrenzen unterliegt folgenden Voraussetzungen[128]:

- Zunächst gilt auch hier die **Schrankentrias**, d. h. die Tätigkeit muss durch einen öffentlichen Zweck gerechtfertigt sein, in angemessenem Verhältnis zu Leistungsfähigkeit und Bedarf der Gemeinde stehen und den Anforderungen der Subsidiaritätsklausel im Verhältnis zur privaten Leistungserstellung genügen (→ Rn. 44 ff.).

52 - Weiterhin müssen die **berechtigten Interessen der Gebietskörperschaften**, auf deren Territorium die wirtschaftliche Betätigung der Gemeinde ausgreift, gewahrt sein. Diese Vorgabe trägt dem ebenfalls auf Art. 28 II GG fußenden Selbstverwaltungsrecht der von der Expansion betroffenen Gemeinden Rechnung. Privilegiert sind hierbei allerdings gebietsüberschreitende Tätigkeiten im Bereich der Versorgung mit Strom und Gas, bei denen nur solche Interessen der betroffenen Gemeinden als berechtigt gelten, die nach den maßgeblichen Vorschriften des Energiewirtschaftsrechts (→ § 15) eine Einschränkung des Wettbewerbs zulassen. Z. T. sieht das Kommunalrecht eine Informationspflicht der expandierenden gegenüber der betroffenen Gemeinde vor.[129]

53 - Vereinzelt unterliegt die exterritoriale Betätigung der Gemeinde generell einer Genehmigungs- bzw. Anzeigepflicht[130] oder ist eine Genehmigung für ein Tätigwerden im Ausland notwendig[131].

54 - Einzelne Kommunalverfassungen kennen **gegenständliche Beschränkungen** der Zulässigkeit einer exterritorialen wirtschaftlichen Betätigung. So ist in Brandenburg eine wirtschaftliche Betätigung außerhalb der Versorgung der örtlichen Gemeinschaft nur bei der Versorgung mit Elektrizität, Gas und Fernwärme sowie einer Tätigkeit im Rahmen öffentlicher Aufträge und Konzessionen zulässig (§ 91 IV BbgKVerf).

55 Die verfassungsrechtliche **Zulässigkeit exterritorialer wirtschaftlicher Betätigung** an sich sowie im Rahmen der o. g. Regelungen ist umstritten. Die Extrempositionen markieren die Auffassung, wonach den Gemeinden grenzüberschreitende wirtschaftliche Aktivitäten grundsätzlich untersagt seien,[132] sowie die Gegenansicht, welche Art. 28 II GG im Hinblick auf eine wirtschaftliche Betätigung – im Unterschied zu hoheitlichem Handeln – von vornherein keine beschränkende Wirkung zuerkennt, sondern hierfür allein das Wettbewerbsrecht für maßgeblich hält[133]. Beide Ansichten

---

[128] Vgl. im Einzelnen § 102 VII GO BW; Art. 87 II GO BY; § 107 III GO NW; § 116 III, IV GO ST.
[129] § 116 III 4, IV 4 GO ST.
[130] § 71 IV 3 ThürKO; die Anzeigepflicht gilt für Tätigkeiten im Energiesektor.
[131] § 107 IV GO NW.
[132] *F. Held*, NWVBl. 2000, 201 (206); *Schliesky*, ÖffWiR S. 182.
[133] *J. Hellermann/J. Wieland*, in: Püttner, Zur Reform des Gemeindewirtschaftsrechts, 2002, S. 117 (124 f.); *M. Moraing*, WiVerw 1998, 233 (244 ff.).

vermögen nicht zu überzeugen; stattdessen bedarf es einer differenzierten Betrachtung.

So sind wirtschaftliche Aktivitäten der Gemeinde kraft Verfassungsrechts nur im Zusammenhang mit der Wahrnehmung einer öffentlichen Aufgabe zulässig (→ Rn. 41); andernfalls bewegt sich die Gemeinde außerhalb ihres eigentlichen Aufgabenbereichs.[134] Da die Gemeinden auch im Falle wirtschaftlicher Betätigung als Träger öffentlicher Verwaltung handeln, gilt die **Bindung an die verfassungsrechtliche Kompetenzordnung** (Art. 20 III, Art. 28 II GG) unverändert.[135] Dieser an die „Angelegenheiten der örtlichen Gemeinschaft" iSv Art. 28 II GG gebundene Wirkungskreis umfasst nach der Rspr. des BVerfG nur diejenigen Bedürfnisse und Interessen, die in der örtlichen Gemeinschaft wurzeln oder auf sie einen spezifischen Bezug haben.[136] Art. 28 II GG enthält somit eine **Kompetenzgrenze** auch in räumlicher Hinsicht, indem er die Aufgabenwahrnehmung der Gemeinden **örtlich radiziert**. 56

Dies impliziert freilich keine starre geographische Beschränkung der Wirkungen und die Unzulässigkeit einer „Ausstrahlung" gemeindlichen Handelns auf benachbarte Gebietskörperschaften,[137] ebenso wenig wie etwa die Einstufung der in ihren Wirkungen notwendigerweise über das Gemeindegebiet hinausreichenden interkommunalen Zusammenarbeit als überörtlich[138]. Vielmehr ist darauf abzustellen, ob die **Wertschöpfung der kommunalen Leistungen** auf dem Gemeindegebiet erfolgt bzw. auf die Gemeindebevölkerung und ihr Zusammenleben bezogen ist oder nicht.[139] 57

Überschreitet die ausgreifende Gemeinde im obigen Sinne ihre Kompetenzen, steht den **betroffenen Gemeinden** unter Berufung auf den ihnen durch Art. 28 II GG eingeräumten Zuständigkeitsbereich ein **Abwehrrecht** hiergegen zu, welches eine Klagebefugnis gemäß § 42 II VwGO begründet.[140] Der Gesetzgeber ist zwar gemäß Art. 28 II GG („im Rahmen der Gesetze") zur Ausgestaltung der kommunalen Kompetenzverteilung befugt, unterliegt hierbei jedoch strengen Grenzen, die bei der Auslegung der kommunalverfassungsrechtlichen Bestimmungen (→ Rn. 39 ff.) zu beachten sind. Insbesondere darf der Gesetzgeber nicht in den Kernbereich kommunaler Selbstverwaltung eingreifen. Außerhalb des Kernbereichs müssen – in Übertragung der vom BVerfG für eine Hochzonung gemeindlicher Aufgaben aufgestellten Grundsätze[141] – bei einem Aufgabenentzug Gründe des Gemeinwohls vorliegen, die gegenüber dem verfassungsrechtlichen Aufgabenverteilungsprinzip überwiegen. Ausgestaltungen unterhalb des Aufgabenentzugs müssen zumindest durch tragfähige Gemeinwohlgründe gerechtfertigt sein und vor dem Verhältnismäßigkeitsgrundsatz sowie dem Willkürverbot bestehen.[142] 58

IV. Rechtsschutzfragen

Über ihre öffentlichen Unternehmen tritt die öffentliche Hand vielfach in den Wettbewerb mit Unternehmen der Privatwirtschaft ein. Dies wirft die Frage auf, welche 59

---

[134] So explizit BVerfGE 61, 82 (108).
[135] *A. Guckelberger*, BayVBl. 2006, 293 (294 f.); *C. Lux*, NWVBl. 2000, 7 (9); *A. Schink*, NVwZ 2002, 129 (135 f.).
[136] BVerfGE 8, 122 (134); 79, 127 (152).
[137] *A. Gern*, NJW 2002, 2593 (2594 f.).
[138] BVerwGE 87, 237 (238).
[139] OVG Koblenz GewArch 2006, 288 (289); *J. Kühling*, NJW 2001, 177 (178); *A. Schink*, NVwZ 2002, 129 (137).
[140] *A. Guckelberger*, BayVBl. 2006, 293 (295 ff.) mwN; *J. Kühling*, NJW 2001, 177 (179 f.).
[141] BVerfGE 79, 127 (153).
[142] *A. Gern*, NJW 2002, 2593 (2596 f.).

Rechtsschutzmöglichkeiten privaten Konkurrenten gegen eine wirtschaftliche Betätigung des Staates, insbesondere der Gemeinden zustehen, konkret, auf welche Rechtsvorschriften sich eine **Konkurrentenklage** stützen lässt und welcher Rechtsweg hierzu beschritten werden kann. Da das Urteil des BGH vom 25.4.2002[143] eine wesentliche Zäsur markiert, sollen zur besseren Orientierung nachfolgend die Grundzüge der Rspr. vor und nach dieser Entscheidung wiedergegeben werden.

1. Rechtsprechung vor 2002: Wettbewerbsrechtlicher Schutz gegen Marktzutritt der öffentlichen Hand

a) Verwaltungsgerichte: Kein öffentlich-rechtlicher Abwehranspruch

60 Ursprünglich lehnte die Rspr. der Verwaltungsgerichte das Bestehen eines öffentlich-rechtlichen Unterlassungsanspruchs Privater gegen einen Eintritt der öffentlichen Hand in den Wettbewerb ab. Soweit Konkurrentenklagen gegen eine kommunale unternehmerische Tätigkeit auf Verstöße gegen die in den Gemeindeordnungen für eine wirtschaftliche Betätigung vorgesehenen Voraussetzungen (Schrankentrias, → Rn. 44 ff.) gegründet wurde, sprachen die Verwaltungsgerichte diesen Vorschriften den Schutznormcharakter ab, da sie lediglich auf die **Wahrung öffentlicher Belange** ausgerichtet seien, nicht aber dem Zweck dienten, Private vor Konkurrenz durch die öffentliche Hand zu schützen.[144]

61 Soweit Konkurrentenklagen daneben auf die **Grundrechte** der Art. 12 und 14 GG gestützt wurden, lehnen die Verwaltungsgerichte entsprechende Abwehrrechte eines privaten Anbieters nach wie vor ebenfalls grundsätzlich ab. Zur Begründung wird darauf verwiesen, dass Art. 12 GG nicht vor dem Auftreten neuer Konkurrenten schützt und keinen Anspruch auf die Erhaltung des vorhandenen Geschäftsumfangs sowie die Sicherung weiterer Erwerbsmöglichkeiten begründet.[145] Ein Schutz vor dem Hinzutreten der öffentlichen Hand als Marktkonkurrent ist lediglich dann anzuerkennen, wenn dadurch die private wirtschaftliche Betätigung unmöglich gemacht oder unzumutbar eingeschränkt wird.[146] Ein Konkurrentenschutz aus Art. 14 GG wird ebenfalls prinzipiell ausgeschlossen, sofern der Konkurrent nicht durch eine behördliche Maßnahme eine unerlaubte Monopolstellung erhalten hat.[147]

b) Zivilgerichte: Konkurrentenschutz über § 3 UWG

62 Die infolge der verwaltungsgerichtlichen Rspr. entstandene Rechtsschutzlücke ist durch die Zivilgerichte geschlossen worden, indem diese **Konkurrentenschutz auf Basis des Wettbewerbsrechts** gewährten. Unter Aufrechterhaltung des gefestigten Grundsatzes, dass § 3 UWG (§ 1 UWG a. F.) nur das Verhalten und die Art und Weise (das „Wie") der Beteiligung am Wettbewerb, nicht aber den Zugang zum Wettbewerb (das „Ob") regelt (→ Rn. 38), unterstellte der BGH private Konkurrenten der öffentlichen Hand dem Schutz des UWG, wenn die wirtschaftlichen Aktivitäten des Staates zu einem ruinösen Verdrängungswettbewerb oder zumindest zu einer erheblichen Beeinträchtigung der Tätigkeit der privaten Konkurrenten führte, insbesondere wenn diese durch einen Missbrauch der Stellung als öffentlich-rechtli-

---

[143] BGH NJW 2002, 2645.
[144] BVerwGE 39, 329 (336); BVerwG DÖV 1996, 250; VGH Mannheim NJW 1995, 274.
[145] BVerwGE 39, 329 (336 f.) unter Hinweis auf BVerfGE 24, 236 (251); BVerwGE 71, 183 (193).
[146] BVerwGE 39, 329 (337); BVerwG DÖV 1996, 250.
[147] BVerwGE 17, 306 (314); 39, 329 (337); BVerwG DÖV 1996, 250.

che Körperschaft erfolgte oder in sonstiger Weise durch die Verbindung öffentlicher und wirtschaftlicher Interessen ein Vorteil erzielt wurde.[148]

Eine Verletzung von § 3 UWG betrachtete der BGH als indiziert, wenn ein **Verstoß** **63** **gegen gesetzliche Vorschriften** vorlag, die – als „wertbezogene Normen" – wichtigen Gemeinschaftsgütern dienen und von unmittelbar wettbewerbsregelnder Bedeutung sind.[149] Konkret auf die **kommunalverfassungsrechtliche Schrankentrias** bezogen, wurde obergerichtlich die Möglichkeit eines Anspruchs aus § 3 UWG bejaht, wenn sich die Gemeinde ohne Vorliegen eines öffentlichen Zwecks (→ Rn. 44) wirtschaftlich betätigte, da diese gesetzliche Marktzutrittsbeschränkung dem **Schutz privater Konkurrenten** diene.[150]

2. Rechtsprechung ab 2002: Öffentlich-rechtliche statt wettbewerbsrechtliche Abwehransprüche

a) BGH: Verstoß gegen Schrankentrias kein unlauterer Wettbewerb

In seinem Urteil vom 25.4.2002[151] wandte sich der BGH gegen die o. g. obergerichtliche Rspr. und stellte klar, dass eine Verletzung von Art. 87 GO BY nicht zugleich als sittenwidriges Verhalten iSv § 3 UWG zu bewerten sei. Ein solcher Gesetzesverstoß führe nur dann zur Anwendbarkeit von § 3 UWG, wenn von ihm zugleich eine unlautere Störung des Wettbewerbs ausgehe, der Verstoß die Handlung mithin als sittenwidriges Wettbewerbsverhalten präge.[152] Marktzutrittsschranken, deren Gründe den Wettbewerbsschutz nicht berührten, rechtfertigen indes nicht die Abwehr von Konkurrenten; hierzu müsse die Norm eine zumindest sekundäre **wettbewerbsbezogene Schutzfunktion** aufweisen, was für den Fall der **Schrankentrias zu verneinen** sei. Das Urteil enthält ferner die Klarstellung, dass § 3 UWG weder dem Erhalt bestimmter Marktstrukturen noch der Ausfüllung von Schutzlücken im öffentlichen Recht diene, und betont erneut die Unterscheidung von zugangs- und verhaltensbezogenen Vorschriften („Ob" und „Wie" der Beteiligung am Wettbewerb, → Rn. 38). **64**

Hinsichtlich des **„Wie" der Beteiligung** am Wettbewerb kann Rechtsschutz weiterhin auf der Grundlage des **§ 3 UWG** gesucht werden. Dabei kann sich die Unlauterkeit der erwerbswirtschaftlichen Tätigkeit einer Gemeinde gerade aus ihrer Eigenschaft als öffentlich-rechtliche Gebietskörperschaft ergeben. Dies ist etwa dann der Fall, wenn die amtliche Autorität oder das Vertrauen der Verbraucher in die Objektivität und Neutralität der Amtsführung missbraucht werden oder wenn die Gemeinde öffentlich-rechtliche Aufgaben mit der erwerbswirtschaftlichen Tätigkeit verquickt.[153]

b) Folge: Verwaltungsgerichtlicher Konkurrentenschutz

Um in Anbetracht der BGH-Rspr. nicht erneut ein Rechtsschutzdefizit entstehen zu lassen, bedurfte es einer Abkehr der Verwaltungsgerichtsbarkeit von ihrer bisherigen Linie, öffentlich-rechtlichen Konkurrentenschutz wegen einer Verletzung der gesetz- **65**

---

[148] BGHZ 82, 375 (395 ff.); 123, 157 (161 f.); BGH MDR 1987, 114 mwN.
[149] BGHZ 110, 278 (289 ff.); 144, 255 (266); BGHR UWG § 1 Wertbezogene Normen 15.
[150] OLG Hamm NJW 1998, 3504; OLG München NVwZ 2000, 835 (836); OLG Düsseldorf DÖV 2001, 912 (913).
[151] BGH NJW 2002, 2645.
[152] Hierzu und zum Folgenden BGH NJW 2002, 2645 (2646 ff.).
[153] BGH DÖV 2006, 175.

lichen Voraussetzungen für eine wirtschaftliche Betätigung der Gemeinden zu verweigern. Konsequenterweise hat das OVG Münster in Reaktion auf den BGH den Verwaltungsrechtsweg für eröffnet erklärt und einen **öffentlich-rechtlichen Unterlassungs- und Folgenbeseitigungsanspruch** grundsätzlich für möglich gehalten.[154] Als Basis für die Begründung **subjektiver Rechte** zugunsten der durch die wirtschaftliche Betätigung der Gemeinde betroffenen Wirtschaftsteilnehmer sah das Gericht § 107 I 1 Nr. 1 GO NW an, wonach ein **öffentlicher Zweck** diese Betätigung erfordern muss. Die Subsidiaritätsklausel des § 107 I 1 Nr. 3 GO NW, die eingreift, wenn andere Unternehmen den öffentlichen Zweck besser oder wirtschaftlicher erfüllen können, wurde allein für einen Drittschutz nicht ausreichend gehalten, zumal in diesem Fall bereits der öffentliche Zweck nicht erfüllt sei.[155]

66 Die Gewährung eines öffentlich-rechtlichen Unterlassungs- und Folgenbeseitigungsanspruchs durch die Verwaltungsgerichte ist grundsätzlich zu begrüßen. Allerdings erscheint die kommunalverfassungsrechtliche **Subsidiaritätsklausel der geeignetere Anknüpfungspunkt** für die Begründung subjektiver Rechte als die Forderung nach Rechtfertigung wirtschaftlicher Betätigung durch einen öffentlichen Zweck, die einen sich von der Allgemeinheit unterscheidenden Personenkreis[156] nicht erkennen lässt.[157] Zusätzlich kann der Konkurrent der Gemeinde unter den → Rn. 61 dargestellten Voraussetzungen eine Verletzung seiner Grundrechte geltend machen.[158]

67 Allerdings bedarf es **für jedes Bundesland einer genauen Untersuchung**, ob die Subsidiaritätsklausel nach den Vorstellungen des Landesgesetzgebers drittschützend sein soll oder nicht.[159] So sind einzelne Bundesländer dazu übergegangen, in den jeweiligen kommunalrechtlichen Regelungen zu verdeutlichen, dass die gesetzlichen Voraussetzungen für eine wirtschaftliche Betätigung der Gemeinde allein im öffentlichen Interesse bestehen und deshalb keinen Drittschutz vermitteln können.[160] Aber auch in Ländern, in denen solche expliziten Regelungen fehlen, kann eine Auslegung der Subsidiaritätsklausel ergeben, dass sie keine subjektiven öffentlichen Abwehrrechte für private Unternehmen begründen soll.[161]

---

[154] OVG Münster NVwZ 2003, 1520 ff.; NWVBl. 2005, 68 (konkret aber jeweils abschlägig beschieden). Vor 2002 bereits VerfGH RP NVwZ 2000, 801 (803 f.).
[155] OVG Münster NVwZ 2003, 1520 (1521); 2008, 1031 (1032); für eine drittschützende Wirkung der – in RP allerdings nur mindestens gleich gute Aufgabenerfüllung durch den Privaten fordernden – Subsidiaritätsklausel demgegenüber VerfGH RP NVwZ 2000, 801 (803 f.).
[156] Vgl. BVerwGE 94, 151 (158).
[157] Für das baden-württembergische Recht VGH Mannheim NVwZ-RR 2006, 714 (715). Für einen Rückgriff auf die Subsidiaritätsklausel auch *A. Schink*, NVwZ 2002, 129 (138); zumindest im Falle von Klauseln, welche eine gleich gute private Aufgabenerfüllung verlangen, auch *K.-J. Fassbender*, DÖV 2005, 89 (97), der prinzipiell jedoch einen unmittelbaren Rückgriff auf Art. 12 GG befürwortet.
[158] Siehe aus der neueren Rspr. OVG Münster DÖV 2005, 616.
[159] Überblick bei *T. Jungkamp*, NVwZ 2010, 546.
[160] Vgl. § 91 I 2 BbgKVerf: „Die nachfolgenden Regelungen dienen ausschließlich dem Schutz der Leistungsfähigkeit der Gemeinden."; § 91 III 1 BbgKVerf: „Die Gemeinde hat im Interesse einer sparsamen Haushaltsführung dafür zu sorgen…".
[161] Für Sachsen-Anhalt OVG Magdeburg NVwZ-RR 2009, 247. Vgl. für Niedersachsen – wenngleich im Ergebnis offen lassend, der Sache nach aber eindeutig – OVG Lüneburg DÖV 2008, 1008 (1009).

Im Fall 5 ist für die Verfolgung eines auf § 3 UWG gestützten Unterlassungsanspruchs der Zivilrechtsweg eröffnet. Die vor dem Landgericht gegen die S-GmbH erhobene Klage ist nach Maßgabe des § 253 ZPO und bei Bestehen der übrigen Sachurteilsvoraussetzungen auch im Übrigen zulässig. Das Rechtsschutzbedürfnis, welches fehlen würde, wenn E sein Rechtsschutzziel ebenso sicher auf einfacherem, schnellerem und billigerem Wege in einem anderen Rechtsweg erreichen könnte,[162] ist nicht schon dadurch ausgeschlossen, dass der zivilrechtliche Anspruch möglicherweise nicht erfüllt ist und E auf dem Verwaltungsrechtsweg mit größeren Erfolgsaussichten rechnen könnte.

Die zivilrechtliche Klage ist jedoch unbegründet, wenn sie allein darauf gestützt wird, dass die S-GmbH die Elektroarbeiten ohne Vorliegen eines öffentlichen Zwecks und damit unter Verstoß gegen die kommunalverfassungsrechtlichen Beschränkungen für eine wirtschaftliche Betätigung ausgeführt hat. Nach der neueren Rspr. des BGH begründet nämlich ein solcher Verstoß für sich genommen mangels wettbewerbsbezogener Schutzfunktion der Schrankentrias noch keinen Unterlassungsanspruch aus § 3 UWG; vielmehr muss dieser Verstoß der Handlung zugleich ihr sittenwidriges Gepräge verleihen (→ Rn. 64). Denkbar, wenngleich im konkreten Fall nicht erörtert, wäre hier die Annahme eines **Missbrauchs der öffentlich-rechtlichen Stellung** der S-GmbH und ihrer Trägergemeinde G, sollte auf die privaten Auftraggeber dergestalt Druck ausgeübt worden sein, dass deren Teilnahme an künftigen Veranstaltungen von einer Beauftragung der S-GmbH abhängig gemacht wurde.

E könnte stattdessen seinen Anspruch, nunmehr als öffentlich-rechtlichen Unterlassungsanspruch, mit einer gegen die Gemeinde G gerichteten allgemeinen Leistungsklage auf dem Verwaltungsrechtsweg verfolgen. Als Konsequenz der BGH-Rspr. wird nunmehr seitens der Verwaltungsgerichtsbarkeit der kommunalverfassungsrechtlichen Forderung nach einem öffentlichen Zweck eine drittschützende Wirkung zugunsten der von einer wirtschaftlichen Betätigung der Gemeinde betroffenen Wirtschaftsteilnehmer zuerkannt. Zwar wird man dem nicht zustimmen können (→ Rn. 65 f.). Jedoch verstößt das Angebot von Elektrodienstleistungen auch gegen die kommunalwirtschaftliche Subsidiaritätsklausel (→ Rn. 46), da diese Tätigkeit besser durch privatwirtschaftliche Unternehmen des Handwerks angeboten werden kann. Da die Vornahme von Elektroarbeiten durch die S-GmbH gegen die Subsidiaritätsklausel verstößt, wäre der Unterlassungsklage stattzugeben, sofern die Subsidiaritätsklausel nach der von dem jeweiligen Landesgesetzgeber verfolgten Zielsetzung Drittschutz vermittelt.

Lösungshinweise zu Fall 5

I. Klage des E vor dem Landgericht
  1. Zulässigkeit der Klage
     a) Eröffnung des Zivilrechtswegs (→ Rn. 67)
     b) Vorliegen der übrigen Sachentscheidungsvoraussetzungen (→ Rn. 67)
  2. Begründetheit der Klage: Kein Unterlassungsanspruch aus § 3 UWG, da kommunalwirtschaftsrechtliche Schrankentrias keine wettbewerbsbezogene Schutzfunktion entfaltet (→ Rn. 64).
  3. Ergebnis: Klage des E ist unbegründet.
II. Andere Möglichkeiten des E
  1. Zulässigkeit einer Klage des E vor dem VG
     a) Eröffnung des Verwaltungsrechtswegs (§ 40 VwGO) (→ Rn. 65)
     b) Klageart: Allgemeine Leistungsklage in der Form der Unterlassungsklage (→ Rn. 67)
     c) Klagebefugnis (§ 42 II VwGO): Soweit Subsidiaritätsklausel nach der jeweiligen Gemeindeordnung drittschützend wirkt, ist Verletzung des E in diesem Recht nicht von vornherein ausgeschlossen (→ Rn. 67)
  2. Begründetheit: Bei drittschützender Wirkung der Subsidiaritätsklausel (jeweiliges Landesrecht beachten!) wäre Unterlassungsklage begründet.
  3. Ergebnis: E könnte gegen die Tätigkeit der S-GmbH mit Erfolg durch eine verwaltungsgerichtliche Unterlassungsklage vorgehen.

---

[162] Vgl. BGH NJW 1994, 1351; BAG, Urt. v. 9.5.2006 – 9 AZR 182/05 –.

§ 8. Privatisierungsrecht

Literatur: *D. Budäus* (Hrsg.), Kooperationsformen zwischen Staat und Markt, 2006; *H. Hetzel/B. Früchtl*, Das Zusammenwirken von öffentlicher Hand und Privatwirtschaft in Öffentlich Privaten Partnerschaften, BayVBl. 2006, 649; *J. Kämmerer*, Privatisierung und Staatsaufgaben: Versuch einer Zwischenbilanz, DVBl. 2008, 1005; *W. Kahl/C. Weißenberger*, Die Privatisierung kommunaler öffentlicher Einrichtungen, Jura 2009, 194; *B. Schmidt am Busch*, Die Beleihung: Ein Rechtsinstitut im Wandel, DÖV 2007, 533; *F. Schoch*, Rechtliche Steuerung der Privatisierung staatlicher Aufgaben, Jura 2008, 672; *M. Wiegand*, Die Beleihung Privater im Kernbereich hoheitlicher Aufgabenwahrnehmung, DVBl. 2012, 1134; *J. Ziekow*, Public Private Partnership – auf dem Weg zur Formierung einer intermediären Innovationsebene?, VerwArch 2006, 626.

> **Fall 6**
>
> Der Landtag des Landes L beschließt zum Zwecke der Haushaltssanierung ein Beleihungsgesetz, welches das zuständige Ministerium ermächtigt, juristischen Personen des privaten Rechts die Wahrnehmung von Förderaufgaben auf verschiedenen Gebieten der Wirtschaft und des Arbeitsmarkts durch Verwaltungsakt oder öffentlich-rechtlichen Vertrag zu übertragen. Die Beliehenen dürfen sich der im Gesetz bezeichneten Handlungsformen des öffentlichen Rechts bedienen und unterliegen den einschlägigen förderrechtlichen Bestimmungen sowie den Richtlinien und fachaufsichtlichen Weisungen des zuständigen Ressorts. Das Gesetz benennt die zu beleihenden Firmen und enthält genauere Angaben zum jeweils zu übertragenden Aufgabenbereich. Mit den im Gesetz aufgeführten GmbHs werden sodann entsprechende Verträge geschlossen. Die Landtagsopposition O sieht durch das Gesetz den Parlamentsvorbehalt, die demokratische Legitimation und den Funktionsvorbehalt des Art. 33 IV GG verletzt. Sie beantragt beim Landesverfassungsgericht mit dem hierfür erforderlichen Quorum, das Beleihungsgesetz für nichtig zu erklären. Ist der Antrag der O begründet?

I. Begriff und Formen der Privatisierung

1. Zum Begriff „Privatisierung"

1   Wenn hinsichtlich des Begriffs „Privatisierung" Einigkeit besteht, dann darüber, dass eine einheitliche Definition angesichts der Komplexität dieses Phänomens und der Vielfalt der Erscheinungsformen nicht möglich ist.[1] Denkbar und sinnvoll erscheint aus diesem Grunde allenfalls eine Annäherung. So lässt sich Privatisierung global umschreiben als die **vollständige oder teilweise Verlagerung einer öffentlichen Aufgabe oder ihrer Erfüllung in den privaten Bereich bzw. auf ein privates Rechtssubjekt.**[2] Deutlichere Konturen erhält diese allgemeine Formel durch die Darstellung der Grundformen von Privatisierung.

---

[1] Vgl. *N. Pippke*, Öffentliche und private Abfallentsorgung, 1999, S. 24 mwN Zu den Definitionsansätzen im Einzelnen *J. Kämmerer*, Privatisierung, 2001, S. 16 ff.
[2] *J. Ziekow*, in: Neuausrichtung kommunaler Dienstleistungen, 1999, S. 132 (136).

2. Formen der Privatisierung

Öffentlich-rechtliche Organisationsform	Formelle Privatisierung	Funktionale Privatisierung Beleihung Verwaltungshilfe PPP:	Materielle Privatisierung
Ämterverwaltung Regiebetrieb Eigenbetrieb	Eigengesellschaft der öffentlichen Hand (GmbH, AG)	austauschvertragliche Kooperationen gemischtwirtschaftliche Gesellschaften	Vollständige Aufgabenverlagerung in den privaten Bereich
Aufgabenerfüllung und -verantwortung: Öffentliche Hand	Aufgabenerfüllung und -verantwortung: Öffentliche Hand	Aufgabenerfüllung durch/mit Private(n) staatliche Gewährleistungsverantwortung	ggf. staatliche Regulierungs- und Auffangverantwortung

Grad des Aufgaben- und Verantwortungstransfers auf Private ⟶

Zu unterscheiden ist zunächst zwischen Aufgabenverantwortung und Aufgabenerfüllung: 2

- Mit **Aufgabenverantwortung** ist die Letztverantwortung des Trägers einer öffentlichen Aufgabe dafür gemeint, dass die Aufgabe tatsächlich erfüllt, die Leistung gegenüber dem Nachfrager (insbesondere dem Bürger) auch tatsächlich erbracht wird.
- Unter **Aufgabenwahrnehmung** ist das tatsächliche Handeln zur Erfüllung der Aufgabe gegenüber dem Leistungsnachfrager zu verstehen.

Aufgabenverantwortung und Aufgabenerfüllung müssen nicht in einer Hand vereint sein, sondern können auseinanderfallen. Der **Grad des Transfers** der Pflicht zur Erfüllung von (öffentlichen) Aufgaben und der Aufgabenverantwortung auf Private bilden den maßgeblichen **Anknüpfungspunkt für die Einordnung von Privatisierungsvorgängen**. Unter diesem Gesichtspunkt ist zwischen formeller, funktionaler und materieller Privatisierung zu unterscheiden.[3]

a) Formelle Privatisierung

Unter formeller Privatisierung, auch unechte oder Organisationsprivatisierung genannt, versteht man die Übertragung der Erfüllung einer öffentlichen Aufgabe auf eine zu 100% von der öffentlichen Hand getragene Gesellschaft in privater Rechtsform, eine sog. **Eigengesellschaft**. Typisch hierfür ist die Umwandlung eines kommunalen Regie- oder Eigenbetriebs in eine GmbH oder AG. Der Grad des Auf-   3

---

[3] Andere, gelegentlich als eigenständige Kategorien betrachtete Formen der Privatisierung wie zB die Vermögensprivatisierung oder die Finanzierungsprivatisierung weisen unter dem aufgabenspezifischen Blickwinkel lediglich den Charakter als Begleitgeschäfte einer der drei Privatisierungsformen auf.

gaben- und Verantwortungstransfers in den privaten Bereich ist bei dieser Privatisierungsform am geringsten: So verbleibt die Verantwortung für die Erfüllung der öffentlichen Aufgabe unverändert bei der öffentlichen Hand, welche sich zur Aufgabenwahrnehmung lediglich einer anderen Organisationsform bedient.

4 Motive für eine formelle Privatisierung sind vor allem die **Erwartung effizienterer Aufgabenerfüllung**, u. a. durch Flexibilisierung des Handelns infolge Befreiung von den Bindungen der Verwaltungshierarchie, des öffentlichen Haushalts- und Dienstrechts, mithin durch den Übergang vom Verwalten zum unternehmerischen Handeln.[4] Der dadurch bedingten latenten **Gefahr eines Kontrollverlusts** suchen Haushalts- und Kommunalverfassungsrecht durch die Vorgabe zu begegnen, dass sich der Verwaltungsträger einen angemessenen Einfluss zur nachhaltigen Sicherung des öffentlichen Zwecks vorzubehalten hat (→ § 7 Rn. 36 bzw. 50).

b) Funktionale Privatisierung

aa) Begriff

5 Die größte Diversifizierung in der Praxis weist die Kategorie der funktionalen Privatisierung auf.[5] Diese bezeichnet im weitesten Sinne die **Einbeziehung eines zumindest partiell von der öffentlichen Hand unabhängigen Privaten in die Erledigung öffentlicher Aufgaben** bei fortbestehender, dem Gebot demokratischer Legitimation Rechnung tragender (→ Rn. 15) staatlicher Gewährleistungsverantwortung für die ordnungsgemäße Aufgabenerfüllung.[6] Klassicherweise wird hier zwischen der Inanspruchnahme von (nicht hoheitlich tätigen) Verwaltungshelfern einerseits und der für hoheitliches Tätigwerden Privater erforderlichen Beleihung unterschieden. Bezogen auf schlichte Annexaufgaben aus Anlass der Erledigung öffentlicher Aufgaben (→ Rn. 23) unterfallen ferner Vorgänge des Contracting out/Outsourcing (Vergabe einzelner Funktionen, zB Reinigungsdienste an Private) dieser Privatisierungsform. Gesetzlich geregelte Beispiele funktionaler Privatisierungen finden sich in § 22 KrWG, § 56 WHG, § 45c WG BW,[7] daneben – nur bezogen auf einzelne Verfahrensschritte – in § 4b BauGB.

> Im Fall 6 handelt es sich um eine funktionale Privatisierung: Der Staat entledigt sich der öffentlichen Förderungsaufgaben nicht, sondern bezieht lediglich juristische Personen des Privatrechts als Beliehene in die Aufgabenerfüllung ein. Zur Wahrnehmung seiner Gewährleistungsverantwortung behält er sich u. a. Weisungsbefugnisse vor.

---

[4] *Cronauge/Westermann*, Komm. Unt. Rn. 86 ff.
[5] Dazu eingehend *Burgi*, Funktionale Privatisierung und Verwaltungshilfe, 1999.
[6] Zum Konzept gestufter Verantwortung zwischen öffentlicher Hand und Privaten im Gewährleistungsstaat → § 13 Rn. 8 ff.
[7] Hierbei handelt es sich jeweils trotz der missverständlichen Befugnis zur Übertragung von „Pflichten" der öffentlichrechtlichen Körperschaften nach zutreffender Ansicht nicht um materielle Privatisierungen, vgl. *S. Schönrock*, Beamtenüberleitung anlässlich der Privatisierung öffentlicher Unternehmen, 2000, S. 30 f. A. M. etwa OVG Bautzen SächsVBl. 2005, 14 (16). Ein dauerhafter Rückzug des Staates von der (unverändert öffentlichen) Aufgabe und der Verantwortung für diese ist hier keinesfalls vorgesehen, sondern lediglich die – befristete und widerrufliche, per Verwaltungsakt oder Vertrag erfolgende – Übertragung der Erfüllungsverantwortung bei uneingeschränkter staatlicher Gewährleistungsverantwortung.

bb) Insbesondere: Public Private Partnership (PPP)

Für bestimmte Erscheinungsformen funktionaler Privatisierung hat sich in jüngerer Zeit für eine Vielzahl von Kooperationen zwischen der öffentlichen Hand und Akteuren aus der Privatwirtschaft der Begriff **Public Private Partnership (PPP)** bzw. öffentlich-private Partnerschaften (ÖPP) etabliert. PPP sind dadurch gekennzeichnet, dass öffentliche und private Akteure im Rahmen eines längerfristig angelegten, durch eine gemeinsame Zielsetzung gekennzeichneten Projekts auf vertraglicher Basis in verantwortungs- und risikoteiliger Art und Weise zusammenwirken, wobei der private Partner einen substantiellen Beitrag zur Erfüllung einer öffentlichen Aufgabe übernimmt. Diese Voraussetzungen erfüllen weder das Contracting out/Outsourcing von Annexaufgaben noch reine Finanzierungsgeschäfte (sog. Finanzierungsprivatisierung).[8]

6

Als für eine PPP geeignete **Aufgabenbereiche** kommen – wie bereits praktiziert – insbesondere Verkehrsinfrastruktur (Straßen und Flughäfen) und öffentlicher Hochbau (zB Schul- und Verwaltungsgebäude, Bibliotheken, Krankenhäuser, JVA, Sport- und Freizeiteinrichtungen), aber etwa auch Logistik im Wehrbereich, Ver- und Entsorgung, ÖPNV, Bildung und Wissenschaft, E-Government, Stadt-/Regionalentwicklung und Wirtschaftsförderung, Tourismus, Kultur, Umweltschutz, Sozialpolitik, Entwicklungszusammenarbeit und innere Sicherheit (sog. Police Private Partnership) in Betracht.[9]

7

Die Zusammenarbeit im Rahmen einer PPP vollzieht sich in unterschiedlichen Formen. Diesbezüglich haben sich folgende Grundformen herausgebildet, die sich in der Praxis in verschiedenen Varianten und Kombinationen finden[10]:

- Gründung einer **gemischtwirtschaftlichen Gesellschaft** zwischen dem Träger öffentlicher Verwaltung und einem privaten Unternehmen unter regelmäßig mehrheitlicher Beteiligung (zB zu 51%) der öffentlichen Hand, sog. **Gesellschafts- bzw. Kooperationsmodell**[11].
- **Erwerbermodell:** Laufzeit bis 30 Jahre; gegen ein regelmäßiges Entgelt des öffentlichen Partners plant, errichtet, finanziert und betreibt der private Partner eine dem öffentlichen Partner zur Nutzung überlassene Anlage, deren Eigentum er bei Laufzeitende auf die öffentliche Hand überträgt.
- **Leasingmodell:** Laufzeit bis 30 Jahre; der Private übernimmt ebenfalls Planung, Bau, Finanzierung und Betrieb einer in seinem Eigentum stehenden Anlage und enthält hierfür Leasingraten. Er überlässt die Anlage der öffentlichen Hand zum Gebrauch; der öffentlichen Hand steht bei Vertragsende regelmäßig eine Kaufoption zu.
- **Vermietungsmodell**: Laufzeit bis 30 Jahre; der Private überlässt der öffentlichen Hand eine von ihm geplante, gebaute, finanzierte und betriebene Anlage mietweise zum Gebrauch. Im Falle der Ausübung evtl. vereinbarter Kaufoptionen erfolgt eine Eigentumsübertragung auf die öffentliche Hand.
- **Inhabermodell:** Laufzeit 15 bis 20 Jahre; die Leistungen des Privaten erstrecken sich im Bereich der Herstellung u. U. nur auf einen teilweisen Neubau oder die Sanierung. Ein weiterer Unterschied zu den o. g. Modellen liegt darin, dass der öffentliche Partner von vornherein Eigentümer und Besitzer der Anlage ist.
- **Contractingmodell**: Laufzeit bis 15 Jahre; hier beschränkt sich der Auftragsgegenstand auf spezielle Anlagenteile, die durch den Privaten eingebaut oder (zB energiewirtschaftlich) optimiert und anschließend betrieben werden.
- **Konzessionsmodell**: Mit den vier erstgenannten Betreibermodellen kombinierbares Sondermodell, welches sich dadurch von diesen unterscheidet, dass der Private seine Leistungen nicht über regelmäßige Entgeltzahlungen, sondern über die Erhebung von Nutzungsentgelten aufgrund des ihm eingeräumten Rechts refinanziert (zur Konzession → § 9 Rn. 19 ff.).

---

[8] *J. Ziekow/A. Windoffer*, NZBau 2005, 665 (667). Zu Schwierigkeit der Identifizierung von PPP-Prozessen vgl. *J. Ziekow/A. Windoffer*, Public Private Partnership, 2008, S. 38 ff.
[9] *J. Ziekow/A. Windoffer*, NZBau 2005, 665 mwN.
[10] Dazu *M. Hoppenberg/M. Dinkhoff/S. Schäfer*, in: PPP-Handbuch, 2008, S. 61 ff.
[11] Hierzu statt vieler *C. Schede/M. Pohlmann*, in: Weber/Hausmann/Schäfer, Praxishandbuch Public Private Partnership, 2005, S. 146 ff.

8 PPP-Vorhaben bedürfen zur Wahrnehmung der staatlichen Gewährleistungsverantwortung (→ § 13 Rn. 8 ff.) einer nachhaltigen, **lebenszyklusorientierten Planung** und Steuerung, da die Verwaltung – je nach Aufgabe und Ausgestaltung der Zusammenarbeit – langfristige Bindungen mit beträchtlichem Finanzvolumen und u. U. erheblichen Risiken eingeht. Kernelement der Steuerung von Kooperationsprozessen ist hierbei die PPP-Folgenabschätzung, welche in jeder Phase eines geplanten bzw. implementierten Projekts eine umfassende Untersuchung auf Zielerreichung und Wirtschaftlichkeit erfordert. Der PPP-Lebenszyklus mit den einzelnen Modulen der PPP-Folgenabschätzung lässt sich in vereinfachter Form wie folgt skizzieren:[12]

Phase 1 (Projektidentifizierung): u. a. Ziel- und Strategieformulierung; prospektive PPP-Folgenabschätzung (Machbarkeitsstudie, PPP-Eignungstest, Wirtschaftlichkeitsuntersuchung einschließlich Risikoanalyse: Kosten-Nutzen-Analyse, Barwertmethode, Nutzwertanalyse)

Phase 2 (Projektspezifizierung): u. a. Markterkundung; Konkretisierung der Konzeption; begleitende PPP-Folgenabschätzung (Wirtschaftlichkeitsvergleich/Risikoanalyse, s. o.)

Phase 3 (Formalisierung): u. a. Vorbereitung/Durchführung Vergabeverfahren; begleitende PPP-Folgenabschätzung (Wirtschaftlichkeitsvergleich/Risikoanalyse, s. o.)

Phase 4 (Implementierung): u. a. Arbeitsschritte der Projektdurchführung: Planung – Bau – Betrieb – Finanzierung; retrospektive PPP-Folgenabschätzung (laufende Beobachtung, begleitende Erfolgskontrolle, Vertragsmanagement/-controlling)

Phase 5 (Beendigung): u. a. Vertragsbeendigung/Rückübereignungen etc.; retrospektive PPP-Folgenabschätzung (abschließende Erfolgskontrolle)

c) Materielle Privatisierung

9 Im Falle der materiellen Privatisierung, auch Aufgabenprivatisierung genannt, zieht sich der Staat dauerhaft von der Aufgabe als solcher zurück und überträgt sowohl die Leistungserstellung als auch die **Verantwortung für die Aufgabe in den privaten Bereich**. Die Aufgabe wird – nach Maßgabe des Wettbewerbs- sowie des öffentlichen Wirtschaftsrechts, insbesondere auch des speziellen Regulierungsrechts (→ §§ 13 ff.) – dem Wettbewerb privater Anbieter auf dem Markt überlassen.[13] Bekannte Beispiele hierfür sind die Privatisierungen auf den Gebieten der Strom- und Gasversorgung sowie des Bahn-, Post- und Telekommunikationswesens.

10 Dient die Aufrechterhaltung einer flächendeckenden Versorgung der Bevölkerung mit qualitativ hochwertigen und möglichst kostengünstigen Leistungen in den priva-

---

[12] Ausführlich dazu *J. Ziekow/A. Windoffer*, Public Private Partnership, 2008, S. 71 ff. Zur Wirtschaftlichkeitsuntersuchung *C. Diederichs*, NZBau 2009, 547; zur rechtlichen Bedeutung des Wirtschaftlichkeitsnachweises *A. Viethen*, Der Wirtschaftlichkeitsnachweis als entscheidungssteuernde Komponente bei PPP-Projekten, 2008, S. 25 ff.
[13] *R. Oster*, Gemeinde und Stadt Beil. 9/2000, S. 5 f.

tisierten Bereichen wichtigen Gemeinwohlinteressen, wie für die o. g. Beispiele evident, so wirkt auch in Fällen materieller Privatisierung (zumindest übergangsweise) die staatliche Gewährleistungsverantwortung fort. Sie tritt dann allerdings in Form einer **Regulierungs- bzw. Privatisierungsfolgenverantwortung** in Erscheinung und wird durch eine bei Versagen der privaten Anbieter notfalls zu aktivierende **Auffangbzw. Einspringverantwortung** ergänzt (→ § 13 Rn. 8 ff.).

II. Rechtliche Rahmenbedingungen für Privatisierungen

1. Staatliche Kernaufgaben und Eingriffsverwaltung

Von vornherein einer **(materiellen) Privatisierung entzogen** sind die mit der Ausübung des Gewaltmonopols verbundenen **staatlichen Kernaufgaben** wie innere und äußere Sicherheit, Außenvertretung, Landesverteidigung, Justizgewährungsanspruch einschließlich Zwangsvollstreckung, Strafvollzug sowie die Sicherung der finanziellen Ressourcen.[14] Auch der Bereich der **Eingriffsverwaltung** im Übrigen, namentlich der Ordnungsverwaltung, in welchem die öffentliche Hand durch Verpflichtungen oder Belastungen in Freiheit und Eigentum des Bürgers eingreift, ist mit Rücksicht auf den – für Bund *und* Länder verbindlichen[15] – **Funktionsvorbehalt des Art. 33 IV GG** grundsätzlich privatisierungsfeindlich, soweit die Ausübung hoheitlicher Entscheidungs- und Handlungsbefugnisse betroffen ist.[16] Dabei ist zu beachten, dass Art. 33 IV GG an die wahrzunehmende Befugnis und nicht an den Aufgabenträger und seine Organisationsform anknüpft. Der Funktionsvorbehalt gilt daher nicht nur für die Aufgabenwahrnehmung durch staatliche oder kommunale Behörden, sondern auch, wenn hoheitliche Befugnisse zur Wahrnehmung auf Private übertragen werden.[17]

11

Hier ist die Einbeziehung Privater im Zuge einer funktionalen Privatisierung nur im Wege der – zudem unter Gesetzesvorbehalt stehenden[18] – **Beleihung** und infolge Art. 33 IV GG, wonach die ständige Ausübung hoheitlicher Befugnisse in der Regel Beamten zu übertragen ist, überdies nur ausnahmsweise, nicht aber in ständiger Weise und in größerem Umfang zulässig.[19] Da das Art. 33 IV GG zugrunde liegende Regel-Ausnahme-Verhältnis nicht in Frage gestellt werden darf, bedarf die funktionale Privatisierung von Hoheitsaufgaben eines, eine Verhältnismäßigkeitsprüfung einschließenden, besonderen sachlichen Grundes.[20] Für das Vorliegen eines solchen besonderen sachlichen Grundes gelten folgende Anforderungen[21]:

12

- Es muss sich um relevante Besonderheiten der betreffenden Tätigkeit handeln, welche nicht in gleicher Weise für andere hoheitsrechtliche Tätigkeiten gelten.
- Der allgemeine fiskalische Gesichtspunkt, dass eine Wahrnehmung der Aufgabe durch Nichtbeamte weniger Haushaltsmittel in Anspruch nehmen könnte, weil dann zB niedrigere Löhne gezahlt werden können, ist allein nicht ausreichend.
- Eine Ausnahme gilt allerdings dann, wenn die Spezifika der betreffenden Tätigkeit ein vom Normalfall eine deutlich kostengünstigere Aufgabenwahrnehmung durch Nichtbeamte erwarten lassen.

---

[14] *M. John-Koch*, Organisationsrechtliche Aspekte der Aufgabenwahrnehmung im modernen Staat, 2005, S. 145 ff.
[15] Vgl. die Klarstellung in StGH Bremen NordÖR 2002, 60 (63).
[16] BVerfG NJW 2012, 1563 Rn. 140.
[17] BVerfG NJW 2012, 1563 Rn. 135 ff.
[18] BVerwG DÖV 2006, 651; StGH Bremen NordÖR 2002, 60 (61).
[19] BVerfGE 9, 268 (284); BVerfG NJW 2012, 1563 Rn. 144 ff.; BVerwGE 57, 55 (59).
[20] BVerfG NJW 2012, 1563 Rn. 146, 149; BVerwG DÖV 2006, 651.
[21] BVerfG NJW 2012, 1563 Rn. 146 ff.

Privaten **Verwaltungshelfern**, zB Abschleppunternehmern, sind lediglich vorbereitende oder ausführende Tätigkeiten ohne eigene hoheitliche Entscheidungsbefugnisse zugänglich; einer gesetzlichen Ermächtigung bedarf es hierzu nicht. Auch soweit Private im Rahmen einer PPP tätig werden, etwa im Bereich des öffentlichen Hochbaus (zB von Verwaltungs- und Schulgebäuden oder JVA), erstreckt sich deren Aufgabenkreis nur auf die mit Bau/Sanierung, Instandhaltung und Gebäudemanagement der Anlagen verbundenen Arbeiten, nicht jedoch auf die in diesen Gebäuden ausgeübte hoheitliche Tätigkeit selbst.

2. Leistungsverwaltung

13 Für eine Privatisierungsentscheidung der öffentlichen Hand relevanter als die Eingriffsverwaltung ist der Bereich der Leistungsverwaltung, d. h. das Aufgabenspektrum, in dem Leistungen oder sonstige Vergünstigungen gewährt werden.[22] Die Privatisierung unterliegt hierbei den nachfolgend angeführten **verfassungsrechtlichen und einfachgesetzlichen Bindungen**.

a) Verfassungsrechtliche Bindungen

14 Als verfassungsrechtliche Rahmenbedingungen sind insbesondere zu beachten:

- Da der aus dem Demokratie- (Art. 20 I, II GG) und Rechtsstaatsprinzip (Art. 20 III GG) abgeleitete Vorbehalt des (parlamentarischen) Gesetzes nach der **Wesentlichkeitstheorie** des BVerfG[23] nicht auf Eingriffsfälle beschränkt ist, sondern sämtliche grundlegenden normativen Bereiche, insbesondere solche mit Grundrechtsrelevanz umfasst, findet er auch auf bedeutsame Privatisierungsentscheidungen auf dem Gebiet der Leistungsverwaltung Anwendung. Beispiel ist die Einschaltung privater Unternehmen in die Datenverarbeitung persönlicher und sensibler Daten, etwa über die Erkrankungen von Beamten.[24]

> Im Fall 6 liegt ein förmliches Gesetz vor. Der Gesetzesvorbehalt verlangt nicht, dass für jeden einzelnen Beleihungsvorgang ein solches Gesetz beschlossen wird, weshalb die Ermächtigung des Fachministeriums zur Beleihung nicht zu beanstanden ist. Auch hat der Gesetzgeber mit der Benennung der Firmen und der detaillierten Darstellung ihrer Aufgaben und Befugnisse die wesentlichen Regelungen selbst getroffen.

15 - Das Demokratieprinzip ist ferner im Rahmen von formellen und funktionalen Privatisierungen von Bedeutung. Es steht insbesondere funktionalen Privatisierungen nicht grundsätzlich entgegen. Da dem Gebot **demokratischer Legitimation** staatlichen Handelns allerdings über die organisatorisch-personelle Legitimationskette hinaus durch ein in sachlich-inhaltlicher Hinsicht adäquates Legitimationsniveau Rechnung zu tragen ist,[25] erlegt es dem Staat eine **Gewährleistungsverantwortung** auf, der zufolge zB eine Beleihung mit einer umfassenden und effektiv genutzten fachaufsichtlichen Weisungsbefugnis zu verbinden ist, die nicht durch entgegenstehende Rechte der privaten Rechtssubjekte geschmälert werden darf.[26] Führt die öffentliche Hand selbst Unternehmen in Privatrechtsform, seien es Ei-

---

[22] Zum Begriff *H. Maurer*, Allgemeines Verwaltungsrecht, 18. Aufl. 2011, § 1 Rn. 20.
[23] Vgl. etwa BVerfGE 49, 89 (126 f.); 83, 130 (142), jeweils mwN.
[24] *C. Sellmann*, NVwZ 2008, 817 (820 f.).
[25] BVerfGE 107, 59 (87 f.) mwN; BVerfG NJW 2012, 1563 Rn. 165 ff.
[26] BVerfG NJW 2012, 1563 Rn. 171; StGH Bremen NordÖR 2002, 60 (62).

gen- oder gemischtwirtschaftliche Gesellschaften, bedarf es ebenfalls der Sicherung angemessener Einflussrechte auf das private Rechtssubjekt, wie sie einfachgesetzlich im Haushalts- und Kommunalverfassungsrecht vorgesehen sind (→ § 7 Rn. 36 bzw. 50).

Im Fall 6 besteht eine ununterbrochene Legitimationskette vom Volk über den Landtag und das beleihende Ministerium hin zu den Beliehenen. Im Sinne des sachlich-inhaltlichen Legitimationsniveaus unterliegen die Beliehenen als Behörden im funktionellen Sinne (§ 1 IV LVwVfG) den einschlägigen Fördergesetzen sowie den fachaufsichtlichen Weisungen des zuständigen Ressorts. Die Informations- und Weisungsbefugnisse sind allerdings zusätzlich durch vertragliche und ggf. institutionelle Einwirkungsmöglichkeiten zu effektuieren; ferner muss die zuständige Behörde zur Führung der Aufsicht personell angemessen ausgestattet sein.[27]

- Das – freilich mit einem Konkretisierungs- und Gestaltungsauftrag an Gesetzgeber und Verwaltung verbundene[28] – **Sozialstaatsprinzip** gebietet den Gemeinden die Aufrechterhaltung eines qualitativ adäquaten und zu angemessenen Bedingungen zugänglichen Angebots öffentlicher Einrichtungen, die für das wirtschaftliche, soziale und kulturelle Wohl ihrer Einwohner erforderlich sind.[29] 16

- **Art. 28 II GG** und die entsprechenden landesverfassungsrechtlichen Gewährleistungen räumen den Gemeinden im Rahmen der Gesetze die Allzuständigkeit für die Angelegenheiten der örtlichen Gemeinschaft sowie die Entscheidungsbefugnis über die Art und Weise der Aufgabenerledigung ein.[30] Für die wirtschaftliche Betätigung gilt dies allerdings nur bei unmittelbarer Verknüpfung mit einem öffentlichen Zweck, weshalb rein auf Gewinnerzielung ausgerichtete Tätigkeiten unzulässig sind (→ § 7 Rn. 29); insofern kann sich hier sogar eine Privatisierungspflicht ergeben. 17

Die **Zulässigkeit von kommunalen Privatisierungen** ist im Übrigen vom Charakter der Aufgabe abhängig:[31] **Freiwillige Aufgaben** können mit Ausnahme der sozialstaatlich gebotenen (→ Rn. 16) Daseinsvorsorgeleistungen grundsätzlich materiell privatisiert werden. Allerdings hat das BVerwG hierüber hinausgehend entschieden, dass Art. 28 II 1 GG die Gemeinden zur **Aufrechterhaltung ihres eigenen Aufgabenbestandes verpflichte**, soweit dieser in den Angelegenheiten der örtlichen Gemeinschaft wurzele. Daher könne sich eine Gemeinde nicht ohne weiteres wieder einer wahrgenommenen Aufgabe mit örtlichem Bezug entledigen, selbst wenn es sich dabei um eine freiwillig wahrgenommene Aufgabe handele. Während eine wirtschaftliche Betätigung der Gemeinde ggf. an Dritte abgegeben werden könne, sei dies bei öffentlichen Einrichtungen mit kulturellem, sozialem und traditionsbildendem Hintergrund anders. Hier sei die Gemeinde insbesondere dann, wenn sie diese Aufgabe schon lange in eigener Verantwortung wahrgenommen habe, daran gehindert, diese Aufgabe materiell zu privatisieren. Eine formelle oder funktionale Privatisierung, bei der die Verantwortlichkeit der Gemeinde für 18

---

[27] Vgl. zum Ganzen StGH Bremen NordÖR 2002, 60 (61 ff.).
[28] BVerfGE 1, 97 (105); 65, 182 (193); 97, 169 (185); 100, 271 (284).
[29] S. *Schönrock*, Beamtenüberleitung anlässlich der Privatisierung öffentlicher Unternehmen, 2000, S. 28.
[30] BVerfGE 79, 127 (143, 146).
[31] Hierzu und zum Folgenden S. *Schönrock*, Beamtenüberleitung anlässlich der Privatisierung öffentlicher Unternehmen, 2000, S. 29 ff. mwN.

die Aufgabe erhalten bleibe, sei hingegen zulässig. Wolle sich die Gemeinde bspw. der Durchführung eines traditionsreichen Weihnachtsmarkts entledigen, so liege darin eine unzulässige Selbstbeschränkung der kommunalen Selbstverwaltung.[32]

Dem wird man nicht zustimmen können. Art. 28 II 1 GG garantiert das Selbstverwaltungs*recht* der Gemeinden für alle Angelegenheiten der örtlichen Gemeinschaft, begründet aber keine korrespondierende *Pflicht*, alle Aufgaben mit einer örtlichen Radizierung wahrzunehmen. Das Selbstverwaltungsrecht beinhaltet vielmehr gerade auch das Recht, innerhalb der Gesetze darüber zu entscheiden, ob eine Gemeinde eine (freiwillige) Aufgabe wahrnehmen willl oder nicht. Es umschließt auch das Recht der Gemeinde, unter sich ändernden Umfeldbedingungen der kommunalen Selbstverwaltung zu einer Neubewertung für bereits von der Kommune wahrgenommene Aufgaben zu kommen. Aus Art. 28 II 1 GG lässt sich **keine „Versteinerung" des vorhandenen Aufgabenbestandes** entnehmen.[33] Es bleibt daher dabei, dass freiwillige Aufgaben auch materiell privatisiert werden können.

19 Formelle und funktionale Privatisierungen sind zulässig, wobei für die Gründung von Eigen- und gemischtwirtschaftlichen Gesellschaften die entsprechenden kommunalverfassungsrechtlichen Schranken zu beachten sind (→ § 7 Rn. 42 ff.). **Weisungsfreie Pflichtaufgaben** sind nicht materiell privatisierbar, belassen den Gemeinden jedoch gewisse Freiheiten hinsichtlich der Art der Ausführung. Sie können daher – wiederum im Rahmen der Gesetze – durch Eigengesellschaften oder, unter Wahrnehmung staatlicher Gewährleistungsverantwortung, in PPP erfüllt werden. Demgegenüber sind bei **Pflichtaufgaben nach Weisung**, insbesondere **staatlichen Aufgaben**, jegliche Formen von Privatisierung ausgeschlossen, sofern keine ausdrückliche gesetzliche Ermächtigung hierzu besteht.

Gegen rechtlich zulässige formelle Privatisierungen können sich öffentliche Unternehmen mangels Grundrechtsfähigkeit regelmäßig nicht auf Grundrechtsschutz berufen.[34] Umgekehrt schützt Art. 28 II GG die Gemeinden nicht vor sich im Rahmen der Gesetze bewegender **privater Konkurrenz**, sofern dadurch nicht in den Kernbereich der Selbstverwaltung eingegriffen wird.[35]

20 ■ Soweit die leistende Verwaltung hoheitlich tätig wird, gilt der **Funktionsvorbehalt des Art. 33 IV GG** (→ Rn. 11 f.) auch hier.[36] Als sachlicher Grund für die Übertragbarkeit der Aufgabenerfüllung auf einen Privaten im Wege der funktionalen Privatisierung reicht es schon aus, wenn der Private über einen besonderen Sachverstand und eine effiziente Organisation bei der Wahrnehmung der Aufgabe verfügt.[37]

Die Beleihung verstößt in Fall 6 nicht gegen Art. 33 IV GG. Die Wahrnehmung der Aufgaben durch Nichtbeamte ist sachlich gerechtfertigt, da bei der Förderung die Verhaltensbeeinflussung der Zuwendungsadressaten durch die Schaffung von Anreizen im Vordergrund steht und der Aspekt hoheitlicher Regulierung in den Hintergrund tritt.

---

[32] BVerwG NvwZ 2009, 1305 (1306 ff.).
[33] Im Ergebnis auch F. Schoch, DVBl. 2009, 1533 (1535 ff.).
[34] BayVerfGH BayVBl. 1996, 656 f.
[35] BayVerfGH NVwZ 1997, 481 (482 ff.).
[36] StGH Bremen NordÖR 2002, 60 (63).
[37] BVerwG DÖV 2006, 651 (652).

■ Die **Grundrechte privater Wettbewerber** begründen, von eng begrenzten Ausnahmesituationen abgesehen, unmittelbar kein Abwehrrecht gegen den Marktzutritt der sich wirtschaftlich betätigenden öffentlichen Hand und damit auch kein Verbot formeller oder funktionaler Privatisierung. Ein solches Recht kann sich aber aus der Verletzung drittschützender kommunalverfassungsrechtlicher Vorschriften der sog. „Schrankentrias" ergeben, welche die Zulässigkeit wirtschaftlicher Betätigung begrenzen (→ § 7 Rn. 44 ff.). Empfänger von Dienstleistungen öffentlicher Unternehmen vermögen eine formelle Privatisierung dieser Unternehmen unter Berufung auf die Grundrechte nicht zu verhindern, wenn sachliche Gründe hierfür vorliegen und der Grundsatz der Verhältnismäßigkeit gewahrt ist.[38]

21

b) Einfachgesetzliche Bindungen

Als bedeutsame einfachgesetzliche Rahmenbedingungen für Privatisierungsentscheidungen der öffentlichen Hand sind hervorzuheben:

22

■ die **speziellen Vorgaben** für funktionale Privatisierungen im besonderen Verwaltungsrecht, zB § 56 WHG, § 45c WG BW;
■ auf Bundes- und Landesebene das **haushaltsrechtliche Wirtschaftlichkeitsgebot** (zB §§ 7, 24 II BHO), welches u. a. zu Wirtschaftlichkeitsvergleichen der öffentlichen und privaten Leistungserstellung verpflichtet, außerdem die speziellen Schranken für Unternehmensbeteiligungen (zB § 65 BHO, → § 7 Rn. 35 f.);
■ auf **kommunaler Ebene ebenso das Wirtschaftlichkeitsgebot** (zB § 93 III GO RP, § 10 I GemHVO RP) und insbesondere die kommunalverfassungsrechtlichen Schranken für eine wirtschaftliche Betätigung im Allgemeinen sowie für die Gründung von Unternehmen in Privatrechtsform im Besonderen (zB §§ 107, 108 GO NW, → § 7 Rn. 48 ff.);
■ für die funktionale Privatisierung in Form einer PPP, entweder verbunden mit der Gründung gemischtwirtschaftlicher Unternehmen oder im Wege einer (nur) austauschvertraglichen Kooperation, die **Vorgaben des Vergaberechts** (→ § 9);
■ im Zusammenhang mit der Gründung von Unternehmen in Privatrechtsform ferner die **beamten- sowie arbeitsrechtlichen Vorschriften**.

3. Annexaufgaben

Bloße Annexaufgaben wie zB Gebäudereinigung, Druckereien, Küchen, Wäschereien etc. sind ohne weiteres einer Übertragung auf Private (Contracting out/Outsourcing) zugänglich, da sie nicht die öffentliche Aufgabenerfüllung an sich betreffen, sondern nur **vorbereitende und begleitende Hilfstätigkeiten** in deren Rahmen zum Gegenstand haben. Die Frage, ob hier eine funktionale Privatisierung in Betracht kommt, beantwortet sich daher im Wesentlichen nach Effizienzgesichtspunkten.[39]

23

---

[38] BVerwG NJW 1995, 514 f. betr. die Umwandlung einer Brandversicherungsanstalt in eine AG. Die Verletzung von Art. 14 I, 9 I und 19 IV GG wurde hier verneint.
[39] *I. Ewald*, Privatisierung staatlicher Aufgaben, 2005, S. 54.

> **Lösungshinweise zu Fall 6**
> I. Frage: Ist das Beleihungsgesetz verfassungswidrig?
>   1. Vorbehalt des Gesetzes: Wesentliche Entscheidungen über Aufgabenübertragung durch Beleihung hat Gesetzgeber getroffen; konkrete Beleihung kann deshalb zulässigerweise durch Einzelakt erfolgen (→ Rn. 14).
>   2. Anforderungen des Demokratieprinzips beachtet (→ Rn. 15).
>   3. Art. 33 IV GG: nur funktionale Privatisierung unter Vorbehalt von Weisungsbefugnissen u. a.; sachlicher Grund für Aufgabenübertragung auf Private liegt vor (→ Rn. 20).
> II. Ergebnis: Beleihungsgesetz ist verfassungsgemäß.

§ 9. Das Recht der Vergabe öffentlicher Aufträge

Literatur: *J. Braun/J. Kappenmann*, Die Bestimmung des wirtschaftlichsten Bieters nach den Zuschlagskriterien der Richtlinie 2004/18/EG, NZBau 2006, 544; *M. Burgi,* Die Bedeutung der allgemeinen Vergabegrundsätze Wettbewerb, Transparenz und Gleichbehandlung, NZBau 2008, 29; *H. Glahs*, Die Antragsbefugnis im Vergabenachprüfungsverfahren, NZBau 2004, 544; *U. Kramer/ T. André*, Grundzüge des vergaberechtlichen Rechtsschutzes, JuS 2009, 906; *H.-P. Kulartz/J. Duikers*, Ausschreibungspflicht bei Vertragsänderungen, VergabeR 2008, 728; *J. Lux*, Einführung in das Vergaberecht, JuS 2006, 969; *H.-J. Prieß*, Die Leistungsbeschreibung, NZBau 2004, 20, 87; *J. Ziekow*, Der funktionelle Auftraggeberbegriff des § 98 Nr. 2 GWB, VergabeR 2003, 483; *J. Ziekow/T. Siegel*, Das Vergabeverfahren als Verwaltungsverfahren, ZfBR 2004, 30.

> **Fall 7**
> In der Gemeinde G läuft der bestehende Vertrag mit einem privaten Unternehmer U aus dem Nachbarort über die Entsorgung des in der Gemeinde anfallenden Abfalls zum 31. Dezember 2007 aus. Aufgrund der bisherigen Erfahrungen werden für die Abfallentsorgung in der Gemeinde künftig Kosten in Höhe von etwa 500 000 pro Jahr zu erwarten sein. Der Bürgermeister überlegt, ob dieser neue Vertrag öffentlich ausgeschrieben werden muss. Er war mit dem bisher mit der Aufgabe betrauten Unternehmen zufrieden, so dass er an eine Verlängerung des bestehenden Vertrags denkt. Andererseits möchte er gerne einen im Ort ansässigen Unternehmer unterstützen, damit dieser aus seiner wirtschaftlich schlechten Situation befreit wird. Auch die Nachbargemeinde N interessiert sich für den Auftrag, da sie in ihrer Abfallentsorgungsanlage noch über freie Kapazitäten verfügt. Der Bürgermeister bittet seinen Rechtsreferenten um Überprüfung der vergaberechtlichen Aspekte und möchte insbesondere wissen, ob er mit den in Betracht kommenden Bewerbern direkt in Vertragsverhandlungen eintreten kann und welche Rechtsschutzmöglichkeiten die nicht berücksichtigten Interessenten haben.

I. Begriff und Zielrichtung

1 Das Recht der **Vergabe öffentlicher Aufträge** erfasst die Gesamtheit derjenigen Vorschriften und Regeln, die

- dem Staat, seinen Untergliederungen oder sonstigen öffentlichen Auftraggebern
- beim Kauf von Gütern oder bei der Inanspruchnahme sonstiger Leistungen am Markt mittels eines entgeltlichen Vertrags
- eine bestimmte Vorgehensweise vorschreiben.[1]

---

[1] *C. Koenig/A. Haratsch*, NJW 2003, 2637.

Nach klassischem deutschem Verständnis diente das Vergaberecht in erster Linie der Schonung öffentlicher Ressourcen und war deshalb primär im Haushaltsrecht geregelt (sog. „**haushaltsrechtliche Lösung**"). Das nationale Vergaberecht wird jedoch weitgehend überlagert von **rechtlichen Vorgaben der EU**, die ab Erreichen bestimmter Auftragssummen (sog. „Schwellenwerte") einschlägig sind und bei denen der Schutz konkurrierender Mitbieter im Vordergrund steht. Der deutsche Gesetzgeber hat diesen Gedanken für die Vergabe von öffentlichen Aufträgen oberhalb der genannten Schwellenwerte (→ Rn. 3) aufgegriffen und die zentralen Bestimmungen für diese Vergaben im Wettbewerbsrecht (GWB) geregelt (sog. „**wettbewerbsrechtliche Lösung**"). Im Ergebnis besteht damit eine **Zweiteilung des deutschen Vergaberechts**. Diese äußert sich insbesondere in der Einschlägigkeit unterschiedlicher Rechtsgrundlagen (→ Rn. 6 ff.) und in den unterschiedlichen Rechtsschutzmöglichkeiten (→ Rn. 88 ff.).

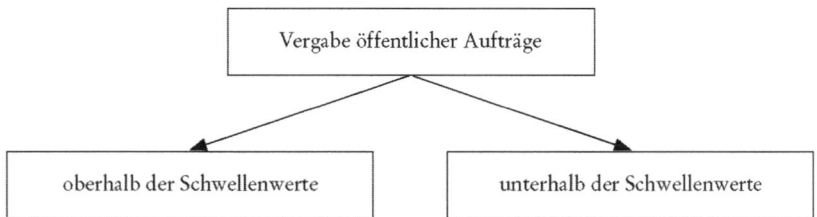

II. Rechtsquellen

1. Europäisches Vergaberecht

Das europäische Vergaberecht war zunächst in sechs Richtlinien geregelt, von denen sich vier dem eigentlichen Vergabeverfahren widmeten und zwei eine Nachprüfung der Vergabeentscheidung zum Gegenstand hatten. Die vier eigentlichen Vergaberichtlinien sind durch das **EU-Legislativpaket zum Vergaberecht vom 31. März 2004** reformiert worden. Dabei wurden neben einer Neufassung der **Sektorenrichtlinie** (im Folgenden: SKR), welche Sonderregelungen für die Auftragsvergabe im Bereich der Wasser-, Energie- und Verkehrsversorgungen und der Postdienste enthält[2], die zuvor nach Leistungsarten getrennten Richtlinien zur Koordinierung der Verfahren zur Vergabe öffentlicher Dienstleistungsaufträge, öffentlicher Lieferaufträge sowie öffentlicher Bauaufträge zur einer einheitlichen **Vergabekoordinierungsrichtlinie** (im Folgenden: VKR) zusammengefasst.[3] Diese allgemeinen Vergaberichtlinien werden voraussichtlich Ende 2013 novelliert werden. Im Jahre 2009 ist für verteidigungs- und sicherheitsrelevante Vergaben die Verteidigungsvergabekoordinierungsrichtlinie (VSVKR)[4] hinzugetreten.

2

---

[2] RL 2004/17/EG v. 31.3.2004 zur Koordinierung der Zuschlagserteilung durch Auftraggeber im Bereich der Wasser-, Energie- und Verkehrsversorgung sowie der Postdienste, ABl. Nr. L 134/1.
[3] RL 2004/18/EG v. 31.3.2004 über die Koordinierung der Verfahren zur Vergabe öffentlicher Bauaufträge, Lieferaufträge und Dienstleistungsaufträge, ABl. Nr. L 134/114.
[4] RL 2009/81/EG des Europäischen Parlaments und des Rates v. 13.7.2009 über die Koordinierung der Verfahren zur Vergabe bestimmter Bau-, Liefer- und Dienstleistungsaufträge in den Bereichen Verteidigung und Sicherheit, ABl. Nr. L 216/76.

3 Dem Anwendungsbereich der Richtlinien unterfallen aber lediglich solche öffentlichen Aufträge, welche die in den Richtlinien geregelten und durch Verordnungen der Kommission laufend angepassten **Schwellenwerte** erreichen oder überschreiten. Diese Schwellenwerte betragen derzeit (ab Anfang 2012) im Bereich der allgemeinen VKR bei öffentlichen Bauaufträgen € 5 Mio., bei öffentlichen Liefer- und Dienstleistungsaufträgen grundsätzlich € 200 000.– (jeweils ohne Mehrwertsteuer). Sie bezeichnen bestimmte Auftragswerte, ab deren Erreichen die Vorschriften des sog. Kartellvergaberechts anzuwenden sind (→ Rn. 6). Die Berechnung der Auftragswerte ist in § 3 VgV geregelt.

4 Flankiert werden die eigentlichen Vergaberichtlinien von den beiden **Rechtsmittelrichtlinien**.[5] Diese haben eine effektive Einhaltung der Vergaberichtlinien zum Ziel und sehen deshalb ein sog. **Nachprüfungsverfahren** vor, in welchem ein konkurrierender Bieter vor Erteilung des Zuschlags eine Überprüfung der geplanten Entscheidung verlangen kann.

5 Zusätzlich zu den Vergaberichtlinien als sekundärem Gemeinschaftsrecht (→ § 3 Rn. 39) hat das primäre des AEUV für das Vergaberecht eine hohe Bedeutung. Insbesondere leitet der EuGH aus den **Grundfreiheiten des AEUV** (→ § 3 Rn. 44) allgemeine Grundsätze ab, nämlich vor allem das Wettbewerbsprinzip, das Gleichbehandlungs- und das Transparenzgebot, die im deutschen Recht durch das GWB und die anderen vergaberechtlichen Vorschriften näher ausgeformt werden (→ Rn. 6 ff.). Nach Auffassung des EuGH gelten diese allgemeinen Grundsätze **auch für Vergaben außerhalb des Anwendungsbereichs der unionsrechtlichen Vergaberichtlinien** und stehen etwa dem völligen Fehlen einer Ausschreibung bei solchen Vergaben entgegen (→ Rn. 22).[6] Dies gilt auch für Vergaben von Aufträgen, die die Schwellenwerte nicht erreichen, und von Dienstleistungskonzessionen (→ Rn. 19 ff.). Allerdings setzt die Anwendbarkeit des EU-Primärrechts in diesen Fällen voraus, dass an den betreffenden Aufträgen ein **eindeutiges grenzüberschreitendes Interesse** besteht.[7]

2. Nationales Vergaberecht

a) Rechtslage ab Erreichen der Schwellenwerte

6 Das deutsche Vergaberecht gliedert sich ab Erreichen der unionsrechtlich vorgegebenen Schwellenwerte (→ Rn. 3) stufenförmig in die formell-gesetzlichen Vorschriften der §§ 97 ff. des **Gesetzes gegen Wettbewerbsbeschränkungen (GWB)**, in die aufgrund einer Ermächtigung im GWB erlassene **Vergabeverordnung (VgV)** sowie in die **Vergabe- und Vertragsordnungen**, nämlich die Vergabe- und Vertragsordnung für Bauleistungen Teil A **(VOB/A)**, die Vergabeordnung für freiberufliche Dienstleistungen **(VOF)** sowie die Vergabe- und Vertragsordnung für (sonstige) Leistungen Teil A **(VOL/A)**. Diese dreistufige Anordnung der Rechtsgrundlagen wird oftmals als „**Kaskadenprinzip**" bezeichnet, das sich durch einen zunehmenden Konkretisie-

---

[5] Außerhalb des Sektorenbereichs einschlägig ist die RL 89/665/EWG v. 21.12.1989 zur Koordinierung der Rechts- und Verwaltungsvorschriften für die Anwendung der Nachprüfungsverfahren im Rahmen der Vergabe öffentlicher Liefer- und Bauaufträge, ABl. Nr. L 395/33, geändert durch die RL 2007/66/EG v. 11.12.2007, ABl. Nr. L 335/31.
[6] EuGH NZBau 2001, 148 Rn. 60 ff. – Telaustria; NVwZ 2005, 1052 Rn. 16 ff. – Coname; 2005, 1407 Rn. 52 ff. – Parking Brixen; 2008, 177 Rn. 71 ff. – AP; VergabeR 2008, 625 Rn. 20 – SECAP.
[7] EuGH VergabeR 2008, 55 Rn. 29 – Irische Post; 2008, 501 Rn. 66; 2008, 625 Rn. 21 – SECAP; EuZW 2010, 150 Rn. 24 – Serrantoni; NZBau 2011, 50 Rn. 31.

rungsgrad der Bestimmungen vom GWB über die VgV zu den Vergabeordnungen auszeichnet. Die bundeseinheitlichen Vorgaben werden flankiert durch ergänzende landesrechtliche Bestimmungen.[8]

Eine **einheitliche Regelung auf Verordnungsebene** existiert im sog. **Sektorenbereich**, der die Vergabe von Aufträgen im Zusammenhang mit Tätigkeiten auf den Gebieten der Trinkwasser- und Energieversorgung sowie des Verkehrs betrifft. Hier regelt die Sektorenverordnung (SektVO) die Vergaberegeln sowohl für Bau- als auch für Liefer- und Dienstleistungen einschließlich der freiberuflichen Dienstleistungen. Die Vergabeordnungen finden im Sektorenbereich keine Anwendung. Bei den **Vergabeordnungen** handelt es sich um von sachverständigen Gremien, den Verdingungs- bzw. Vergabe- und Vertragsausschüssen, erlassene Regelwerke, in denen ein Vergabeverfahren normativ nachgebildet wird. Aufgrund der in §§ 4–6 VgV enthaltenen statischen Verweisung partizipieren die Vergabeordnungen oberhalb der Schwellenwerte am Charakter der VgV als Rechtsverordnung. 7

Welche Vergabeordnung anzuwenden ist, richtet sich nach dem **Gegenstand**, den der Auftraggeber beschaffen möchte: 8

VOB/A	VOF	VOL/A
Bauleistungen (Herstellung, Instandhaltung, Änderung oder Beseitigung einer baulichen Anlage, § 1 VOB/A)	Dienstleistungen im Rahmen einer freiberuflichen Tätigkeit oder im Wettbewerb mit freiberuflich Tätigen (§ 1 VOF)	Alle Lieferungen und Leistungen außer Leistungen nach VOB/A oder VOF (§ 1 VOL/A)

Die **VOL/A** hat mithin eine **Auffangfunktion**: Sie greift lediglich dann ein, wenn es sich um keine Bauleistung und auch keine freiberufliche Leistung handelt. Wie der Beschränkung auf die Teile A der VOB und der VOL zu entnehmen ist, enthalten die sonstigen Teile dieser beiden Verdingungsordnungen (VOB/B und C, VOL/B) keine Bestimmungen zum Vergaberecht, sondern zur sich anschließenden Vertragsausführung.

Der **Aufbau der Vergabeordnungen** ist zunächst recht verwirrend: Die VOB/A ist in drei, die VOL/A ist in zwei Abschnitte gegliedert: Die sog. **Basisparagraphen von VOB/A** und VOL/A (alle Vorschriften ohne Zusatzbezeichnung) gelten Vergaben unterhalb der Schwellenwerte, die **EG-Paragraphen** (§ 1 EG VOL/A etc.) nur für Vergaben ab Erreichen der Schwellenwerte. Die VOF gilt ohnehin nur für Oberschwellenvergaben (§ 1 II VOF). Der 3. Abschnitt der VOB/A gilt für verteidigungs- und sicherheitsrelevante Bauvergaben, wohingegen Liefer- und Dienstleistungen in den Bereichen Verteidigung und Sicherheit bei Überschreiten der Schwellenwerte des § 1 II VSVgV nach der Vergabeverordnung Verteidigung und Sicherheit (VSVgV) vergeben werden. 9

Obwohl das Vergaberecht in den Abschluss eines zivilrechtlichen (Beschaffungs-) Vertrags mündet, bleiben öffentliche Auftraggeber bei der Vergabeentscheidung an bestimmte **öffentlich-rechtliche Vorgaben** gebunden. So besteht auch bei fiskalischem Handeln der öffentlichen Hand eine Grundrechtsbindung (→ § 7 Rn. 31). Zudem handelt es sich bei der Vergabe eines öffentlichen Auftrages um ein **Verwaltungsverfahren in einem weiten, formell verstandenen Sinne**; deshalb kommen auch solche Sicherungsmechanismen des VwVfG, die Ausdruck eines allgemeinen, rechtsstaatlich fundierten Rechtsgedankens sind, im Vergabeverfahren zur subsidiären Anwendung, sofern sie nicht bereits in einer gesonderten Vorschrift des Vergaberechts geregelt sind.[9] 10

---

[8] Zusammenstellung in: Vergaberecht, Beck-Texte in dtv, 15. Aufl. 2013.
[9] *J. Ziekow/T. Siegel*, ZfBR 2004, 30 (32 ff.).

b) Rechtslage unterhalb der Schwellenwerte

11 Die nationalen Rechtsgrundlagen weichen unterhalb der Schwellenwerte erheblich von denjenigen darüber ab. Das Kaskadenprinzip (→ Rn. 6) ist hier nicht einschlägig, die **§§ 97 ff. GWB und die VgV nicht anwendbar**. Mangels Einschlägigkeit der VgV greifen unterhalb der Schwellenwerte die darin enthaltenen Verweisungen auf die Vergabeordnungen nicht ein. Aufgrund der Verankerung im Haushaltsrecht sind hier in erster Linie die einschlägigen **Bestimmungen der Haushaltsordnungen** zu beachten. Darüber hinaus haben mehrere Bundesländer eigene Vergabegesetze erlassen. In diesen Ländern nehmen die Vergabegesetze die Vergabeordnungen in Bezug (vgl. für Bremen §§ 6 I, 7 I BremTT-VgG, für Hamburg § 2a I HmbVgG, für Niedersachsen § 2 I Nds.LVergabeG, für Sachsen § 1 II SächsVergabeG, für Thüringen § 1 Abs. 2 ThürVgG). In anderen Ländern beruht die Bindung zB der Kommunen an den ersten Abschnitt von VOB/A bzw. VOL/A unmittelbar auf einer gesetzlichen Verweisung im jeweiligen Haushaltsrecht – wie in den Gemeindehaushaltsverordnungen in Brandenburg (§ 25a II und III GemHVO Bbg.) oder Mecklenburg-Vorpommern (§ 29 S. 2 GemHVO MV). Das kommunale Haushaltsrecht anderer Länder verweist auf die Bekanntmachung allgemeiner Vergabegrundsätze (§ 29 II HessGemHVO; § 22 II GemHVO RP; § 25 II GemHVO NW; § 31 II GemHVO BW, § 29 II GemHVO Doppik LSA). In der Regel ordnen diese Bekanntmachungen die Anwendung des ersten Abschnitts von VOB/A und VOL/A an. In diesen Fällen tragen **VOB/A** und der **VOL/A** im Unterschwellenbereich den Charakter von Verwaltungsvorschriften. Einzelne Landesvergabegesetze erklären darüber hinaus auch für öffentliche Aufträge unterhalb der Schwellenwerte die §§ 97 ff. GWB für anwendbar.[10]

Überblick über die zentralen bundesweiten Vorschriften des Vergaberechts

Rechtsgrundlagen	ab Erreichen der Schwellenwerte ("wettbewerbsrechtliche Lösung")	unterhalb der Schwellenwerte ("haushaltsrechtliche Lösung")
GWB	ja	Nein (aber: § 55 BHO)
VgV	ja	nein
SektVO	ja	nein
Vergabeordnungen (VOB/A, VOF, VOL/A)	Ja (statische Verweisung in §§ 4–6 VgV)	ja (VOL/A und VOB/A durch verschiedene Inbezugnahmen)

Im Fall 7 liegt die geschätzte Auftragssumme von € 500 000.– pro Jahr über den europäischen Schwellenwerten (vgl. § 2 VgV). Dies hat zur Folge, dass das GWB, die VgV und – kraft darin enthaltener Verweisung – die Vergabeordnungen einschlägig sind. Da es sich bei der Abfallentsorgung weder um eine Bauleistung noch um eine freiberufliche Leistung handelt, kommt insoweit die VOL/A zur Anwendung, innerhalb dieser der für Ausschreibungen über den Schwellenwerten einschlägige (zweite) Abschnitt.

---

[10] Vgl. für Bauaufträge § 2 I, II Nds.LVergabeG; §§ 97 I-V, 98–101 GWB.

III. Der sachliche Anwendungsbereich des Vergaberechts

1. Der Begriff des öffentlichen Auftrags nach § 99 GWB

Der sachliche Anwendungsbereich des Vergaberechts ist grundsätzlich (zu den Sonderfällen → Rn. 18 ff.) eröffnet, wenn ein öffentlicher Auftrag i. S. d. § 99 I GWB vorliegt. Öffentliche Aufträge sind nach der Legaldefinition des § 99 I GWB **entgeltliche Verträge** zwischen öffentlichen Auftraggebern und Unternehmen über die Beschaffung von Leistungen, die **Liefer-, Bau- oder Dienstleistungen** zum Gegenstand haben, sowie Baukonzessionen und Auslobungsverfahren, die zu Dienstleistungsaufträgen führen sollen.

12

Ein öffentlicher Auftrag setzt zunächst das **Vorliegen eines Vertrages** im Sinne einer durch übereinstimmende Willenserklärungen herbeigeführte Willenseinigung zweier Rechtssubjekte voraus. An einer vertraglichen Vereinbarung fehlt es bei einer Betätigung allein aufgrund einer gesetzlichen Vorgabe oder bei einer Aufgabenwahrnehmung durch eine Dienststelle des öffentlichen Auftraggebers (→ Rn. 23). In Betracht kommen zunächst privatrechtliche Verträge. Allerdings unterliegen auch öffentlich-rechtliche Verträge bei Erfüllung der weiteren Anforderungen dem Vergaberecht.[11]

13

Erfasst sind sowohl Abschlüsse neuer Verträge als auch **Veränderungen oder Verlängerungen bereits bestehender Verträge**, wenn die Änderung einer Neuvergabe gleichzusetzen ist. Denn andernfalls bestünde die Gefahr einer Umgehung der vergaberechtlichen Bestimmungen, wenn etwa das Auftragsvolumen ohne erneutes Vergabeverfahren nachträglich erweitert werden könnte. Allerdings können nur **wesentliche Änderungen**, die den Willen der Parteien zur Neuverhandlung wesentlicher Bestimmungen des Vertrages erkennen lassen, eine Ausschreibungspflicht auslösen.[12]

14

Eine solche wesentliche Änderung liegt in folgenden Fällen vor:

- Die Änderung würde eine **Zulassung anderer Bieter** als der, die seinerzeit auf die Ausschreibung Angebote abgegeben haben, ermöglichen oder hätte zu einem anderen Angebot geführt.[13] Dafür ist entscheidend, ob die Modifizierung vom ursprünglichen (angebots- oder bieterbezogenen) Prüfprogramm bei der früheren Vergabe noch erfasst war oder nicht.
- Der Auftrag wird in großem Umfang auf ursprünglich **nicht vorgesehene Leistungen erweitert**.[14] Nachträgliche Reduzierungen des Auftragsvolumens unterliegen hingegen regelmäßig nicht dem Vergaberecht, es sei denn, das neue Volumen richtet sich an einen anderen Bieterkreis.[15]
- Das **wirtschaftliche Gleichgewicht des Vertrags** wird *zu Gunsten* des Auftragnehmers geändert.[16] Danach ist eine Erhöhung der vereinbarten Vergütung eine wesentliche Änderung, nicht aber eine Verringerung der Vergütung zu Lasten des Auftragnehmers[17].
- **Substantielle Verlängerungen der Vertragslaufzeit** unterliegen typischerweise einer Ausschreibungspflicht.[18] Hingegen wird mit der Ausübung einer (Verlängerungs-)Option lediglich der ursprüngliche Vertrag fortgesetzt.[19]

---

[11] EuGH Slg. 2001, I-5409 Rn. 73 – Teatro alla Biocca; 2005, I-8831 Rn. 36; NVwZ 2007, 316 Rn. 40 – Roanne; BGH NZBau 2009, 201 (203).
[12] EuGH NVwZ 2008, 865 Rn. 34 – pressetext.
[13] EuGH NVwZ 2008, 865 Rn. 35 – pressetext.
[14] EuGH NVwZ 2008, 865 Rn. 36 – pressetext.
[15] *Hertwig*, Auftragsvergabe Rn. 40.
[16] EuGH NVwZ 2008, 865 Rn. 37 – pressetext.
[17] EuGH NVwZ 2008, 865 Rn. 62 – pressetext.
[18] OLG Düsseldorf NZBau 2002, 54 (55).
[19] OLG Celle NZBau 2002, 53 (54).

- Ein **Wechsel des Auftragnehmers** ist grundsätzlich als wesentlich anzusehen.[20] Eine Ausnahme gilt dann, wenn keine neue Prüfung der Eignung des potenziellen Übernehmers erforderlich wird.[21] Dies ist der Fall, wenn es sich bei dem den Auftrag übernehmenden Unternehmen um eine von dem bisherigen Auftragnehmer beherrschte Tochtergesellschaft des bisherigen Auftragnehmers handelt oder der Auftragnehmer als juristische Person identisch bleibt und sich lediglich die Zusammensetzung der Anteilseigner der juristischen Person ändert.[22]

> In Fall 7 handelt es sich sowohl bei einer vertraglichen Übertragung der Abfallentsorgung auf einen anderen Unternehmer als den U als auch bei einer Verlängerung des Vertrages mit U um einen öffentlichen Auftrag iSv § 99 I GWB (zur Beauftragung der Nachbargemeinde N → Rn. 52 ff.). Dass der zwischen G und U geschlossene (Alt-)Vertrag eine Verlängerungsoption enthielt, ist nicht erkennbar. Bei der „Verlängerung" des auslaufenden Vertrags handelt es sich der Sache nach um die Vergabe eines neuen öffentlichen Auftrags.

15 Selbst bei Vorliegen einer vertraglichen Vereinbarung kann in bestimmten Fällen das Vorliegen eines öffentlichen Auftrags zu verneinen sein. Denn der Begriff des öffentlichen Auftrages wird durch den **Beschaffungscharakter einer Vereinbarung** geprägt. Hieran fehlt es regelmäßig bei rein organisationsbezogenen Maßnahmen wie der **Gründung einer Gesellschaft** oder der Veräußerung von Gesellschaftsanteilen. Allerdings darf die Wirksamkeit des Vergaberechts nicht durch eine originär organisatorische Maßnahme beeinträchtigt werden. Ist deshalb in eine organisatorische Maßnahme ein Beschaffungsvorgang eingeschlossen oder steht damit in engem funktionalen Zusammenhang, so führt dies zur Einschlägigkeit des Vergaberechts.[23] Dies ist etwa dann der Fall, wenn eine Eigengesellschaft der öffentlichen Hand mit der Erbringung einer Dienstleistung beauftragt wird und später Gesellschaftsanteile dieser Gesellschaft an einen Privaten veräußert werden, sofern diese Einbeziehung des Privaten in die Erbringung der Dienstleistung der Zielsetzung der gesamten Konstruktion entsprach.[24]

Ebenso wenig stellt der **Verkauf eines Grundstücks** einen öffentlichen Auftrag dar.[25] Hieran ändert sich auch dann nichts, wenn zB eine Gemeinde mit der Veräußerung des gemeindeeigenen Grundstücks einen städtebaulichen Zweck verfolgt, weil etwa der Käufer auf dem Grundstück eine bestimmte Bebauung verwirklichen soll. Das OLG Düsseldorf hatte in seiner sog. Ahlhorn-Rechtsprechung die Verfolgung eines solchen mittelbaren Zwecks für die Bejahung des Vorliegens eines öffentlichen Bauauftrags ausreichen lassen.[26] Demgegenüber hat der EuGH nunmehr klargestellt, dass die Leistung, die der öffentliche Auftraggeber erhalten möchte, für ihn ein ***unmittelbares wirtschaftliches*** Interesse realisieren muss. Ein solches Interesse kann darin liegen, dass der Auftraggeber Eigentümer des zu errichtenden Bauwerks wird, ohne dass eine solche Erlangung eines körperlichen Gegenstandes jedoch zwingend wäre, damit ein öffentlicher Auftrag vorliegt. Ein unmittelbares wirtschaftliches Interesse liegt vielmehr auch dann vor, wenn der öffentliche Auftraggeber das Bauwerk später nutzen oder veräußern kann oder sich an seiner Errichtung finanziell beteiligt. Immer aber muss es sich um ein Interesse gerade des öffentlichen Auftraggebers handeln. Die Verfolgung eines allgemeinen öffentlichen Interesses an einer geordneten städtebaulichen Entwicklung genügt insoweit nicht.[27]

---

[20] EuGH NVwZ 2008, 865 Rn. 47 – pressetext.
[21] *J. Ziekow*, VergabeR 2004, 430 ff.
[22] EuGH NVwZ 2008, 865 Rn. 45 ff. – pressetext.
[23] *M. Dreher*, NZBau 2002, 245 (246 f.).
[24] EuGH NVwZ 2006, 70 Rn. 40 ff. – Stadt Mödling.
[25] EuGH NVwZ 2010, 565 Rn. 43 – Müller.
[26] OLG Düsseldorf VergabeR 2007, 634 – Ahlhorn; 2008, 99; 2008, 229; ebenso etwa OLG Bremen NZBau 2008, 336; OLG Karlsruhe NZBau 2008, 537.
[27] EuGH NVwZ 2010, 565 Rn. 49 ff. – Müller.

Das Merkmal der **Entgeltlichkeit des Vertrags** ist weit zu verstehen. Es umfasst 16
nicht nur die Zahlung eines Geldbetrags, sondern jede Art von geldwerter Leistung.[28]
Allerdings ist erforderlich, dass die Leistung unmittelbar von dem öffentlichen Auftraggeber an den Auftragnehmer gezahlt wird.[29] Hieran fehlt es etwa, wenn der Private, der eine öffentliche Aufgabe erfüllt, sich über die Verwertung dieser Aufgabenerfüllung durch die Erhebung von Entgelten o. ä. finanziert, die zB von den Nutzern der von dem Privaten erbrachten Leistung entrichtet werden (→ Rn. 19). In diesem Fall liegt eine Konzession vor. Sofern die Aufgabe in der Errichtung eines Bauwerks besteht, handelt es sich um eine Baukonzession, die durch § 99 I, VI GWB allerdings ausdrücklich als öffentlicher Auftrag klassifiziert wird. Relevant ist das Kriterium daher insbesondere für die Abgrenzung des dem Vergaberecht unterfallenden Dienstleistungsauftrags von der vergaberechtsfreien Dienstleistungskonzession (→ Rn. 19 ff.).

Gegenstand des Vertrages muss eine Liefer-, Bau- oder Dienstleistung (→ Rn. 12) 17
sein. Die Abgrenzung der drei **Auftragsgegenstände** ist anhand der Begriffsbestimmungen in den Absätzen 2–4 des § 99 GWB vorzunehmen, wobei ein Dienstleistungsauftrag erst nachrangig in Betracht kommt, wenn weder ein Bau- noch ein Lieferauftrag vorliegt (§ 99 IV GWB).

> Bei der Übertragung der Abfallentsorgung in Fall 7 handelt es sich um einen Dienstleistungsauftrag.

Probleme kann die **Zuordnung gemischter Verträge** bereiten, die Elemente verschiedener Leistungsarten enthalten. Scheidet hier eine – zunächst zu prüfende – Aufteilung in verschiedene Bestandteile aus, so präzisiert § 99 X GWB in Anlehnung an die Vorgaben der VKR die Zuordnungskriterien. Danach ist bei der Abgrenzung zwischen Liefer- und Dienstleistungen auf das Wertverhältnis abzustellen, bei der Abgrenzung zwischen Bauleistungen und Dienstleistungen hingegen auf den Hauptgegenstand der Vereinbarung,[30] wobei für die Ermittlung des Hauptgegenstands auf die den Auftrag prägenden wesentlichen Verpflichtungen abzustellen und der Wert der Einzelleistungen nur ein Kriterium unter anderen ist[31].

2. Ausnahmen vom sachlichen Anwendungsbereich des Vergaberechts

Auch wenn die Voraussetzungen des § 99 I GWB erfüllt sind, kommt das Vergaberecht in bestimmten Fällen nicht zur Anwendung. Dies ist zunächst der Fall, wenn 18
einer der **Ausnahmetatbestände des § 100 II GWB** erfüllt ist. Die dort aufgeführten Tatbestände sind abschließend aufgezählt, daher nicht analogiefähig und zudem restriktiv auszulegen.[32] Genauerer Betrachtung bedürfen Konzessionen, die nicht vom Vergaberecht erfasst werden, wenn es sich um Dienstleistungskonzessionen handelt (→ Rn. 19), sowie die sog. In-House-Geschäfte als ungeschriebene Ausnahme (→ Rn. 23 ff.).

---

[28] *K. Hailbronner*, in: Byok/Jaeger, VergabeR § 99 Rn. 6 f.; *J. Ziekow*, NZBau 2004, 181 (186).
[29] EuGH EuZW 2009, 810 Rn. 51 – WAZV Gotha; 2009, 849 Rn. 39 – Acoset.
[30] EuGH NVwZ 2007, 316 Rn. 37 – Roanne; 2008, 397 Rn. 47; EuZW 2009, 849 Rn. 45 – Acoset.
[31] EuGH VergabeR 2008, 501 Rn. 49.
[32] *K. Hailbronner*, in: Byok/Jaeger, VergabeR § 100 Rn. 25.

a) Dienstleistungskonzessionen

19 Den Konzessionen kommt im Vergaberecht eine Sonderrolle zu, da sie zwar nicht die Merkmale eines öffentlichen Auftrages erfüllen[33] (→ Rn. 12 ff.), jedoch teilweise – die Baukonzessionen – der Geltung des Vergaberechts unterstellt sind. Das Wesen einer Konzession liegt darin, dass der Unternehmer (Konzessionär) das **wirtschaftliche Risiko** seiner Leistung trägt. Sein Entgelt liegt in Abgrenzung zu öffentlichen Aufträgen darin, dass er das Recht erhält, sich **durch die Nutzung seiner Leistung zu refinanzieren**. Dies geschieht etwa dadurch, dass er für das Betreiben eines öffentlichen Parkplatzes von dessen Nutzern ein Entgelt erheben darf.[34] Was die Leistungsart anbelangt, so handelt es sich – je nach (Haupt-)Gegenstand der Vereinbarung – um Bau- oder Dienstleistungskonzessionen.

20 Neben dem Grundtypus der vollständigen Refinanzierung über die Leistungsverwertung sind auch Fälle denkbar, in denen ein festes Grundentgelt vereinbart wird, der Unternehmer aber darüber hinaus seine Leistung wirtschaftlich verwerten darf. Eine Konzession ist nur dann anzunehmen, wenn der Unternehmer das **ausschließliche oder überwiegende Betriebsrisiko** trägt.[35] Maßgebend ist, dass der Konzessionär bei der Verwertung der ihm übertragenen Leistung insoweit **den Unwägbarkeiten des Marktes ausgesetzt** ist.[36] Zudem erschwert der im Bereich der Ver- und Entsorgungswirtschaft oftmals anzutreffende **Anschluss- und Benutzungszwang** die Bewertung im Einzelfall. Die damit verbundene Entbindung vom Abnahmerisiko allein schließt das Vorliegen einer Konzession nicht aus. Denn für das Vorliegen einer Konzession kommt es nur darauf an, dass der öffentliche Auftraggeber das Betriebsrisiko in der Form, in der es durch die gesetzliche Ausgestaltung vorhanden ist, auf den Konzessionär überträgt.[37] Dies gilt auch dann, wenn dem Unternehmer über das Abnahmerisiko hinaus auch das Preisrisiko, zB durch eine Preiskalkulation nach dem Kostendeckungsprinzip vorschreibende gesetzliche Vorschriften, abgenommen wird.[38]

21 Für die rechtliche Behandlung ist zwischen Bau- und Dienstleistungskonzessionen zu unterscheiden. **Baukonzessionen**, die in § 99 VI GWB und § 22 I VOB/A legaldefiniert sind, werden unterhalb der Schwellenwerte (→ Rn. 6 ff.) der sinngemäßen Anwendung der Basisparagraphen (→ Rn. 9) der VOB/A unterstellt (§ 22 II VOB/A). Das besondere Vergaberechtsregime oberhalb der Schwellenwerte ist grundsätzlich nicht anwendbar; Ausnahmen sind ausdrücklich geregelt (§ 22 II EG VOB/A). **Dienstleistungskonzessionen** unterliegen überhaupt nicht den vergaberechtlichen Regelungen.

> In Fall 7 würde es sich um eine Dienstleistungskonzession handeln, wenn der von G mit der Abfallentsorgung beauftragte Unternehmer kein Entgelt von der G für die Erbringung der Entsorgungsleistung für das gesamte Gemeindegebiet, sondern von den Gemeindeeinwohnern für die Beseitigung der von ihnen jeweils verursachten Abfälle erhielte.

---

[33] Siehe hierzu die Definitionen in Art. 1 III und IV der VKR.
[34] EuGH Slg. 2005, I-8985 Rn. 31 ff. – Parking Brixen.
[35] EuGH EuZW 2009, 810 Rn. 59 – WAZV Gotha; 2009, 849 Rn. 39 – Acoset; NJW 2009, 2427 Rn. 72 – AOK; NZBau 2011, 239 Rn. 26 – Rettungsdienst Stadler; 2012, 193 Rn. 44 – Norma A.
[36] EuGH NZBau 2011, 239 Rn. 37 – Rettungsdienst Stadler; 2012, 193 Rn. 48 – Norma A; BGH NZBau 2011, 175 (180).
[37] EuGH EuZW 2009, 810 Rn. 72 ff. – WAZV Gotha; NZBau 2011, 239 Rn. 29 – Rettungsdienst Stadler; 2012, 193 Rn. 45 – Norma A.
[38] EuGH EuZW 2009, 810 Rn. 72 ff. – WAZV Gotha. A. M. *J. Bohne/H. Heinbuch*, NVwZ 2006, 489 (494).

Allerdings müssen bei der „Vergabe" von Konzessionen die **Vorgaben des primären** 22
EU-Rechts und damit insbesondere der Grundfreiheiten im Allgemeinen sowie des Diskriminierungsverbots und des Transparenzgebots im Besonderen beachtet werden. Letzteres steht nach der Rspr. des EuGH einem völligen Fehlen einer Ausschreibung entgegen.[39] Die Transparenzpflicht äußert sich in der Sicherstellung eines angemessenen Grades von Öffentlichkeit zugunsten der potenziellen Bieter, welcher die Dienstleistungskonzession dem Wettbewerb öffnet und die Nachprüfung ermöglicht, ob die Vergabeverfahren unparteiisch durchgeführt worden sind.[40]

b) Die sog. In-House-Geschäfte

aa) Wesen

Soll eine bestimmte Aufgabe eines öffentlichen Auftraggebers durch eine eigene, 23
rechtlich unselbständige Dienststelle dieses Auftraggebers (zB einen Eigenbetrieb) wahrgenommen werden (unten → Rn. 24 Konstellation a), so fehlt es von vornherein an einem „Auftrag" i. S. d. Vergaberechts, da in einer solchen Konstellation **keine vertraglichen Vereinbarungen** zustande kommen. Hier findet die Leistungserbringung sozusagen „im Haus" des Auftraggebers statt. Wegen der Vergaberechtsfreiheit dieser Form der Leistungserbringung wird jedoch zuweilen versucht, den Kreis der In-House-Geschäfte auf weitere Gestaltungen auszudehnen.

Ganz allgemein geht es bei der Frage der In-House-Geschäfte um Konstellationen, in denen diejenige 24
Stelle, für die die fragliche Leistung erbracht werden soll, **auch auf Seiten des Leistungserbringers beteiligt** ist. Ausgangsfall ist der der „eigenen Dienststelle": Hier liegt ein öffentlicher Auftraggeber vor, dessen eine unselbständige Einheit eine Leistung benötigt, die von einer anderen unselbständigen Einheit desselben Auftraggebers erbracht wird (a). Problematischer wird es, wenn der binnenorganisatorische Rechtskreis des Auftraggebers verlassen und die Leistung durch eine rechtlich selbständige Einheit erbracht wird. Ist an dieser Einheit nur der Auftraggeber selbst beteiligt (b), so kann es sich um eine formal privatisierte Einrichtung in Gestalt der Eigengesellschaft oder auch um ein rechtlich selbständiges Kommunalunternehmen des öffentlichen Rechts in der Form der Anstalt handeln, wie es in den Kommunalgesetzen mehrerer Bundesländer vorgesehen ist. Schließlich können an der selbständigen Einheit auch Private (c 1) oder andere öffentliche Stellen (c 2) beteiligt sein.

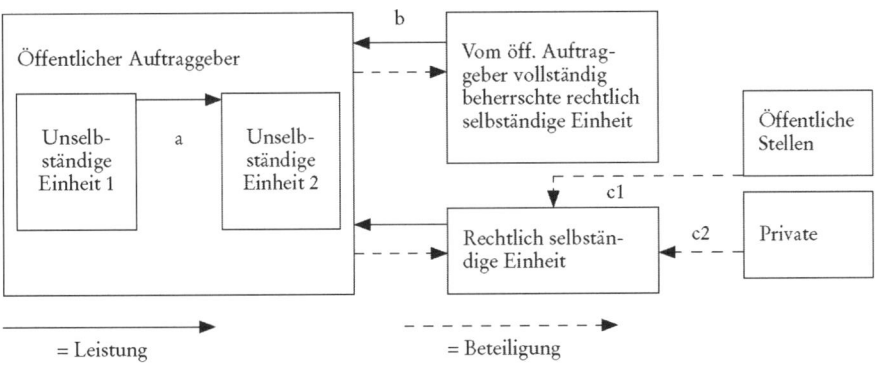

---
[39] Grundlegend EuGH NZBau 2001, 148 Rn. 60 ff.; NVwZ 2006, 555 Rn. 17 ff. – ANAV; EuZW 2009, 810 Rn. 44 – WAZV Gotha.
[40] EuGH VergabeR 2008, 213 Rn. 24; NVwZ 2008, 177 Rn. 75 – AP; EuZW 2009, 849 Rn. 49 – Acoset. Eingehend zu den Verfahrensanforderungen bei der Vergabe von Dienstleistungskonzessionen *M. Vavra*, VergabeR 2010, 351.

25 Wird die Aufgabe auf eine im Rahmen einer **Organisationsprivatisierung** gegründete rechtlich selbständige Gesellschaft eines öffentlichen Auftraggebers (Eigengesellschaft) übertragen (Konstellation b), so wird bei rein formaler Betrachtungsweise ein Vertrag geschlossen. Wenn diese Gesellschaft vollständig durch den Auftraggeber beherrscht wird, so kann eine solche Konstellation u. U. jedoch der Aufgabenwahrnehmung durch eine eigene Dienststelle gleichgesetzt werden. Deshalb werden solche In-House-Geschäfte – bei Vorliegen der Voraussetzungen (→ Rn. 26 ff.) – **vom Auftragsbegriff ausgenommen** und unterliegen im Ergebnis nicht dem Vergaberecht. Dahinter steht eine funktionale Betrachtungsweise: Das unionsrechtliche Vergaberecht soll die Erfüllung der der Verwaltung obliegenden Aufgaben durch Einsatz eigener Mittel nicht hindern. Jeder öffentlichen Stelle muss die Möglichkeit verbleiben, ihre im Allgemeininteresse liegenden Aufgaben mit ihren **eigenen administrativen, technischen und anderen Mitteln** zu erfüllen und sich hierfür nicht an externe Einrichtungen wenden zu müssen.[41] In Abgrenzung zu den externen Einrichtungen zählt zu diesen eigenen Mitteln auch die **Zusammenarbeit mit anderen öffentlichen Stellen**.[42] Wegen dieses aus dem Primärrecht abgeleiteten **Grundsatzes der Ausschreibungsfreiheit der Eigenerledigung**[43] kommen auch bei nicht dem Vergaberecht unterliegenden Konzessionen die Grundsätze zur In-House-Vergabe zur Anwendung.[44]

bb) Voraussetzungen

26 Zur Annahme eines In-House-Geschäfts genügen nicht beliebige Formen von Einflussmöglichkeiten des öffentlichen Auftraggebers auf die die fragliche Leistung erbringende Stelle. Vielmehr muss die Beziehung zwischen Auftraggeber und Leistungserbringer in einer Bewertung der Grundkonstellation a gleichzustellen sein. Für die Prüfung dieser Gleichstellbarkeit hat der EuGH in seiner sog. **Teckal-Rechtsprechung** die folgenden **Kriterien** entwickelt, die kumulativ vorliegen müssen:[45]

- Der öffentliche Auftraggeber muss über den selbständigen Rechtsträger eine Kontrolle wie eine eigene Dienststelle ausüben, d. h. der selbständige Rechtsträger darf keine eigene Entscheidungsgewalt besitzen (**Kontrollkriterium**).
- Der selbständige Rechtsträger muss seine Tätigkeit im Wesentlichen für den öffentlichen Auftraggeber verrichten (**Wesentlichkeitskriterium**).

(1) Kontrollkriterium

27 Das Kriterium der **Kontrolle wie über eine eigene Dienststelle** soll eine der administrativen Binnenorganisation *ähnliche* Fähigkeit zur Steuerung des öffentlichen Auftraggebers gegenüber der aufgabenerledigenden rechtlich selbständigen Stelle si-

---

[41] EuGH NVwZ 2005, 187 Rn. 48 – Stadt Halle; 2005, 1407 Rn. 61 – Parking Brixen; NZBau 2009, 54 Rn. 48 – Coditel Brabant; 2009, 527 Rn. 45 – Stadtreinigung Hamburg; EuZW 2011, 257 Rn. 31 – Oulun kaupunki.
[42] EuGH NZBau 2009, 54 Rn. 49 – Coditel Brabant; 2009, 527 Rn. 45 – Stadtreinigung Hamburg.
[43] Ausführlich *J. Ziekow*, in: Ziekow/Völlink, VergabeR § 99 Rn. 92 ff.
[44] EuGH NVwZ 2005, 1407 Rn. 62 – Parking Brixen; 2006, 555 Rn. 24 – ANAV; VergabeR 2009, 440 Rn. 26 – Coditel Brabant; NZBau 2009, 797 Rn. 40 – Sea; EuZW 2009, 849 Rn. 51 – Acoset; NZBau 2013, 55 Rn. 26 – Econord.
[45] EuGH Slg. 1999, I-8121 Rn. 50 – Teckal; VergabeR 2001, 28 Rn. 40 – ARGE Gewässerschutz; NVwZ 2006, 70 Rn. 34 – Stadt Mödling.; 2006, 800 Rn. 33 – Carbotermo; NVwZ 2007, 316 Rn. 63 – Roanne; VergabeR 2008, 918 Rn. 22; 2009, 440 Rn. 26 – Coditel Brabant; NZBau 2009, 797 Rn. 40 – Sea; EuZW 2009, 849 Rn. 51 – Acoset; NZBau 2013, 55 Rn. 25 – Econord.

cherstellen. Eine identische Kontrolldichte wie sie ein Verwaltungsträger über seine unselbständigen Verwaltungseinheiten auszuüben vermag, wird von vornherein nicht gefordert. Notwendig ist nur ein **vergleichbares Niveau der Steuerungsfähigkeit**. Die den Auftrag erhaltende Gesellschaft muss einer *wirksamen* Kontrolle unterworfen sein, die es dem öffentlichen Auftraggeber ermöglicht, auf die Entscheidungen dieser Gesellschaft ausschlaggebenden Einfluss zu nehmen – und zwar sowohl – strukturell – auf die strategischen Ziele als auch – funktionell – auf sonstige wichtige Entscheidungen.[46] Das Vorliegen der erforderlichen Steuerungsfähigkeit kann nur im jeweiligen Einzelfall unter Berücksichtigung aller Rechtsvorschriften und Umstände festgestellt werden.[47] Allerdings lassen sich Grundsätze für verschiedene Beteiligungskonstellationen verallgemeinern:

- **Gemischtwirtschaftliche Gesellschaft:** Ist an dem Vertragspartner neben dem öffentlichen Auftraggeber ein privates Wirtschaftsunternehmen beteiligt (→ § 7 Rn. 7), so schließt es eine auch nur minderheitliche Beteiligung eines privaten Unternehmens an dem Vertragspartner des öffentlichen Auftraggebers aus, dass der Auftraggeber über diesen Vertragspartner eine Kontrolle wie über eine eigene Dienststelle ausübt. Gründe sind zum einen die **Verfolgung unterschiedlicher Interessen** durch den öffentlichen Partner – hier nämlich Verfolgung öffentlicher Interessen – und den Privaten – hier dessen private Interessen – und zum anderen die **Gefährdung des Ziels eines freien und unverfälschten Wettbewerbs** sowie des Grundsatzes der Gleichbehandlung, weil das beteiligte private Unternehmen bei Verneinung der Ausschreibungspflichtigkeit einen Vorteil gegenüber seinen Konkurrenten hat.[48]   **28**

- **100%ige Eigengesellschaft:** Selbst für die Konstellation der 100%igen Eigengesellschaft (→ § 7 Rn. 7) kann nicht davon ausgegangen werden, dass das erforderliche Niveau von Steuerungsfähigkeit in jedem Fall erreicht wird.[49] Der EuGH hat bereits in der Sache Parking Brixen deutlich gemacht, dass er einen zwingenden Schluss vom Vorliegen einer 100%igen Eigengesellschaft auf das Bestehen des erforderlichen Kontrollniveaus nicht akzeptiert.[50] Die 100%ige Kapitaleignerschaft eines öffentlichen Auftraggebers **deutet nur „darauf hin"**, dass der Auftraggeber eine solche Kontrolle ausüben kann, ist aber nicht entscheidend.[51] Maßgebend sind vielmehr die Umstände des Einzelfalls. Im Wesentlichen kommt es darauf an, welche Organisationsform für das Eigenunternehmen gewählt wird: **29**

Die Gesellschafter einer **GmbH** können im Regelfall sowohl die strategischen als auch die operativen Entscheidungen bestimmen. Nach § 37 GmbHG müssen die Geschäftsführer auch konkrete Einzelweisungen der Gesellschafter befolgen. Bei 100%igen Eigengesellschaften in der Form der GmbH sind die **Voraussetzungen des Kontrollkriteriums daher in aller Regel erfüllt**.[52] Eine Ausnahme gilt allerdings für atypische gesellschaftsvertragliche Gestaltungen, die den Geschäftsführern größere eigene Entscheidungsspielräume oder Dritten einen Einfluss auf die Entscheidungen der Eigengesellschaft eröffnen.[53]

Für die **Aktiengesellschaft** hat der EuGH mehrfach erkennen lassen, daß er auch für 100%ige Eigengesellschaften das Regel-Ausnahme-Verhältnis im Vergleich zur GmbH umgekehrt sieht. Grund hierfür ist, dass die Aktiengesellschaft ihre „Ziele unabhängig von ihren Anteilseignern verfolgen

---

[46] EuGH NVwZ 2005, 1407 Rn. 65 – Parking Brixen; 2006, 800 Rn. 36 – Carbotermo; VergabeR 2008, 918 Rn. 24; 2009, 440 Rn. 28 – Coditel Brabant; NZBau 2009, 797 Rn. 65 – Sea; 2013, 55 Rn. 27 – Econord.
[47] EuGH NVwZ 2005, 1407 Rn. 65 – Parking Brixen; OLG Frankfurt VergabeR 2012, 47 (51).
[48] EuGH NVwZ 2005, 187 Rn. 49 ff. – Stadt Halle; ebenso EuGH NVwZ 2005, 1052 Rn. 26 – Coname; NVwZ 2007, 316 Rn. 64 – Roanne; EuZW 2008, 372 Rn. 38 – Augusta Hubschrauber; NZBau 2009, 54 Rn. 30 – Coditel Brabant; 2009, 797 Rn. 46 – Sea; EuZW 2009, 849 Rn. 56 – Acoset; 2011, 257 Rn. 32 – Oulun kaupunki.
[49] A. M. zB *P. Schimanek*, NZBau 2005, 304 (309).
[50] EuGH NVwZ 2005, 1407 Rn. 67 – Parking Brixen.
[51] EuGH VergabeR 2007, 487 Rn. 57 – Asemfo; NZBau 2009, 797 Rn. 45 – Sea mwN.
[52] BGH DÖV 2001, 1006 (1007); OLG Hamburg NZBau 2011, 185 (186).
[53] *M. Orlowski*, NZBau 2007, 80 f. mwN.

kann"⁵⁴. Wie § 93 I AktG deutlich macht, ist Maßstab des Handelns des AG-Vorstands nicht das Interesse der Aktionäre, sondern allein das Wohl der Gesellschaft. Dementsprechend ist der Vorstand gem. § 76 I AktG von Weisungen anderer Gesellschaftsorgane oder der Aktionäre freigestellt. In die laufende Geschäftstätigkeit kann die Hauptversammlung regelmäßig nicht eingreifen. Die erforderliche **Kontrollfähigkeit** ist daher bei der Wahl der nicht modifizierten Organisationsform einer Aktiengesellschaft **nicht gegeben**.⁵⁵

30 ▪ **Gemischtöffentliche Unternehmen.** Die Konstellation, dass neben dem öffentlichen Auftraggeber noch andere öffentliche Stellen an dem Auftragnehmer beteiligt sind, lag der Teckal-Entscheidung zugrunde⁵⁶ und ihre In-House-Fähigkeit ist vom EuGH mehrfach ausdrücklich bestätigt worden⁵⁷. Hierzu hat der Gerichtshof klargestellt, dass die erforderliche Kontrolle wie über eine eigene Dienststelle nicht notwendigerweise individuell durch jede beteiligte öffentliche Stelle ausgeübt werden muss. Es reicht vielmehr aus, dass diese **Kontrolle gemeinsam ausgeübt** wird.⁵⁸ Dabei darf die Ausübung der dienststellenähnlichen Kontrolle nicht allein dem Mehrheitsgesellschafter möglich, sondern muss in ein „Konzept der gemeinsamen Kontrolle" durch alle beteiligten öffentlichen Stellen eingebunden sein.⁵⁹

31 Selbst wenn danach die gesellschaftsrechtlichen Einflussnahmemöglichkeiten eine Steuerung der den Auftrag ausführenden Eigen- oder gemischtwirtschaftlichen Gesellschaft durch den öffentlichen Auftraggeber eröffnen, kann sich die Nichterreichung des erforderlichen Kontrollniveaus auch aus einer **Marktausrichtung der Tochtergesellschaft** ergeben, die ihr ein Maß an Selbstständigkeit eröffnet, das eine Kontrolle als nicht gesichert erscheinen lässt.⁶⁰

(2) Wesentlichkeitskriterium

32 Die weitere Voraussetzung, dass die fragliche Einrichtung ihre Tätigkeit im Wesentlichen für den oder die öffentlichen Auftraggeber, verrichten muss, die ihre Anteile innehaben, soll verhindern, dass ein Unternehmen zwar von einem oder mehreren öffentlichen Auftraggebern beherrscht, gleichwohl jedoch auf dem Markt tätig ist. Denn in diesem Fall würde die Einrichtung hinsichtlich ihrer marktgerichteten Tätigkeiten mit anderen Unternehmen in Wettbewerb treten, bezüglich der als In-House-Geschäfte übernommenen Aufträge jedoch über eine **den Wettbewerb verfälschende Zusatzposition** verfügen.⁶¹ Zur Beantwortung der Frage, ob eine Tätigkeit im Wesentlichen für den oder die öffentlichen Auftraggeber vorliegt, ist die tatsächliche Tätigkeit des betreffenden Unternehmens in quantitativer und qualitativer Hinsicht einer **wertenden Gesamtbetrachtung** zu unterziehen⁶².

Als Grenze, die der Anteil der gegenüber anderen Unternehmen als den Anteilseignern erzielten Leistungen oder Umsätze nicht überschreiten darf, hat der EuGH eine **Fremdauftragsquote** von 10% für unschädlich gehalten.⁶³ Hingegen hat das OLG Celle die Zulässigkeitsschwelle für die Drittumsatzquote bei 7,5% gezogen.⁶⁴ Zu beachten ist, dass die Tätigkeit auch dann für den öffentlichen *Auftraggeber* er-

---

⁵⁴ EuGH VergabeR 2009, 440 Rn. 37 – Coditel Brabant.
⁵⁵ BGHZ 177, 150 Rn. 29 f.
⁵⁶ EuGH Slg. 1999, I-8121 – Teckal.
⁵⁷ EuGH NVwZ 2005, 187 Rn. 49 – Stadt Halle; NVwZ 2006, 800 Rn. 37 – Carbotermo; VergabeR 2007, 487 Rn. 57 – Asemfo.
⁵⁸ EuGH VergabeR 2009, 440 Rn. 46 ff. – Coditel Brabant; NZBau 2009, 797 Rn. 58 ff. – Sea; 2013, 55 Rn. 28 – Econord.
⁵⁹ EuGH NZBau 2013, 55 Rn. 30 – Econord.
⁶⁰ EuGH VergabeR 2009, 440 Rn. 36 – Coditel Brabant; NZBau 2009, 797 Rn. 73 – Sea. Im Einzelnen *J. Ziekow*, in: Ziekow/Völlink, VergabeR § 99 Rn. 123 ff.
⁶¹ EuGH NVwZ 2006, 800 Rn. 59 f. – Carbotermo; NVwZ 2008, 177 Rn. 62 – AP.
⁶² EuGH NVwZ 2006, 800 Rn. 64 – Carbotermo.
⁶³ EuGH VergabeR 2007, 487 Rn. 63 – Asemfo.
⁶⁴ OLG Celle VergabeR 2007, 79; NZBau 2010, 194 (197).

bracht wird, wenn die Leistung unmittelbar gegenüber Dritten, etwa den Einwohnern einer zu den Auftraggebern und Anteilseignern des die Leistung erbringenden Unternehmens gehörenden Gemeinde, als Nutzern der Leistung erbracht wird.[65] Bei gemischtöffentlichen Unternehmen kommt es für den Tätigkeitsschwerpunkt der Gesellschaft nicht auf eine isolierte Betrachtung der Tätigkeitsanteile für die verschiedenen Anteilseigner, sondern darauf an, dass die Gesellschaft ihre Tätigkeiten im wesentlichen für die – zusammen zu betrachtenden – Anteilseigner insgesamt verrichtet.[66]

c) Die sog. Instate-Geschäfte

Zur **Erzielung von Synergieeffekten** kooperieren Verwaltungsträger, insbesondere im kommunalen Bereich, häufig mit anderen Verwaltungsträgern. Die Landesgesetze zur kommunalen Zusammenarbeit enthalten regelmäßig Vorschriften zur Bildung besonderer kommunaler Organisationseinheiten, nämlich der kommunalen Arbeitsgemeinschaften und der Zweckverbände. Wegen des in der staatlichen Sphäre verbleibenden Charakters werden damit verbundene Rechtsgeschäfte bei Vorliegen eines Beschaffungsbezugs in Anlehnung an die Inhouse-Geschäfte als Instate-Geschäfte bezeichnet. Diese Umschreibung verdeutlicht einerseits, dass die Beschaffung nicht durch eine beherrschte Organisationseinheit stattfindet und damit nicht „im Hause" bleibt, weshalb die Grundsätze des In-House-Geschäfts nicht anwendbar sind[67]. Andererseits bringt der Begriff zum Ausdruck, dass der Vorgang gegenüber einem anderen Verwaltungsträger stattfindet und damit **innerhalb der Sphäre des Staates im weiteren Sinne** verbleibt.[68] 33

Nach dem Urteil des EuGH in der Sache „Stadtreinigung Hamburg" unterliegen Verträge, durch die Gebietskörperschaften, bspw. Gemeinden, eine **Zusammenarbeit bei der Wahrnehmung einer öffentlichen Aufgabe**, die sie – wie die Aufgabe der Abfallentsorgung – alle gleichermaßen erfüllen müssen, vereinbaren, nicht dem Vergaberecht. Voraussetzung ist, dass an dem Vertrag nur öffentliche Stellen beteiligt sind, d. h. insbesondere vereinbart wird, dass eine dieser Stellen die Aufgabe auch für die anderen Gebietskörperschaften erfüllt, indem zB die Kapazitäten der Abfallentsorgungsanlage eines der Vertragspartner auch durch die anderen genutzt werden kann. Denn in diesem Fall wird das Ziel des Vergaberechts, die Öffnung der Beschaffungsmärkte für den Wettbewerb, nicht berührt, sondern es handelt sich nur um eine Variante der Wahrnehmung öffentlicher Aufgaben, die kein privates Unternehmen besser stellt als seine Wettbewerber.[69] 34

Es dürfte irreführend sein, das Kriterium der Erfüllung einer öffentlichen Aufgabe für ausschlaggebend zu halten und die Grenze zwischen ausschreibungspflichtigen und nicht ausschreibungspflichtigen Kooperationen entlang einer – ohnehin kaum rechtssicher zu leistenden – Unterscheidung zwischen der Wahrnehmung öffentlicher und der Erfüllung anderer Aufgaben ziehen zu wollen. Denn die Einschaltung eines privaten Unternehmens in die Erfüllung der öffentlichen Aufgabe der Abfallentsorgung würde unzweifelhaft dem Vergaberecht unterliegen. Maßgebend dürfte vielmehr sein, dass das Vergaberecht öffentliche Stellen nicht dazu verpflichtet, die 35

---

[65] EuGH NVwZ 2006, 800 Rn. 66 f. – Carbotermo.
[66] EuGH NVwZ 2006, 800 Rn. 68 ff. – Carbotermo; VergabeR 2007, 487 Rn. 62 – Asemfo.
[67] Vgl. EuGH NZBau 2009, 527 Rn. 36 – Stadtreinigung Hamburg.
[68] *J. Ziekow/T. Siegel*, VerwArch 2005, 119 (126).
[69] EuGH NZBau 2009, 527 Rn. 37 ff. – Stadtreinigung Hamburg; ebenso EuGH NZBau 2013, 115 Rn. 35 – Lecce.

Erfüllung öffentlicher Aufgaben dem Wettbewerb privater Unternehmen zu überantworten. Die sog. **„make-or-buy-Entscheidung"** ist der Anwendung des Vergaberechts vorgelagert. Entscheiden sich öffentliche Stellen dafür, ihnen obliegende Aufgaben gemeinsam und ohne Einschaltung Privater zu erfüllen, so liegt darin gerade eine Entscheidung gegen den „Markt".

36 Allerdings kann der Entscheidung des EuGH nicht entnommen werden, dass alle Kooperationen zwischen öffentlichen Stellen dem Vergaberecht entzogen sind. Dies hatte der Gerichtshof bereits in einem früheren Urteil deutlich gemacht.[70] Für die Anwendung des **Grundsatzes der Ausschreibungsfreiheit der Eigenerledigung**, der auch die Zusammenarbeit mit anderen öffentlichen Stellen umfasst, sind vielmehr zwei Stufen zu unterscheiden: die Begründung der Kooperation und der Vollzug der Kooperation. Dementsprechend hat der EuGH in der Sache „Müllverbrennung Hamburg" betont, dass sich seine Ausführungen allein auf den zwischen verschiedenen Kommunen geschlossenen Vertrag, dass eine der Kommunen auch für die anderen beteiligten Kommunen die Abfallentsorgung übernimmt, nicht aber auf den zwischen dieser Kommune und dem Betreiber der Müllverbrennungsanlage geschlossenen weiteren Vertrag beziehen.[71] Hiervon von vornherein zu unterscheiden ist die Konstellation, dass eine kommunale Körperschaft von einer anderen mit der Reinigung der Gebäude der letzteren Körperschaft beauftragt wird. Hier liegt selbst dann kein Fall einer (horizontalen) Kooperation zwischen verschiedenen Hoheitsträgern, sondern eine (vertikale) Erteilung eines öffentlichen Auftrags vor, wenn die Reinigungsaufgabe delegierend übertragen wird.[72] Denn in diesem Fall wird keine spezifisch *öffentliche* Aufgabe wahrgenommen.[73]

- Die zur Begründung einer Kooperation zwischen mehreren juristischen Personen des öffentlichen Rechts zur Wahrnehmung ihrer öffentlichen Aufgaben geschlossenen Verträge unterliegen nicht der Ausschreibungspflicht. Denn in diesen Fällen werden allein öffentliche Interessen berührt, nicht aber der Grundsatz der Gleichbehandlung aller Interessenten an der Erbringung von Leistungen gegenüber der öffentlichen Hand.[74]
- Die auf der zweiten Stufe erfolgende Organisation des Vollzugs der Kooperationsvereinbarung ist in jedem Falle dann ausschreibungspflichtig, wenn nicht zwischen dem Kooperationspartner, der mit der Wahrnehmung der Aufgabe auch für die übrigen juristischen Personen des öffentlichen Rechts betraut wurde, und der die Aufgabe schließlich tatsächlich erfüllenden Einheit ein Inhouse-Verhältnis besteht. Gleiches gilt, wenn der die tatsächliche Erfüllung übernehmende Vertragspartner dabei in Konkurrenz mit privaten Unternehmen am Markt agiert, bspw. von den übrigen Kooperationspartnern mit der Erbringung einer Dienstleistung gegen Entgelt beauftragt wird. Die vertragliche Regelung auch der Stufe der tatsächlichen Aufgabenerfüllung zwischen verschiedenen Verwaltungsträgern nimmt nur dann an der Ausschreibungsfreiheit der auf der ersten Stufe erfolgenden Begründung der Kooperation teil, wenn ein Verwaltungsträger seine Kapazitäten zur Erfüllung einer öffentlichen Aufgabe, zB die Kapazitäten einer von ihm selbst betriebenen Müllverbrennungsanlage, auch seinen Kooperationspartnern, die als Verwaltungsträger inhaltlich dieselbe öffentliche Aufgabe zu erfüllen haben, gegen eine reine Kostenerstattung zur Verfügung stellt.

---

[70] EuGH NVwZ 2005, 431 Rn. 38 ff.
[71] EuGH NZBau 2009, 527 Rn. 31 – Stadtreinigung Hamburg.
[72] EuGH, Urt. v. 13.6.2013 – C-386/11 –, Rn. 36 ff. – Piepenbrock; OLG Düsseldorf NZBau 2011, 769 (770 f.).
[73] EuGH, Urt. v. 13.6.2013 – C-386/11 –, Rn. 39 – Piepenbrock; vgl. auch EuGH NZBau 2013, 115 Rn. 37 – Lecce.
[74] EuGH NZBau 2009, 527 Rn. 47 – Stadtreinigung Hamburg.

> Im Fall 7 wäre der Vertrag auch dann ausschreibungspflichtig, wenn die Abfallentsorgung durch die Nachbargemeinde N im Wege eines Dienstleistungsauftrags vorgenommen würde. Denn In-State-Geschäfte unterliegen bei Vorliegen eines die Interessen privater Unternehmen berührenden Beschaffungsbezugs grundsätzlich dem Vergaberecht. Denn in diesem Fall ginge es nicht um einen Vertrag mit der Nachbargemeinde N über die Erfüllung der öffentlichen Aufgabe der Abfallentsorgung, sondern um eine konkrete Beauftragung in Konkurrenz mit privaten Wettbewerbern. Anders wäre aber die Konstellation zu beurteilen, dass G und N einen Kooperationsvertrag zur Erfüllung der öffentlichen Aufgabe der Abfallentsorgung schließen und die N der G hierfür die freien Kapazitäten ihrer Abfallentsorgungsanlage zur Verfügung stellt.

3. Public Private Partnership und Vergaberecht

Auch die Eingehung einer Public Private Partnership (PPP) (→ § 8 Rn. 6; zur vergaberechtlichen Bewertung von Partnerschaften zwischen mehreren öffentlich-rechtlichen Körperschaften → Rn. 33 f.) kann bei Vorliegen eines Beschaffungsbezugs dem Vergaberecht unterliegen. Zu unterscheiden ist dabei zwischen einer informellen, einer austauschvertraglichen und einer institutionellen Kooperation.[75] Im Unterschied zu den beiden letztgenannten Formen unterbleibt bei einer informellen PPP eine rechtlich verbindliche Regelung der Partnerschaft, so dass sie vergaberechtlich nicht relevant ist. Austauschvertragliche Kooperationen mit dem Vergaberecht unterliegenden Ausschreibungspflichten erfolgen in Form des Erwerber-, des Leasing-, des Vermietungs-, des Inhaber- und des Contractingmodells. Beim Konzessionsmodell ist eine Beachtung des dem EU-Primärrecht entspringenden Tansparenzgebots erforderlich (→ Rn. 5). Das Instrument des **wettbewerblichen Dialogs** (vgl. § 101 IV GWB, § 3 VII EG VOL/A, § 3 I Nr. 4, VII EG VOB/A) ist insbesondere für PPP-Vergaben eingeführt worden. Im Kern geht es um die Situation, dass die Verwaltung zwar ein Problem hat, jedoch die Mittel nicht kennt, um dieses Problem zu lösen. Sie kann deshalb auch nicht eine normale Ausschreibung durchführen, um von Privaten die wirtschaftlichste Lösung angeboten zu bekommen. Aufgrund ihres Informationsdefizits muss sie vielmehr ein mehrstufiges Verfahren wählen, in dem sie von den Privaten in einem Dialog zunächst einmal Informationen darüber einholt, welche Lösungen auf dem Markt überhaupt zur Verfügung stehen.[76]

37

Bei einer institutionalisierten PPP wird die Kooperation über eine vertragliche Bindung hinaus durch die **Gründung eines gemischt-wirtschaftlichen Unternehmens** institutionell verfestigt (**Kooperationsmodell**). Zwar sind die im Zusammenhang mit der Verwirklichung einer solchen Kooperation verbundenen organisatorischen Maßnahmen, insbesondere die Gründung der Gesellschaft, als solche grundsätzlich vergaberechtsfrei. Etwas anderes gilt jedoch dann, wenn mit diesen Maßnahmen eine Aufgabenübertragung verbunden ist, die bei isolierter Betrachtung ausschreibungspflichtig wäre, also bei einer „akzessorischen" Auftragsvergabe. Das entscheidende Kriterium ist dabei das Vorliegen eines inneren Zusammenhangs zwischen Gesellschaftsgründung und Auftragsvergabe.[77]

38

---

[75] *J. Ziekow/A. Windoffer,* NZBau 2005, 665 (666).
[76] Zum wettbewerblichen Dialog *D. Drömann,* NZBau 2007, 751 ff.
[77] *M. Dreher,* NZBau 2002, 245 (247). Siehe insoweit auch EuGH NVwZ 2006, 70 Rn. 41 f.

4. Übersicht sachlicher Anwendungsbereich des Vergaberechts oberhalb der Schwellenwerte

39 Der sachliche Anwendungsbereich des Vergaberechts

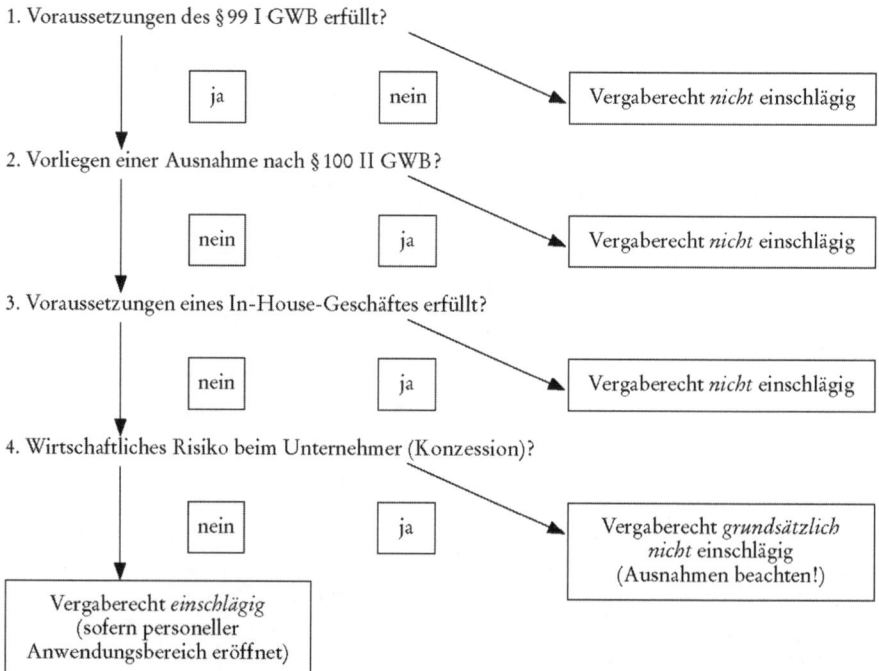

IV. Der persönliche Anwendungsbereich des Vergaberechts

1. Von der institutionellen zur funktionellen Betrachtungsweise

40 Der persönliche Anwendungsbereich des Vergaberechts wird geprägt von den **Begriffen des öffentlichen Auftraggebers** einerseits und des Unternehmens andererseits (vgl. § 99 I GWB). Beide Begriffe unterlagen einem Verständniswandel: Maßgebend war früher allein der jeweilige Rechtsstatus, der auch heute noch für das Vorliegen eines öffentlichen Auftraggebers unterhalb der Schwellenwerte maßgeblich ist (→ Rn. 51). Öffentliche Auftraggeber sind nach dieser klassischen Betrachtungsweise nur der Staat und seine Untergliederungen, Unternehmen ausschließlich dem Privatrecht unterfallende Einheiten.

Da im Wege der Privatisierung immer mehr klassische öffentliche Funktionen durch Private wahrgenommen werden, wurde zur **Vermeidung einer „Flucht ins Privatrecht"** zunächst die rein institutionelle Betrachtungsweise des Auftraggebers durch eine funktionale ergänzt. Bei einer gewissen Staatsnähe kann danach bei Vergaben oberhalb der Schwellenwerte eine (juristische) Person des Privatrechts aufgrund ihrer Funktion in die Rolle eines öffentlichen Auftragebers einrücken (**funktionaler Auftraggeberbegriff**; → Rn. 43 ff.). Eine ähnliche Entwicklung ist beim Unternehmensbegriff zu beobachten. Danach ist eine öffentliche Einrichtung als Unternehmen i. S. d. Vergaberechts einzustufen, wenn sie wie ein Privater am Markt tätig ist (**funktionaler Unternehmensbegriff**; → Rn. 52).

2. Der Auftraggeberbegriff ab Erreichen der Schwellenwerte

Ab Erreichen der Schwellenwerte bestimmt sich nach **§ 98 GWB**, ob ein öffentlicher Auftraggeber tätig wird. Die Vorschrift definiert verschiedene Begriffe des öffentlichen Auftraggebers, nämlich vor allem einen institutionellen Auftraggeberbegriff (§ 98 Nr. 1 und Nr. 3, 1. Alt. GWB; → Rn. 42) und einen funktionellen (§ 98 Nr. 2 und Nr. 3, 2. Alt. GWB; → Rn. 43 ff.). Zu den öffentlichen Auftraggebern gehören zudem die **Sektorenauftraggeber** nach § 98 Nr. 4 GWB, nach Maßgabe des § 98 Nr. 5 GWB **subventionierte Einrichtungen** sowie gemäß § 98 Nr. 6 GWB **Baukonzessionäre**. 41

a) Institutionelle Auftraggeber

Öffentliche Auftraggeber im klassischen Sinne sind nach **§ 98 Nr. 1 GWB** zunächst Gebietskörperschaften und deren Sondervermögen. Zu den **Gebietskörperschaften** im Sinne dieser Bestimmung zählen der Bund, die Länder und die Gemeinden. Ihnen werden in § 98 Nr. 3, 1. Alt. GWB Verbände gleichgestellt, deren Mitglieder unter § 98 Nr. 1 GWB fallen.[78] Zu den Sondervermögen der Gebietskörperschaften gehören deren organisatorisch selbständigen, jedoch nicht mit eigener Rechtsfähigkeit versehenen Einheiten wie etwa Eigenbetriebe.[79] Die Anknüpfung an den Rechtsstatus hat zur Folge, dass diese öffentlichen Auftraggeber unabhängig von ihrer Aufgabenausstattung bei der Vergabe eines öffentlichen Auftrags die jeweils einschlägigen vergaberechtlichen Vorgaben zu beachten haben. Die Beschränkung auf Gebietskörperschaften bewirkt, dass andere juristische Personen des öffentlichen Rechts, also rechtsfähige Anstalten, Stiftungen sowie sonstige Körperschaften, lediglich nach den anderen Ziffern des § 98 GWB, insbesondere nach § 98 Nr. 2 GWB, in die Rolle eines öffentlichen Auftraggebers einrücken können. 42

> In Fall 7 ist die Gemeinde G öffentlicher Auftraggeber nach § 98 Nr. 1 GWB.

b) Funktionale Auftraggeber

Der funktionale Auftraggeberbegriff ist primär in **§ 98 Nr. 2 GWB** geregelt. Öffentliche Auftraggeber sind danach **juristische Personen** des öffentlichen oder des privaten Rechts, die zu dem besonderen Zweck gegründet wurden, im Allgemeininteresse liegende Aufgaben nichtgewerblicher Art zu erfüllen, und die die in § 98 Nr. 2 GWB beschriebene besondere Staatsnähe aufweisen.[80] Anhang III der VKR (unter Ziffer III. für die Bundesrepublik Deutschland) enthält eine Auflistung von Einrichtungen, die nach Vorstellung des europäischen Gesetzgebers als funktionelle Auftraggeber einzustufen sind. Diese Aufzählung ist jedoch nach Art. 1 IX Unterabs. 3 VRK nicht erschöpfend. Darüber hinaus ist die Auflistung auch nicht zwingend. Sie besitzt deshalb lediglich eine Indizwirkung und entbindet nicht von der Prüfung, ob die Voraussetzungen des § 98 Nr. 2 GWB im Einzelfall erfüllt sind.[81] 43

---

[78] Zum Begriff der Gebietskörperschaft *Sodan/Ziekow*, GKÖR § 60 Rn. 3.
[79] *M. Werner*, in: Byok/Jaeger, VergabeR § 98 Rn. 20.
[80] *J. Ziekow*, VergabeR 2003, 483 ff.
[81] *J. Ziekow*, VergabeR 2003, 483 (484 f.).

aa) Juristische Person

44 Eine am Wortlaut der Vorschrift orientierte Auslegung des § 98 Nr. 2 GWB würde zu dem Ergebnis führen, dass öffentliche Auftraggeber nur solche Einrichtungen sein können, die vollrechtsfähig sind. Jedoch würde eine solche enge Auslegung dem Zweck des funktionellen Auftraggeberbegriffs nicht gerecht. Ausschlaggebend muss vielmehr die Fähigkeit sein, Rechte nach außen im eigenen Namen wahrnehmen und **durch die Vergabe von Aufträgen selbständig tätig** werden zu können. Unter den Begriff der juristischen Person fallen daher neben den eigentlichen juristischen Personen auch die Personenhandelsgesellschaften OHG und KG sowie die Gesellschaft bürgerlichen Rechts, soweit ihr von der Rspr. die Fähigkeit zuerkannt wird, im eigenen Namen rechtlich zu handeln[82].

bb) Im Allgemeininteresse liegende Aufgaben

45 Nach der vom EuGH verwendeten Formel stellen „im Allgemeinen Aufgaben, die zum einen auf andere Art als durch das Angebot von Waren oder Dienstleistungen auf dem Markt erfüllt werden und die zum anderen der Staat aus Gründen des Allgemeininteresses selbst erfüllen oder bei denen er einen entscheidenden Einfluss behalten möchte, in der Regel im Allgemeininteresse liegende Aufgaben nicht gewerblicher Art" dar[83]. Hierzu zählen insbesondere solche Aufgaben, die eng mit der öffentlichen Ordnung und dem institutionellen Funktionieren des Staates verknüpft sind.[84] Sie muss damit eine **spezifische Nähe zur gerade staatlichen Aufgabenerfüllung** aufweisen. Generell ist der Begriff der im Allgemeininteresse liegenden Aufgabe **weit auszulegen** und etwa auch dann erfüllt, wenn zumindest *auch* eine solche Aufgabe wahrgenommen wird.[85] Im praktischen Ergebnis werden juristische Personen des öffentlichen Rechts regelmäßig im Allgemeininteresse liegende Aufgaben wahrnehmen, während bei juristischen Personen des Privatrechts erforderlich ist, dass betreffende Aufgabe **gesetzlich als im Allgemeininteresse liegend** eingestuft wird oder der Staat die Aufgabe **auf andere Weise als eigene bewertet** und deshalb einen entscheidenden Einfluss auf die Erfüllung haben möchte.[86]

Vom Gerichtshof als im Allgemeininteresse angesehen wurden zB folgende Aufgaben:
- Die Herstellung von Druckprodukten für die Verwaltung, bei deren Herstellung Geheimhaltung bzw. die Einhaltung von Sicherheitsvorschriften geboten ist (zB Reisepässe, Führerscheine, Personalausweise);[87]
- das Abholen und die Behandlung von Haushaltsabfällen;[88]
- das Leichen- und Bestattungswesen;[89]
- Tätigkeit der staatlichen Planungs- und Bauämter sowie Sozialwohnungsaktiengesellschaften;[90]
- Vergabe von Planungs- und Bauleistungen durch eine städtische Eigengesellschaft im Rahmen eines Immobilienprojektes, das auf einen Beschluss der Stadt zur Gründung eines Zentrums für technische

---

[82] Dazu BGHZ 146, 341 ff.
[83] EuGH Slg. 2003, I-11697 Rn. 80 – SIEPSA; ebenso 2008, I-2339 Rn. 40 – Aigner.
[84] EuGH Slg. 1998 I-73 Rn. 24 – Mannesmann; NZBau 2003, 396 Rn. 45 – Korhonen.
[85] EuGH Slg. 1998, I-73 Rn. 25 – Mannesmann; VergabeR 2003, 296 Rn. 56 – Truley.
[86] EuGH VergabeR 2003, 296 Rn. 53 – Truley; Slg. 2003, I-11697 Rn. 85 f. – SIEPSA; 2008, I-2339 Rn. 40 – Aigner; NJW 2009, 2427 Rn. 49 – AOK.
[87] EuGH Slg. 1998, I-73 Rn. 24 – Mannesmann.
[88] EuGH Slg. 1998, I-6821 Rn. 52 – BFI.
[89] EuGH VergabeR 2003, 296 Rn. 52 f. – Truley.
[90] EuGH Slg. 2001, I-939 Rn. 45, 47.

Entwicklung zurückging und die Errichtung mehrerer Bürogebäude und eines Parkhauses umfasste, da die auf die Ansiedlung von Unternehmen auf dem Gebiet der Gemeinde gerichtete Tätigkeit für die Gemeinde positive Auswirkungen im Hinblick auf die Schaffung von Arbeitsplätzen, die Erhöhung der Steuereinnahmen und die Steigerung von Angebot und Nachfrage bei Waren und Dienstleistungen habe;[91]
- Versorgung von Wohnungen, Büros und öffentlichen Gebäuden einer Großstadt mit umweltfreundlich erzeugter Fernwärme durch eine städtische Eigengesellschaft;[92]
- die Tätigkeit der deutschen gesetzlichen Krankenkassen;[93]
- Aufgaben einer zu 100% in Staatseigentum befindlichen Aktiengesellschaft, zur Umsetzung der Strafvollzugspolitik des Staates alle Tätigkeiten wahrzunehmen, die sich als für die Bildung, die Verwaltung und die Abwicklung des mit dem Strafvollzug zusammenhängenden Vermögens dieses Staates erforderlich erweisen[94].

cc) Nichtgewerblicher Art

Die im Allgemeininteresse liegende Aufgabe muss zudem nichtgewerblicher Art sein. **46** Der Begriff der „im Allgemeininteresse liegenden Aufgabe" ist somit nicht identisch mit dem Kriterium des nichtgewerblichen Charakters einer Tätigkeit. Vielmehr gibt es auch im Allgemeininteresse liegende Aufgaben gewerblicher Natur.[95] Maßgebend für eine definitive Zuordnung sind die **Umstände des Einzelfalls**.[96] Die Gewerblichkeit einer Aufgabe ergibt sich nicht daraus, dass sie auch von Privatunternehmen erfüllt wird oder erfüllt werden kann.[97] Denn es sind kaum Aufgaben denkbar, die einer Erfüllung durch Privatunternehmen a priori entzogen wären.[98]

Nach der Rspr. des EuGH deutet das **Vorliegen eines entwickelten Wettbewerbs** in dem jeweiligen **47** Bereich auf eine gewerbliche Natur der betreffenden Aufgabe hin.[99] Denn wenn sich eine Einrichtung im freien Wettbewerb behaupten muss, fehlt es an der Notwendigkeit eines Eingreifens der Schutzmechanismen des Vergaberechts. Umgekehrt indiziert das Vorliegen einer marktbezogenen Sonderstellung eine Tätigkeit nichtgewerblicher Art. Allerdings hat der EuGH ausdrücklich darauf hingewiesen, dass sich aus dem Vorliegen eines entwickelten Wettbewerbs *allein* nicht auf den Charakter der Aufgabe als solche gewerblicher Art schließen lässt. Diese Vermutung bleibt vielmehr in eine **Gesamtwürdigung aller Umstände** eingebunden.[100] **Gesichtspunkte, die *für*** das Vorliegen eines entwickelten Wettbewerbs sprechen, sind[101]:
- Die entsprechende Aufgabe besteht (wie die Ausrichtung von Messen, Ausstellungen u.ä.) im Angebot wirtschaftlicher Dienstleistungen auf dem Markt.
- Die Dienstleistung wird gegen Entgelt erbracht.
- Die Dienstleistung erfüllt wirtschaftliche Bedürfnisse.
- Dass die juristische Person ihre Aufgaben mit Gewinnerzielungsabsicht erfüllt, ist zwar ein starker Hinweis – sofern es sich dabei um ein Hauptziel der juristischen Person handelt[102] –, führt jedoch allein nicht dazu, dass es sich um Aufgaben gewerblicher Art handelt.

---

[91] EuGH NZBau 2003, 396 Rn. 44 f. – Korhonen.
[92] EuGH Slg. 2008, I-2339 Rn. 40 – Aigner.
[93] EuGH NJW 2009, 2427 Rn. 49 – AOK.
[94] EuGH Slg. 2003, I-11697 Rn. 85 f. – SIEPSA.
[95] EuGH Slg. 1998, I-6821 Rn. 31 ff. – BFI; NZBau 2003, 396 Rn. 40 – Korhonen.
[96] Zu den Kriterien *J. Ziekow*, VergabeR 2003, 483 (492 f.).
[97] EuGH Slg. 1998, I-6821 Rn. 39 f. – BFI.
[98] EuGH Slg. 1998, I-6821 Rn. 43 f. – BFI; ebenso EuGH VergabeR 2003, 296 Rn. 59 – Truley.
[99] EuGH Slg. 1998, I-6821 Rn. 49 – BFI; VergabeR 2003, 296 Rn. 60 – Truley.
[100] EuGH NZBau 2003, 396 Rn. 50 – Korhonen; Slg. 2008, I-2339 Rn. 41, 46 – Aigner.
[101] EuGH, Slg. 2001, I-3605 Rn. 39 ff. – Ente Fiera; 2003, I-11697 Rn. 81 – SIEPSA.
[102] Vgl. EuGH Slg. I-11697 Rn. 88 – SIEPSA; 2008, I-2339 Rn. 42 – Aigner.

- die Einrichtung arbeitet zwar ohne Gewinnerzielungsabsicht, jedoch nach Leistungs-, Effizienz- und Wirtschaftlichkeitskriterien und trägt – mangels eines vorgesehenen Mechanismus zum Ausgleich finanzieller Verluste – selbst das wirtschaftliche Risiko ihrer Tätigkeit;
- die Einrichtung wird in einem wettbewerblich geprägten Umfeld tätig. Hierfür ist eine Untersuchung des betreffenden Referenzmarkts anzustellen, der anhand des Sektors zu bestimmen ist, für den die Einrichtung gegründet wurde.[103]

48 Nimmt die Einrichtung neben Aufgaben nichtgewerblicher Art auch Aufgaben gewerblicher Art wahr, so ändert dies nichts daran, dass die **Einrichtung als Ganzes** wegen der Aufgaben nichtgewerblicher Art öffentlicher Auftraggeber ist. Auf das quantitative Verhältnis der Tätigkeiten zur Erfüllung von Aufgaben nichtgewerblicher Art einerseits und gewerblicher Art andererseits kommt es nicht an.[104] Die Erfüllung von Aufgaben nichtgewerblicher Art **„infiziert" gleichsam die gesamte Tätigkeit der Einrichtung.** Auch solche Aufträge, die von einer von § 98 Nr. 2 GWB erfassten Stelle in Erfüllung von Aufgaben gewerblicher Art vergeben werden, sind daher dem Vergaberecht unterfallende öffentliche Aufträge.[105]

dd) Besonderer Gründungszweck

49 Die juristische Person muss zu dem besonderen Zweck „gegründet" worden sein, im Allgemeininteresse liegende Aufgaben nichtgewerblicher Art zu erfüllen. Auch dieses Merkmal ist tendenziell weit auszulegen. So genügt trotz des auf eine „Gründung" beschränkten Wortlauts aufgrund teleologischer Erwägungen **auch eine nachträgliche Übernahme entsprechender Aufgaben.**[106] Zudem ist die Rechtsnatur der Bestimmung, durch welche die die Aufgaben wahrnehmende Stelle geschaffen wird und die Aufgabenzuweisung erfolgt, unerheblich.[107] Zur Gewährleistung der praktischen Wirksamkeit der Vergaberichtlinien ist es unbeachtlich, ob eine Änderung des Tätigkeitsbereichs, der nunmehr die Wahrnehmung von im Allgemeininteresse liegenden Aufgaben nichtgewerblicher Art umfasst, Eingang in die Satzung der Einrichtung gefunden hat.[108]

ee) Besondere Staatsnähe

50 Schließlich muss die juristische Person eine besondere Staatsnähe aufweisen. Hierzu muss eine der drei in § 98 Nr. 2 GWB genannten Varianten erfüllt sein:

- Entweder muss die Einrichtung überwiegend **durch den Staat oder eine sonstige Gebietskörperschaft finanziert** sein. Als Finanzierung der betreffenden Einrichtung durch den Staat können nur solche Leistungen gelten, die als Finanzhilfe ohne spezifische Gegenleistung die Tätigkeiten der betreffenden Einrichtung finanzieren oder unterstützen.[109] „Spezifische Gegenleistungen" sind dabei nur solche Leistungen der Einrichtung, zu deren Erbringung sich die Einrichtung vertraglich gegenüber dem Staat als Gegenleistung für die Erbringung einer staatlichen Leistung verpflichtet, so dass die Zahlungen von dieser Gegenleistung abhängen.[110] Die Eigenart der Mittel bleibt außer Betracht, so dass einzubeziehen u. a. Beteili-

---

[103] EuGH Slg. 2008, I-2339 Rn. 43 – Aigner.
[104] EuGH Slg. 1998, I-73 Rn. 30 ff. – Mannesmann; NZBau 2003, 396 Rn. 58 – Korhonen; Slg. 2004, I-11197 Rn. 18; Slg. 2008, I-2339 Rn. 49 ff. – Aigner.
[105] EuGH Slg. 1998, I-73 Rn. 34 f. – Mannesmann; NZBau 2010, 574 Rn. 73.
[106] EuGH NZBau 2003, 162 Rn. 57.
[107] EuGH Slg. 1998, I-6821 Rn. 59 ff. – BFI.
[108] EuGH NZBau 2003, 162 Rn. 58.
[109] EuGH Slg. 2000, I-8035 Rn. 21 – University of Cambridge.
[110] Vgl. EuGH Slg. 2000, I-8035 Rn. 23 – University of Cambridge; NJW 2009, 2427 Rn. 53 – AOK.

gungen, der direkte Transfer von Geld- oder Sachleistungen sowie Darlehen sind.[111]
- Oder der Staat oder eine sonstige Gebietskörperschaft muss die **Aufsicht über die Leitung der Einrichtung** ausüben. Die Aufsicht muss eine Verbindung der Einrichtung zur öffentlichen Hand schaffen, die es dieser ermöglicht, die Entscheidungen der Einrichtung in Bezug auf öffentliche Aufträge zu beeinflussen.[112]
- Oder es muss die Mehrheit der Mitglieder eines Geschäftsführungs- oder Aufsichtsorgans durch den Staat oder eine sonstige Gebietskörperschaft bestimmt werden.

3. Der Auftraggeberbegriff unterhalb der Schwellenwerte

Soweit das Vergaberecht im Haushaltsrecht des Bundes und der Länder belassen worden ist, also unterhalb der europäischen Schwellenwerte (→ Rn. 3), richten sich die **haushaltsrechtlichen Bestimmungen** und die diese konkretisierenden Verwaltungsvorschriften an die klassischen öffentlichen Auftraggeber, also die **Gebietskörperschaften**. Nicht erfasst werden somit (juristische oder natürliche) Personen des Privatrechts. Eine indirekte Anwendbarkeit der vergaberechtlichen Bestimmungen kann gegenüber juristischen Personen des Privatrechts über gesellschaftsvertragliche Vereinbarungen erreicht werden.[113] Die Vergabegesetze verschiedener Bundesländer haben auch für Vergaben unterhalb der Schwellenwerte auf den Auftraggeberbegriff des § 98 GWB, insbesondere den funktionalen Auftraggeberbegriff des § 98 Nr. 2 GWB, verwiesen.[114]

51

Würde es sich also in Fall 7 um eine Vergabe unterhalb der Schwellenwerte handeln, so wäre die Gemeinde G gleichwohl öffentlicher Auftraggeber.

4. Der funktionale Unternehmensbegriff

Auftragnehmer muss ein „Unternehmen" sein. Entsprechend der Entwicklung beim Begriff des öffentlichen Auftraggebers (→ Rn. 40) ist der „klassische" Unternehmensbegriff, der allein auf die privatrechtliche Rechtsnatur abstellte, durch einen funktionalen Unternehmensbegriff ergänzt worden.[115] Danach kann **auch eine öffentliche Einrichtung**, die bei einer Auftrags*vergabe* durch sie selbst als öffentlicher Auftraggeber einzustufen wäre, bei einer Auftrags*erlangung* als „Unternehmen" agieren. Dabei ist nicht erforderlich, dass sie wie ein Privater am Markt auftritt. Auch dann, wenn sie ohne Gewinnerzielungsabsicht und nur gelegentlich als Auftragnehmer in Erscheinung tritt, kann sie auf Bieterseite an Vergabeverfahren teilnehmen.[116]

52

Weisen **Kooperationen zwischen verschiedenen Verwaltungsträgern**, zB zwischen verschiedenen Gemeinden, einen Beschaffungsbezug auf, so können sie als **„In-State-Geschäfte"** ausschreibungspflichtig sein (→ Rn. 33 ff.).

---

[111] Vgl. *M. Dietlein*, NZBau 2002, 136, 140; OLG Düsseldorf NZBau 2003, 400, 404: Unentgeltliche Zurverfügungstellung von Liegenschaften, Personal sowie Betriebs- und Geschäftsausstattung durch den Staat.
[112] EuGH Slg. 2001, I-939 Rn. 48 f.; EuGH VergabeR 2003, 296 Rn. 69 – Truley.
[113] *Hertwig*, Auftragsvergabe Rn. 46.
[114] § 2 II HmbVgG; § 2 I, II Nds.LVergabeG; § 14 II MFG SH.
[115] OLG Düsseldorf NZBau 2004, 398 (399); OLG Frankfurt a.M. NZBau 2004, 692 (694).
[116] EuGH NZBau 2010, 188 Rn. 28 ff. – CoNISMa.

V. Grundsätze des Vergaberechts

1. Rechtsgrundlagen und Bedeutung im Vergaberecht

53 Das Vergaberecht wird durch einige zentrale Grundsätze geprägt, die für Vergaben ab Erreichen der Schwellenwerte in § 97 GWB geregelt sind. Überwiegend gelten sie nach Maßgabe der einschlägigen rechtlichen Rahmenbedingungen auch unterhalb der Schwellenwerte, bisweilen jedoch in abgeschwächter Form. Einzelne **Ausprägungen der Grundsätze** sind in besonderen Vorschriften geregelt, wie etwa das Nachverhandlungsverbot, welches einen fairen und transparenten Wettbewerb unter den Bietern gewährleisten soll (→ Rn. 77). Dabei dürfen die in diesen Sonderregelungen getroffenen Wertungen nicht unter Rückgriff auf allgemeine Grundsätze nivelliert werden. Die praktische Bedeutung der Grundsätze liegt insbesondere in der **Schließung etwaiger Regelungslücken**.

2. Allgemeine Strukturprinzipien (§ 97 I und II GWB)

a) Wettbewerbsprinzip

54 Das Wettbewerbsprinzip, das Gleichbehandlungsgebot und das Transparenzgebot, mit denen in § 97 I und II GWB die grundlegenden Prinzipien des europäischen Vergaberechts aufgegriffen werden, sind eng miteinander verzahnt. Gemäß § 97 I GWB werden Waren-, Bau- und Dienstleistungsbeschaffungen von den öffentlichen Auftraggebern „im Wettbewerb" vergeben. Systematisch stellt das Wettbewerbsprinzip weniger einen Grundsatz des Vergaberechts als vielmehr dessen **integrierendes Ziel** dar. Die Erreichung dieses Ziels wird durch das System der vergaberechtlichen Regelungen gesichert.[117] So steht das Wettbewerbsprinzip einer Beschränkung der Verhandlungen auf ausgewählte Bieter grundsätzlich entgegen und führt deshalb zum Offenen Verfahren bzw. der Öffentlichen Ausschreibung als Regelverfahren (→ Rn. 71). Die Vergabe im Wettbewerb führt zu einer **möglichst breiten Beteiligung der Wirtschaft** und einer hieraus resultierenden Vielzahl an Angeboten.[118] Eigenständige materielle Bedeutung hat das Wettbewerbsprinzip allenfalls in Randbereichen.

b) Gleichbehandlungs- und Transparenzgebot

55 Nach § 97 II GWB sind alle Teilnehmer an einem Vergabeverfahren vorbehaltlich einer im GWB geregelten Differenzierung gleich zu behandeln. Dieses unionsrechtlich vorgegebene **Gleichbehandlungsgebot**, das aus dem primärrechtlichen Diskriminierungsverbot (→ § 3 Rn. 41, 48 ff.) abzuleiten ist, steht auch indirekten Besserstellungen etwa aufgrund der Ortsansässigkeit[119] entgegen. Der **Transparenzgrundsatz** ist eine Ausformung des Gleichbehandlungsgebots[120], ist doch eine hinreichende Transparenz Bedingung für eine diskriminierungsfreie Auftragsvergabe. Das Trans-

---

[117] *J. Ziekow*, VergabeR 2006, 702 (708 ff.).
[118] *Ruthig/Storr*, ÖffWiR Rn. 1067.
[119] Hierzu *M. Müller-Wrede*, VergabeR 2005, 32 (33 f.).
[120] EuGH 2005, 1407 Rn. 49 – Parking Brixen; EuZW 2008, 187 Rn. 34 – Lianakis; VergabeR 2010, 203 Rn. 37; NZBau 2012, 376 Rn. 25 – NDS.

parenzgebot fordert u. a., dass ein **angemessener Grad an Öffentlichkeit** herzustellen ist. Weiterhin müssen insbesondere die Entscheidungskriterien vorhersehbar sein und die Vergabeverfahren in nachvollziehbarer Weise dokumentiert werden.[121]

3. Bieterbezogene Auswahlkriterien (§ 97 III und IV GWB)

a) Eignungskriterien

Zu einer sachgerechten Auswahl unter den eingegangenen Angeboten findet zunächst eine Eignungsprüfung der Bieter statt. Nach § 97 IV GWB werden öffentliche Aufträge an fachkundige, leistungsfähige, gesetzestreue und zuverlässige Unternehmen vergeben. Ein **fachkundiger Bieter** muss über die zur Erbringung der Leistung erforderlichen insbesondere technischen, aber auch kaufmännischen Kenntnisse verfügen. Die **Leistungsfähigkeit** erfordert das Vorliegen der zur Erbringung der Leistung notwendigen Kapazitäten in fachlicher, technischer, personeller und auch wirtschaftlicher Hinsicht. Die **Zuverlässigkeit** bezieht sich schließlich auf die Erfüllung der gesetzlichen Verpflichtungen. Das in § 97 IV 1 GWB zusätzlich eingefügte Merkmal der „Gesetzestreue" verlangt im Verhältnis zur bisher schon durchzuführenden Zuverlässigkeitsprüfung nichts Zusätzliches und ist überflüssig.[122] Bei der Feststellung dieser Eigenschaften kommt dem öffentlichen Auftraggeber ein – nur beschränkt nachprüfbarer – **Beurteilungsspielraum** zu.[123] 56

b) Förderung des Mittelstands und ihre Grenzen

Dem Vergaberecht liegt einerseits in § 97 III GWB ein **Bekenntnis zur Förderung des Mittelstands** zugrunde. Andererseits steht dies in einem **Spannungsverhältnis zu den Prinzipien des Vergaberechts**. Denn das Wettbewerbsprinzip (→ Rn. 54) verlangt nach einer Auftragsvergabe im freien Wettbewerb und verbietet in Form des Gleichbehandlungsgebots grundsätzlich eine Benachteiligung bestimmter Unternehmen. Als Ausdruck dieses Spannungsverhältnisses enthält das Vergaberecht einerseits dem Mittelstand förderliche Instrumente, wie etwa die Möglichkeit zur Bildung einer Bietergemeinschaft, andererseits aber auch für den Mittelstand nachteilige Verfahrensweisen, wie etwa die Auftragsbündelung durch zentrale Beschaffungsstellen.[124] 57

Die dem Mittelstand am stärksten zugute kommende Regelung ist die **Vergabe nach Losen**. Darunter versteht man die Aufteilung eines Gesamtauftrags nach Gewerbezweigen („Fachlose") oder nach Mengen bzw. Räumen („Teillose"). Die losweise Vergabe ist dabei grundsätzlich verpflichtend (§ 97 III 2 GWB). Die Ausschreibung mehrerer zusammengefasster Lose oder gar als Gesamtauftrag ist gemäß § 97 III 3 GWB nur zulässig, wenn wirtschaftliche oder technische Gründe dies erfordern. Ein pauschaler Hinweis auf die allgemeine Entlastung bei der Vergabe eines Gesamtauftrags oder eine Verweisung auf die Möglichkeit zur Bildung von Bietergemeinschaften bilden insoweit keine tragfähige Rechtfertigung für eine Gesamtvergabe. Zudem müssen die Lose sachgerecht zugeschnitten sein. Sie müssen demnach von kleinen und mittleren Unternehmen bewältigt werden können.[125] 58

---

[121] *Noch*, VergabeR Rn. 4.
[122] *R. Roth*, VergabeR 2009, 404 (407); *J. Steiff*, VergabeR 2009, 290 (296).
[123] OLG Celle VergabeR 2004, 542 (544 f.); OLG Celle VergabeR 2009, 609 (611); OLG Düsseldorf VergabeR 2008, 948 (955).
[124] Hierzu sowie zu weiteren für den Mittelstand vor- und nachteiligen Aspekten *M. Dreher*, NZBau 2005, 427 (428 ff.).
[125] Im Einzelnen *J. Ziekow*, GewArch 2013.

4. Angebotsbezogene Auswahlkriterien: Das Wirtschaftlichkeitsprinzip (§ 97 V GWB)

59 Nach Art. 53 VKR darf der Zuschlag wahlweise entweder nach dem niedrigsten Preis („Günstigkeitsprinzip") oder nach dem wirtschaftlichsten Angebot („Wirtschaftlichkeitsprinzip") erfolgen. Der deutsche Gesetzgeber hat sich in § 97 V GWB für das **Wirtschaftlichkeitsprinzip** entschieden, welches nach den einschlägigen Verdingungsordnungen auch unterhalb der Schwellenwerte gilt (§ 16 VI Nr. 3 S. 2 VOB/A; § 16 VIII VOL/A). Keineswegs hat der Auftraggeber im Einzelfall die Wahl, ob er dem wirtschaftlichsten oder dem preiswertesten Angebot den Zuschlag geben will[126]. Diese Entscheidung ist vielmehr bereits vom Gesetzgeber verbindlich getroffen worden. Das Wirtschaftlichkeitsprinzip hat zur Folge, dass bei der Zuschlagserteilung **nicht allein der Preis ausschlaggebend** ist. Vielmehr finden auch andere Aspekte Berücksichtigung, wie etwa die Qualität einer Leistung oder auch Umwelteigenschaften.[127] § 16 VI Nr. 3 S. 2 VOB/A; § 16 VIII VOL/A enthalten hierzu – nicht abschließende – Aufzählungen der beim Zuschlag berücksichtigungsfähigen Kriterien.

60 Welche Art von Leistung mit welchen Merkmalen er nachfragen will, steht im Ermessen des Auftraggebers.[128] Voraussetzung für die Einbeziehung ist jedoch stets ein **Zusammenhang mit dem Auftragsgegenstand**, also die Angebotsbezogenheit. Bieterbezogene Auswahlkriterien, die bspw. die fachliche Qualifikation der Bieter betreffen, dürfen nicht als Zuschlagskriterien verwendet werden.[129] Solange es sich bei den vom Auftraggeber festgelegten Kriterien, den sog. Zuschlagskriterien, um sachbezogene handelt, ist die Auswahl dieser Kriterien, nach denen die Beschaffung erfolgen soll, der Kontrolle der Nachprüfungsinstanzen (→ Rn. 88 ff.) entzogen.[130] Weiterhin dürfen die Kriterien dem Auftraggeber keine unbeschränkte Entscheidungsfreiheit einräumen, müssen in der Bekanntmachung oder den Verdingungsunterlagen genannt sein und die Grundsätze des Unionsrechts, insbesondere das Gleichbehandlungsgebot, beachten.[131]

61 Ebenso wie die Festlegung der Zuschlagskriterien in den genannten Grenzen im **Ermessen des Auftraggebers** liegt, ist ihm bei der Prüfung und Bewertung, welches der Angebote das wirtschaftlichste ist, ein **Beurteilungsspielraum** eingeräumt.[132] Die Nachprüfungsinstanzen können diese Entscheidung des Auftraggebers nur daraufhin kontrollieren, ob das vorgeschriebene Verfahren eingehalten sowie von einem zutreffenden und vollständig ermittelten Sachverhalt ausgegangen worden ist, keine sachwidrigen Erwägungen in die Entscheidung eingeflossen und allgemein gültige Bewertungsmaßstäbe beachtet worden sind.[133] Der Nachprüfung entzogen ist hingegen das Gewicht, das der Auftraggeber den verschiedenen Wirtschaftlichkeitskriterien zuweist, soweit die Gewichtung nicht offensichtlich unangemessen ist.[134]

---

[126] A. M. OLG Düsseldorf VergabeR 2009, 619 (622); OLG Frankfurt NZBau 2012, 719, 720 ff.
[127] EuGH NZBau 2002, 618 Rn. 59 ff. – Concordia; 2004, 105 Rn. 32 ff. – Wienstrom.
[128] OLG Düsseldorf NZBau 2012, 785 (789); OLG Karlsruhe NZBau 2011, 567 (570).
[129] EuGH EuZW 2008, 187 Rn. 30 – Lianakis; NZBau 2010, 120 Rn. 55 ERGA OSE.
[130] OLG Düsseldorf NZBau 2012, 321 (322); 2012, 785 (789).
[131] EuGH NZBau 2002, 618 Rn. 69 – Concordia; 2004, 105 Rn. 33 – Wienstrom.
[132] BGH NJW 1985, 1466; NZBau 2002, 344 (345). A. M. BGH NJW 2000, 137 (139 f.); NZBau 2000, 35 (37).
[133] OLG München ZfBR 2011, 585 (592).
[134] *A. Boesen*, Vergaberecht, 2000, § 97 Rn. 152.

> Im Fall 7 wäre maßgebend, welcher der Bieter das wirtschaftlichste Angebot abgibt. Deshalb wäre die Bevorzugung des ortsansässigen Unternehmers ohne das Hinzutreten weiterer Umstände nicht tragfähig. Auch die wirtschaftlich-soziale Motivation, den Unternehmer unterstützen zu wollen, stünde nicht mit dem Wirtschaftlichkeitsgebot in Einklang, da es sich auch dabei um keinen angebotsbezogenen Aspekt handelt[135].

5. Die Berücksichtigung sozialer und ökologischer Gesichtspunkte

Die große Nachfragemacht der öffentlichen Hand durch die Vergabe öffentlicher Aufträge führt dazu, dass Vergabeverfahren nicht selten dazu genutzt werden sollen, um soziale oder ökologische Ziele durchzusetzen, die sich mit anderen Instrumenten nicht oder nur schwieriger erreichen ließen. Dies bleibt nicht ohne **Konflikte mit den Zielsetzungen des Vergaberechts**, eine transparente und wirtschaftliche Beschaffung benötigter Güter und Dienstleistungen sicherzustellen. Denn die an den Bieter oder sein Angebot gestellten zusätzlichen sozialen oder ökologischen Anforderungen können sowohl zu einer Verteuerung der Angebote als auch zu einer Verengung des Kreises potentieller Bieter führen. Aus diesen Gründen ist die Einbeziehung sozialer und ökologischer Gesichtspunkte bei der Vergabe **nur unter besonderen Voraussetzungen** zulässig.[136] 62

Beispiele für **ökologische Kriterien** sind die Forderungen, dass 63

- das beauftragte Unternehmen eine bestimmte Gesamtemissionsmenge nicht überschreitet,
- bei der Herstellung der benötigten Ware oder bei der Durchführung der beauftragten Dienstleistung, zB eines Transports, eine bestimmte Emissionsgrenze eingehalten wird oder
- ein gelieferter Gegenstand bestimmten ökologischen Bedingungen genügt, zB ein Kfz nur eine bestimmte Menge Schadstoffe emittiert oder der Gegenstand recyclingfähig ist oder eine bestimmte ökologische Bilanz aufweist.

Als **soziale Kriterien** können etwa genannt werden, dass

- die Leistung besonders zur Benutzung durch Behinderte geeignet ist,
- der gelieferte Gegenstand nicht aus Kinderarbeit stammt,
- das Unternehmen sich an Tarifverträge hält oder
- eine Mindestquote von Ausbildungsplätzen oder von Arbeitsplätzen für Menschen mit Behinderungen zur Verfügung stellt oder
- aktiv Maßnahmen zur Gleichstellung von Frauen und Männern ergreift.

Eine gesetzliche Regelung der Problematik der sozialen und ökologischen Kriterien findet sich nur in Ansätzen. Nach **§ 97 IV 2 GWB** können für die **Auftragsausführung** zusätzliche, insbesondere soziale und umweltbezogene Anforderungen an Auftragnehmer gestellt werden, wenn die Anforderungen im sachlichen Zusammenhang mit dem Auftragsgegenstand stehen und sich aus der Leistungsbeschreibung ergeben. Andere oder weitergehende Anforderungen dürfen an Auftragnehmer nur gestellt werden, wenn dies durch Bundes- oder Landesgesetz vorgesehen ist (§ 97 IV 3 GWB). Entgegen der missverständlichen systematischen Einordnung des § 97 IV 2 GWB handelt es sich bei den dort genannten Anforderungen nicht um solche, die an 64

---
[135] Zur Berücksichtigungsfähigkeit „vergabefremder" Kriterien, insbesondere umweltbezogener oder sozialer Art, vgl. *J. Ziekow*, in: Ziekow/Völlink, VergabeR § 97 Rn. 108 ff.
[136] Zum Folgenden etwa *I. Diemon-Wies*, VergabeR 2010, 317; *T. Siegel*, LKRZ 2011, 121; *Z. Varga*, VergabeR 2009, 535.

die Eignung des *Bieters* gestellt werden, sondern um Bedingungen für die *Ausführung des Auftrags*, also um **Vertragsbedingungen**, zu deren Einhaltung sich der Bieter durch den Vertragsschluss verpflichten muss. Dies bedeutet aber nicht, dass soziale und ökologische Gesichtspunkte *nur* als Ausführungsbedingungen bei der Vergabe berücksichtigt werden können. Vielmehr sind die einzelnen **Stufen der Vergabe** daraufhin durchzuprüfen, ob sie jeweils eine Berücksichtigung des betreffenden Kriteriums zulassen.

65 Auf der Stufe der **Leistungsbeschreibung** ist der öffentliche Auftraggeber nicht daran gehindert, durch eine entsprechende Gestaltung der Leistungsbeschreibung bestimmte soziale oder umweltrelevante Ziele zu verfolgen. Es ist allein Sache des öffentlichen Auftraggebers festzulegen, welche Art von Leistung oder Lieferung mit welchen Merkmalen er nachfragen will – natürlich unter der Voraussetzung, dass diese Festlegung nach sachbezogenen Kriterien erfolgt. Beispiele für die Einbeziehung von **umweltrelevanten Gesichtspunkten** über die Leistungsbeschreibung sind Anforderungen an das Emissionsverhalten der zu beschaffenden Ware, zB eines Kfz, oder ihre ökologische Qualität, wenn zB eine Dachkonstruktion in einer mit bestimmten Bepflanzungen begrünten Weise ausgeführt werden oder die Ware recyclingfähig sein soll. Zu beachten bleiben natürlich die Anforderungen des primären Unionsrechts, also des AEUV. An diesem Maßstab scheitern etwa Leistungsbeschreibungen, die für die zu beschaffenden Kraftfahrzeuge eine bestimmte Umwelttechnologie vorgeben, die nur einheimische Fahrzeuge haben, oder die die Recyclingfähigkeit unter Verweis auf nationale Klassifizierungen – etwas DIN-Normen – beschreiben. Bei der Berücksichtigung **sozialer Kriterien** in der Leistungsbeschreibung wird es in der Regel darum gehen, dass die Leistung inhaltlich den Bedürfnissen bestimmter sozialer Gruppen, bspw. behinderter Personen, gerecht wird. Diese nutzerbezogenen Elemente sind in der Leistungsbeschreibung berücksichtigungsfähig. Dies gilt jedoch nicht für andere soziale Aspekte: Die Forderung, dass der gelieferte Gegenstand nicht aus Kinderarbeit stammen darf, bezeichnet keine Eigenschaft des Auftragsgegenstandes, sondern der Umstände, unter denen er hergestellt oder geleistet wird. Da die sozialen Bedingungen der Produktion nicht über die Leistungsbeschreibung abgebildet werden können, ist auch eine Berücksichtigung der Anforderungen, sich tariftreu zu verhalten, eine Mindestquote von Ausbildungsplätzen zur Verfügung zu stellen oder zugunsten von Frauen Führungspositionen zu quotieren, bei der Leistungsbeschreibung nicht möglich.

66 Bei der **Eignungsprüfung** (§ 97 IV 1 GWB; → Rn. 56) ist weder die Prüfung der Zuverlässigkeit noch die der „Gesetzestreue" ein Hebel, um sämtliche Gesetzesverstöße eines Bieters vergaberechtlich sanktionierbar zu machen. Nach ständiger Rechtsprechung des EuGH ist der **Katalog der bieterbezogenen Kriterien abschließend**.[137] Was danach als bieterbezogenes Kriterium nicht zulässig ist, kann auch nicht über die „Hintertür" einer generellen Zuverlässigkeitsprüfung wieder eingeführt werden. Möglich ist allenfalls ein Ausschluss eines Bieters von der Teilnahme am Vergabeverfahren, weil er im Rahmen seiner beruflichen Tätigkeit eine **schwere Verfehlung** begangen hat, die vom öffentlichen Auftraggeber nachweislich festgestellt wurde (§ 6 Abs. 6 lit. c EG VOL/A). Hierunter fallen bspw. auch Verstöße gegen sozial- und arbeitsschutzrechtliche Bestimmungen, und auch menschenrechtliche Verstöße wie die Missachtung der Ächtung ausbeuterischer Kinderarbeit werden sich hierunter fassen lassen. Zahlt hingegen ein nicht tarifgebundener Auftraggeber keine Tariflöhne, so dürfte es sich kaum um eine schwere berufliche Verfehlung handeln. Zu beachten ist weiterhin, dass der Ausschluss vom Vergabeverfahren den *Nachweis* der schweren Verfehlung durch den Auftraggeber erfordert. Hierfür sind konkrete, auf den Einzelfall bezogene Anhaltspunkte erforderlich[138]. Auf der Stufe der Eignungsprüfung lassen sich daher soziale und umweltbezogene Kriterien daher nur in äußersten Ausnahmefällen in das Vergabeverfahren einbringen.

67 Für die Berücksichtigung sozialer und umweltbezogener Gesichtspunkte als **Zuschlagskriterien** gilt, dass sich Elemente der Leistungsbeschreibung in der Regel auch als abgestufte Zuschlagskriterien fassen lassen. So kann der Auftraggeber festlegen, dass ein angebotenes Fahrzeug nur eine im Einzelnen bestimmte Menge an Schadstoffen emittieren darf. Er kann aber auch das Zuschlagskriterium wählen, dass das am wenigsten Schadstoffe emittierende Fahrzeug bei der Angebotswertung die höchste Punktzahl und das „schmutzigste" Fahrzeug die niedrigste Punktzahl erhält.

---

[137] EuGH Slg. 1992, I-3401 Rn. 20 f.; 1994, I-1409 Rn. 35; VergabeR 2009, 146 Rn. 43 – Michaniki.
[138] EuGH EuZW 2013, 151 Rn. 31 – Forposta.

Problematisch ist die Verwendung von Gesichtspunkten, die sich auf die **Organisa-** 68
tions- oder Beschäftigungsbedingungen im Unternehmen des Bieters oder seines
Lieferanten beziehen. Beispiele sind das Verlangen nach einer Mindestquote von
Ausbildungsplätzen oder von weiblichen Führungskräften oder der Beachtung des
Verbots der Kinderarbeit bei der Herstellung einer Ware. Der EuGH hielt die Verwendung eines sog. **Fair-Trade-Labels** bzw. der ihm zugrundeliegenden Kriterien
als Zuschlagskriterien für zulässig. Das genannte Label zertifiziert den Erwerb der betreffenden Erzeugnisse zu einem fairen Preis und fairen Bedingungen von Organisationen, die sich aus Kleinerzeugern in Entwicklungsländern zusammensetzen.[139] Den
notwendigen Bezug zum Auftragsgegenstand sah der Gerichtshof darin, dass die Einhaltung der den Gütezeichen zugrunde liegenden Kriterien nur für die konkret in
Erfüllung des Auftrags zu liefernden Waren gefordert wurde und deshalb keine Einflussnahme auf die allgemeine Einkaufspolitik der Bieter vorlag. Danach muss sich
ein Zuschlagskriterium nicht „auf eine echte innere Eigenschaft eines Erzeugnisses"
beziehen, vielmehr ist die „soziale Herkunft" einer Ware der „ökologischen Herkunft" im Sinne des Wienstromurteils gleichzustellen.[140]

Hieraus wird man die Folgerung ziehen müssen, dass soziale Gesichtspunkte sowohl als Zuschlagskriterium als auch als Ausführungsbedingung gefasst sein können und die Beurteilung der Zulässigkeit sich danach richtet, wie das Kriterium in der konkreten Ausschreibung verwendet worden ist[141]. Dabei ist zu beachten, dass die Verwendung eines sozialen Aspekts als Zuschlagskriterium nicht in ja/nein-Form erfolgen kann, sondern eine Gewichtung der einzelnen Zuschlagskriterien im Verhältnis zueinander vorzunehmen ist. Soll die Einhaltung eines sozialen Kriteriums in jedem Fall sichergestellt werden, scheidet seine Berücksichtigung als Zuschlagskriterium mithin aus. In diesem Fall bleibt nur die Fassung als **Ausführungsbedingung**. In diesem Fall wird verlangt, dass bei der Ausführung des Auftrags eine bestimmte Quote Auszubildender zum Einsatz kommt oder bestimmte Leitungsfunktionen von Frauen bekleidet werden. Regelungstechnisch handelt es sich bei den zusätzlichen Bedingungen für die Auftragsausführung um **Vertragsbedingungen**. Sofern in der Auftragsbekanntmachung bzw. den Verdingungsunterlagen auf den Inhalt der Vertragsbedingung und die Notwendigkeit, sich zu deren Einhaltung zu verpflichten, hingewiesen wird, kann vom Bieter verlangt werden, sich vor Zuschlagserteilung dazu zu verpflichten, die Vertragsbedingung zu akzeptieren.

VI. Das Vergabeverfahren

1. Verfahrensarten

a) Verfahrensarten ab Erreichen der Schwellenwerte

Das Vergaberecht kennt ausweislich des § 101 I GWB ab Erreichen der Schwellen- 69
werte **vier Grundtypen** des Verfahrens, nämlich das offene Verfahren, das nicht offene Verfahren, das Verhandlungsverfahren und den wettbewerblichen Dialog:

- Im **offenen Verfahren** wird nach § 101 II GWB eine unbeschränkte Anzahl von Unternehmen öffentlich zur Abgabe von Angeboten aufgefordert.
- Bei **nicht offenen Verfahren** erfolgt laut § 101 III GWB zunächst eine öffentliche Aufforderung zur Teilnahme, aus dem Bewerberkreis wird sodann eine beschränkte Anzahl von Unternehmen zur Teilnahme aufgefordert.

---

[139] Vgl EuGH NZBau 2012, 445 Rn. 82 – Max Havelaar.
[140] EuGH NZBau 2012, 445 Rn. 91 – Max Havelaar.
[141] Vgl. EuGH NZBau 2012, 445 Rn. 103 – Max Havelaar.

- **Verhandlungsverfahren** sind nach § 101 V GWB Verfahren, bei denen sich der Auftraggeber (mit oder ohne vorherige Aufforderung zur Teilnahme) an ausgewählte Unternehmen wendet, um mit einem oder mehreren über die Auftragsbedingungen zu verhandeln.
- Weiterhin ist in § 101 IV GWB der **wettbewerbliche Dialog** eingeführt. Dabei handelt es sich um ein Verfahren zur Vergabe besonders komplexer Aufträge, in dem zunächst eine Aufforderung zur Teilnahme ergeht und anschließend Verhandlungen mit ausgewählten Unternehmen über alle Einzelheiten des Auftrags geführt werden (→ Rn. 37).

b) Verfahrensarten unterhalb der Schwellenwerte

70 Unterhalb der Schwellenwerte halten die einschlägigen Vergabeordnungen ebenfalls drei Verfahrensarten bereit, nämlich die **Öffentliche Ausschreibung**, die **Beschränkte Ausschreibung** und die **Freihändige Vergabe**. Dabei entspricht die Öffentliche Ausschreibung dem offenen Verfahren, die Freihändige Vergabe dem Verhandlungsverfahren. Das Gleiche gilt grundsätzlich im Verhältnis zwischen Beschränkter Ausschreibung und nicht offenem Verfahren; allerdings kennt das nationale Vergaberecht neben der Beschränkten Ausschreibung mit Teilnahmewettbewerb auch eine solche ohne diesen, während bei europaweiten Vergaben der Teilnahmewettbewerb im nicht offenen Verfahren obligatorisch ist (vgl. jeweils § 3 bzw. § 3 EG VOB/A und VOL/A).

c) Bestimmung der richtigen Verfahrensart im Einzelfall

71 Bei der Vergabe von Bauaufträgen, Lieferaufträgen sowie aller sonstiger Dienstleistungen sind ab Erreichen der Schwellenwerte gemäß § 101 VII GWB das **offene Verfahren** sowie nach Maßgabe der VOB/A und der VOL/A die **Öffentliche Ausschreibung der Regelfall**.

Die Durchführung eines nicht offenen Verfahrens/einer Beschränkten Ausschreibung bzw. eines Verhandlungsverfahrens/einer Freihändigen Vergabe ist in diesen Fällen nur dann statthaft, wenn ein in der VOL/A oder VOB/A genannter **Ausnahmetatbestand** erfüllt ist. So kommt ein nicht offenes Verfahren/ eine Beschränkte Ausschreibung etwa dann in Betracht, wenn die zu vergebende Leistung eine außergewöhnliche Fachkunde, Leistungsfähigkeit oder Zuverlässigkeit erfordert und deshalb nur von einem beschränkten Kreis von Unternehmen erbracht werden kann. Die in der VOB/A und der VOL/A aufgeführten Ausnahmetatbestände sind **restriktiv auszulegen**, um nicht den Regelfall des offenen Verfahrens/der Öffentlichen Ausschreibung zu nivellieren. Insgesamt besteht eine **Hierarchie der Verfahrensarten**, nach der eine strengere Verfahrensart im Hinblick auf den damit verbundenen Zuwachs an Wettbewerb und Transparenz im Zweifel Vorrang vor der flexibleren hat.

Gründe, die in Fall 7 ein Abweichen vom Grundsatz des offenen Verfahrens rechtfertigen könnten, sind nicht ersichtlich. Die Wahl eines Verhandlungsverfahrens, um mit U oder einem anderen Unternehmer oder der N direkt in Vertragsverhandlungen einzutreten, ist nicht zulässig. Die G muss vielmehr durch eine europaweite öffentliche Ausschreibung zur Abgabe von Angeboten auffordern.

Überblick über die Verfahrensgrundarten im Vergaberecht

	ab Erreichen der Schwellenwerte	unterhalb der Schwellenwerte
Regelfall	offenes Verfahren	Öffentliche Ausschreibung
Ausnahme	nicht offenes Verfahren	Beschränkte Ausschreibung
Ausnahme	Verhandlungsverfahren	Freihändige Vergabe

2. Überblick über den Verfahrensablauf

Im Folgenden werden die Grundzüge eines Vergabeverfahrens skizzenhaft dargestellt. Trotz im Einzelnen abweichender Vorgaben der jeweiligen Vergabeordnungen und deren einzelner Abschnitte sind die Verfahrenstypen von einer **gemeinsamen Grundstruktur** geprägt. Im Mittelpunkt der Darstellung stehen das offene Verfahren/die Öffentliche Ausschreibung als Regelverfahren nach der VOB/A und der VOL/A (→ Rn. 73 ff.), bei dem wiederum mehrere Phasen unterschieden werden können.[142] Aus Gründen der Übersichtlichkeit wird dabei exemplarisch auf die Bestimmungen des 1. Abschnitts des VOB/A abgestellt (Bauaufträge unterhalb der Schwellenwerte).[143] Kurz angeschnitten werden schließlich das nicht offene Verfahren/die Beschränkte Ausschreibung (→ Rn. 81 f.) sowie das Verhandlungsverfahren/die Freihändige Vergabe (→ Rn. 83).

72

a) Offenes Verfahren/Öffentliche Ausschreibung

Im Überblick lässt sich der **Ablauf eines Vergabeverfahrens** im offenen Verfahren wie folgt darstellen:

73

---

[142] Zu diesen Phasen *Hertwig*, Auftragsvergabe Rn. 157 ff.
[143] Überblick mit Schwerpunkt auf der VOL/A (2. Abschnitt) bei *Ruthig/Storr*, ÖffWiR Rn. 1091 ff.

3. Abschnitt. Der Staat im Markt

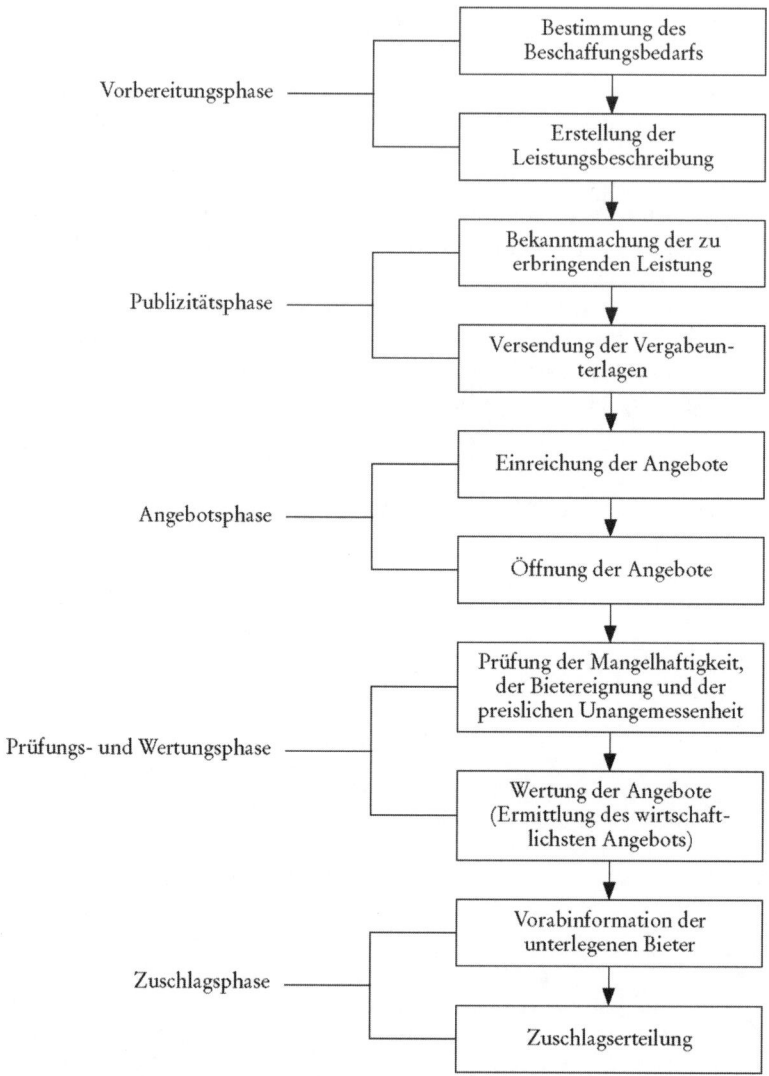

aa) Publizitätsphase

74 Eingeleitet wird ein offenes Verfahren/eine Öffentliche Ausschreibung durch die **Bekanntmachung der zu vergebenden Leistung**. Damit wird dem **Transparenzprinzip** Rechnung getragen (→ Rn. 55). Während bei europaweiten Vergaben, also solchen ab Erreichen der Schwellenwerte (→ Rn. 3), die Bekanntgabe im Supplement zum Amtsblatt der EU erfolgt, geschieht dies bei nationalen Vergaben, also solchen unterhalb der Schwellenwerte, in nationalen Publikationsorganen, wie etwa Tageszeitungen, amtlichen Veröffentlichungsblättern oder auch auf Internetportalen (vgl. § 12 I Nr. 1 VOB/A). Die Bekanntmachung enthält insbesondere Hinweise auf Art und Ort der zu erbringenden Leistung, die Modalitäten der Angebotseinreichung sowie Informationen zur Erlangung der detaillierten **Vergabeunterlagen** (vgl. etwa § 12 I Nr. 2 VOB/A). Zu den Vergabeunterlagen gehört neben der Angebotsauffor-

derung und den einschlägigen Vertragsbedingungen insbesondere die Leistungsbeschreibung (§ 8 VOB/A).

Die **Leistungsbeschreibung** muss die erwartende Leistung möglichst eindeutig und erschöpfend darstellen (§ 7 I Nr. 1 VOB/A). Dies ermöglicht nicht nur den potenziellen Bietern eine verlässliche Kalkulation ihres Angebots, sondern kann zugleich auch den Auftraggeber vor etwaigen Nachträgen (Nachforderungen) durch den Auftragnehmer schützen. Soll der Auftragnehmer nicht nur die Ausführung der Leistung, sondern auch deren Entwurf übernehmen, so kann auch eine Leistungsbeschreibung mit Leistungsprogramm (sog. **funktionale Leistungsbeschreibung**) erfolgen, welche sich auf die Funktion der zu erbringenden Leistung beschränkt und die detailgenaue Verwirklichung dieser Funktion dem Auftragnehmer überlässt (§ 7 XIII-XV VOB/A). Da dies wiederum eine gesteigerte Leistungsfähigkeit der Bieter voraussetzt, bildet die funktionale Leistungsbeschreibung vor dem Hintergrund des Wettbewerbsprinzips und des Gleichbehandlungsgebots (→ Rn. 55) die Ausnahme gegenüber einer abschließenden Leistungsbeschreibung als Regelfall.[144]

75

bb) Angebotsphase

Die sich für den Auftrag interessierenden Bieter müssen nun innerhalb der Angebotsfrist ihre Angebote einreichen. Die **Angebotsfrist** bemisst den Zeitraum zur Bearbeitung und Einreichung der Angebote durch die Bieter. Dabei sehen die Verdingungsordnungen Mindestfristen vor, die auch bei Dringlichkeit nicht unterschritten werden dürfen (vgl. etwa § 10 I VOB/A). Im Übrigen ist die Angebotsfrist „ausreichend" zu bemessen. Der Vergabestelle kommt insoweit ein Ermessensspielraum zu, innerhalb dessen der von den Bietern benötigte Aufwand zur Erstellung der Angebote zu berücksichtigen ist. Ergänzend ist auf die allgemeinen Grundsätze der Ermessenslehre zurückzugreifen.[145]

76

Nach Ablauf der Angebotsfrist werden sodann die eingegangenen **Angebote geöffnet**. Bei der Ausschreibung eines öffentlichen Bauauftrags nach der VOB/A geschieht dies – im Unterschied zur VOL/A – im Rahmen eines **Eröffnungstermins**, bei dem die Bieter und ihre Bevollmächtigten zugegen sein dürfen (vgl. § 14 I VOB/A). Nach Öffnung der Angebote besteht grundsätzlich ein **Nachverhandlungsverbot** (vgl. § 15 III VOB/A). Danach sind insbesondere Verhandlungen über Änderungen der Angebotsinhalte und der Preise unstatthaft. Dadurch sollen Manipulationsmöglichkeiten verhindert und zugleich ein fairer Wettbewerb unter den Bietern sichergestellt werden.[146]

77

cc) Prüfungs- und Wertungsphase

An die Angebotsöffnung schließt sich die Prüfungs- und Wertungsphase an (vgl. § 16 VOB/A), die mit der Erteilung des Zuschlags oder der Aufhebung der Ausschreibung endet (zur Aufhebung vgl. etwa § 17 VOB/A). Sie wird begrenzt durch die **Zuschlagsfrist**, welche den Zeitraum umfasst, innerhalb dessen die Vergabestelle die Angebote zu prüfen, zu bewerten und den Zuschlag zu erteilen hat. Die konkrete Bemessung steht grundsätzlich im Ermessen des Auftraggebers, soll aber nur in Ausnahmefällen länger als 30 Kalendertage betragen (vgl. im Einzelnen § 10 VI VOB/A). Nach der VOB/A und der VOL/A ist zudem eine **Bindefrist für die Bieter** vorzusehen, die die Bieter bis zum Ablauf der Zuschlagsfrist an ihre Angebote bindet (vgl. § 10 VII VOB/A, § 10 I VOL/A). Mit Ablauf der Zuschlagsfrist ist das Vergabeverfahren noch nicht abgeschlossen, sondern erst mit dem – möglicherweise

78

---

[144] *Noch*, VergabeR Rn. 298.
[145] Allgemein zur Anwendbarkeit der Ermessenslehre im Vergabeverfahren *J. Ziekow/T. Siegel*, ZfBR 2004, 30 (34).
[146] Zum Nachverhandlungsverbot siehe etwa OVG Münster NVwZ-RR 2006, 86 (87).

nach Ablauf der Frist erfolgenden – Abschluss des entsprechenden Vertrags (→ Rn. 80).[147]

79 Die eigentliche **Wertung** der Angebote erfolgt **in vier Phasen** (vgl. § 16 VOB/A)[148]:

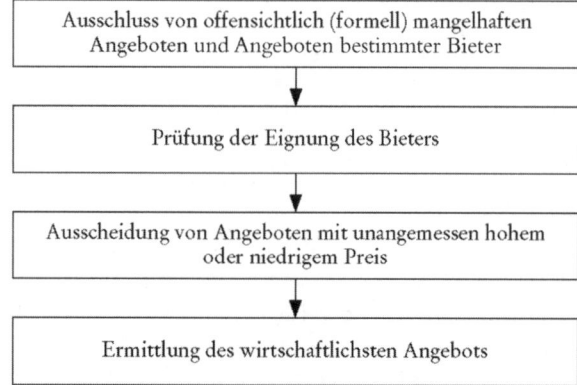

In der ersten Phase werden **formell mangelhafte Angebote ausgeschieden**, etwa weil sie nicht innerhalb der Angebotsfrist eingegangen sind, oder Angebote bestimmter Bieter, insbesondere offensichtlich ungeeigneten. In der zweiten Phase wird die **Bietereignung** überprüft; besitzt ein Bieter nicht die erforderliche Fachkunde, Leistungsfähigkeit und Zuverlässigkeit (→ Rn. 56 ff.), so ist sein Angebot bei der weiteren Wertung nicht mehr zu berücksichtigen. Auf der dritten Stufe sind sodann Angebote mit einem **unangemessen hohen oder niedrigen Preis** und damit letztlich „unrealistische" Angebote auszublenden. Schließlich erfolgt unter den verbliebenen Angeboten auf der vierten Stufe die Prüfung, welches von ihnen das **wirtschaftlichste** ist (→ Rn. 59 ff.).

dd) Zuschlagsphase

80 Auf das wirtschaftlichste Angebot wird der Zuschlag erteilt (vgl. § 16 VI Nr. 3 S. 2 VOB/A). Unter dem **Zuschlag** ist die Willenserklärung der Vergabestelle zu verstehen, mit dem Bieter einen Vertrag über die Erbringung einer Leistung schließen zu wollen. Die Wirkungen des Zuschlags hängen von den Umständen seiner Erteilung ab:

- Wird der Zuschlag erteilt, ohne dass der in § 101a GWB statuierten Informationspflicht genügt worden ist, so ist der **Vertrag von Anfang an unwirksam** (→ Rn. 85).
- Ein **Zuschlag**, der **vor Ablauf der Zuschlagsfrist** erfolgt und das vom Bieter abgegebene Angebot nicht abändert, enthält die Annahme des Angebots des Bieters und bringt den Vertrag zustande. Sofern nicht durch besondere Vorschriften oder die Vergabeunterlagen etwas anderes vorgesehen ist, ist der Zuschlag formfrei.[149] Mit der Erteilung des Zuschlags ist das Vergabeverfahren beendet. Soweit der geschlossene Vertrag nicht nichtig ist (→ Rn. 84 ff.), ist er wirksam und kann – entsprechend dem Grundsatz „pacta sunt servanda" – auch im Nachprüfungsverfahren nicht mehr beseitigt werden (§ 114 II 1 GWB; → Rn. 89 f.).

---

[147] BayObLG VergabeR 2002, 63 (66).
[148] *Noch*, VergabeR Rn. 310 ff.
[149] Vgl. BayObLG VergabeR 2001, 55 (58).

■ Anders verhält es sich, wenn der **Zuschlag nach Ablauf der Zuschlagsfrist** oder unter Änderung des Angebots des Bieters erteilt wird. In diesem Fall nimmt die Vergabestelle nicht das Angebot des Bieters an, sondern unterbreitet diesem selbst ein neues Angebot, über dessen Annahme (oder Nichtannahme) sich der Bieter unverzüglich erklären muss (§ 18 II VOB/A).

b) Nichtoffenes Verfahren/Beschränkte Ausschreibung

Beim nicht offenen Verfahren (ab Erreichen der Schwellenwerte) bzw. der Beschränkten Ausschreibung richtet sich die Aufforderung zur Angebotsabgabe an einen **beschränkten Kreis von Unternehmen**. Sie bildet vor dem Hintergrund des Wettbewerbsprinzips (→ Rn. 54) im Anwendungsbereich der VOB/A und der VOL/A im Verhältnis zum offenen Verfahren bzw. zur Öffentlichen Ausschreibung den **Ausnahmetatbestand** (→ Rn. 71). Im nicht offenen Verfahren *muss* gemäß § 101 III GWB stets ein Teilnahmewettbewerb vorausgehen, in dem der Kreis von Unternehmen, die zur Angebotsabgabe aufgefordert werden, bestimmt wird. Bei einer Beschränkten Ausschreibung (unterhalb der Schwellenwerte) richtet sich die Verpflichtung zur Durchführung eines Teilnahmewettbewerbs nach der VOB/A bzw. VOL/A (vgl. etwa § 3 III und IV VOB/A).

81

Der **Teilnahmewettbewerb** dient insbesondere zur Überprüfung der Eignung der jeweiligen Bieter. Hat ein Teilnahmewettbewerb stattzufinden, so müssen die interessierten Bieter innerhalb der Bewerbungsfrist ihre Teilnahmeanträge einreichen. Ist kein Teilnahmewettbewerb vorgesehen, so können die in Betracht kommenden Unternehmen von der Vergabestelle direkt angesprochen werden. Im eigentlichen Angebotsverfahren wird sodann eine beschränkte Anzahl von Unternehmen zur Angebotsabgabe aufgefordert. Die Verdingungsordnungen enthalten typischerweise Rahmenvorgaben zur Anzahl der zu kontaktierenden Unternehmen (vgl. etwa § 6 II Nr. 2 VOB/A). Im Übrigen gelten neben den sich ausdrücklich auf Beschränkte Ausschreibungen beziehenden Bestimmungen der Verdingungsordnungen auch diejenigen, die sich ohne Einschränkungen auf „Ausschreibungen" beziehen.

82

c) Verhandlungsverfahren/Freihändige Vergabe

Das Verhandlungsverfahren ermöglicht eine direkte **Kontaktaufnahme mit ausgewählten Unternehmen**. Da damit der Wettbewerb weitestgehend ausgeschaltet wird, bildet es – anders als bei Ausschreibungen nach der VOF – nach der VOB/A und der VOL/A den – begründungspflichtigen – **Ausnahmetatbestand** (→ Rn. 71). Das Verhandlungsverfahren (oberhalb der Schwellenwerte) und die Freihändige Vergabe (unterhalb der Schwellenwerte) beinhalten für die öffentlichen Auftraggeber naturgemäß die größten Gestaltungsspielräume, da die Verfahrensanforderungen gegenüber den anderen Verfahrensarten deutlich reduziert sind. Allerdings sind auch hier die allgemeinen Grundsätze des Vergabeverfahrens (→ Rn. 54 f.), insbesondere das Diskriminierungsverbot, zu beachten.[150]

83

VII. Fehlerfolgen

Fehler im Vergabeverfahren werden im Rahmen der hierfür vorgesehenen Rechtsschutzmöglichkeiten gerügt (→ Rn. 88 ff.). Der Rechtsschutzfrage vorgelagert ist diejenige nach den **unmittelbaren Fehlerfolgen**. Neben auch im Vergaberecht ein-

84

---

[150] *T. Stickler*, in: Kapellmann/Messerschmidt, VOB § 3 VOB/A Rn. 27.

schlägigen allgemeinen Vorschriften über Fehlerfolgen (→ Rn. 87) enthält das Vergaberecht in § 101b GWB eine bereichsspezifische Regelung (→ Rn. 85 f.).

1. Die Regelung der §§ 101a, 101b I Nr. 1 GWB

85 Nach § 101a I GWB sind Bieter, deren Angebote nicht berücksichtigt werden sollen, unverzüglich über den Namen des Bieters, der den Zuschlag erhalten soll, über den Grund der vorgesehenen Nichtberücksichtigung ihres Angebots sowie über den frühesten Zeitpunkt, zu dem der Vertrag geschlossen werden soll, zu informieren. Diese sog. **Vorabinformationspflicht** konkretisiert das Transparenzprinzip (→ Rn. 55) und soll zugleich den voraussichtlich unterlegenen Bietern effektiven Primärrechtsschutz gewährleisten.[151] Grundsätzlich darf der Vertrag erst 15 Kalendertage nach Absendung dieser Information geschlossen werden. Ein unter Verstoß gegen diese Pflicht zustande gekommener Vertrag ist nach § 101b Nr. 1 **von Anfang an unwirksam**, allerdings nur, wenn dieser Verstoß gegen § 101a GWB in einem Nachprüfungsverfahren (→ Rn. 89 ff.) festgestellt worden ist. Das Nachprüfungsverfahren muss innerhalb von 30 Kalendertagen ab Kenntnis des Verstoßes, spätestens jedoch sechs Monate nach Vertragsschluss eingeleitet worden sein (§ 101b II GWB).

2. Die Unwirksamkeit von „De-facto-Vergaben" nach § 101b I Nr. 2 GWB

86 Von Anfang an unwirksam – sofern der Verstoß in einem Nachprüfungsverfahren festgestellt wurde – sind auch Verträge, die dadurch geschlossen wurden, dass der öffentliche Auftraggeber einen öffentlichen Auftrag unmittelbar an ein Unternehmen erteilte, ohne andere Unternehmen am Vergabeverfahren zu beteiligen. Da es sich um eine direkte Auftragsvergabe an ein bestimmtes Unternehmen **ohne Durchführung eines wettbewerblichen Vergabeverfahrens** nach den anzuwendenden Rechtsvorschriften handelt, wird hierfür üblicherweise der Begriff der „**De-facto-Vergabe**" verwendet. Fallgruppen einer solchen De-facto-Vergabe sind insbesondere:

- Ein Vergabeverfahren wird überhaupt nicht durchgeführt, etwa weil ein Irrtum über die Eigenschaft als öffentlicher Auftraggeber vorliegt.
- Es wird zwar ein Vergabeverfahren durchgeführt, jedoch nicht – wie es geboten gewesen wäre – nach den Regeln der §§ 97 ff. GWB, sondern nach den Vergabeordnungen, zB weil der Auftraggeber den Auftragswert falsch berechnet und deshalb verkannt hat, dass der maßgebliche Schwellenwert überschritten wird.
- Das Vorliegen der Voraussetzungen für die Durchführung eines Verhandlungsverfahrens ohne Öffentliche Vergabebekanntmachung (vgl. § 3 V EG VOB/A) ist zu Unrecht angenommen und die Verhandlungen sind auf ein einzelnes Unternehmen beschränkt worden.

> In Fall 7 fällt die Vergabe im Verhandlungsverfahren im Wege der Verlängerung des Vertrags mit U oder der direkten Beauftragung des ortsansässigen Unternehmers oder der Nachbargemeinde N durch die G ohne Ausschreibung unter § 101b I Nr. 2 GWB, da G öffentliche Auftraggeberin (§ 98 Nr. 1 GWB) ist, der Auftragswert oberhalb der Schwellenwerte liegt und die Voraussetzungen des § 3 IV EG VOL/A für die Vergabe eines Auftrags im Verhandlungsverfahren ohne Teilnahmewettbewerb nicht erfüllt sind.

---

[151] BGH NZBau 2005, 530 (531).

3. Sonstige Fehlerfolgen

Außerhalb des Anwendungsbereiches des § 101b GWB (→ Rn. 85 f.) kommt eine **Nichtigkeit nach allgemeinen Grundsätzen** in Betracht, insbesondere nach §§ 134 und 138 BGB. Gegen eine Einordnung der Bestimmungen des GWB und der VgV als Verbotsgesetz i. S. d. § 134 BGB spricht jedoch, dass der Gesetzgeber – abgesehen vom Sonderfall des § 101b GWB und vom Zuschlagsverbot nach § 115 I GWB – grundsätzlich von der Rechtswirksamkeit auch rechtswidriger Verträge ausgeht.[152] Eine Nichtigkeit wegen Sittenwidrigkeit nach § 138 BGB setzt über eine Missachtung der Ausschreibungspflichten hinaus ein kollusives Zusammenwirken des Auftraggebers mit dem betreffenden Unternehmen voraus.[153] Bei Vergabeverstößen, die nicht zur Nichtigkeit der Vereinbarung führen, ist an eine **Vertragsauflösung** nach § 313 bzw. § 314 BGB zu denken.[154]

87

VIII. Rechtsschutz

Die beschriebene Zweiteilung des deutschen Vergaberechts (→ Rn. 1) führt auch zu einer **Zweiteilung des Rechtsschutzes**.[155] Denn das in §§ 102 ff. GWB geregelte Nachprüfungsverfahren ist auf Vergaben ab Erreichen der Schwellenwerte beschränkt. In dieser Zweiteilung des Rechtsschutzes wurde teilweise ein Verstoß gegen den Gleichheitssatz nach Art. 3 I GG und die Rechtsweggarantie nach Art. 19 IV GG bzw. den allgemeinen Justizgewährleistungsanspruch gesehen.[156] Das BVerfG hat die Beschränkung des Primärrechtsschutzes auf Vergaben ab Erreichen der Schwellenwerte jedoch als **verfassungskonform** erachtet, insbesondere da der Gesetzgeber den ihm bei dieser Differenzierung zustehenden Gestaltungsspielraum nicht überschritten habe.[157]

88

1. Rechtsschutz ab Erreichen der Schwellenwerte

a) Primärrechtsschutz: Das Nachprüfungsverfahren

Ab Erreichen der Schwellenwerte können (voraussichtlich) unterlegene Bieter nach Maßgabe der §§ 102 ff. GWB ein sog. Nachprüfungsverfahren anstrengen. Der damit gewährleistete **Primärrechtsschutz** zeichnet sich dadurch aus, dass die Erteilung eines rechtswidrigen Zuschlags verhindert werden kann. Deshalb statuiert § 115 I GWB während des Nachprüfungsverfahrens – vorbehaltlich des § 115 II GWB – ein **Zuschlagsverbot**.

89

Ist der **Zuschlag hingegen bereits erteilt**, so kann er gem. § 114 II 1 GWB **nicht mehr aufgehoben** werden, da anderenfalls in eine rechtsverbindliche Vereinbarung eingegriffen würde. Von besonderer Bedeutung ist deshalb die Pflicht, gem. § 101a GWB die nicht berücksichtigten Bieter über den Namen des voraussichtlich erfolgreichen Bieters und die Gründe der eigenen Nichtberücksichtigung vorab zu informieren (→ Rn. 85). Hat sich das Nachprüfungsverfahren durch Erteilung des Zu-

90

---

[152] OLG Düsseldorf NJW 2004, 1331 (1332); NZBau 2010, 328.
[153] Hierzu etwa KG NZBau 2005, 538 (543); OLG Düsseldorf NJW 2004, 1331 (1334); *H. v. Gehlen*, NZBau 2005, 503 (505).
[154] Hierzu LG München NZBau 2006, 269 ff.; *K. Bitterich*, NJW 2006, 1845 ff.; *H.-J. Prieß/M. Gabriel*, NZBau 2006, 219 ff.
[155] Lesen Sie bitte *U. Kramer/T. André*, JuS 2009, 906 ff.
[156] So etwa *A. Losch*, VergabeR 2006, 298 ff. mwN.
[157] BVerfG NVwZ 2006, 1396 (1400 f.) Zu den hieraus zu ziehenden Konsequenzen → Rn. 96 ff.

schlags oder in sonstiger Weise erledigt, so kommt nach § 114 II 2 GWB eine Fortsetzungsfeststellung vergleichbar § 113 I 4 VwGO in Betracht.

> In Fall 7 hätten Nachprüfungsanträge zumindest der beiden übergangenen Unternehmen gegen eine direkte Vergabe der Aufgabe der Abfallensorgung im Verhandlungsverfahren an U, den ortsansässigen Unternehmer oder N Aussicht auf Erfolg (→ Rn. 86).

aa) Zulässigkeit

91 Eingeleitet wird ein Nachprüfungsverfahren gem. § 107 I GWB nur auf **Antrag** eines Unternehmens, welcher die Formanforderungen des § 108 GWB erfüllen muss. Der Antragsteller muss zudem nach Maßgabe des § 107 II 1 GWB **antragsbefugt** sein, also ein Interesse am Auftrag haben und eine Verletzung seiner Rechte nach § 97 VII GWB geltend machen.

Entgegen dem Wortlaut des § 97 VII GWB haben die Unternehmen kein subjektives Recht auf Einhaltung *aller* Vorschriften über das Vergabeverfahren. Eine allgemeine Rechtmäßigkeitskontrolle durch die Vergabekammer erfolgt nicht.[158] Vielmehr verleihen nur solche Vorschriften **subjektive Rechte iSv § 97 VII GWB**, die gerade den Schutz des potenziellen Auftragnehmers bezwecken.[159] Von diesen Vergabevorschriften mit subjektivrechtlichem Charakter sind die nur objektiv wirkenden Vergabevorschriften zu unterscheiden. Auf bloße Ordnungsvorschriften kann sich ein unterlegener Bieter nicht berufen.[160] Im Zweifel ist der Kreis der von § 97 VII GWB erfassten Ansprüche weit zu fassen.

Im Rahmen des besonderen Rechtsschutzbedürfnisses ist nach § 107 II 2 GWB darzulegen, dass dem Unternehmen durch die behauptete Verletzung der Vergabevorschriften ein **Schaden entstanden** ist oder zu entstehen droht. Der Antrag ist außerdem gemäß § 107 III 1 GWB unzulässig, soweit Verstöße gegen Vergabevorschriften nicht spätestens bis zum Ablauf der in § 107 III 1 Nr. 1–3 GWB genannten Fristen gegenüber dem Auftraggeber gerügt werden oder mehr als 15 Kalendertage nach Eingang der Mitteilung des Auftraggebers, einer erfolgten Rüge nicht abhelfen zu wollen, vergangen sind (§ 107 III 1 Nr. 4 GWB). Die nicht rechtzeitig gerügten Verstöße unterliegen der **Präklusion**.[161] Ferner muss der Antrag auf Einleitung des Nachprüfungsverfahrens schriftlich bei der Vergabekammer eingereicht und den Anforderungen des § 108 GWB entsprechend begründet werden. Ein Nachprüfungsverfahren kann auch bei sog. „De-facto-Vergaben" (→ Rn. 86) eingeleitet werden.[162]

> **Übersicht Zulässigkeit und Begründetheit Nachprüfungsantrag**
>
> I. Zulässigkeit
>   1. Eröffnung des Rechtswegs zu den Vergabekammern: Erreichen der Schwellenwerte (§ 100 I GWB) (→ Rn. 89)
>   2. Antragsbefugnis (§ 107 II 1 GWB) (→ Rn. 91)
>   a) Interesse des Unternehmens am Auftrag

---

[158] OLG Düsseldorf VergabeR 2005, 670 (671 f.).
[159] BGH NZBau 2003, 293.
[160] BT-Drucks. 13/9340 S. 14.
[161] Zur Antragsbefugnis und zur Präklusion siehe *H.-P. Dicks*, in: Ziekow/Völlink, VergabeR § 107 Rn. 6 ff., 36 ff.
[162] EuGH NVwZ 2005, 187 Rn. 34.

b) Geltendmachung einer Verletzung in eigenen Rechten aus § 97 VII GWB
3. Besonderes Rechtsschutzbedürfnis: Darlegung eines durch die Verletzung von Vergabevorschriften entstandenen oder drohenden Schadens (§ 107 II 2 GWB) (→ Rn. 91)
4. Keine Präklusion (§ 107 III GWB) (→ Rn. 91)
   a) Unverzügliche Rüge im Vergabeverfahren *erkannter* Verstöße (§ 107 III 1 Nr. 1 GWB)
   b) Rüge aufgrund der Bekanntmachung *erkennbarer* Verstöße innerhalb der Angebots- oder Bewerbungsfrist (§ 107 III 1 Nr. 2 GWB)
   c) Rüge erst in den Vergabeunterlagen *erkennbarer* Verstöße innerhalb der Angebots- oder Bewerbungsfrist (§ 107 III 1 Nr. 3 GWB)
   d) Nach Mitteilung des Auftraggebers, einer Rüge nicht abhelfen zu wollen, höchstens 15 Kalendertage vergangen (§ 107 III 1 Nr. 4 GWB)
5. Schriftlicher Antrag vor Beendigung des Vergabeverfahrens (§ 108 GWB)

II. Begründetheit
1. Persönlicher Anwendungsbereich des Kartellvergaberechts: öffentlicher Auftraggeber iSv § 98 GWB (→ Rn. 40 ff.)
2. Sachlicher Anwendungsbereich des Kartellvergaberechts: öffentlicher Auftrag iSv § 99 GWB (→ Rn. 12 ff.)
3. Verletzung des Antragstellers in eigenen Rechten (§ 114 I 1 GWB)
   a) Bieterschützende Vorschriften nach § 97 VII GWB (§ 104 II 1 GWB) (→ Rn. 91)
   b) Sonstige Ansprüche betr. eine Handlung im Vergabeverfahren (§ 104 II 1 GWB)

bb) Verfahren und Entscheidung

Zuständig für die Durchführung des Nachprüfungsverfahrens sind nach § 104 GWB die **Vergabekammern**. Dabei handelt es sich um auf Bundesebene nach Maßgabe des § 106 I GWB sowie auf Landesebene nach Maßgabe des jeweiligen Landesrechts eingerichtete behördliche Organisationseinheiten, die jedoch nach § 105 I GWB mit einer „gerichtsähnlichen" Unabhängigkeit ausgestattet sind. Die Zuständigkeit im Einzelfall bestimmt sich danach, ob der öffentliche Auftrag dem Bund bzw. einem Bundesland zuzurechnen ist. Wichtige **Prinzipien des Nachprüfungsverfahrens** sind der Untersuchungsgrundsatz nach § 110 GWB sowie das Beschleunigungsgebot nach § 113 GWB.

Die Vergabekammer befindet in ihrer **Entscheidung** gem. § 114 I 1 GWB darüber, ob der Antragsteller in seinen Rechten verletzt ist, und trifft die geeigneten Maßnahmen, um diese Rechtsverletzung zu beseitigen und eine Schädigung der betroffenen Interessen zu verhindern. Dabei ist sie nach § 114 I 2 GWB an die Anträge nicht gebunden und kann auch davon unabhängig auf die Rechtmäßigkeit des Vergabeverfahrens hinwirken. Die Entscheidung der Vergabekammer ergeht nach § 114 III 1 GWB **in Form eines Verwaltungsakts**. Somit handelt es sich beim Nachprüfungsverfahren um ein **Verwaltungsverfahren** i. S. d. § 9 VwVfG, so dass grundsätzlich auch die §§ 9 ff. VwVfG zur Anwendung kommen können, die jedoch gegenüber den Verfahrensregelungen des Vergaberechts subsidiär sind.[163]

---

[163] Hierzu *J. Ziekow/T. Siegel*, ZfBR 2004, 30 (31 f.) mwN.

cc) Rechtsmittel

94 Gegen die Entscheidungen der Vergabekammern kann nach Maßgabe der §§ 116 ff. GWB **sofortige Beschwerde** eingelegt werden. Über diese entscheiden die bei den Oberlandesgerichten eingerichteten **Vergabesenate**. Die sofortige Beschwerde ist gem. § 117 I GWB innerhalb einer Notfrist von zwei Wochen einzulegen und muss den formellen Anforderungen des § 117 II bis IV GWB genügen. Sie entfaltet nach Maßgabe des § 118 GWB aufschiebende Wirkung. Das Verfahren richtet sich nach § 120 GWB sowie den dort in Bezug genommenen anderen Bestimmungen des GWB.

Hält der Vergabesenat die **Beschwerde für begründet**, so hebt er nach § 123 S. 1 GWB die Entscheidung der Vergabekammer auf und entscheidet entweder selbst in der Sache oder verpflichtet die Vergabekammer, unter Berücksichtigung der Rechtsauffassung des Senats erneut über die Sache zu entscheiden. Ein weiteres Rechtsmittel gegen die Beschwerdeentscheidung ist im GWB nicht vorgesehen. Will jedoch ein OLG von der Entscheidung eines anderen OLG oder des BGH abweichen, so legt es gemäß § 124 II GWB die Sache dem BGH vor.

b) Sekundärrechtsschutz

95 Das Nachprüfungsverfahren dient der Verhinderung eines (zumindest vermeintlich) rechtswidrigen Zuschlags und bildet damit ein Instrument des Primärrechtsschutzes. Daneben sieht das GWB auch (sekundärrechtliche) **Schadensersatzansprüche** vor. Ausweislich des § 126 S. 1 GWB kann ein Unternehmen unter den dort genannten Voraussetzungen **Ersatz des Vertrauensschadens** vom Auftraggeber verlangen. Hierzu muss der Auftraggeber gegen eine bieterschützende Vorschrift verstoßen und das Unternehmen muss eine durch den Rechtsverstoß beeinträchtigte „echte Chance" auf Erteilung des Zuschlags gehabt haben. Nach § 126 S. 2 GWB bleiben weiter gehende Schadensersatzansprüche unberührt. Insoweit kommen insbesondere deliktische Ansprüche in Betracht, aber auch solche aus culpa in contrahendo.

2. Rechtsschutz unterhalb der Schwellenwerte

96 Das in §§ 102 ff. GWB geregelte Nachprüfungsverfahren beschränkt die Anfechtbarkeit auf Vergaben ab Erreichen der Schwellenwerte. Das BVerfG hat diese Beschränkung für verfassungskonform erachtet.[164] Damit ist allerdings zunächst nur geklärt, dass eine Ausweitung des Nachprüfungsverfahrens auf Vergaben unterhalb der Schwellenwerte nicht verfassungsrechtlich geboten ist. Davon zu unterscheiden ist die Frage, ob gleichwohl sonstige Primärrechtsschutzmöglichkeiten eröffnet sind.

97 Folgt man der Ansicht, dass der Primärrechtsschutz unterhalb der Schwellenwerte nicht ausgeschlossen ist, so stellt sich die Anschlussfrage, ob die Verwaltungsgerichte oder die ordentlichen Gerichte zuständig sind.[165] Im Zusammenhang mit dem Primärrechtsschutz unterhalb der Schwellenwerte wurde in jüngerer Zeit auch im Vergaberecht die **„Zweistufentheorie"** (→ § 6 Rn. 74 f.) reaktiviert, nach welcher dem zivilrechtlichen Vertragsschluss als erste Stufe eine öffentlich-rechtliche Vergabeentscheidung vorausgehen soll.[166] Die Anwendung der Zweistufentheorie ist in diesem

---

[164] BVerfG NVwZ 2006, 1396.
[165] Rechtsprechungsüberblick bei *J. Byok*, NJW 2006, 2076 (2083).
[166] So insbesondere OVG Koblenz NZBau 2005, 411 ff.

Zusammenhang jedoch abzulehnen, da sie einen einheitlichen Vorgang aufspaltet und zudem das Vergabeverfahren weiter verkomplizieren würde.[167] Da die Vergabeentscheidung grundsätzlich privatrechtlicher Natur ist[168], ist nach zutreffender Entscheidung des BVerwG die **Zuständigkeit der ordentlichen Gerichte** gegeben.[169]

Die Begründung dieser Entscheidung ist von beträchtlicher Bedeutung für das Verständnis der vom BVerwG deutlich aufgezeigten **Grenzen der Zweistufentheorie**. Die vom Staat zur Erfüllung seines Beschaffungsbedarfs geschlossenen (Dienst- und Werk-)Verträge sind dem Privatrecht zuzuordnen. Das dem Abschluss des Vertrages vorausgehende Auswahlverfahren in Form des Vergabeverfahrens teilt diese Rechtsform. Die Rechtsform des Handelns prägt also auch den Rechtscharakter des Verfahrens zivilrechtlich. Eine hiervon abweichende Zuordnung der Vergabeentscheidung zum öffentlichen Recht erfolgt nur dann, wenn bei der Vergabe eine gesetzliche Verpflichtung zu bevorzugter Berücksichtigung eines bestimmten Personenkreises zu beachten ist. Ob durch die Beschaffungstätigkeit des Staates öffentliche Aufgaben erfüllt werden, ist schon deshalb unerheblich, weil der Staat seine Aufgaben sowohl in den Rechtsformen des öffentlichen Rechts als auch des Zivilrechts erfüllen kann. Da der Staat sich auch durch privatrechtliches Handeln nicht seinen öffentlich-rechtlichen, insbesondere grundrechtlichen Bindungen, entziehen kann und deshalb diesen Bindungen auch bei zivilrechtlichem Tätigwerden unterliegt, ergibt sich aus der Pflicht zur Beachtung dieser Bindungen nicht die Zuordnung des Tätigwerdens zum öffentlichen Recht. Entsprechendes gilt für die haushaltsrechtlichen Bindungen des öffentlichen Auftraggebers, bei denen es sich überdies um nicht außenwirksames Binnenrecht der Verwaltung handelt.[170].

Da § 101a GWB nur bei Vergaben ab Erreichen der Schwellenwerte anwendbar ist (→ Rn. 6 ff.), greift bei Vergaben unterhalb der Schwellenwerte die Vorab-Informationspflicht (→ Rn. 85) nicht ein. Dies mindert wiederum die Effizienz der dargelegten Primärrechtsschutzmöglichkeiten (→ Rn. 96). In praktischer Konsequenz sind die unterlegenen Bieter daher oftmals auf die Geltendmachung von **Schadensersatzansprüchen**, insbesondere aus culpa in contrahendo, beschränkt.[171] Letztere beschränken sich zwar grundsätzlich auf den Vertrauensschaden als negatives Interesse; hätte der Zuschlag jedoch zugunsten des übergangenen Bieters erteilt werden müssen, so ist ausnahmsweise das positive Interesse in Form des entgangenen Gewinns zu ersetzen.[172]

98

Überblick über die Rechtsschutzmöglichkeiten im Vergaberecht

	ab Erreichen der Schwellenwerte	Unterhalb der Schwellenwerte
Nachprüfungsverfahren (§§ 102 ff. GWB)	ja	nein
sonstiger Primärrechtsschutz	nein (Vorrang §§ 102 ff. GWB)	ja (Zivilrechtsweg)
Sekundärrechtsschutz (Schadensersatz)	– § 126 GWB – sonstige Ansprüche	allgemeine Grundsätze (insbesondere c.i.c.)

Lösungshinweise zu Fall 7

I. Überlegungen des Rechtsreferenten zur Zulässigkeit einer Direktvergabe
1. Anwendbares Vergaberecht: Schwellenwerte überschritten (→ Rn. 3)
2. Eröffnung des persönlichen Anwendungsbereichs: G ist öffentlicher Auftraggeber nach § 98 Nr. 1 GWB (→ Rn. 40 ff.)
3. Eröffnung des sachlichen Anwendungsbereichs
   a) Vorliegen eines öffentlichen Auftrags iSv § 99 I GWB (→ Rn. 12 ff.)

---

[167] Hierzu sowie zu möglichen Ausnahmen *J. Ziekow/T. Siegel*, ZfBR 2004, 30 (33) mwN.
[168] *J. Ziekow/T. Siegel*, ZfBR 2004, 30 (32).
[169] BVerwG NVwZ 2007, 820.
[170] BVerwG NVwZ 2007, 820 ff.
[171] *Hertwig*, Auftragsvergabe Rn. 328 ff. mwN.
[172] BGH NZBau 2003, 168 f.

- b) Art des Auftrags: Dienstleistungsauftrag (§ 99 IV GWB) (→ Rn. 17)
- c) Vorliegen einer Ausnahme bei Organisation der Abfallentsorgung in Kooperation mit Nachbargemeinde N hängt von gewählter Ausgestaltung ab (→ Rn. 40 ff.); je nach Ergebnis sind die folgenden Punkte ggf. in einem Hilfsgutachten zu prüfen
4. Verfahrensart: Voraussetzungen des § 3 IV EG VOL/A für Verhandlungsverfahren liegen nicht vor (→ Rn. 83)
5. Ergebnis: Keine Direktvergabe zulässig

II. Überlegungen zu den Rechtsschutzmöglichkeiten nicht berücksichtigter Interessenten
1. Primärrechtsschutz
   - a) Vor Zuschlagserteilung: Antrag auf Nachprüfung durch die Vergabekammer nach §§ 107 ff. GWB (→ Rn. 89 ff.)
   - b) Nach Zuschlagserteilung
     - aa) Antrag von U, des ortsansässigen Unternehmers oder der N gegen direkte Vergabe an einen von ihnen wäre nach §§ 107 ff. GWB zulässig (→ Rn. 91)
     - bb) Nachprüfungsantrag wäre auch begründet, da Vertrag nach § 101b I Nr. 2 GWB unwirksam (→ Rn. 86)
2. Sekundärrechtsschutz: ggf. Anspruch nach § 126 GWB auf Ersatz des Vertrauensschadens (→ Rn. 95)
3. Ergebnis: Rechtsschutzanträge übergangener Bieter hätten Aussicht auf Erfolg

4. Abschnitt. Bereiche des Öffentlichen Wirtschaftsrechts mit primär ordnungsrechtlicher Zielsetzung

§ 10. Gewerberecht

Literatur: *M. App*, Die Erzwingung von Maßnahmen der Gewerbebehörden und anderer betriebsbezogener Anordnungen, GewArch 1999, 55; *C. Braun*, Zulassung auf Märkten und Veranstaltungen, NVwZ 2009, 747; *M. Eiffert*, Zuverlässigkeit als persönliche Tätigkeitsvoraussetzung im Besonderen Verwaltungsrecht, JuS 2004, 565; *A. Guckelberger*, Einführung in das Gewerberecht, Jura 2007, 598; *C. Heitsch*, Der gewerberechtliche Zulassungsanspruch zu Volksfesten, GewArch 2004, 225; *M. Kramer*, Problematik der Wiedergestattung eines Gewerbes nach erfolgter Gewerbeuntersagung, GewArch 2010, 273; *W. Leisner*, Unzuverlässigkeit im Gewerberecht (§ 35 Abs. 1 S. 1 GewO), GewArch 2008, 225; *H. J. Odenthal*, Die Gewerbeuntersagung nach § 15 Abs. 2 GewO, GewArch 2001, 448.

Fall 8

Der wegen Zuhälterei mehrfach vorbestrafte A und seine Frau B sind gemeinsam Eigentümer von zwei Eigentumswohnungen, die sie in der Zeitung als stundenweisen intimen Treffpunkt für Paare, die ungestört sein möchten, inserieren. Das Geschäft läuft nach kurzer Zeit sehr gut und die Wohnungen sind nahezu rund um die Uhr belegt. Auf Drängen der B, die an das Gute im A glaubt, sollen die nach Abzug der Unkosten erzielten Überschüsse für karitative Hilfsprojekte verwendet werden. A stimmt dem nur zu, weil er nach wie vor beträchtliche Gewinne aus seiner Tätigkeit als Zuhälter bezieht, von deren Fortsetzung die B nichts weiß. Nachdem die Einnahmen aus den Wohnungsvermietungen einige Zeit lang dramatisch zurückgehen, können A und B vorübergehend ihre die Wohnungen betreffenden Rechnungen gegenüber privaten Strom- und anderen Lieferanten nicht mehr bezahlen. Die zuständige Behörde untersagt A und B daraufhin die Gewerbeausübung. A und B sind der Auffassung, dass diese Verfügung rechtswidrig ist. Selbst wenn sie ein Gewerbe ausüben würden – was nicht der Fall sei –, könnten sie auf keinen Fall als unzuverlässig angesehen werden. Sie erheben deshalb nach erfolglosem Widerspruch Klage vor dem Verwaltungsgericht – mit Erfolg?

Fall 9

In der Gemeinde C findet jeweils für zwei Wochen im August die sog. „Sommerschlacht" statt, auf der verschiedene Fahrgeschäfte und Gewinnspielbuden für Unterhaltung sorgen sollen. Die Gemeinde C, die auch zuständige Behörde iSv § 69 I GewO ist, widmet die für die Durchführung der Veranstaltung vorgesehene Fläche für die „Sommerschlacht", wobei man sich einig ist, dass bestimmte Ausnahmen von den Ladenschlusszeiten und von arbeitsrechtlichen Schutzbestimmungen gelten sollen. Der neu in die Gemeinde gezogene Schausteller D möchte mit seinem Fahrgeschäft „Ultimativer Wirbler", mit dem der D auf anderen Veranstaltungen bei den Besuchern sensationelle Erfolge erzielte, erstmals auch an der „Sommerschlacht" teilnehmen. Sein Teilnahmeantrag wird von der C mit der Begründung zurückgewiesen, freie Standplätze seien nicht mehr vorhanden. Die vorab festgelegten Teilnahmebedingungen sähen bei nicht ausreichenden Kapazitäten einen Vorrang der seit Jahren auf der „Sommerschlacht" bewährten Anbieter vor. Dass sich darunter auch Anbieter befänden, die nicht Einwohner der Gemeinde C seien, sei bedeutungslos. D möchte wissen, ob er eine Teilnahme an der „Sommerschlacht" gerichtlich durchsetzen kann.

I. Zielsetzung und Anwendungsbereich der Gewerbeordnung

1 Der Begriff des Gewerberechts ist seit der Ausgliederung zahlloser Materien (zB Handwerksrecht, → § 11; Gaststättenrecht → § 12) aus der ursprünglich einheitlichen GewO nur noch schwer zu erfassen. Historisch bildeten die durch das BImSchG aufgehobenen §§ 16 ff. GewO über genehmigungspflichtige Anlagen sogar den Ausgangspunkt des modernen Immissionsschutzrechts. Selbst das Gewerberecht, wie es sich gegenwärtig in seiner Gesamtheit darstellt, teilt nicht vollumfänglich die Zielsetzung der GewO. **Die GewO ist besonderes Ordnungsrecht**, das zur Wahrung der öffentlichen Sicherheit und Ordnung bestimmt ist.[1] Das Gewerberecht insgesamt ist demgegenüber nicht nur Wirtschaftsüberwachungsrecht, sondern enthält auch lenkende Elemente. **Gewerberecht** kann beschrieben werden als die **Gesamtheit der die gewerbliche Tätigkeit regelnden öffentlich-rechtlichen Normen.**[2] In diesem Sinne handelt es sich bei den §§ 105 ff. GewO nicht um gewerberechtliche, sondern um allgemeine arbeitsrechtliche Vorschriften.[3]

2 § 6 I GewO enthält eine Bestimmung zum Anwendungsbereich der GewO – allerdings nur in einer negativen Formulierung, welche Tätigkeiten nämlich nicht in den Anwendungsbereich fallen. Dabei fällt auf, dass einige der dort aufgezählten Tätigkeiten, bspw. die der Rechtsanwälte, bereits definitorisch keine Gewerbe (→ Rn. 19 ff.) sind (die Tätigkeit als Rechtsanwalt ist ein freier Beruf). Die Funktion, den Anwendungsbereich der GewO zu bestimmen, kommt vielmehr dem Begriff des Gewerbes zu (→ Rn. 4 ff.). Der **Zweck des § 6 I GewO** besteht demgegenüber darin, **Vorbehalte für landesrechtliche und bundesgesetzliche Spezialregelungen** zu formulieren.[4] Unter dieser Maßgabe sind die einzelnen Tatbestände des § 6 I GewO zu würdigen. So schließt die Vorschrift die Anwendung der GewO nur auf „die Errichtung und Verlegung von Apotheken", nicht aber den Betrieb derselben aus, der der GewO unterfällt.[5]

3 Sofern begrifflich ein Gewerbe vorliegt (→ Rn. 4 ff.) und § 6 GewO keine Begrenzung ihrer Anwendung enthält, ist die **GewO subsidiär** auch auf Gewerbe anwendbar, die – wie das Handwerk oder das Gaststättengewerbe – **spezialgesetzliche Regelungen** erfahren haben (→ §§ 11, 12). Im Übrigen bestimmt sich das Verhältnis der GewO zu anderen Regelungen, etwa den allgemeinen Sicherheitsgesetzen der Länder, nach § 1 I GewO (→ Rn. 28).

II. Begriff des Gewerbes

4 Die GewO kennt keine Legaldefinition des Gewerbes, jedoch ist die folgende **Definition** in Rspr. und Literatur anerkannt:

Gewerbe ist jede erlaubte und nicht sozial unwertige, auf Gewinnerzielung gerichtete und auf Dauer angelegte selbständige Tätigkeit, ausgenommen Urproduktion, freie Berufe und bloße Verwaltung und Nutzung eigenen Vermögens.[6]

---

[1] Vgl. BVerfGE 41, 344 (355); *Tettinger/Wank/Ennuschat*, GewO Einl. Rn. 4.
[2] Vgl. *Tettinger/Wank/Ennuschat*, GewO Einl. Rn. 1.
[3] Vgl. *Tettinger/Wank/Ennuschat*, GewO Vor §§ 105 ff. Rn. 6.
[4] *U. Repkewitz*, in: Friauf, GewO § 6 Rn. 3.
[5] *P. Marcks*, in: Landmann/Rohmer, GewO § 6 Rn. 5.
[6] BVerwG NJW 1977, 772; NVwZ 1993, 775; DÖV 1995, 644; 1996, 960 (962); NVwZ 2003, 603 f.; DÖV 2008, 642; *Tettinger/Wank/Ennuschat*, GewO § 1 Rn. 2.

Die Definition des Gewerbes enthält mithin positive und negative Merkmale, die als **Gewerbsmäßigkeit** und **Gewerbsfähigkeit** bezeichnet werden.

Vorliegen eines Gewerbes	
positiv: Gewerbsmäßigkeit	negativ: Gewerbsfähigkeit
• erlaubt und nicht sozial unwertig • Gewinnerzielungsabsicht • Dauerhaftigkeit • Selbständigkeit	nicht: • Urproduktion • freier Beruf • Verwaltung eigenen Vermögens
Einordnung als Gewerbe nach dem Gesamtbild	

1. Funktion

Die Funktion des Gewerbebegriffs besteht in der **Eröffnung des Anwendungsbereichs der GewO**. Liegt ein Gewerbe vor, so sind auf dessen Betrieb die Vorschriften der GewO anzuwenden – vorbehaltlich einer Einschränkung durch § 6 GewO oder der vorrangigen Anwendung spezialgesetzlicher Vorschriften. Der Gewerbebegriff ist daher unter **Beachtung der ordnungsrechtlichen Zielsetzung** der GewO (→ Rn. 1) auszulegen: Ist eine wirtschaftliche Verrichtung geeignet, Gefahren hervorzurufen, so ist sie als Gewerbe einzustufen; werden von ihr hingegen keine Gefahren ausgehen können, so bedarf es nicht der Anwendung der GewO und damit nicht der Qualifizierung als Gewerbe.[7]

5

Um entsprechend aufnahmefähig für neue wirtschaftliche und gesellschaftliche Entwicklungen sein zu können, ist der **Gewerbebegriff dynamisch** zu verstehen. Es handelt sich um einen wertungsoffenen unbestimmten Rechtsbegriff, dessen Anwendung sich nicht als reine Subsumtion, sondern als an der Funktion des Begriffs orientierter **Bewertungsvorgang** darstellt.[8] Selbst bei Vorliegen der Gewerbsmäßigkeit (→ Rn. 7 ff.) und der Gewerbsfähigkeit (→ Rn. 16 ff.) kann deshalb die Einordnung einer Tätigkeit als Gewerbe zu verneinen sein, wenn sie nach ihrem Gesamtbild nicht den funktional zu verstehenden Vorstellungen von Gewerbe entspricht.[9] Hierdurch können insbesondere einer Gewerbeüberwachung nicht bedürfende Bagatellfälle aus der Anwendung der GewO herausgenommen werden. Diese **funktionale Ausrichtung des Gewerbebegriffs** der GewO schließt es weitestgehend aus, auf Definitionen von „Gewerbe" in anderen Rechtsbereichen, bspw. im Steuerrecht, zurückzugreifen.

6

2. Gewerbsmäßigkeit

a) Erlaubte und nicht sozial unwertige Tätigkeit

Eine Tätigkeit kann nur dann als Gewerbe i. S. d. GewO qualifiziert werden, wenn sie erlaubt und nicht sozial unwertig ist. Der durch den Grundsatz der Gewerbefreiheit nach § 1 I GewO gewährte Schutz bleibt deshalb hinter dem des Art. 12 I GG zurück (→ § 3 Rn. 17). **Erlaubt** ist eine Tätigkeit, wenn sie **nicht als solche generell**

7

---

[7] *Tettinger/Wank/Ennuschat*, GewO § 1 Rn. 4.
[8] *K. H. Friauf*, in: Friauf, GewO § 1 Rn. 45 ff.
[9] *G. Kahl*, in: Landmann/Rohmer, GewO Einl. Rn. 49 ff.

verboten ist; das Verbot bestimmter Ausübungsmodalitäten (zB der Schwarzarbeit) oder die Verletzung von Strafgesetzen bei der Ausübung führt hingegen nicht zur Unerlaubtheit.[10]

8 Auch Tätigkeiten, die nicht als solche verboten sind, fallen aus dem Gewerbebegriff heraus, wenn sie sozial unwertig sind.[11] Die **soziale Unwertigkeit** einer Tätigkeit ergibt sich aus ihrem **Widerspruch zu den in der Gesellschaft allgemein anerkannten sittlichen und moralischen Wertvorstellungen**.[12] Wichtigste Beispiele sind gegen die Menschenwürde verstoßende Behandlungen von Menschen, so etwa die Zurschaustellung von Frauen in einem Gitterkäfig[13] oder der sog. Zwergenweitwurf, bei dem kleinwüchsige Menschen möglichst weit geworfen werden müssen[14]. Wegen des chancengleichen Wettkampfes der beteiligten Spieler in keinen Konflikt mit der Menschenwürde gerät hingegen das sog. Paintball-Spiel, bei dem sich Spieler mit Farbkugeln aus Druckgaswaffen beschießen.[15] Dem genannten Ansatz ist immanent, dass sich die maßgebenden Wertvorstellungen im Laufe der Zeit ändern können. Beispiel ist die **Bewertung der Prostitution**, die von der Rechtsprechung über lange Zeit als sozial unwertig angesehen wurde mit der Folge, dass ein Gewerbe i. S. d. GewO nicht vorlag.[16] Diese Auffassung wird man nach Inkrafttreten des Prostitutionsgesetzes vom 20.12.2001[17] nicht mehr aufrecht erhalten können. Zum Vorliegen von Unsittlichkeit iSv § 4 I 1 Nr. 1 GastG entschied das BVerwG in seinem sog. Swinger-Club-Urteil aus dem Jahre 2002, dass wegen der im Prostitutionsgesetz zum Ausdruck gekommenen Wertungen die kommerzielle Ausnutzung sexueller Bedürfnisse nicht mehr grundsätzlich als sittenwidrig angesehen werden kann. Eine Sittenwidrigkeit kann vielmehr nur angenommen werden, wenn die betreffenden Vorgänge gegen die Menschenwürde verstoßen, durch Strafnormen verboten sind oder wegen ihres Öffentlichkeitsbezugs einem sozialethischen Unwerturteil unterliegen.[18] Da dies ohne weiteres auf die Auslegung des Gewerbebegriffs zu übertragen ist, wird man von einer sozialen Unwertigkeit der Prostitution lediglich noch in eng begrenzten Ausnahmefällen ausgehen können.[19]

> In Fall 8 ist nicht ersichtlich, dass ein solcher Ausnahmefall vorliegt. Die Vermietung der Wohnungen verstößt weder gegen die Menschenwürde noch gegen Strafnormen. Da gerade die Intimität der die Wohnungen anmietenden Paare gewährleistet werden soll, besteht auch kein Öffentlichkeitsbezug der Vorgänge.

b) Gewinnerzielungsabsicht

9 Die Voraussetzung der Gewinnerzielungsabsicht soll eigennütziges von gemeinnützigem Handeln abgrenzen. **Ein Gewinn** in diesem Sinne wird erzielt, wenn ein **unmittelbarer oder mittelbarer wirtschaftlicher Vorteil** erlangt wird, der als nennenswerter Überschuss über den Ausgleich der eigenen Aufwendungen hinausgeht.[20] Soll nur Kostendeckung oder eine Minderung von Verlusten erreicht werden, liegt keine Ge-

---

[10] *B. Sprenger-Richter*, in: Robinski, GewR B Rn. 41.
[11] BVerwG GewArch 1981, 140; 1993, 196 (197); 1995, 152 (153); 1998, 416; *G. Kahl*, in: Landmann/Rohmer, GewO Einl. Rn. 39. A. M. *K. H. Friauf*, in: Friauf, GewO § 1 Rn. 135 ff.
[12] *Tettinger/Wank/Ennuschat*, GewO § 1 Rn. 41.
[13] Vgl. dazu VGH München GewArch 1992, 228 (229).
[14] Vgl. dazu VG Neustadt/Weinstr. NVwZ 1993, 98.
[15] VGH München BauR 2013, 764 (765).
[16] Vgl. nur BVerwG GewArch 1981, 140; OLG Stuttgart NVwZ 1987, 86 (87); OVG Hamburg NVwZ 1990, 286 (287).
[17] Gesetz zur Verbesserung der rechtlichen und sozialen Situation der Prostituierten v. 20.12.2001, BGBl. I 3983.
[18] BVerwG NVwZ 2003, 603 (604).
[19] *J. Caspar*, NVwZ 2002, 1322; *E. Gurlit*, VerwArch 2006, 409 (422); *R. Pöltl*, VBlBW 2003, 181. A. M. *V. Kurz*, GewArch 2002, 142 (145); *R. Pauly*, GewArch 2002, 217 (225).
[20] OVG Lüneburg NdsVBl. 2002, 104; *Tettinger/Wank/Ennuschat*, GewO § 1 Rn. 13.

winnerzielungsabsicht vor. Ebenso wenig handelt es sich um ein Gewerbe, wenn von vornherein abzusehen ist, dass die erzielbaren Überschüsse minimal sein werden. Dass ein Überschuss der Einnahmen über die Aufwendungen auch tatsächlich erzielt wird, ist nicht erforderlich.[21] Ausreichend ist vielmehr, dass die Tätigkeit auf die Erzielung eines Gewinns als Fernziel gerichtet ist.

> In Fall 8 soll durch die Vermietung der beiden Wohnungen nicht nur eine Kostendeckung, sondern ein Überschuss erzielt werden. Dass A und B den die Kostendeckung übersteigenden Überschuss nicht für sich behalten wollen, steht dem nicht entgegen. Denn:

Von der Gewinnerzielungsabsicht zu unterscheiden ist die **Gewinnverwendungsabsicht**. Wofür der zu erzielende Gewinn verwendet werden soll, ist für das Vorliegen eines Gewerbes nicht ausschlaggebend. Deshalb kann eine Gewinnerzielungsabsicht auch nicht mit der Begründung verneint werden, dass der Gewinn gemeinnützigen Zwecken zugeführt werden soll.[22] Dies gilt auch dann, wenn es sich um einen religiösen Zweck handelt. Ob die mit Gewinnerzielungsabsicht betriebene Tätigkeit nach dem Selbstverständnis der Organisation vom Schutzbereich des Art. 4 I, II GG erfasst wird, ist für die Anwendung der GewO unerheblich.[23]

10

Die Gewinnerzielungsabsicht ist jedoch zu verneinen, wenn mit der Tätigkeit unmittelbar und ausschließlich **gemeinnützige Zwecke** verfolgt werden. Beispiel sind gemeinnützige Hilfsorganisationen, die auch dann nicht mit Gewinnerzielungsabsicht tätig werden, wenn im Einzelfall ein Überschuss der Einnahmen über die Ausgaben verbleibt. Im Falle von Einrichtungen von Bund, Ländern und Kommunen steht bei der gebotenen Gesamtbetrachtung (→ Rn. 6) nicht die Gewinnerzielungsabsicht im Vordergrund, wenn **öffentliche Aufgaben erfüllt** werden.[24] Selbst wenn die Gewinnerzielung im Einzelfall Nebenzweck sein sollte, rechtfertigt dies nicht die Unterstellung unter den Anwendungsbereich der GewO, da die betreffende Einrichtung dem speziellen Überwachungsregime des betreffenden Organisationsrechts (zB des kommunalen Wirtschaftsrechts; → § 7 Rn. 42) unterliegt.[25] Erfüllt die Einrichtung hingegen keine öffentlichen Aufgaben, sondern soll (wie etwa kommunale oder staatliche Brauereien) Gewinne erwirtschaften, so handelt es sich um ein Gewerbe i. S. d. GewO. Die betreffende Einrichtung kann sich dann auch auf die durch § 1 I GewO gewährleistete Gewerbefreiheit berufen.[26]

11

> Um eine unmittelbar gemeinnützige Zwecke im beschriebenen Sinne verfolgende Tätigkeit handelt es sich bei der Vermietung der Wohnungen in Fall 8 nicht. Die Verwendung des Überschusses für karitative Zwecke hindert das Bestehen der Gewinnerzielungsabsicht bei A und B nicht.

c) Betätigung auf Dauer

Die Betätigung muss auf Dauer angelegt sein, d. h. eine **Wiederholungs- und Fortsetzungsabsicht** erkennen lassen. Gegenbegriff ist die gelegentliche Tätigkeit. Eine

12

---

[21] OLG Stuttgart GewArch 1985, 194 (195).
[22] OVG Münster GewArch 1976, 236; VGH Mannheim GewArch 1983, 94 (95).
[23] Vgl. BVerwG DÖV 1995, 644; GewArch 1998, 416; OVG Bremen GewArch 1997, 290 (291); OVG Hamburg DVBl. 1994, 413 (415 f.).
[24] *K. H. Friauf*, in: Friauf, GewO § 1 Rn. 88; *B. Sprenger-Richter*, in: Robinski, GewR B Rn. 16.
[25] *Tettinger/Wank/Ennuschat*, GewO § 1 Rn. 23. A. M. *T. Vollmöller*, in: Schmidt/Vollmöller, ÖffWiR § 8 Rn. 8.
[26] *G. Kahl*, in: Landmann/Rohmer, GewO § 1 Rn. 35; *Tettinger/Wank/Ennuschat*, GewO § 1 Rn. 95. A. M. *Stober/Eisenmenger*, BesWiVerwR § 45 VII 2; *T. Vollmöller*, in: Schmidt/Vollmöller, ÖffWiR § 8 Rn. 8.

auf Dauer angelegte Tätigkeit kann u. U. auch bei saisonalen Betätigungen oder einer Ferientätigkeit vorliegen. Ggf. reicht sogar schon die Beteiligung an *einem* größeren Vorhaben, zB sich über mehrere Monate hinziehenden Bauvorhaben, aus.[27]

An einer auf Dauer angelegten Tätigkeit bestehen hinsichtlich der Vermietung der Wohnungen in Fall 8 keine Zweifel.

d) Selbständigkeit

13 Grundsätzlich betreibt nur derjenige ein Gewerbe, der selbständig tätig ist. Selbständig ist, wer **im Außenverhältnis auf eigene Rechnung und eigene Gefahr im eigenen Namen auftritt und im Innenverhältnis in persönlicher und sachlicher Unabhängigkeit eigenverantwortlich handelt**. Wesentliche Merkmale der Selbständigkeit sind dabei vor allem die Übernahme des unternehmerischen Risikos, die Weisungsfreiheit und die freie Gestaltung von Tätigkeit und Zeiteinteilung. In einer Würdigung aller Umstände ist auf das **Gesamtbild der Tätigkeit** abzustellen.[28]

14 Nicht in diesem Sinne selbständig sind danach vor allem **Arbeitnehmer** (§§ 41, 105 ff. GewO). Im Unterschied dazu handelt es sich bei den sog. **Scheinselbständigen** im Regelfall um Selbständige im gewerberechtlichen Sinne. Entstehungszusammenhänge von Scheinselbständigkeit sind in erster Linie Outsourcing-Prozesse, bei denen von einer Organisationseinheit bislang selbst wahrgenommene Tätigkeiten mitsamt dem Personal in die Verselbständigung ausgelagert werden, sowie die Weiterreichung von Auftragsteilen an Subunternehmer. Die die fraglichen Tätigkeiten schließlich Ausübenden sind häufig in einem Maße in die Organisation des übergeordneten Unternehmens eingebunden, dass sie arbeits- und sozialrechtlich in ähnlicher Weise wie Arbeitnehmer als schutzbedürftig angesehen werden. Aus Sicht des Gewerberechts, für das es um die Abwehr von Gefahren für Dritte geht (→ Rn. 1), ändert dies nichts an der Notwendigkeit, die Scheinselbständigen der gewerberechtlichen Überwachung zu unterwerfen.[29]

15 Keine Selbständigen sind hingegen die **Stellvertreter** (§ 45 GewO; zur Strohmannproblematik im Rahmen des § 35 GewO → Rn. 58 f.). **Mitglieder von Organen einer juristischen Person** des privaten oder öffentlichen Rechts – unabhängig davon, ob sie Arbeitnehmer der juristischen Person sind oder nicht – werden nicht selbständig tätig, wohl aber die juristische Person selbst.[30] Bei **nicht rechtsfähigen Gesellschaften** ist das Merkmal der Selbständigkeit den geschäftsführungsberechtigten Gesellschaftern zuzuordnen.[31]

In Fall 8 werden daher sowohl der A als auch die B selbständig tätig.

---

[27] BayObLG DVBl. 1999, 1060 (1061).
[28] BVerwG GewArch 1997, 14.
[29] *Schliesky*, ÖffWiR S. 215; *Stober/Eisenmenger*, BesWiVerwR § 45 VII 3.
[30] BVerwG GewArch 1977, 14 (15); NJW 1993, 1346 f.
[31] OVG Lüneburg NVwZ-RR 2009, 103; OVG Saarlouis NJW 1992, 2846 f.; VGH Kassel GewArch 1991, 343.

3. Gewerbsfähigkeit

Selbst wenn eine Tätigkeit danach gewerbsmäßig betrieben wird, ist sie nur dann als Gewerbe einzuordnen, wenn sie auch gewerbsfähig ist, also keines der **Negativmerkmale des Gewerbebegriffs** vorliegt: Es darf sich weder um Urproduktion noch um einen freien Beruf oder die bloße Verwaltung und Nutzung eigenen Vermögens handeln. **16**

a) Urproduktion

Unter Urproduktion ist die Tätigkeit zu verstehen, die sich auf die **Gewinnung roher Naturerzeugnisse durch planmäßige Nutzung der natürlichen Kräfte des Bodens** richtet. Hierunter fallen bspw. die von § 6 I GewO genannten Betriebe der Fischerei, des Bergbaus und der Viehzucht, ebenso etwa die Forstwirtschaft, der Gartenbau, der Weinbau, die Jagd und der Ackerbau. Da der Grund für die Herausnahme der Urproduktion aus dem Gewerbebegriff primär darin besteht, dass die relevanten Produktionsfaktoren wegen der Abhängigkeit von Boden, Witterung und Jahreszeiten kaum beherrschbar sind,[32] bedarf es eines Bezugs des betreffenden Betriebs zu diesen Faktoren, insbesondere eines **Bezugs zur Bodennutzung**. So ist die Viehzucht der Urproduktion zuzuordnen, wenn sie auf der Grundlage selbst produzierten Futters oder mit selbst gezogenen Tieren erfolgt. Sie ist hingegen Gewerbe, wenn die Tiere erworben und bis zur Schlachtreife mit Fremdfutter gefüttert werden.[33] **17**

Zur Urproduktion zählt auch die **Bearbeitung und der Verkauf der gewonnenen Produkte** im verkehrsüblichen Rahmen, zB die Kelterung von Säften oder Wein aus eigenen Früchten und deren Ausschank oder der Verkauf selbstgebackenen Brotes aus eigenem Getreide. Erforderlich ist allerdings, dass diese Tätigkeiten einen bloßen Nebenbetrieb darstellen, der im Verhältnis zum Hauptbetrieb, der die unmittelbare Gewinnung der Rohprodukte zum Gegenstand hat, von untergeordneter Bedeutung ist. Hierfür ist ein **betrieblicher Zusammenhang mit dem Hauptbetrieb** in wirtschaftlicher und räumlicher Hinsicht erforderlich. Der Verkauf selbst geernteter landwirtschaftlicher Produkte in der nächsten Stadt unterfällt deshalb nicht mehr der Urproduktion. Gleiches gilt, wenn der wirtschaftliche Zusammenhang dadurch unterbrochen wird, dass neben selbst gewonnenen zu einem großen Teil zugekaufte Produkte angeboten werden.[34] Schließlich ist ein wirtschaftlicher Zusammenhang mit der Urproduktion im genannten Sinne der Abhängigkeit von nicht beherrschbaren Produktionsfaktoren zu verneinen, wenn zwar ausschließlich eigene Produkte am Ort des bspw. landwirtschaftlichen Betriebs angeboten werden, dies jedoch in der Form eines ganzjährig geöffneten Ladenlokals oder Gaststättenbetriebs.[35] **18**

> Bei der Wohnungsvermietung in Fall 8 handelt es sich um keine Urproduktion.

b) Freie Berufe

Keine Gewerbe sind auch die freien Berufe, die zur Beantwortung der Frage der Gewerbsfähigkeit einer Tätigkeit in zwei Gruppen unterteilt werden: Freiberuflich ausgeübt werden **19**

---

[32] Vgl. *Tettinger/Wank/Ennuschat*, GewO § 1 Rn. 51.
[33] VGH Mannheim GewArch 1971, 252 (253); *K. H. Friauf*, in: Friauf, GewO § 1 Rn. 165; *Stober/Eisenmenger*, BesWiVerwR § 45 VIII 1. A. M. *G. Kahl*, in: Landmann/Rohmer, GewO Einl. Rn. 64.
[34] *B. Sprenger-Richter*, in: Robinski, GewR B Rn. 50.
[35] *Tettinger/Wank/Ennuschat*, GewO § 1 Rn. 54 f.

- wissenschaftliche, künstlerische und schriftstellerische Tätigkeiten höherer Art sowie
- Dienstleistungen höherer Art, die eine höhere Bildung erfordern.[36]

20 Wann eine wissenschaftliche, künstlerische oder schriftstellerische Tätigkeit von „höherer Art" ist, ist in Rspr. und Literatur wenig geklärt. Insoweit wird man auf das **Gesamtbild der Tätigkeit** und dessen Übereinstimmung mit den wesentlichen Merkmalen von freien Berufen abstellen müssen. Prägend sind insofern eine besondere berufliche Qualifikation sowie eine persönliche Erbringung fachlich-ideeller Leistungen.[37]

21 In der Praxis problematisch ist vor allem die Abgrenzung zwischen sog. freier Kunst und Kunstgewerbe. Als Kriterium für das Vorliegen von **freier Kunst** wird vor allem die freie schöpferische Gestaltung, in der Eindrücke, Erfahrungen und Erlebnisse des Künstlers vermittels einer bestimmten Formensprache und Gestaltungshöhe zur unmittelbaren Anschauung gebracht werden, genannt.[38] Allerdings ist dies im Einzelfall schwierig festzustellen, so dass man sich für die Abgrenzung zum Kunstgewerbe eher an der manifestierten **Motivation des Schaffenden** orientieren muss: Steht für ihn der künstlerische Prozess selbst, also der Werk- und Wirkbereich der Kunst[39], im Vordergrund, so wird man von einer künstlerischen Tätigkeit ausgehen können. Geht es ihm hingegen primär um die Vermarktung, die Erzielung von Einnahmen, so übt er – bei Vorliegen der übrigen Voraussetzungen – ein Gewerbe aus.[40] Daher ist es zutreffend, bei der Zuordnung einer Ausstellung von Kunstwerken danach zu unterscheiden, ob in erster Linie deren künstlerische Wirkung vermittelt oder ihr Verkauf befördert werden soll.[41] Entsprechend wird ein Photograph künstlerisch tätig, wenn er Exponate für Ausstellungen herstellt, aber gewerblich, wenn er auf Bestellung, etwa als Hochzeits- oder Portrait-Photograph tätig wird.[42] Unter diesen Vorgaben ist es wenig nachvollziehbar, die entgeltliche Anfertigung von Scherenschnitten in Fußgängerzonen nicht dem Gewerbe zuzuordnen.[43]

22 Dienstleistungen höherer Art erfordern eine höhere Bildung, wenn für die Ausübung der Tätigkeit grundsätzlich ein abgeschlossenes Hochschul- oder Fachhochschulstudium erforderlich ist.[44] Dabei kommt es nicht darauf an, ob der konkrete Dienstleister über ein abgeschlossenes Studium verfügt oder nicht, sondern darauf, ob ein Studium zur Ausübung der Tätigkeit objektiv erforderlich ist.[45] Da dieser Unterricht bspw. auch durch ältere Schüler oder Studierende erteilt werden kann, ist Hausaufgabenbetreuung oder Nachhilfeunterricht keine eine höhere Bildung erfordernde Dienstleistung höherer Art.[46] Anderes gilt für einen Studierende auf ihre Universitätsprüfungen vorbereitenden Repetitor.[47]

---

[36] BVerwG NJW 1977, 772; DÖV 2008, 642; OVG Lüneburg GewArch 2008, 34, 35; OVG Münster DÖV 2001, 829; GewArch 2012, 209.

[37] Vgl. *Tettinger/Wank/Ennuschat*, GewO § 1 Rn. 59. **Lesen** Sie dazu OVG Lüneburg GewArch 2008, 34, 35 ff.

[38] Vgl. zu diesen Kriterien BVerfGE 30, 173 (188 f.); 83, 130 (138); BFH NJW 1982, 672; OVG Münster GewArch 1987, 235.

[39] Zu dieser Unterscheidung BVerfGE 30, 173 (189); 81, 278 (292).

[40] Ablehnend *K. H. Friauf*, in: Friauf, GewO § 1 Rn. 187: „Auch die Kunst ... muss heute ‚nach Brot gehen'." Dies wird ihr freilich durch die im Text getroffene Unterscheidung nicht genommen.

[41] So VG Freiburg GewArch 2001, 246 (247).

[42] *Stober/Eisenmenger*, BesWiVerwR § 45 VIII 3.

[43] So aber VGH Mannheim NJW 1989, 1299.

[44] BVerwGE 78, 6 (8); BVerwG GewArch 1995, 152 (153); DÖV 2008, 642; OVG Münster DÖV 2001, 829; GewArch 2012, 209.

[45] OVG Lüneburg GewArch 2008, 34, 35; OVG Münster GewArch 2012, 209.

[46] BVerwGE 78, 6 (8 f.); OVG Lüneburg GewArch 1977, 368; 2002, 293.

[47] OVG Münster GewArch 1969, 181 (182).

In Fall 8 ist die Vermietung der beiden Wohnungen weder eine wissenschaftliche, künstlerische oder schriftstellerische Tätigkeit noch eine, eine höhere Bildung erfordernde Dienstleistung höherer Art.

c) Verwaltung eigenen Vermögens

Die Herausnahme der Verwaltung und Nutzung eigenen Vermögens aus dem Gewerbebegriff beruht auf der Zuordnung dieser Tätigkeit zur **privaten Sphäre** des Betreffenden, wodurch der Schutz der Allgemeinheit durch Einsatz des **gewerberechtlichen Instrumentariums nicht erforderlich** ist. Allerdings gilt dies nur dann, wenn das Gesamtbild der Tätigkeit wegen der Intensität des Gewinnstrebens, der Dauer und des Umfangs der Tätigkeit sowie der Berührung der Interessen Dritter nicht eine Gleichstellung mit einem Gewerbe erfordert.[48] Die Vermietung einer einzelnen Ferienwohnung ist deshalb kein Gewerbe[49], wohl aber der Betrieb eines Campingplatzes mit 1200 Standplätzen[50] oder die ganzjährige Vermietung von 10 Ferienwohnungen mit insgesamt 55 Betten[51].

23

A und B vermieten in Fall 8 zwar nur zwei Wohnungen, was dafür sprechen könnte, diese Tätigkeit als bloße Verwaltung eigenen Vermögens anzusehen. Jedoch wechseln die Gäste in den Wohnungen mit einer derart hohen Frequenz, dass die Intensität der Vermarktung der Wohnungen, die auch durch die Zeitungsinserate befördert wird, eine Einordnung als Gewerbe nahelegt.

III. Für die einzelnen Gewerbearten geltende Anforderungen

Die GewO unterscheidet zwischen drei Gewerbearten, um durch diese **Typisierung verschiedenen Formen der Gewerbeausübung** und den damit verbundenen Gefahren gerecht werden zu können:

24

Formen der Gewerbeausübung		
Stehendes Gewerbe (§§ 14 ff. GewO) → Rn. 29 ff.	Reisegewerbe (§§ 55 ff. GewO) → Rn. 69 ff.	Marktgewerbe (Messen, Ausstellungen, Märkte, §§ 64 ff. GewO) → Rn. 77 ff.

In der Grobeinteilung ist der Beginn eines stehenden Gewerbes nur anzeige- (§ 14 I GewO; → Rn. 30 ff.), der Betrieb eines Reisegewerbes dagegen erlaubnispflichtig (§ 55 II GewO; → Rn. 69); im Marktverkehr gilt der Grundsatz der Marktfreiheit (§ 70 GewO; → Rn. 77). Für die drei Gewerbearten gelten zwar **unterschiedliche Regelungen**, jedoch verweisen die Bestimmungen über das Reise- und das Marktgewerbe in weitem Umfang auf die Vorschriften für das stehende Gewerbe (vgl. § 55c S. 2, § 57 II und III, § 59 S. 2, § 60a II 1 und III, § 61a, § 70a II und III, § 71b GewO). Zu beachten ist, dass die inhaltlichen Maßstäbe für einzelne Eingriffstatbestände wie das Vorliegen von Unzuverlässigkeit für alle Gewerbearten weitgehend

---

[48] BVerwG GewArch 1993, 196 (197 f.).
[49] VG Braunschweig NJW 1986, 1704 f.
[50] BVerwG NJW 1977, 772.
[51] BVerwG GewArch 1993, 196 (197 f.).

deckungsgleich sind, aber im Rahmen unterschiedlicher Tatbestände anzuwenden sind:

Ver- bzw. Untersagung wegen Unzuverlässigkeit		
stehendes Gewerbe: §§ 30 I 2 Nr. 1, 33a II Nr. 1, 33c II, 33d III 1, 33i II Nr. 1, 34 I 3 Nr. 1, 34a I 3 Nr. 1, 34b IV Nr. 1, 34c II Nr. 1, 35 GewO	Reisegewerbe: §§ 57, 59, 60a II 4 iVm 33d III, 60a III 2 iVm 33i II Nr. 1 GewO	Messen, Ausstellungen, Märkte: §§ 69a I Nr. 2, 70a I, 70a II iVm 34a I 3 Nr. 1 bzw. 34c II Nr. 1 GewO

Für alle Gewerbearten gleichermaßen gilt der in § 1 I GewO verankerte Grundsatz der Gewerbefreiheit.

1. Grundsatz der Gewerbefreiheit

25 Mit der Gestattung für jedermann, ein Gewerbe zu betreiben, soweit nicht durch dieses Gesetz Ausnahmen oder Beschränkungen vorgeschrieben oder zugelassen sind, enthält **§ 1 I GewO** den **Grundsatz der Gewerbefreiheit**. **Verfassungsrechtlich** ist die Gewerbefreiheit durch **Art. 12 I GG**[52] und im Rahmen des **Art. 14 I GG** durch das Recht am eingerichteten und ausgeübten Gewerbebetrieb (→ § 3 Rn. 32) gewährleistet. Allerdings ist der **persönliche Schutzbereich des § 1 I GewO** weiter als der der genannten Verfassungsnormen: Erfasst werden auch ausländische natürliche und juristische Personen sowie keine öffentlichen Aufgaben erfüllende rechtlich selbständige Einrichtungen des Staates und der Kommunen.[53] Für die letztgenannten Einrichtungen bestehen allerdings regelmäßig Spezialregelungen, die den Bereich der zulässigen Tätigkeit regeln.

26 Inhaltlich gewährt § 1 I GewO jedem, der sich auf die Vorschrift berufen kann, ein **subjektives öffentliches Recht, ein Gewerbe zu beginnen und fortzusetzen**. Sofern nicht Einschränkungen ausdrücklich angeordnet sind, kann ein Gewerbe danach ohne Beachtung jedweder Voraussetzungen begonnen und fortgesetzt werden. Darüber hinaus besteht ein Anspruch darauf, dass eine einzuholende Erlaubnis bei Vorliegen der gesetzlichen Voraussetzungen erteilt wird.[54] Einbezogen ist auch der gleichzeitige Betrieb mehrerer Gewerbe (§ 3 S. 1 GewO).

27 § 1 I GewO sieht vor, dass **Ausnahmen und Beschränkungen** „durch dieses Gesetz", d. h. die GewO, vorgeschrieben oder zugelassen werden können. Die GewO selbst enthält eine ganze Reihe von Einschränkungen der Gewerbefreiheit, so für das stehende Gewerbe die Anzeigepflicht (§ 14 GewO; → Rn. 30 ff.) und die Genehmigungsbedürftigkeit für verschiedene Formen des Gewerbes (→ Rn. 34 ff.) oder die grundsätzliche Erlaubnisbedürftigkeit des Reisegewerbes (§ 55 II GewO; → Rn. 69). Außerhalb der GewO bestehen weitere Zulassungsbeschränkungen, bspw. im Handwerks- und im Gaststättenrecht (→ §§ 11 f.). **Bundesrechtliche Regelungen** verdrängen dabei als spätere Gesetze die GewO, soweit sie von dieser abweichen. Strafrechtlich verbotene Betätigungen unterfallen nicht der Gewerbefreiheit.[55] **Landesrechtliche Beschränkungen** des Grundsatzes der Gewerbefreiheit sind hingegen nur zulässig, wenn sie bundesrechtlich ausdrücklich zugelassen sind. So kann auf der Grundlage des § 33b GewO landesrechtlich eine Erlaubnispflicht für Tanzlustbarkeiten angeordnet werden.

---

[52] BVerfGE 50, 290 (362).
[53] *Tettinger/Wank/Ennuschat*, GewO § 1 Rn. 83 ff.
[54] *G. Kahl*, in: Landmann/Rohmer, GewO § 1 Rn. 13.
[55] BVerwG NVwZ 2006, 1175 (1177).

Zu beachten ist, dass die Vorschriften der GewO über Spielhallen (§ 33i GewO), die Schaustellung von Personen (§ 33a GewO) sowie Messen, Ausstellungen und Märkte (§§ 64 ff. GewO) seit der durch die Föderalismusreform 2006 herbeigeführten Änderung des Art. 74 I Nr. 11 GG nicht mehr zur konkurrierenden Gesetzgebung gehören, sondern der alleinigen **Zuständigkeit der Länder** unterfallen.[56] In *diesen* Bereichen können die Länder also jederzeit Vorschriften erlassen, die von den – als Bundesrecht fortgeltenden (Art. 125a I 1 GG) – Bestimmungen der GewO abweichen.

Allerdings ist der Schutz des § 1 I GewO auf die Zulassung zum Betrieb eines Gewerbes und dessen Fortsetzung als solche, also auf das **„Ob" des Gewerbebetriebs**, beschränkt. Die Gewerbeausübung, das „Wie" des Gewerbebetriebs, wird von der Gewährleistung nicht erfasst.[57] Anders als Zulassungsregelungen sind landesrechtliche Regelungen für die Gewerbeausübung auch ohne bundesrechtliche Ermächtigung mit § 1 GewO vereinbar. Für das **Verhältnis zum landesrechtlichen Ordnungsrecht** gilt folgendes:

28

- Ordnungsrechtliche Vorschriften, die lediglich die Art und Weise der Gewerbeausübung betreffen, stehen nicht im Widerspruch zu § 1 I GewO.
- Unzulässig sind Bestimmungen des Landesrechts, die die Gewerbetätigkeit als solche untersagen[58] oder die zwar als Ausübungsregelungen gefasst sind, jedoch die Ausübung des Gewerbes faktisch unmöglich machen[59]
- Als Eil- oder vorläufige Maßnahmen sind auf der Grundlage des allgemeinen Ordnungsrechts auch auf die Aufnahme oder Fortsetzung des Gewerbes wirkende Anordnungen zulässig.[60]

In Fall 8 handelt es sich bei der Vermietung der Wohnungen nach Aufhebung des § 1 I Nr. 3 GastG a. F. um keinen Gaststättenbetrieb i. S. d. GastG mehr. Sofern gegen die Tätigkeit von A und B ordnungsrechtlich vorgegangen werden soll, darf nicht die Tätigkeit als solche verhindert werden.

2. Stehendes Gewerbe

Eine positive Bestimmung des Begriffs des stehenden Gewerbes ist nicht möglich. Zwar wird ein stehendes Gewerbe in der Regel von einer gewerblichen Niederlassung iSv § 4 III GewO aus betrieben; zwingend ist dies aber nicht[61]. Ein stehendes ist daher jedes Gewerbe, das **weder im Reisegewerbe noch im Marktverkehr** ausgeübt wird.

29

Daher handelt es sich im Fall 8 bei der Vermietung der Wohnungen um ein stehendes Gewerbe. Im Fall 9 möchte der D hingegen im Marktverkehr tätig werden (→ Rn. 84).

---

[56] Dazu *W. Höfling/S. Rixen*, GewArch 2008, 1 ff.
[57] BVerwGE 38, 209 (213).
[58] OVG Weimar GewArch 2002, 478 (479).
[59] BVerwGE 38, 209 (213 f.).
[60] Vgl. OVG Koblenz GewArch 1999, 30.
[61] VG Lüneburg GewArch 1998, 28.

a) Anzeigepflicht

30 Vorbehaltlich der Anordnung von Genehmigungserfordernissen für einzelne Gewerbetätigkeiten (→ Rn. 34 ff.) ist der Beginn eines stehenden Gewerbes nur an eine zumindest gleichzeitige **Anzeige gegenüber der zuständigen Behörde** gebunden (§ 14 I GewO). Ausweislich des § 14 I 3 GewO a. F. bestand der Zweck dieser Anzeigepflicht darin, der Behörde die **Überwachung der Gewerbeausübung** sowie statistische Erhebungen zu ermöglichen. Erst durch die Anzeige erlangt die Behörde Kenntnis von der aufgenommenen Tätigkeit und kann prüfen, ob ein Gewerbe vorliegt, dieses ggf. genehmigungsbedürftig ist und der Gewerbetreibende die erforderliche Zuverlässigkeit besitzt (→ Rn. 42 ff.). Sie wird dadurch in den Stand versetzt, das Instrumentarium der Gewerbeüberwachung (→ § 5 Rn. 11 ff.) einzusetzen.

31 Die Anzeigepflicht

- gilt zunächst für den **Beginn eines stehenden Gewerbes**. Unter einem Beginn in diesem Sinne sind alle Handlungen zu verstehen, die von einem Außenstehenden der Teilnahme am allgemeinen Wirtschaftsverkehr zugerechnet würden. Hierzu zählen auch außenwirksame Handlungen zur Vorbereitung der eigentlichen Gewerbetätigkeit wie die Anmietung von für die Tätigkeit benötigten Räumen, der Erwerb von Waren zur Weiterveräußerung etc.[62] Dem Betrieb des Gewerbebetriebs als solchem gleichgestellt sind der Beginn des Betriebs einer Zweigniederlassung oder einer unselbständigen Zweigstelle.[63]
- erfasst ebenso die **Verlegung des Betriebs** (§ 14 I 2 Nr. 1 GewO), den **Wechsel oder die Ausdehnung des Gegenstands** des Gewerbes (§ 14 I 2 Nr. 2 GewO) und die **Aufgabe des Gewerbes** (§ 14 I 2 Nr. 3 GewO). Unter den Voraussetzungen des § 14 I 3 GewO kann die Behörde die Abmeldung von Amts wegen vornehmen.
- entsteht erst mit dem Beginn der Gewerbetätigkeit; „gleichzeitig" ist die Anzeige noch, wenn sie **binnen angemessener Frist nach Gewerbebeginn**, jedenfalls aber unverzüglich erstattet wird.[64]
- besteht auch dann, wenn das Gewerbe genehmigungspflichtig ist und die Genehmigung vorliegt[65]
- oder der Behörde die Aktivitäten des Gewerbetreibenden in anderer Weise bekannt geworden sind[66].
- ist von demjenigen zu erfüllen, **der das stehende Gewerbe selbständig betreibt,** bei nicht rechtsfähigen Personengesellschaften also von allen geschäftsführungsbefugten Gesellschaftern (→ Rn. 15), bei juristischen Personen von diesen selbst; die für zur Vertretung der juristischen Person Berechtigten erfüllen die Verpflichtung der juristischen Person, ohne selbst Verpflichtete zu sein[67].

In Fall 8 sind sowohl der A als auch die B anzeigepflichtig.

---

[62] *K.-M. Heß*, in: Friauf, GewO § 14 Rn. 110.
[63] Zur Abgrenzung im Einzelnen *Tettinger/Wank/Ennuschat*, GewO § 14 Rn. 15 ff.
[64] *K.-M. Heß*, in: Friauf, GewO § 14 Rn. 80.
[65] *Tettinger/Wank/Ennuschat*, GewO § 14 Rn. 35.
[66] OVG Saarlouis GewArch 1992, 227 (228).
[67] *K.-M. Heß*, in: Friauf, GewO § 14 Rn. 64 ff.

Die Anzeige nach § 14 GewO ist eine einseitige **empfangsbedürftige Willenserklä-** 32
rung, die keinerlei Rechte oder Pflichten des Gewerbetreibenden begründet und
allenfalls ein Indiz dafür ist, dass tatsächlich ein Gewerbe ausgeübt wird.[68] Wird sie
unter **Verstoß gegen § 14 GewO** unterlassen, so kann das Gewerbe nicht untersagt
(§ 15 II GewO gilt gerade nur für zulassungspflichtige Gewerbe), sondern der Gewerbetreibende nur zur Abgabe der Anzeige aufgefordert werden. Diese **Aufforderung** stellt einen Verwaltungsakt dar[69], der im Wege der Verwaltungsvollstreckung
(Zwangsgeld) durchgesetzt werden kann.

Binnen dreier Tage hat die Behörde den Empfang der Anzeige zu bescheinigen (§ 15 I GewO). Mangels 33
Regelungsgehalts ist dieser lediglich den Erhalt der Anzeige bestätigende sog. **Gewerbeschein** kein Verwaltungsakt. Der Gewerbetreibende hat ein **subjektives-öffentliches Recht auf Ausstellung** der Bescheinigung nach § 15 I GewO.[70] Verweigert die Behörde ausdrücklich die Ausstellung, so richtet sich
der Anspruch auch in diesem Fall lediglich auf einen Realakt, so dass er mit der allgemeinen Leistungsklage zu verfolgen ist.[71] Zur Verhinderung der Bestandskraft der Ablehnungserklärung ist diese gleichzeitig mit der Anfechtungsklage anzugreifen.

b) Besondere Genehmigungsbedürftigkeit

Neben gewerberechtlichen Spezialgesetzen wie dem Gaststättenrecht (→ § 12 34
Rn. 12) und dem Handwerksrecht (→ § 11 Rn. 11) statuiert auch die GewO in
den §§ 30 ff. eine **Genehmigungsbedürftigkeit für bestimmte gewerbliche Tätigkeiten**, nämlich für den Betrieb von Privatkrankenanstalten (§ 30 GewO), die
Schaustellung von Personen (§ 33a GewO), die Aufstellung von Spielgeräten mit
Gewinnmöglichkeiten (§ 33c GewO), die Veranstaltung von anderen Spielen mit
Gewinnmöglichkeiten (§ 33d GewO), den Betrieb einer Spielhalle und ähnlicher
Unternehmen (§ 33i GewO), den Betrieb eines Pfandleih- (§ 34 GewO), Bewachungs- (§ 34a GewO) oder Versteigerergewerbes (§ 34b GewO) sowie die Tätigkeit als Makler, Bauträger oder Baubetreuer (§ 34c GewO). Keine Regelungen über
die Zulassung zu einem Gewerbe enthalten demgegenüber § 34b V und § 36
GewO betr. die öffentliche Bestellung von Versteigerern und Sachverständigen, da
die öffentliche Bestellung keine Voraussetzung für die Ausübung des Gewerbes des
Versteigerers bzw. Sachverständigen ist, sondern eine besondere Qualifikation zuerkennt.

Es handelt sich durchweg um präventive **Verbote mit Erlaubnisvorbehalt**, die vor 35
allem eine Prüfung der Zuverlässigkeit des Betreffenden vor Aufnahme der Gewerbetätigkeit, teilweise auch seiner wirtschaftlichen Leistungsfähigkeit, nicht aber seiner
Sachkunde ermöglichen sollen; einige Ausnahmen in letzterer Hinsicht sind der für
das Bewachungsgewerbe durch § 34a I 3 Nr. 3 GewO geforderte Unterrichtsnachweis und die Sachkundeprüfung für bestimmte bewachungsgewerbliche Tätigkeiten nach § 34a I 6 GewO. Darüber hinaus ist die Erteilung verschiedener Erlaubnisse von der Erfüllung von Anforderungen an Lage, Räumlichkeiten oder Anlagen
des Gewerbebetriebs abhängig (vgl. § 30 I 2 Nr. 2–4, § 33a II Nr. 3, § 33c I 2, III,

---

[68] BVerwG NVwZ 2004, 103; VGH München GewArch 1985, 298 (299).
[69] BVerwG NVwZ 1991, 267 (268); GewArch 1993, 196 (197), OVG Lüneburg GewArch 2008, 34.
[70] VGH Mannheim VBlBW 2007, 471.
[71] *K.-M. Heß*, in: Friauf, GewO § 15 Rn. 9 f. A. M. *P. Marcks*, in: Landmann/Rohmer, GewO § 15
Rn. 7: Ablehnung als Verwaltungsakt; *Tettinger/Wank/Ennuschat*, GewO § 15 Rn. 8: Verpflichtungsklage.

§ 33i II Nr. 2 und 3 GewO). In den letztgenannten Fällen handelt es sich um sog. **gemischte Konzessionen**, in den anderen, in denen die Erlaubniserteilung allein von persönlichen Eigenschaften und Voraussetzungen abhängig ist, um sog. **Personalkonzessionen**.

aa) Wirkung und Aufhebung der Genehmigung

36 Für einige – nicht alle dieser – Erlaubnisse gilt die Genehmigungsfiktion nach § 6a GewO, d. h. die Erlaubnis gilt als erteilt, wenn über den Antrag auf Erlaubniserteilung nicht binnen drei Monaten entschieden worden ist. Die schriftliche Erteilung der Erlaubnis ist nicht vorgeschrieben und lässt sich auch nicht § 15 I GewO entnehmen[72]. Die Form der Erlaubnis ist aber in vielen Fällen in den landesrechtlichen Ausführungsbestimmungen geregelt. Die **Zulässigkeit von Nebenbestimmungen** richtet sich nach § 36 VwVfG, wobei die Beifügung oder der nachträgliche Erlass von Nebenbestimmungen regelmäßig ausdrücklich vorgesehen ist (vgl. § 33a I 3, § 33c I 3, § 33d I 2, § 33i I 2, § 34 I 2, § 34a I 2, § 34b III, § 34c I 2 GewO). Die nach den §§ 30 ff. GewO erteilten Erlaubnisse entfalten **keine Konzentrationswirkung**, umfassen also nicht ggf. weitere einzuholende Genehmigungen wie Baugenehmigungen oder straßenrechtliche Sondernutzungserlaubnisse. Diese sind vielmehr bei den für ihre Erteilung zuständigen Behörden zusätzlich zu beantragen.

37 Die als Personalkonzession ausgestalteten Erlaubnisse **erlöschen** mit dem Tod des Erlaubnisinhabers. Allerdings besteht nach § 46 GewO für den überlebenden Ehegatten bzw. Lebenspartner und die minderjährigen Erben die Möglichkeit der Fortführung des Gewerbes durch einen die Erlaubnisvoraussetzungen erfüllenden Stellvertreter (§ 45 GewO). Die Erlaubnisse nach §§ 30, 33a und 33i GewO erlöschen darüber hinaus, wenn sie innerhalb eines Jahres noch nicht oder nicht mehr ausgenutzt werden (§ 49 GewO). Soweit nicht spezielle Aufhebungsvorschriften (zB § 33d IV, V, § 33e II GewO) vorgesehen sind, richten sich **Rücknahme und Widerruf der Erlaubnis** nach den §§ 48 und 49 VwVfG. Dies gilt auch dann, wenn die für die Erteilung der Erlaubnis notwendige **Zuverlässigkeit später wegfällt** und der Erlaubnisinhaber unzuverlässig wird. In diesen Fällen kann die Erlaubnis nach § 49 II 1 Nr. 3 VwVfG widerrufen werden, so dass wegen § 35 VIII GewO eine Gewerbeuntersagung wegen Unzuverlässigkeit nach § 35 GewO (→ Rn. 41) nicht in Betracht kommt.

bb) Gewerbeüberwachung und Folgen fehlender Genehmigung

38 § 29 GewO enthält **Auskunftspflichten** des Gewerbetreibenden und **Nachschaubefugnisse** der zuständigen Behörden anordnende Regelungen, die u. a. für erlaubnispflichtige Gewerbe nach den §§ 30 ff. GewO gelten. Eine analoge Anwendung auf Gewerbe, deren Erlaubnisbedürftigkeit in anderen Vorschriften statuiert ist, ist nicht möglich[73] (zur Gewerbeüberwachung → § 5 Rn. 6 ff.).

39 Hingegen kommt es für die Anwendung des § 15 II GewO nicht darauf an, ob das Zulassungserfordernis für das betreffende Gewerbe in der GewO oder in einem anderen Gesetz angeordnet wird, sofern es sich um ein gewerberechtliches (präventives) Zulassungserfordernis handelt. Repressive Verbote bestimmter Tätigkeiten fallen nicht unter § 15 II GewO.[74] Die Vorschrift tritt allerdings hinter **spezialgesetzliche Bestimmungen** wie § 16 III HandwO (→ § 11 Rn. 43) oder § 20 II BImSchG zurück. Gemäß § 15 II GewO kann die zuständige Behörde die Fortsetzung des Be-

---

[72] A. M. *D. Ehlers*, in: Ehlers/Fehling/Pünder I § 18 Rn. 44.
[73] *Tettinger/Wank/Ennuschat*, GewO § 29 Rn. 5.
[74] BVerwG NVwZ 2006, 1175 (1177).

triebs verhindern, wenn ein zulassungspflichtiges Gewerbe ohne die erforderliche Zulassung betrieben wird. Die Prüfung des Erlasses einer solchen **Schließungsverfügung** kann in der folgenden Weise vorgenommen werden:

1. **Ausschluss durch Spezialregelung** (zB §§ 16 III HandwO, 20 II BImSchG).
2. Voraussetzung der **formellen Gewerberechtswidrigkeit**: Fehlen der für den Gewerbebetrieb erforderlichen Zulassung; auf die Gründe des Fehlens (Nichtbeantragung, Aufhebung, Erlöschen o. a.) kommt es nicht an.
3. **Entschließungsermessen** der Behörde: Behörde kann eingreifen, muss es aber nicht. Insoweit ist zu unterscheiden:
    a) Die Voraussetzungen für die Erteilung der Zulassung liegen nicht vor (**materielle Gewerberechtswidrigkeit**): In diesem Fall ist ein Einschreiten der Behörde regelmäßig möglich, um die Beachtung des Gewerberechts durchzusetzen; besonderen Schutzinteressen bspw. der Beschäftigten des Betriebs kann durch die Einräumung einer angemessenen Abwicklungsfrist ausreichend Rechnung getragen werden.[75]
    b) Da die Zulassungsvoraussetzungen vorliegen, könnte das Gewerbe genehmigt werden (**materielle Gewerberechtmäßigkeit**): Hier ist die Behörde nicht unter Verhältnismäßigkeitsgesichtspunkten verpflichtet, vor Erlass einer Schließungsverfügung den Gewerbetreibenden zur Beantragung der erforderlichen Zulassung aufzufordern, da dies einer „Einladung" gleichkäme, das Gewerbe zunächst einmal ohne Zulassung auszuüben.[76] Etwas anderes muss aber dann gelten, wenn die Erteilung der Zulassung wegen eines bereits gestellten oder unmittelbar bevorstehenden Antrags mit Sicherheit zu erwarten ist oder die Zulassung von der Behörde rechtswidrig verweigert worden ist.[77]
4. **Auswahlermessen** der Behörde: Durch welche Maßnahmen die Behörde die Fortsetzung des Betriebs verhindern will, steht in ihrem Ermessen. In der Regel wird die Behörde die **Schließung des Betriebes** anordnen; ggf. führt das Gebot der Verhältnismäßigkeit zur Zulässigkeit nur einer Teilschließung.
5. **Schließungsverfügung**: Sie stellt einen Verwaltungsakt dar, der mit den Mitteln des Verwaltungszwangs durchgesetzt werden kann. Die tatsächliche Schließung des Betriebes erfolgt daher durch eine Vollstreckungsmaßnahme. Die Anwendung unmittelbaren Zwangs ohne vorausgehende Schließungsverfügung ist unzulässig.[78]

---

[75] *K.-M. Heß*, in: Friauf, GewO § 15 Rn. 100. Weitergehend *Tettinger/Wank/Ennuschat*, GewO § 15 Rn. 21: Abzuwarten sind etwa erfolgversprechende Verkaufsverhandlungen oder Geschäfte, ohne die unangemessen hohe Verluste drohen.
[76] Vgl. OVG Münster GewArch 1984, 332 (333); VGH Mannheim GewArch 1993, 203 (204); 2004, 126 f.; VGH München GewArch 2003, 420 f.; *K.-M. Heß*, in: Friauf, GewO § 15 Rn. 93; *H.-W. Laubinger/U. Repkewitz*, VerwArch 1998, 337 (357 f.). A. M. *D. Ehlers*, in: Ehlers/Fehling/Pünder I § 18 Rn. 49; *P. Marcks*, in: Landmann/Rohmer, GewO § 15 Rn. 15; *Stober/Eisenmenger*, BesWiVerwR § 46 I 8 b.
[77] VGH Mannheim GewArch 2004, 126 f.; VGH München GewArch 1986, 65 (66); 1989, 240.
[78] OVG Frankfurt/O. GewArch 2002, 28 f.; VGH Mannheim GewArch 1994, 30 (31).

40 Gegen die Schließungsverfügung kann sich der Gewerbetreibende mit Widerspruch und **Anfechtungsklage** wehren. Da es sich bei der Schließungsverfügung um einen **Dauerverwaltungsakt** handelt, ist maßgeblicher Zeitpunkt für die Beurteilung der Sach- und Rechtslage – anders als bei der Überprüfung einer Gewerbeuntersagung nach § 35 GewO (→ Rn. 66) – die letzte mündliche Verhandlung vor einer Tatsacheninstanz.[79] Hat der Gewerbetreibende bis zu diesem Zeitpunkt die notwendige Zulassung erhalten, so ist die Schließungsverfügung aufzuheben. § 15 II 1 GewO entfaltet selbst keine drittschützende Wirkung. Ob ein **Dritter** einen Anspruch auf ermessensfehlerfreie Entscheidung über ein Einschreiten nach § 15 II 1 GewO oder sogar auf den Erlass einer Schließungsverfügung hat, hängt davon ab, ob das jeweilige Zulassungserfordernis zumindest auch im Interesse des betreffenden Dritten erlassen wurde oder allein – das ist der absolute Regelfall – öffentlichen Interessen dient.[80]

c) Untersagung wegen Unzuverlässigkeit

41 Nach der Systematik des deutschen Gewerberechts ist die Zuverlässigkeit des Gewerbetreibenden unabdingbare **Voraussetzung für die Ausübung eines Gewerbes**. Für zulassungspflichtige Gewerbe ist das Vorliegen der Zuverlässigkeit regelmäßig Voraussetzung für die Erteilung der Genehmigung (vgl. nur §§ 30 I Nr. 1, 33a II Nr. 1, 33c II 1, 33d III 1, 33i II Nr. 1, 34 I 3 Nr. 1, 34a I 3 Nr. 1, 34b IV Nr. 1, 34c II Nr. 1 GewO, § 4 I 1 Nr. 1 GastG). Wegen des in diesen Fällen nach § 49 II 1 Nr. 3 VwVfG möglichen Widerrufs der Erlaubnis ist gemäß § 35 VIII GewO eine Gewerbeuntersagung wegen Unzuverlässigkeit nach § 35 GewO nicht möglich. Gleiches gilt für das reisegewerbekartenpflichtige Reisegewerbe (§ 57 I GewO). § 70a GewO enthält eine Spezialvorschrift, die es im Marktgewerbe ermöglicht, einem Aussteller oder Anbieter die Teilnahme an Veranstaltungen zu untersagen, wenn er nicht die erforderliche Zuverlässigkeit besitzt. Die Möglichkeit einer Gewerbeuntersagung nach § 35 GewO bleibt davon unberührt. Zentraler Begriff aller dieser Vorschriften ist mithin der der Zuverlässigkeit bzw. Unzuverlässigkeit.

aa) Gewerberechtliche Unzuverlässigkeit

42 Einzelne Vorschriften (zB §§ 33c II 2, 33d III 2, 34b IV Nr. 1 HS 2, 34c II Nr. 1 HS 2 GewO, § 4 I 1 Nr. 1 GastG) enthalten zwar Regelbeispiele, bei deren Vorliegen die Annahme der Unzuverlässigkeit des Gewerbetreibenden indiziert ist, erfordern jedoch bei Nichterfüllung eines Regelbeispiels zusätzlich die Prüfung des allgemeinen **Unzuverlässigkeitsbegriffs**, der auch § 35 GewO zugrunde liegt. Danach

ist derjenige Gewerbetreibende unzuverlässig, der nach dem Gesamteindruck seines Verhaltens nicht die Gewähr dafür bietet, dass er sein Gewerbe künftig ordnungsgemäß betreibt.[81]

---

[79] BVerwG GewArch 1982, 200 (201). Zum maßgeblichen Beurteilungszeitpunkt bei der Anfechtungsklage *Sodan/Ziekow*, GKÖR § 98 Rn. 11.
[80] *Tettinger/Wank/Ennuschat*, GewO § 15 Rn. 29 f.
[81] BVerwGE 65, 1 (2); BVerwG GewArch 1999, 72; *H.-W. Laubinger/U. Repkewitz*, VerwArch 1998, 145 (148) mwN.

Die Prüfung des Vorliegens von Unzuverlässigkeit vollzieht sich anhand folgender Elemente:

1. Vorliegen von Tatsachen
2. mit Bezug zum ausgeübten oder auszuübenden Gewerbe,
3. die in einer Prognoseentscheidung erwarten lassen,
4. dass der Gewerbetreibende sein Gewerbe in Zukunft nicht ordnungsgemäß ausüben wird.

Unter **Tatsachen** sind solche Vorgänge oder Zustände der Vergangenheit oder Gegenwart zu verstehen, die dem Beweis zugänglich sind. Die Gefahr erst in der Zukunft eintretender Ereignisse genügt insoweit nicht. Diese Tatsachen müssen einen **Bezug zu dem Gewerbe** aufweisen, das ausgeübt oder für das eine Zulassung beantragt wird. Nicht jede Verfehlung des Gewerbetreibenden führt also zur gewerberechtlichen Unzuverlässigkeit. Demjenigen, der verbotswidrig zu schnell fährt, fehlt nicht die Zuverlässigkeit zum Betrieb einer Spielhalle; der notwendige Gewerbebezug wäre aber bspw. mit Blick auf das Taxigewerbe gegeben. Ausschlaggebend ist allein, dass die fraglichen Tatsachen den Schluss zulassen, dass der Gewerbetreibende für das betreffende Gewerbe unzuverlässig ist. Ist dies der Fall, so kommt es nicht darauf an, ob diese Tatsachen in Ausübung des Gewerbes entstanden sind. Auch außerhalb der gewerblichen Tätigkeit an den Tag gelegte Verhaltensweisen können zu dem genannten Schluss führen, wenn etwa ein Taxiunternehmer bei mehreren privaten Fahrten alkoholisiert war.[82]

43

Die als strafbare (§ 181a StGB) Zuhälterei bereits mehrfach bestraften Verhaltensweisen des A in Fall 8 weisen einen Bezug zu dem von A und B ausgeübten Gewerbe des Vermietens von Wohnungen als intimem Treffpunkt für Paare auf. Das Verhalten des A ist nach seinem Gesamtbild darauf gerichtet, durch die Erleichterung fremden Geschlechtsverkehrs einen Gewinn zu erzielen.

Als **Prognosegrundlage** hinsichtlich der gewerberechtlichen Zuverlässigkeit können nur solche Tatsachen dienen, die dem Gewerbetreibenden zuzurechnen sind. Da das Gewerberecht besonderes Ordnungsrecht ist (→ Rn. 1), gelten hierfür die ordnungsrechtlichen Zurechnungsgrundsätze[83]. Auf ein Verschulden des Gewerbetreibenden kommt es dementsprechend nicht an.[84]

44

Auf der Grundlage dieser Tatsachen ist eine **prognostische Gesamtbewertung** anzustellen, ob das Verhalten des Gewerbetreibenden in der Vergangenheit auf **Unzuverlässigkeit in der Zukunft** schließen lässt. Die Prognose muss unter besonderer Berücksichtigung des jeweiligen Gewerbezweiges erfolgen, da hierfür jeweils andere Anforderungen gestellt werden. Die Unzuverlässigkeit ist nur spezifisch für das konkrete Gewerbe feststellbar[85]: So stellt „der ordnungsgemäße Betrieb eines Warenhauses, eines kleinen Lebensmittel- oder Textilwarengeschäftes, einer Buchhandlung, eines Pelzwarengeschäftes, eines Zeitungskioskes, eines Gold- und Schmuckwarengeschäf-

45

---

[82] Vgl. dazu VGH Kassel NJW 1982, 2459.
[83] Siehe zu ihnen *F. Schoch*, Jura 2006, 664 (670 f.); *Sodan/Ziekow*, GKÖR § 79 Rn. 6 ff.
[84] BVerwGE 65, 1 (4); OVG Bremen NVwZ-RR 2010, 102.
[85] Die Notwendigkeit des strikten Gewerbebezugs zu Recht betonend *W. Leisner*, GewArch 2008, 225 (229).

tes ... nicht die gleichen Anforderungen an den Unternehmer", obwohl es sich in allen Fällen um Einzelhandel handelt.[86] Der Behörde steht hierbei kein Prognosespielraum zu. Vielmehr handelt es sich bei dem Begriff der Zuverlässigkeit bzw. Unzuverlässigkeit um einen **unbestimmten Rechtsbegriff**, der in allen Elementen – auch der von der Behörde angestellten Prognose – voll gerichtlich überprüfbar ist.[87]

46 In der Praxis haben sich bestimmte **Fallgruppen** von Tatsachen herausgebildet, um eine die der Behörde obliegende Prognose zu systematisieren und zu erleichtern:

47 ▪ **Straftaten und Ordnungswidrigkeiten**: Abgesehen von den genannten Fällen, in denen bestimmte Straftaten als Regelbeispiele für das Vorliegen von Unzuverlässigkeit gesetzlich verankert sind (→ Rn. 42), können auch sonst Straftaten und Ordnungswidrigkeiten die Unzuverlässigkeitsprognose tragen. Sofern das Gesetz nicht – wie bei den meisten der genannten Regelbeispiele – auf die Verurteilung abstellt, ergibt sich die Unzuverlässigkeit nicht bereits aus dem Umstand der Verurteilung; vielmehr muss die Behörde den Sachverhalt – von dessen Feststellung durch das Strafgericht sie nicht zu Lasten des Gewerbetreibenden abweichen darf (§ 35 III 1 Nr. 1 GewO) – selbständig mit Blick auf die Unzuverlässigkeitsprognose würdigen.[88] Grundsätzlich muss die Straftat oder Ordnungswidrigkeit einen Bezug zu dem betreffenden Gewerbe aufweisen, was für Eigentums- und Vermögensdelikte immer anzunehmen ist.[89] Im Übrigen kann auch bei Delikten ohne engeren Bezug zur Gewerbeausübung Unzuverlässigkeit anzunehmen sein, wenn die Schwere oder Häufigkeit der Straftaten oder Ordnungswidrigkeiten den Schluss zulässt, dass der Gewerbetreibende seine Interessen ohne Rücksicht auf die Rechtsgüter anderer oder den Geltungsanspruch der Rechtsordnung durchzusetzen geneigt ist.

> Die von A mehrfach begangene Zuhälterei (§ 181a StGB), die er gleichwohl fortsetzt, lässt in Fall 8 die Prognose zu, dass er für die Ausübung des Gewerbes der Vermietung von Wohnungen zur Ermöglichung des intimen Zusammenseins von Paaren gegen Entgelt in Zukunft nicht die erforderliche Zuverlässigkeit besitzen wird.

48 ▪ **Verstöße gegen steuer- oder sozialversicherungsrechtliche Pflichten**: Führt der Gewerbetreibende fällige Steuern nicht ab, so lässt sich hieraus noch nicht ohne weiteres auf seine Unzuverlässigkeit schließen. Hinzukommen muss vielmehr, dass die Steuerrückstände sowohl ihrer absoluten Höhe nach als auch im Verhältnis zur Gesamtbelastung des Gewerbetreibenden von Gewicht sind. In die Gesamtwürdigung einzustellen ist darüber hinaus die Zeitdauer, während derer der Gewerbetreibende seinen steuerlichen Verpflichtungen nicht nachgekommen ist.[90] Ohne Rücksicht auf bestehende Steuerrückstände kann auch die beharrliche Verletzung von Pflichten zur fristgerechten Abgabe von steuerlichen Erklärungen die Unzuverlässigkeit begründen.[91] Entsprechendes gilt für Verstöße gegen sozialversiche-

---

[86] BVerwG Buchholz 451.24 Nr. 2.
[87] *H.-W. Laubinger/U. Repkewitz*, VerwArch 1998, 145 (158) mwN.
[88] VGH Mannheim GewArch 1990, 253.
[89] *Tettinger/Wank/Ennuschat*, GewO § 35 Rn. 38.
[90] BVerwG Buchholz 451.20 § 35 GewO Nr. 57; GewArch 1999, 72; OVG Weimar GewArch 2006, 472.
[91] BVerwGE 65, 1 (2); BVerwG GewArch 1982, 233 (234); OVG Koblenz GewArch 2011, 37 (38).

rungsrechtliche Pflichten, insbesondere die Nichtabführung von Sozialversicherungsbeiträgen.[92]

- **Verletzung anderer rechtlicher Pflichten**: Bei Vorliegen des notwendigen Gewerbebezugs kann die Unzuverlässigkeitsprognose auch auf Verstöße gegen andere öffentlich-rechtliche Vorschriften gestützt werden. Wichtiges Beispiel ist die Beschäftigung ausländischer Arbeitnehmer ohne Arbeitserlaubnis.[93] Verletzungen zivilrechtlicher Pflichten, bspw. die Nichterfüllung vertraglicher Verpflichtungen, sind nur in Ausnahmefällen beachtlich. § 35 GewO dient nicht dazu, die Nichterfüllung zivilrechtlicher Ansprüche zu sanktionieren. Etwas anderes kann aber dann gelten, wenn diese Pflichtverletzungen in einer Häufigkeit auftreten, die auf eine charakterliche Ungeeignet zur Gewerbeausübung schließen lassen.[94]

49

- **Mangelnde wirtschaftliche Leistungsfähigkeit**: Eine wirtschaftliche Leistungsunfähigkeit kann für alle Gewerbetreibenden und nicht nur für solche, die ein auf eine besondere finanzielle Mittelausstattung angewiesenes Gewerbe ausüben, die Unzuverlässigkeit begründen.[95] Hierfür genügen allerdings **nicht vorübergehende Zahlungsengpässe** oder die Aufnahme von Krediten zur Fortführung oder Erweiterung der Geschäftstätigkeit. Erforderlich ist vielmehr eine lang andauernde Leistungsunfähigkeit, die infolge des Fehlens von Geldmitteln eine ordnungsgemäße Betriebsführung verhindert, ohne dass Anzeichen für eine Besserung erkennbar sind.[96] In einem solchen Fall ist von dem Gewerbetreibenden zu erwarten, dass er den Gewerbebetrieb ohne Rücksicht auf die Ursachen seiner wirtschaftlichen Schwierigkeiten aufgibt.[97] Der Gewerbetreibende kann der Prognose der Unzuverlässigkeit entgegenwirken, indem er ein sinnvolles und erfolgversprechendes **Sanierungskonzept** vorlegt.[98] Eine Gewerbeuntersagung nach § 35 GewO wegen der eingetretenen Überschuldung ist während des laufenden Insolvenzverfahrens ausweislich des § 12 GewO nicht möglich, um nicht mit den Zielen des Insolvenzverfahrens in Konflikt zu geraten.[99]

50

Der Maßstab, ab wann eine die Unzuverlässigkeit begründende wirtschaftliche Leistungsunfähigkeit vorliegt, hängt insbesondere von den **Eigenheiten des Gewerbes** ab. Bei Gewerben, in denen der Kunde finanzielle Vorleistungen erbringt oder der Gewerbetreibende nach den Anschauungen des Verkehrs besonderes Vertrauen beansprucht,[100] ist die Grenze der Unzuverlässigkeit eher erreicht als bei solchen, bei denen der Kunde bspw. in unmittelbarem Austausch für seine Leistung die entsprechende Gegenleistung erhält.

51

---

[92] BVerwGE 23, 280 (281); 65, 1 (2).
[93] BVerwGE 42, 68 (70).
[94] *K.-M. Heß*, in: Friauf, GewO § 35 Rn. 256; *Tettinger/Wank/Ennuschat*, GewO § 35 Rn. 75.
[95] BVerwGE 65, 1 (4); BVerwG GewArch 1999, 72; OVG Münster NVwZ-RR 2011, 553 (554). A. M. *K.-M. Heß*, in: Friauf, GewO § 35 Rn. 198 ff.
[96] BVerwG GewArch 1999, 72; OVG Münster NVwZ-RR 2011, 553 (554); OVG Weimar GewArch 2006, 472.
[97] BVerwGE 65, 1 (4); OVG Weimar GewArch 2006, 472, 473.
[98] BVerwG EzGewR § 35 Abs. 1 GewO Nr. 23; GewArch 1997, 68.
[99] Ist das Insolvenzverfahren erst nach Erlass der Gewerbeuntersagungsverfügung eröffnet worden, so steht § 12 GewO einer Vollziehung der Verfügung entgegen, OVG Münster NVwZ-RR 2011, 553 (555).
[100] Vgl. BVerwGE 22, 16 (24); BVerwG GewArch 1972, 150.

> In Fall 8 können A und B laut Sachverhalt vorübergehend ihre die Wohnungen betreffenden Rechnungen nicht bezahlen. Der Schutz ihrer Gläubiger vor eventuellen Zahlungsausfällen gehört nicht zum Schutzzweck des § 35 GewO. Da es sich um kein Gewerbe handelt, das auf Vorleistungen oder einem besonderen Vertrauen des Kunden beruht, kann auf den vorübergehenden Zahlungsengpass nicht die Prognose der Unzuverlässigkeit wegen fehlender wirtschaftlicher Leistungsfähigkeit gestützt werden.

52 ■ **Fehlende Eignung für das betreffende Gewerbe**: Nur auf sehr zurückgezogener Linie kann das Fehlen der für die Ausübung des betreffenden Gewerbes erforderlichen intellektuellen, physischen oder fachlichen Fähigkeiten zur Unzuverlässigkeit des Gewerbetreibenden führen. Um nicht die Entscheidung des Gesetzgebers zu konterkarieren, für das betreffende Gewerbe gerade keine spezifischen Zulassungsvoraussetzungen wie einen Befähigungsnachweis einzuführen, kann es sich nur um Fälle des **Fehlens elementarster Voraussetzungen** für die Ausübung des Gewerbes handeln. Das BVerwG hat diesbezüglich das Beispiel des Schwimmlehrers, der nicht schwimmen kann, genannt.[101]

bb) Sachlicher und persönlicher Anwendungsbereich des § 35 GewO

Prüfung einer Gewerbeuntersagung nach § 35 GewO

1. Formelle Rechtmäßigkeit
   a) Zuständigkeit der Behörde (sachlich: Landesrecht, § 155 II GewO; örtlich: § 35 VII GewO)
   b) Verfahren (VwVfG; Sonderregelung: Anhörung öffentlicher Stellen nach § 35 IV GewO, wobei Fehler nach § 45 I Nr. 5 VwVfG heilbar)
2. Materielle Rechtmäßigkeit
   a) Kein Anwendungsausschluss nach § 35 VIII GewO (→ Rn. 53)
   b) Tatsächliche Ausübung (→ Rn. 54) eines stehenden Gewerbes (→ Rn. 29)
   c) Unzuverlässigkeit (→ Rn. 42 ff.)
      aa) des Gewerbetreibenden selbst (→ Rn. 55)
      bb) oder Zurechnung fremden Verhaltens (→ Rn. 56)
   d) Erforderlichkeit der Gewerbeuntersagung (→ Rn. 60)
   e) Ggf. Erstreckung der Gewerbeuntersagung in persönlicher (→ Rn. 62 f.) oder sachlicher (→ Rn. 64) Hinsicht

53 Die Untersagung des Gewerbebetriebs wegen Unzuverlässigkeit gem. § 35 GewO setzt die **Ausübung eines stehenden Gewerbes** voraus. Wie sich aus § 35 VIII GewO ergibt, unter den die Untersagung oder Betriebsschließung wegen Unzuverlässigkeit nach anderen Vorschriften sowie Widerruf und Rücknahme von die Zuverlässigkeit des Gewerbetreibenden vorausssetzenden Zulassungen fallen, wird es sich im Regelfall um ein nur anzeigepflichtiges Gewerbe handeln. Zwingend ist dies aber nicht[102], wie das Beispiel des Handwerks zeigt: Da § 16 III HandwO keine Vorschrift iSv § 35 VIII GewO ist, richtet sich die Gewerbeuntersagung wegen Unzuverlässigkeit des Handwerkers nach § 35 GewO. Ebenfalls keine auf die Unzuverlässigkeit des Gewerbetreibenden abstellende, von § 35 VIII GewO erfasste Vorschrift ist § 15 II 1 GewO. Denn der Erlass einer **Schliessungsverfügung nach § 15 II 1 GewO** (→ § 10 Rn. 39)

---

[101] BVerwG NJW 1961, 1834.
[102] A. M. *Ruthig/Storr*, ÖffWiR Rn. 286.

knüpft an das Fehlen einer Zulassung, nicht die Unzuverlässigkeit des Gewerbetreibenden an, so dass beide Vorschriften nebeneinander anwendbar sind.[103] Dies gilt nicht nur dann, wenn das Gewerbe von vornherein ohne die erforderliche Erlaubnis ausgeübt wird, sondern auch in der Konstellation, dass eine Erlaubnis zunächst erlassen und dann wieder aufgehoben wird, ohne dass die Ausübung des Gewerbes aufgegeben würde. Auch in diesem Fall bleibt § 35 GewO neben § 15 II 1 GewO anwendbar.[104]

In der Sache kann nach § 35 I 1 GewO die Ausübung eines Gewerbes von der zuständigen Behörde wegen Vorliegens von Unzuverlässigkeit untersagt werden. Dies setzt voraus, dass das **Gewerbe zum Zeitpunkt der Einleitung des Untersagungsverfahrens tatsächlich ausgeübt** wird.[105] Wird der Betrieb des Gewerbes während des Untersagungsverfahrens aufgegeben, so hindert dies nicht den Erlass einer Untersagungsverfügung (§ 35 I 3 GewO). Umgekehrt ist § 35 GewO nicht anwendbar, wenn das Gewerbe zum Zeitpunkt der Einleitung des Untersagungsverfahrens noch nicht, sondern erst zum Zeitpunkt der Untersagungsentscheidung oder gar der Widerspruchsentscheidung ausgeübt wird.[106] 54

> In Fall 8 wird das Gewerbe von A und B zum Zeitpunkt der Einleitung des Untersagungsverfahrens ausgeübt.

Das Merkmal der Unzuverlässigkeit muss entweder bei dem **Gewerbetreibenden** selbst oder bei einer mit der Leitung des Betriebs beauftragten Person vorliegen. Juristische Personen sind selbst Gewerbetreibende (→ Rn. 15); ihnen ist das Verhalten der gesetzlich zu ihrer Vertretung berechtigten Personen als eigene Unzuverlässigkeit zuzurechnen.[107] Bei **nicht rechtsfähigen Gesellschaften** sind hingegen nur die geschäftsführungsberechtigten Gesellschafter Gewerbetreibende (→ Rn. 15), so dass sie sich ihre eigene Unzuverlässigkeit auch nur individuell und nicht mit Wirkung für die anderen Gesellschafter oder die Gesellschaft als solche als eigenes Verhalten zurechnen lassen müssen.[108] Die übrigen Gesellschafter müssen aber den unzuverlässigen Mitgesellschafter von der Geschäftsführungsbefugnis ausschließen, um nicht dadurch selbst unzuverlässig zu werden, dass sie dem unzuverlässigen Mitgesellschafter maßgeblichen Einfluss auf den Betrieb einräumen.[109] 55

Fremdes Verhalten muss sich der Gewerbetreibende zurechnen lassen, wenn es sich um eine mit der Leitung des Gewerbebetriebs beauftragte Person handelt (§ 35 I 1 GewO). Voraussetzung ist, dass dieser **Betriebsleiter** aufgrund einer Willensentscheidung des Gewerbetreibenden (deshalb fallen gesetzliche Vertreter nicht unter *diesen* Tatbestand) den Betrieb tatsächlich leitet.[110] Mit der Leitung des Betriebs beauftragte Person in diesem Sinne ist auch der Stellvertreter nach § 45 GewO.[111] 56

---

[103] *Tettinger/Wank/Ennuschat*, GewO § 35 Rn. 253 f.
[104] Vgl. BVerwG NVwZ 1982, 557 (558). A. M. *D. Ehlers*, in: Ehlers/Fehling/Pünder I § 18 Rn. 54; *P. Marcks*, in: Landmann/Rohmer, GewO § 35 Rn. 197: nur § 15 II GewO.
[105] BVerwG GewArch 1995, 117; NVwZ 2004, 103.
[106] *P. Marcks*, in: Robinski, GewR G Rn. 51; *Tettinger/Wank/Ennuschat*, GewO § 35 Rn. 18. A. M. OVG Münster GewArch 1991, 383; *H.-W. Laubinger/U. Repkewitz*, VerwArch 1998, 145 (161 f.).
[107] *Tettinger/Wank/Ennuschat*, GewO § 35 Rn. 95. A. M. *H.-W. Laubinger/U. Repkewitz*, VerwArch 1998, 145 (162): Zurechnung als fremde Unzuverlässigkeit.
[108] BVerwG GewArch 1993, 156 (157); OVG Lüneburg NVwZ-RR 2009, 103; VGH Kassel NVwZ-RR 1991, 552; VGH München NJW 1992, 1644. A. M. *Ruthig/Storr*, ÖffWiR Rn. 265: Personengesellschaft ist Gewerbetreibende, so dass Untersagungsverfügung gegen sie zu richten ist.
[109] *Tettinger/Wank/Ennuschat*, GewO § 35 Rn. 93.
[110] OVG Münster GewArch 1990, 214 (215).
[111] *D. Ehlers*, in: Ehlers/Fehling/Pünder I § 18 Rn. 57. A. M. *Tettinger/Wank/Ennuschat*, GewO § 35 Rn. 103.

57 Während im Falle der Unzuverlässigkeit von Betriebsleitern eine Zurechnung fremden Verhaltens erfolgt, kann sich eine eigene Unzuverlässigkeit des Gewerbetreibenden auch daraus ergeben, dass er einem **Dritten**, der die für die Ausübung des Gewerbes erforderliche Zuverlässigkeit nicht besitzt, **maßgeblichen Einfluss auf die Führung des Gewerbebetriebs einräumt** und nicht willens oder in der Lage ist, einen solchen Einfluss zu verhindern.[112] Dies ist etwa der Fall, wenn der **unzuverlässige Ehepartner** des Gewerbetreibenden wesentlich an der Gewerbeausübung mitwirkt. Der Ehegatte ist weder gesetzlicher noch – im Regelfall – gewillkürter Stellvertreter des Gewerbetreibenden oder Betriebsleiter, so dass die Zurechnung seines Verhaltens als fremde Unzuverlässigkeit zu dem Gewerbetreibenden nicht in Betracht kommt. Dadurch, dass der Gewerbetreibende ihn jedoch gewähren lässt, zeigt er, dass er selbst zu einer ordnungsgemäßen Betriebsführung nicht willens oder in der Lage ist.

> Unzuverlässig ist in Fall 8 wegen der von ihm weiterhin begangenen Zuhälterei allein der A. Gleichwohl hat die Behörde auch der B die Ausübung des Gewerbes untersagt. Da A und B ihr Gewerbe gleichberechtigt gemeinsam ausüben, hat der A maßgeblichen Einfluss auf die Führung des Gewerbebetriebs. Die Unzuverlässigkeit der B ergibt sich daraus, dass sie diesen Einfluss des A nicht verhindert. Abgesehen davon, dass ihr die mehrfachen Verurteilungen des A bekannt sein dürften, kommt es nicht darauf an, ob die B von der Fortsetzung des Tuns des A Kenntnis hatte. Sie ist offensichtlich nicht in der Lage, den Einfluss des unzuverlässigen A auf den Gewerbebetrieb zu unterbinden.

58 In diesem Zusammenhang besonders prüfungsrelevant sind die sog. **Strohmannverhältnisse**. Sie zeichnen sich regelmäßig dadurch aus, dass der sog. Hintermann, der das Gewerbe in Wirklichkeit betreibt und „das Sagen hat", unzuverlässig ist und zur Vermeidung der deshalb drohenden gewerberechtlichen Konsequenzen ein sog. Strohmann vorgeschoben wird, der zum Schein selbst als Gewerbetreibender am Wirtschaftsleben teilnimmt. Es liegt in der Konsequenz der ordnungsrechtlichen Zielsetzung des Gewerberechts, dass der unzuverlässige Hintermann in den gewerberechtlichen Ordnungsrahmen einzubeziehen ist.[113] Dies erfolgt dadurch, dass der **Hintermann selbst als Gewerbetreibender**, nämlich als der „wahre Gewerbetreibende" angesehen wird, der das Gewerbe in Wirklichkeit betreibt.[114] Als Gewerbetreibender aber ist er zulässiger Adressat einer Gewerbeuntersagung nach § 35 GewO. Andererseits soll die Konstruktion eines Strohmann-Verhältnisses nicht dazu führen, den Strohmann vor dem Einsatz des gewerberechtlichen Instrumentariums zu bewahren.[115] Entsprechend seinem Auftreten nach außen ist er **ebenfalls als Gewerbetreibender zu behandeln**, gegen den mit einer Gewerbeuntersagungsverfügung vorgegangen werden kann. Seine Unzuverlässigkeit ergibt sich daraus, dass er in kollusivem Zusammenwirken dem unzuverlässigen Hintermann die gewerbliche Betätigung ermöglicht.[116]

---

[112] BVerwGE 9, 222 f.; BVerwG NVwZ-RR 1996, 650; OVG Hamburg GewArch 1994, 286; OVG Lüneburg NVwZ-RR 2007, 244; VGH München GewArch 2003, 120.
[113] BVerwGE 65, 12 (13); BVerwG NVwZ 2004, 103 (104).
[114] BVerwGE 65, 12 (13); VGH Kassel GewArch 2013, 39 (40); VGH Mannheim GewArch 1995, 29 (30).
[115] BVerwGE 65, 12 (13); BVerwG NVwZ 2004, 103 (104).
[116] BVerwGE 65, 12 (14); VGH Kassel GewArch 2013, 39 (40).

Allerdings ist darauf zu achten, dass **nicht jede Verteilung von Rollen** beim Betrieb eines Gewerbes zur **59** Annahme eines Strohmann-Verhältnisses führen kann – und zwar selbst dann nicht, wenn diese Rollenverteilung kollusiv erfolgt. Vielmehr muss aufgrund einer genauen **Analyse des Innenverhältnisses** feststehen, dass ein Gewerbetreibender eine natürliche oder juristische Person vorschiebt, die ohne eigene unternehmerische Tätigkeit nur als **Marionette des Gewerbetreibenden** am Wirtschaftsleben teilnimmt.[117] Fehlt es hingegen an einer nach außen wirkenden Teilnahme der anderen Person am Wirtschaftsleben unter eigenem Namen, so liegt kein Strohmannverhältnis vor; diese Person kann daher nicht Adressatin einer Untersagungsverfügung nach § 35 GewO sein. Derjenige, der die Gewerbeanmeldung nach § 14 GewO unter eigenem Namen vornimmt, ist deshalb kein Strohmann, wenn anschließend der Gewerbetreibende unter seinem eigenen Namen am Wirtschaftsleben teilnimmt.[118]

cc) Maßnahmen bei Unzuverlässigkeit

Ist danach der Gewerbetreibende selbst unzuverlässig oder ist ihm die Unzuverlässigkeit einer anderen Person zuzurechnen, so muss die Behörde nach § 35 I 1 GewO **60** die **Gewerbeausübung ganz oder teilweise untersagen**, wenn die Untersagung zum Schutz der Allgemeinheit oder der im Betrieb Beschäftigten erforderlich ist. Zum Schutz anderer Rechtsgüter als der genannten, bspw. zivilrechtlicher Forderungen von Vertragspartnern des Gewerbetreibenden, darf nach § 35 GewO nicht eingeschritten werden.[119] Bei der Voraussetzung der Erforderlichkeit der Gewerbeuntersagung handelt es sich um eine gesetzliche Ausformung des Grundsatzes der Verhältnismäßigkeit. Auf der Stufe der **Erforderlichkeitsprüfung** kommen als mildere Mittel gegenüber der Volluntersagung zB die Teiluntersagung, eine Abmahnung, die Anordnung von Auflagen oder die Verstärkung behördlicher Kontrollen in Betracht. Ergibt sich nach dieser Prüfung die Erforderlichkeit einer Voll- oder Teiluntersagung, so *muss* die Behörde diese verfügen. Der Erlass der Untersagungsverfügung steht **nicht im Ermessen** der Behörde.

> Da mildere Mittel nicht in Betracht kommen, muss in Fall 8 gegen A und B eine Volluntersagung verfügt werden.

Gebundener Verwaltungsakt ist allerdings nur die an den Gewerbetreibenden selbst **61** adressierte Untersagung lediglich des ausgeübten Gewerbes. § 35 GewO sieht verschiedene **Erweiterungen des Adressatenkreises und des Regelungsgehalts** der Untersagung vor, die sämtlich im Ermessen der Behörde stehen:

- Die Untersagung kann auch gegen **Vertretungsberechtigte oder mit der Leitung des Gewerbebetriebs beauftragte Personen** ausgesprochen werden (§ 35 VIIa 1 GewO), sofern diese selbst unzuverlässig sind (§ 35 VIIa 3 iVm I GewO). Es handelt sich dabei um ein von dem Untersagungsverfahren gegen den Gewerbetreibenden unabhängiges Verfahren. Verbunden werden beide lediglich durch die Voraussetzung, dass zum Zeitpunkt des Beginns des Verfahrens nach § 35 VIIa GewO das Verfahren gegen den Gewerbetreibenden nach § 35 I GewO bereits eingeleitet worden sein oder zumindest zeitgleich eingeleitet werden muss.[120] Anschließend können sich die beiden Verfahren unabhängig voneinander entwickeln (§ 35 VIIa 2 GewO). **62**

- Zur Verhinderung von Umgehungen der Gewerbeuntersagung kann diese gem. § 35 I 2 GewO auch **63** auf die **Tätigkeit als Vertretungsberechtigter eines** Gewerbetreibenden oder als mit der Leitung eines Gewerbebetriebs beauftragte Person ausgedehnt werden. Voraussetzung ist erstens, dass eine Un-

---

[117] BVerwG GewArch 1982, 200 (201 f.); NVwZ 2004, 103 (104).
[118] BVerwG NVwZ 2004, 103 (104).
[119] VGH Kassel GewArch 1991, 28 (29).
[120] BVerwG NVwZ 1997, 278 (279).

tersagungsverfügung nach § 35 I 1 GewO zumindest zeitgleich ergeht, und zweitens, dass Tatsachen die Annahme rechtfertigen, dass der Gewerbetreibende auch für diese Tätigkeiten unzuverlässig ist. Zwar wird diese Ausdehnung regelmäßig mit der Untersagung nach § 35 I 1 GewO in einem Bescheid zusammengefasst werden. Jedoch handelt es sich um eine hinsichtlich ihrer Voraussetzungen gesondert zu prüfende weitere Verfügung.

64 ■ Hinsichtlich Voraussetzungen und zusätzlich zu prüfendem Verfügungsgehalt gilt gleiches, wenn außer der Ausübung des bisher betriebenen Gewerbes auch die einzelner **anderer oder aller Gewerbe untersagt** wird (§ 35 I 2 GewO). Erforderlich i. S. d. § 35 I 1 GewO ist die Erstreckung dabei nur dann, wenn ein Ausweichen des Gewerbetreibenden in die anderen gewerblichen Tätigkeiten zu erwarten ist. Allerdings folgt nach der Rspr. des BVerwG diese Wahrscheinlichkeit schon aus der Erforderlichkeit der Untersagung des bisher trotz Unzuverlässigkeit ausgeübten Gewerbes. Etwas anderes könne nur dann gelten, wenn besondere Umstände es ausschließen, dass der Gewerbetreibende in ein anderes Gewerbe ausweicht.[121] Eine solche weite Handhabung wird der systematischen Stellung der erweiterten Gewerbeuntersagung nicht als Regel-, sondern als zusätzliche Maßnahme kaum gerecht. Eine erweiterte Gewerbeuntersagung stellt gegenüber der einfachen nach § 35 I 1 GewO einen deutlich intensiveren Eingriff in das Grundrecht aus Art. 12 I GG dar, der **nur in schweren Fällen gewerberechtlicher Unzuverlässigkeit** gerechtfertigt sein kann.[122]

65 Kommt der Gewerbetreibende der Untersagungsverfügung nicht nach, so kann die zuständige Behörde durch Anwendung des Verwaltungszwangs die **Schließung der Betriebs- und Geschäftsräume** verfügen oder andere geeignete Maßnahmen ergreifen. Die Gewerbeuntersagung gem. § 35 I GewO stellt die Rechtsgrundlage für die Verwaltungsvollstreckung nach Landesvollstreckungsrecht dar, ohne dass es dafür eines weiteren Grundverwaltungsakts in Form einer Schließungsverfügung o. ä. bedürfte.[123]

dd) Rechtsschutzfragen

66 Gegen die Untersagungsverfügung kann der Adressat nach erfolglosem Widerspruch **Anfechtungsklage** erheben, wobei das Gericht die von der Behörde prognostizierte Unzuverlässigkeit in vollem Umfang überprüft (→ Rn. 45). Die Gewerbeuntersagung stellt einen **Verwaltungsakt mit Dauerwirkung** dar[124], so dass für die Beurteilung der Rechtmäßigkeit an und für sich auf die Sach- und Rechtslage zum Zeitpunkt der letzten mündlichen Verhandlung in der Tatsacheninstanz abzustellen wäre[125]. Dies hätte zur Konsequenz, dass zwischen Erlass der Untersagungsverfügung und letzter mündlicher Verhandlung zugunsten des Gewerbetreibenden eintretende Änderungen der Sachlage, die seine zunächst vorhandene Unzuverlässigkeit wieder entfallen lassen würden, im Prozess zu berücksichtigen wären und seiner Anfechtungsklage statt gegeben werden müsste. Doch sieht § 35 VI GewO für diese Situation ein besonderes Verfahren, das sog. **Wiedergestattungsverfahren**, vor, das für die Berücksichtigung nach Erlass der Untersagungsverfügung eingetretener Gesichtspunkte einzuhalten ist. Deshalb ist für die Beurteilung der Gewerbeuntersagung allein der **Zeitpunkt der letzten Behördenentscheidung** maßgeblich.[126]

---

[121] BVerwGE 65, 9 (10f.); BVerwG GewArch 1995, 115; ebenso OVG Koblenz GewArch 2011, 37 (38).
[122] OVG Münster GewArch 1978, 162; 1981, 165. Wie das BVerwG aber OVG Münster GewArch 1992, 143.
[123] *Tettinger/Wank/Ennuschat*, GewO § 35 Rn. 200.
[124] BVerwGE 65, 1 (3); BVerwG GewArch 1991, 110 (111).
[125] Dazu *Sodan/Ziekow*, GKÖR § 98 Rn. 11.
[126] BVerwGE 65, 1 (2ff.); BVerwG GewArch 1991, 110 (111); DÖV 1996, 960 (963); Bestätigung durch BVerfG GewArch 1995, 242 (243).

Liegt die Unzuverlässigkeit nicht mehr vor, so *muss* die Behörde auf schriftlichen An- 67
trag des Gewerbetreibenden die **Ausübung des Gewerbes wieder gestatten** (§ 35 VI
1 GewO).[127] Der Antrag des Gewerbetreibenden setzt ein besonderes Verwaltungsverfahren in Gang, wobei für die Beurteilung der behördlichen Entscheidung über
die Wiedergestattung der **Zeitpunkt der letzten mündlichen Verhandlung maßgebend** ist.[128] Deshalb ist es ausgeschlossen, einen Wiedergestattungsantrag noch im
Rahmen der Anfechtungsklage gegen die Gewerbeuntersagung zu berücksichtigen
und die Gewerbeuntersagung aufzuheben.[129] Entschärft wird die Problematik dadurch, dass die Wiedergestattung zwar nach § 35 VI 2 GewO vorbehaltlich des Vorliegens besonderer Gründe erst ein Jahr nach Durchführung der Untersagungsverfügung erfolgen darf. Jedoch ist diese Vorschrift vor Art. 12 I GG verfassungskonform
dahingehend auszulegen, dass ein **Anspruch auf Wiedergestattung auch schon vor
Ablauf der Jahresfrist** besteht, wenn die Unzuverlässigkeit entfallen ist.[130] Voraussetzung für die Wiedergestattung ist, dass die anzustellende Prognose (→ Rn. 45)
eine künftig ordnungsgemäße Gewerbeausübung erwarten läßt.[131]

> Selbst wenn die B in Fall 8 nach Erlass der Untersagungsverfügung einen weiteren Einfluss ihres
> Ehemanns A auf den Gewerbebetrieb verhindern sollte und damit ihre eigene Unzuverlässigkeit
> (→ Rn. 57) entfiele, würde dies nicht zum Erfolg einer von ihr etwa erhobenen Anfechtungsklage
> führen. Zum Zeitpunkt des Erlasses der Untersagungsverfügung war die B unzuverlässig und die
> Verfügung rechtmäßig. Sie müsste vielmehr nach § 35 VI GewO beantragen, dass ihr die persönliche Ausübung des Gewerbes wieder gestattet wird. Nach Entfall der Unzuverlässigkeit ist ihrem
> Antrag auch schon vor Ablauf der Jahresfrist des § 35 VI 2 GewO stattzugeben.

Wie aus § 35 I 1 a. E. GewO deutlich wird, dient die Gewerbeuntersagung Interessen der Allgemeinheit 68
und der im Betrieb Beschäftigten. **Drittschutz** vermittelt die Norm daher nicht für Konkurrenten oder
Kunden des Gewerbetreibenden, sondern **nur für Beschäftigte**, die ein Einschreiten gegen den Gewerbetreibenden mit der Verpflichtungsklage begehren können. Allerdings wird eine vollständige Gewerbeuntersagung häufig den Interessen der Beschäftigten gerade zuwiderlaufen, so dass das Rechtsschutzbedürfnis besonders kritisch zu prüfen ist.

3. Reisegewerbe

Kern der Regelungen der §§ 55 ff. GewO über das Reisegewerbe ist dessen **grund-** 69
sätzliche Erlaubnispflichtigkeit in Form der Beantragung einer Reisegewerbekarte
(§ 55 II GewO). Hintergrund dieser gegenüber dem grundsätzlich erlaubnisfreien
stehenden Gewerbe strengeren Regelung ist der Gedanke des **Verbraucherschutzes**:
Wegen der nicht selbst initiierten Konfrontierung mit gewerblichen Angeboten und
der Gefahr, dass der u. U. nicht über eine gewerbliche Niederlassung verfügende
Reisegewerbetreibende später nicht mehr belangt werden kann, ist der Verbraucher
gegenüber unzuverlässigen Gewerbetreibenden erhöht schutzbedürftig.[132] An die in

---

[127] Ausführlich zum Wiedergestattungsverfahren *A. Scheidler*, GewArch 2007, 135 ff.
[128] OVG Lüneburg GewArch 2012, 166; VGH Kassel GewArch 1990, 326 (327).
[129] BVerwG NVwZ 1982, 503 (504). A. M. *Ruthig/Storr*, ÖffWiR Rn. 293.
[130] *Stober/Eisenmenger*, BesWiVerwR § 46 I 5 k; *P. Wittmann*, GewArch 2011, 338 (340 ff.). A. M. *H.-W. Laubinger/U. Repkewitz*, VerwArch 1998, 337 (340).
[131] OVG Lüneburg NVwZ-RR 2011, 318; VGH München NJW 2011, 2822 (2823).
[132] Vgl. *M. Müller*, GewArch 1999, 12 (13); *H. Schulze-Fielitz*, NVwZ 1993, 1157 (1159 f.); *T. Tschentscher/M.-T. Madl*, GewArch 1996, 448 (449).

verschiedenen Gewerbezweigen differierenden Schutzbedürftigkeiten schließt die **Systematik der §§ 55 f. GewO** an:

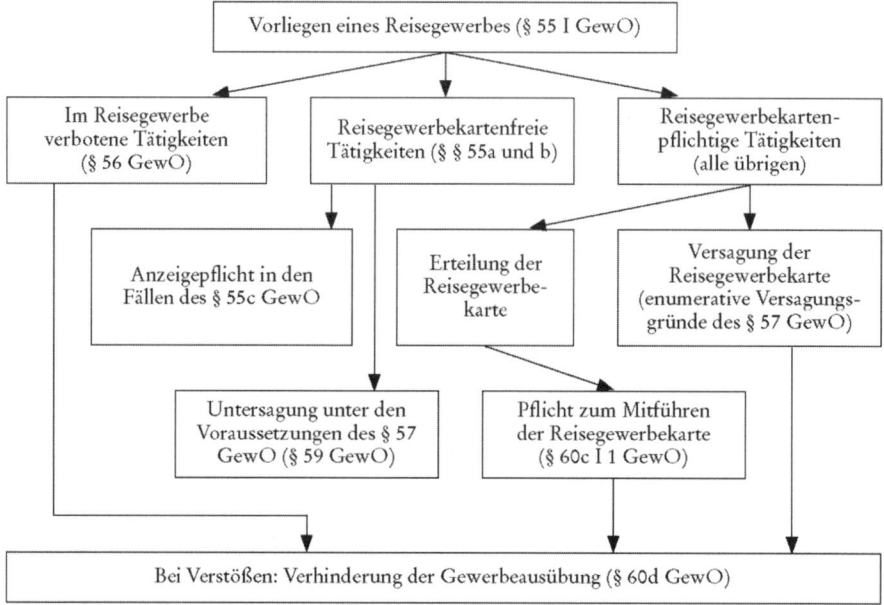

70 Voraussetzung für die Einschlägigkeit des skizzierten Normenregimes ist daher zunächst, dass ein Reisegewerbe vorliegt. Die entsprechenden Anforderungen an das **Vorliegen eines Reisegewerbes** nennt § 55 I GewO:

71 1. **Gewerbsmäßiges Tätigwerden,** d. h. Betrieb eines Gewerbes (→ Rn. 4 ff.).

72 2. **Tätigkeit außerhalb der gewerblichen Niederlassung** oder ohne eine solche. Gewerbliche Niederlassung ist nach § 4 III GewO ein vom Gewerbetreibenden für den Betrieb seines Gewerbes besessener und zum dauernden Gebrauch eingerichteter, ständig oder in regelmäßiger Wiederkehr von ihm benutzter Raum. Relevant ist die Abgrenzung vor allem bei mobilen Verkaufsständen oder Verkaufswagen. Hier liegt eine gewerbliche Niederlassung nur dann vor, wenn der Verkaufsstand oder -wagen für einen längeren, d. h. zumindest mehrere Monate dauernden Zeitraum an demselben Ort verbleibt.[133] Auch die vorübergehende Anmietung von Geschäftsräumen anderer Gewerbetreibender führt nicht zur Begründung einer Niederlassung.[134]

73 3. **Tätigwerden ohne vorhergehende Bestellung**. Unter einer Bestellung in diesem Sinne ist die vom Kunden ausgehende und an den Gewerbetreibenden gerichtete Aufforderung, nach Art und Qualität hinreichend bestimmte Waren oder Leistungen zum Zwecke eines Geschäftsabschlusses zu einem bestimmten Ort zu einer

---

[133] Vgl. zur Abgrenzung: OVG Münster GewArch 1988, 169 (170) (Niederlassung bei Imbisswagen auf dem Gelände eines SB-Marktes); OVG Münster GewArch 1984, 130 (keine Niederlassung bei Imbisswagen auf nur für wenige Tage veranstalteter Kirmes).
[134] OVG Lüneburg GewArch 2010, 408.

bestimmten Zeit zu bringen bzw. sie dort zu erbringen. Die Zuordnung erfolgt nach dem Schutzzweck dieses Merkmals, den Verbraucher vor Überrumpelung zu schützen.[135] Mangels **vom Kunden ausgehender Initiative** keine zum Ausschluss der Vorschriften über das Reisegewerbe führende Bestellung ist danach die sog. provozierte Bestellung, bei der der Gewerbetreibende von sich aus an den Kunden herantritt und dieser dem Besuch des Gewerbetreibenden zustimmt.[136] Entsprechendes gilt, wenn der Gewerbetreibende mehrere Termine zur Auswahl anbietet, an denen der Kunde den Gewerbetreibenden an dessen nur kurzzeitig angemieteter An- oder Verkaufsstelle aufsuchen kann.[137] Keine Bestellung iSv § 55 I 1 GewO liegt nach dem Schutzzweck der §§ 55 ff. GewO auch im Falle der sog. Tupper-Partys vor, bei denen ein Mitarbeiter eines Direktvertriebsunternehmens in der Wohnung einer weiteren Person Tupperware-Produkte vorführt, wobei die Einladungen zur Teilnahme von dem Vertriebsmitarbeiter oder dem Wohnungsinhaber ausgesprochen werden. Da der Kaufanreiz gerade durch die „Party-Atmosphäre" gesetzt werden soll, kann kaum davon ausgegangen werden, dass die Situation derjenigen der vom Kunden ausgehenden Aufforderung zu einem Geschäftsabschluss vergleichbar ist.[138]

4. a) **Feilbieten von Waren**, Aufsuchen oder Ankaufen von Bestellungen, Anbieten von Leistungen oder Aufsuchen von Bestellungen auf Leistungen (§ 55 I Nr. 1 GewO) *oder* 74

b) **Ausübung unterhaltender Tätigkeiten** als Schausteller oder nach Schaustellerart (§ 55 I Nr. 2 GewO).

Sofern die Tätigkeit nicht ohnehin gemäß § 56 I GewO im Reisegewerbe verboten ist oder nach § 55a oder b GewO reisegewerbekartenfrei ist, muss der Reisegewerbetreibende eine **Reisegewerbekarte** beantragen (§ 55 II GewO). Auf ihre Erteilung besteht ein Anspruch, wenn der Gewerbetreibende die für die beabsichtigte Tätigkeit erforderliche **Zuverlässigkeit** besitzt (§ 57 I GewO). Eine reisegewerbekartenfreie Tätigkeit kann (anders als nach § 35 I GewO Ermessen der Behörde!) bei Fehlen der Zuverlässigkeit nach § 59 GewO untersagt werden. Die Reisegewerbekarte kann inhaltlich beschränkt und unter Beifügung von Nebenbestimmungen erteilt (§ 55 III GewO) sowie nach der Maßgabe der §§ 48, 49 VwVfG entzogen werden. 75

Führt der Reisegewerbetreibende die Reisegewerbekarte nicht bei sich, so muss er seine Tätigkeit auf Verlangen der Behörde bis zur **Herbeischaffung der Erlaubnis** einstellen (§ 60c I 1 GewO). Eine gegen dieses Verlangen erfolgende Fortführung des Gewerbebetriebs kann die Behörde nach § 60d GewO verhindern. Dieses Instrument der Verhinderung der Gewerbeausübung steht der Behörde u. a. auch dann zur Verfügung, wenn das Reisegewerbe ohne die erforderliche Reisegewerbekarte oder unter Verstoß gegen eine inhaltliche Beschränkung oder eine Nebenbestimmung betrieben oder eine im Reisegewerbe verbotene Tätigkeit ausgeübt wird. Die Behörde erlässt nach § 60d GewO eine **Untersagungsverfügung**, die – wie die Schließungsverfügung nach § 15 II GewO (→ Rn. 39) – nach dem Landesverwaltungsvollstreckungsrecht durchgesetzt wird. 76

---

[135] Vgl. BGH GewArch 1990, 97 (98).
[136] Im Einzelnen *Tettinger/Wank/Ennuschat*, GewO § 55 Rn. 25 ff.
[137] OVG Berlin GewArch 2010, 248.
[138] *M. Müller*, GewArch 1999, 12 (17); *Tettinger/Wank/Ennuschat*, GewO § 55 Rn. 21. A. M. VGH Mannheim NVwZ-RR 1997, 702 (703 f.); VG Stuttgart GewArch 1996, 244 (245).

4. Marktgewerbe

77 Wesentlich für das Verständnis des in den §§ 64 ff. GewO geregelten Rechts der Messen, Ausstellungen und Märkte, das als Bundesrecht fortgilt, von den Ländern jedoch abweichend geregelt werden kann (→ Rn. 27), ist die Einsicht in die Funktion dieses sog. Marktrechts: Märkte kann grundsätzlich jeder veranstalten, ohne dass er hierfür einer besonderen Erlaubnis bedarf. Der im Marktrecht vorgesehene besondere behördliche Akt der **Festsetzung** (§ 69 GewO) hat daher **nicht die Funktion der Erlaubnis** einer präventiv verbotenen Tätigkeit, sondern löst nur bestimmte Rechtswirkungen wie die Geltung der sog. Marktprivilegien (→ Rn. 88) und der Teilnahmerechte des § 70 GewO (→ Rn. 89 ff.) aus.

78 Will der Veranstalter diese Rechtswirkungen nicht in Anspruch nehmen, so kann selbst eine Veranstaltung, die unter einen der in den §§ 64–68 GewO genannten Veranstaltungstypen zu subsumieren ist, ohne Festsetzung als sog. **Privatmarkt** durchgeführt werden. Sofern der Veranstalter dabei ein Gewerbe ausübt und damit die GewO anwendbar ist, kommen die Vorschriften über das stehende Gewerbe (→ Rn. 29 ff.) und das Reisegewerbe (→ Rn. 69 ff.) zur Anwendung. Von vornherein außerhalb des Anwendungsbereichs der GewO bleiben private nichtgewerbliche Veranstaltungen, zB private Flohmärkte. Schließlich kann eine Gemeinde einen **Markt als kommunale Einrichtung** veranstalten. Sofern nicht dabei eine Festsetzung nach § 69 GewO erfolgt, richtet sich die Zulassung allein nach Kommunalrecht (→ Rn. 96 f.). Ggf. kann auch eine **Ausschreibung der Marktdurchführung** erforderlich sein: Sucht eine Gemeinde zur Durchführung eines Marktes auf einer gemeindlichen Fläche einen privaten Veranstalter, dessen Einnahmen aus den von den Ausstellern und Anbietern zu entrichtenden Standmieten resultieren sollen, so handelt es sich um eine Dienstleistungskonzession, die den Transparenzanforderungen des EU-Primärrechts unterliegt (→ § 9 Rn. 18 ff.).[139]

> In Fall 9 ist fraglich, ob die Gemeinde C die „Sommerschlacht" allein als gewidmete kommunale Einrichtung durchführt oder eine Festsetzung vorliegt (→ Rn. 84). Die Frage ist für die Begründung des von Schausteller D geltend gemachten Teilnahmeanspruchs von Bedeutung (→ Rn. 89 ff.).

---

[139] Vgl. OLG Naumburg NZBau 2002, 235 (236); VG Köln NVwZ-RR 2009, 327 (328).

Durchführung von Marktveranstaltungen

Art der Veranstaltung	Festgesetzter Markt	Privatmarkt	Nichtgewerbliche private Veranstaltung	Kommunale Einrichtung	Straßenrechtliche Veranstaltung
Voraussetzungen	Festsetzung nach § 69 GewO	Ggf. Anzeige nach § 14 GewO; Reisegewerbekartenpflicht gem. § 55 II GewO	I. d. R. keine	Widmung	Sondernutzungserlaubnis
Anwendbare Vorschriften	§§ 64 ff. GewO	§§ 14 ff., 55 ff. GewO	Allgemeine Vorschriften (Polizei- und Ordnungsrecht etc.)	Kommunalrecht und allgemeine Vorschriften	Straßenrecht, allgemeine Vorschriften
Rechtswirkungen	Durchführungspflicht (§ 69 II GewO), „Marktprivilegien", Teilnahmeanspruch (§ 70 GewO)	Rechtsverhältnisse unterliegen dem Privatrecht	Rechtsverhältnisse unterliegen dem Privatrecht	Kommunalrechtlicher Zulassungsanspruch unter Anlegung sachgerechter Auswahlkriterien	Ausübung des Verteilungsermessens unter Anlegung sachgerechter Auswahlkriterien

Die folgenden Ausführungen konzentrieren sich auf nach § 69 GewO **festsetzungsfähige Veranstaltungen** (→ Rn. 80 ff.) und die Durchführung von Märkten als kommunale Einrichtungen (→ Rn. 96 f.). Die insoweit entwickelten Auswahlkriterien sind auch auf die Durchführung von Veranstaltungen auf der Grundlage straßenrechtlicher Sondernutzungserlaubnisse übertragbar.[140]

a) Veranstaltungstypen

Nach § 69 I GewO festsetzungsfähig sind allein die Messe (§ 64 GewO), die Ausstellung (§ 65 GewO), der Großmarkt (§ 66 GewO), der Wochenmarkt (§ 67 GewO), der Spezialmarkt und der Jahrmarkt (§ 68 GewO) sowie – kraft der Verweisung in § 60b II GewO – das Volksfest. **Für den Veranstalter ist die Zuordnung zu einem bestimmten Veranstaltungstypus** häufig nicht nur wegen der Möglichkeit der Festsetzung, sondern auch aus ökonomischen Gründen von Bedeutung. Denn nach § 71 GewO darf der Veranstalter bei Volksfesten, Wochenmärkten und Jahrmärkten nur bestimmte Vergütungen, nicht aber ein Eintrittsgeld von den Besuchern verlangen – was eine Veranstaltung dieses Typs ggf. wirtschaftlich unattraktiv macht.

Die Einschlägigkeit eines Veranstaltungstyps ist in Anwendung der durch die genannten Vorschriften gegebenen **Legaldefinitionen** unter Berücksichtigung des Sinns und Zwecks des Marktrechts zu ermitteln. Der Gesetzgeber will das Marktwesen zwar einerseits fördern,[141] so dass die gesetzlichen Typisierungen auch aufnahmefähig für neue Marktformen gehalten werden müssen; Spezial- und Jahrmärkte (§ 68 GewO) haben insoweit eine gewisse Auffangfunktion. Andererseits jedoch will der Gesetzgeber die mit den Marktprivilegierungen (→ Rn. 88) verbundenen Wettbewerbsvorteile und Zurückstellungen der öffentlichen Interessen (zB im Arbeitszeitrecht) in Grenzen halten.[142]

---

[140] *Stober/Eisenmenger*, BesWiVerwR § 46 VI 3.
[141] BVerwGE 88, 1 (7).
[142] BVerwGE 88, 1 (6).

4. Abschnitt. Bereiche des Öffentlichen Wirtschaftsrechts

82 Mit Ausnahme der Großmärkte (§ 66 GewO), die auch als Dauereinrichtung veranstaltet werden können, ist **verbindendes Merkmal der Veranstaltungen** ihre Diskontinuität: Sie sind **zeitlich begrenzt** und kehren – größtenteils – regelmäßig wieder. Dabei ist zu beachten, dass das BVerwG selbst für das Merkmal des in *größeren Zeitabständen* wiederkehrenden Spezial- oder Jahrmarkts (§ 68 GewO) einen Abstand von einem Monat für ausreichend hält.[143] Darüber hinaus bestehen verbindende Merkmale teilweise im Teilnehmerkreis, der in jedem Fall aus einer **Vielzahl von Anbietern oder Ausstellern** bestehen muss. Ab welcher Teilnehmerzahl eine „Vielzahl" in diesem Sinne vorliegt ist nach dem Zweck der jeweiligen Veranstaltung zu bestimmen; in der Regel soll den Besuchern oder Abnehmern ein ausreichender Vergleich über die Angebote in dem jeweiligen Wirtschaftszweig ermöglicht werden. Im Gegensatz zu Ausstellungen und Wochen-, Spezial- und Jahrmärkten richten sich Messen und Großmärkte vorwiegend an gewerbliche Wiederverkäufer, gewerbliche Verbraucher oder Großabnehmer.

Volksfeste sind nach § 60b I GewO im Allgemeinen regelmäßig wiederkehrende, zeitlich begrenzte Veranstaltungen, auf denen eine Vielzahl von Anbietern unterhaltende Tätigkeiten als Schausteller oder nach Schaustellerart ausübt und Waren feilbietet, die üblicherweise auf Veranstaltungen dieser Art angeboten werden. Diese Vorschrift findet sich zwar nicht in den das Marktgewerbe betreffenden §§ 64 ff. GewO, sondern in dem das Reisegewerbe regelnden Titel III der GewO. Jedoch sind ausweislich des § 60b II HS 1 GewO auch auf Volksfeste wesentliche Vorschriften über das Marktgewerbe anwendbar. Eine Besonderheit besteht darin, dass – anders als beim Marktgewerbe (→ Rn. 88) – die Vorschriften über das Reisegewerbe anwendbar bleiben (§ 60b II HS 2 GewO).

> Der Ausschluss der das Reisegewerbe betreffenden Bestimmungen ist in Fall 9 von der Gemeinde C aber auch gar nicht in Betracht gezogen worden. Da die Kriterien der Legaldefinition des § 60b I GewO erfüllt sind, handelt es sich bei der „Sommerschlacht" um ein (festsetzungsfähiges) Volksfest.

b) Beteiligte des Marktrechtsverhältnisses

83 Als Beteiligte des Marktrechtsverhältnisses lassen sich die für die Festsetzung **zuständige Behörde**, der **Veranstalter** sowie die **Teilnehmer** unterscheiden, wobei die letztere Gruppe nochmals in die Anbieter und Aussteller einerseits und die Besucher andererseits zu differenzieren ist.

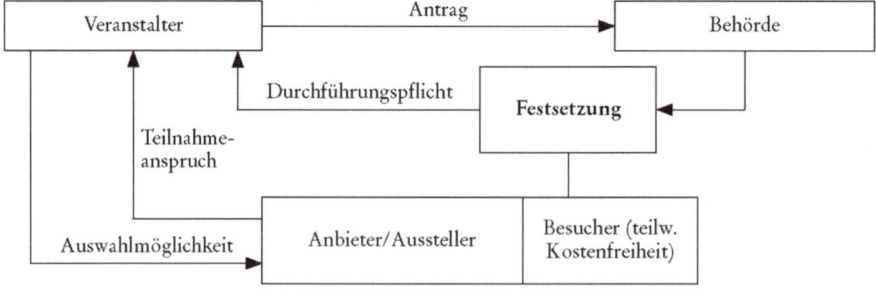

---

[143] BVerwGE 88, 1 (2).

Während der **Veranstalter nicht selbst Gewerbetreibender** sein muss, ist dies für die Teilnehmer teilweise ausdrücklich vorgeschrieben (§§ 64 I, 66 GewO) und ergibt sich sonst daraus, dass es sich um keine der GewO unterfallende Veranstaltung handelt, wenn nicht zumindest der **überwiegende Teil der Teilnehmer Gewerbetreibende** sind.[144] Ist diese Voraussetzung erfüllt, so können auch Nichtgewerbetreibende teilnehmen. Die Festsetzung wird vom Veranstalter bei der zuständigen Behörde beantragt und erfolgt ihm gegenüber (§ 69 GewO). Der Veranstalter hat die Veranstaltung durchzuführen und den Teilnahmeanspruch nach § 70 I GewO zu erfüllen (→ Rn. 89 ff.). Unter den Voraussetzungen des § 70 II und III kann er den Teilnehmerkreis begrenzen.

> Dass die Gemeinde C in Fall 9 keine Gewerbetreibende ist, hindert also nicht, dass sie als Veranstalterin einer dem Marktrecht unterfallenden Veranstaltung auftreten kann. Bezüglich des C und anderer Betreiber von Fahrgeschäften und Gewinnspielbuden ist davon auszugehen, dass es sich um Gewerbetreibende handelt.

c) Festsetzung der Veranstaltung

84 Entschließt sich der Veranstalter, die Festsetzung einer den §§ 60b, 64–68 GewO unterfallenden Veranstaltung zu beantragen, so muss die Behörde gemäß § 69 I GewO die Veranstaltung nach Gegenstand, Zeit, Öffnungszeiten und Platz für jeden Fall der Durchführung festsetzen, wenn kein Ablehnungsgrund nach § 69a I GewO vorliegt. Eine **Ablehnung der Festsetzung** hat u. a. zu erfolgen, wenn der **Antragsteller unzuverlässig** ist (§ 69a I Nr. 2 GewO; → Rn. 42 ff.) oder die Durchführung der Veranstaltung dem öffentlichen Interesse widerspricht (§ 69a I Nr. 3 GewO). Ein **Widerspruch zum öffentlichen Interesse** ist in jedem Fall dann anzunehmen, wenn durch die Veranstaltung gegen Rechtsnormen verstoßen würde.

> In Fall 9 ist zu prüfen, ob eine Festsetzung der „Sommerschlacht" iSv § 69 I GewO vorliegt. Die Gemeinde C hat die für die Durchführung der Veranstaltung vorgesehene Fläche für die „Sommerschlacht" gewidmet. Ein ausdrücklich als „Festsetzung" bezeichneter Akt ist nicht ergangen. Dies könnte dafür sprechen, dass die C die „Sommerschlacht" nicht als nach § 69 GewO festgesetzte marktrechtliche Veranstaltung, sondern als kommunale Einrichtung (→ Rn. 96 f.) durchführen möchte. Allerdings ist zu beachten, dass die Gemeinde C gleichzeitig die für die Festsetzung nach § 69 I GewO zuständige Behörde ist. Ein von ihr als Veranstalterin zu stellender förmlicher Antrag ist deshalb nicht Voraussetzung für eine Festsetzung. Vielmehr ist in derartigen Fällen unter Heranziehung objektiver Kriterien das Vorliegen einer Festsetzung iSv § 69 I GewO zu ermitteln.[145] Explizites Ziel der Gemeinde C war die Erzielung von Ausnahmen von den Ladenschlusszeiten und von arbeitsrechtlichen Schutzbestimmungen. Dieses Ziel ist mit einer Veranstaltung der „Sommerschlacht" als ausschließlich kommunale Einrichtung nicht zu erreichen. Derartige Erleichterungen sind vielmehr allein über die für *festgesetzte* Marktveranstaltungen geltenden sog. Marktprivilegien (→ Rn. 88) erreichbar. Daher ist davon auszugehen, dass die Gemeinde C konkludent eine Festsetzung vorgenommen hat.

85 Liegen keine Ablehnungsgründe vor, so hat der Veranstalter einen mit der Verpflichtungsklage durchsetzbaren **Anspruch auf die Festsetzung**. Die Festsetzung ist ein den Veranstalter begünstigender Verwaltungsakt. Streit besteht über die **Rechtsnatur der Festsetzung**. In der Literatur wird teilweise die Ansicht vertreten, es handele sich um einen Rechtsakt mit Doppelcharakter, d. h. um einen Verwaltungsakt

---

[144] *Ruthig/Storr*, ÖffWiR Rn. 358.
[145] *Tettinger/Wank/Ennuschat*, GewO § 69 Rn. 49.

gegenüber dem Veranstalter und einen Organisationsakt im Verhältnis zu den Teilnehmern.[146] In der Anbetracht der Unteilbarkeit der Qualität einer Maßnahme[147] wird man dem nicht folgen können. Im Übrigen haben potenzielle Teilnehmer einer noch nicht festgesetzten Veranstaltung kein subjektives öffentliches Recht auf Festsetzung.[148]

86 **Anfechtungsklagen** gegen die Festsetzung sind mangels Klagebefugnis unzulässig, wenn sie von **Konkurrenten des Veranstalters** oder Gewerbetreibenden erhoben werden, die ihre Geschäftsinteressen durch die Veranstaltung beeinträchtigt sehen. Die §§ 64 ff. GewO bezwecken nicht den Schutz dieser Interessen. Hingegen können **Nachbarn** geltend machen, in ihren Rechten verletzt zu sein, wenn die Festsetzung entgegen § 69a I Nr. 3 GewO nachbarschützenden Vorschriften des Baunachbar- oder Immissionsschutz- bzw. des Sperrzeitrechts widerspricht.[149] Soweit dies zur Beseitigung der Beeinträchtigung ausreicht, kann der Nachbar allerdings nur den **Erlass von Schutzauflagen** nach § 69a II GewO verlangen.

d) Wirkungen der Festsetzung

87 Die Festsetzung hat **keine Konzentrationswirkung**, d. h. sie ersetzt nicht andere erforderliche Erlaubnisse oder Genehmigungen, zB straßenrechtlicher Art. Der Veranstalter eines festgesetzten Wochen-, Jahr- oder Spezialmarkts bzw. eines Volksfestes ist zur **Durchführung der Veranstaltung verpflichtet** (§ 69 II, § 60b II GewO). Die Festsetzung ist auch für die Behörde bindend und kann inhaltlich nur in dringenden Fällen geändert (§ 69b I GewO) und nur unter den Voraussetzungen des § 69b II GewO aufgehoben werden.

88 Da die Veranstaltung auch ohne Festsetzung durchgeführt werden könnte (→ Rn. 78), hat die Festsetzung für den Veranstalter **nicht den Charakter einer Zulassung**.[150] Der Vorteil der Festsetzung besteht für ihn vor allem in der Auslösung der sog. **Marktprivilegien**[151], zB

- **keine Anwendung der Vorschriften über das stehende Gewerbe und das Reisegewerbe**, d. h. auch keine Reisegewerbekartenpflicht (Ausnahme: § 68 III HS 2, § 60b II HS 2 GewO);
- **Lockerungen von arbeitsrechtlichen Schutzbestimmungen** zugunsten von Frauen und Jugendlichen, vgl. § 16 II Nr. 2 JArbSchG, § 8 IV MuSchG;
- **Freistellungen von den Ladenschlusszeiten** (§ 19 III LadSchlG bzw. die entsprechenden Vorschriften der Ladenöffnungsgesetze der Länder[152]);

---

[146] *B. Fuchs*, in: Robinski, GewR L Rn. 34; *U. Schönleiter*, in: Landmann/Rohmer, GewO § 69 Rn. 22 ff.
[147] *Sodan/Ziekow*, GKÖR § 74 Rn. 18 mwN.
[148] OVG Berlin DVBl. 1965, 530 (532); OVG Koblenz NVwZ-RR 1993, 76.
[149] BVerwG NVwZ 1987, 494 (495); OVG Münster NVwZ 1984, 531; 1986, 64 (65); OVG Schleswig GewArch 1994, 239 f.
[150] A. M. *D. Ehlers*, in: Ehlers/Fehling/Pünder I § 18 Rn. 82 mit Blick auf die Wirkung der Marktprivilegien.
[151] Erschöpfende Aufzählung bei *J. Wagner*, in: Friauf, GewO Vorbem. vor Titel IV, Rn. 27 ff., 35 ff.
[152] Vgl. § 10 des Gesetzes über die Ladenöffnung in Baden-Württemberg; § 11 Bremisches Ladenschlussgesetz; § 2 III Nr. 1 Hessisches Ladenöffnungsgesetz; § 1 II Nr. 2 Niedersächsisches Gesetz über Ladenöffnungs- und Verkaufszeiten; § 4 III nordrhein-westfälisches Gesetz zur Regelung der Ladenöffnungszeiten; § 11 Ladenöffnungsgesetz Rheinland-Pfalz; § 1 II Sächsisches Ladenöffnungsgesetz; § 10 Ladenöffnungszeitengesetz Schleswig-Holstein.

- **Ausnahmen von den Arbeitsverboten** an Sonn- und Feiertagen (§ 10 I Nr. 9 ArbZG);
- **eingeschränkte Anwendung des GastG** (§ 68a GewO).

aa) Teilnahmeanspruch

Der in § 70 I GewO zum Ausdruck gekommene **Grundsatz der sog. Marktfreiheit** verleiht jedem, der zum Teilnehmerkreis der festgesetzten Veranstaltung gehört, ein **subjektives Recht auf Teilnahme an der Veranstaltung**. Teilnehmer in diesem Sinne sind neben den Anbietern und Ausstellern auch Besucher. Der Teilnehmerkreis kann bereits durch die Legaldefinitionen der §§ 64 ff. GewO begrenzt sein (vgl. zB § 64 I: gewerbliche Wiederverkäufer etc.) und wird im Übrigen durch die Festsetzung bestimmt. Bspw. gehören die Hersteller von Badewannen nicht zum Teilnehmerkreis einer als Buchmesse festgesetzten Veranstaltung. 89

Der **Teilnahmeanspruch richtet sich gegen den Veranstalter**, nicht die die Festsetzung treffende Behörde. Ist der Veranstalter eine juristische Person des öffentlichen Rechts, so handelt es sich um ein subjektives öffentliches Recht des Teilnehmers, das im Verwaltungsrechtsweg durchzusetzen ist. Einschlägige Klageart ist insoweit die **Verpflichtungsklage**. Sofern die Zahl der Plätze limitiert ist und dem Veranstalter ein Ermessen bei der Vergabe der Plätze zukommt (→ Rn. 94 f.), wird der Verpflichtungsantrag allerdings in der Regel nur als Bescheidungsklage auf Neubescheidung zu erheben sein. 90

Selbst in diesem Fall, wenn also der Teilnahmeanspruch wegen der Knappheit der zur Verfügung stehenden Teilnehmerplätze (→ Rn. 93 ff.) nur dadurch durchgesetzt werden kann, dass einem anderen Teilnehmer die bereits eingeräumte Teilnahmemöglichkeit wieder genommen wird, ist nicht zusätzlich zum auf Teilnahme gerichteten Verpflichtungs- bzw. Bescheidungsantrag eine Anfechtung der Zulassung eines konkurrierenden Teilnehmers erforderlich[153]. Zum einen handelt es sich bei der Zulassung des Mitbewerbers um keinen Verwaltungsakt mit drittbelastender Wirkung, da er den Teilnahmeanspruch des Klägers nicht rechtlich, sondern nur tatsächlich ausschließt.[154] Für eine Anfechtungsklage würde daher regelmäßig die nach § 42 II VwGO erforderliche Klagebefugnis fehlen. Zum anderen würde der abgewiesene Bewerber unzumutbar belastet, sollte er eine Vielzahl von Zulassungsakten ihm ggf. überhaupt nicht namentlich bekannter Konkurrenten anfechten. Obsiegt der Bewerber mit seiner Bescheidungsklage, so muss der Veranstalter sein Auswahlermessen erneut betätigen und die Zulassung von Konkurrenten nach § 48 VwVfG zurücknehmen, wenn dies zur Herstellung einer rechtmäßigen Auswahlentscheidung erforderlich ist.[155] 91

Etwas anderes wird allenfalls dann gelten können, wenn die Zulassung des Konkurrenten dem die Teilnahme Begehrenden mitgeteilt worden ist. In diesem Fall dürfte der Zulassungsakt drittbelastende Regelungswirkung entfalten und ist die Erhebung einer zusätzlichen Anfechtungsklage erforderlich, um den Eintritt der Bestandskraft zu verhindern. Gegen einen privaten Veranstalter ist der Teilnahmeanspruch im Zivilrechtsweg einzuklagen.[156] 92

> Da sich in Fall 9 der von D geltend gemachte Teilnahmeanspruch gegen die Gemeinde C als Körperschaft des öffentlichen Rechts richtet, wäre er – nach erfolglosem Widerspruch – im Verwaltungsrechtsweg mit der Verpflichtungsklage in Form der Bescheidungsklage zu verfolgen. Ein besonderer Akt der Zulassung eines Konkurrenten mit Bekanntgabe an und Wirkung gegenüber D ist nicht ergangen.

---

[153] So aber OVG Lüneburg GewArch 2010, 245; OVG Magdeburg DVBl. 1996, 162 f.; VGH München BayVBl. 2011, 23 (24).
[154] VGH Mannheim NVwZ 1984, 254 (255); *U. Schönleiter*, in: Landmann/Rohmer, GewO § 70 Rn. 28; *Tettinger/Wank/Ennuschat*, GewO § 70 Rn. 73.
[155] Vgl. BVerwGE 80, 270 (273); *Tettinger/Wank/Ennuschat*, GewO § 70 Rn. 77. A. M. OVG Lüneburg GewArch 2010, 245.
[156] OLG Frankfurt/M. GewArch 2007, 87.

bb) Auswahlkriterien bei Teilnahmebeschränkungen

93 § 70 GewO kennt zwei Möglichkeiten zur Beschränkung des Teilnahmeanspruchs, eine gruppenbezogene in § 70 II GewO und eine individualisierende in § 70 III GewO. Prüfungsrelevant ist vor allem § 70 III GewO, nach dem der Veranstalter einzelne Teilnehmer aus sachlich gerechtfertigten Gründen von der Teilnahme ausschließen kann. Wichtigster Fall ist der der **erschöpften Raumkapazitäten**, wenn also der zur Verfügung stehende Raum nicht ausreicht, um alle Teilnahmeinteressenten aufzunehmen. Zwar muss der vorhandene Raum erschöpfend ausgenutzt werden,[157] jedoch besteht **kein Anspruch auf Kapazitätserweiterung**[158], indem bspw. weitere Flächen angemietet werden. Bei nicht ausreichendem Platz wandelt sich der strikte Anspruch auf Teilnahme in einen Anspruch auf fehlerfreie Ermessensentscheidung über die Verteilung der zur Verfügung stehenden Plätze nach sachgerechten Kriterien.[159]

94 Der Veranstalter hat im Falle eines Platzmangels **Ermessen**, nach welchen Kriterien er die Plätze vergibt.[160] Die Kriterien müssen vorab festgelegt und den Teilnahmeinteressenten zugänglich gemacht werden.[161] Neben der damit geforderten Transparenz ist weitere Voraussetzung für die Zulässigkeit der vom Veranstalter gewählten Auswahlkriterien ihre **Sachgerechtigkeit**[162]. In der Praxis haben vor allem folgende Kriterien eine Rolle gespielt:

Kriterium	Inhalt	Bedeutung
„Alt vor neu"	Aus Gründen der Tradition haben Bewerber, die bisher schon vertreten waren, den Vorzug vor Neubewerbern	Unzulässig[163], da Neu- oder Wiederholungsbewerbern in einem erkennbaren zeitlichen Turnus eine Zulassungschance eingeräumt werden muss[164].
„Bekannt und bewährt"	Bevorzugt werden Bewerber, die bei früheren Durchführungen der Veranstaltung oder ähnlichen Veranstaltungen beanstandungsfrei teilgenommen haben.	Als sachbezogenes materielles Kriterium grundsätzlich zulässig, sofern Neubewerbern eine angemessene Teilnahmechance eingeräumt wird. Neubewerbern muss in einem erkennbaren zeitlichen Turnus eine reale Zulassungschance eröffnet werden.[165] Hierfür reicht es aus, wenn ein bestimmter Anteil der Standplätze Neubewerbern vorbehalten wird.[166]
„Neu vor alt"	Neubewerber werden gegenüber bisher vertretenen Bewerbern bevorzugt, insbesondere um die „Neugier" der Besucher zu erhöhen.	Wie „alt vor neu", da hier die Zulassungschance der Altbewerber verkürzt wird.[167]

---

[157] OVG Saarlouis GewArch 1992, 236 (237); VGH München BayVBl. 2012, 120 (121).
[158] OVG Bautzen NVwZ-RR 1999, 500; VGH München GewArch 2003, 120 (121).
[159] *C. Braun*, NVwZ 2009, 747 (749).
[160] BVerwG NVwZ-RR 2006, 786; OVG Lüneburg NVwZ-RR 2006, 177 (178); GewArch 2012, 403.
[161] OVG Lüneburg NVwZ-RR 2006, 177 (179); *Tettinger/Wank/Ennuschat*, GewO § 70 Rn. 56 f.
[162] BVerwG NVwZ-RR 2006, 786.
[163] *C. Heitsch*, GewArch 2004, 225 (228).
[164] BVerwG NVwZ 1984, 585; OVG Lüneburg GewArch 2012, 403 (404).
[165] BVerwG NVwZ 1984, 585; VG Braunschweig GewArch 2008, 125. Für Unzulässigkeit des Kriteriums dagegen *C. Heitsch*, GewArch 2004, 225 (228).
[166] OVG Hamburg GewArch 1987, 303 (304 f.).
[167] *C. Heitsch*, GewArch 2004, 225 (228).

Attraktivität	Auswahl der Bewerber in Abhängigkeit von der Attraktivität ihres Angebots für die Besucher der Veranstaltung.	Als in hohem Maße sachbezogenes materielles Kriterium zulässig.[168] Auch wenn dem Veranstalter hinsichtlich der Attraktivität ein weiter, subjektiv gefärbter Beurteilungsspielraum zukommt[169], muss das Kriterium auf das Konzept der Veranstaltung bezogen sein. Weiterhin muss das Kriterium Alt- und Neubewerbern gleiche Zulassungschancen einräumen. Eine Zulassung von Neubewerbern nur dann, wenn sie gegenüber „bekannten und bewährten" Altbewerbern das attraktivere Angebot machen, ist unzulässig.[170]
Ortsansässigkeit	Unternehmen, die in dem Ort ansässig sind, an dem die Veranstaltung durchgeführt werden soll, werden bevorzugt.	Unzulässig, da mit dem Prinzip der Marktfreiheit nicht vereinbar.[171]
Prioritätsprinzip	Die Anmeldungen der Bewerber werden in der Reihenfolge ihres Eingangs berücksichtigt.	Zulässig, sofern das Anmeldeverfahren Chancengleichheit gewährleistet.[172]
Losentscheid	Unter den Bewerbern werden die Teilnahmeplätze ausgelost.	Als jedem Bewerber die gleiche Chance lassendes Verfahren nicht nur als Hilfskriterium bei materiell gleichwertigen Bewerbern zulässig.[173]
Rotationsprinzip	Bewerber werden in einem Turnus abwechselnd zugelassen.	Zulässig[174], sofern der Bewerberkreis für die wiederkehrende Veranstaltung im wesentlichen identisch bleibt[175].
Zweitbewerbung	1) Jeder Teilnehmer darf auf der Veranstaltung nur einen Stand haben. 2) Ein Bewerber, dessen Ehegatte an der Veranstaltung teilnimmt, wird ausgeschlossen.	Ad 1) Zulässig, aber nicht zwingend. Ad 2) Unzulässig, da kein sachgerechtes, sondern ein mit der Wertung des Art. 6 I GG konfligierendes Kriterium.[176]

Sofern das jeweilige Kriterium nach den oben dargestellten Maßgaben zulässig ist, kann es sowohl alleine als auch in **Kombination mit anderen Kriterien** zur Auswahl unter den Bewerbern herangezogen werden. Eine Priorität einzelner Kriterien – etwa materieller vor formellen – ist dem Veranstalter nicht vorgegeben.

95

---

[168] OVG Lüneburg GewArch 2012, 403 (404); OVG Münster GewArch 1994, 25; VGH München GewArch 1991, 230 (231).
[169] BVerwG GewArch 1965, 30 (31); OVG Lüneburg NVwZ 1983, 49 (50); VGH München GewArch 1991, 230 (231).
[170] OVG Lüneburg NJW 2003, 531 (532 f.).
[171] *Tettinger/Wank/Ennuschat*, GewO § 70 Rn. 54.
[172] VGH München GewArch 1982, 236. Für Zulässigkeit nur als Hilfskriterium bei Gleichwertigkeit der Bewerber nach materiellen Auswahlmaßstäben wie Attraktivität oder „bekannt und bewährt" dagegen *C. Heitsch*, GewArch 2004, 225 (229); *Ruthig/Storr*, ÖffWiR Rn. 375.
[173] Vgl. BVerwG GewArch 1965, 30 (31); 1976, 379 (381); NVwZ-RR 2006, 786; OVG Lüneburg NVwZ 1983, 49 (50); NVwZ-RR 2006, 177 (178 f.). Für eine Zulässigkeit nur als Hilfskriterium dagegen *C. Heitsch*, GewArch 2004, 225 (229); *Tettinger/Wank/Ennuschat*, GewO § 70 Rn. 53, 55.
[174] BVerwG GewArch 1976, 379 (381); OVG Lüneburg, NVwZ-RR 2006, 177 (178).
[175] *C. Heitsch*, GewArch 2004, 225 (229).
[176] BVerwG NVwZ 1984, 585 (586).

> In Fall 9 kann sich der die Teilnahme zu dem Volksfest „Sommerschlacht" begehrende Teilnehmer D auf eine besondere Attraktivität seines Fahrgeschäfts „Ultimativer Wirbler" berufen. Doch ist nach den von der Gemeinde C vorab festgelegten Teilnahmebedingungen die Attraktivität des Angebots nicht als Auswahlkriterium vorgesehen. Zwar ist der festgelegte Vorrang der seit Jahren auf der „Sommerschlacht" vertretenen Anbieter ein Kriterium, das allein auf die Bekanntheit und Bewährung abstellt und unzulässig ist, weil Neubewerbern nicht in einem erkennbaren zeitlichen Turnus eine reale Zulassungschance eröffnet wird. Dies führt jedoch zu keinem durchsetzbaren Teilnahmeanspruch des D. Da die Festlegung der Auswahlkriterien bei der Gemeinde C als Veranstalterin liegt, kann das VG nicht an ihrer Stelle ein unzulässiges durch ein anderes Kriterium, bspw. die von D geltend gemachte Attraktivität und Ortsansässigkeit ersetzen. Die Ortsansässigkeit könnte als im Rahmen des § 70 III GewO ohnehin unzulässiges Kriterium (→ Rn. 94) allenfalls bei einer Durchführung der „Sommerschlacht" als kommunale Einrichtung eine Rolle spielen (→ Rn. 97). Vor Gericht könnte der D lediglich eine die Gemeinde C zur Neubescheidung verpflichtende Entscheidung erlangen.

e) Veranstaltung als kommunale Einrichtung

96 Veranstalter eines Marktes oder einer anderen Veranstaltung i. S. d. §§ 60b, 64 ff. GewO kann auch eine Kommune sein. Wird die Veranstaltung nach § 69 GewO festgesetzt, so verdrängen die gewerbe- die kommunalrechtlichen Vorschriften. Insbesondere geht dann der Teilnahmeanspruch nach § 70 GewO dem kommunalrechtlichen Benutzungsanspruch vor.[177] Meist – ohne dass dies zwingend wäre – werden die Veranstaltungen von der Gemeinde als ohne Festsetzung als **öffentliche Einrichtung aufgrund entsprechender Widmung** durchgeführt. Die Widmung macht die Veranstaltung der allgemeinen Benutzung durch die Einwohner der Kommune zugänglich.[178] Sie ersetzt nicht die Festsetzung nach § 69 GewO.

97 Wer zu der Veranstaltung zugelassen wird, bestimmt zunächst die Widmung.[179] Es ist der Gemeinde nicht verwehrt, den **Kreis der Nutzungsberechtigten** über die Einwohnerschaft hinaus zu erweitern. Umgekehrt kann die Widmung die Nutzungsberechtigung – entsprechend dem Zweck der Veranstaltung – auch auf bestimmte Einwohnergruppen beschränken. Fehlt es an solchen Festlegungen durch die Widmung, so besteht ein Recht auf Zulassung zu der Veranstaltung nur in den Grenzen des **kommunalrechtlichen Benutzungsanspruchs**[180]. Kapazitätsengpässe können unter Heranziehung im wesentlichen derselben Kriterien wie im Anwendungsbereich des § 70 GewO (→ Rn. 94 f.) zu Verteilungsentscheidungen führen.[181] Dabei ist die Entscheidung über die Zulassung zu der Veranstaltung auch dann eine dem Kommunalrecht unterliegende (also öffentlich-rechtliche) Entscheidung der Gemeinde, wenn die Durchführung der Veranstaltung in privater Rechtsform erfolgt, etwa auf einen Privaten zur Durchführung übertragen worden ist.[182]

---

[177] OVG Lüneburg GewArch 2005, 258; VGH Mannheim GewArch 2001, 420.
[178] VGH Mannheim NVwZ-RR 1997, 123 (124).
[179] VGH München BayVBl. 1999, 657.
[180] Dazu *M. Burgi*, Kommunalrecht, 4. Aufl. 2012, § 16 Rn. 15 ff.; *Sodan/Ziekow*, GKÖR § 84 Rn. 23.
[181] Vgl. VGH München BayVBl. 1999, 657 f.; NVwZ-RR 2000, 779 (780).
[182] VGH München BayVBl. 1999, 657.

> Würde in Fall 9 die „Sommerschlacht" allein als kommunale Einrichtung (ohne marktrechtliche Festsetzung) durchgeführt, so könnte sich der D auf die Unzulässigkeit von „bekannt und bewährt" als alleiniges Auswahlkriterium (→ Rn. 94) und im Rahmen des dann eingreifenden kommunalrechtlichen Benutzungsanspruchs auf seine Eigenschaft als Einwohner der Gemeinde C berufen, um Vorrang gegenüber auswärtigen Anbietern zu erhalten.

Selbst dann, wenn eine Gemeinde eine Veranstaltung als öffentliche Einrichtung durchgeführt hat, verpflichtet sie dies nicht zur weiteren Wahrnehmung der Veranstaltung. Es besteht kein Anspruch auch langjähriger Teilnehmer auf weitere Durchführung der Veranstaltung.[183] Da es sich bei der Durchführung von Märkten und anderen Veranstaltungen um eine freie Selbstverwaltungsaufgabe der Gemeinde handelt[184], ist die Gemeinde – entgegen der Auffassung des BVerwG[185] – nicht daran gehindert, sich der Aufgabe durch **materielle Privatisierung** wieder zu entledigen (→ § 8 Rn. 18).[186]

> **Lösungshinweise zu den Fällen 8 und 9**
>
> 1. Fall 8: Klage von A und B gegen die Gewerbeuntersagung wegen Unzuverlässigkeit
>   a) Sachentscheidungsvoraussetzungen
>   aa) Rechtsweg: Verwaltungsrechtsweg (§ 40 VwGO)
>   bb) Klageart: Anfechtungsklage (§ 42 I VwGO)
>   cc) zuständiges Gericht: Verwaltungsgericht (§ 45 VwGO)
>   dd) Klagebefugnis (§ 42 II VwGO): Verletzung des jeweiligen Rechts von A und B aus § 1 I GewO (→ Rn. 25 ff.) bzw. ihres Grundrechts aus Art. 12 I GG ist nicht von vornherein ausgeschlossen
>   ee) Vorverfahren (§ 68 VwGO): durchgeführt
>   b) Begründetheit der Klage (§ 113 I 1 VwGO): Rechtswidrigkeit der Gewerbeuntersagung?
>   aa) Formelle Rechtmäßigkeit: zu unterstellen
>   bb) Materielle Rechtmäßigkeit (§ 35 GewO)
>   (a) Kein Anwendungsausschluss nach § 35 VIII GewO (→ Rn. 41)
>   (b) Vorliegen eines Gewerbes
>   – Gewerbsmäßigkeit
>   • Vermietung der Wohnungen ist erlaubt und nicht sozial unwertig (kein Verbot, kein Verstoß gegen die Menschenwürde, kein Öffentlichkeitsbezug; → Rn. 8)
>   • Gewinnerzielungsabsicht liegt vor, da Überschuss erzielt werden soll und es auf die Gewinnverwendungsabsicht hier nicht ankommt (→ Rn. 9 ff.)
>   • Dauerhaftigkeit und Selbständigkeit gegeben (→ Rn. 12 und 15)
>   – Gewerbsfähigkeit
>   • Keine Urproduktion und kein freier Beruf (→ Rn. 18 und 22)
>   • Keine Verwaltung eigenen Vermögens: Zwar nur zwei Wohnungen, jedoch führt Intensität der Vermarktung zur Einordnung als Gewerbe (→ Rn. 23)
>   (c) Tatsächliche Ausübung des stehenden Gewerbes zum Zeitpunkt der Untersagungsverfügung gegeben (→ Rn. 54)
>   (d) Unzuverlässigkeit von A und B iSv § 35 I GewO
>   – Vorliegen von Tatsachen mit Bezug zum ausgeübten oder auszuübenden Gewerbe: Bestrafung wegen Zuhälterei und Nichtbezahlung von Rechnungen betr. die beiden Wohnungen (→ Rn. 43)

---

[183] VGH München NVwZ-RR 2013, 494.
[184] Zum Begriff *Sodan/Ziekow*, GKÖR § 58 Rn. 10.
[185] BVerwG NVwZ 2009, 1305 (1306 ff.).
[186] VGH Kassel DÖV 2008, 607.

- Prognose der nicht ordnungsgemäßen Ausübung des Gewerbes in der Zukunft:
  - Fortgesetzte Zuhälterei des A
    o Prognose, dass A die für die Vermietung von Wohnungen zum genannten Zweck erforderliche Zuverlässigkeit nicht besitzt (→ Rn. 47)
    o *Eigene* Unzuverlässigkeit der B folgt daraus, dass sie dem unzuverlässigen A maßgeblichen Einfluss auf die Führung des Gewerbebetriebs einräumt und nicht in der Lage ist, diesen Einfluss zu unterbinden (→ Rn. 57)
  - Zahlungsschwierigkeiten gegenüber privaten Gläubigern unerheblich, da kein Gewerbe vorliegt, das auf Vorleistungen oder besonderem Vertrauen des Kunden beruht (→ Rn. 51)
  (e) Erforderlichkeit der Gewerbeuntersagung: kein milderes Mittel (→ Rn. 60)
  c) Ergebnis: Klage von A und B ist zulässig, aber unbegründet, da die Gewerbeuntersagung rechtmäßig ist.
2. Fall 9: Durchsetzung einer Teilnahme an der „Sommerschlacht" durch D
  a) Vorüberlegung: Anspruch auf Teilnahme oder auf Recht auf fehlerfreie Ermessensausübung?
    aa) Vorliegen einer festgesetzten Veranstaltung iSv §§ 70 I, 69 I GewO
      (a) Volksfest nach § 60b II i.V. m. § 69 I GewO festsetzungsfähiger Veranstaltungstypus (→ Rn. 82)
      (b) Antrag der C als Veranstalterin nach § 69 I GewO liegt nicht vor
      (c) Aber: Da C gleichzeitig für die Festsetzung zuständige Behörde ist, kein förmlicher Antrag erforderlich (→ Rn. 84)
      (d) Von C gewünschte Ausnahmen von Ladenschlusszeiten und arbeitsrechtlichen Schutzbestimmungen nur bei Festsetzung erreichbar → nach den vorliegenden Umständen konkludente Festsetzung anzunehmen (→ Rn. 84)
    bb) Zwar Teilnahmeanspruch des D nach § 70 I GewO, jedoch Verteilungsermessen der C wegen beschränkten Raumkapazitäten (→ Rn. 93)
      (a) Vorab erfolgte Festlegung und Zugänglichmachung der Verteilungskriterien (→ Rn. 94)
      (b) Keine Ermessensreduzierung auf Null, da von D geltend gemachte Kriterien der Attraktivität und Ortsansässigkeit nicht zwingend berücksichtigt werden müssen (→ Rn. 95)
  b) Gerichtliche Durchsetzung
    aa) Sachentscheidungsvoraussetzungen
      (a) Rechtsweg: Verwaltungsrechtsweg (§ 40 VwGO) (→ Rn. 92)
      (b) Klageart: Verpflichtungsklage in Form der Bescheidungsklage (§§ 42 I, 113 V 2 VwGO) (→ Rn. 92)
      (c) zuständiges Gericht: Verwaltungsgericht (§ 45 VwGO)
      (d) Klagebefugnis (§ 42 II VwGO): Verletzung des Rechts des D auf fehlerfreie Ermessensausübung aus § 70 I, III GewO ist nicht von vornherein ausgeschlossen
      (e) richtiger Beklagter: Gemeinde C (§ 78 I VwGO)
      (f) Vorverfahren: erforderlich (§ 68 VwGO); Durchführung zu unterstellen
    bb) Bescheidungsklage wäre begründet (§ 113 V 2 VwGO): Durch Abstellen allein auf das Kriterium „bekannt und gewährt", hat C die Grenzen ihres Auswahlermessens überschritten (→ Rn. 95).
  c) Ergebnis: Der D hat keinen unmittelbar gerichtlich durchsetzbaren Teilnahmeanspruch, könnte aber erfolgreich Bescheidungsklage auf Neubescheidung seines Antrags erheben.

§ 11. Handwerksrecht

Literatur: *S. Bulla*, Ist das Berufszulassungsregime der Handwerksordnung noch verfassungsgemäß?, GewArch 2012, 470; *T. Günther*, Die Unterscheidung zwischen Handwerk und Industrie vor dem Hintergrund der wirtschaftlichen Entwicklung, GewArch 2012, 16, 62; *U. Kramer*, Die Meisterpflicht im Handwerk – Relikt oder Weg in die Zukunft?, GewArch 2013, 105; *M. Müller*, Die Novellierung der Handwerksordnung 2004, NVwZ 2004, 403; *K. Schmitz*, Die Rechtsprechung zur Meisterpräsenz im Handwerk, WiVerw 1999, 88; *M. Wehr*, Die Rechtsnatur von Eintragungs- und Löschungsmitteilung, BayVBl. 2000, 197; *E. Zimmermann*, Die Konkurrentenklage im Handwerksrecht, GewArch 2012, 177.

Fall 10

B, der über keine Ausbildung verfügt, ist Inhaber eines Betriebs mit mehr als 30 angelernten Hilfskräften, in welchem durch in erster Linie maschinelle Herstellung und Verarbeitung des Teigs ausschließlich eine türkische Brotspezialität („Fladenbrot") hergestellt wird. Die von den Inhabern von Imbissbetrieben bestellten Brote werden nachts gebacken und morgens frisch ausgeliefert. Die zuständige Behörde ist der Auffassung, es handele sich um den Betrieb eines zulassungspflichtigen Handwerks, dessen Inhaber in die Handwerksrolle eingetragen sein müsse. Da B dies nicht ist, untersagt die Behörde dem B die Fortsetzung des Betriebs. Nach erfolglosem Widerspruch erhebt der B Anfechtungsklage und trägt zur Begründung vor, dass die Pflicht zur Eintragung in die Handwerksrolle gegen das GG verstoße. Überdies habe er Anspruch auf Erteilung einer Ausnahmebewilligung, die ihm die Eintragung in die Handwerksrolle für die Herstellung von Fladenbrot ermögliche. Die notwendigen Kenntnisse und Fertigkeiten könne er jederzeit in einer Prüfung nachweisen. Da er eine Familie mit sechs minderjährigen Kindern zu unterhalten habe, sei ihm die zeitliche Zusatzbelastung und der Verdienstausfall durch die Vorbereitung auf die Meisterprüfung nicht zuzumuten. Wie wird das VG entscheiden?

I. Regelungsgrundsätze

1. Zielsetzung

Von besonderer Bedeutung im Rahmen der rechtlichen Organisation wirtschaftlichen Handelns war seit jeher das Handwerk als eines der dominierenden Elemente des **Mittelstands**, dem eine ordnungspolitische Leitfunktion zugeschrieben wird.[1] Dementsprechend lag dem Gesetz zur Ordnung des Handwerks vom 17.9.1953[2] der Gedanke der Erhaltung des Leistungsstandes des gewerblichen Nachwuchses, der zu großen Teilen im Handwerk ausgebildet wurde und wird, sowie das Ziel zugrunde, das Handwerk in seiner volkswirtschaftlichen und gesellschaftlichen Relevanz als Kern des Mittelstands funktionsfähig zu halten.[3] Diese Zielsetzungen sind durch das Dritte Gesetz zur Änderung der Handwerksordnung vom 24.12.2003[4] deutlich modifiziert worden. Vorrangiges Ziel ist nunmehr der **Schutz von Gesundheit und Leben Dritter**.[5] Darüber hinaus sollen eine hohe **Ausbildungsbereitschaft und -leistung des Handwerks** sichergestellt werden.[6] Weitere

---

[1] Zur Geschichte des Handwerks *J. Ziekow*, Freiheit und Bindung des Gewerbes, 1992.
[2] BGBl. I 1411.
[3] Vgl. BT-Drucks. I/1428 S. 25; BT-Sten.Ber. I/95 S. 3498, 3502, I/258 S. 12552.
[4] BGBl. I 2934.
[5] BT-Drucks. 15/1206 S. 1 ff.
[6] BT-Drucks. 15/1107 S. 2; BR-Plenarprot. 795/2003 S. 503.

Zielsetzungen können bei der Auslegung der Vorschriften der HandwO nicht mehr berücksichtigt werden.

2. Verfassungsrechtliche Fragen

a) Vereinbarkeit mit Art. 12 I GG

2   Eine der überkommenen Kernregelungen des Handwerksrechts ist der – mittlerweile zurückgedrängte – Grundsatz, dass für den selbständigen Betrieb eines zulassungspflichtigen Handwerks das **Bestehen der Meisterprüfung** in dem zu betreibenden oder einem mit diesem verwandten Handwerk erforderlich ist (§ 1 I 1, § 7 I, Ia HandwO; → Rn. 28). Mit den der HandwO ursprünglich zugrunde liegenden Zielsetzungen (Erhaltung des Leistungsstands des Handwerks, Sicherung des gewerblichen Nachwuchses; → Rn. 1) ist die Regelung bereits 1961 vom BVerfG als **subjektive Berufszulassungsvoraussetzung** im Rahmen der zu Art. 12 I GG entwickelten Schrankenlehre (→ § 3 Rn. 23 ff.) für verfassungsgemäß befunden worden.[7] Dieses Ergebnis wurde durch die Rspr. später immer wieder bestätigt.[8] Allerdings hat die Rspr. dabei auf die Notwendigkeit des Bestehens von Ausnahmemöglichkeiten und das Erfordernis einer großzügigen Auslegung und Anwendung der Ausnahmetatbestände hingewiesen.[9] Erst in einer Entscheidung Ende des Jahres 2005 hat das BVerfG mit Blick auf die durch die Konkurrenz aus dem EU-Ausland gewandelten Verhältnisse deutliche Zweifel an der Verfassungsmäßigkeit der Regelung formuliert.[10]

3   Zu beachten ist, dass diese Bewertungen nicht ohne weiteres auf die Prüfung der **Verfassungsmäßigkeit der Meisterprüfungspflicht** in der seit Anfang 2004 geltenden Form übertragbar sind[11]. Zwar vermag das gesetzgeberische Ziel des Schutzes von Gesundheit und Leben Dritter (→ Rn. 1) den Eingriff in das Grundrecht aus Art. 12 I GG zu rechtfertigen.[12] Jedoch gilt dies nicht uneingeschränkt für das weitere Ziel der Sicherstellung einer hohen Ausbildungsbereitschaft und -leistung des Handwerks.[13] Durch die deutliche Reduzierung der meisterprüfungspflichtigen Handwerke von früher deutlich über 90 auf derzeit 41 kann sich diese Zielrichtung nicht auf das Handwerk insgesamt, sondern nur auf die Ausbildungsleistung der zulassungspflichtigen Handwerke beziehen.

4   Bedeutung hat diese veränderte verfassungsrechtliche Sichtweise weniger für die Verfassungsmäßigkeit der Meisterprüfungspflicht als solche als vielmehr für die **Auslegung der Bestimmungen der HandwO**. Dies gilt bspw. für die zu leistende Abgrenzung zwischen Handwerk und Industrie (→ Rn. 17 f.), die bislang eine typologische Zuordnung unter dem Gesichtspunkt des zu schützenden Mittelstandes erforderlich machte[14], sowie für den die Erteilung einer Ausnahmebewilligung betreffenden § 8 HandwO (→ Rn. 29 ff.). Während unter dem Ziel des Mittelstandsschutzes eine großzügige Handhabung der Möglichkeit der Ausnahmebewilligung zur Kompensation „rechtsstaatlichen Überdrucks" angezeigt gewesen sein mochte, legt das nunmehr maßgebliche Ziel der Gefahrenabwehr eine eher enge Auslegung nahe, um den

---

[7] BVerfGE 13, 97 (104 ff.).
[8] BVerfG GewArch 2000, 240 (241); BVerwGE 115, 70 (73); BVerwG NVwZ-RR 1999, 498 (499); GewArch 2004, 488 (488 f.).
[9] BVerfGE 13, 97 (120 ff.); BVerwGE 13, 317 (324); 115, 70 (76).
[10] BVerfG GewArch 2006, 71 (72 f.).
[11] Ebenso *J. Kormann/F. Hüpers*, GewArch 2008, 273 (277).
[12] BVerwG GewArch 2012, 39 Rn. 34 ff.; M. Müller, NVwZ 2004, 403 (407).
[13] Vgl. auch BVerfG GewArch 2006, 71 (73). Offengelassen von BVerwG GewArch 2012, 39 Rn. 34.
[14] Im Einzelnen *J. Ziekow*, in: Peter/Rhein, Wirtschaft und Recht, 1989, S. 99 (106).

Schutz Dritter vor Gefahren durch unqualifizierte Handwerker so effektiv wie möglich zu gestalten.

> Im Fall 10 wird der B mit seinen Bedenken gegen die Verfassungsmäßigkeit der Handwerksrollenpflicht für seine Tätigkeit nicht durchdringen, soweit es um einen Verstoß gegen Art. 12 GG geht.

b) Vereinbarkeit mit Art. 3 I GG

Eine Vereinbarkeit der Zulassungspflicht für die in Anlage A zur HandwO genannten Gewerbe mit dem allgemeinen Gleichheitssatz des Art. 3 I GG kann unter zwei Aspekten problematisiert werden. Zum einen könnte der allgemeine Gleichheitssatz dadurch verletzt sein, dass für die **industrielle Produktion** von Erzeugnissen, die auch handwerklich hergestellt werden, ein Befähigungsnachweis nicht gefordert wird.[15] Denn die inhaltlich gleiche Tätigkeit kann bei handwerksmäßiger Betriebsweise zulassungspflichtig sein, bei industrieller nicht. Das BVerfG ließ in seiner grundlegenden Entscheidung zur HandwO aus dem Jahre 1961 eine Differenzierung nach den besonderen Verhältnissen der verschiedenen beruflichen Lebensbereiche, insbesondere nach der sozialen Struktur der in Frage stehenden Berufe, zu. Im Unterschied zum industriellen Unternehmen sei für das Handwerk die persönliche handwerkliche Mitarbeit des Betriebsinhabers typisch. Dieser strukturelle Unterschied lasse es als gerechtfertigt erscheinen, nur die selbständige Ausübung eines Handwerks von dem Nachweis persönlicher Fertigkeiten und Kenntnisse abhängig zu machen.[16]

Dabei ist zu beachten, dass die Rechtfertigung einer Ungleichbehandlung nur mit Blick auf den **verfolgten Zweck** möglich ist.[17] Anders als das die Entscheidung des BVerfG noch bestimmende Ziel des Mittelstandsschutzes (→ Rn. 1), das in der Tat die Qualitätssicherung für mittelständische Strukturen durch den großen Befähigungsnachweis trug, ist der nunmehr maßgebende **Gedanke der Gefahrenabwehr** durch die Ausübung der betreffenden Tätigkeit (→ Rn. 1) **nicht an die Größe des jeweiligen Betriebs** gekoppelt: Gefahr ist Gefahr. Darüber hinaus ist das Handwerksrecht durch das Dritte Gesetz zur Änderung der HandwO auch von dem vom BVerfG betonten Inhaberprinzip abgerückt. Anders als nach § 7 HandwO a. F. ist für die Eintragung in die Handwerksrolle nicht mehr erforderlich, dass der Betriebsinhaber selbst die Meisterprüfung bestanden hat. Gesetzlicher Regelfall ist vielmehr jetzt das Betriebsleiterprinzip (§ 7 I 1 HandwO). Auch insoweit sind die unterschiedliche Behandlung der industriellen Fertigung tragende Gründe nicht mehr erkennbar.

> Anderes wird man auch für das weitere gesetzgeberische **Ziel der Sicherung Ausbildungsbereitschaft und -leistung** des Handwerks nicht annehmen können. Selbst wenn man unterstellen würde, dass der Vorbehalt der Ausbildung für Personen, die die Meisterprüfung abgelegt haben, zur

---

[15] Demgegenüber liegt die von BVerwG GewArch 2012, 39 Rn. 38 ff. durchgeführte Gleichheitsprüfung im Verhältnis zu Minderhandwerk und Reisegewerbe weniger nah. Im Ergebnis hat das Gericht an *diesem* Maßstab einen Verstoß gegen Art. 3 I GG verneint.
[16] BVerfGE 13, 97 (123).
[17] *Sodan/Ziekow*, GKÖR § 30 Rn. 14.

> Erreichung dieses Ziels beitragen kann, würde ein sog. **kleiner Befähigungsnachweis**, der nur das Recht zur Ausbildung, nicht aber zur Ausübung des gesamten Handwerks, an die Meisterprüfung bindet, als **milderes Mittel** ausreichen[18]. Unter diesem Gesichtspunkt greifen die verfassungsrechtlichen Bedenken des B im Fall 10 durch. Die weiteren Überlegungen wären in der Klausur daher hilfsgutachtlich anzustellen.

7 Zum anderen könnte ein Gleichbehandlungsverstoß unter dem Gesichtspunkt der **Inländerdiskriminierung** (→ § 3 Rn. 43) in Betracht kommen. Nach § 9 I HandwO i.V. m. §§ 1 f. EU/EWR-HwV bedürfen Personen aus anderen Mitgliedstaaten der EU – außer in den Fällen der Nummern 33–37 der Anlage A zur HandwO – keiner Meisterprüfung, um in die Handwerksrolle eingetragen zu werden. Zwar werden auch deutsche Handwerker gem. § 7 VII HandwO in die Handwerksrolle eingetragen, wenn sie eine Ausübungsberechtigung für ein zulassungspflichtiges Handwerk nach § 7b HandwO besitzen. Doch sind die Voraussetzungen insoweit strenger als nach §§ 1 ff. EU/EWR-HwV: So muss ein deutscher Handwerker eine mindestens zweijährige Ausbildung durchlaufen (vgl. § 26 I Nr. 2 HandwO), eine Gesellenprüfung bestanden (§ 7b I Nr. 1 HandwO) und eine Tätigkeit von mindestens sechs Jahren ausgeübt haben (§ 7b I Nr. 2 HandwO), während für Handwerker aus anderen Mitgliedstaaten u. a. eine mindestens sechsjährige selbständige Tätigkeit ohne vorhergehende Prüfung (§ 2 II Nr. 1 EU/EWR-HwV) oder eine dreijährige Tätigkeit als Selbständiger nach mindestens dreijähriger Ausbildung (§ 2 II Nr. 2 EU/EWR-HwV) ausreicht. Gleichwohl handelt es sich – soweit es sich um im Inland ausgebildete und tätig gewesene Antragsteller handelt – um rein **innerstaatliche Sachverhalte**, auf die das EU-Recht nicht anwendbar ist. In den Fällen der aus anderen Mitgliedstaaten stammenden Handwerker reicht der **Unionsrechtsbezug als zulässiges Differenzierungskriterium** aus.[19]

3. Unionsrechtliche Vorgaben

8 Unionsrechtlich relevant sind zunächst nur Sachverhalte, die einen **grenzüberschreitenden Bezug** aufweisen. Soweit es um die Ausübung eines Handwerks durch einen Inländer ohne Berührungspunkte zu anderen Mitgliedstaaten der EU geht, stellt sich allenfalls die Frage der Zulässigkeit einer sog. Inländerdiskriminierung (→ § 3 Rn. 42). Bei Vorliegen eines grenzüberschreitenden Bezugs können sich hingegen auch **Inländer auf das EU-Recht berufen**. So kann sich ein mit einem Handwerksbetrieb in einem anderen Mitgliedstaat niedergelassener Deutscher bei der Ausübung von Handwerkstätigkeiten in Deutschland auf die Dienstleistungsfreiheit (Art. 56 ff. AEUV) stützen. Für die Erteilung einer Ausnahmebewilligung zur Eintragung in die Handwerksrolle nach § 9 I 1 Nr. 1 HandwO i.V. m. § 3 EU/EWR-HwV sind auch die von einem Inländer in einem anderen Mitgliedstaat absolvierten Ausbildungs- und Tätigkeitszeiten zu berücksichtigen.[20]

9 Im Übrigen ist zu unterscheiden, ob die betreffende Tätigkeit unter die Niederlassungs- (Art. 49 ff. AEUV) oder die Dienstleistungsfreiheit (Art. 56 ff. AEUV) fällt. Im Bereich des **Niederlassungsrechts** hat der EuGH die Unionsrechtskonformität der Pflicht zur Eintragung in die Handwerksrolle offengelassen.[21] Zwar handelt es sich nach der Rspr. des EuGH bei der Vorgabe von Qualifikationsvoraussetzungen[22] oder Eintragungspflichten als Voraussetzung für die Ausübung bestimmter Tätigkeiten[23]

---

[18] Nicht geprüft in der die Verfassungsmäßigkeit der Zulassungspflicht auch unter dem Gesichtspunkt der Ausbildungsleistung des Handwerks bejahenden Entscheidung des OVG Koblenz GewArch 2013, 126 (127 f.).
[19] BVerwG GewArch 1998, 470; 2004, 488 (489); 2012, 39 Rn. 44; VGH München GewArch 2002, 431 (432); NVwZ-RR 2005, 624 (625); *M. Albers*, JZ 2008, 708 (711 ff.).
[20] BVerwG NVwZ-RR 1991, 546 (547); GewArch 1998, 470.
[21] EuGH Slg. 2000, I-7919 Rn. 45 – Corsten.
[22] Vgl. EuGH Slg. 1991, I-2357 Rn. 15 – Vlassopoulou; 1992, I-3003 Rn. 10 – Colegio Oficial de Agentes.
[23] Vgl. EuGH Slg. 2002, I-8923 Rn. 27 – Payroll.

um sonstige, nichtdiskriminierende Beschränkungen. Doch sind jedenfalls solche Beschränkungen gerechtfertigt, die hinsichtlich der geforderten Qualifikation den **unionsrechtlichen Richtlinien über die gegenseitige Anerkennung der Diplome**, Prüfungszeugnisse und sonstigen Befähigungsnachweise[24] entsprechen. Diesen Anforderungen entsprechen die Regelungen der EU/EWR-HwV. Da der jeweilige Handwerksbetrieb sich bei Gründung einer Niederlassung dauerhaft mit der deutschen Wirtschaftsordnung verbinden will, dürfte die Pflicht zur Eintragung in die Handwerksrolle kein Erschwernis sein, das geeignet ist, von der Inanspruchnahme der Niederlassungsfreiheit abzuhalten.

Anders verhält es sich, wenn von in einem anderen Mitgliedstaat niedergelassenen Handwerksbetrieb in Deutschland handwerkliche Leistungen angeboten werden, ohne dass dieser Betrieb über eine Niederlassung in Deutschland verfügt. Dabei ist zu beachten, dass **Dienstleistungen i. S. d. Art. 56 ff.** AEUV nicht nur einmalige oder kurzfristig erbrachte, sondern auch solche Leistungen sein können, die sich – wie größere Bauaufträge – über mehrere Jahre hinziehen können oder regelmäßig erbracht werden. Sofern es für die Erbringung der Dienstleistung erforderlich ist, kann der Dienstleistungserbringer im Aufnahmemitgliedstaat auch ein Büro unterhalten, ohne dass es sich dabei um eine Niederlassung handeln würde.[25] Da bei Erfüllung der Voraussetzungen der EU/EWR-HwV feststeht, dass die Voraussetzungen für die Aufnahme der betreffenden Tätigkeit vorliegen, wäre die Pflicht für den Dienstleistungserbringer, sich in die Handwerksrolle eintragen zu lassen, ein Formalismus, der wegen des damit verbundenen Zeit- und Kostenaufwands geeignet ist, von der Inanspruchnahme der Dienstleistungsfreiheit abzuhalten.[26] Aus diesem Grund ist der Betrieb eines zulassungspflichtigen Gewerbes ohne Niederlassung im Inland grundsätzlich **nur an die Anzeige der Dienstleistungserbringung, ausnahmsweise an die Nachprüfung der Berufsqualifikation bzw. Ablauf der dafür gesetzlich festgesetzten Fristen gebunden** (§ 9 I 1 Nr. 2 HandwO iVm §§ 7 ff.).

II. Der Begriff des Handwerks

Die HandwO erfasst mittlerweile drei Gruppen von Gewerbebetrieben:

Zuordnungsmerkmale \ Gruppe	Zulassungspflichtiges Handwerk	Zulassungsfreies Handwerk	Handwerksähnliches Gewerbe
Norm	§ 1 II HandwO	§ 18 II 1 HandwO	§ 18 II 2 HandwO
Positive Listung	Handwerksfähigkeit (Anlage A)	Anlage B Abschnitt 1	Anlage B Abschnitt 2
Abgrenzung zum industriellen Betrieb	Handwerksmäßigkeit	Handwerksmäßigkeit	Handwerksähnlichkeit

---

[24] Hierzu *C. Stumpf*, DZWIR 2006, 99. Siehe nunmehr die RL 2005/36/EG v. 7.9.2005 über die Anerkennung von Berufsqualifikationen, ABl. Nr. L 255/22 zuletzt geändert durch VO (EG) Nr. 279/2009, ABl. 2009 Nr. 93/11. Zur Bedeutung dieser RL für das Handwerksrecht *S. Stork*, WiVerw 2006, 152 ff.
[25] EuGH Slg. 2003, I-14847 Rn. 28 ff. – Schnitzer.
[26] EuGH Slg. 2000, I-7919 Rn. 45 ff. – Corsten; 2003, I-14847 Rn. 36 ff. – Schnitzer.

12 Ausbildungs- und prüfungsrelevant sind nahezu ausschließlich Probleme, die mit dem Betrieb eines **zulassungspflichtigen Handwerks** zusammenhängen. Das Vorliegen eines zulassungspflichtigen Handwerks kann wie folgt geprüft werden:

> 1. Gewerbebetrieb (§ 1 II 1 HandwO; → Rn. 13, → § 10 Rn. 4 ff.)
> 2. stehendes Gewerbe (§ 1 I 1 HandwO; → Rn. 13, → § 10 Rn. 29)
> 3. Selbständigkeit (§ 1 I 1 HandwO; → Rn. 13, → § 10 Rn. 13 ff.)
> 4. Handwerksfähigkeit: vollständige oder wesentliche Ausübung eines in Anlage A zur HandwO aufgeführten Gewerbes (§ 1 II HandwO; → Rn. 14 ff.)
> 5. Handwerksmäßigkeit (§ 1 II 1 HandwO; → Rn. 17 f.)

1. Selbständiger Betrieb eines stehenden Gewerbes

13 Vorliegen muss zunächst der **Betrieb eines Gewerbes**, wobei sich der Begriff des Gewerbes nicht von dem der GewO unterscheidet (→ § 10 Rn. 4 ff.) und Abgrenzungsprobleme u. a. zur sog. freien Kunst als freiberuflicher Tätigkeit entstehen können (→ § 10 Rn. 21). Selbständigkeit und Betrieb als stehendes Gewerbe zählen zwar nicht zur Legaldefinition des zulassungspflichtigen Handwerks in § 1 II HandwO. Jedoch gelten die besonderen Vorschriften der §§ 1 ff. HandwO nur unter diesen Voraussetzungen, so dass es gerechtfertigt ist, sie als begriffliche Merkmale zu verstehen. Dabei ist **selbständig**, wer auf eigene Gefahr nach außen im eigenen Namen auftritt und im Innenverhältnis in persönlicher und sachlicher Unabhängigkeit eigene Verantwortung trägt. Nach dem Übergang vom Inhaber- zum Betriebsleiterprinzip durch § 7 I 1 HandwO kommt es auf die fachliche Verantwortung nicht mehr an.[27] Für die **Vornahme handwerklicher Tätigkeiten im Reisegewerbe** gelten nicht die Bestimmungen der HandwO, sondern die der §§ 55 ff. GewO (→ § 10 Rn. 69 ff.).

> Im Fall 10 ist nach dem Sachverhalt vom selbständigen Betrieb eines stehenden Gewerbes durch B auszugehen.

2. Handwerksfähigkeit

14 Von Handwerksfähigkeit spricht man, wenn der Gewerbebetrieb vollständig oder hinsichtlich wesentlicher Tätigkeiten ein in der **Anlage A zur HandwO** aufgeführtes Gewerbe umfasst (vgl. § 1 II HandwO). Für die Aufnahme eines Gewerbes in die Anlage A ist laut § 1 III HandwO die technische und wirtschaftliche Entwicklung ausschlaggebend. Ebenso wenig wie die Typisierung durch Einrichtung einer Positivliste als solche verfassungsrechtlichen Bedenken begegnet[28], bestehen ernsthafte Zweifel an der Vereinbarkeit des § 1 III HandwO mit Art. 80 GG, zumal die Aufnahme *neuer* Gewerbe weiterhin unter dem Vorbehalt eines Gesetzes im formellen

---

[27] *Honig/Knörr*, HandwO § 1 Rn. 30.
[28] Vgl. BVerfGE 13, 97 (117 f.).

Sinne steht²⁹. Dies und die in § 1 III HandwO vorgesehenen Möglichkeiten von Modifikationen der Anlage A sind Ausdruck des sog. **dynamischen Handwerksbegriffs**, der sich wandelnden Verhältnissen Rechnung zu tragen hat.

Die Frage, ob i. S. d. § 1 II HandwO Tätigkeiten ausgeübt werden, die **für das in der Anlage A aufgeführte Gewerbe wesentlich** sind, ist nur für den Einzelfall zu beantworten. Die Beurteilung bemisst sich nach dem gegenwärtigen **tatsächlichen Berufsbild** des betreffenden Gewerbes.³⁰ Zur Ermittlung des Berufbilds begründen die Berufsbildfixierungen in Ausbildungsordnungen nach §§ 25 f. HandwO und Verordnungen nach § 45 HandwO eine widerlegliche Vermutung.³¹ Jedoch reicht diese Zuordnung einer Tätigkeit zum Berufsbild eines Handwerks nicht aus, um sie zu einer „wesentlichen" i. S. d. § 1 II HandwO zu machen.³² Die Tätigkeiten, Verpflichtungen und Arbeitsweisen müssen vielmehr den **Kernbereich dieses Handwerks** ausmachen und ihm sein wesentliches Gepräge geben.³³ 15

Können hingegen die anfallenden Tätigkeiten ohne die Beherrschung in handwerklicher Schulung erworbener Kenntnisse und Fähigkeiten einwandfrei und gefahrlos ausgeführt werden, dann liegt lediglich ein den Vorschriften der HandwO nicht unterfallendes Minderhandwerk vor.³⁴ § 1 II 2 HandwO nennt – nicht abschließend – Fälle, in denen keine für das betreffende Gewerbe wesentlichen Tätigkeiten vorliegen. Handelt es sich danach um nur *eine* wesentliche **Teiltätigkeit,** so begründet bereits sie die Handwerksfähigkeit.³⁵ Umgekehrt führt die Kumulation mehrerer nicht wesentlicher Tätigkeiten nicht automatisch zur Handwerksfähigkeit; abzustellen ist vielmehr auf eine Gesamtbetrachtung (§ 1 II 3 HandwO). 16

Im Fall 10 stellt das Backen von Brot eine der wesentlichen Tätigkeiten des Bäckerhandwerks dar, das gemäß Anlage A Nr. 30 zur HandwO zu den zulassungspflichtigen Handwerken zählt. Dass der B nur eine einzige Sorte Brot herstellt, steht dem nicht entgegen. Sonst könnte sich jeder Bäcker durch Spezialisierung der Handwerksrollenpflicht entziehen.³⁶

3. Handwerksmäßigkeit

Das Erfordernis des handwerksmäßigen Betriebs (§ 1 II 1, § 18 II 1; das Erfordernis des handwerksähnlichen Betriebs für die handwerksähnlichen Gewerbe in § 18 II 2 HandwO besagt nichts anderes³⁷) bringt einerseits den Kern dessen zum Ausdruck, was das Handwerk traditionell ausmacht, nämlich eine mittelständische Struktur, ist 17

---

[29] *Honig/Knörr,* HandwO § 1 Rn. 60.
[30] OVG Lüneburg NVwZ-RR 2010, 639 (640); OVG Münster GewArch 1986, 294.
[31] BVerwGE 58, 217 (219 f.); BVerwG GewArch 1984, 96 (97); 1984, 98 (99); OVG Münster GewArch 1986, 294; VGH München GewArch 1987, 126.
[32] *Honig/Knörr,* HandwO § 1 Rn. 55.
[33] BVerwG GewArch 2012, 35 Rn. 25; 2012, 39 Rn. 20; OVG Lüneburg NVwZ-RR 2010, 639 (640).
[34] BVerwGE 58, 217 (221); 67, 273 (277); 87, 191 (193 f.); BVerwG GewArch 1984, 96 (97); NVwZ-RR 1992, 547 (548 ff.); OVG Lüneburg NVwZ-RR 2004, 27.
[35] BayObLG GewArch 1993, 423 (424); *Musielak/Detterbeck,* HandwR § 1 Rn. 55.
[36] VG Saarlouis GewArch 2005, 157 (158).
[37] *Honig/Knörr,* HandwO § 18 Rn. 6.

aber andererseits offen für die Aufnahme struktureller Änderungen und insofern das zweite Element des sog. **dynamischen Handwerksbegriffs** (→ Rn. 14). Es zielt auf eine Abgrenzung zur Industrie, wobei eine Betrachtung der Gesamtstruktur des Einzelbetriebs unter Berücksichtigung der Besonderheiten des betreffenden Gewerbezweigs vorzunehmen ist[38].

18 Eine Entscheidungshilfe in der nur schwer überschaubaren Kasuistik bietet ein Katalog von Abgrenzungskriterien, von denen jedes für sich eine Zuordnung nicht zu leisten vermag, die jedoch durch das Zusammentreffen mehrerer Merkmale indiziert wird[39]. Ausschlaggebend ist, ob nach dem Gesamtbild des Betriebs die Elemente der handwerksmäßigen oder der industriellen Betriebsweise überwiegen.[40] Es sprechen für einen[41]:

handwerksmäßigen Betrieb	industriellen Betrieb
• persönliche Mitarbeit des Betriebsleiters (problematisch![42]) • geringe Arbeitsteilung zwischen Betriebsleitung und weiteren Arbeitskräften; hohes Maß an Zusammenarbeit (aber im Wandel![43]) • Einsatz technischer Hilfsmittel primär nur zur Unterstützung bei durch Handarbeit geprägten Verrichtungen • geringe Betriebsgröße • niedriger Kapitaleinsatz • Beschäftigung in erster Linie handwerklich ausgebildeter Mitarbeiter • individuelle Fertigung	• keine persönliche Mitarbeit des Betriebsleiters • starke Arbeitsteilung zwischen der leitenden Tätigkeit des Unternehmens und der technischen Tätigkeit der Gehilfen • wenig Raum für die Entfaltung der Handfertigkeit lassende Verwendung von technischen Hilfsmitteln • großer Betrieb • starker Kapitaleinsatz • Beschäftigung einer nicht unbeträchtlichen Zahl minderqualifizierter Hilfskräfte • serielle Fertigung

Der Betrieb des B erreicht im Fall 10 mit 30 Mitarbeitern eine Größe, die auch eine Zuordnung zu einer industriellen Betriebsweise zulassen würde. Für eine solche Zuordnung würde auch die Beschäftigung ausschließlich ungelernter Hilfskräfte sowie die maschinelle Produktion sprechen. Hingegen spricht die Fertigung auf Bestellung und die Auslieferung als Frischware[44] für eine handwerkliche Betriebsweise. Ebenso ist das Backen gerade des Nachts traditionelles Kennzeichen eines Betriebs des Bäckereihandwerks.[45] In der gebotenen Gesamtbetrachtung prägen die Elemente einer handwerklichen Arbeitsweise den Betrieb.

---

[38] BVerwGE 58, 217 (224); BVerwG GewArch 2004, 488.
[39] BVerwGE 58, 217 (224); VGH Kassel GewArch 1990, 412 (414f.).
[40] BVerwG GewArch 2004, 488.
[41] Vgl. BVerwGE 58, 217 (224); VGH Mannheim GewArch 2006, 126 (127); *T. Günther*, GewArch 2012, 16ff., 62ff.
[42] BVerwG GewArch 2004, 488 bezeichnet das Kriterium wegen des notwendigen persönlichen Entschlusses des Betreffenden als „unsicher".
[43] Die Rationalisierung nimmt auch im Handwerk zu, ohne dass dieses dadurch seinen Charakter als Handwerk verlöre, BVerwG GewArch 2004, 488.
[44] Vgl. VG Halle GewArch 2001, 421 (422).
[45] VG Halle GewArch 2001, 421 (422).

4. Betriebsformen

Ein Handwerksbetrieb kann mit nur einer Betriebsstätte oder mit mehreren Zweigstellen betrieben werden. Da die **Eintragung in die Handwerksrolle personen- und nicht betriebsbezogen** ist, erfolgt – wenn die **Zweigstellen** alle im Bezirk derselben Handwerkskammer liegen – nur eine Eintragung in die Handwerksrolle.[46] Bei mehreren Betriebsstätten im Bezirk verschiedener Handwerkskammern muss eine Eintragung in die Handwerksrolle in jedem Bezirk vorliegen.[47] 19

Denkbar ist aber auch, dass mit dem Betrieb eines zulassungspflichtigen Handwerks oder einem anderen Unternehmen **handwerksmäßige Leistungen** verbunden werden, **die im Rahmen des Hauptbetriebs eine untergeordnete Rolle spielen** und für die der Hauptbetrieb nicht in die Handwerksrolle eingetragen ist. Würde man die Handwerksrollenpflichtigkeit dieser Leistungen verneinen, so würden diese Wirtschaftssubjekte gegenüber den diese Leistungen im Hauptbetrieb erbringenden Inhabern zulassungspflichtiger Handwerksbetriebe bevorteilt. § 2 HandwO unterwirft deshalb Nebenbetriebe den auch sonst für den Betrieb zulassungspflichtiger Handwerke gelten Vorschriften. 20

Ein **Nebenbetrieb** ist nach der Legaldefinition des § 3 I HandwO anzunehmen, wenn in ihm Waren zum Absatz an Dritte handwerksmäßig hergestellt oder Leistungen für Dritte handwerksmäßig bewirkt werden, es sei denn, dass eine solche Tätigkeit nur in unerheblichem Umfang (§ 3 II HandwO) ausgeführt wird oder dass es sich um einen Hilfsbetrieb (§ 3 III HandwO) handelt. 21

Praktische Bedeutung erlangt diese Begriffsbestimmung nahezu nur für solche Betriebe, die mit einem Unternehmen eines beliebigen Wirtschafts- oder Berufszweigs verbunden sind i. S. d. § 2 Nr. 3 HandwO. Diesbezüglich ist ein **wirtschaftlicher Zusammenhang zwischen Haupt- und Nebenbetrieb** insofern erforderlich, als der Nebenbetrieb den wirtschaftlich-unternehmerischen Zwecken des Hauptunternehmens zu dienen hat und seine Erzeugnisse oder Leistungen dazu beitragen müssen, die Wirtschaftlichkeit und den Gewinn des Hauptbetriebs zu steigern. Hinzutreten muss eine **fachliche Verbundenheit** dergestalt, dass die Leistungen des Nebenbetriebs vom wirtschaftlichen Standpunkt und vom Interesse des Dritten her gesehen eine sinnvolle Ergänzung und Erweiterung des Leistungsangebots darstellen müssen. Es muss mithin ein wechselseitiger Zusammenhang bei der Inanspruchnahme der Leistungen der beiden Betriebe bestehen, die in ihrem Programm und ihren Einrichtungen eine gewisse Eigenständigkeit aufweisen.[48] Da ausschlaggebend der **unmittelbare Markzugang** des handwerklichen Betriebsteils ist[49], kommt es auf seine rechtliche Selbständigkeit nicht an[50]. 22

---

[46] BVerwG GewArch 1994, 474 (475); OVG Koblenz GewArch 1987, 306; VGH Mannheim NVwZ-RR 2002, 113 (114).
[47] BVerwG GewArch 1994, 474 (475); VGH Mannheim NVwZ-RR 2002, 113 (114). Zu den mit überörtlich tätigen Handwerksunternehmen verbundenen Fragen *H. Schlarmann/J. Niewerth*, DVBl. 1999, 375.
[48] BVerwGE 67, 273 (278 f.); BVerwG GewArch 1986, 297; 1987, 25.
[49] BVerwGE 58, 93 (98).
[50] *Musielak/Detterbeck*, HandwR § 3 Rn. 3. A. M. OLG Stuttgart GewArch 1987, 128 (129); *Honig/Knörr*, HandwO § 3 Rn. 3.

23 Nicht den §§ 1 ff. HandwO unterliegt ein Nebenbetrieb, wenn die in ihm ausgeübten Tätigkeiten während eines Jahres die durchschnittliche Arbeitszeit eines ohne Hilfskräfte Vollzeit arbeitenden Betriebs des betreffenden Handwerkszweigs nicht übersteigen (**unerheblicher Nebenbetrieb**; § 3 II HandwO). Ebenso von der Anwendung der genannten Vorschriften ausgenommen ist der **Hilfsbetrieb** i. S. d. § 3 III HandwO. Er ist ein der wirtschaftlichen Zweckbestimmung des Hauptbetriebs dienendender Betrieb, indem dort entweder nur Arbeiten für den Hauptbetrieb oder in eng begrenztem Umfang Leistungen für Dritte erbracht werden. Sein Charakteristikum ist die fehlende selbständige Teilnahme am Wirtschaftsverkehr.[51] In Zweifelsfällen ist entscheidend, ob der fragliche Betrieb nach der gesamten Betriebsstruktur ausschließlich der wirtschaftlichen **Zweckbestimmung des Hauptbetriebs** zu folgen hat.[52]

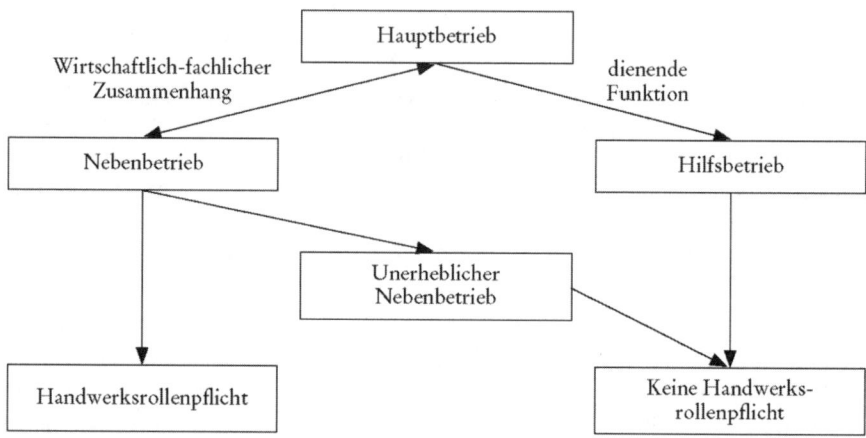

5. Zulassungsfreie und handwerksähnliche Gewerbe

24 Voraussetzung für die Einordnung eines Gewerbes als zulassungsfreies Handwerk oder handwerksähnliches Gewerbe ist die Aufzählung in **Anlage B der HandwO** und ein handwerksmäßiger bzw. -ähnlicher (→ Rn. 17) Betrieb (§ 18 II HandwO). Bei der Anwendung der für diese Gewerbe geltenden Vorschriften der HandwO ist zu berücksichtigen, dass der Sinn der Regelungen über die zulassungsfreien Handwerke und handwerksähnlichen Gewerbe nicht den der Bestimmungen über die zulassungspflichtigen Handwerke (→ Rn. 26 ff.) teilt, sondern sich auf die Sicherstellung der **Betreuung und Beratung der Inhaber** solcher Betriebe durch die dazu fachlich besonders geeigneten Handwerkskammern beschränkt.[53] Die Betriebsinhaber gehören daher in gleicher Weise und mit den gleichen Rechten wie die in die Handwerksrolle eingetragenen Handwerker den Handwerkskammern an (§ 90 II HandwO). Der wesentliche Unterschied zu den Betrieben des zulassungspflichtigen Handwerks liegt darin, dass der Beginn oder die Beendigung eines zulassungsfreien Handwerks oder eines handwerksähnlichen Gewerbes der Handwerkskammer lediglich anzuzeigen (§ 18 I HandwO) und von dieser in ein besonderes Verzeichnis einzutragen ist (§§ 19, 20 HandwO), wohingegen die Ausübung eines zulassungspflichtigen Handwerks nach § 1 I HandwO handwerksrollenpflichtig ist.

---

[51] *Musielak/Detterbeck*, HandwR § 3 Rn. 16.
[52] BVerwGE 58, 93 (98); 67, 273 (278); BVerwG NVwZ 1987, 132 (133).
[53] *Honig/Knörr*, HandwO § 18 Rn. 8.

III. Voraussetzungen der Ausübung eines zulassungspflichtigen Handwerks

> **Übersicht: Ausführung von Arbeiten zulassungspflichtiger Handwerke**
>
> 1. Eintragung des Betriebsleiters in die Handwerksrolle (§§ 1 II, 7 I 1 HandwO; → Rn. 26 ff.) aufgrund
>   a) Meisterprüfung (§ 7 Ia HandwO; → Rn. 28)
>   b) anderer Prüfung iSv § 7 II HandwO
>   c) Ausnahmebewilligung nach §§ 8 oder 9 I (§ 7 III HandwO; → Rn. 29 ff.)
>   d) Ausübungsberechtigung nach § 7a oder § 7b HandwO (§ 7 VII HandwO; → Rn. 33 f.)
> 2. Eintragungsunabhängige Ausübungsberechtigung aufgrund Anzeige, Nachprüfung bzw. Fristablauf gem. § 9 I 1 Nr. 2 HandwO, §§ 7 ff. EU/EWR-HwV (→ Rn. 10)
> 3. Ausführung von Arbeiten in anderen Handwerken gem. § 5 HandwO

25

1. Eintragung in die Handwerksrolle

Ausweislich des § 1 I HandwO ist der selbständige Betrieb eines zulassungspflichtigen Handwerks als stehendes Gewerbe grundsätzlich nur den in der Handwerksrolle eingetragenen natürlichen und juristischen Personen sowie Personengesellschaften (Personenhandelsgesellschaften; Gesellschaften des bürgerlichen Rechts) gestattet. Die Handwerksrolle ist ein **von der Handwerkskammer für ihren Bezirk geführtes Verzeichnis** der Inhaber von Betrieben zulassungspflichtiger Handwerke (§ 6 I HandwO). Eingetragen wird also der Inhaber, nicht der Betrieb als solcher: Die Eintragung erfolgt personen-, nicht betriebsbezogen (→ Rn. 19). Gleichwohl muss der Inhaber die Eintragungsvoraussetzungen nicht (mehr) in seiner Person erfüllen. Nach § 7 I 1 HandwO kommt es darauf an, dass der **Betriebsleiter** die Voraussetzungen für die Eintragung in die Handwerksrolle erfüllt, wobei der Betriebsleiter mit dem Inhaber personenidentisch sein kann.

26

Die **fachlich-technische Leitung des Handwerksbetriebs** muss *tatsächlich* **in der Hand des Betriebsleiters** liegen. Dieser muss einerseits aufgrund seiner – ggf. vertraglich ausgestalteten – Stellung zum Inhaber des Betriebes rechtlich in der Lage sein, den erforderlichen bestimmenden Einfluss auf den Handwerksbetrieb zu nehmen, insbesondere gegenüber den handwerklich arbeitenden Betriebsangehörigen **weisungsbefugt** sein[54]. Andererseits ist zu verlangen, dass der Betriebsleiter die ihm eingeräumte rechtliche Position auch tatsächlich ausfüllen kann und ausfüllt und die im Betrieb anfallenden handwerklichen Arbeiten leitet und überwacht.[55] Der Betriebsleiter muss regelmäßig seinen Leitungs-, Kontroll- und Überwachungspflichten in Gestalt der **Beherrschung des Arbeitsablaufs**, nicht einer bloßen Nachkontrolle des fertigen Arbeitsergebnisses nachkommen.[56] Der Umfang der Kontrollpflichten wächst

27

---

[54] BVerwG GewArch 1997, 481 (482); OVG Lüneburg GewArch 2012, 167 (168); VGH Kassel GewArch 1997, 344 (345); VGH München GewArch 1997, 75.
[55] Vgl. BVerwGE 88, 122 (124 f.); OVG Koblenz GewArch 1988, 22; OVG Lüneburg GewArch 2012, 167 (168); VGH München GewArch 1983, 91 (92).
[56] Vgl. OVGE Berlin 17, 164 (165 f.); OVG Lüneburg GewArch 2012, 167 (168); VGH München GewArch 1997, 75.

dabei mit der Komplexität und Gefahrgeneigtheit der zu überwachenden handwerklichen Verrichtungen.[57] Ihre Erfüllung setzt nicht notwendig ständige Präsenz, wohl aber Erreichbarkeit voraus. Dies schließt es nicht aus, dass ein Betriebsleiter für zwei Betriebe gleichzeitig verantwortlich ist, wenn er in einer eine tatsächliche Leitung ermöglichenden Zeit vom einen zum anderen Betrieb gelangen kann.[58] Wegen der fehlenden Möglichkeit der freien Disposition über die eigene Zeit kann der Betriebsleiter allerdings nicht an anderer Stelle in einem festen Arbeitsverhältnis beschäftigt sein.[59]

> Da der Gewerbebetrieb des B im Fall 10 alle Voraussetzungen des § 1 II HandwO erfüllt, ist er nur zulässig, wenn er in die Handwerksrolle eingetragen ist. Da B über keinen entsprechend qualifizierten Betriebsleiter verfügt, muss er die Voraussetzungen für die Eintragung in die Handwerksrolle in eigener Person erfüllen.

a) Meisterprüfung

28 Regelfall der Erfüllung der Voraussetzungen zur Eintragung in die Handwerksrolle ist der sog. **große Befähigungsnachweis**, d. h. das Bestehen der Meisterprüfung in dem zu betreibenden oder einem mit diesem verwandten zulassungspflichtigen Handwerk (§ 7 Ia HandwO). Durch die Meisterprüfung hat der Betreffende nachzuweisen, dass er das Handwerk meisterhaft ausüben und selbständig führen sowie Lehrlinge ordnungsgemäß ausbilden kann (§ 45 II HandwO; zur Ausbildung → Rn. 47 f.).

> Die Ablegung der Meisterprüfung kommt für B im Fall 10 nicht in Betracht, da er nicht die Voraussetzungen des § 49 HandwO erfüllt.

b) Ausnahmebewilligung nach § 8 HandwO

29 Gemäß § 7 III HandwO wird auch ohne bestandene Meisterprüfung in die Handwerksrolle eingetragen, wer eine Ausnahmebewilligung nach § 8 oder § 9 I HandwO besitzt. Die Ausnahmebewilligung nach § 8 HandwO wird auf Antrag des Gewerbetreibenden von der höheren Verwaltungsbehörde nach Anhörung der Handwerkskammer erteilt (§ 8 III HandwO). Sie setzt voraus, dass der Antragsteller die zur selbständigen Ausübung des betreffenden Handwerks **notwendigen Kenntnisse und Fertigkeiten** nachweist (§ 8 I 1 HandwO), also in etwa die Fähigkeiten besitzt, welche für die erfolgreiche Ablegung der Meisterprüfung verlangt werden[60]. Bei diesem Nachweis sind die bisherigen **beruflichen Erfahrungen und Tätigkeiten** des Antragstellers zu berücksichtigen. Bescheinigungen von Kunden des Betreffenden sind insoweit ohne Aussagekraft.[61] Eine langjährige selbständige Handwerksausübung kann eine widerlegliche Vermutung für das Vorhandensein der erforderlichen Befähigung begründen.[62] Erforderlichenfalls kann dem Antragsteller aufgegeben wer-

---

[57] Vgl. OVG Koblenz GewArch 1988, 22.
[58] Dazu OVG Koblenz GewArch 1994, 66; OVG Lüneburg GewArch 1994, 171 (172); VG Schleswig GewArch 1999, 341. Zur Rechtsprechung *K. Schmitz*, WiVerw 1999, 88.
[59] OVG Lüneburg GewArch 1997, 420 (421).
[60] BVerwGE 61, 145 (151); BVerwG GewArch 1962, 95 (96); NVwZ 1994, 1014; VGH Mannheim NVwZ-RR 2013, 309, auch zur Verfassungsmäßigkeit dieser Voraussetzung.
[61] OVG Hamburg GewArch 1988, 127; VGH Mannheim GewArch 2004, 21 (25).
[62] VGH Mannheim GewArch 2004, 21 (24).

den, sich einer Eignungsprüfung zu unterziehen.[63] Hat der Antragsteller die Meisterprüfung nicht bestanden, so ist vom Nichtvorliegen der erforderlichen Kenntnisse und Fähigkeiten auszugehen, sofern sich seit dem Nichtbestehen nicht neue Qualifikationsgesichtspunkte ergeben haben.[64]

> Zugunsten des Vorhandenseins der notwendigen Kenntnisse und Fertigkeiten bei B spricht im Fall 10 seine Übung im Herstellen von Fladenbroten. Darüber hinaus bietet B selbst die Ablegung einer Prüfung an, so dass jedenfalls nicht ausgeschlossen werden kann, dass B die Kenntnisse und Fertigkeiten tatsächlich besitzt.

Selbst wenn der Antragsteller diesen Anforderungen genügen kann, liegt der **erforderliche Ausnahmefall** nur vor, wenn die Ablegung der Meisterprüfung für den Bewerber eine **unzumutbare Belastung** bedeuten würde (§ 8 I 2 HandwO). Der als Regel vorgeschriebene Weg zur Erzielung und zum Nachweis der erforderlichen Kenntnisse und Fertigkeiten muss für den Bewerber durch die mehrjährige Ausbildung, insbesondere die unmittelbare Vorbereitung auf die Meisterprüfung oder die Förmlichkeit der Prüfungssituation, zu einer im Verhältnis zu der Vielzahl anderer Bewerber übermäßigen Belastung führen.[65] Starke berufliche und wirtschaftliche Beanspruchungen, die insbesondere zu familiären Schwierigkeiten führen würden, sind besonders zu berücksichtigen.[66] Entscheidend ist eine Gesamtwürdigung, innerhalb derer u. a. auf das Alter des Antragstellers, seinen Gesundheitszustand und seine wirtschaftliche Situation abzustellen ist. Dabei kommt den Gründen, die ihn in der Vergangenheit an der Ablegung der Meisterprüfung gehindert haben, nach § 8 I 2 HandwO keine Bedeutung zu.[67]

30

> Für die Situation des B im Fall 10 hat das BVerwG eine unzumutbare Belastung mit der Begründung anerkannt, dass der B das Recht und die Pflicht nicht nur zum angemessenen Unterhalt gegenüber seiner Familie, sondern auch zur persönlichen Betreuung seiner Kinder habe. Die überdurchschnittliche Familiengröße im Zusammenhang mit der ungünstigen Arbeitszeit im Bäckereihandwerk mache es für den B unzumutbar, Lehrzeit, Gesellenprüfung, Vorbereitung auf die Meisterprüfung und die Meisterprüfung selbst nachzuholen.[68]

Die Ausnahmebewilligung kann auch unter **Nebenbestimmungen** oder **inhaltlich beschränkt** erteilt werden (§ 8 II HandwO). Gegen die Entscheidung der höheren Verwaltungsbehörde steht Antragsteller und Handwerkskammer der Verwaltungsrechtsweg offen (§ 8 IV HandwO).

31

> Im Fall 10 kommt die Erteilung einer auf die Herstellung von Fladenbrot beschränkten Ausnahmebewilligung in Betracht. In diesem Fall hätte der B nur die *hierfür* erforderlichen Kenntnisse und Fertigkeiten nachzuweisen (§ 8 II HS 2 HandwO).

---

[63] OVG Frankfurt/O. GewArch 1999, 165; VGH Mannheim GewArch 2004, 21 (25).
[64] OVG Bautzen SächsVBl. 1997, 219 (221).
[65] BVerwGE 115, 70 (75).
[66] BVerwGE 115, 70 (76). Zurückhaltender OVG Münster GewArch 2000, 75 (76 f.); VG Oldenburg GewArch 1986, 378 (379).
[67] OVG Münster GewArch 2000, 75 (76).
[68] BVerwGE 115, 70 (76).

c) Eintragung in Fällen mit Unionsrechtsbezug

32 Zur Umsetzung der unionsrechtlichen Richtlinien über die gegenseitige Anerkennung der Diplome, Prüfungszeugnisse und sonstigen Befähigungsnachweise sieht § 9 I 1 Nr. 1 HandwO die **Erteilung einer Ausnahmebewilligung** vor. Die Voraussetzungen sind in §§ 1 ff. EU/EWR-HwV geregelt und werden durch eine **Bescheinigung des Heimat- oder Herkunftlandes** nachgewiesen (§ 6 EU/EWR-HwV). Sofern grenzüberschreitend lediglich handwerkliche Dienstleistungen erbracht werden sollen, bedarf es keiner Eintragung in die Handwerksrolle (§§ 7 ff. EU/EWR-HwV; → Rn. 10).

d) Ausübungsberechtigung

33 Eine Eintragung in die Handwerksrolle erfolgt auch aufgrund von Ausübungsberechtigungen nach § 7a und § 7b HandwO (§ 7 VII HandwO). Nach § 7a HandwO erhält derjenige, der bereits ein zulassungspflichtiges Handwerk betreibt, eine Ausübungsberechtigung für ein **anderes zulassungspflichtiges Handwerk**, wenn die hierfür erforderlichen Kenntnisse und Fertigkeiten nachgewiesen sind. Die inhaltlichen Anforderungen entsprechen denen für eine Ausnahmebewilligung nach § 8 HandwO (→ Rn. 29 ff.).[69]

34 Eine **Ausübungsberechtigung nach § 7b HandwO** setzt voraus

- eine Gesellenprüfung in dem zu betreibenden oder einem verwandten zulassungspflichtigen Handwerk oder eine entsprechende Abschlussprüfung und
- eine mindestens sechsjährige Tätigkeit in dem betreffenden oder einem verwandten Handwerk oder einem entsprechenden Beruf nach Ablegung der Gesellenprüfung[70], davon mindestens vier Jahre in leitender Stellung,
- wobei die ausgeübte Tätigkeit zumindest eine wesentliche Tätigkeit des betreffenden zulassungspflichtigen Handwerks umfasst haben muss.

2. Eintragungsunabhängige Ausübung von Tätigkeiten

35 Neben der **grenzüberschreitenden Erbringung** handwerklicher Dienstleistungen, die aufgrund der Bescheinigung **ohne Eintragung in die Handwerksrolle möglich** ist (§§ 7 ff. EU/EWR-HwV; → Rn. 10), ist die Ausübung von Arbeiten eines zulassungspflichtigen Handwerks ohne Eintragung nur dann zulässig, wenn der Betreffende mit einem zulassungspflichtigen Handwerk in die Handwerksrolle eingetragen ist und die in Frage stehenden Arbeiten zwar einem anderen zulassungspflichtigen Handwerk zuzuordnen sind, jedoch mit dem Leistungsangebot des eingetragenen Handwerks **technisch oder fachlich zusammenhängen** oder es wirtschaftlich ergänzen. Hierdurch soll im Interesse des Kunden und des Handwerkers das Angebot von Leistungen „aus einer Hand" ermöglicht werden.[71] Gestattet werden durch § 5 HandwO nur einzelne Arbeiten. Eine Ausübung eines anderen zulassungspflichtigen Handwerks in vollem Umfang ist zulässig, wenn es sich um ein sog. verwandtes zulassungspflichtiges Handwerk handelt (§ 7 I HandwO).

---

[69] *Honig/Knörr*, HandwO § 7a Rn. 3.
[70] Die Ausbildungszeit vor Ablegung der Prüfung wird nicht angerechnet, VGH München NVwZ-RR 2005, 624 (625).
[71] *Honig/Knörr*, HandwO § 5 Rn. 10.

IV. Eintragung, Löschung, Überwachung und Untersagung

1. Eintragung und Löschung in der Handwerksrolle

a) Eintragung

Die Eintragung in die Handwerksrolle erfolgt **auf Antrag oder von Amts wegen** (§ 10 I HandwO), ohne dass der Handwerkskammer bei der Entscheidung über die Eintragung ein Ermessen oder Beurteilungsspielraum zukommt[72]. Die beabsichtigte Eintragung ist dem Gewerbetreibenden und der Industrie- und Handelskammer mitzuteilen, sofern der Gewerbetreibende ihr angehört (§ 11 HandwO). Über die Eintragung in die Handwerksrolle stellt die Handwerkskammer eine Bescheinigung, die **Handwerkskarte**, aus (§ 10 II HandwO). Sie ist gleichzeitig mit der nach § 14 GewO erforderlichen Anzeige über die Aufnahme des Gewerbebetriebs (→ § 10 Rn. 30 ff.) der zuständigen Behörde vorzulegen (§ 16 I HandwO); daneben treten bestimmte Anzeigepflichten gegenüber der betreffenden Handwerkskammer (§ 16 II HandwO). 36

Laut § 12 HandwO steht gegen die Entscheidung über die Eintragung dem Gewerbetreibenden und der betreffenden Industrie- und Handelskammer der **Verwaltungsrechtsweg** offen. Dabei stellen die **Mitteilungen nach § 11** HandwO und die **Ablehnung der Eintragung** anfechtbare Verwaltungsakte dar.[73] Die **Eintragung** selbst ist zwar ein Verwaltungsakt[74], jedoch nur dann selbständig anfechtbar, wenn die Mitteilungen nach § 11 HandwO unterblieben sind; in diesem Fall ist die angefochtene Eintragung wegen Verstoßes gegen zwingende Verfahrensvorschriften aufzuheben[75]. Im Übrigen vollzieht die Eintragung lediglich die Mitteilung, so dass sie nach Unanfechtbarkeit der Mitteilung nicht mehr erfolgreich angegriffen werden kann.[76] Ausgenommen ist die Geltendmachung von Mängeln des Eintragungsverfahrens und solcher Einwendungen gegen die unanfechtbare Mitteilung, die nach dem Zeitpunkt entstanden sind, in dem sie im Anfechtungsverfahren gegen die Mitteilung spätestens hätten geltend gemacht werden können. Wegen des Zwecks der mit öffentlichem Glauben ausgestatteten Handwerksrolle, gegen jedermann Beweis über die Wahrheit der eingetragenen Tatsache zu erbringen, kommt der Erlass einer **einstweiligen Anordnung** nach § 123 VwGO auf Eintragung in die Handwerksrolle nur in Ausnahmefällen in Betracht.[77] 37

b) Löschung

Liegen die **Voraussetzungen der Eintragung in die Handwerksrolle nicht vor**, so wird die Eintragung gelöscht (§ 13 I HandwO), ohne dass hierfür ein Ermessen besteht[78]. Die beabsichtigte Löschung ist dem Gewerbetreibenden mitzuteilen (§ 13 III HandwO), wobei sich das Verhältnis dieser als Verwaltungsakt[79] einzustufenden 38

---

[72] OVG Lüneburg GewArch 1988, 126.
[73] BVerwGE 12, 75 (75 ff.); BVerwG GewArch 1994, 248; OVG Koblenz GewArch 1986, 165. A. M. *M. Wehr*, BayVBl. 2000, 197 (203): Mitteilung als Ankündigung eines zu erlassenden Verwaltungsakts.
[74] BVerwG GewArch 1961, 55.
[75] *Honig/Knörr*, HandwO § 11 Rn. 8. A. M. *M. Wehr*, BayVBl. 2000, 197 (203): Verwaltungsakt der Feststellung der Erledigungsvoraussetzungen wird durch Realakt der Eintragung vollzogen und ist damit erledigt, so dass eine Anfechtung nicht in Betracht kommt. Dem kann schon deshalb nicht gefolgt werden, weil der Vollzug eines Verwaltungsakts regelmäßig noch nicht dessen Erledigung herbeiführt, *Sodan/Ziekow*, GKÖR § 102 Rn. 4.
[76] BVerwG GewArch 1961, 55.
[77] OVG Koblenz GewArch 1988, 21.
[78] OVG Lüneburg GewArch 1997, 420 (421).
[79] BVerwG NVwZ 1991, 1189; VGH München GewArch 1997, 75.

Mitteilung zu der Löschung selbst entsprechend dem der Mitteilung nach § 11 HandwO zur Eintragung (→ Rn. 37) beurteilt.[80]

39 Maßgeblicher Zeitpunkt für die Überprüfung der Rechtmäßigkeit der Mitteilung der beabsichtigten Löschung ist die letzte mündliche Verhandlung vor dem Tatsachengericht.[81] § 14 HandwO beschränkt die Möglichkeit der Stellung eines **Antrags auf Löschung** durch den eingetragenen Handwerker. Ein öffentliches Interesse an der sofortigen Vollziehung einer Löschung gem. § 80 II 1 Nr. 4 VwGO liegt vor, wenn es der Schutz von Menschen oder erheblichen Vermögenswerten gebietet, eine gefahrgeneigte Handwerkstätigkeit so lange zu unterbinden, bis zumindest wahrscheinlich ist, dass die Vorschriften der HandwO, die die sachkundige Ausübung des Handwerks sicherstellen sollen, eingehalten sind.[82] Untersagt die zuständige Behörde nach § 35 I GewO oder § 16 III HandwO die Ausübung des Gewerbes, so muss die Handwerkskammer aufgrund der unanfechtbaren Untersagung die Löschung vornehmen.[83] Einem in der Handwerksrolle eingetragenen Handwerker steht kein Anspruch darauf zu, dass ein zu Unrecht eingetragener Konkurrent aus der Handwerksrolle gelöscht wird.[84]

2. Überwachung und Untersagung

> **Übersicht: Eingriffsgrundlagen im Handwerksrecht**
>
> 40 1. Überwachung
>   a) Auskunftsverlangen (§ 17 I HandwO; → Rn. 41)
>   b) Betretungsrecht; Vornahme von Prüfungen und Besichtigungen (§ 17 II HandwO; → Rn. 42)
> 2. Betriebsuntersagung
>   a) Verstöße gegen die HandwO (§ 16 III HandwO; → Rn. 43) → Vollzug durch Schließungsverfügung nach § 16 IX HandwO (→ Rn. 46) i.V. m. Verwaltungsvollstreckungsrecht
>   b) Unzuverlässigkeit (§ 35 I GewO; → Rn. 43) → Vollstreckung nach Maßgabe der Verwaltungsvollstreckungsgesetze (→ § 10 Rn. 65)

a) Überwachung

41 Die Inhaber in die Handwerksrolle eingetragener oder einzutragender sowie als zulassungsfreies Handwerk oder handwerksähnliches Gewerbe (§ 20 HandwO) betriebener Gewerbebetriebe sind verpflichtet, der Handwerkskammer die erforderlichen **Auskünfte** hinsichtlich Art und Umfang des Betriebes, der dort Beschäftigten, der handwerklichen Prüfungen des Betriebsinhabers und Betriebsleiters und die zugrunde

---

[80] VGH Mannheim GewArch 1992, 66.
[81] BVerwGE 88, 122 (124); BVerwG NVwZ 1991, 1189 (1190); VGH München GewArch 1997, 75.
[82] OVG Koblenz GewArch 1987, 162.
[83] BVerwG NVwZ-RR 1992, 547; VG Schleswig NVwZ-RR 2000, 19.
[84] VG Frankfurt a. M. GewArch 2011, 84 (85). A. M. *E. Zimmermann*, GewArch 2012, 177 (180).

liegenden Rechtsverhältnisse zu diesem zu geben (§ 17 I HandwO). Auskunftspflichtig ist jeder Gewerbetreibende, sofern nicht eindeutig ist, dass er kein Handwerk oder handwerksähnliches Gewerbe betreibt oder die persönlichen Voraussetzungen zur Eintragung in die Handwerksrolle nicht erfüllt.[85] Die unberechtigte Verweigerung der Auskunft ist eine Ordnungswidrigkeit (§ 118 I Nr. 2 HandwO).

Darüber hinaus können die Beauftragen der Handwerkskammer in den zeitlichen Grenzen des § 29 II GewO **Grundstücke und Geschäftsräume des Auskunftspflichtigen betreten** und dort Prüfungen und Besichtigungen vornehmen, wobei diese Maßnahmen von dem Auskunftspflichtigen zu dulden sind (§ 17 II HandwO). Hierbei ist zu beachten, dass § 17 II HandwO am Maßstab des Art. 13 GG verfassungskonform auszulegen ist: Zwar erlaubt § 17 II 1 HandwO das Betreten „zu dem in Absatz 1 bezeichneten Zweck". Doch findet Abs. 2 - anders als Abs. 1 (→ Rn. 41) - keine Anwendung, wenn unzweifelhaft feststeht, dass der Betroffene die persönlichen Eintragungsvoraussetzungen nicht erfüllt oder die Merkmale des Handwerksbegriffs nicht vorliegen. Denn das Betretungsrecht soll es der Handwerkskammer ermöglichen, das Vorliegen der Voraussetzungen der Eintragung in die Handwerksrolle zu prüfen. Steht aber bereits fest, dass diese Voraussetzungen nicht erfüllt sind, so bedarf es keines Betretens von Grundstücken und Geschäftsräumen mehr.[86] Die **Duldungspflicht** umfasst auch die Gewährung von Einsichtnahme in die in den Geschäftsräumen vorhandenen Unterlagen,[87] nicht aber die aktive Vorlage von Geschäftsbüchern und anderen Materialien[88]. 42

b) Untersagung

Nach § 16 III 1 HandwO kann die zuständige Behörde von Amts wegen oder auf Antrag der Handwerkskammer die **Fortsetzung des Betriebs untersagen**, wenn der Betrieb eines zulassungspflichtigen Handwerks **entgegen den Vorschriften der HandwO** ausgeübt wird. Dabei ist die Behörde an die formelle Rechtmäßigkeit des Betriebs durch eine bestehende Eintragung in die Handwerksrolle gebunden, so dass sie an einer auf die Rechtswidrigkeit der Eintragung gestützten Untersagung gehindert ist. Ein Vorgehen aufgrund anderer Verstöße gegen die HandwO bleibt der Behörde jedoch unbenommen.[89] Da der Begriff der Unzuverlässigkeit in § 35 I GewO nicht das Fehlen einer gesetzlich ausdrücklich erforderten Sachkunde umfasst (→ § 10 Rn. 52), fallen § 16 III, IX HandwO nicht unter § 35 VIII GewO, so dass bei Vorliegen der Voraussetzungen auch ein **Vorgehen nach § 35 GewO** möglich bleibt. 43

Ist die Ausübung des Handwerks bei **Vorliegen der materiellen Eintragungsvoraussetzungen** wegen einer unterlassenen Eintragung in die Handwerksrolle formell rechtswidrig, so gestattet nach h. M. das der Behörde durch § 16 III 1 HandwO eingeräumte Ermessen keine Untersagung des Gewerbebetriebs, da eine Eintragung nach § 10 I HandwO von Amts wegen möglich sei.[90] Dabei wird jedoch übersehen, dass die Eintragung in die Handwerksrolle nicht von der nach § 16 III 1 HandwO zuständigen Behörde, sondern von der Handwerkskammer vorgenommen wird, die Behörde die Eintragung also nicht selbst herbeiführen kann. Allenfalls lässt sich unter 44

---

[85] BVerwG NVwZ-RR 2011, 314 Rn. 24 ff.; VGH Kassel GewArch 2010, 253.
[86] BVerfG NVwZ 2007, 1049 (1050 f.).
[87] VG Oldenburg GewArch 1997, 345 (346); *Honig/Knörr*, HandwO § 17 Rn. 10.
[88] OVG Koblenz GewArch 1986, 136; OVG Lüneburg NVwZ-RR 1996, 261; BayObLG GewArch 1983, 387.
[89] VGH Mannheim GewArch 1987, 28 (29). A. M. wohl *Honig/Knörr*, HandwO § 16 Rn. 23: nur anwendbar auf Fehlen der Handwerksrolleneintragung.
[90] VGH München GewArch 1976, 333 (335); *Musielak/Detterbeck*, HandwR § 16 Rn. 12; *Stober/Eisenmenger*, BesWiVerwR § 48 XII 1.

dem Gesichtspunkt des Übermaßverbots eine Pflicht der Behörde annehmen, vor einer Untersagungsverfügung dem Gewerbetreibenden Gelegenheit zur Herbeiführung der Eintragung einzuräumen. Ist der Handwerksbetrieb formell und materiell rechtswidrig, so reduziert sich das Ermessen der Behörde in der Regel dahingehend, dass nur noch eine Untersagung in Betracht kommt.[91]

> Nach den zum Fall 10 erzielten Ergebnissen (→ Rn. 31) ist es jedenfalls möglich, dass der B die Voraussetzungen für die Erteilung einer Ausnahmebewilligung nach § 8 HandwO erfüllt und mit dieser in die Handwerksrolle eingetragen wird. Da B die Ablegung einer entsprechenden Prüfung selbst angeboten hat, wäre die sofortige Untersagung unverhältnismäßig. Die Behörde hat dem B vielmehr unter Setzung einer angemessenen Frist aufzugeben, die Erteilung einer Ausnahmebewilligung und die Eintragung in die Handwerksrolle herbeizuführen.

45 Gegen die Untersagungsverfügung als belastenden Verwaltungsakt steht dem Gewerbetreibenden die **Anfechtungsklage** zur Verfügung. Möglich ist auch eine **Feststellungsklage** des Gewerbetreibenden nach § 43 VwGO mit dem Antrag festzustellen, dass eine Ausübung des Gewerbes ohne Eintragung in die Handwerksrolle zulässig ist. Insoweit reicht es für das Bestehen eines konkreten Rechtsverhältnisses aus, dass die Handwerkskammer oder die nach § 16 III 1 HandwO zuständige Behörde den Gewerbetreibenden zur Herbeiführung der Eintragung aufgefordert hat. Es kann dem Betroffenen keinesfalls zugemutet werden, einen Bußgeldbescheid nach § 117 HandwO oder eine Untersagungsverfügung abzuwarten und erst hiergegen rechtliche Schritte unternehmen zu können.[92] Richtiger Klagegegner ist in jedem Fall die zuständige Behörde, nicht die Handwerkskammer.[93]

46 Ist die Untersagungsverfügung nach § 16 III 1 HandwO unanfechtbar oder für sofort vollziehbar erklärt worden[94], so sieht § 16 IX HandwO eine Reihe von **Vollstreckungsmaßnahmen**, insbesondere die Betriebsschließung, vor, deren Verwirklichung sich nach den Vorschriften des Verwaltungsvollstreckungsrechts richtet[95].

V. Berufsbildung im Handwerk

47 Der zur selbständigen Ausübung eines zulassungspflichtigen Handwerks berechtigende Ausbildungsgang wahrt prinzipiell die **überkommene Dreiteilung in Lehrling, Geselle und Meister**, setzt doch die Zulassung zur Meisterprüfung nach § 49 I, II HandwO eine mehrjährige Tätigkeit als Geselle nach bestandener Gesellenprüfung voraus. Zur letzteren wird regelmäßig nur zugelassen, wer seine Ausbildungszeit zurückgelegt hat und wessen Berufsausbildungsverhältnis in die nach §§ 28 ff. HandwO von der Handwerkskammer für anerkannte Ausbildungsberufe geführte Lehrlingsrolle eingetragen ist (§ 36 I HandwO). Wesentliche Vorschriften über die Berufsbildung enthält das **Berufsbildungsgesetz**. Signifikant für die Lehrlingsausbildung in Deutschland ist das sog. **duale System**, d. h. das Nebeneinander von praktischer Ausbildung in einem Handwerksbetrieb und theoretischer Ausbildung in der Berufsschule. Das **Recht zur Ausbildung von Lehrlingen** ist nach § 22 I 2 HandwO auf diejenigen beschränkt, die hierzu persönlich und fachlich geeignet sind, wo-

---

[91] VGH Kassel GewArch 1990, 412.
[92] BVerwGE 16, 92. Vgl. zu den Voraussetzungen des Feststellungsantrags auch VGH Mannheim NVwZ-RR 2005, 174.
[93] BVerwG GewArch 2012, 35 Rn. 15 ff.
[94] *Musielak/Detterbeck*, HandwR § 16 Rn. 14. A. M. *Honig/Knörr*, HandwO § 16 Rn. 36: nur bei Unanfechtbarkeit.
[95] OVG Koblenz GewArch 1998, 337 (338); OVG Münster GewArch 1979, 310.

bei die fachliche Eignung durch die bestandene Meisterprüfung, die auf andere Weise erfüllten Voraussetzungen für die Eintragung in die Handwerksrolle, das Bestehen einer Ausübungsberechtigung oder den Erhalt einer Ausnahmebewilligung nachgewiesen wird (§ 22b II HandwO).

Als Grundlage für eine geordnete und einheitliche Berufsausbildung können vom Bundeswirtschaftsministerium **Ausbildungsordnungen** erlassen werden, die neben der Ausbildungsdauer und den Prüfungsanforderungen insbesondere das Ausbildungsberufsbild festlegen (§ 25 HandwO). Haben die Lehrlinge ihre Lehrzeit erfolgreich absolviert, so haben sie einen Anspruch darauf, die **Gesellenprüfung** ablegen zu dürfen (§ 36 HandwO). Die Gesellenprüfung wird durch von der Handwerkskammer errichtete Prüfungsausschüsse abgenommen (§§ 31 ff. HandwO), wohingegen die Meisterprüfungsausschüsse als staatliche Prüfungsbehörden von der höheren Verwaltungsbehörde errichtet werden (§ 47 HandwO). Gegenstand der **Meisterprüfung** ist die Feststellung, ob der Prüfling zur selbständigen Führung eines Handwerksbetriebs und zur ordnungsgemäßen Ausbildung von Lehrlingen befähigt ist (§ 45 II HandwO). Nur die bestandene Meisterprüfung berechtigt zur Führung des Meistertitels (§ 51 HandwO). Das das Fundament des Meisterprüfungswesens bildende Berufsbild wird durch Rechtsverordnung beschrieben (§ 45 HandwO). 48

VI. Organisation des Handwerks

Zur Vertretung der Interessen des Handwerks werden von der obersten Landesbehörde **Handwerkskammern** als Körperschaften des öffentlichen Rechts errichtet, denen alle Inhaber zulassungspflichtiger Handwerke sowie zulassungsfreier Handwerke und handwerksähnlicher Gewerbe sowie deren Lehrlinge, Gesellen sowie andere ausgebildete Arbeitnehmer des betreffenden Kammerbezirks angehören (§ 90 HandwO). Wegen der von den Handwerkskammern wahrgenommenen öffentlichen Aufgaben ist die **Pflichtmitgliedschaft** mit Art. 2 I GG vereinbar[96] (→ § 4 Rn. 21 f.). Sie haben unter Staatsaufsicht (§ 115 HandwO) eine Reihe von Selbstverwaltungsaufgaben zu erfüllen (§ 91 HandwO). Ebenfalls Körperschaften des öffentlichen Rechts sind die **Handwerksinnungen** (§ 53 HandwO), die von den Inhabern von Betrieben zulassungspflichtiger und zulassungsfreier Handwerke sowie von handwerksähnlichen Gewerben eines Bezirks zur Förderung ihrer gemeinsamen gewerblichen Interessen mit freiwilliger Mitgliedschaft nach Gesichtspunkten der fachlichen Zusammengehörigkeit (zB Bäckerinnung, Buchbinderinnung) gebildet werden können (§§ 52, 58 HandwO). Ihre einzelnen Aufgaben sind in § 54 HandwO geregelt. Übergeordnete Verbände sind die Landesinnungsverbände (§§ 79 ff. HandwO) und die Kreishandwerkerschaften (§§ 86 ff. HandwO). 49

Lösungshinweise zu Fall 10

1. Sachentscheidungsvoraussetzungen
   a) Rechtsweg: Verwaltungsrechtsweg (§ 40 VwGO)
   b) Klageart: Anfechtungsklage (§ 42 I VwGO)
   c) zuständiges Gericht: Verwaltungsgericht (§ 45 VwGO)
   d) Klagebefugnis (§ 42 II VwGO): Verletzung der Grundrechte des B aus Art. 3 I und Art. 12 I GG nicht von vornherein ausgeschlossen
   e) Vorverfahren (§ 68 I 1 VwGO): durchgeführt
2. Begründetheit der Klage (§ 113 I 1 VwGO)
   a) Rechtswidrigkeit der Untersagungsverfügung
      aa) zuständige Behörde
      bb) gemeinsame Erklärung von Handwerkskammer und Industrie- und Handelskammer nach § 16 III 2 HandwO? (zu unterstellen)
      cc) selbständiger Betrieb eines zulassungspflichtigen Handwerks als stehendes Gewerbe (§ 16 III 1 HandwO)
         (a) Selbständiger Betrieb eines stehenden Gewerbes (→ Rn. 13)

---

[96] BVerwGE 108, 169 (171 ff.); VGH Mannheim VBlBW 1998, 234 (235 f.).

(b) Handwerksfähigkeit: vollständige oder wesentliche Ausübung eines in Anlage A zur HandwO aufgeführten Gewerbes (§ 1 II HandwO) → Backen von Fladenbrot ist für Bäckerhandwerk (Anlage A Nr. 30 zur HandwO) wesentliche Tätigkeit (→ Rn. 16)
(c) Handwerksmäßigkeit (§ 1 II 1 HandwO): In Gesamtbetrachtung prägen die Elemente einer handwerklichen Arbeitsweise den Betrieb des B (→ Rn. 18)
dd) Verstoß des B gegen Vorschriften der HandwO (§ 16 III 1 HandwO): Verstoß gegen die Handwerksrollenpflicht (§ 1 I 1 HandwO)?
(a) Pflicht, als Voraussetzung für die Ausübung der in Anlage A zur HandwO genannten Gewerbe die Meisterprüfung abzulegen, verstößt gegen Art. 3 I GG (→ Rn. 6)
(b) Bei (hilfsgutachtlicher) Unterstellung der Verfassungsmäßigkeit: B erfüllt nicht die Eintragungsvoraussetzungen nach § 7 HandwO (→ Rn. 28)
ee) Verhältnismäßigkeit der Untersagungsverfügung (im Hilfsgutachten):
(a) Unzumutbare Belastung durch Ablegung der Meisterprüfung (§ 8 I 2 HandwO) liegt vor (→ Rn. 30)
(b) B hat angeboten, die notwendigen Kenntnisse und Fertigkeiten (§ 8 I 1 HandwO) in Prüfung nachzuweisen
(c) Sofortige Untersagung unverhältnismäßig, da Behörde dem B unter Setzung einer angemessenen Frist aufgeben könnte, die Erteilung einer Ausnahmebewilligung und die Eintragung in die Handwerksrolle herbeizuführen (→ Rn. 44).
b) Verletzung von Rechten des B
aa) Verletzung von Art. 3 I GG durch Meisterprüfungszwang (→ Rn. 6)
bb) Verletzung des Grundrechts aus Art. 12 I GG durch Unverhältnismäßigkeit der Untersagungsverfügung (→ Rn. 44)
3. Ergebnis: Klage des B ist zulässig und begründet

§ 12. Gaststättenrecht

Literatur: *R. Dübbers/S. Jo*, Die Deregulierung des Gaststättenrechts, NVwZ 2006, 301; *A. Glaser*, Gaststättenrecht im Wandel: Zwischen föderaler Vielfalt und rechtsstaatlichen Herausforderungen, GewArch 2013, 1; *A. Guckelberger*, Flatrate- und Billigalkoholpartys aus gaststättenrechtlicher Perspektive, LKV 2008, 385; *R. Pöltl*, Die Sittenwidrigkeit der Prostitution im Gaststättenrecht nach In-Kraft-Treten des Prostitutionsgesetzes, VBlBW 2003, 181; *H. Wettling*, Ordnungsmaßnahmen im Gaststättenrecht, KommJur 2005, 215.

Fall 11

Zur Feier ihres erhofften großen Erfolges in der anstehenden ersten juristischen Prüfung finden sich mehrere Studierende zusammen, um einen Abschlussball zu veranstalten, der nach Beendigung der Prüfungen stattfinden soll. Zur Finanzierung der Raummiete und der Gage für die Musiker für diesen Ball, der nur den ca. 100 Prüflingen und ihren Begleitungen offen stehen soll und auf dem Speisen und Getränke zum Selbstkostenpreis verkauft werden sollen, veranstalten die Studierenden eine Reihe von „Jura-Partys". Für diese Partys, die in einer für diesen Zweck angemieteten Diskothek stattfinden, die für jedermann offen sind und auf denen die Studierenden Speisen und Getränke verkaufen, werben die Studierenden im gesamten Stadtgebiet durch Handzettel und Plakate. Im Zuge der Prüfungsvorbereitungen entsteht bei den veranstaltenden Studierenden die Befürchtung, dass sie für die Partys und den Ball einer Gaststättenerlaubnis bedürfen. Haben sie Recht?

> **Fall 12**
> Nachdem es beim Betrieb seiner bisherigen Gaststätte „Zum Schluckspecht" immer wieder zu Problemen mit der Nachbarschaft wegen des Verhaltens alkoholisierter Gäste gekommen war, entschließt sich der A, diese Gaststätte aufzugeben und dafür an einer anderen Stelle der Stadt das Lokal „Zum Zecher" zu eröffnen. Gegen die dem A erteilte Gaststättenerlaubnis für den Betrieb einer Schankwirtschaft erhebt Grundstücksnachbar B nach erfolglosem Widerspruch beim zuständigen VG Anfechtungsklage. Zur Begründung führt der B aus, dass der A unzuverlässig sei, da er den Alkoholkonsum seiner Stammgäste immer weiter fördere. So habe er bisher jede Woche einen Tag zum „Koma-Tag" ausgerufen, an dem er alkoholische Getränke entweder zu einem je Abend zu entrichtenden Pauschalpreis („Flatrate") oder jedenfalls einem nicht kostendeckenden Preis ausschenke. Wegen der Gestaltung der Governmenträume mit vielen Stufen drohten den alkoholisierten Gästen beträchtliche Gefahren. Schließlich sei nach dem bisherigen Verhalten des A zu befürchten, dass mit fortschreitender Alkoholisierung nach 23 Uhr die Musik so laut werde, dass die Nachbarschaft empfindlich gestört wird. A wendet ein, dass er über eine Baugenehmigung für das Lokal „Zum Zecher" verfüge, so dass die Frage der Nachbarschaftsverträglichkeit bereits verbindlich geklärt sei. Darüber hinaus würden seine Stammgäste sein Lokal niemals alkoholisiert verlassen, sondern ihren Rausch in einem Hinterzimmer auf Matten ausschlafen. Beurteilen Sie bitte die Erfolgsaussichten der Klage des B.

I. Struktur und Regelungsziele des Gaststättenrechts

1 Seit der Änderung des Art. 74 I Nr. 11 GG im Zuge der Föderalismusreform im Jahre 2006 unterfällt das Gaststättenrecht nicht mehr der konkurrierenden Gesetzgebungskompetenz, sondern steht in der **alleinigen Gesetzgebungskompetenz der Länder**. Wegen Art. 125a I 1 GG **gilt das GastG allerdings als Bundesrecht fort**. Jedoch steht es den Ländern frei, es durch Landesrecht zu ersetzen (Art. 125a I 2 GG). **Eigene Gaststättengesetze**, die an die Stelle des GastG treten, haben bislang die Länder Bremen (BremGastG), Brandenburg (BbgGastG), Hessen (HessGastG), Niedersachsen (Nds.GastG), Saarland (Saarl.GastG), Sachsen (SächsGastG) und Thüringen (ThürGastG) erlassen. Sie enthalten teilweise vom GastG abweichende Bestimmungen[1], auf deren wichtigste in der folgenden Darstellung im jeweiligen Sachzusammenhang hingewiesen wird. Baden-Württemberg ist den Weg gegangen, das bisher als Bundesrecht geltende GastG zum Landesrecht zu erklären (§ 1 LGastG BW) und nur einzelne Vorschriften, insbesondere zum Verbot Alkoholmissbrauch fördernder Angebote (§ 2 LGastG BW), zu ergänzen.

2 In den Bundesländern, in denen das GastG als Bundesrecht fortgilt, sind die Vorschriften des Gaststättenrechts, also das GastG und die Gaststättenverordnungen der Bundesländer[2], innerhalb ihres Regelungsbereichs als **gewerberechtliches Nebenrecht gegenüber den Bestimmungen der GewO vorrangig** anwendbar. Soweit das GastG keine besonderen Bestimmungen enthält, gilt die GewO (§ 31 GastG). Dies gilt wegen der Verweisung auf das GastG durch § 1 LGastG BW auch in Baden-Württemberg. In den Ländern Brandenburg, Bremen und Thüringen ist hingegen zu prüfen, ob es sich bei den Vorschriften der **Landesgaststättengesetze** um **kein**

---

[1] Im Einzelnen A. *Glaser*, GewArch 2013, 1. Zur Regelung in Bremen A. *Dillenburger*, NordÖR 2009, 298; zu Brandenburg W. *Dürr*, GewArch 2009, 286; J.-T. *Lehmann*, NVwZ 2009, 84; zum Saarland A. *Guckelberger/S. Heimpel*, LKRZ 2013, 1.
[2] Vgl. die Übersicht in Sartorius I Nr. 810 Fn. 1 vor § 1 GaststättenG.

Raum für eine Anwendung der GewO. Allerdings ordnen die Landesgaststättengesetze die ergänzende Anwendung der GewO ausdrücklich an (§ 1 II BbgGastG; § 8 BremGastG; § 2 HessGastG; § 1 II Nds.GastG; § 1 II Saarl.GastG; § 13 I SächsGastG; § 9 ThürGastG).

3 Wie das Gewerberecht (→ § 10 Rn. 1) trägt auch das Gaststättenrecht in erster Linie **ordnungsrechtlichen Charakter.** Die historisch zunächst dominierende Funktion der Bekämpfung des Alkoholmissbrauchs ist mittlerweile flankiert worden durch die Zielsetzungen des Schutzes der Jugend, der Gäste und der im Betrieb Beschäftigten vor Ausbeutung und Gefahren für Leben, Gesundheit oder Sittlichkeit sowie der Nachbarschaft und der Allgemeinheit vor schädlichen Umwelteinwirkungen oder sonst erheblichen Nachteilen, Gefahren oder Belästigungen.[3] Seit der Einfügung des § 4 I 1 Nr. 2a GastG hat das GastG darüber hinaus Elemente einer Gestaltung von sozialen Kommunikationsräumen aufgenommen. Ein **barrierefreier Zugang** soll behinderten Menschen nicht deshalb ermöglicht werden, damit auch sie sich den gerade abzuwehrenden Gefahren des Gaststättengewerbes aussetzen können, sondern damit sie an der in Gaststätten stattfindenden sozialen Begegnung teilhaben können.

4 Zentraler Regelungsgegenstand des GastG ist die Anordnung einer **Erlaubnispflichtigkeit** des Gaststättengewerbes (§ 2; zu den Sonderregelungen in den Bundesländern → Rn. 13), die Regelung des Inhalts (§ 3), der Reichweite (§§ 6, 7) und der Versagung (§ 4) der Erlaubnis, der Hinzufügung von Auflagen (§ 5), des Erlöschens der Erlaubnis (§ 8), der Erteilung von Stellvertretererlaubnissen (§ 9) und vorläufigen Erlaubnissen (§ 11) sowie von Rücknahme und Widerruf der Erlaubnis (§ 15). Hinzu treten Bestimmungen u. a. zu Sperrzeitfestsetzungen (§ 18), zum Schutz beschäftigter Personen (§ 21) und zu den behördlichen Kontrollrechten (§ 22).

II. Begriff des Gaststättengewerbes

5 Die grundlegende Regelung des **Anwendungsbereichs des GastG**, zu dem die §§ 23 ff. GastG Sonderregelungen enthalten, enthält dessen § 1. Der Begriff des Gaststättengewerbes i. S. d. § 1 GastG setzt voraus, dass es sich 1.) um einen **Gewerbebetrieb** in 2.) einem zulässigen **Bewirtungstyp** handelt und 3.) der Betrieb für jedermann oder bestimmte Personen **zugänglich** ist.

1. Gewerbebetrieb

6 Das Vorliegen eines Gaststättengewerbes setzt zunächst voraus, dass der betreffende Betrieb ein Gewerbebetrieb i. S. d. GewO ist (→ § 10 Rn. 4 ff.). Grundsätzlich muss der **Betrieb im stehenden Gewerbe** (→ § 10 Rn. 29) erfolgen (§ 1 I GastG). Ein Betrieb im **Reisegewerbe** (→ § 10 Rn. 69 ff.) unterliegt des gaststättenrechtlichen Regelungen nur unter den Voraussetzungen des § 1 II GastG. Insbesondere muss dann die Verabreichung der Getränke oder Speisen von einer für die Dauer der Veranstaltung **ortsfesten Betriebsstätte** aus erfolgen. Ortsfest in diesem Sinne sind nicht nur Zelte u. ä., sondern auch bspw. an einer bestimmten Stelle abgestellte Verkaufswagen.[4] Die

---

[3] *Pöltl*, GastR Vor § 1 Rn. 13 ff.
[4] *Metzner*, GastG § 1 Rn. 130.

Landesgaststättengesetze der Länder Brandenburg, Bremen, Niedersachsen und Thüringen verzichten auf das Begriffsmerkmal des stehenden Gewerbes.

Von den Merkmalen des Gewerbebegriffs ist im Gaststättenrecht häufig der der **Gewinnerzielungsabsicht** (→ § 10 Rn. 9 ff.) problematisch. Wie sich aus § 23 I GastG entnehmen lässt, ist dieses Kriterium grundsätzlich selbst dann nicht verzichtbar, wenn die Bewirtung durch Vereine und Gesellschaften erfolgt. Entscheidend ist, ob ein wirtschaftlicher Vorteil erlangt werden soll, der zu einem Überschuss über die eigenen Aufwendungen führt.[5] Ist dies der Fall, so kommt es nicht darauf an, ob der Überschuss seinerseits für gemeinnützige Zwecke des Vereins, zB die Jugendförderung, verwendet werden soll.[6]

> In Fall 11 handelt es sich bei den „Jura-Partys" um Veranstaltungen mit Gewinnerzielungsabsicht. Diese entfällt nicht dadurch, dass der im Zentrum der Bemühungen stehende Abschlussball, der durch die Gewinne finanziert werden soll, ohne eine solche Absicht geplant ist. Denn die Art der Verwendung erzielter Gewinne ist für die Qualifizierung als Gewerbe unerheblich.[7]

Dass die entgeltliche Abgabe von Speisen und Getränken in den Schutzbereich der durch Art. 4 II GG geschützten Religionsausübungsfreiheit fällt und mangels Gewinnerzielungsabsicht kein Gaststättengewerbe darstellt, wird nur in Ausnahmefällen in Betracht kommen. Das BVerfG hat entschieden, dass der Verkauf von Speisen und Getränken an die **Teilnehmer religiöser Veranstaltungen** insoweit nicht geschützt ist.[8] Hieran ändert sich nichts, wenn die Verpflegung gegen Zahlung einer Pauschalsumme an die Teilnehmer von Veranstaltungen religiösen Charakters abgegeben wird und die organisatorische Durchführung dieser Veranstaltungen erleichtern soll.[9]

2. Zulässiger Bewirtungstyp

Gaststättengewerbe i. S. d. GastG (und der insoweit inhaltlich nicht wesentlich abweichenden Landesgaststättengesetze) sind nur solche Betriebe, die einem der beiden in § 1 I GastG aufgezählten zulässigen **Betriebstypen** zuzuordnen sind. Ist dies der Fall, so kann der betreffende Typus mit den anderen Betriebstypen (Bsp.: Hotel mit Restaurant) oder einem anderen Gewerbe zusammentreffen. Die Regelungen des GastG knüpfen an die Zuordnung zu einem Betriebstyp keine weiteren Folgerungen. Betriebstypen sind:

- die **Schankwirtschaft** (§ 1 I Nr. 1 GastG), bei der Getränke zum Verzehr an Ort und Stelle verabreicht werden. Dies kann auch durch Automaten oder das Bereitstellen der Getränke zur Selbstbedienung geschehen. Zwischen Abgabe- und Verzehrort muss ein räumlicher Zusammenhang bestehen.[10] Erforderlich ist zudem ein alsbaldiger Verzehr.

> Durch den Verkauf von Getränken auf den „Jura-Partys" sind in Fall 11 die Voraussetzungen des Vorliegens einer Schankwirtschaft erfüllt. Im Fall 12 liegt hinsichtlich des Lokals „Zum Zecher" jedenfalls eine Schankwirtschaft vor.

---

[5] OVG Lüneburg NdsVBl. 2002, 104.
[6] VGH Mannheim GewArch 1983, 94 (95).
[7] Vgl. OVG Lüneburg NdsVBl. 2002, 104 (104 f.).
[8] BVerfGE 19, 129 (133).
[9] Michel/Kienzle/*Pauly*, GastG § 1 Rn. 9. A. M. VGH Mannheim NVwZ-RR 1990, 299 (299 f.).
[10] BVerwG GewArch 1956, 117.

- die **Speisewirtschaft** iSv § 1 I Nr. 2 GastG, bei der es um den Verkauf von zubereiteten Speisen zum Verzehr an Ort und Stelle geht. Unter Zubereitung sind alle Handlungen zu verstehen, die der Genussfertigkeit von Lebensmitteln dienen. Werden nur Lebensmittel veräußert, die wie rohes Obst ohne weitere Bearbeitung verzehrfertig sind, handelt es sich um keine Speisewirtschaft.

> Sofern in Fall 11 nicht nur solche Lebensmittel, sondern bspw. auch heiße Würstchen verkauft werden, liegt auch eine Speisewirtschaft vor.

3. Zugänglichkeit

10 Das Vorliegen eines Gaststättengewerbes setzt gemäß § 1 GastG voraus, dass der Betrieb jedermann oder bestimmten Personen zugänglich ist. Nur dann, wenn der Betrieb einem **breiteren Personenkreis zugänglich** ist, kommt die ordnungsrechtliche Zielsetzung des GastG (→ Rn. 1) zum Tragen. Hieraus ergibt sich die **Abgrenzung zur privaten Geselligkeit**, die nur einzelnen, als bestimmte Einzelperson zugelassenen Gästen offen steht. Deshalb reicht es für die Verneinung der Zugänglichkeit nicht aus, wenn der Gastwirt die in seinem Lokal befindlichen Gäste zu seinen „Freunden" erklärt, um sich Betriebszeitbeschränkungen zu entziehen.[11] „Bestimmte Personen" iSv § 1 GastG sind solche Personen, die nicht durch ein individuelles Persönlichkeitsmerkmal gekennzeichnet, sondern **durch ein Gruppenmerkmal verbunden** sind. Weiterhin muss der Bestand der Gruppe von einem Wechsel der individuellen Mitglieder unabhängig sein. Wer sich unter Angabe seines Namens und einer Kundennummer zu einer Veranstaltung anmeldet und daraufhin eine mit seinem Namen versehene Einladung erhält, ist nicht wegen seiner individuellen Persönlichkeitsmerkmale, sondern wegen seiner Gruppenzugehörigkeit eingeladen worden.[12] Ist der bewirtete oder beherbergte Personenkreis auf die Mitglieder eines Vereins beschränkt, bei dem Ein- und Austritt grundsätzlich jedermann offenstehen, so handelt es sich dabei um bestimmte Personen iSv § 1 GastG.

> In Fall 11 haben die Veranstalter bewusst für die „Jura-Partys" geworben, um einen möglichst großen Teilnehmerkreis zu erreichen, der über die Studierenden der Rechtswissenschaft hinausgeht. Diese Veranstaltungen sind jedermann zugänglich und Gaststättengewerbe iSv § 1 I GastG.[13] An dem Abschlussball sollen hingegen nur die Prüflinge und ihre Begleitungen teilnehmen können. Gleichwohl könnte man argumentieren, dass sogar die Mitglieder eines Vereins einen Kreis bestimmter Personen iSv § 1 GastG bilden und die nicht einmal durch das rechtliche Merkmal der Vereinsmitgliedschaft verbundene Gruppe der Prüflinge erst recht hierunter fallen müsste. Doch würde dabei übersehen, dass der Abschlussball eher mit einer Hochzeitsfeier oder einer privaten Party gleichzusetzen ist, die kein Gaststättengewerbe nach § 1 GastG darstellt[14]. Der Kreis der Prüflinge der betreffenden Prüfungskampagne ist nicht beliebig veränderbar.

---

[11] VGH München BayVBl. 2004, 565 (566).
[12] KG, Beschl. v. 15.2.1999 JURIS Nr. KORE431669900.
[13] Vgl. OVG Lüneburg NdsVBl. 2002, 104 (105).
[14] *Pöltl*, GastR § 1 Rn. 30.

III. Gaststättenerlaubnis

> **Übersicht Gaststättenerlaubnis**
>
> 1. Erfordernis einer Gaststättenerlaubnis, § 2 I GastG
>   a) Ausnahmen, §§ 2 II, 14 GastG
>   b) Versagungsgründe (bei deren Nichtvorliegen die Erlaubnis zu erteilen ist), § 4 I GastG
> 2. Inhalt und Reichweite, § 3 GastG
>   a) Bestimmte Betriebsart, § 3 I GastG
>   b) Bestimmte Räume, § 3 I 1 GastG
>   c) Verhältnis zu anderen Genehmigungserfordernissen
>   d) Ggf. Befristung, § 3 II GastG
> 3. Schriftform, § 3 I 2 GastG
> 4. Auflagen, § 5 GastG
> 5. Beendigung
>   a) Erlöschen, § 8 GastG
>   b) Rücknahme und Widerruf, § 15 GastG
> 6. Sonderformen
>   a) Stellvertretungserlaubnis, § 9 GastG
>   b) Vorläufige Erlaubnis, § 11 GastG
>   c) Gestattung, § 12 GastG

1. Erlaubnispflicht

Sofern ein Gaststättengewerbe iSv § 1 GastG betrieben wird (→ Rn. 5 ff.), ist dies gemäß § 2 I GastG erlaubnispflichtig. Die Erlaubnis ist ein **mitwirkungsbedürftiger Verwaltungsakt**, da sie nur auf Antrag erteilt wird. Wenn keiner der Versagungsgründe des § 4 I GastG vorliegt, muss die Erlaubnis erteilt werden. Es handelt sich mithin um eine **gebundene Erlaubnis**. Trotz Vorliegens eines Gaststättengewerbes keiner Erlaubnis bedarf die Verabreichung von Milch etc., unentgeltlicher Kostproben sowie alkoholfreier Getränke aus Automaten (§ 2 II GastG) sowie eine Strausswirtschaft unter den in § 14 GastG genannten Voraussetzungen. Auch ein danach **erlaubnisfreies Gaststättengewerbe** unterfällt aber dem Anwendungsbereich des GastG. Gegenüber den Gewerbetreibenden können zu den in § 5 I GastG genannten Schutzzwecken (→ Rn. 36 f.) jederzeit Auflagen erlassen werden.

In Bremen ist nur ein Gaststättengewerbe erlaubnispflichtig, das mit dem Ausschank alkoholischer Getränke betrieben wird (§ 2 I BremGastG). **Brandenburg, Hessen, Niedersachsen, das Saarland, Sachsen und Thüringen haben die Erlaubnispflicht abgeschafft**, so dass der Betrieb eines Gaststättengewerbes nur nach § 14 I GewO (→ § 10 Rn. 30 ff.) anzuzeigen ist (§ 2 BbgGastG; § 2 HessGastG iVm § 14 GewO, § 3 HessGastG; § 2 I Nds.GastG; § 3 I Saarl.GastG; § 2 I SächsGastG; § 2 ThürGastG).

2. Voraussetzungen der Erlaubniserteilung

14 Der Antragsteller hat einen **Anspruch auf Erteilung der Gaststättenerlaubnis**, wenn keiner der in § 4 GastG enumerativ aufgezählten **Versagungsgründe** vorliegt. Darüber hinaus ist der **Verhältnismäßigkeitsgrundsatz** zu berücksichtigen. Selbst wenn ein Versagungsgrund nach § 4 I 1 Nr. 1–4 GastG eingreift, muss deshalb die Gaststättenerlaubnis erteilt werden, wenn der Schutz des betreffenden Rechtsguts auch durch eine Auflage nach § 5 I GastG sichergestellt werden kann.[15]

> Von Bedeutung ist dies etwa in Fall 12: Selbst wenn zu befürchten sein sollte, dass der A auch weiterhin wöchentlich einen „Koma-Tag" mit dem Verkauf von alkoholischen Getränken als „Flatrate" oder zu Niedrigpreisen anbieten sollte, so mag dies eine Auflage rechtfertigen, die die Durchführung eines solchen „Koma-Tages" untersagt (→ Rn. 37). Könnte aber eine solche Auflage zulässigerweise erlassen werden, so scheidet eine Versagung der Gaststättenerlaubnis aus, die *allein* auf die Prognose gestützt würde, dass der A auch weiterhin derartige „Koma-Tage" anbietet. Dies schließt allerdings nicht aus, diese Aktivität in eine Gesamtbewertung der Zuverlässigkeit des A einzubeziehen (→ Rn. 19).

15 Als Personalkonzession (die allerdings an bestimmte Räume gebunden ist, § 3 I 1 GastG) ist die Gaststättenerlaubnis nicht übertragbar und nicht rechtsnachfolgefähig. Ausdrücklich zugelassen ist allerdings die Weiterführung des Betriebs durch den Ehegatten, Lebenspartner oder Erben (§ 10 GastG) sowie der Betrieb des Gaststättengewerbes durch einen Stellvertreter (§ 9 GastG). Die Erlaubnis kann nur an natürliche oder juristische Personen sowie nichtrechtsfähige Vereine (§ 2 I 2 GastG) erteilt werden, nicht aber an andere nichtrechtsfähige Personengesellschaften, auch nicht die GbR[16].

a) Persönliche Versagungsgründe

16 Aus persönlichen Gründen ist die Gaststättenerlaubnis zu versagen, wenn der Antragsteller nicht den in § 4 I 1 Nr. 4 GastG vorgeschriebenen Unterrichtungsnachweis beibringt oder wenn Tatsachen die Annahme rechtfertigen, dass er die für den Gewerbebetrieb **erforderliche Zuverlässigkeit nicht besitzt** (§ 4 I 1 Nr. 1 GastG). Die Auslegung des Begriffs der Unzuverlässigkeit und die Anforderungen an die zu stellende Prognose folgen den zu § 35 GewO geltenden Grundsätzen (→ § 10 Rn. 42 ff.). Die Beurteilung des Vorliegens der Unzuverlässigkeit ist mit Blick auf die **beantragte Betriebsart i. S. d. § 3 I GastG** vorzunehmen.[17] Je nach Betriebsart können sich insoweit unterschiedlich hohe Anforderungen ergeben.

17 Die Prüfung der Zuverlässigkeit bezieht sich auf die Person des die Gaststättenerlaubnis für sich selbst Beantragenden. Wie nach § 35 GewO muss er sich aber unter bestimmten Voraussetzungen die Unzuverlässigkeit anderer Personen zurechnen lassen (→ § 10 Rn. 56 ff.). Die Unzuverlässigkeit kann sich nicht nur aus einem Tun, sondern auch aus einem Unterlassen des Antragstellers ergeben. So muss ein Gastwirt sein Lokal so beaufsichtigen, dass ihm in den Räumen des Lokals begangene Straftaten, bspw. Drogendelikte, nach Möglichkeit bekannt werden. Darüber hinaus muss er die notwendigen **Maßnahmen gegen die Begehung strafbewehrter Handlungen** in seinen Räumen ergreifen, zB Lokalverbote verhängen und ggf. sogar sein Lokal

---

[15] BVerwG NVwZ-RR 1997, 222.
[16] *Pöltl*, GastR § 2 Rn. 10.
[17] BVerwGE 49, 154 (155 f.); BVerwG GewArch 1973, 243.

zeitweise schließen.[18] Insbesondere ist er zur Unterbindung von strafbaren Handlungen zu einer Zusammenarbeit mit der Polizei verpflichtet.[19] Gegen nicht verbotenes Tun, wie bspw. eine sich nicht in strafbaren Handlungen innerhalb der Gaststätte äußernde rechtsextreme Gesinnung von Gästen, muss der Gastwirt hingegen nicht vorgehen.[20]

§ 4 I 1 Nr. 1 GastG führt einige – nicht abschließend zu verstehende – Beispielsfälle auf, bei deren Vorliegen die Unzuverlässigkeit des Antragstellers anzunehmen ist. Allerdings ist auch hier eine **Prognose** von dem früheren, einen der Beispielstatbestände erfüllenden Verhalten auf ein künftiges Fehlverhalten des Antragstellers anzustellen.[21]

18

In der Praxis immer wieder problematisch ist die Annahme der Unzuverlässigkeit wegen der Befürchtung, dass der Antragsteller **der Unsittlichkeit Vorschub leisten** wird. Maßstab für die Ausfüllung dieses unbestimmten Rechtsbegriffs sind die in der Rechtsgemeinschaft anerkannten sozialethischen Wertvorstellungen, ohne dass es auf die Strafbarkeit des betreffenden Geschehens ankommt.[22] Dass diese Wertvorstellungen einem auch rechtsrelevanten Wandel unterliegen, lässt sich an der Rechtsprechung zur Sittenwidrigkeit der Prostitution ablesen: Das BVerwG hat in seiner bis in die 90er Jahre des 20. Jhs. reichenden Rspr. mehrfach betont, dass die Prostitution den guten Sitten widerspricht.[23] In seinem sog. Swinger-Club-Urteil aus dem Jahre 2002 entschied das Gericht hingegen, dass wegen der im Prostitutionsgesetz[24] zum Ausdruck gekommenen Wertungen die kommerzielle Ausnutzung sexueller Bedürfnisse nicht mehr grundsätzlich als sittenwidrig angesehen werden kann.[25] Wegen seines Gefahrenabwehrcharakters ist der Anwendungsbereich des § 4 I 1 Nr. 1 GastG auf Vorgänge beschränkt, die

19

- gegen die Menschenwürde verstoßen,
- durch Strafnormen verboten sind oder
- wegen ihres *Öffentlichkeitsbezugs* einem sozialethischen Unwerturteil unterliegen.[26]

> In Fall 12 fehlt es zwar an einem solchen Öffentlichkeitsbezug des Verhaltens des A, da die alkoholisierten Gäste die Gaststätte nicht verlassen, sondern ihren Rausch in einem Hinterzimmer ausschlafen. Jedoch ist der Alkoholmissbrauch als Gefährdung der Gesundheit anzusehen, der unabhängig von ihrem Öffentlichkeitsbezug begegnet werden soll. Das Konzept des A ist gerade darauf gerichtet, dem Alkoholmissbrauch dadurch Vorschub zu leisten, dass seine Gäste in alkoholisiertem Zustand *keinen* Öffentlichkeitsbezug herstellen müssen. Indem ihnen die Möglichkeit gegeben wird, im Hinterzimmer des Lokals ihren Rausch auszuschlafen, werden sie zu einem enthemmten Trinkverhalten geradezu animiert. Zusätzlich erhalten sie noch einmal in der Woche die Möglichkeit, Alkohol zu Niedrigstpreisen zu konsumieren. Auch wenn gegen das Angebot eines „Koma-Tages" mit einer Auflage nach § 5 I GastG eingeschritten werden könnte (→ Rn. 14), kann die zu prognostizierende Weiterführung dieses Angebots durch den A in die Bewertung seiner Zuverlässigkeit einbezogen werden.[27] Solche Konzepte zur Steigerung des Alkoholkonsums zu verhindern, ist Schutzzweck des § 4 I 1 Nr. 1 GastG.

---

[18] BVerwGE 56, 205 (206); VGH Mannheim VBlBW 2006, 35.
[19] BVerwGE 56, 205 (206 ff.).
[20] VGH Mannheim VBlBW 2006, 35.
[21] BVerwG GewArch 1977, 22 (23).
[22] BVerwG NVwZ 1991, 373 (374).
[23] BVerwGE 84, 314 (319 f.); BVerwG NVwZ 1991, 373 (374).
[24] Gesetz zur Verbesserung der rechtlichen und sozialen Situation der Prostituierten v. 20.12.2001, BGBl. I 3983.
[25] BVerwG NVwZ 2003, 603 (604); ebenso etwa VGH München GewArch 2009, 256.
[26] BVerwG NVwZ 2003, 603 (604).
[27] Zu der von der Behörde in diesem Zusammenhang durchzuführenden Prüfung *A. Guckelberger*, LKV 2008, 385 (387 f.).

b) Sachliche Versagungsgründe

20 Die sachlichen Gründe, bei deren Vorliegen die Gaststättenerlaubnis zu versagen ist, lassen sich in **zwei Gruppen** einteilen, die an die Raumgestaltung innerhalb des Betriebs anknüpfenden Nr. 2 und 2a einerseits und die das Verhältnis des Betriebs zu seiner Umgebung in den Blick nehmende Nr. 3 des § 4 I 1 GastG andererseits.

aa) Innerbetriebliche Gestaltung

21 Ausweislich des § 4 I 1 Nr. 2 GastG müssen die zum Betrieb des Gewerbes oder zum Aufenthalt der Beschäftigten bestimmten **Räume** wegen ihrer Lage, Beschaffenheit, Ausstattung und Einteilung für den Gewerbebetrieb geeignet sein, insbesondere den zur Aufrechterhaltung der öffentlichen Sicherheit oder Ordnung notwendigen Anforderungen genügen. Die Prüfung bezieht sich nur auf die **Verhältnisse innerhalb des Betriebs**, soweit von ihnen Gefahren für Gäste oder Beschäftigte ausgehen können, wobei es für die Eigenschaft als Beschäftigter nicht auf das Bestehen eines rechtlichen Beschäftigungsverhältnisses ankommt; erfasst sind vielmehr auch zB Familienangehörige.

22 Der Aufrechterhaltung der öffentlichen Sicherheit dienen auch sicherheitsrechtliche Normen außerhalb des Gewerberechts. Die Nichtbeachtung solcher Normen erfüllt die Voraussetzungen des Versagungsgrundes nach § 4 I 1 Nr. 2 GastG, soweit die entsprechenden Anforderungen einen Bezug zur Nutzung der Räume durch Beschäftigte und Gäste aufweisen.[28] Allerdings unterliegt die Anwendung des § 4 I 1 Nr. 2 GastG nicht polizei- und ordnungsrechtlichen Grundsätzen. Weder muss bereits eine konkrete Gefahr[29] vorliegen noch hat die Behörde ein Entschließungsermessen: Liegen die Voraussetzungen des § 4 I 1 Nr. 2 GastG vor, *muss* die Gaststättenerlaubnis versagt werden.

> Im Fall 12 verstößt die Gestaltung der Governmenträume mit vielen Stufen gegen das Gebot barrierefreier Nutzbarkeit durch behinderte Menschen (§ 4 I 1 Nr. 2a GastG). Bei der Prüfung eines Verstoßes gegen § 4 I 1 Nr. 2 GastG ist zunächst festzustellen, ob in dem betreffenden Bundesland eine Verordnung über Mindestanforderungen auf der Grundlage des § 4 III GastG erlassen wurde und ob diese Mindestanforderungen eingehalten worden sind. Fehlt es an einer solchen Verordnung, so entfaltet die dem A erteilte Baugenehmigung Bindungswirkung für die Erteilung der Gaststättenerlaubnis[30] (→ Rn. 26 ff.).

bb) Widerspruch zu öffentlichem Interesse

23 Der Versagungsgrund des § 4 I 1 Nr. 3 stellt auf die Beeinträchtigung öffentlicher Interessen durch die **Außenwirkung der beabsichtigten gewerblichen Nutzung** ab. Zu versagen ist die Gaststättenerlaubnis danach, wenn der Gewerbebetrieb im Hinblick auf seine örtliche Lage oder auf die Verwendung der Räume dem öffentlichen Interesse widerspricht, insbesondere schädliche Umwelteinwirkungen i. S. d. BImSchG oder sonst erhebliche Nachteile, Gefahren oder Belästigungen für die Allgemeinheit befürchten lässt.

---

[28] *Metzner*, GastG § 4 Rn. 186.
[29] Zum Begriff der konkreten Gefahr *E. Brandt/U. Smeddinck*, Jura 1994, 225 (228); *F. Schoch*, Jura 2003, 472.
[30] Vgl. Michel/Kienzle/*Pauly*, GastG § 4 Rn. 61.

Als öffentliche Interessen, zu denen der Gaststättenbetrieb durch seine örtliche Lage 24
oder die Verwendung der Räume in Widerspruch treten kann, sind **alle öffentliche
Belange** relevant, die dem Interesse des Antragstellers an dem durch Art. 12 I GG
geschützten Betrieb der Gaststätte vorrangig sind. Durchzuführen ist insoweit eine
Abwägung im Einzelfall.[31] Eine Abwägung entfällt, wenn der Betrieb der Gaststätte
gegen andere öffentlich-rechtliche Vorschriften verstoßen würde. In diesem Fall ist
die Gaststättenerlaubnis zwingend zu versagen.

Im **Verhältnis zum Immissionsschutzrecht** soll § 4 I 1 Nr. 3 GastG sicherstellen, dass gaststätten- und 25
immissionsschutzrechtlich kein abweichender Maßstab angelegt wird. Gaststätten stellen zwar nicht genehmigungsbedürftige Anlagen i. S. d. §§ 22 ff. BImSchG dar;[32] jedoch sind die §§ 22 ff. BImSchG nicht kumulativ neben den Bestimmungen des GastG[33] , sondern nur subsidiär, soweit durch das Gaststättenrecht oder durch auf seiner Grundlage ergangene behördliche Anordnung eine abschließende Regelung getroffen worden ist[34]. Die immissionsschutzrechtlichen Vorgaben der §§ 22 ff. BImSchG einschließlich der **Maßstäbe für das Vorliegen schädlicher Umwelteinwirkungen i. S. d. § 3 I BImSchG** sind bei der Anwendung des § 4 I 1 Nr. 3 Gast zu beachten und führen ggf. zu einer Versagung der Gaststättenerlaubnis.[35] Unter Verhältnismäßigkeitsgesichtspunkten wird allerdings häufig der Erlass der Gaststättenerlaubnis unter Auflagen nach § 5 I Nr. 3 GastG oder unter inhaltlicher Beschränkung auf bestimmte Betriebszeiten das mildere Mittel gegenüber ihrer Versagung sein (→ Rn. 27).

Wie im Verhältnis zu anderen für den Betrieb der Gaststätte ggf. erforderlichen Ge- 26
nehmigungen gilt auch für das zwischen **Gaststätten- und Baugenehmigung**, dass
die **Gaststättenerlaubnis keine Konzentrationswirkung** entfaltet, die anderen Genehmigungen also zusätzlich eingeholt werden müssen. Je nach zeitlichem Ablauf
sind folgende Konstellationen zu unterscheiden:

- Die **Baugenehmigung ist vor der Gaststättenerlaubnis** erteilt oder versagt wor- 27
  den: An eine erteilte Baugenehmigung ist die **Gaststättenbehörde inhaltlich gebunden**, soweit die baurechtliche Prüfung reicht. Dies betrifft die Prüfung des
  Vorhabens in bauplanungs- und bauordnungsrechtlicher Hinsicht. Die Gaststättenerlaubnis darf daher nicht mehr aus Gründen versagt werden, deren Beurteilung in die **originäre Regelungskompetenz der Bauaufsichtsbehörde** fällt oder
  zu ihr zumindest den stärkeren Bezug hat.[36] Da § 4 I 1 Nr. 3 GastG und § 15 I 2
  BauNVO für die Beurteilung von Immissionen den gleichen Zulässigkeitsmaßstab
  aufstellen, steht aufgrund der Baugenehmigung darüber hinaus fest, dass mit dem
  Gaststättenvorhaben **typischerweise keine schädlichen Umwelteinwirkungen**
  verbunden sind, die gegen das Gebot der Rücksichtnahme verstoßen.[37] Anderes
  gilt aber für atypische Eigentümlichkeiten, die bspw. in der Form der Nutzungsausübung oder der Person des Gaststätteninhabers begründet liegen. Sie sind im
  gaststättenrechtlichen Genehmigungsverfahren selbständig zu prüfen.[38] Die Baugenehmigung darf deshalb nicht mit der Begründung versagt werden, dass der
  Antragsteller iSv § 4 I 1 Nr. 1 GastG unzuverlässig sei und wegen der Aussichtslosigkeit des gaststättenrechtlichen Erlaubnisantrags das Sachbescheidungsinteresse

---

[31] Michel/Kienzle/*Pauly*, GastG § 4 Rn. 49.
[32] BVerwGE 101, 157 (161).
[33] So aber *Jarass*, BImSchG § 22 Rn. 14.
[34] Vgl. VGH München NVwZ 1996, 483 (485); *Pöltl*, GastR § 4 Rn. 121.
[35] BVerwGE 101, 157 (161); VGH München GewArch 2013, 132.
[36] BVerwGE 80, 259 (261 ff.); 84, 11 (14); VGH Mannheim GewArch 2001, 432 (432 f.).
[37] BVerwGE 80, 259 (262 f.); BVerwG BauR 2011, 1642 Rn. 6; OVG Münster NWVBl. 1993, 302 (303 f.).
[38] BVerwGE 80, 259 (263); BVerwG BauR 2011, 1642 Rn. 6; VGH Kassel NVwZ 1991, 278 (279).

für den Antrag auf Erteilung der Baugenehmigung fehle.[39] Die **Versagung der Baugenehmigung** entfaltet hingegen keine Bindungswirkung dergestalt, dass das Vorhaben baurechtlich unzulässig wäre und die Gaststättenerlaubnis deshalb nicht erteilt werden dürfte.[40]

> Im Fall 12 kann die regelmäßige Steigerung der Lautstärke der Musik nach 23 Uhr zu schädlichen Umwelteinwirkungen i. S. d. § 3 I BImSchG führen. Die dem A erteilte Baugenehmigung entfaltet Bindungswirkung nur hinsichtlich der typischerweise vom Betrieb einer Schankwirtschaft in dem betreffenden Gebiet ausgehenden Einwirkungen. Vorliegend ist jedoch davon auszugehen, dass die allabendliche Lautstärkesteigerung im Zusammenhang gerade mit der Förderung des Alkoholmissbrauchs durch den A (→ Rn. 19) steht. Diese auf der Unzuverlässigkeit des A iSv § 4 I 1 Nr. 1 GastG beruhenden atypischen Einwirkungen sind im Baugenehmigungsverfahren nicht geprüft worden, so dass eine Bindung der Gaststättenbehörde nicht eintritt. Allerdings stellt eine das lärmmindernde Geschlossenhalten von Fenstern und Türen nach 23 Uhr oder eine Betriebszeitbeschränkung anordnende Auflage nach § 5 I Nr. 3 GastG das mildere Mittel im Verhältnis zur Aufhebung der Gaststättenerlaubnis dar.

28 ■ Die Gaststättenerlaubnis wird vor der Baugenehmigung erteilt: Dies ist rechtlich zulässig[41]; selbst wenn nach dem Bauordnungsrecht der Länder vor Erteilung der Baugenehmigung alle weiteren Genehmigungen vorliegen müssen („Schlusspunkttheorie"[42]), gilt dies nicht für die auch auf die persönliche Zuverlässigkeit des Betreibers bezogene Gaststättenerlaubnis[43]. Die Gaststättenbehörde hat auch zu prüfen, ob der geplante Betrieb gegen baurechtliche Vorschriften verstößt. Diese Prüfung entfaltet allerdings **keine Bindungswirkung für ein späteres Baugenehmigungsverfahren**.[44] Die Baugenehmigungsbehörde kann also bei der Prüfung baurechtlicher Fragen zu einem anderen Ergebnis als die Gaststättenbehörde kommen.

29 ■ Eine **Baugenehmigung ist nicht erforderlich**: In diesem Fall hat die Gaststättenbehörde eventuelle Verstöße gegen das Baurecht selbständig festzustellen.

Gaststättenerlaubnis und Baugenehmigung

Baugenehmigung	Gaststättenerlaubnis
Liegt vor	• Bindung an die in originärer Prüfungskompetenz der Baugenehmigungsbehörde liegenden Punkte • Keine Bindung bzgl. personenbezogener Genehmigungsvoraussetzungen • Keine Bindung hinsichtlich atypischer Betriebsauswirkungen
Liegt noch nicht vor	• Prüfung auch der baurechtlichen Voraussetzungen • Keine Bindungswirkung für späteres Baugenehmigungsverfahren
Wird versagt	Keine Bindungswirkung
Nicht erforderlich	Prüfung auch der baurechtlichen Voraussetzungen

---

[39] VGH Mannheim NVwZ 2000, 1068.
[40] BVerwGE 84, 11 (14); OVG Bremen NVwZ-RR 1994, 80.
[41] BVerwGE 84, 11 (15).
[42] Dazu einerseits BVerwGE 26, 287 (288 f.); *D. Mampel*, BauR 2002, 719 ff., und andererseits *G. Beaucamp*, JA 2005, 471 (478 f.); *M. Hecker*, BauR 2006, 629 ff.
[43] Für Nordrhein-Westfalen OVG Münster NuR 2004, 253 (254).
[44] BVerwGE 84, 11 (16); VGH Kassel NVwZ 1990, 583, wonach sogar die im Rahmen eines Verfahrens auf Erteilung einer Gaststättenerlaubnis abgegebene Stellungnahme der Bauaufsichtsbehörde diese auch nicht zu binden vermag.

c) Rechtsschutz

Gegen die **Versagung der Gaststättenerlaubnis** kann sich der Antragsteller mit Widerspruch und Verpflichtungsklage wehren. Maßgebend für die Beurteilung der Sach- und Rechtslage ist der Zeitpunkt der letzten mündlichen Verhandlung. Wegen der Ausgestaltung der Gaststättenerlaubnis als präventives Verbot mit Erlaubnisvorbehalt muss der Antragsteller vor der Inanspruchnahme gerichtlichen Rechtsschutzes zunächst das Erlaubnisverfahren durchlaufen. Ein Antrag, eine Gaststättenerlaubnis im Wege der einstweiligen Anordnung nach § 123 VwGO zu erteilen, muss deshalb erfolglos bleiben.[45]

30

Bei der **Anfechtung einer gaststättenrechtlichen Erlaubnis durch einen Dritten** ist hingegen der Zeitpunkt der letzten Verwaltungsentscheidung für die Prüfung der Sach- und Rechtslage ausschlaggebend.[46] Der Versagungsgrund des **§ 4 I 1 Nr. 1 GastG hat keinen drittschützenden Charakter**.[47] § 4 I 1 Nr. 2 GastG gewährt keinen allgemeinen Drittschutz, der etwa einem Grundstücksnachbarn der Gaststätte oder einem konkurrierenden Gaststättenbetreiber die nach § 42 II VwGO erforderliche Klagebefugnis gegen die Erteilung der Gaststättenerlaubnis verleihen würde. Allerdings dient die Norm ausdrücklich gerade dem **Schutz der Gäste und Beschäftigten**. Sofern ein entsprechendes Interesse besteht, bspw. im Falle von Gesundheitsgefährdungen, die bei einer Verwirklichung der beantragten Änderung der Betriebsart den bereits Beschäftigten drohen können, kann eine Klage gegen die Erlaubniserteilung auf § 4 I 1 Nr. 2 GastG gestützt werden. Rechtsschutz kann auch bei einer Nichtbeachtung der Anforderungen des **§ 4 I 1 Nr. 2a GastG über die barrierefreie Nutzbarkeit** der Gaststättenräume durch behinderte Menschen begehrt werden. Zwar wird die Geltendmachung einer Rechtsverletzung durch den einzelnen behinderten Menschen in aller Regel nicht gelingen. Doch besteht für nach § 13 III BGG anerkannte Verbände die Möglichkeit zur Erhebung einer Verbandsklage nach § 13 I 1 Nr. 2 BGG.

31

Nachbar B ist im Fall 12 weder Beschäftigter oder Gast der Gaststätte des A noch ein behinderter Mensch, so dass ihm für die Rüge von eventuellen Verstößen des A gegen § 4 I 1 Nr. 1, 2 oder 2a GastG die Klagebefugnis fehlt. Insoweit ist die Klage unzulässig.

Obwohl der Wortlaut des **§ 4 I 1 Nr. 3 GastG** auf einen Widerspruch zum *öffentlichen* Interesse abstellt, ist die **Vorschrift drittschützend**, soweit es um die Vermeidung von schädlichen Umwelteinwirkungen i. S. d. BImSchG geht.[48] Denn § 3 I BImSchG erfasst als schädliche Umwelteinwirkungen auch solche Immissionen, die die *Nachbarschaft* betreffen. **Nachbarschaft** in diesem Sinne setzt ein besonderes Verhältnis des Betroffenen zu der Gaststätte voraus, das sich in einer engeren räumlichen und zeitlichen Beziehung konkretisiert und dadurch den Betroffenen von der Allgemeinheit abhebt. Diese Beziehung kann darin bestehen, dass die von der Gaststätte selbst erzeugten Immissionen wegen einer räumlichen Nähe auf die Rechts-

32

---

[45] VGH München, Beschl. v. 1.3.2002 JURIS Nr. MWRE 102570200.
[46] BVerwG GewArch 1998, 254 (255).
[47] BVerwGE 80, 259 (260); BVerwG GewArch 1998, 254.
[48] BVerwGE 101, 157 (163 f.); OVG Koblenz NVwZ-RR 1998, 556 (557); OVG Münster NWVBl. 1993, 302; VGH Kassel NVwZ 1991, 278 (278 f.).

güter des Betroffenen einwirken. Allerdings wird nicht nur der „Gaststättenlärm" (zB Gläserklappern, Musik, laute Gespräche) erfasst. Auch der von den Gästen auf dem Weg zu und von der Gaststätte verursachte Lärm ist dem Gewerbebetrieb zuzurechnen, solange der an- und abfließende Verkehr nicht mehr bzw. noch nicht in den allgemeinen Straßenverkehr eingegliedert ist.[49]

33 Soweit nicht die Nachbarschaft beeinträchtigende schädliche Umwelteinwirkungen in Rede stehen, schützt § 4 I 1 Nr. 3 GastG hingegen allein das öffentliche Interesse bzw. die Allgemeinheit. Diesbezüglich verleiht die Vorschrift keine subjektiven öffentlichen Rechte.[50] Selbst wenn bspw. wegen eines Widerspruchs der geplanten Gaststätte zu einer bauplanungsrechtlichen Vorschrift die Gaststätte dem öffentlichen Interesse widerspricht und diese **bauplanungsrechtliche Bestimmung** selbst nachbarschützend ist, verleiht dies im *gaststätten*rechtlichen Erlaubnisverfahren keinen Drittschutz.[51]

> Im Fall 12 sind zwar schädliche Umwelteinwirkungen auf die Nachbarschaft zu befürchten, so dass der B insoweit klagebefugt ist. Jedoch kann die Rechtsverletzung des B durch eine Auflage nach § 5 I Nr. 3 GastG beseitigt werden (→ Rn. 27), so dass für einen Aufhebungsanspruch im Rahmen einer Anfechtungsklage kein Rechtsschutzbedürfnis besteht.[52] Wenn B nicht zumindest hilfsweise die Verpflichtung der Behörde zur Anordnung einer Auflage zu seinem Schutz beantragt, ist die Klage insgesamt abzuweisen. Da das Ermessen der Behörde verschiedene Auflagen zum Schutz des B zulässt (→ Rn. 37), kann der B auch mit einem eventuellen Hilfsantrag lediglich ein Bescheidungsurteil in entsprechender Anwendung des § 113 V 2 VwGO erreichen.[53]

3. Inhalt der Erlaubnis

34 Ausweislich des § 3 I 1 GastG ist die Gaststättenerlaubnis für eine bestimmte Betriebsart und für bestimmte Räume zu erteilen. In Anbetracht der an die Gestaltung und die Lage der Betriebsräume anknüpfenden Versagungsgründe des § 4 I 1 Nr. 2 und 3 GastG (→ Rn. 21 ff.) kommt der **Bestimmung der Räume**, auf die sich diese Prüfung beziehen soll, wesentliche Bedeutung zu. Änderungen der Räume lösen deshalb grundsätzlich erneut das Erlaubniserfordernis des § 2 I GastG aus. Allerdings wird dies nur für solche Änderungen zu gelten haben, die mit Blick auf die Prüfung der genannten Versagungsgründe zu einer geänderten Beurteilung führen können.

35 Die **Festlegung der Betriebsart** legt das Prüfprogramm hinsichtlich des Vorliegens von Versagungsgründen nach § 4 I GastG fest, die je nach Art des Betriebs unterschiedliche Relevanz erlangen können. Die Prüfung darf nicht weitergehen, als sie für die konkrete Betriebsart von Bedeutung ist.[54] Die Betriebsart ist in der Erlaubnisurkunde ausdrücklich zu bezeichnen und bestimmt sich nach der Art und Weise der Betriebsgestaltung, insbesondere nach den Betriebszeiten und der Art der Getränke, der zubereiteten Speisen, der Beherbergung oder der Darbietungen (§ 3 I 2 GastG). Ausschlaggebend ist das Gesamtgepräge des Betriebs.[55] Der Antragsteller kann die

---

[49] BVerwGE 101, 157 (165 f.).
[50] OVG Koblenz NVwZ-RR 1998, 556; *Metzner*, GastG § 4 Rn. 348. A. M. *Pöltl*, GastR § 4 Rn. 83.
[51] OVG Koblenz NVwZ-RR 1998, 556. A. M. *Pöltl*, GastR § 4 Rn. 149.
[52] Vgl. VGH München NVwZ 1995, 1021 (1023).
[53] Zu den prozessualen Konsequenzen bei mangelnder Spruchreife *H. A. Wolff*, in: Sodan/Ziekow, VwGO § 113 Rn. 422 ff.
[54] BVerwG NVwZ 1986, 296.
[55] BVerwG GewArch 1988, 387.

Betriebsart frei wählen. Beispiele für Betriebsarten sind die Schank- und/oder Speisewirtschaft, die Bar, das Café, das Hotel garni, die Trinkhalle und die Diskothek – zu unterscheiden vom Tanzlokal. Die Wahl der Betriebsart entscheidet auch über die Zuverlässigkeitsanforderungen an den Betriebsinhaber. Die Erlaubnis kann sich auf mehrere Betriebsarten beziehen. Ihre Wirkung beschränkt sich auf die konkret genehmigte Betriebart. Erweiterungen oder **Änderungen**, zB die Veranstaltung von Freiluftkonzerten in einer als „Biergarten und Gaststätte" genehmigten Gaststätte[56], bedürfen einer neuen Gaststättenerlaubnis, wenn sie zu einer geänderten Beurteilung der Erteilungsvoraussetzungen führen.

> Dadurch, dass A im Fall 12 seine alkoholisierten Gäste regelmäßig im Hinterzimmer seiner als Schankwirtschaft genehmigten Gaststätte auf Matten übernachten lässt, hat er den Betrieb auf die nicht von der Erlaubnis erfasste Betriebsart eines Beherbergungsbetriebs erweitert. Hierfür bedarf er einer neuen Gaststättenerlaubnis.

4. Auflagen

Gem. § 5 I GastG kann die zuständige Behörde in den in Nr. 1–3 genannten Fällen **jederzeit, d. h. auch nachträglich, Auflagen** zur Gaststättenerlaubnis erlassen. Handelt es sich um einen erlaubnisfreien Betrieb, so können unter den gleichen Voraussetzungen selbständige Anordnungen gegenüber dem Gewerbetreibenden getroffen werden (§ 5 II GastG). In den Ländern, die die Erlaubnispflichtigkeit des Gaststättengewerbes abgeschafft haben, können die zuständigen Behörden im Wege von Anordnungen und Untersagungen zum Schutz vor Gefahren vorgehen (§ 6 BbgGastG; §§ 4, 10 II HessGastG; § 5 Nds.GastG; § 9 Saarl.GastG; § 5 SächsGastG; § 7 ThürGastG). Voraussetzung ist stets, dass eine **konkrete Gefahr** vorliegt[57] und erhebliche Nachteile zu befürchten sind. Durch Auflagen können nur solche Nachteile unterbunden werden, die in einem räumlichen und zeitlichen Zusammenhang mit dem Betrieb der Gaststätte selbst stehen, nicht aber mittelbare Beeinträchtigungen wie das Entstehen von vermeidbarem Abfall durch die Verwendung von Einweggeschirr.[58]

Die Behörde hat einen **Ermessensspielraum**, ob sie eine Auflage erlässt und welche Mittel sie im Einzelnen ergreift. Begrenzt wird die Möglichkeit der Auflagenerteilung durch die nach § 3 I GastG festgelegte Betriebsart: Würde die Auflage (zB das Verbot, über Zimmerlautstärke Musik zu spielen) dazu führen, dass die betreffende Betriebsart (zB Diskothek) unmöglich gemacht würde, so ist sie unzulässig; insoweit sind die Rücknahme- und Widerrufsvorschriften vorrangig.[59] Droht eine Überfüllung des Gastraumes durch Gäste, so kann auf der Grundlage des § 5 I Nr. 1 GastG die Besucherzahl beschränkt werden.[60]

36

37

---

[56] OVG Bremen GewArch 1978, 339.
[57] BVerwG GewArch 1995, 34.
[58] OVG Schleswig GewArch 1994, 493 (493 f.).
[59] BVerwGE 90, 53 (54).
[60] BVerwG GewArch 1990, 179; VGH München BayVBl. 2009, 755.

In Fall 12 könnte dem A durch eine auf § 5 I Nr. 1 GastG gestützte Auflage untersagt werden, wöchentlich einen „Koma-Tag" mit dem Angebot von Alkohol zu „Flatrate"- oder Niedrigpreisen durchzuführen. Ein derartiges Angebot ist geeignet, einen übermäßigen Alkoholkonsum zu fördern und dadurch Gefahren für die Gesundheit der Gäste hervorzurufen.[61] Dies gilt jedenfalls dann, wenn das Konzept des Gastwirts gerade auf bestimmte Gruppen von Gästen, zB junge Erwachsene, zielt, die durch die Gestaltung des „Koma-Tages" erfahrungsgemäß zum übermäßigen Alkoholkonsum animiert werden können.[62]

Schädlichen Umwelteinwirkungen iSv § 5 I Nr. 3 GastG in Form von Lärm, der – wie in Fall 12 – von der Gaststätte ausgeht, kann etwa durch eine Betriebszeitbeschränkung entgegengewirkt werden.[63] § 5 I Nr. 3 GastG wirkt drittschützend, so dass der Nachbar einen Anspruch auf ermessensfehlerfreie Entscheidung über den Erlass einer Auflage zu seinem Schutz hat.[64]

5. Rücknahme und Widerruf

Aufhebung der Gaststättenerlaubnis	
Rücknahme	Widerruf
• Zwingend gemäß § 15 I GastG, wenn bei Erteilung Versagungsgründe nach § 4 I 1 Nr. 1 GastG vorlagen • § 15 I GastG ist nicht abschließend • Im Übrigen: Rücknahme nach Ermessen, § 48 VwVfG.	• Zwingend gemäß § 15 II GastG, wenn nachträglich Versagungsgründe nach § 4 I 1 Nr. 1 GastG eintreten • Nach Ermessen gemäß § 15 III GastG • § 49 VwVfG nicht anwendbar.

38

Die **Rücknahme der Gaststättenerlaubnis** nach § 15 I GastG kommt nur in Betracht, wenn bekannt wird, dass bei ihrer Erteilung Versagungsgründe gem. § 4 I 1 Nr. 1 GastG vorlagen. Ist die Erlaubnis aus anderen Gründen rechtswidrig, kann die Behörde die Erlaubnis auf der Grundlage des **§ 48 VwVfG nach Ermessen** zurücknehmen. Die gilt auch in dem Fall, dass die Behörde die ihr bekannten Tatsachen mit Blick auf den Versagungsgrund des § 4 I 1 Nr. 1 GastG fehlerhaft gewürdigt hat.[65]

39 Der **Widerruf** einer rechtmäßig erlassenen Gaststättenerlaubnis ist nur nach § 15 II-IV GastG möglich; **§ 49 VwVfG ist hier nicht anwendbar.**[66] Im Fall des § 15 II GastG ist der Widerruf zwingend vorgeschrieben, wohingegen die Behörde in den Fällen des § 15 III GastG nach Ermessen widerrufen kann. Wenngleich der Widerruf nach § 15 II GastG nicht im Ermessen der Behörde steht, darf er nicht angewandt werden, wenn der Behörde ein gleich geeignetes, jedoch weniger belastendes Mittel, zB eine Auflage nach § 5 I GastG, zur Verfügung steht.[67] Ist dies nicht der Fall, so ist der Widerruf nicht deshalb unverhältnismäßig und unzulässig, weil er dem Erlaubnisinhaber die Grundlage seiner wirtschaftlichen Existenz

---

[61] Vgl. VG Hannover GewArch 2007, 388.
[62] Vgl. VGH Kassel LKRZ 2009, 215 (216); VGH München GewArch 2007, 428. Zur Unzulässigkeit einer allein auf ein „Flatrate-Konzept" ohne Berücksichtigung der weiteren Besonderheiten des Einzelfalls gestützten Auflage *M. Schröder/T. Führ*, NVwZ 2008, 145 (146).
[63] Dazu und zur Abgrenzung zur Sperrzeitregelung nach § 18 GastG VGH München NVwZ-RR 1991, 404.
[64] *Metzner*, GastG § 4 Rn. 337, § 5 Rn. 78.
[65] *W. Kienzle*, GewArch 1983, 281 (284).
[66] BVerwGE 81, 74 (78); BVerwG GewArch 1998, 254 (255). A. M. *Pöltl*, GastR § 15 Rn. 9.
[67] OVG Hamburg GewArch 1996, 425 (426).

nimmt.[68] Für die für die Rechtmäßigkeit von Rücknahme und Widerruf heranzuziehende Sach- und Rechtslage ist der Zeitpunkt der letzten Behördenentscheidung maßgebend.[69] Der Widerruf der Gaststättenerlaubnis ist **nicht selbständig vollstreckbar**.[70] Die Fortsetzung des Gaststättenbetriebs ist nach § 31 GastG, § 15 II GewO zu untersagen.

IV. Betriebsbezogene Regelungen

1. Überwachung durch die Behörden

§ 22 GastG verpflichtet den Gaststättenbetreiber zur **Auskunftserteilung** gegenüber den zuständigen Behörden sowie zur **Duldung des Betretens** von Grundstücken und Geschäftsräumen, der Vornahme von Prüfungen und Besichtigungen und der Einsichtnahme in die geschäftlichen Unterlagen. Diese Befugnisse dürfen nur zur Kontrolle des Gaststättenbetriebs unter gewerberechtlichen Gesichtspunkten und nicht zB zur Erforschung strafbarer Handlungen ausgeübt werden.[71] Sofern es sich um eine sog. durchsuchende Nachschau handelt, d. h. in den Räumlichkeiten etwas aufgefunden werden soll, was der Betroffene nicht preisgeben will, sind die **Anforderungen des Art. 13 II GG zu beachten**.[72] 40

Der Gaststättenbetrieb kann gemäß § 31 GastG i.V. m. § 15 II GewO **stillgelegt** werden, wenn er ohne die erforderliche Erlaubnis betrieben wird – sei es, dass diese schon bei Betriebsaufnahme nicht vorlag oder durch Nichtausübung gemäß § 8 GastG, Tod, Ablauf einer Befristung nach § 3 II GastG, Rücknahme oder Widerruf erloschen ist. Dies gilt auch, wenn nachträglich der Gaststättenbetrieb so verändert wurde, dass eine neue Erlaubnis erforderlich ist (→ Rn. 35). 41

2. Sperrzeitregelungen

Zum Schutz der öffentlichen Sicherheit und Ordnung, insbesondere zum Schutz der Volksgesundheit, vor Alkoholmissbrauch und der Nachtruhe und im Interesse des Arbeitsschutzes[73] ermächtigt § 18 GastG die Landesregierungen zur **Festsetzung einer Sperrzeit durch Rechtsverordnung**. Während der Sperrzeiten müssen Schank- und Speisewirtschaften sowie öffentliche Vergnügungsstätten geschlossen sein; es dürfen keine Leistungen gegenüber Gästen erbracht werden und diese dürfen nicht in den Goasträumen verweilen.[74] Auf die Erlaubnispflichtigkeit des Gaststättenbetriebs kommt es nicht an. 42

In der landesrechtlichen Rechtsverordnung kann vorgesehen sein, dass die Sperrzeit bei Vorliegen eines öffentlichen Bedürfnisses oder besonderer örtlicher Verhältnisse allgemein oder für einzelne Betriebe verlängert, verkürzt oder aufgehoben werden kann. Wird die **Sperrzeit verlängert**, so verkürzt sich dementsprechend die zulässige Öffnungszeit der betreffenden Gaststättenbetriebe. Umgekehrt führt eine **Sperrzeitverkürzung** zu einer Verlängerung der zulässigen Betriebszeit. Über die Verlängerung, Verkürzung oder Aufhebung entscheidet die Behörde im Einzelfall nach Er- 43

---

[68] BVerwG GewArch 1988, 233.
[69] Für den Widerruf BVerwGE 56, 205 (208); BVerwG GewArch 1995, 121; 1998, 254 (255).
[70] OVG Koblenz NVwZ-RR 1997, 223; VGH Mannheim NVwZ-RR 1994, 78 (79).
[71] BVerwG GewArch 1998, 256 (257).
[72] *J. Ziekow/A. Guckelberger*, in: Friauf/Höfling, GG Art. 13 Rn. 56.
[73] Zu diesen Schutzzwecken der Sperrzeitregelungen BVerwG GewArch 1977, 24 (25); 1990, 142; NVwZ-RR 1991, 403.
[74] BVerwG GewArch 1977, 24 (25).

messen, sofern ein öffentliches Bedürfnis vorliegt oder besondere örtliche Verhältnisse gegeben sind:

- Ein **öffentliches Bedürfnis an einer Sperrzeitverkürzung** setzt eine aus Sicht der Allgemeinheit bestehende Bedarfslücke voraus. Es müssen hinreichende Gründe vorliegen, die ein Abweichen von der Regel im Interesse der Allgemeinheit rechtfertigen.[75] Beispiel ist die Eigenschaft eines Ortes als touristische Attraktion für jüngere Leute, deren Bedürfnis zum Besuch von Nachtlokalen ohne Sperrzeitverkürzung nicht befriedigt werden kann. Allerdings ist das Vorliegen eines öffentlichen Bedürfnisses ausgeschlossen, wenn die bedarfsgerechte Sperrzeitverkürzung anderen öffentlichen Belangen zuwiderliefe, insbesondere zu schädlichen Umwelteinwirkungen i. S. d. BImSchG führen würde.[76] Umgekehrt kann eine besondere Störungsempfindlichkeit der Umgebung, zB der Charakter als Kurort, ein öffentliches Bedürfnis an einer Sperrzeitverlängerung begründen.[77]
- **Besondere örtliche Verhältnisse** liegen vor, wenn sich die Verhältnisse von denen anderer örtlicher Bereiche maßgeblich unterscheiden.[78] Bspw. kann im Rahmen der örtlichen Karnevalsveranstaltung die Sperrzeit verkürzt werden, wenn die Veranstaltung zum regionalen Brauchtum gehört und in geschlossenen Räumen am Ortsrand stattfindet. Umgekehrt rechtfertigt eine besondere Störempfindlichkeit eines Gebiets eine Verlängerung der Sperrzeit.[79]

44 Der **Gaststättenbetreiber** kann sich gegen eine Verlängerung der Sperrzeit zu seinen Lasten mit der **Anfechtungsklage** wenden und seinen von der Behörde abgelehnten Antrag auf Verkürzung oder Aufhebung der Sperrzeit mit der **Verpflichtungsklage** verfolgen. Unter den Voraussetzungen des § 47 I Nr. 2 VwGO kann gegen die allgemeine Sperrzeitregelung Antrag auf abstrakte Normenkontrolle gestellt werden.[80] Ungeachtet seines Wortlauts, der auf das Vorliegen eines *öffentlichen* Bedürfnisses abstellt, wirkt **§ 18 I GastG nachbarschützend** hinsichtlich einer Sperrzeitverkürzung. Wie ausgeführt (→ Rn. 43) kann ein öffentliches Bedürfnis an einer Sperrzeitverkürzung nicht vorliegen, wenn durch sie schädliche Umwelteinwirkungen hervorgerufen werden. Ausweislich des § 3 I BImSchG dient der Schutz gegen schädliche Umwelteinwirkungen auch gerade dem Schutz der Nachbarschaft.[81]

Lösungshinweise zu den Fällen 11 und 12

1. Fall 11: Benötigen die Studierenden für die Veranstaltung von Partys und Ball eine Gaststättenerlaubnis?
    a) Die „Jura-Partys"
        aa) Erlaubnis nur bei Betrieb eines Gaststättengewerbes erforderlich (§ 2 I 1 GastG)
        bb) Vorliegen eines Gaststättengewerbes (§ 1 I GastG)?
            (a) Betrieb eines stehenden Gewerbes → Problem: Gewinnerzielungsabsicht? → gegeben, da Art der Verwendung erzielter Gewinne unerheblich (→ Rn. 7)
            (b) Zulässiger Bewirtungstyp → Vorliegen sowohl einer Schankwirtschaft als auch einer Speisewirtschaft (→ Rn. 9)
            (c) Zugänglichkeit für jedermann ausdrücklich gewollt (→ Rn. 10)
    b) Der Abschlussball
        aa) Erlaubnis nur bei Betrieb eines Gaststättengewerbes erforderlich (§ 2 I 1 GastG)
        bb) Vorliegen eines Gaststättegewerbes (§ 1 I GastG)?

---

[75] BVerwGE 101, 157 (160 f.); VGH München BayVBl. 2009, 695, 696.
[76] BVerwGE 101, 157 (162 f.).
[77] VGH München GewArch 2010, 118.
[78] OVG Magdeburg GewArch 2002, 342; VGH München GewArch 2010, 118.
[79] VGH München BayVBl. 2009, 695, 696.
[80] Im Einzelnen *J. Ziekow*, in: Sodan/Ziekow, VwGO § 47 Rn. 120.
[81] BVerwGE 101, 157 (164 f.); OVG Saarlouis NVwZ-RR 2007, 598 (599); VGH München GewArch 2010, 118.

(a) Betrieb eines stehenden Gewerbes → Problem: Gewinnerzielungsabsicht? → nicht gegeben, da Veranstaltung zum Selbstkostenpreis (→ Rn. 7)
(b) Zulässiger Bewirtungstyp → Vorliegen sowohl einer Schankwirtschaft als auch einer Speisewirtschaft (→ Rn. 9)
(c) Zugänglichkeit für jedermann oder einen bestimmten Personenkreis nicht gegeben, da Kreis der Prüflinge und ihrer Begleitung durch ein individuelles Persönlichkeitsmerkmal gekennzeichnet und nicht beliebig veränderbar (→ Rn. 10)
c) Ergebnis: Für die „Jura-Partys ist Gaststättenerlaubnis erforderlich, für den Abschlussball nicht.
2. Fall 12: Erfolgsaussichten der Anfechtungsklage des B gegen die A erteilte Gaststättenerlaubnis
a) Sachentscheidungsvoraussetzungen
aa) Rechtsweg: Verwaltungsrechtsweg (§ 40 VwGO)
bb) Klageart: Anfechtungsklage (§ 42 I VwGO)
cc) zuständiges Gericht: Verwaltungsgericht (§ 45 VwGO)
dd) Klagebefugnis (§ 42 II VwGO)
(a) Hinsichtlich der Förderung des Alkoholkonsums durch A und der Gestaltung der Galerie ist Rechtsverletzung des B von vornherein ausgeschlossen, da § 4 I 1 Nr. 1, 2 und 2a GastG nicht drittschützend für Grundstücksnachbarn (→ Rn. 31) (Achtung: hilfsgutachtliche Prüfung des Vorliegens von Verstößen gegen die genannten Vorschriften im Rahmen der Begründetheitsprüfung!)
(b) Hinsichtlich der Lärmbelästigung Klagebefugnis gegeben, da § 4 I 1 Nr. 3 GastG drittschützend (→ Rn. 33)
ee) Vorverfahren (§ 68 I 1 VwGO): durchgeführt
ff) Rechtsschutzbedürfnis: Kein Rechtsschutzbedürfnis für die Anfechtungsklage hinsichtlich der Lärmbelästigung, da Beseitigung der Beeinträchtigung der Rechte des B durch Auflagen möglich (→ Rn. 27). Wenn B nicht hilfsweise einen entsprechenden Bescheidungsantrag stellt, ist die Klage auch insoweit unzulässig. Dass B einen solchen Hilfsantrag stellt, ist aus dem Sachverhalt nicht ersichtlich. (Achtung: Für das Hilfsgutachten ist zu unterstellen, dass B einen entsprechenden Bescheidungsantrag stellt!)
b) Hilfsgutachten
aa) Begründetheit der Anfechtungsklage: Rechtswidrigkeit der Gaststättenerlaubnis?
(a) Da A unzuverlässig ist, liegt Verstoß gegen § 4 I 1 Nr. 1 GastG vor (→ Rn. 19).
(b) Baugenehmigung entfaltet Bindungswirkung für die Erteilung der Gaststättenerlaubnis, so dass kein Verstoß gegen § 4 I 1 Nr. 2 GastG (→ Rn. 27).
(c) Gestaltung der Galerie verstößt gegen § 4 I 1 Nr. 2a GastG (→ Rn. 22)
(d) Aufgrund der erteilten Baugenehmigung steht fest, dass mit Gaststättenvorhaben typischerweise keine schädlichen Umwelteinwirkungen iSv § 4 I 1 Nr. 3 GastG verbunden sind → aber: vorliegend handelt es sich um atypische Einwirkungen, so dass Baugenehmigung keine Bindungswirkung entfaltet (→ Rn. 27)
bb) Von B hilfsweise gestellter Bescheidungsantrag
(a) Sachentscheidungsvoraussetzungen: Klagebefugnis (§ 42 II VwGO) gegeben, da § 5 I Nr. 3 GastG zugunsten des B drittschützend wirkt (→ Rn. 37)
(b) Begründetheit gegeben, da vollständiges Absehen vom Erlass einer Auflage ermessensfehlerhaft wäre, der Behörde aber bei der Auswahl der Maßnahme ein Ermessen zusteht[82].
c) Ergebnis: Die dem A erteilte Gaststättenerlaubnis ist zwar rechtswidrig, jedoch ist die von B erhobene Anfechtungsklage unzulässig. Ein von B hilfsweise gestellter Antrag, die Behörde zu verpflichten, über den Erlass einer Auflage zum Schutz des B vor den von der Gaststätte ausgehenden Lärmeinwirkungen unter Beachtung der Rechtsauffassung des Gerichts zu entscheiden, hätte Erfolg.

---

[82] Zur Begründetheit der Bescheidungsklage *Schenke*, VerwProzR Rn. 842.

5. Abschnitt. Regulierung von Infrastrukturen

§ 13. Grundgedanken und Strukturen eines Regulierungsrechts

Literatur: *M. Fehling*, Regulierung als Staatsaufgabe im Gewährleistungsstaat Deutschland, in: Hill, Die Zukunft des öffentlichen Sektors, 2006, S. 91; *ders.*, Instrumente und Verfahren, in: Fehling/Ruffert, Regulierungsrecht, 2010, 1087; *E. Frenzel*, Das Regulierungsverwaltungsrecht als öffentliches Recht der Netzwirtschaften, JA 2008, 868; *O. Lepsius*, Verfassungsrechtlicher Rahmen der Regulierung, in: Fehling/Ruffert, Regulierungsrecht, 2010, 143; *ders.*, Ziele der Regulierung, in: a.a. O., 1055; *M. Ludwigs*, Die Bundesnetzagentur auf dem Weg zur Independent Agency?, Verw. 2011, 41; *J. Masing*, Regulierungsverantwortung und Erfüllungsverantwortung, VerwArch 2004, 151; *M. Möstl*, Perspektiven des Regulierungsrechts, GewArch 2011, 265; *C. Schmidt*, Von der RegTP zur Bundesnetzagentur: Der organisations-rechtliche Rahmen der neuen Regulierungsbehörde, DÖV 2005, 1025.

I. Die Diskussion um ein Regulierungsrecht

1   Der **Begriff „Regulieren"** wird seit den 1970er Jahren in Bezeichnungen wie „regulative Politik" in den deutschen Sozialwissenschaften verwendet.[1] Mit dem § 2 des Gesetzes über die Regulierung der Telekommunikation und des Postwesens (PTRegG) vom 14.9.1994[2] wurden die Zwecke und Ziele – soweit ersichtlich – erstmalig im deutschen Recht normiert. Nach § 3 Nr. 3 TKG 1996 „sind ‚Regulierung' die Maßnahmen, die zur Erreichung der in § 2 Absatz 2 genannten Ziele ergriffen werden und durch die das Verhalten von Telekommunikationsunternehmen beim Angebot von Telekommunikationsdienstleistungen, von Endeinrichtungen oder von Funkanlagen geregelt werden, sowie die Maßnahmen, die zur Sicherstellung einer effizienten und störungsfreien Nutzung von Frequenzen ergriffen werden". Vom TKG 2004[3] wurde diese Begriffsbestimmung freilich nicht übernommen, so dass eine aktuell in Deutschland gültige Legaldefinition des Regulierungsbegriffs nicht ersichtlich ist. Der Vorschlag des Gutachters des 66. Deutschen Juristentags, ein „Netzregulierungsgesetz des Bundes" zu schaffen[4], ist mit Zurückhaltung aufgenommen worden.[5]

2   Die beträchtliche Bedeutung, die der Gedanke eines „Regulierungsrechts" – mit oder ohne eine (bereichsspezifische) Kodifikation – gewonnen hat, dürfte daher nicht zum Wenigsten dem Umstand geschuldet sein, dass der Begriff der Regulierung als **Chiffre für einen Wandel des Verhältnisses von Staat und Gesellschaft** – insbesondere der Wirtschaft – eingesetzt wird, der sich in bestimmten Regelungsstrategien kristallisiert.[6] Für die Zwecke der juristischen Ausbildung wird es in Zukunft unentbehrlich sein, zumindest die grundlegenden Zusammenhänge, in die der Regulierungsgedanke gestellt ist, und die Strukturen der einschlägigen rechtlichen Regelungen zu kennen. Während dieses Kapitel verbindenden Grundgedanken und Strukturen eines Regulierungsrechts gewidmet ist, werden in den folgenden Kapiteln als Referenzgebiete das Telekommunikationsrecht (→ § 14) und das Energiewirtschaftsrecht (→ § 15) behandelt. Zwar sind die als Sektoren eines Regulierungsrechts erörterten Rechtsbereiche nicht auf die genannten Gebiete beschränkt, sondern erfassen zB auch das Postrecht (PostG), das Eisenbahn-

---

[1] *E. Bohne/Ch. Bauer*, JbUTR 2011, 209 (216).
[2] BGBl. I, 2325 (2371 ff.).
[3] Telekommunikationsgesetz vom 22.6.2004 (BGBl. I, 1190).
[4] *J. Masing*, in: Verhandlungen des 66. DJT, Bd. I, 2006, Gutachten D S. 58 ff.
[5] Vgl. nur *M. Burgi*, NJW 2006, 2439; *S. Storr*, DVBl. 2006, 1017.
[6] In diesem Sinne *M. Fehling*, in: Hill, Die Zukunft des öffentlichen Sektors, 2006, S. 91.

II. Zum Begriff der Regulierung

Zunächst ist zu beachten, dass der Begriff der „Regulierung" nicht allein der juristischen Systembildung dient, sondern ein Rechtsbegriff ist. Die sektorspezifischen Regulierungsgesetze verwenden den Begriff instrumentell, indem sie die **Regulierung als Mittel** benennen, den jeweiligen Gesetzeszweck zu erreichen:

3

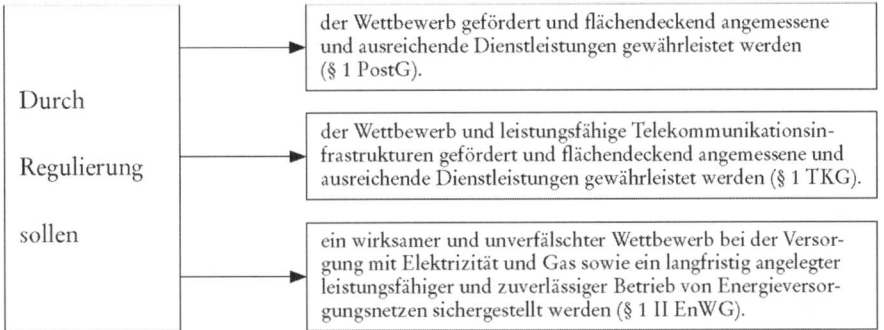

Diese allgemeine Zwecksetzung wird dann durch **Benennung einzelner Ziele der Regulierung** weiter konkretisiert (vgl. § 2 II PostG, § 2 II TKG). Die Bedeutung dieser ausdifferenzierten Regulierungsziele besteht darin, Maßgaben für eine zielorientierte Auslegung der übrigen Vorschriften des jeweiligen Regulierungsgesetzes zu setzen.[7]

4

Während der Zwecke und Ziele des Einsatzes von Regulierung in den einschlägigen Gesetzen also gedacht wird, wird der **Begriff der Regulierung** selbst vorausgesetzt. Eine **Legaldefinition findet sich nicht**. Die in der Wissenschaft entwickelten Ansätze zur Ausfüllung des Begriffs unterscheiden sich im Einzelnen nicht unwesentlich.[8] Nach einer gebräuchlichen Definition soll „unter Regulierung jede gewollte staatliche Beeinflussung gesellschaftlicher Prozesse verstanden werden, die einen spezifischen, aber über den Einzelfall hinausgehenden Ordnungszweck verfolgt und dabei im Recht zentrales Medium und Grenze findet."[9] Dabei ist zu beachten, dass eine Konkretisierung des Begriffs Regulierung zwar u. a. im Blick zu behalten hat, dass zentrale Bereiche eines Regulierungsrechts (derzeit) netzgebundene Sektoren (zB Telekommunikation, Energie) betreffen, sich dabei – zumindest in Ansätzen – ein bestimmter Mix von Instrumenten beobachten lässt und Regulierungsrecht häufig in der Folge von Privatisierungen als Privatisierungsfolgenrecht (→ § 8 Rn. 9 f.) entsteht, jedoch nicht auf diese Elemente reduziert werden kann.

5

---

[7] *P. Badura*, in: Beck'scher PostG-Kommentar, 2. Aufl. 2004, § 2 Rn. 20; *F. Schuster*, in: Beck'scher TKG-Kommentar § 2 Rn. 4.
[8] Vgl. aus dem umfangreichen Schrifttum aus neuerer Zeit nur *C. Berringer*, Regulierung als Erscheinungsform der Wirtschaftsaufsicht, 2004, S. 83 ff.; *M. Fehling*, in: Hill, Die Zukunft des öffentlichen Sektors, 2006, S. 91 (93 ff.); *J. Kühling*, Sektorspezifische Regulierung in den Netzwirtschaften, 2004, S. 11 ff.; *M. Ruffert*, in: Fehling/Ruffert, Regulierungsrecht, 2010, 332; *R. Ruge*, Die Gewährleistungsverantwortung des Staates und der Regulatory State, 2004, S. 32 ff.
[9] *M. Eifert*, in: Grundl.VerwR I § 19 Rn. 5.

6 Klar muss weiterhin sein, dass es sich bei Regulierung im hier maßgeblichen Sinne um staatliche Regulierung handelt. Die Stellung der Regulierungstypen im **Spektrum unterschiedlicher Regulierungsformen** lässt sich wie folgt verdeutlichen[10]:

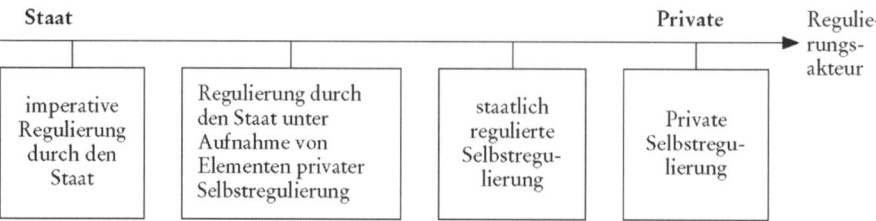

7 Die beiden äußeren Pole bezeichnen gleichsam die klassischen Handlungsmuster des Staates (Handeln durch Ge- und Verbote) und der Gesellschaft (privatautonome Gestaltung). Beide Typen finden sich auch in den Bereichen, die unter dem Begriff des Regulierungsrechts diskutiert werden. Doch zieht der Begriff der Regulierung im hier gemeinten Sinne seinen spezifischen Gehalt aus dem im zweiten Feld von links dargestellten Typus: Wenngleich die Übergänge zum Typus der „regulierten Selbstregulierung", bei der der Staat nur einen Rahmen für die private Selbstregulierung setzt, fließend sind, belässt die **staatliche Regulierung** zwar Raum für privatautonome Gestaltung von Marktverhältnissen, sieht den Staat jedoch in der Rolle eines **aktiven Gestalters des Wettbewerbs durch fortlaufende Korrektur partiellen Marktversagens und die Betonung von Gemeinwohlanforderungen**[11]. Oder anders formuliert: Spezifikum der Regulierung ist die Ermöglichung und Sicherung von Wettbewerb in unvollkommenen Märkten unter gleichzeitiger Sicherung der Versorgungsfunktion.[12] Als typische Fälle der unvollkommenen Märkte gelten öffentliche Güter, natürliche Monopole, externe Effekte und eine asymmetrische Informationsverteilung.[13]

III. Der Regulierungsgedanke im Kontext gewährleistungsstaatlichen Denkens

8 Der Begriff der Regulierung im dargestellten Sinne ist eng verbunden mit dem **Konzept des Gewährleistungsstaats**. Die staatliche Regulierung wird zwar nicht als einzige, wohl aber als eine der charakteristischen Steuerungsformen des Gewährleistungsstaats verstanden.[14] Das Konzept des Gewährleistungsstaats setzt an der aus der Privatisierungsdiskussion bekannten **Entkoppelung von Aufgabenverantwortung und Aufgabenerfüllung** (→ § 8 Rn. 2) an. Der gewährleistende Staat erfüllt öffentliche Aufgaben nicht notwendig selbst, sondern bezieht – in unterschiedlicher Intensität – private Beiträge in die Aufgabenerfüllung ein. Insoweit handelt es sich um Phänomene, die sich als Spielarten der funktionalen Privatisierung (→ § 8 Rn. 5) bis

---

[10] In Anlehnung an *G. F. Schuppert*, Verwaltungswissenschaft, 2000, S. 902.
[11] Siehe *M. Fehling*, in: Hill, Die Zukunft des öffentlichen Sektors, 2006, S. 91 (97).
[12] In diesem Sinne wohl *G. Britz*, Energie, in: Fehling/Ruffert, Regulierungsrecht, 2010, § 9 Rn. 6.
[13] *M. Eifert*, in: Grundl.VerwR I § 19 Rn. 17, mit Definitionen und Beispielen.
[14] *G. F. Schuppert*, Staatswissenschaft, 2003, S. 588.

an die Grenze der materiellen Privatisierung verstehen lassen. Der Staat trägt also nicht mehr die sog. Erfüllungsverantwortung, sondern gewährleistet nur noch, dass die Aufgabe im Gemeinwohlinteresse im Ergebnis auch tatsächlich erfüllt wird.[15]

Dahinter steht das **Konzept gestufter Verantwortung**. In der neueren Forschung ist 9 herausgearbeitet worden, dass dem Kooperationsspektrum zwischen staatlicher und privater Aufgabenerfüllung unterschiedliche Stufen staatlicher Verantwortung für die tatsächliche Erbringung des durch die Aufgabe Geforderten korrespondieren.[16] Mittlerweile besteht weitgehende Einigkeit darin, dass die Ausdifferenzierung der Verantwortungsstufung auf die drei Grundtypen der Erfüllungs-, der Gewährleistungs- und der Auffangverantwortung begrenzt werden sollte.[17]

- Unter **Erfüllungsverantwortung** versteht man die Erfüllung öffentlicher Aufgaben durch den Staat selbst. Da der Staat die Aufgabe selbst, mithin durch Träger mittelbarer oder unmittelbarer Staatsverwaltung wahrnimmt, liegt die Erfüllung der Aufgabe in seiner alleinigen Verantwortung.
- Die Stufe der **Gewährleistungsverantwortung** bezieht sich auf die Situation, dass sich der Staat aus der ausschließlich eigenen Aufgabenerfüllung zurückzieht. Die Aufgabenerfüllung erfolgt dann gemeinsam durch öffentliche Hand und Private oder allein durch gesellschaftliche Selbststeuerung, jedoch unter staatlicher Steuerung durch Rahmenvorgaben, Struktursetzungen und Spielregeln. Der Staat erfüllt also nicht selbst oder jedenfalls nicht allein die Aufgabe, gewährleistet aber durch steuernde Maßnahmen, dass die Aufgabe erfüllt wird.
- Die **Auffangverantwortung** schließlich bezieht sich auf die Entwicklung von Instrumentarien zur Nachsteuerung, wenn der angestrebte Steuerungserfolg ausbleibt. Steuerungsverantwortung wird mithin dadurch wahrgenommen, dass gleichsam ein „Auffangnetz" gespannt wird, das ein Entfallen der Aufgabenerfüllung verhindern soll.

Unterschiedlichen Verantwortungsstufen entsprechen mithin **unterschiedliche** 10 **Steuerungsintensitäten**. Dieser Zusammenhang lässt sich in der folgenden Weise graphisch übersetzen:

Verantwortungsstufe	Modus der Aufgabenerfüllung	Aktualisierung der Verantwortung
Erfüllungsverantwortung	Unmittelbare staatliche Aufgabenerfüllung	Einsatz staatlicher Handlungsressourcen
Gewährleistungsverantwortung	Verantwortungsteilige oder überwachte gesellschaftliche Selbststeuerung	Rahmenvorgaben, Handlungsregeln, Aufsicht
Auffangverantwortung	(hier) gesellschaftliche Aufgabenerfüllung	Vorhaltung von Erfüllungsalternativen

---

[15] Aus der überbordenden Literatur zu Gewährleistungsstaat und Gewährleistungsverantwortung vgl. nur *C. Franzius*, VerwArch 99 (2008), 351; *M. Knauff*, Der Gewährleistungsstaat: Reform der Daseinsvorsorge, 2004; *C. Reichard*, in: Göbel (Hrsg.), Neue Institutionenökonomik – Public Private Partnership – Gewährleistungsstaat, 2004, S. 48 ff.; *F. Schoch*, NVwZ 2008, 241; *A. Voßkuhle*, VVDStRL 62 (2003), 266 ff.
[16] Siehe nur *G. F. Schuppert*, Verw. 1998, 415 ff.
[17] *W. Hoffmann-Riem*, in: Staat und Steuern. FS Vogel, 2000, S. 47 (52 f.).

Damit der Staat seiner Gewährleistungsverantwortung gerecht werden kann, d. h. die öffentliche Aufgabe im Endeffekt erfüllt wird, bedarf es eines **Regelungsrahmens**. Er ordnet die verschiedenen Beiträge der privaten und staatlichen Akteure einander mit Blick auf die Aufgabenerfüllung zu und behält dem Staat die Rolle als Letztverantwortlicher vor, dem auch das Instrumentarium zur fortlaufenden Korrektur von Fehlentwicklungen zur Verfügung gestellt wird. Dies ist der Kern des Gedankens der Regulierung.[18] Daneben gibt es andere, nach politischen Präferenzen bestimmte Regulierungszwecke. Sie beziehen sich in erster Linie auf Umverteilungen zugunsten von Gruppen, die in der Funktionsrationalität der Märkte nicht in der politisch gewünschten Weise Berücksichtigung finden, oder auf die Nutzung gesellschaftlicher Handlungsressourcen (zB Förderung des Altruismus).[19]

IV. Strukturen einer Regulierungsverwaltung

11 Ungeachtet dessen, dass Einzelheiten der Regulierung in den Referenzfeldern Telekommunikation (→ § 14) und Energiewirtschaft (→ § 15) in den folgenden Kapiteln dargelegt werden, sollen im Folgenden einige Merkmale herausgearbeitet werden, die weite Bereiche des Rechts der Regulierung durchziehen. Dabei ist zu beachten, dass diese Merkmale gleichwohl nicht für alle Regulierungssektoren gleichermaßen gelten. Insoweit handelt es sich vielmehr um diejenigen Spezifika, die es rechtfertigen, die **Regulierungsüberwachung als eigenständige Form der Wirtschaftsaufsicht** auszuweisen (→ § 5 Rn. 8).

1. Behördenorganisation

12 Zwar dürfte mittlerweile weitgehende Einigkeit darüber bestehen, dass die Einrichtung einer besonderen, mit Regulierungsaufgaben betrauten Behörde kein konstitutives Merkmal von Regulierung ist.[20] Jedoch ändert dies nichts daran, dass die **Zuständigkeit einer besonderen Regulierungsbehörde** für mehrere Regulierungsbereiche mittlerweile eine Auffälligkeit der Regulierungsverwaltung darstellt. Sektorspezifisch können neben der (Bundes-)Regulierungsbehörde auch Landesregulierungsbehörden zuständig sein (so im Energiewirtschaftsrecht, vgl. § 55 EnWG; anders im Telekommunikations- und Postrecht, vgl. § 116 TKG, § 44 PostG).

13 Eine eigene Regulierungsbehörde entstand 1998 mit der Regulierungsbehörde für Telekommunikation und Post, die aus dem Bundesministerium für Post und Telekommunikation und dem Bundesamt für Post und Telekommunikation hervorging. 2005 in Bundesnetzagentur umbenannt, heisst sie nunmehr „**Bundesnetzagentur für Elektrizität, Gas, Telekommunikation, Post und Eisenbahnen**"[21] (BNetzA). Es handelt sich dabei um eine selbständige Bundesoberbehörde mit Sitz in Bonn, die dem Geschäftsbereich des Bundesministeriums für Wirtschaft und Technologie zugeordnet ist. Die **Tätigkeitsfelder der BNetzA** lassen sich wie folgt darstellen:

---

[18] Zu diesem Zusammenhang *C. Reichard*, in: Göbel (Hrsg.), Neue Institutionenökonomik – Public Private Partnership – Gewährleistungsstaat, 2004, S. 48 (52 ff.).
[19] *M. Eifert*, in: Grundl.VerwR I § 19 Rn. 18.
[20] Vgl. nur *M. Fehling*, in: Hill, Die Zukunft des öffentlichen Sektors, 2006, S. 91 (106).
[21] § 1 des Gesetzes über die Bundesnetzagentur für Elektrizität, Gas, Telekommunikation, Post und Eisenbahnen v. 7.7.2005, BGBl. I 1970 zuletzt geändert durch G. v. 26.7.2011, BGBl. I 1554.

§ 13. Grundgedanken und Strukturen eines Regulierungsrechts

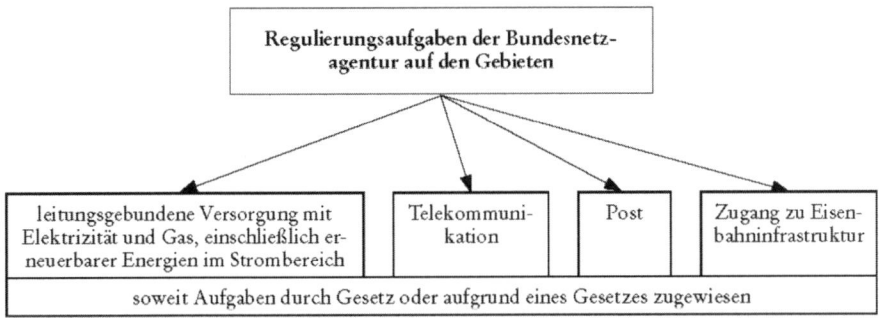

Die Aufgaben der BNetzA sind also im **Fachrecht der jeweiligen Sektoren** (PostG, TKG, EnWG, EEG, AEG) bestimmt. Die BNetzA wird von einem Präsidenten geleitet und unterliegt der Fach- und Rechtsaufsicht des Bundesministeriums für Wirtschaft und Technologie. Lediglich im Eisenbahnrecht ist die Fachaufsicht des Bundesministeriums für Verkehr, Bau- und Stadtentwicklung eröffnet (§ 4 I BEVVG). 14

Umstritten ist, ob wegen der besonderen Aufgaben als Regulierungsbehörde die BNetzA nur allgemeinen Weisungen des jeweils zuständigen Ministeriums unterliegt oder ob sich die **Fachaufsicht** wie sonst auch[22] auf die Erteilung von Einzelweisungen erstreckt. Teilweise wird aus den Regelungen, dass Weisungen im Bundesanzeiger zu veröffentlichen sind (§ 117 S. 1 TKG, § 61 EnWG, § 4 III BEVVG) gefolgert, dass nur allgemeine, nicht aber Einzelfallweisungen zulässig sind. Unterstützung soll diese These dadurch erfahren, dass § 61 EnWG und § 4 III BEVVG nur allgemeine Weisungen erwähnen und damit im Umkehrschluss Einzelweisungen ausschließen. Weiter wird darauf hingewiesen, dass die Entscheidungen der BNetzA von den Beschlusskammern getroffen werden, die ihrer Funktion nach eine Unabhängigkeit von Weisungen im Einzelfall voraussetzen würden.[23] 15

Diese Auffassung entspricht der Unabhängigkeit der regulatory agencies in den USA, an deren Vorbild man sich bei der Schaffung der Regulierungsbehörde teilweise orientierte. Das Demokratieprinzip lässt weisungsfreie Räume im Bereich der Verwaltung nur ausnahmsweise zu.[24] Aus dem Umstand, dass die genannten Vorschriften eine Pflicht zur Veröffentlichung allgemeiner Weisungen anordnen, lässt sich die Einräumung eines weisungsfreien Raums nicht entnehmen. Denn zulässiger Umkehrschluss ist nicht die Unzulässigkeit von Einzelweisungen, sondern die fehlende Notwendigkeit, Einzelweisungen im Bundesanzeiger zu veröffentlichen (was auch nicht sinnvoll wäre). Allerdings ist den Regelungen des EU-Rechts zu entnehmen, dass Einzelweisungen der Regierung und der ihr nachgeordneten Ministerialverwaltung gegenüber der Regulierungsbehörde unzulässig sind.[25] 16

Die **Beschlusskammern** sind die Organe, durch die die BNetzA alle wichtigen Entscheidungen trifft (§ 132 I TKG, § 46 I PostG, § 59 I EnWG). Sie sind mit einem Vorsitzenden und zwei Beisitzern besetzt (§ 132 II TKG, § 59 II EnWG). Für bestimmte Fälle ist eine Entscheidung durch die sog. Präsidentenkammer vorgesehen, die sich aus dem Präsidenten und den beiden Vizepräsidenten zusammensetzt (§ 132 III TKG, § 46 II PostG). Die Mitglieder der Beschlusskammern verfügen nicht über richterliche 17

---

[22] Zur Reichweite der Fachaufsicht *Sodan/Ziekow*, GKÖR § 58 Rn. 7, 11 ff.
[23] Vgl. *S. Neveling*, ZNER 2005, 263.
[24] Dazu *Sodan/Ziekow*, GKÖR § 6 Rn. 31.
[25] *Ruthig/Storr* Rn. 192.

Unabhängigkeit. Für das Telekommunikationsrecht ist ausdrücklich bestimmt, dass die Beschlusskammern durch Verwaltungsakt entscheiden. Zum Rechtsweg gegen Entscheidungen der Beschlusskammern → § 14 Rn. 18, § 15 Rn. 27.

2. Instrumente und Verfahren

18 Die **zur Regulierung eingesetzten Instrumente** sind teilweise aus anderen Bereichen des Öffentlichen Wirtschaftsrechts vertraut. Beispiele sind die Pflichten, vor Aufnahme einer bestimmten Tätigkeit eine Genehmigung einzuholen (§§ 5 ff. PostG, § 4 EnWG, § 6 AEG; → § 5 Rn. 12 ff.) oder die Aufnahme einer Tätigkeit zu melden (§ 6 TKG; → § 5 Rn. 11) oder zur Unterbindung rechtswidrigen Handelns die notwendigen Maßnahmen durch Verwaltungsakt anordnen (§ 126 TKG, § 14c I AEG, § 65 EnWG; → § 5 Rn. 23), Auskünfte und andere Informationen verlangen (§ 127 I-III TKG, § 45 I, II PostG, § 14c III AEG, § 69 I EnWG; → § 5 Rn. 18 f.)[26], sowie Betriebs- und Geschäftsräume betreten und durchsuchen (§ 127 IV-VI TKG, § 14c II AEG, § 69 II-IV EnWG; → § 5 Rn. 20 f.) zu können.

19 Die spezifischen Instrumente zur Regulierung im → Rn. 3 ff. beschriebenen Sinne sind abhängig vom regulierten Sektor. Als **Ausprägung eines Regulierungsrechts** können gelten:

- Regelungen zur **Gewährleistung eines bestimmten Mindestniveaus** an Versorgung (§§ 78 ff. TKG, §§ 11 ff. PostG: Universaldienstleistungen; § 36 EnWG: Grundversorgung);
- **Ermöglichung des Zugangs** zu einem Netz der Infrastrukturversorgung für Unternehmen, die dieses Netz nicht selbst betreiben (§§ 16 ff. TKG, §§ 20 ff. EnWG, § 14 AEG);
- eine **Entgeltregulierung** für den Netzzugang oder die Lizenznahme (§§ 19 ff. PostG, §§ 30 ff. TKG, §§ 21 ff. EnWG) und – teilweise – für die vom Endverbraucher zu erbringenden Entgelte (§ 39 TKG, § 12 AEG, § 39 EnWG);
- **Verfahren zur Markterweiterung und -gestaltung** wie Ausschreibungen (§ 14 PostG, §§ 61, 81 III 1 TKG, § 53 EnWG) oder Versteigerungen (§ 61 TKG);
- Missbrauchsaufsicht gegenüber Unternehmen wegen des **missbräuchlichen Ausnutzens einer marktmächtigen Stellung** durch unmittelbares Einschreiten (§ 42 IV TKG, § 30 II EnWG) und Anordnung einer Gewinnabschöpfung (§ 43 TKG, § 33 EnWG).

20 Als durchaus kennzeichnend für das derzeitige Regulierungsrecht kann angesehen werden, dass die Art der Erfüllung der gesetzlichen Verpflichtungen zunächst der **privatautonomen Verhandlung der Beteiligten** anheim gegeben wird. So sind die Netzzugangsbedingungen zunächst zwischen dem Netzbetreiber und dem zugangswilligen Unternehmen zu verhandeln (→ § 14 Rn. 35, § 15 Rn. 17 ff.). Erst wenn es dabei zu keiner Einigung kommt, kann die Regulierungsbehörde den Zugang anordnen und die Zugangsbedingungen festlegen (→ § 14 Rn. 35, § 15 Rn. 26). Derartige **Formen privatrechtsgestaltender Verwaltungsakte** und andere Instrumente des Regulierungsrechts führen zu einer engen Verschränkung von öffentlichem Recht und Privatrecht.[27]

---

[26] Dazu *K. F. Gärditz*, DVBl. 2009, 69.
[27] Vgl. dazu nur *F. Säcker*, AöR 130 (2005), 180 ff.

Bei den von der BNetzA durchgeführten Verfahren handelt es sich um **Verwaltungs-** 21
verfahren, auf die das VwVfG anwendbar ist, soweit die sektorspezifischen Regulierungsgesetze keine spezielleren Vorschriften enthalten. Abgesehen von den gesetzlich vorgesehen Fällen, in denen die Eröffnung des Verfahrens eines Antrags bedarf, kann die BNetzA das Verfahren auch von Amts wegen durchführen (§ 134 I TKG, § 66 I EnWG). Die Beschlusskammer entscheidet aufgrund einer obligatorischen (§ 135 III TKG) oder fakultativen (§ 67 III EnWG) mündlichen Verhandlung. Verfahrensbeteiligte sind regelmäßig der Antragsteller, die Unternehmen, gegen die sich das Verfahren richtet, sowie Personen und Personenvereinigungen, deren Interessen durch die Entscheidung berührt werden und die die Regulierungsbehörde auf ihren Antrag zu dem Verfahren beigeladen hat (§ 134 II TKG, § 66 II EnWG).

Schließlich enthalten die sektorspezifischen Regulierungen in unterschiedlicher Ausprägung Ansätze für einen **europäischen Regulierungsverbund**, in dem die Kommission eine besondere Rolle spielt. Signifikantes Beispiel ist das Konsultationsverfahren nach § 12 II TKG: Ergeben sich Auswirkungen auf den Handel zwischen den Mitgliedstaaten, so hat die Regulierungsbehörde den Entwurf der Ergebnisse der Marktdefinition nach § 10 TKG und der Marktanalyse nach § 11 TKG (→ § 14 Rn. 26 ff.) der Kommission, dem Gremium Europäischer Regulierungsstellen für elektronische Kommunikation (GEREK) und den nationalen Regulierungsbehörden der anderen Mitgliedstaaten vorzulegen (§ 10 III, § 11 IV TKG). Das weitere Verfahren regelt § 12 II TKG. Ein anderes Verfahren mit Beteiligung der Agentur für die Zusammenarbeit der Energieregulierungsbehörden und der Kommission ist in § 28a III EnWG iVm der RL 2009/73/EG vorgesehen. Darüber hinaus kennt das Regulierungsrecht Berichtspflichten der Regulierungsbehörde gegenüber der Kommission (vgl. nur § 63 III EnWG: auch gegenüber der Europäischen Agentur für die Zusammenarbeit der Energieregulierungsbehörden) und die Pflicht, die Regulierungsstellen der anderen Mitgliedstaaten über ihre Arbeit zu informieren (vgl. § 14b III AEG). 22

§ 14. Telekommunikation

Literatur: *M. Cornils,* Staatliche Infrastrukturverantwortung und kontingente Marktvoraussetzungen, AöR 131 (2006), 378; *U. Ellinghaus,* Die Regulierungsverfügung in der verwaltungsgerichtlichen Praxis, CR 2009, 87; *T. Mayen,* Das planungsrechtliche Abwägungsgebot im Telekommunikationsrecht, NVwZ 2008, 835; *A. Proelss,* Das Regulierungsermessen – eine Ausprägung des behördlichen Letztentscheidungsrechts?, AöR 136 (2011), 402; *M. Sachs/Ch. Jasper,* Regulierungsermessen und Beurteilungsspielräume – Verfassungsrechtliche Grundlagen, NVwZ 2012, 649; *J.-P. Schneider,* Telekommunikation, in: Fehling/Ruffert, Regulierungsrecht, 2010, 365; *V. Winkler,* Bundesnetzagentur und Beurteilungsspielraum, DVBl. 2013, 156.

Fall 13

A und B betreiben jeweils Telekommunikationsnetze. A, der ehemalige staatliche Monopolist, wird aufgrund der Marktdefinition und Marktanalyse der BNetzA auf einer Vielzahl von Großkunden- und Endkundenmärkten als Unternehmen mit beträchtlicher Marktmacht eingestuft. Aus diesem Grunde erlässt die BNetzA eine Regulierungsverfügung gemäß § 21 TKG, in der A u. a. aufgegeben wird, anderen Netzbetreibern den Netzzugang zu ermöglichen. Hiernach tritt A auf Initiative des B mit diesem in Verhandlungen über die Bedingungen des von B nachgefragten Netzzugangs und die

> hierfür zu entrichtenden Entgelte. Die Verhandlungen gestalten sich allerdings schwierig, da die Vorstellungen beider Netzbetreiber weit auseinanderliegen.
>
> 1. Was kann B unternehmen, wenn A trotz Uneinigkeit über die seitens B zu entrichtenden Entgelte diese bei der BNetzA vorlegt und eine Entgeltgenehmigung erhält?
> 2. Wie wird die BNetzA reagieren, wenn kein Vertragsschluss zustande kommt? Was passiert insbesondere, wenn A die ihm unliebsamen Verhandlungen bewusst verzögert? Könnte B in diesem Fall ein Einschreiten der BNetzA gegen A gerichtlich erzwingen?
> 3. Angenommen, die BNetzA ordnet nach dem Scheitern der Verhandlungen den Zugang und die Entgelte an. Kann A, wenn er nur mit der Entgeltanordnung unzufrieden ist, diese isoliert anfechten, oder muss er gegen die gesamte Anordnung der BNetzA vorgehen?
> 4. Wie hätte A, wenn er mit der Einstufung als marktdominantes Unternehmen nicht einverstanden gewesen wäre, gegen die Ergebnisse der Marktanalyse vorgehen können?

I. Regelungsgegenstand und Rechtsquellen

1 Der Telekommunikationssektor stellt neben der Energiewirtschaft (→ § 15) ein weiteres **Referenzgebiet der Regulierung** (→ § 13) ehemals staatlich monopolisierter und nunmehr liberalisierter Märkte dar. Wie im Energiewirtschaftsrecht geht auch die Öffnung der Telekommunikationsmärkte entscheidend auf unionsrechtliche Vorgaben zurück. Wesentliche mit der Regulierung verbundene Zielsetzungen sind die Förderung und Gewährleistung von Wettbewerb sowie die Verpflichtung zur Sicherstellung einer leistungsfähigen Infrastruktur und – wie schon verfassungsrechtlich in Art. 87 f I GG vorgegeben – einer angemessenen, insbesondere erschwinglichen flächendeckenden Versorgung mit Telekommunikationsdienstleistungen (§§ 1, 2 TKG).

1. Zum Begriff „Telekommunikation"

a) Telekommunikation als technischer Vorgang der Signalübermittlung

2 Der international gebräuchliche Begriff „**Telekommunikation**" wurde 1994, als mit der sog. Postreform II die verfassungsrechtlichen Grundlagen der Liberalisierung geschaffen wurden, in Art. 73 I Nr. 7 und Art. 87 f GG in das Grundgesetz eingeführt und trat an die Stelle des „Fernmeldewesens" (Art. 73 Nr. 7 GG a. F.), ohne dass damit eine inhaltliche Änderung verbunden war.[1] So knüpft § 3 Nr. 22 TKG an das herkömmliche, durch die Rspr. des BVerfG[2] geprägte Begriffsverständnis an; demnach ist Telekommunikation „**der technische Vorgang des Aussendens, Übermittelns und Empfangens von Signalen mittels Telekommunikationsanlagen**".

Der Begriff schließt – bezogen auf die Zahl der Empfänger – neben der **Massenkommunikation** (zB Übertragung von Rundfunksendungen) auch die **Individualkommunikation** (zB Fernsprechverkehr) ein, desgleichen – bezogen auf den Übertragungsweg – sowohl die Übermittlung durch Leitungen als auch per Funk[3] oder auf sonstigem Wege.[4] Auch spielen weder die Übertragungstechnik (zB analog oder

---

[1] So explizit BT-Drucks. 12/7269 S. 4.
[2] Grundlegend BVerfGE 12, 205 (225 ff.); aus neuerer Zeit BVerfGE 114, 371 (385); 121, 30 (46).
[3] BVerwGE 77, 128 (131).
[4] Vgl. die Aufzählung der gegenwärtig gängigen Übertragungssysteme in § 3 Nr. 27 TKG.

digital) noch die sinnliche Wahrnehmbarkeit (zB über ein Datensichtgerät oder einen Drucker) am Empfangsort eine Rolle, sofern nur die übersandten Zeichen dort wieder erzeugt werden.[5]

b) Abgrenzung zu den übermittelten Inhalten

Dieses auf die technische Seite, d. h. die Signalübertragung beschränkte Begriffsverständnis erfordert eine **Abgrenzung zum rundfunkorganisatorischen Bereich und zu den übermittelten Inhalten**. „Telekommunikation" iSv Art. 73 I Nr. 7 GG umfasst nämlich nicht den Rundfunk als Ganzes und damit insbesondere nicht die Rundfunkorganisation und die Programminhalte, welche Art. 5 GG und den Vorschriften des Medienrechts, mithin der Gesetzgebungszuständigkeit der Länder unterfallen.[6] 3

Allerdings unterfallen den **Telekommunikationsanlagen** (vgl. § 3 Nr. 23 TKG: „technische Einrichtungen oder Systeme, die als Nachrichten identifizierbare elektromagnetische oder optische Signale senden, übertragen, vermitteln, empfangen, steuern oder kontrollieren können") nach der Rspr. des BVerfG nicht nur der unmittelbare Netzbereich mit den Übertragungsleitungen und dem Leitungsabschluss, sondern auch die eine Übertragung erst ermöglichenden Einrichtungen, d. h. auch die sog. Endeinrichtungen wie etwa Telefongeräte.[7]

Schwierig ist die Unterscheidung insbesondere im Verhältnis zu Diensten, die im Grenzbereich zwischen der rein technischen und der inhaltlichen Ebene angesiedelt sind. Bei **Telemedien** handelt es sich um alle elektronischen Informations- und Kommunikationsdienste, soweit sie nicht Telekommunikationsdienste sind (§ 1 I TMG). Dabei unterliegen die mit dem Datentransport verbundenen Inhalte den Vorschriften des TMG, während die Transportleistung sich nach TKG beurteilt. Diese Grobabgrenzung kann im Einzelfall allerdings mit schwierigen Abgrenzungsproblemen verbunden sein.[8] 4

2. Wesentliche Rechtsquellen des Telekommunikationsrechts

Die Novellierung des deutschen Telekommunikationsrechts durch das TKG 2004 geht maßgeblich auf **sekundäres Unionsrecht** zurück. Umzusetzen waren folgende Richtlinien: 5

- die Rahmenrichtlinie 2002/21/EG[9], in der u. a. die Regulierungsziele und -grundsätze zusammengefasst sowie die Einrichtung und Aufgabenzuweisung der nationalen Regulierungsbehörden geregelt werden;
- die Genehmigungsrichtlinie 2002/20/EG[10], der zufolge die Bereitstellung von Telekommunikationsnetzen und -diensten grundsätzlich nicht mehr an eine vorab eingeholte Genehmigung, sondern nur noch an eine Meldung geknüpft werden darf;
- die Zugangsrichtlinie 2002/19/EG[11], in der die Regulierung des Netzzugangs und der Zusammenschaltung der Netze normiert wird;

---

[5] BVerfGE 46, 120 (142 ff.).
[6] So bereits ausführlich BVerfGE 12, 205 (225 ff.).
[7] BVerfGE 46, 120 (144).
[8] Dazu *S. Lünenbürger*, in: Scheurle/Mayen, TKG § 3 Rn. 58 ff.
[9] RL 2002/21/EG v. 7.3.2002 über einen gemeinsamen Rechtsrahmen für elektronische Kommunikationsnetze und -dienste, ABl. Nr. L 108/33.
[10] RL 2002/20/EG v. 7.3.2002 über die Genehmigung elektronischer Kommunikationsnetze und -dienste, ABl. Nr. L 108/21.
[11] RL 2002/19/EG v. 7.3.2002 über den Zugang zu elektronischen Kommunikationsnetzen und zugehörigen Einrichtungen sowie deren Zusammenschaltung, ABl. Nr. L 108/7.

- die Universaldienstrichtlinie 2002/22/EG[12], welche die (ggf. auf eine mitgliedstaatliche Verpflichtung hin erfolgende) Bereitstellung elektronischer Kommunikationsnetze sowie qualitativ hochwertiger und erschwinglicher Telekommunikationsdienste für Endnutzer zum Gegenstand hat, und
- die Datenschutzrichtlinie 2002/58/EG[13].

Ende 2009 ist eine umfangreiche Reform des Telekompakets in Kraft getreten. Die RL 2009/136/EG[14] und die RL 2009/140/EG[15] sind insbesondere den Zielen der Stärkung des Wettbewerbs und der Verbraucherrechte auf den Telekommunikationsmärkten verpflichtet.

6 Im **innerstaatlichen Recht** finden sich die wesentlichen Vorschriften im **TKG**. Bedeutsame, auf das TKG gestützte Rechtsverordnungen bilden die Telekommunikations-Überwachungsverordnung (TKÜV) die Frequenzbereichszuweisungsplanverordnung (FreqBZPV), die Frequenznutzungsplanaufstellungsverordnung (FreqNPAV), die Frequenzgebührenverordnung (FGebV), die Telekommunikations-Nummerierungsverordnung (TNV), die Telekommunikations-Nummerngebührenverordnung (TNGebV), die Frequenznutzungsbeitragsverordnung (FBeitrV) und die Verordnung über Notrufverbindungen (NotrufV). Die vielfältigen vertraglichen Beziehungen zwischen Netzbetreibern, Diensteanbietern und Endkunden bestimmen sich – innerhalb des regulierungsrechtlichen Rahmens des TKG – nach den Vorschriften des Zivilrechts.

7 Im **Verhältnis zum allgemeinen Wettbewerbsrecht** stellt sich das TKG als Spezialgesetz dar. Das sektorspezifische Wettbewerbsrecht des TKG schließt die Anwendung des GWB allerdings nur insoweit aus wie es eine abschließende Regelung trifft; im Übrigen bleiben die Vorgaben des GWB – namentlich die nachträgliche Missbrauchskontrolle gemäß §§ 19, 20 GWB – und die Befugnisse der Kartellbehörden unberührt (§ 2 IV TKG). Anders als im Bereich der Energiewirtschaft (vgl. § 111 EnWG, → § 15 Rn. 28) führt dies zu einer parallelen Zuständigkeit von BNetzA und Kartellbehörden, was eine Abstimmung beider Behörden erfordert (dazu § 123 I TKG). Im Unterschied zu § 111 II EnWG lässt § 2 IV TKG zudem offen, wann eine abschließende Regelung vorliegt; einen Anhaltspunkt kann hier etwa der Detaillierungsgrad der Vorschrift im TKG bieten.[16]

II. Meldepflichten, Frequenzvergabe und Nummernverwaltung

1. Meldepflichten der Netzbetreiber und Diensteanbieter

8 § 6 TKG unterwirft – in Anlehnung an die gewerberechtliche Anmeldung nach § 14 GewO (→ § 10 Rn. 30 ff.)[17] – die Aufnahme, Änderung oder Beendigung des ge-

---

[12] RL 2002/22/EG v. 7.3.2002 über den Universaldienst und Nutzerrechte bei elektronischen Kommunikationsnetzen und -diensten, ABl. Nr. L 108/51.
[13] RL 2002/58/EG v. 12.7.2002 über die Verarbeitung personenbezogener Daten und den Schutz der Privatsphäre in der elektronischen Kommunikation, ABl. Nr. L 201/37.
[14] RL 2009/136/EG v. 25.11.2009 zur Änderung der RL 2002/22/EG über den Universaldienst und Nutzerrechte bei elektronischen Kommunikationsnetzen und -diensten, der RL 2002/58/EG über die Verarbeitung personenbezogener Daten und den Schutz der Privatsphäre in der elektronischen Kommunikation und der VO (EG) Nr. 2006/2004 über die Zusammenarbeit im Verbraucherschutz, ABl. Nr. L 337/11.
[15] RL 2009/140/EG v. 25.11.2009 zur Änderung der RL 2002/21/EG über einen gemeinsamen Rechtsrahmen für elektronische Kommunikationsnetze und -dienste, der RL 2002/19/EG über den Zugang zu elektronischen Kommunikationsnetzen und zugehörigen Einrichtungen sowie deren Zusammenschaltung und der RL 2002/20/EG über die Genehmigung elektronischer Kommunikationsnetze und -dienste, ABl. L 337/37.
[16] Vgl. *Holznagel/Enaux/Nienhaus*, TelekommR Rn. 136.
[17] Vgl. den Hinweis auf diese Parallele zum Gewerberecht in BT-Drucks. 15/2316 S. 60.

werblichen Betriebs öffentlicher Telekommunikationsnetze oder der gewerblichen Erbringung von Telekommunikationsdiensten für die Öffentlichkeit einer **Pflicht zur Meldung** in schriftlicher Form. Auf Antrag hat die gem. § 116 TKG als Regulierungsbehörde im Sinne dieses Gesetzes zuständige BNetzA innerhalb von einer Woche dem Meldepflichtigen eine Vollständigkeitsmitteilung und eine Bescheinigung über das Bestehen der telekommunikationsrechtlich eingeräumten Rechte zu erteilen.

- Gegenständlich erstreckt sich die Meldepflicht zum einen auf den **gewerblichen Betrieb öffentlicher Telekommunikationsnetze**:
Unter den von Art. 2 lit. a RL 2002/21/EG vorgegebenen und in § 3 Nr. 27 TKG fast wortgleich übernommenen Begriff **„Telekommunikationsnetze"** fällt die Gesamtheit der Übertragungssysteme und ggf. Vermittlungs- und Leitwegeinrichtungen sowie anderweitigen Ressourcen, welche die Signalübertragung via Kabel, Funk, optische und andere elektromagnetische Einrichtungen ermöglichen. In den Regelungen finden die derzeit gängigen Kommunikationsnetze Erwähnung, nämlich Festnetze, Mobilfunknetze, Breitbandkabelnetze, Satellitennetze und Stromleitungssysteme (Powerline Communications), desgleichen die klassischen Hör- und Fernsehfunknetze; Art. 2 lit. a RL 2002/21/EG nennt als Beispiel für Festnetze das Internet.[18] Nicht zu den Telekommunikationsnetzen zählen die Endeinrichtungen, da der Bereich der Übertragung mit den Abschlusseinrichtungen endet, an welche die Endeinrichtungen angeschlossen werden.[19]
Öffentlich ist ein Netz, wenn es – anders als etwa ein nur der Binnenkommunikation dienendes unternehmens- oder behördeninternes Netz – nicht nur einer geschlossenen Benutzergruppe,[20] sondern einem **unbestimmten Personenkreis** zugänglich ist.[21]
Der Betrieb des Netzes ist bereits dann als **gewerblich** einzustufen, wenn mit der Tätigkeit zumindest eine **Kostendeckung** angestrebt wird. Die im Gewerberecht konstitutive Gewinnerzielungsabsicht (→ § 10 Rn. 9 ff.) wird nicht verlangt; insofern liegt § 6 TKG ein weiterer Gewerbebegriff zugrunde.

- Zum anderen ist die **gewerbliche Erbringung von Telekommunikationsdiensten für die Öffentlichkeit** meldepflichtig. Telekommunikationsdienste iSv § 3 Nr. 24 TKG bestehen ganz oder überwiegend in der Übertragung von Signalen, einschließlich der Übertragung von Rundfunksendungen. Hier wird die o. g. (→ Rn. 4) Abgrenzung zu Telemedien relevant. Hinsichtlich der Begriffe „gewerblich" und „Öffentlichkeit" gilt das zu den Telekommunikationsnetzen Ausgeführte (→ Rn. 9) entsprechend.

9

10

---

[18] Ebenfalls erwähnt in BT-Drucks. 15/2316 S. 58.
[19] Vgl. den eindeutigen Wortlaut in § 3 Nr. 3, 21 und 22 TKG 1996 sowie in § 2 Nr. 2 und 5 FTEG, durch welches die Zulassungsvorschriften für Endeinrichtungen in §§ 59–64 TKG 1996 aufgehoben wurden; ebenso *S.-E. Heun*, in: Heun, Handbuch Telekommunikationsrecht, 2. Aufl. 2007, Teil I Rn. 299.
[20] Zu diesem Begriff *R. Schütz*, in: Beck'scher TKG-Kommentar § 6 Rn. 46 ff.
[21] BT-Drucks. 15/2316 S. 60.

2. Frequenzvergabe und Nummernverwaltung durch die BNetzA

11 Da das zur Aussendung elektromagnetischer Wellen nutzbare Spektrum an Frequenzen begrenzt ist,[22] sieht Teil 5 des TKG im Sinne einer effizienten und störungsfreien Nutzung von Frequenzen einen **dreistufigen Prozess der Frequenzvergabe** vor.[23] Auf der ersten Stufe stellt die Bundesregierung in der Anlage zur Frequenzbereichszuweisungsplanverordnung (FreqBZPV) den **Frequenzbereichszuweisungsplan** als Rechtsverordnung auf, in dem die Frequenzbereiche den Funkdiensten und anderen Anwendungen zugewiesen werden (§ 53 TKG). Auf dieser Basis erstellt die BNetzA gestützt auf die Frequenznutzungsplanaufstellungsverordnung (FreqNPAV) den **Frequenznutzungsplan**, der seiner Rechtsnatur nach eine Verwaltungsvorschrift[24] darstellt und eine weitere Aufteilung der Frequenznutzungen enthält (§ 54 TKG). Die **Frequenzzuteilung** im Einzelnen vollzieht sich sodann gem. § 55 TKG im Wege der Erlaubnis der BNetzA als Verwaltungsakt, wobei zu unterscheiden ist zwischen

- der gemäß § 55 II TKG als Regelfall vorgesehenen und von Amts wegen erfolgenden **Allgemeinzuteilung**, d. h. einer Zuteilung im Wege der Allgemeinverfügung (§ 35 S. 2 VwVfG)[25],
- der bei Unmöglichkeit einer Allgemeinzuteilung, insbesondere zur Vermeidung drohender funktechnischer Störungen oder im Sinne einer effizienten Frequenznutzung ausnahmsweise erfolgenden **Einzelzuteilung auf Antrag** (§ 55 III TKG), und
- einer **Zuteilung** gemäß § 55 TKG **nach vorangegangenem Vergabeverfahren** im Wege der Ausschreibung oder der Versteigerung für den Fall, dass nicht genügend Frequenzen vorhanden oder für bestimmte Frequenzen mehrere Anträge gestellt sind (§ 55 X, § 61 TKG).

§ 55 I 3 TKG verlangt, dass die Frequenzverteilung nach Maßgabe des Frequenznutzungsplans diskriminierungsfrei erfolgt. Hieraus leitet sich ein subjektives Recht auf diskriminierungsfreie Berücksichtigung seines Interesses auf Frequenzzugang für denjenigen ab, der ein konkretes Nutzungsinteresse an den betreffenden Frequenzen geltend macht. Er kann sich deshalb mit der Anfechtungsklage nach § 42 VwGO gegen die Frequenzzuteilung an einen anderen Wettbewerber zur Wehr setzen.[26] Ein Anspruch auf eine bestimmte Einzelfrequenz besteht allerdings nicht (§ 55 VI TKG). Nicht anfechtbar durch einen Drittbetroffenen, der keine Zuteilung an sich selbst anstrebt, ist hingegen die Entscheidung der BNetzA auf Durchführung eines der Zuteilung von Frequenzen vorangehenden Vergabeverfahrens.[27]

Ebenso wie die Frequenzzuteilung nimmt die BNetzA nach Maßgabe von §§ 66, 67 TKG auch die **Nummernverwaltung** vor, in deren Rahmen sie den Nummernraum strukturiert und ausgestaltet sowie Netzbetreibern, Anbietern von Telekommunikationsdiensten und Endkunden Nummern zuteilt.

III. Regulierung der Telekommunikationsmärkte

12 Kernbestandteil des rechtlichen Instrumentariums zur Förderung des Wettbewerbs und der Sicherstellung einer angemessenen Versorgung mit Telekommunikationsdienstleistungen gemäß der allgemeinen Zielsetzung des TKG (§§ 1, 2 TKG) sind die Vorschriften zur **Marktregulierung** in Teil 2 des TKG.

---

[22] § 3 Nr. 9 TKG definiert als Frequenznutzung die Aussendung oder Abstrahlung elektromagnetischer Wellen zwischen 9 kHz und 3000 GHz.
[23] Dem dreistufigen Verfahren nach deutschem Recht gehen seinerseits bereits die internationale Frequenzkoordination durch die ITU und die auf europäischer Ebene stattfindende Frequenzplanung durch die CEPT voraus.
[24] So auch *S. H. Korehnke*, in: Beck'scher TKG-Kommentar § 54 Rn. 3. A. M. *R. Hahn/A. Hartl*, in: Scheurle/Mayen, TKG § 54 Rn. 11 ff.: Plan eigener Art.
[25] *K.-U. Marwinski*, in: Arndt/Fetzer/Scherer § 55 Rn. 10.
[26] OVG Münster, 26.5.2009 – 13 A 424/08.
[27] BVerwG NVwZ 2013, 726.

1. Übersicht über die Verpflichtungen des Regulierungsrechts

Die **Tatbestände des Regulierungsrechts**, welche für die betroffenen Unternehmen 13
Verpflichtungen begründen, differieren danach, ob

- die Verpflichtung kraft Gesetzes besteht oder auf einem Verwaltungsakt der BNetzA (Regulierungsverfügung oder sonstige Anordnung) beruht,
- ein Unternehmen über „beträchtliche Marktmacht" (als Voraussetzung von Maßnahmen der Marktregulierung nach Teil 2 des TKG, vgl. § 9 II TKG) verfügt oder nicht,
- die Verpflichtung auf den Zugang zu Netzinfrastruktur bzw. Dienstleistungen oder auf die hierfür zu entrichtenden Entgelte bezogen ist, wobei
- im Falle der Entgeltregulierung außerdem zwischen einer Regulierung ex ante und einer Regulierung ex post zu unterscheiden ist.

Nachfolgende Tabelle fasst das **Regulierungsregime** in Teil 2 des TKG in einer Übersicht zusammen:

Vorschriften des TKG	Grundlage der Verpflichtung	Anknüpfung an Marktdominanz	Regelungsgegenstand
§§ 16, (133)	Gesetz, (Entscheidung der BNetzA, VA)	nein	Angebot auf Zusammenschaltung, (Streitentscheidung)
§ 18	Verpflichtung der BNetzA (VA)	nein	Zugang zu Endnutzern (insbesondere Zusammenschaltung, ferner Antidiskriminierungsverpflichtungen)
§§ 19, 20, 21, 23, 24	Regulierungsverfügung der BNetzA (VA)	ja	Zugang (Nichtdiskriminierung, Transparenz, Zugangsverpflichtung i.e.S., Vorlage eines Standardangebots, getrennte Rechnungsführung)
§§ 22, 39 IV	Gesetzliche Rechtsfolge einer Regulierungsverfügung gemäß § 21	ja	Angebot einer Zugangsvereinbarung einer Vorleistung
§ 25	Anordnung der BNetzA (VA)	nein (§ 18) / ja (§§ 21, 22)	Zugang und Entgelte bei unterbliebener Zugangsvereinbarung
§ 29 I	Anordnung der BNetzA (VA)	ja (außer VI)	Vorbereitung der Entgeltregulierung
§ 30 I 1, § 39 I, (§ 29)	Genehmigung der BNetzA (VA)	ja	Entgeltregulierung ex ante (für Zugang gemäß § 21, für Zugang zu Endnutzerleistungen)
§ 38 (§ 30 I 2, II, § 39 II, III	Anordnung der BNetzA (VA)	ja	Entgeltregulierung ex post
§ 42 IV	Entscheidung der BNetzA (VA)	ja	Beendigung missbräuchlichen Verhaltens von Unternehmen
§ 43 I	Anordnung der BNetzA (VA)	ja (1. Alt)/ nein (2. Alt.)	Vorteilsabschöpfung

2. Allgemeine Verfahrensvorschriften zur Marktregulierung

a) Übersicht über das Regulierungsverfahren

14 Der erste Abschnitt des Teils 2 (§§ 9–15 TKG) enthält – gleichsam vor die Klammer gezogen – **allgemeine Vorschriften** zum Ablauf des Regulierungsverfahrens. Dieses Verfahren führt zu den entscheidenden Weichenstellungen im Hinblick auf den Einsatz der → Rn. 13 tabellarisch dargestellten Regulierungsinstrumente und ermöglicht eine Trennung der regulierungsbedürftigen Märkte von denjenigen Märkten, die aus dem sektorspezifischen Wettbewerbsrecht des TKG entlassen und dem allgemeinen Wettbewerbsrecht unterstellt werden können.[28]

Das **Regulierungsverfahren** gliedert sich in die nachfolgend skizzierten Abschnitte:

15 **Zuständige Behörde** ist gemäß § 116 TKG die Bundesnetzagentur für Elektrizität,

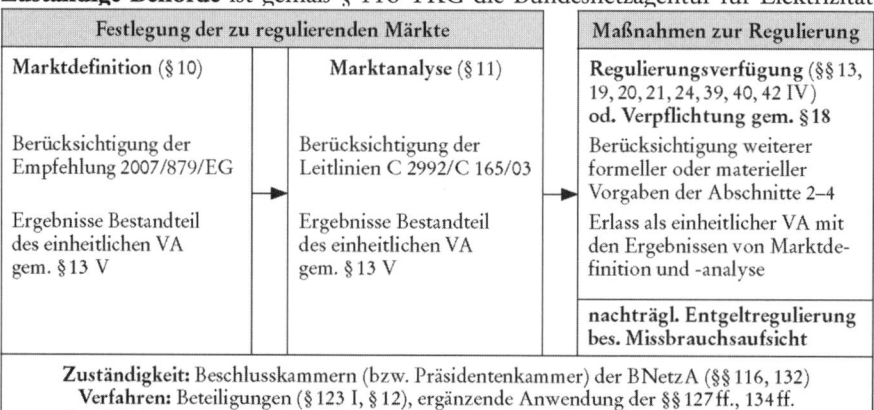

Festlegung der zu regulierenden Märkte		Maßnahmen zur Regulierung
Marktdefinition (§ 10)	Marktanalyse (§ 11)	Regulierungsverfügung (§§ 13, 19, 20, 21, 24, 39, 40, 42 IV) od. Verpflichtung gem. § 18
Berücksichtigung der Empfehlung 2007/879/EG	Berücksichtigung der Leitlinien C 2992/C 165/03	Berücksichtigung weiterer formeller oder materieller Vorgaben der Abschnitte 2–4
Ergebnisse Bestandteil des einheitlichen VA gem. § 13 V	Ergebnisse Bestandteil des einheitlichen VA gem. § 13 V	Erlass als einheitlicher VA mit den Ergebnissen von Marktdefinition und -analyse
		nachträgl. Entgeltregulierung bes. Missbrauchsaufsicht

Zuständigkeit: Beschlusskammern (bzw. Präsidentenkammer) der BNetzA (§§ 116, 132)
Verfahren: Beteiligungen (§ 123 I, § 12), ergänzende Anwendung der §§ 127 ff., 134 ff.
Parallele bzw. subsidiäre Anwendbarkeit der **allgemeinen Eingriffsbefugnisnorm § 126**

Gas, Telekommunikation, Post und Eisenbahnen (**BNetzA**), welche durch Beschlusskammern mit einem Vorsitzenden und zwei Beisitzern entscheidet (§ 132 TKG). Soweit die in § 13 V TKG genannten Entscheidungen betroffen sind, soll die Festlegung der zu regulierenden Märkte gemäß §§ 10, 11 TKG durch die Präsidentenkammer erfolgen (§ 132 IV TKG).

16 Die regulierungsrechtlichen Bestimmungen der §§ 9–15 TKG werden ergänzt

- im Hinblick auf das **Verfahren** um weitere prozedurale Vorgaben in den Regulierungstatbeständen der Abschnitte 2–5 des Teils 2 sowie um die allgemeinen Verfahrensvorschriften im Teil 8 des TKG. Die BNetzA kann somit im Regulierungsverfahren von den in §§ 127 ff., 134 ff. geregelten Befugnissen (zB betreffend Auskunftsverlangen, Ermittlungen, vorläufige Anordnungen, die ihrerseits leges speciales zu §§ 9 ff. VwVfG darstellen, Gebrauch machen;
- bezüglich der **materiellrechtlichen Voraussetzungen** und der **Rechtsfolgenanordnung** um die Vorgaben der Ermächtigungsgrundlagen in den Abschnitten 2–5 des Teils 2.

---

[28] Vgl. BT-Drucks. 15/2316 S. 60.

Infolge der ergänzenden Anwendbarkeit der Befugnisse des Teils 8 kann die BNetzA Anordnungen im Rahmen der Regulierung auch auf die **allgemeine Befugnisnorm des § 126 TKG** stützen; diese ist allerdings subsidiär, d. h. gelangt nur insoweit zur Anwendung, als das Regulierungsrecht in Teil 2 keine Spezialvorschriften (wie etwa § 42 IV TKG) enthält.[29]

Sämtliche Regulierungsentscheidungen der BNetzA ergehen durch Verwaltungsakt (§ 13 III, § 132 I TKG). Trotz der Untergliederung des Verfahrens in die → Rn. 14 dargestellten Abschnitte handelt es sich hier nicht um ein gestuftes Verwaltungsverfahren mit selbständig anfechtbaren Zwischenentscheidungen.[30] Vielmehr ergeht die Regulierungsverfügung oder die Verpflichtung gemäß § 18 TKG, wie § 13 III TKG verdeutlicht, zusammen mit den Ergebnissen der Marktdefinition und -analyse als **einheitlicher Verwaltungsakt**. Mithin weist nur die Regulierungsentscheidung selbst den Charakter eines Verwaltungsakts auf und ist als solcher mit Rechtsbehelfen anfechtbar. Eine isolierte Anfechtung der Ergebnisse der Marktdefinition oder der Marktanalyse, denen die Eigenschaft als eigenständiger Verwaltungsakt fehlt, ist nicht möglich; sie werden im Klagefall nur inzident überprüft.[31] 17

Entscheidungen der BNetzA sind – im Unterschied zur Rechtslage im Energiewirtschaftsrecht, wo eine Zuweisung entsprechender Klagen an die Kartellsenate des OLG bzw. BGH erfolgt (→ § 15 Rn. 27) – auf dem **Verwaltungsrechtsweg** anfechtbar, wie insbesondere § 137 TKG verdeutlicht. Entscheiden – wie im Regulierungsrecht des Teils 2 des TKG – die Beschlusskammern der BNetzA, findet vor Klageerhebung **kein Widerspruchsverfahren** statt (§ 137 II TKG); ferner hat die Klage keine aufschiebende Wirkung (§ 137 I TKG). 18

> Im Fall 13 ist somit gegen sämtliche bereits ergangenen oder noch folgenden Entscheidungen der BNetzA der Verwaltungsrechtsweg eröffnet. In der Variante d) hätte A seine Einstufung als marktmächtiges Unternehmen nicht isoliert anfechten, sondern nur gegen die gemäß § 21 TKG erlassene Regulierungsverfügung als Ganzes vorgehen können.

b) Marktdefinition

Gemäß § 9 I TKG unterliegen der Marktregulierung nur solche Märkte, auf welche die Voraussetzungen des § 10 TKG zutreffen. § 10 I TKG weist der BNetzA die Aufgabe zu, die sachlich und räumlich relevanten, für eine Regulierung in Betracht kommenden Märkte festzulegen. Den ersten Schritt der Marktfestlegung bildet das **Verfahren der Marktdefinition**, in welchem die potenziell **regulierungsbedürftigen Märkte ermittelt** werden. 19

aa) Entscheidungskriterien

Für die Auswahl der möglicherweise zu regulierenden Märkte nennt § 10 II 1 TKG **drei Kriterien**[32], die **kumulativ** vorliegen müssen: 20

- beträchtliche und anhaltende strukturell oder rechtlich bedingte **Marktzutrittsschranken**,
- die Tendenz zu **längerfristig nicht wirksamem Wettbewerb** und

---

[29] BT-Drucks. 15/2316 S. 100.
[30] Zum gestuften Verwaltungsverfahren *Ziekow*, VwVfG § 35 Rn. 28.
[31] Vgl. *Holznagel/Enaux/Nienhaus*, TelekommR Rn. 121; *Koenig/Loetz/Neumann*, TelekommR S. 125 f.
[32] Die Kriterien sind fast wortgleich Erwägungsgrund 9 der Empfehlung 2003/311/EG entnommen.

- das **Unvermögen**, allein mit Hilfe des allgemeinen Wettbewerbsrechts dem **Marktversagen entgegenwirken** zu können.

Ist eines der Kriterien nicht erfüllt, scheidet der Markt aus der sektorspezifischen Regulierung aus.[33]

21 Gemäß § 10 II 3 TKG ist bei der Bestimmung der Märkte weitestgehend die aufgrund Art. 15 I RL 2002/21/EG erlassene **Kommissionsempfehlung 2007/879/EG** zu berücksichtigen. Die Liste der dort aufgezählten Märkte ist **nicht abschließend**, so dass auch weitere Märkte reguliert werden können. Umgekehrt können einzelne der in der Empfehlung genannten **Märkte aus der Regulierung entlassen** werden, wenn die Überprüfung anhand der → Rn. 20 genannten drei Kriterien die Regulierungsbedürftigkeit nicht zu begründen vermag.[34] In beiden Fällen ist die EU-Kommission dann allerdings befugt, im Vetoverfahren nach § 12 II Nr. 3 TKG gegen den von der BNetzA erstellten Entwurf der Marktdefinition vorzugehen (→ Rn. 24). Abgesehen davon steht der BNetzA bei der Marktdefinition, die eine – unter Berücksichtigung der Empfehlung 2007/879/EG ergehende – Prognoseentscheidung beinhaltet, ein gerichtlich im Zuge der Anfechtung der Regulierungsverfügung nur eingeschränkt überprüfbarer **Beurteilungsspielraum** zu (§ 10 II 2 TKG)[35].

22 § 10 II 1 TKG setzt logisch voraus, dass die zu überprüfenden Märkte bereits bestimmt und voneinander abgegrenzt worden sind, trifft hingegen keine Aussage zum **methodischen Vorgehen** bei der Marktabgrenzung. Diesbezüglich ist Art. 15 I 3 und III der Rahmenrichtlinie 2002/21/EG zu entnehmen, dass die Abgrenzung im Einklang mit den Grundsätzen des Wettbewerbsrechts zu erfolgen hat. Gemäß Nr. 33 bis 69 der Kommissionsleitlinien zur Marktanalyse und zur Bewertung beträchtlicher Marktmacht (2002/C 165/03), auf die Art. 15 III RL 2002/21/EG verweist, sind hier mit Blick auf die sachliche Abgrenzung die Kriterien der Produktaustauschbarkeit auf der Nachfragerseite und die Angebotsumstellungsflexibilität auf der Anbieterseite heranzuziehen. In räumlicher Hinsicht sind Gebiete nach Homogenität der Wettbewerbsbedingungen und Unterscheidbarkeit dieser Bedingungen im Verhältnis zu den Nachbargebieten abzugrenzen.[36]

bb) Verfahrensbeteiligungen

23 Regulierungsverfügungen nach § 13 TKG ergehen als **mehrstufige Verwaltungsakte**, d. h. ihrem Erlass geht die (z. T. wiederholte) interne **Mitwirkung anderer Behörden** voraus.[37] So verlangt § 123 I TKG für die Marktdefinition das Einvernehmen des Bundeskartellamts; dies ist eine Folge der parallelen Anwendbarkeit des GWB (§ 2 IV TKG, → Rn. 7). Einvernehmen bedeutet, dass vollständige Willensübereinstimmung herrschen muss, ein bloßes Bemühen darum oder das Ausbleiben eines Widerspruchs also nicht genügen.[38] Fehlt das Einvernehmen des Bundeskartellamts, ist die Regulierungsverfügung nach den allgemeinen Vorschriften rechtswidrig und anfechtbar, gemäß § 44 III Nr. 4 VwVfG aber nicht nichtig. Der Verfahrensfehler kann gemäß § 45 I Nr. 5, II VwVfG bis zum Abschluss der letzten verwaltungsgerichtlichen Tatsacheninstanz geheilt werden; im Übrigen gilt § 46 VwVfG.[39]

---

[33] Vgl. Erwägungsgrund 16 der Empfehlung 2003/311/EG.
[34] Vgl. BT-Drucks. 15/2316 S. 61.
[35] Dazu BVerwG NVwZ 2011, 563 (564).
[36] Nr. 56 der Leitlinien 2002/C 165/03.
[37] Zum mehrstufigen Verwaltungsakt BVerwGE 26, 31 (39 ff.); *Ziekow*, VwVfG § 35 Rn. 55.
[38] BVerwGE 11, 195 (200); 57, 98 (101); im Einzelnen *T. Siegel*, Die Verfahrensbeteiligung von Behörden und anderen Trägern öffentlicher Belange, 2001, S. 91 ff.
[39] *M. Geppert*, in: Beck'scher TKG-Kommentar § 123 Rn. 10.

Hat die Marktdefinition **Auswirkungen auf den Handel zwischen den Mitgliedstaaten** der EU, ist der Entwurf ihrer Ergebnisse ausweislich des § 10 III TKG im sog. **Konsolidierungsverfahren** nach § 12 II Nr. 1 und 2 TKG der EU-Kommission, dem Gremium Europäischer Regulierungsstellen für elektronische Kommunikation (GEREK) und den Regulierungsbehörden der anderen Mitgliedstaaten zur Verfügung zu stellen und deren Stellungnahmen weitestgehend Rechnung zu tragen. Weicht die BNetzA in ihrem Entwurf insofern von der Empfehlung der Kommission ab, als sie entweder einen der dort genannten Märkte von der Regulierung ausnehmen oder umgekehrt einen dort nicht aufgeführten Markt einbeziehen möchte, so kann die Kommission im **Vetoverfahren** nach § 12 II Nr. 3 TKG zunächst einen Aufschub der Marktfestlegung von zwei Monaten erwirken, innerhalb derer sie einen bindenden Beschluss treffen kann, dass der Entwurf i. S. d. Änderungsvorschläge der Kommission abgeändert oder aber zurückgezogen werde. Zwingen allerdings außergewöhnliche Umstände die BNetzA zu dringendem Handeln, so kann sie ohne Einhaltung der Verfahren gemäß § 12 II Nr. 1–3 TKG vorläufige Eilmaßnahmen i. S. d. Wettbewerbs und der Nutzerinteressen treffen (§ 12 III TKG). 24

Eine **Beteiligung auch nichtbehördlicher Akteure** sieht § 12 I TKG vor, wonach die „interessierten Parteien" in einem Konsultationsverfahren die befristete Gelegenheit zur Stellungnahme zum Entwurf nach § 10 TKG haben. Der Personenkreis der mit „interessierte Parteien" umschriebenen Begünstigten entspricht demjenigen der „Beteiligten" iSv § 134 II Nr. 3 TKG, so dass hierunter jeder zu subsumieren ist, dessen Interessen durch die beabsichtigte Entscheidung berührt werden.[40] Da die Marktdefinition ausschließlich im öffentlichen Interesse erfolgt, besteht **kein subjektives Recht** auf Definition eines bestimmten Markts.[41] Die Ergebnisse des Marktdefinitions- und Marktanalyseverfahrens können nicht isoliert vor Gericht angegriffen werden. **Rechtsschutz** ist allein über eine inzidente Prüfung im Rahmen der Anfechtung der Regulierungsverfügung (→ Rn. 32 ff.) zu erlangen.[42] 25

c) Marktanalyse

Im Rahmen der Festlegung der für eine Regulierung in Betracht kommenden Märkte gem. § 10 TKG nimmt die BNetzA eine **Analyse dieser Märkte** nach Maßgabe von § 11 TKG vor. 26

aa) Entscheidungskriterien

Die Marktanalyse besteht in der Prüfung, ob auf dem definierten Markt **wirksamer Wettbewerb** besteht, was infolge § 3 Nr. 31 und § 11 I 2 TKG zu verneinen ist, wenn ein oder mehrere Unternehmen auf diesem Markt über beträchtliche Marktmacht verfügen.[43] Das wirksamen Wettbewerb ausschließende Merkmal **beträchtlicher Marktmacht** liegt vor, wenn ein Unternehmen entweder allein oder gemeinsam mit anderen eine der Beherrschung gleichkommende Stellung einnimmt. Letzteres ist der Fall, wenn das Unternehmen wirtschaftlich so stark ist, dass es sich in beträchtlichem Umfang unabhängig von Wettbewerbern und Endnutzern verhalten kann (§ 11 I 3 TKG). 27

Auch bei der Analyse der Märkte auf wirksamen Wettbewerb hat die BNetzA unionsrechtliche Vorgaben weitestgehend zu berücksichtigen, und zwar die aufgrund 28

---

[40] Vgl. BT-Drucks. 15/2316 S. 62.
[41] BVerwG NVwZ 2008, 575 (576).
[42] BVerwG NVwZ-RR 2009, 653 (654); *J. Oster*, MMR 2009, 454.
[43] In der Literatur werden diese Unternehmen in Übernahme des englischen Begriffs „significant market power" (SMP) auch als SMP-Unternehmen bezeichnet, vgl. *Holznagel/Enaux/Nienhaus*, TelekommR Rn. 108.

Art. 15 II der Rahmenrichtlinie 2002/21/EG erlassenen Kommissionsleitlinien zur Marktanalyse und zur Bewertung beträchtlicher Marktmacht (2002/C 165/03). Diesen Leitlinien zufolge bildet zunächst der **Marktanteil** ein wichtiges, wenngleich nicht allein ausschlaggebendes Merkmal für die Dominanz eines Unternehmens.[44] Daneben sind als **weitere, beispielhaft aufgezählte Kriterien** zu berücksichtigen die Gesamtgröße des Unternehmens, die Kontrolle über nicht leicht zu duplizierende Infrastruktur, technologische Vorteile oder Überlegenheit, fehlende oder geringe ausgleichende Nachfragemacht, leichter oder privilegierter Zugang zu Kapitalmärkten/finanziellen Ressourcen, Diversifizierung von Produkten/Dienstleistungen (zB gebündelte Produkte oder Dienstleistungen), Größen- oder Verbundvorteile, vertikale Integration, ein hochentwickeltes Vertriebs- und Verkaufsnetz, das Fehlen potenziellen Wettbewerbs sowie Expansionshemmnisse.[45] Die Annahme einer dominanten Stellung dürfte allerdings regelmäßig nur dann berechtigt sein, wenn mehrere dieser Kriterien gleichzeitig vorliegen.[46]

29　Wirksamer Wettbewerb ist gemäß § 11 I 2 TKG auch dann ausgeschlossen, wenn **mehrere Unternehmen gemeinsam** über beträchtliche Marktmacht verfügen. Eine solchermaßen dominante Stellung mehrerer Unternehmen verlangt keine direkte Verbindung oder gar ein kollusives Zusammenwirken dieser Unternehmen.[47] Es genügt, wenn der jeweilige Markt bestimmte objektive charakteristische Merkmale aufweist, die auf kollektive Dominanz schließen lassen. Auch diesbezüglich ist den Leitlinien 2002/C 165/03 ein (nicht abschließender) Kriterienkatalog zu entnehmen, der bei der Marktanalyse zu berücksichtigen ist.[48]

30　Ein Unternehmen, das auf einem der relevanten Märkte über beträchtliche Marktmacht verfügt, kann gemäß § 11 I 5 TKG auch auf einem anderen der als potenziell regulierungsbedürftig definierten Telekommunikationsmärkte als ein Unternehmen mit beträchtlicher Marktmacht gelten, wenn die Verbindungen zwischen beiden Märkten eine **Übertragung der unternehmerischen Marktmacht auf den Nachbarmarkt** ermöglichen und damit die gesamte Marktmacht des Unternehmens steigern. Die Regulierungsbehörde hat diese Wechselwirkungen zwischen benachbarten Märkten in ihrer Marktanalyse und bei der Entscheidung über die zu treffenden Regulierungsmaßnahmen ebenfalls zu berücksichtigen.[49]

bb) Verfahrensbeteiligungen

31　Hinsichtlich der **Beteiligungen behördlicher und nichtbehördlicher Akteure** gilt infolge § 123 I TKG, § 11 IV und § 12 TKG zunächst Gleiches wie für die Marktdefinition (→ Rn. 19 ff.). Darüber hinaus sieht § 11 II TKG im Falle länderübergreifender Märkte vor, dass die BNetzA diese Märkte gemeinsam mit den Regulierungsbehörden der betroffenen Mitgliedstaaten analysiert.

---

[44] Nr. 75 der Leitlinien 2002/C 165/03. So kann bei einem unter 25% liegenden Marktanteil eines einzelnen Unternehmens keine Dominanz angenommen werden, wohl hingegen regelmäßig bei über 40%, z. T. aber auch schon darunter. 50% Marktanteil und mehr sind ein evidentes Anzeichen für beträchtliche Marktmacht.
[45] Nr. 78 der Leitlinien 2002/C 165/03.
[46] So Nr. 79 der Leitlinien 2002/C 165/03.
[47] Vgl. *Koenig/Loetz/Neumann*, TelekommR S. 120.
[48] Nr. 97 der Leitlinien 2002/C 165/03.
[49] Vgl. Nr. 85 der Leitlinien 2002/C 165/03 und BT-Drucks. 15/2316 S. 62.

d) Regulierungsverfügung

Regulierungsverfügungen sind **Verwaltungsakte** iSv § 35 VwVfG, durch welche die 32 Beschlusskammer der BNetzA aufgrund einer Marktanalyse **Verpflichtungen nach den §§ 19, 20, 21, 23, 24, 30, 39 oder 42 IV 3 TKG** auferlegt, ändert, beibehält oder widerruft (§ 13 I, § 116, § 132 I TKG, vgl. die Übersicht → Rn. 14). Sie ergehen zusammen mit den (nicht isoliert anfechtbaren) Ergebnissen der Marktdefinition und der Marktanalyse als **einheitliche Verwaltungsakte** (§ 13 V TKG, → Rn. 17).[50] Diese Zusammenfassung zu einem Verwaltungsakt dient lediglich der **Konzentration des Rechtsschutzes** am Schluss des Verfahrens, führt jedoch nicht zu einem untrennbaren Regelungszusammenhang der einzelnen Bestandteile der Regulierungsverfügung, die daher auch nur teilweise angefochten (und aufgehoben) werden kann.[51] Auch für das Verfahren zur Auferlegung der in § 13 TKG genannten Verpflichtungen gelten die besonderen Verfahrensbestimmungen des § 12 I, II Nr. 1, 2, 4 sowie § 123 I TKG.

Die Regulierungsverfügung ist als **der Planfeststellung vergleichbare Entscheidung** 33 ausgestaltet, die auf eine **abschließende Gesamtregelung** aller regulierungsbedürftigen Fragen durch die Regulierungsverfügung angelegt sind.[52] Die Regulierungsverfügung basiert auf einer **gesetzlich ausgeformten Gestaltungsfreiheit**, die sich auf die Verwirklichung des gesetzlichen Regulierungsauftrags und die prospektive Bewältigung der damit zusammenhängenden Probleme erstreckt.[53] Diese Gestaltung, insbesondere die Auferlegung von Regulierungsverpflichtungen, hat auf der Grundlage einer umfassenden Abwägung aller zu berücksichtigenden öffentlichen und privaten Belange zu erfolgen. Wegen dieser ganzheitlich zu treffenden Entscheidung kommt es auf eine Unterscheidung zwischen auf der Tatbestandsseite der betreffenden Normen verorteten Beurteilungsermächtigungen und die Rechtsfolgenseite betreffenden Ermessensspielräumen nicht an, sind doch beide Elemente Bestandteile des abwägend auszuübenden umfassenden Regulierungsermessens.[54] Eine relevante **fehlerhafte Ausübung des Regulierungsermessens** liegt wie bei der planerischen Abwägung[55] nur vor, wenn eine Abwägung überhaupt nicht stattgefunden hat (Abwägungsausfall), in die Abwägung nicht an Belangen eingestellt worden ist, was nach Lage der Dinge in sie eingestellt werden musste (Abwägungsdefizit), die Bedeutung der betroffenen Belange verkannt worden ist (Abwägungsfehleinschätzung) oder der Ausgleich zwischen ihnen in einer Weise vorgenommen worden ist, der außer Verhältnis zur objektiven Gewichtigkeit einzelner Belange steht.[56]

Das Unternehmen, dem durch die Regulierungsverfügung Verpflichtungen auferlegt 34 werden, kann hiergegen mit der Anfechtungsklage vor dem Verwaltungsgericht vorgehen. Soweit die Vorschriften, die die Auferlegung von Verpflichtungen in einer Re-

---

[50] Zusammenfassend zum Instrument der Regulierungsverfügung *U. Ellinghaus*, CR 2009, 87.
[51] BVerwG DVBl. 2012, 357 (359 f.).
[52] BVerwG NVwZ 2008, 575 (577).
[53] BVerwG NVwZ 2008, 575 (577).
[54] BVerwG NVwZ 2008, 575 (577); 2008, 1359 (1364). Bestätigung der Verfassungskonformität durch BVerfG DVBl. 2012, 230. Kritisch hinsichtlich der Zurückdrängung der verwaltungsgerichtlichen Kontrolle *T. Attendorn*, MMR 2009, 238; *K. F. Gärditz* NVwZ 2009, 1005 ff. Zustimmend hingegen etwa *A. Proells* AöR 136 (2011), 402.
[55] Dazu *Ziekow*, VwVfG § 74 Rn. 39.
[56] BVerwG NVwZ 2008, 1359 (1364); 2010, 1359, 1361.

gulierungsverfügung ermöglichen (§ 13 I TKG), drittschützenden Charakter haben, können Wettbewerber des zu regulierenden Unternehmens den **Erlass einer Regulierungsverfügung ggf. mit der Verpflichtungsklage durchsetzen.** Ein solches subjektives Recht für Konkurrenzunternehmen verleihen etwa die §§ 20, 21 und 24 TKG. Voraussetzung für die Zulässigkeit der Verpflichtungsklage ist allerdings, dass das Konkurrenzunternehmen bei der Bundesnetzagentur einen entsprechenden Sachantrag auf Auferlegung der Regulierungsverpflichtungen gestellt hat.[57]

3. Regulierung des Zugangs zu Infrastruktur und Dienstleistungen

a) Gesetzliche Angebotspflicht aller Netzbetreiber

35 Unabhängig von einer marktdominanten Stellung und einer Verpflichtung der BNetzA sind sämtliche Betreiber öffentlicher Telekommunikationsnetze (→ Rn. 9) kraft Gesetzes nach § 16 TKG verpflichtet, auf Verlangen anderen Netzbetreibern ein **Angebot** auf **Zusammenschaltung**, d. h. einen die Verbindung der Netze herstellenden Zugang (§ 3 Nr. 34 TKG), zu ermöglichen. Diese Angebotspflicht begründet **keinen Kontrahierungszwang**[58]. Allerdings besteht im Streitfall die Möglichkeit, gem. § 133 TKG auf Antrag einer Partei binnen maximal vier Monaten eine **verbindliche Entscheidung der BNetzA** herbeizuführen, die den Charakter eines privatrechtsgestaltenden Verwaltungsakts besitzt.[59]

b) Marktmachtunabhängige Zugangsverpflichtungen

36 Ebenfalls unabhängig vom Bestehen beträchtlicher Marktmacht, allerdings nicht kraft Gesetzes, sondern aufgrund **Verpflichtung (Verwaltungsakt) durch die BNetzA** können Betreibern öffentlicher Telekommunikationsnetze, die den Zugang zu Endnutzern[60] kontrollieren, nach § 18 I TKG in begründeten Fällen die **Zusammenschaltung** und ggf. auch weitere Zugangsleistungen zur Gewährleistung des End-zu-End-Verbunds von Dienstleistungen auferlegt werden. § 18 II TKG enthält daneben eine Ermächtigungsgrundlage für Verpflichtungen zur Verhinderung diskriminierenden Verhaltens gegenüber nachfragenden Netzbetreibern, die im Wege der Missbrauchsaufsicht durch Entscheidungen entsprechend § 42 IV TKG durchgesetzt werden können.

Verfahrensrechtlich gelten für Verpflichtungen aufgrund § 18 TKG weitgehend die gleichen Bestimmungen wie für Regulierungsverfügungen (§ 13 I 4 TKG). Kommt trotz Verpflichtung der BNetzA eine Zugangsvereinbarung nach § 18 TKG ganz oder teilweise nicht zustande, ordnet die BNetzA den **Zugang nach Maßgabe von § 25 TKG an** (→ Rn. 42 ff.).

---

[57] BVerwG NVwZ 2008, 575 (576 ff.).
[58] *R. Schütz*, Kommunikationsrecht, 2005, Rn. 296.
[59] So BT-Drucks. 15/2316 S. 100.
[60] Bei **Endnutzern** handelt es sich um natürliche oder juristische Personen, die weder öffentliche Netzbetreiber oder Dienstleistungserbringer sind (§ 3 Nr. 8 TKG).

c) Marktmachtabhängige Zugangsverpflichtungen

aa) Regulierungsverfügungen gemäß § 21 TKG

§ 21 TKG enthält die wichtigsten Ermächtigungsgrundlagen für Zugangsverpflichtungen gegenüber Unternehmen mit beträchtlicher Marktmacht.[61] Die im Wege der Marktanalyse gemäß § 11 TKG (→ Rn. 26 ff.) festgestellte **Marktdominanz** stellt somit eine notwendige Bedingung für den Erlass einer Zugangsverpflichtung dar, ist jedoch noch nicht hinreichend. Vielmehr enthält die Vorschrift weitere materiell-rechtliche Voraussetzungen für Regulierungsverfügungen dieser Art. So verpflichtet § 21 I 2 TKG die BNetzA in Konkretisierung des Grundsatzes der Verhältnismäßigkeit (vgl. Art. 8 I 2 RL 2002/21/EG) anhand eines regelbeispielhaften Kriterienkatalogs[62] zur Prüfung, ob eine **Zugangsverpflichtung gerechtfertigt** ist und in **angemessenem Verhältnis zu den Regulierungszielen** nach § 2 TKG steht. Diese Vorgaben sind ermessensleitend bei der Entscheidung darüber, ob und welche der als Kann-Vorgaben ausgestalteten Verpflichtungen des § 21 II TKG und der als Soll-Vorgaben vorgesehenen Verpflichtungen des § 21 III TKG erlassen werden.[63] Ferner gibt § 21 I 1 TKG als weitere potenzielle Erlasskriterien Risiken für die Entwicklung des nachgelagerten Endnutzermarktes oder die Interessen der Endnutzer zu bedenken. Das marktmächtige Unternehmen selbst hat keinen Anspruch darauf, dass die BNetzA ihm gegenüber eine Regulierungsverfügung erlässt.[64]

37

Als **Soll-Vorgaben**, d. h. Verpflichtungen, die marktdominanten Unternehmen regelmäßig aufzuerlegen sind und von deren Erlass nur in atypischen Ausnahmefällen abgesehen werden kann, sieht § 21 III TKG u. a. die Gewährung vollständig entbündelten Zugangs sowie gemeinsamen Zugangs zum Teilnehmeranschluss, die Ermöglichung der Netzzusammenschaltung und die Gewährung offenen Zugangs zu technischen Schnittstellen, Protokollen oder anderen Schlüsseltechnologien vor. Zu den – unter Berücksichtigung der Kriterien in § 21 I TKG aufzuerlegenden – **Kann-Vorgaben** des § 21 II TKG zählen u. a. der Zugang zu bestimmten Netzkomponenten/-einrichtungen, der Zugang zu Diensten zum Zwecke des Weitervertriebs, die Ermöglichung der Interoperabilität inklusive Roaming und der Zugang zu wettbewerbsnotwendigen Softwaresystemen.

38

Zu beachten ist, dass sich die Verpflichtung stets nur auf die Gewährung des Zugangs zu **bereits vorhandener Infrastruktur** bezieht, nicht jedoch auf die Schaffung von Infrastruktur, auf die dann zugegriffen werden kann.[65] Eine Verpflichtung zum Netzausbau, wie sie im Bereich der Elektrizitäts- und Gasversorgung unter bestimmten Voraussetzungen entstehen kann (→ § 15 Rn. 16, 23), sieht das TKG nicht vor.

39

Marktdominante Netzbetreiber, denen aufgrund § 21 TKG eine Zugangsverpflichtung auferlegt wurde, sind kraft Gesetzes gemäß § 22 I TKG verpflichtet, nachfragenden Diensteanbietern unverzüglich, spätestens aber 3 Monate nach Auferlegung der Verpflichtung ein **Angebot auf Zugang** zu unterbreiten. Kommt eine Zugangsvereinbarung nicht zustande, ordnet die BNetzA gemäß § 25 TKG kraft Verwaltungsakts den Zugang an (→ Rn. 42 ff.).

40

---

[61] Solche Zugangsverpflichtungen marktdominanter Unternehmen bestehen im Unterschied zu § 35 I TKG 1996 nicht bereits aufgrund Gesetzes, sondern erst aufgrund Verwaltungsakts der BNetzA, vgl. *R. Schütz*, Kommunikationsrecht, 2005, Rn. 297.
[62] Prüfungskriterien sind hier u. a. die technische und wirtschaftliche Tragfähigkeit der Nutzung oder Installation, verfügbare Kapazitäten, Anfangsinvestitionen und Investitionsrisiken des Eigentümers sowie die langfristige Sicherung des Wettbewerbs insbesondere durch Investitionsanreize.
[63] Vgl. *Holznagel/Enaux/Nienhaus*, TelekommR Rn. 212.
[64] BVerwG NVwZ-RR 2011, 600.
[65] Vgl. OVG Münster, CR 2003, 428 (429).

> Im Fall 13 hat die BNetzA nach § 21 I, III Nr. 3 TKG dem A eine Zugangsverpflichtung u. a. in Form der Ermöglichung der Zusammenschaltung von Telekommunikationsnetzen auferlegt.

bb) Begleitende Verpflichtungen gem. §§ 19, 20, 23, 24 TKG

41 §§ 19, 20, 23, 24 TKG enthalten Ermächtigungsgrundlagen für Verpflichtungen, die **begleitend zu einer Regulierungsverfügung** gemäß § 21 TKG erlassen werden können.[66] Hierbei handelt es sich um

- **Diskriminierungsverbote** (§ 19 TKG): Die BNetzA *kann* einen marktdominanten Netzbetreiber dazu anhalten, dass die Zugangsvereinbarungen im Einklang mit den Geboten der Objektivität, Nachvollziehbarkeit, Gleichwertigkeit, Chancengleichheit und Billigkeit stehen.
- **Transparenzverpflichtungen** (§ 20 TKG): Die BNetzA *kann* marktmächtige Netzbetreiber dazu verpflichten, für die zugangsberechtigten Unternehmen alle zur Inanspruchnahme der Zugangsleistung notwendigen Informationen zu veröffentlichen.
- **Verpflichtungen zur Vorlage eines Standardangebots** (§ 23 TKG): Unterliegt ein marktdominanter Netzbetreiber einer Zugangsverpflichtung gemäß § 21 TKG, *kann* die BNetzA ihn zur Vorlage eines Standardangebots für die Zugangsleistungen binnen regelmäßig 3 Monaten verpflichten. Die BNetzA ist hier auch berechtigt, bei Untätigkeit des Unternehmens Inhalte des Angebots vorzugeben, vorgelegte Standardangebote zu prüfen und abzuändern sowie im Rahmen von § 22 TKG durch das marktmächtige Unternehmen vereinbarte Zugangsleistungen (→ Rn. 40) als Standardangebot dieses Unternehmens festzulegen.
- **Verpflichtungen zur getrennten Rechnungsführung** (§ 24 TKG): Die BNetzA *kann* – insbesondere betreffend vertikal integrierte Unternehmen – eine getrennte Rechnungsführung für zugangsleistungsbezogene Tätigkeiten vorschreiben, insbesondere um Diskriminierungen und unzulässige Quersubventionierungen zu verhindern.[67]

d) Anordnung des Zugangs bei unterbliebener Zugangsvereinbarung

42 Kommen die einem Unternehmen durch eine Zugangsverpflichtung gemäß § 18 TKG oder § 21 TKG (hier mit der gesetzlichen Rechtsfolge einer Angebotspflicht gemäß § 22 TKG) auferlegten Vereinbarungen über den Netzzugang nicht zustande, ordnet die BNetzA nach Maßgabe von § 25 TKG den Zugang an. Diese **Zugangsanordnung** ist somit **akzessorisch zu den Verpflichtungen** nach §§ 18, 21 TKG; ferner ist sie im Verhältnis zu den zwischen den beteiligten Unternehmen ausgehandelten Zugangsvereinbarungen subsidiär (§ 25 II TKG). Die Anordnung ist als **privatrechtsgestaltender Verwaltungsakt** einzustufen, da sie – über das auf die Zusammenschaltungsverpflichtung bezogene öffentlich-rechtliche Rechtsverhältnis hinaus – ein privatrechtliches Vertragsverhältnis begründet.[68]

43 Gegenstand der Anordnung können sämtliche Bedingungen einer Zugangsvereinbarung sowie die Entgelte sein (§ 25 V TKG). Als **Entscheidungskriterien** gelten

- bezüglich der **Zugangsvereinbarung**, dass die gesetzlichen Voraussetzungen einer Verpflichtung zur Zugangsgewährung gemäß § 18 TKG oder § 21 TKG vorliegen (§ 25 I 1 TKG). Ergibt die Prüfung, dass die Kriterien erfüllt sind, ist die Ent-

---

[66] Vgl. zu diesen auch als „akzessorisch" zu § 21 TKG bezeichneten Regulierungsverfügungen *Holznagel/Enaux/Nienhaus*, TelekommR Rn. 217 ff.; *R. Schütz*, Kommunikationsrecht, 2005, Rn. 322 ff.
[67] Siehe außerdem die allgemeine Vorgabe struktureller Separierung des Netzbetriebs und des Dienstleistungsbereichs in § 7 TKG; zu den entsprechenden Entflechtungsvorgaben im Energiewirtschaftsrecht siehe §§ 6 ff. EnWG (→ § 15 Rn. 6).
[68] Vgl. BVerwGE 120, 263 (267).

scheidung über den Erlass (das „Ob") einer Zugangsanordnung gebunden, steht der BNetzA also **kein Entschließungsermessen** zu. Hinsichtlich der Ausgestaltung im Einzelnen besteht allerdings ein **Auswahlermessen**;[69]
- im Hinblick auf die **Entgelte** die §§ 27–38 TKG (§ 25 V 3 TKG); hierbei handelt es sich um eine Rechtsgrundverweisung, so dass der materiellrechtliche Entscheidungsmaßstab danach differiert, ob die betroffenen Entgelte ursprünglich den Vorschriften über die Regulierung ex ante gemäß § 30 I 1 TKG (→ Rn. 46) oder der Entgeltregulierung ex post nach Maßgabe von § 38 TKG (→ Rn. 48) unterfielen.[70]

Die Zugangsanordnung kann auf schriftliche, gemäß § 25 III TKG zu begründende **Anrufung durch eine der potenziellen Vertragsparteien** oder – zur Erreichung der in § 2 TKG genannten Regulierungsziele – **auch von Amts wegen** (§ 25 IV TKG) ergehen. Die BNetzA hat die Beteiligten anzuhören und innerhalb von 10 Wochen, ausnahmsweise auch vier Monaten zu entscheiden (§ 25 I TKG). 44

> Die BNetzA kann jeweils Teilentscheidungen betreffend Zugangsbedingungen und Entgelte treffen; allerdings ist die Anordnung nur insgesamt anfechtbar (§ 25 VI 3 TKG). Im Fall 13c) kann sich A daher nicht isoliert gegen die Entgeltanordnung wenden.[71]

> Da im Fall 13b) trotz vorangegangener Verpflichtung nach § 21 TKG keine Zugangsvereinbarung zustande gekommen ist, hat die BNetzA nach § 25 TKG unter Beachtung der gesetzlichen Voraussetzungen des § 21 TKG den Zugang des B zum Netz des A anzuordnen.

4. Regulierung der Entgelte für Zugang und Dienstleistungen

Ein weitere Säule der Marktregulierung neben den Zugangsverpflichtungen ist die Regulierung der Entgelte (§§ 27 ff. TKG). Das TKG unterscheidet zwischen **zwei Formen der Entgeltregulierung**: 45

- **Entgeltregulierung ex ante:** Hier bedürfen die Entgelte marktdominanter Unternehmen vorab einer **Genehmigung durch die BNetzA**, die auf den Zeitpunkt des Vertragsschlusses zurückwirkt.[72] Einer solchen Genehmigungspflicht unterliegen regelmäßig die Entgelte für Zugangsleistungen, die einem Unternehmen durch Regulierungsverfügung gemäß § 21 TKG auferlegt wurden (§ 30 I 1 TKG), sowie Entgelte für Endnutzerleistungen, falls Verpflichtungen im Zugangsbereich allein nicht zielführend wären (§ 39 I 1 TKG).
- **Entgeltregulierung ex post:** Hier findet nur eine **nachträgliche Überprüfung** bereits angewandter Entgelte auf Missbräuchlichkeit statt. Dies betrifft eine Mehrzahl von Entgelten, die nicht der Vorabgenehmigungspflicht unterfallen, sei es, dass sie in jedem Fall von der Regulierung ex ante ausgenommen sind (so etwa für nach § 18 TKG oder für nach anderen Vorschriften als § 21 TKG auferlegte Zugangsverpflichtungen, § 30 II TKG; für Telefonauskunftsdienste und öffentliche

---

[69] Vgl. *R. Schütz*, Kommunikationsrecht, 2005, Rn. 349.
[70] Vgl. VG Köln, CR 2006, 30 (31).
[71] So die 1. Kammer des VG Köln, Beschl. v. 29.9.2005 – 1 K 765/05 –; für eine isolierte Aufhebung der Entgeltanordnung contra legem demgegenüber die 21. Kammer, Beschl. v. 3.6.2005 – 21 L 319/05 –.
[72] § 37 II TKG; vgl. ausführlich zur Vorgängervorschrift des § 29 II 1 TKG 1996 BVerwGE 120, 54 (58 ff.).

Telefone, § 39 II TKG), sei es, dass eine solche Vorabgenehmigung bei Vorliegen bestimmter Umstände nicht gefordert ist (so gemäß §§ 30 I 2, 39 III 1 iVm § 39 I 1 TKG).

- Bei der auf der Grundlage des § 30 I TKG zu treffenden **Auswahl der BNetzA**, ob eine ex ante- oder eine ex post-Regulierung der Entgelte angeordnet werden soll, besteht kein Vorrang einer der beiden Regulierungsarten. Vielmehr hat die BNetzA im Rahmen ihres Regulierungsermessens (→ Rn. 33) eine entsprechende Auswahl zu treffen.[73] Dabei hat sie zu beachten, dass die Kontrollmaßstäbe bei der Entgeltregulierung ex ante strenger sind (→ Rn. 46).[74] Unter bestimmten Voraussetzungen kann die Auferlegung der Genehmigungspflicht sogar rückwirkend erfolgen.[75]

46 Bei der **Entgeltregulierung ex ante** unterscheidet das TKG bezüglich der Grundlagen der Genehmigungserteilung zwischen den Regelverfahren auf der Grundlage der **Kosten der effizienten Leistungsbereitstellung** oder im Price-Cap-Verfahren (§ 31 I 1 Nr. 1 und 2 TKG) und den besonderen Genehmigungstatbeständen nach § 31 II TKG. Für sämtliche Genehmigungstatbestände gilt das allgemeine Missbrauchsverbot des § 28 TKG (→ Rn. 48). Die Genehmigung nach § 31 II Nr. 1 TKG bezieht sich auf Entgelte für Leistungen, die den Zugang zu von einem öffentlichen Betreiber eines Telekommunikationsnetzes angebotenen Diensten betrifft. Den Unternehmen, die diese Dienste im eigenen Namen und auf eigene Rechnung – insbesondere an den Endverbraucher – weiter vertreiben wollen, sind Großhandelsbedingungen durch einen Abschlag auf den Endnutzerpreis einzuräumen. Untergrenze des Entgelts sind die Kosten der effizienten Leistungsbereitstellung. In den Regelverfahren nach § 31 I 1 TKG dürfen die genehmigten Entgelte nicht die Kosten der effizienten Leistungsbereitstellung zuzüglich der hierin nicht enthaltenen Aufwendungen, die auf einer rechtlichen Verpflichtung oder einer sachlichen Rechtfertigung beruhen, übersteigen (§ 31 I 2 TKG). Bei diesen Verfahren handelt es sich

- um die Genehmigung auf der Grundlage der auf die einzelnen Dienste entfallenden **Kosten der effizienten Leistungsbereitstellung** (§ 31 I 1 Nr. 1 TKG). Diese Kosten bestehen gemäß § 33 I TKG aus drei Komponenten, nämlich erstens den langfristigen Kosten der Bereitstellung der Leistung selbst, zweitens einem Zuschlag für die Gemeinkosten (d. h. solchen Kosten, die unabhängig von der konkreten Leistung entstehen, zB der Miete für Bürogebäude des Unternehmens) und drittens einer angemessenen Verzinsung des von dem Unternehmen eingesetzten Kapitals.
- um das sog. **Price-Cap-Verfahren**, bei dem für einen Korb zusammengefasster Dienste durchschnittliche Preisänderungsraten nach von der BNetzA bestimmten Maßgrößen festgelegt werden (§ 31 I 1 Nr. 2, § 33 TKG).

47 Das **Verfahren auf Erteilung einer Entgeltgenehmigung** wird entweder von dem Telekommunikationsnetz-Betreiber (§ 31 III TKG) oder – nach fruchtloser Aufforderung des Unternehmens, einen Antrag zu stellen – durch die BNetzA von Amts wegen (§ 31 IV TKG) eingeleitet, wobei das betreffende Unternehmen alle relevanten Unterlagen vorzulegen hat (§ 34 TKG). Sind die gesetzlichen Anforderungen er-

---

[73] BVerwG DVBl. 2012, 357.
[74] BVerwG NVwZ 2008, 1359 (1367).
[75] BVerwG DVBl. 2012, 357.

füllt, so ist die Entgeltgenehmigung zu erteilen (§ 35 III TKG). Die Entgeltgenehmigung kann von Konkurrenten des Netzbetreibers zB mit der Begründung angefochten werden, dass sie zu unbestimmt ist und deshalb keine Vorsorge gegen einen Missbrauch iSv § 28 TKG eröffnet.[76]

Bei der **Entgeltregulierung ex post** 48

- ist der **Prüfungsmaßstab** insofern herabgesetzt, als lediglich eine Missbrauchskontrolle nach § 28 TKG, nicht aber eine Prüfung nach § 31 TKG stattfindet (vgl. § 38 TKG);[77]
- besteht **verfahrensrechtlich** gemäß § 38 I TKG eine **Vorlagepflicht** zwei Monate vor Inkrafttreten des Entgelts, worauf die BNetzA bei offenkundigen Verstößen gegen § 28 TKG binnen zwei Wochen die Entgelteinführung untersagen kann. Die BNetzA kann im Übrigen nach § 38 II TKG das Verfahren von Amts wegen einleiten, wenn ihr Anhaltspunkte für Missbräuche durch marktdominante Unternehmen bekannt werden. Sie untersagt missbräuchliche Entgelte und erklärt sie für unwirksam; gleichzeitig kann sie im Einklang mit § 28 TKG stehende Entgelte anordnen (§ 38 IV TKG).

§ 29 TKG enthält ferner eine Ermächtigungsgrundlage für **vorbereitende und be-** 49 **gleitende Anordnungen** der BNetzA betreffend die Informationsübermittlung oder die Ausgestaltung der Kostenrechnung.

Im Fall 13a) unterliegen die Entgelte des A gemäß § 30 I 1 TKG der Genehmigungspflicht nach § 31 TKG, da die Zugangsverpflichtung auf einer Regulierungsverfügung nach § 21 TKG beruht. Da B nicht Adressat der als Verwaltungsakt ergehenden Entgeltgenehmigung ist, hängt eine evtl. Klagebefugnis gemäß § 42 II VwGO davon ab, ob die gesetzlichen Entgeltgenehmigungsmaßstäbe **drittschützenden Charakter** zugunsten von Wettbewerbern marktmächtiger Unternehmen aufweisen.[78]

5. Besondere Missbrauchsaufsicht

Das Marktregulierungsrecht wird durch besondere Befugnisse der BNetzA zur Bekämpfung missbräuchlichen Verhaltens von Unternehmen abgerundet. § 42 IV TKG ermächtigt zum unmittelbaren **Einschreiten gegen das missbräuchliche Ausnutzen einer marktmächtigen Stellung**.[79] Ein solcher Missbrauch liegt insbesondere vor, wenn andere Unternehmen unbillig behindert und in ihren Wettbewerbschancen unzulässig beeinträchtigt werden (§ 42 I 2 TKG). Er wird vermutet im Fall der Begünstigung des eigenen Unternehmens bzw. eng verbundener Unternehmen (§ 42 II TKG) oder der verzögerten Bearbeitung von Zugangsanträgen entgegen der Verpflichtung aus § 22 I TKG (§ 42 III TKG). Das besondere Missbrauchsverfahren ist parallel zu den speziellen Verfahren der Zugangs- und Entgeltregulierung anwendbar.[80] Es setzt aber ebenfalls die vorherige Durchführung eines Marktdefinitions- und Marktanalyseverfahrens nach §§ 10, 11 TKG (→ Rn. 19 ff.) voraus.[81] 50

---

[76] BVerwG NVwZ 2011, 623.
[77] Insofern besteht eine Parallele zur kartellrechtlichen Missbrauchsaufsicht, vgl. *Holznagel/Enaux/Nienhaus*, TelekommR Rn. 297.
[78] Bejahend *J. Kühling*, in: Beck'scher TKG-Kommentar § 31 Rn. 64.
[79] Zu den mit der Anwendung des § 42 TKG verbundenen Problemen *U. Ellinghaus*, CR 2007, 698.
[80] In diesem Sinne BT-Drucks. 15/2316 S. 71; *Holznagel/Enaux/Nienhaus*, TelekommR Rn. 338.
[81] BVerwG NVwZ 2007, 1321 (1322 ff.).

> Im Fall 13b) ist mit der ungerechtfertigten Verzögerungstaktik des A die gesetzliche Missbrauchsvermutung gemäß § 42 III TKG erfüllt, so dass die BNetzA unbeschadet ihrer Anordnungsbefugnis nach § 25 TKG auch gemäß § 42 IV TKG vorgehen und A die Vorlage eines nachfragegerechten Angebots innerhalb einer bestimmten Frist aufgeben kann. Wie sich aus § 42 I TKG ergibt, liegt ein, das Einschreiten der BNetzA nach § 42 IV TKG eröffnendes, missbräuchliches Ausnutzen einer marktmächtigen Stellung insbesondere bei einer Beeinträchtigung anderer Unternehmen vor. Diese Regelung verleiht B ein materielles subjektives öffentliches Recht auf Einschreiten gegen A, welches er mit einer gegen die BNetzA erhobene Verpflichtungsklage vor dem Verwaltungsgericht durchsetzen kann. Die Klagebefugnis ist nicht auf die in § 42 IV 6 TKG genannten Anbieter von Telekommunikationsdiensten beschränkt, da es sich hierbei um eine lediglich verwaltungsverfahrensrechtliche Regelung handelt, die das materielle subjektive Recht des B nicht einschränkt.[82]

51 Bei Verstoß gegen eine Verfügung gemäß § 42 IV TKG oder schuldhafter Verletzung von Vorschriften des TKG (d. h. hier auch unabhängig von Marktdominanz) soll die BNetzA eine **Gewinnabschöpfung** anordnen (§ 43 I TKG). Ergänzend sieht § 44 I TKG, systematisch in Teil 3 (Kundenschutz) verortet, **negatorische Ansprüche und Schadensersatzansprüche** beeinträchtigter Endverbraucher oder Wettbewerber vor. Ferner sind Verstöße gegen vollziehbare Anordnungen nach § 42 IV 1 TKG bußgeldbewehrt (§ 149 I Nr. 4a TKG).

IV. Garantie der Universaldienstleistungen

52 Art. 87 f I GG statuiert eine **Gewährleistungsverantwortung** (→ § 13 Rn. 9) **des Bundes** für flächendeckend angemessene und ausreichende Telekommunikationsdienstleistungen. Der Umsetzung dieser verfassungsrechtlichen Vorgabe dienen die Vorschriften betreffend den Universaldienst in Teil 6 des TKG.[83] **Universaldienstleistungen** sind ein Mindestangebot an qualitativ definierten und für sämtliche Endnutzer zu einem erschwinglichen Preis zugänglichen Dienstleistungen, die für die Öffentlichkeit als Grundversorgung unabdingbar geworden sind (§ 78 I TKG). Zu diesen Diensten zählen gemäß § 78 II TKG ein Anschluss an ein öffentliches Telekommunikationsnetz an einem festen Standort, der Gespräche, Telefaxübertragungen und die Datenkommunikation mit Übertragungsraten ermöglicht, die für einen funktionalen Internetzugang ausreichen (Nr. 1), der Zugang zu öffentlich zugänglichen Telefondiensten über diesen Anschluss (Nr. 2), ein gedrucktes öffentliches Teilnehmerverzeichnis (Nr. 3), ein umfassender öffentlicher Telefonauskunftsdienst (Nr. 4), öffentliche Münz- oder Kartentelefone (Nr. 5) und die unentgeltliche Notruffunktion dieser öffentlichen Telefone (Nr. 6).

53 Vorrang hat zunächst einmal die Erbringung dieser **Leistungen durch private Unternehmen** am Markt. Erst dann, wenn der Markt nicht zu gewährleisten vermag, dass die Universaldienstleistungen ausreichend und angemessen erbracht werden, greift die Gewährleistungsverantwortung des Staates ein. In diesem Fall nämlich verpflichtet das Gesetz (§ 80 TKG) alle Unternehmen, die auf dem jeweiligen Markt tätig sind und einen Marktanteil von mindestens 4% haben, dazu beizutragen, dass der betreffende Universaldienst erbracht werden kann.

54 An der Regelung der **Durchsetzung dieser Verpflichtung** lässt sich gut das Instrumentarium des gewährleistungsstaatlichen Konzepts (→ § 13 Rn. 8 ff.) verdeutlichen:

---

[82] Vgl. BVerwG NVwZ 2007, 1321.
[83] Vgl. BT-Drucks. 15/2315 S. 84.

- Auf der **ersten Stufe** veröffentlicht die Regulierungsbehörde, die Bundesnetzagentur, die Feststellung, welche Universaldienstleistung an welchem Ort nicht angemessen oder ausreichend erbracht wird. Die Unternehmen haben dann einen Monat Zeit, sich zu melden und sich bereit zu erklären, die Universaldienstleistung ohne finanziellen Ausgleich zu erbringen (§ 81 I TKG). Diese erste Stufe setzt also auf **freiwillige Entscheidungen der Unternehmen**.
- Meldet sich kein Unternehmen freiwillig, so folgt die **zweite Stufe**. Auf ihr entscheidet die Bundesnetzagentur nach Anhörung der Unternehmen, ob sie eines oder mehrere Unternehmen **zur Erbringung der Universaldienstleistung verpflichten** will (§ 81 II TKG). Wenn keines der betroffenen Unternehmen hiergegen etwas einzuwenden hat, erfolgt die Verpflichtung. Es handelt sich dabei zwar um eine Heranziehung der Unternehmen durch hoheitlichen Zwang, einen Verwaltungsakt, der jedoch subsidiär ist. Diese Verpflichtung erfolgt nämlich nicht, wenn eines der Unternehmen glaubhaft machen kann, dass es einen finanziellen Ausgleich nach §§ 82, 83 TKG von den anderen Unternehmen verlangen kann, sofern es verpflichtet wird. Auch die zweite Stufe ist also dem Ansatz verpflichtet, die staatliche Gewährleistungsverantwortung möglichst „marktnah" umzusetzen.
- Dies gilt auch noch auf der **dritten Stufe**. Sie kommt zur Anwendung, wenn eines der Unternehmen glaubhaft machen konnte, dass es einen finanziellen Ausgleich beanspruchen könnte, wenn es zur Universaldienstleistung verpflichtet würde. Nunmehr hat die Bundesnetzagentur nochmals nach einer Lösung zu suchen, die „marktähnlich" ist, indem sie die Universaldienstleistung ausschreibt. Die Vergabe erfolgt dann an denjenigen Bewerber, der sich als geeignet erweist und den geringsten finanziellen Ausgleich verlangt (§ 81 III TKG).
- Erst wenn auch dieser Weg nicht zum Ziel führt, weil durch das Ausschreibungsverfahren kein geeigneter Bewerber ermittelt wird, verpflichtet die Bundesnetzagentur auf der **vierten Stufe** zur Erbringung der Universaldienstleistung (§ 81 V TKG). Wird das Unternehmen dadurch unzumutbar, so erhält es auf Antrag einen finanziellen Ausgleich (§ 82 TKG), der von allen Unternehmen, die zur Erbringung des Universaldienstes verpflichtet wären, im Wege einer belastet **Universaldienstabgabe** aufzubringen ist (§ 83 TKG).

> **Lösungshinweise zu Fall 13**
>
> I. Vorgehen des B gegen eine Entgeltgenehmigung
>   1. Verwaltungsrechtsweg eröffnet (§ 40 VwGO) (→ Rn. 18)
>   2. Statthafte Klageart: Anfechtungsklage (§ 42 I VwGO), da die nach § 30 TKG erforderliche Entgeltgenehmigung Verwaltungsakt ist (→ Rn. 49)
>   3. Klagebefugnis (§ 42 II VwGO): B ist zwar nicht Adressat, jedoch sind die Vorschriften über die Entgeltgenehmigung drittschützend (→ Rn. 49)
>   4. Vorverfahren nicht erforderlich (§ 137 II TKG) (→ Rn. 18)
>   5. Anfechtungsklage des B gegen eine dem A erteilte (selbständige) Entgeltgenehmigung wäre ohne Vorverfahren zulässig.
> II. Vorgehen der BNetzA bei Scheitern oder Verzögerung der Verhandlungen
>   1. Nichtzustandekommen eines Vertragsschlusses: Anordnung des Zugangs durch die BNetzA nach § 25 TKG, wobei sowohl die Bedingungen der Zugangsvereinbarung als auch die Entgelte angeordnet werden können (§ 25 V 1 TKG) (→ Rn. 44).
>   2. Verzögerung durch A: Da Verzögerung Missbrauch iSv § 42 III TKG darstellt, kann die BNetzA auch nach § 42 IV TKG vorgehen und dem A die Vorlage eines nachfragegerechten Angebots innerhalb einer bestimmten Frist aufgeben. B könnte ein entsprechendes Einschrei-

> ten der BNetzA mittels einer vor dem Verwaltungsgericht erhobenen Verpflichtungsklage erzwingen (→ Rn. 50).
> III. Vorgehen des A betr. die Entgeltanordnung: Vorgehen nur gegen die gesamte Anordnung (§ 25 VI 3 TKG) (→ Rn. 44)
> IV. Vorgehen des A gegen die Ergebnisse der Marktanalyse: Anfechtungsklage nicht isoliert gegen die Einstufung als marktdominantes Unternehmen möglich, sondern nur gegen die Regulierungsverfügung insgesamt (§ 13 III TKG) (→ Rn. 18).

§ 15. Energiewirtschaft

Literatur: *G. Britz*, Energie, in: Fehling/Ruffert, Regulierungsrecht, 2010, 429; *M. Burgi*, Das subjektive Recht im Energie-Regulierungsverwaltungsrecht, DVBl. 2006, 269; *C. Koenig/J. Kühling/W. Rasbach*, Energierecht, 3. Aufl. 2013; *H. Loibl/T. Becker*, Netzzugangsanspruch unter Berücksichtigung der Neuregelungen des Energiewirtschaftsgesetzes, ET 2006, 60; *C. Nill-Theobald/C. Theobald*, Grundzüge des Energiewirtschaftsrechts, 3. Aufl. 2013; *M. Moser*, Einwirkungsbefugnisse der Bundesnetzagentur auf die Elektrizitätsversorgung, RdE 2007, 343; *J. Oster*, Die Folgen von Fehlern im energierechtlichen Regulierungsverfahren, RdE 2009, 126; *T. Sauerland*, Sind die Vorschriften des Energiewirtschaftsgesetzes über die Entgeltregulierung drittschützend?, RdE 2007, 153; *S. Tüngler*, Die Novellierung des Energiewirtschaftsrechts, JuS 2006, 487.

> **Fall 14**
>
> Landwirt L betreibt seit mehreren Jahren auf seinem Grundstück eine Biogasanlage und speist den dort erzeugten Strom in das Netz des regionalen Energieversorgungsunternehmens E ein. E versorgt vor Ort die meisten Haushalte mit Strom. Als L zusätzlich eine Photovoltaikanlage errichtet und den dadurch erzeugten Strom ebenfalls in das Netz des E einspeisen möchte, weigert sich E unter Hinweis darauf, die zum Grundstück des L führende Niederspannungs-Freileitung, über die L auch die Energie für sein Wohnhaus und ein Stallgebäude bezieht, sei für die Aufnahme der zusätzlichen Energie zu schwach ausgelegt. Eine andere Möglichkeit für L, den durch seine Photovoltaikanlage erzeugten Strom in das Netz einzuspeisen besteht nicht. Sofern L aber darauf bestehe, dass auf den Strommasten eine zusätzliche Leitung angebracht werde, solle er die Kosten hierfür tragen. Außerdem kündigt E an, L für die Versorgung des Wohnhauses und Stallgebäudes künftig übertarifliche Preise in Rechnung zu stellen, da L seine Energieanlagen für den Eigenbedarf nutze. Wie ist die Rechtslage?

I. Regelungsgegenstand und Rechtsquellen

1 Die Energiewirtschaft stellt ein **Referenzgebiet staatlicher Regulierung** (→ § 13 Rn. 2) liberalisierter, d. h. nach Abschaffung staatlicher Monopole dem Wettbewerb einer Vielzahl von Anbietern geöffneter Märkte dar. Der Begriff „Energiewirtschaft" findet in der deutschen Rechtsordnung in unterschiedlich weitem Sinne Verwendung.

1. Energiewirtschaft im weiteren Sinne

2 Art. 74 I Nr. 11 GG führt die Energiewirtschaft als Beispiel für einen dem Recht der Wirtschaft unterfallenden Bereich auf. In diesem Kontext wird dem Begriff „Energiewirtschaft" ein weites Verständnis zugrundegelegt. Demnach umfasst die Energiewirtschaft allgemein die **Herstellung und Verteilung von**

Energie.[1] Eine Konzentration auf bestimmte Energieträger ist damit nicht verbunden, weshalb sämtliche Träger sowohl der Primärenergie, d. h. fossile Energieträger (zB Kohle, Öl und Erdgas), Kernbrennstoffe (zB Uran)[2] und erneuerbare Energien (zB Wasserkraft, Wind- und Solarenergie, Erdwärme, Biomasse) als auch solche der Sekundärenergie (zB Elektrizität) einbezogen sind. Desgleichen ist nicht von Belang, ob die Energieversorgung leitungsgebunden erfolgt oder nicht. Außer Regelungen betreffend die einzelnen Stufen der versorgungsrelevanten Wertschöpfungskette (→ Rn. 4) unterfallen Art. 74 I Nr. 11 GG zudem Maßnahmen zur **Einsparung**[3] sowie zur **Sicherung**[4] **von Energie**.

2. Energiewirtschaft im engeren Sinne (Elektrizitäts- und Gaswirtschaft)

Das EnWG, welches den Schwerpunkt dieses Kapitels bildet, verwendet den Begriff 3 „Energiewirtschaft" in einem engeren Sinne. Regelungsgegenstand des EnWG ist nämlich (nur) die **leitungsgebundene Versorgung** der Allgemeinheit mit **Elektrizität und Gas** (§ 1 I, § 3 Nr. 14 EnWG). **Leitungsgebundenheit** bedeutet, dass die Versorgung nicht über die gewöhnlichen Verkehrswege, sondern über besonders hierfür errichtete Netze erfolgt. Infolge der Beschränkung des Anwendungsbereichs auf die Elektrizitäts- und Gaswirtschaft sind weitere der → Rn. 2 genannten (primären) Energieträger ausgeschlossen, desgleichen die Fernwärmeversorgung, infolge des Erfordernisses der Leitungsgebundenheit aber zB auch die Flaschengasversorgung.[5]

Der Begriff der **Versorgung** umfasst die Erzeugung oder Gewinnung von Energie 4 zur Belieferung von Kunden, den Betrieb eines Energieversorgungsnetzes und den Vertrieb von Energie an Kunden (§ 3 Nr. 36 EnWG). Damit bezieht sich der Regelungsbereich des EnWG auf folgende **drei Stufen der Wertschöpfungskette**[6]:

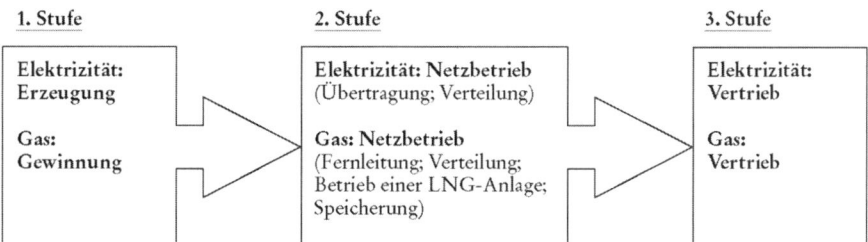

Da **Energieanlagen** iSv § 3 Nr. 15 EnWG lediglich Anlagen zur Erzeugung, Spei- 5 cherung, Fortleitung oder Abgabe von Energie – einschließlich der Stromverteilanlagen der Letztverbraucher[7] sowie der letzten Gasabsperreinrichtung vor der Verbrauchsanlage – sind, liegen der 1. Stufe vorgelagerte Anlagen zur Herstellung von

---

[1] Vgl. etwa BT-Drucks. 7/4575 S. 7 zum EnEG; *C. Degenhart*, in: Sachs, GG Art. 74 Rn. 46.
[2] Hierzu enthält Art. 73 I Nr. 14 GG eine eigenständige Kompetenznorm.
[3] So zum EnEG explizit BT-Drucks. 7/4575 S. 7.
[4] *J.-C. Pielow*, in: Ehlers/Fehling/Pünder I § 22 Rn. 2. Wichtige Bestimmungen hierzu enthalten das EnSiG, das ErdölBevG und – bezogen auf die Elektrizitäts- und Gasversorgung – § 50 EnWG. Während die Verordnungsermächtigung in § 1 EnSiG an eine unmittelbare Gefährdung oder Störung der Energieversorgung anknüpft, setzen die Regelungen zur Bevorratung von Erdöl und Primärenergie für die Elektrizitäts- und Gasversorgung keine solche Krisensituation voraus.
[5] Vgl. *J. Hellermann/G. Hermes*, in: Britz/Hellermann/Hermes, EnWG § 1 Rn. 19 f.
[6] Diese Dreiteilung der Wertschöpfungskette folgt der Systematik des EnWG.
[7] **Letztverbraucher** sind Kunden, die Energie für den eigenen Verbrauch kaufen (§ 3 Nr. 25 EnWG).

Energieanlagen sowie Anlagen zur Gewinnung der Primärenergie, aus der Elektrizität erzeugt wird (zB Bergwerke, Erzgruben), außerhalb der versorgungsrelevanten Wertschöpfungskette; gleiches gilt für Anlagen jenseits der 3. Stufe wie etwa Lampen, Heizungen, Herde etc.[8]

6 Die Unterscheidung der drei Stufen der Wertschöpfungskette spielt u. a. eine Rolle bei der **Entflechtung vertikal integrierter Unternehmen** gemäß §§ 6ff. EnWG (sog. „**Unbundling**"). Als vertikal integriert gelten Unternehmen oder Unternehmensgruppen, die mindestens eine Funktion des Netzbetriebs auf der 2. Stufe (d. h. Übertragung oder Verteilung von Elektrizität bzw. Fernleitung, Verteilung, LNG-Anlagenbetrieb [§ 3 Nr. 26 EnWG] oder Speicherung von Gas) und zugleich eine Funktion auf der 1. Stufe und/oder der 3. Stufe der Wertschöpfungskette wahrnehmen (§ 3 Nr. 38 EnWG). Das EnWG sieht hier aus Transparenz- (insbesondere Vermeidung verdeckter Quersubventionierungen) und Wettbewerbsgründen – ohne Eingriff in die Eigentumsverhältnisse – die Sicherstellung rechtlicher und operationeller Unabhängigkeit der verschiedenen Tätigkeitsbereiche sowie verschärfte Anforderungen an Rechnungslegung und interne Buchführung vor.

3. Wesentliche Rechtsquellen der Elektrizitäts- und Gaswirtschaft

7 Die Regelung der deutschen Elektrizitäts- und Gaswirtschaft im EnWG wurde im Wesentlichen durch **sekundäres Unionsrecht** veranlasst, nämlich durch die Elektrizitätsrichtlinie 2003/54/EG[9], die Gasrichtlinie 2003/55/EG[10], die Richtlinie 2004/67/EG über Maßnahmen zur Gewährleistung der sicheren Erdgasversorgung[11], die Endenergieeffizienzrichtlinie[12] und die Verordnung Nr. 1228/2003 zum grenzüberschreitenden Stromhandel[13].

Im **innerstaatlichen Recht** stellen außer dem EnWG das EEG und das KWKG bedeutsame Rechtsquellen dar. Auf Verordnungsebene sind vornehmlich die auf das EnWG gestützten Anreizregulierungsverordnung (ARegV), Stromnetzzugangsverordnung (StromNZV), Gasnetzzugangsverordnung (GasNZV), Stromgrundversorgungsverordnung (StromGVV), Gasgrundversorgungsverordnung (GasGVV), Kraftwerks-Netzanschlussverordnung (KraftNAV), Stromnetzentgeltverordnung (StromNEV), Gasnetzentgeltverordnung (GasNEV), Niederspannungsanschlussverordnung (NAV) sowie Niederdruckanschlussverordnung (NDAV) zu erwähnen, desgleichen die Konzessionsabgabenverordnung (KAV).

8 Neben diesen energiewirtschaftsspezifischen Regelwerken spielen im Hinblick auf die Errichtung und den Betrieb von Energieanlagen Vorschriften des **Planungs-** und des **Anlagenzulassungsrechts** (zB Bauplanungs- und Bauordnungsrecht, Immissionsschutzrecht, UVP-Recht, Wasserrecht, Naturschutzrecht) eine herausragende

---

[8] Vgl. *Büdenbender*, EnWG § 2 Rn. 24 ff.
[9] RL 2003/54/EG v. 26.6.2003 über gemeinsame Vorschriften für den Elektrizitätsbinnenmarkt und zur Aufhebung der Richtlinie 96/92/EG, ABl. Nr. L 236/10, aufgehoben durch die RL 2009/72/EG v. 13.7.2009 über gemeinsame Vorschriften für den Elektrizitätsbinnenmarkt, ABl. Nr. L 211/55.
[10] RL 2003/55/EG v. 26.6.2003 über gemeinsame Vorschriften für den Erdgasbinnenmarkt und zur Aufhebung der Richtlinie 98/30/EG, ABl. Nr. L 176/57, aufgehoben durch die RL 2009/73/EG v. 13.7.2009 über gemeinsame Vorschriften für den Erdgasbinnenmarkt, ABl. Nr. L 211/94.
[11] RL 2004/67/EG v. 26.4.2004 über Maßnahmen zur Gewährleistung der sicheren Erdgasversorgung, ABl. Nr. L 127/92.
[12] RL 2006/32/EG v. 5.4.2006 über Endenergieeffizienz und Energiedienstleistungen, ABl. Nr. L 114/64.
[13] VO (EG) Nr. 1228/2003 v. 26.6.2003 über die Netzzugangsbedingungen für den grenzüberschreitenden Stromhandel, ABl. Nr. L 233/3; aufgehoben durch die VO (EG) Nr. 714/2009 v. 13.7.2009 über die Netzzugangsbedingungen für den grenzüberschreitenden Stromhandel, ABl. Nr. L 211/15.

Rolle. Bezüglich der mannigfaltigen vertraglichen Beziehungen zwischen Energieversorgungsunternehmen sowie zwischen diesen und den Kunden sei auf das **Zivilrecht** verwiesen. Soweit nicht durch das EnWG als Spezialgesetz ausgeschlossen (→ Rn. 28), findet schließlich ergänzend auch das **allgemeine Wettbewerbsrecht** Anwendung.

II. Zulassung von Energieversorgern und Energieanlagen

1. Zulassung von Energieversorgungsunternehmen

a) Aufnahme des Netzbetriebs

Gemäß § 4 I 1 EnWG ist für die Aufnahme des **Betriebs eines Energieversorgungsnetzes** bei der nach Landesrecht zuständigen Behörde eine **Genehmigung** einzuholen. Im Unterschied zu § 3 EnWG 1998 erstreckt sich die Zulassung von Energieversorgungsunternehmen damit nicht mehr auch auf die „Versorgung anderer", d. h. die 3. Stufe der Wertschöpfungskette, sondern nur noch auf den Netzbetrieb, d. h. die 2. Stufe. Die Genehmigung ergeht als **gebundene Entscheidung** und darf nur aus Gründen mangelnder personeller, technischer oder wirtschaftlicher Leistungsfähigkeit sowie Zuverlässigkeit des Antragstellers versagt werden; aus den gleichen Gründen kann auch der Betrieb einer ursprünglich nicht genehmigungspflichtigen Anlage[14] untersagt werden (§ 4 II EnWG). Handelt es sich um den **Betrieb eines Transportnetzes** im Sinne von § 3 Nr. 31d EnWG, also um ein Netz zur Weiterleitung von Strom und Gas ohne Belieferung des Endkunden, so ist eine **Zertifizierung** nach § 4a EnWG erforderlich. Die Zertifizierung ist durch die BNetzA zu erteilen, wenn die gesetzlich benannten Voraussetzungen erfüllt sind (§ 4a III EnWG).

9

b) Anzeige der Energiebelieferung von Haushaltskunden

Bezüglich der auf der 3. Stufe der Wertschöpfungskette erfolgenden **Belieferung der Haushaltskunden**[15] statuiert § 5 EnWG für bestimmte Tatbestände (Aufnahme und Beendigung der Tätigkeit, Änderungen der Firma) eine **Anzeigepflicht** gegenüber der Regulierungsbehörde. Die Regulierungsbehörde kann die Tätigkeit ganz oder teilweise untersagen, wenn die Leistungsfähigkeit oder Zuverlässigkeit des Energieversorgungsunternehmens nicht gewährleistet ist.

10

2. Zulassung von Energieanlagen

Für die Zulassung der Errichtung und des Betriebs von Energieanlagen gelten die außerhalb des EnWG normierten **Genehmigungstatbestände des Anlagenzulassungsrechts**[16]. Allerdings finden sich auch speziell energierechtlich geregelte Zulassungsverfahren:

11

---

[14] Zu den Anwendungsfällen *G. Hermes*, in: Britz/Hellermann/Hermes, EnWG § 4 Rn. 44 ff.
[15] **Haushaltskunden** sind solche Letztverbraucher, die Energie überwiegend für den Eigenverbrauch entweder im Haushalt oder – bis maximal 10 000 kWh jährlich – im Rahmen ihrer Erwerbstätigkeit kaufen (§ 3 Nr. 22 EnWG).
[16] Hierzu im Einzelnen *M. Fehling*, in: Schneider/Theobald, Recht der Energiewirtschaft, 3. Aufl. 2011, § 8.

- §§ 43–45b EnWG betreffen Hochspannungsfreileitungen außerhalb des Bahnbereichs mit einer Nennspannung von mindestens 110 kV, Gasversorgungsleitungen mit einem Durchmesser von mehr als 300 mm, bestimmte Hochspannungsleitungen zur Netzanbindung von Offshore-Anlagen und – unter gewissen Voraussetzungen – grenzüberschreitende Gleichstrom-Hochspannungsleitungen. Diese bedürfen der **Planfeststellung** (§ 43 I EnWG). Neben den Bestimmungen der §§ 43–45b EnWG sind für das Verfahren die §§ 72 ff. VwVfG maßgeblich.[17] In materieller Hinsicht muss das Vorhaben insbesondere den allgemeinen Zielen der Energiewirtschaft gemäß § 1 EnWG (sichere, preisgünstige, verbraucherfreundliche, effiziente und umweltverträgliche Versorgung) genügen. Für bestimmte Vorhaben im Bereich der Höchstspannungsnetze mit einer Nennspannung von 380 Kilovolt oder mehr, für die ein vordringlicher Bedarf besteht und die deshalb in einen Bedarfsplan aufgenommen werden, steht nach § 1 des Gesetzes zum Ausbau von Energieleitungen (EnLAG) die Übereinstimmung mit den Zielsetzungen des § 1 EnWG bereits Kraft Gesetzes fest.
- Die **Planung für Übertragungsnetze**, d. h. solcher Netze, die dem Transport von Elektrizität über ein Höchstspannungs- und Hochspannungsverbundnetz dienen (§ 3 Nr. 32 EnWG), vollzieht sich über die Stufen der Erarbeitung eines gemeinsamen Szenariorahmens durch die Betreiber von Übertragungsnetzen (§ 12a EnWG), des auf diesem Szenariorahmen fußenden, von den Betreibern von Übertragungsnetzen der Regulierungsbehörde zur Bestätigung vorzulegenden gemeinsamen nationalen Netzentwicklungsplans (§ 12b EnWG) und des durch den Bundesgesetzgeber zu erlassenden Bundesbedarfsplans (§ 12e EnWG).
- Weitere Regelungen zur Beschleunigung des **Ausbaus von Höchstspannungsleitungen** im Zuge des sog. Ausstiegs aus der Kernenergienutzung in der ersten Hälfte des Jahres 2011 sind durch sind durch das Netzausbauplanungsbeschleunigungsgesetz Übertragungsnetz (NABEG) getroffen worden. Dieses Gesetz gilt nur für die Errichtung oder Änderung von länderübergreifenden oder grenzüberschreitenden Höchstspannungsleitungen und Anbindungsleitungen von den Offshore-Windpark-Umspannwerken zu Netzverknüpfungspunkten an Land (§ 2 I NABEG). Durch die Bundesfachplanung werden von der BNetzA Trassenkorridore für Höchstspannungsleitungen bestimmt (§ 5 I NABEG). Die Entscheidung über die Bundesfachplanung ist in einem späteren Verfahren zur Planfeststellung einer Höchstspannungsleitung verbindlich (§ 15 I 2 NABEG).

12 Mit Blick auf die technisch-gefahrenvorsorgende Komponente des Ziels der Versorgungssicherheit enthält § 49 I EnWG die spezielle Vorgabe, Energieanlagen unter **Gewährleistung der technischen Sicherheit** und Beachtung der allgemein anerkannten Regeln der Technik zu errichten und zu betreiben. § 49 V EnWG ermächtigt die nach Landesrecht zuständigen Behörden zu einzelfallbezogenen Maßnahmen zur Sicherstellung der Anforderungen an die technische Sicherheit. Diese Regelungen treten zu sonstigen, insbesondere umweltrechtlichen Bestimmungen (zB des BImSchG) hinzu und lassen die dort vorgesehenen Anforderungen und Kompetenzen unberührt; gleiches gilt umgekehrt.[18]

13 Speziell in Bezug auf den **Netzbetrieb** verpflichten §§ 11 ff. EnWG die Betreiber der Energieversorgungsnetze außerdem auf Sicherheit, Zuverlässigkeit und Leistungsfähigkeit des Netzes sowie auf Diskriminierungsfreiheit des Betriebs sowie bei Bedarf auf einen wirtschaftlich zumutbaren Ausbau. Diese Aufgaben korrespondieren mit einer **Systemverantwortung**, wonach die Netzbetreiber nach einem gestuften Maßnahmenkatalog auf Gefährdungen oder Störungen der Sicherheit oder Zuverlässigkeit des jeweiligen

---

[17] Im Einzelnen *W. Durner*, in: Ziekow, Praxis des Fachplanungsrechts, 2004, Rn. 2516 ff.
[18] Vgl. *J. Hellermann/G. Hermes*, in: *Britz/Hellermann/Hermes*, EnWG § 1 Rn. 14 f.

Versorgungssystems zu reagieren und die Regulierungsbehörde zu unterrichten haben. Kommt ein Betreiber diesen Pflichten nicht nach, kann er hierzu gemäß § 65 II EnWG durch die nach Maßgabe von § 54 EnWG zuständige (→ Rn. 22) Regulierungsbehörde angehalten werden.

III. Regulierung des Betriebs von Energieversorgungsnetzen

1. Netzanschluss

Damit die Energie über sämtliche Glieder der Wertschöpfungskette vom Erzeuger zum Kunden gelangt, müssen Erzeugungs- und Speicheranlagen, vor- und nachgelagerte Netze und Leitungen sowie Letztverbraucher an das Netz angeschlossen sein. Entsprechend sind die Netzbetreiber gemäß § 17 I EnWG **zum Netzanschluss verpflichtet**, wobei die Bedingungen hierfür angemessen, nichtdiskriminierend und transparent sein müssen und nicht ungünstiger sein dürfen als diejenigen, die unternehmensintern oder im Verhältnis zu verbundenen Unternehmen für vergleichbare Leistungen zur Anwendung kommen. Der Anschluss kann mit substantiierter Begründung verweigert werden, wenn er aus betriebsbedingten oder sonstigen wirtschaftlichen oder technischen Gründen nicht möglich oder unzumutbar ist (§ 17 II EnWG). Einzelheiten zum Netzanschluss sind durch Rechtsverordnung aufgrund § 17 III EnWG geregelt worden[19]. 14

Bezogen auf **Netze der allgemeinen Versorgung**, d. h. solche, die grundsätzlich für die Versorgung jedes Letztverbrauchers offen stehen (§ 3 Nr. 17 EnWG), sieht § 18 I EnWG abweichend von § 17 EnWG für den Anschluss von Letztverbrauchern an das Niederspannungs- bzw. Niederdrucknetz eine **allgemeine Anschlusspflicht** zu vorab veröffentlichten Bedingungen vor. Eine Ausnahme gilt bei wirtschaftlicher Unzumutbarkeit. Desgleichen können sich Betreiber von Stromerzeugungsanlagen zum Eigenbedarf nicht auf die allgemeine Anschlusspflicht, sondern nur auf § 17 EnWG berufen (§ 18 II EnWG). 15

Im Zusammenhang mit dem Netzanschluss **privilegiert** sind **Anlagen zur Erzeugung von Strom aus Erneuerbaren Energien und aus Grubengas** sowie bestimmte **Anlagen der Kraft-Wärme-Kopplung (KWK)**. So besteht für beide Anlagentypen eine vorrangige Anschlusspflicht (§ 5 I EEG, § 4 I KWKG). Verpflichtet ist der jeweils standortnächste Betreiber eines technisch geeigneten Netzes der allgemeinen Versorgung, dem zur Herstellung der technischen Eignung sogar ein wirtschaftlich zumutbarer Netzausbau angesonnen werden kann (§ 5 IV, § 9 EEG). Ferner gilt die Ausnahme von der allgemeinen Anschlusspflicht bei Eigenanlagen (→ Rn. 31) gemäß § 18 II 3 EnWG bei Erneuerbaren Energien nicht und bei KWK-Anlagen nur im Falle einer elektrischen Leistung über 150 kW. 16

Im Fall 14 handelt es sich bei Biogas und Photovoltaik jeweils um Erneuerbare Energien iSv § 3 I Nr. 3 EEG. L kann unverzüglich den vorrangigen Anschluss auch der Photovoltaikanlage verlangen (§ 5 EEG), und zwar zu den vorab veröffentlichten allgemeinen Bedingungen gemäß § 18 I EnWG, da sich E nicht auf die Nutzung der Anlagen für den Eigenbedarf berufen kann (§ 18 II 3 EnWG). E muss hierfür auf seine Kosten das Netz ausbauen und die zusätzliche Leitung legen (§ 14 EEG). Die Anschluss- und Kostentragungspflicht des E wird nicht dadurch ausgeschlossen, dass die Freileitung allein L versorgt, da auch eine solche Leitung zum Netz der allgemeinen Versorgung gehört.[20] L trägt lediglich die Kosten für den Anschluss der Photovoltaikanlage an die (verstärkte) Leitung (§ 13 I EEG).

---

[19] Kraftwerks-Netzanschlussverordnung v. 26.6.2007, BGBl. I 1187.
[20] BGH NJW-RR 2005, 565 (566) m. N. auch zur abweichenden Ansicht.

2. Netzzugang

a) Anspruch auf Netzzugang

17 Weiteres Kernstück der Regulierung des Netzbetriebs ist die Verpflichtung der Netzbetreiber, jedermann diskriminierungsfrei zu vorab veröffentlichten Bedingungen den **Zugang zum Netz zu gewähren** und den Begünstigten damit den Transport von Energie über das Netz zu ermöglichen (§ 20 I EnWG).

Diese Verpflichtung trägt dem Umstand Rechnung, dass bei Energieversorgungsnetzen, d. h. auf der 2. Stufe der Wertschöpfungskette, ein Marktversagen in Form eines sog. **natürlichen Monopols** des Betreibers vorliegt. Hierfür ist kennzeichnend, dass der Markt angesichts spezifischer Kostenstrukturen (zB hohe Fixkosten, Verbundvorteile) effizienter durch nur einen einzelnen Anbieter bedient werden kann als durch mehrere und die Investitionskosten für das Netz mangels anderweitiger Verwendbarkeit irreversibel sind.[21]

18 Den nach den Vorgaben sekundären Unionsrechts (→ Rn. 7) ausgestalteten §§ 20–25 EnWG liegt die Konzeption des **regulierten Netzzugangs** zugrunde. Dieser ist an die Stelle des in §§ 5 ff. EnWG 1998 verwirklichten verhandelten Netzzugangs getreten. Einen verhandelten Netzzugang sehen §§ 26–28 EnWG nunmehr noch für die vorgelagerten Gasrohrleitungsnetze und -speicheranlagen vor.

19 Der Netzzugang erfolgt auf Basis von **Verträgen zwischen dem Betreiber und dem Netznutzer** (§ 20 Ia, Ib EnWG). Hinsichtlich des Vertragsschlusses besteht im Bereich des regulierten Netzzugangs ein **Kontrahierungszwang** (§ 24 I, § 25 I StromNZV, § 3 GasNZV).[22] Allerdings kann der Netzbetreiber mit substantiierter Begründung wiederum den Zugang zum Netz verweigern, wenn ihm dies aus betriebsbedingten oder sonstigen Gründen unmöglich oder unzumutbar ist (§ 20 II, § 25 EnWG). Der Netzzugang darf ebenso wie der Netzanschluss nur zu angemessenen, nichtdiskriminierenden und transparenten Bedingungen und Entgelten erfolgen, die außerdem nicht ungünstiger sind als diejenigen, welche unternehmensintern oder im Verhältnis zu verbundenen Unternehmen für vergleichbare Leistungen zur Anwendung kommen (§ 21 I EnWG).

b) Entgelte für den Netzzugang

20 Hinsichtlich der **Bildung der Entgelte** für den Netzzugang sind drei Modelle vorgesehen:

- als Regelfall die **kostenorientierte Entgeltbildung**, wonach die Kosten der einem effizienten und strukturell vergleichbaren Netzbetreiber entsprechenden Betriebsführung unter Berücksichtigung von Effizienzanreizen und einer angemessenen Kapitalverzinsung zugrunde gelegt werden (§ 21 II 1 EnWG, §§ 3 ff. StromNEV; §§ 3 ff. GasNEV)[23];

---

[21] Vgl. *S. Braun*, Der Zugang zu wirtschaftlicher Netzinfrastruktur, 2003, S. 74 ff.; *J. Kühling*, Sektorspezifische Regulierung in den Netzwirtschaften, 2004, S. 35 ff. Auch BT-Drucks. 15/3917 S. 51 zum EnWG 2005 und BGHZ 155, 141 (150) verweisen auf den Charakter der Netze als natürliche Monopole.

[22] So auch *J. Kühling/S. el-Barudi*, DVBl. 2005, 1470 (1474 f.), die für §§ 26–28 EnWG demgegenüber statt des Kontrahierungszwangs von einem gesetzlichen Schuldverhältnis mit unmittelbar gerichtlich durchsetzbarem Zugangsanspruch ausgehen; zu dieser bereits im Rahmen von §§ 6, 6a EnWG 1998 virulenten Streitfrage *Büdenbender*, EnWG § 5 Rn. 71 ff.

[23] Zum Effizienzkostenmaßstab *F. J. Säcker/J. Meinzenbach*, RdE 2009, 1.

- als Variante der Kostenorientierung die **anreizorientierte Entgeltbildung** gemäß § 21a EnWG iVm der Anreizregulierungsverordnung, wonach dynamische Obergrenzen für die Entgelte (oder für die Gesamterlöse aus den Entgelten) festgelegt werden, die sich aus unbeeinflussbaren und beeinflussbaren Kostenanteilen errechnen; hierbei werden bezüglich der beeinflussbaren Kosten diverse Effizienzvorgaben gemacht. Die Anreizwirkung dieser Regulierung liegt darin, dass die Entgelthöhe von der tatsächlichen Kostenentwicklung abgekoppelt wird und erzielte Effizienzgewinne im Unternehmen verbleiben[24];
- eine **vergleichsmarktorientierte Entgeltbildung** ist im Bereich der Gasfernleitungsnetze verwirklicht (§ 3 II, § 19 GasNEV).

Die kostenorientiert gebildeten Entgelte bedürfen einer **Genehmigung der Regulierungsbehörde**, bis auf der Grundlage der Anreizregulierungsverordnung die Entgelte durch Festlegung[25] oder Genehmigung der Regulierungsbehörde angeordnet worden sind (§ 23a I, § 21a VI 1 Nr. 3 EnWG).[26] Die Genehmigung ist mindestens sechs Monate vor Wirksamwerden der Entgelte zu beantragen und ergeht als gebundene Entscheidung unter Befristung und Widerrufsvorbehalt; Bedingungen und Auflagen sind zulässig. § 23a IV 2, 3 EnWG sieht für den Fall der Säumigkeit der Behörde sechs Monate nach Vollständigkeit der Unterlagen eine bedingte Genehmigungsfiktion vor.

Zuständige Behörde ist nach Maßgabe von § 54 I, II EnWG die **Landesregulierungsbehörde** für Energieversorgungsunternehmen, an deren Elektrizitäts- oder Gasverteilernetz weniger als 100 000 Kunden unmittelbar oder mittelbar angeschlossen sind, es sei denn, das Netz reicht über die Ländergrenze hinaus. Im Übrigen ist die **Bundesnetzagentur** zuständig, die regelmäßig durch Beschlusskammern entscheidet (§ 59 I EnWG).

c) Sonderbestimmungen des EEG und KWKG

In Bezug auf den Netzzugang bestehen Sonderregelungen für Erneuerbare Energien und KWK. So unterliegen die Betreiber des jeweils nächstgelegenen Netzes der allgemeinen Versorgung der Pflicht, Anlagen zur Erzeugung von **Strom aus Erneuerbaren Energien und aus Grubengas** unverzüglich vorrangig an das Netz anzuschließen (§ 5 I EEG) und den genannten Strom vorrangig abzunehmen, zu übertragen und zu verteilen (§ 8 I EEG). Falls das Netz oder ein Netzbereich durch angeschlossene EEG-Anlagen bereits ausgelastet ist, besteht gleichwohl die Verpflichtung zum Netzanschluss (§ 5 IV EEG). In diesem Fall hat der Netzbetreiber seine Netze zu verstärken und auszubauen (§ 9 EEG). Der Netzbetreiber kann der anzuschließenden Anlage allerdings einen anderen Verknüpfungspunkt zuweisen (§ 5 III 1 EEG). Der abgenommene Strom ist nach Maßgabe der §§ 16 ff. EEG je nach Energiequelle und Anlage zu vergüten. Die Abnahme- und Vergütungspflichten dürfen nicht von einem Vertragsschluss abhängig gemacht werden (§ 4 I EEG); insofern liegt hier – abweichend von §§ 20 ff. EnWG, wo lediglich ein Kontrahierungszwang begründet wird (→ Rn. 19) – ein gesetzliches Schuldverhältnis vor.[27]

---

[24] Zur Anreizregulierung *F. J. Säcker*, NR 2009, 78.
[25] Zur Einordnung des neuen, sich je nach inhaltlicher Ausgestaltung und Größe des Betroffenenkreises im Grenzbereich zwischen konkreter und abstrakter Regelung bewegenden Instruments „Festlegung" in die Handlungsformenlehre des deutschen Verwaltungsrechts *J.-C. Pielow*, DÖV 2005, 1017 (1021 ff.).
[26] **Lesen Sie** bitte zur Frage, ob die Vorschriften des EnWG über die Entregulierung drittschützende Wirkung haben, *T. Sauerland*, RdE 2007, 153.
[27] So explizit BT-Drucks. 15/2864 S. 45; im Ergebnis ebenso, wenngleich ohne Festlegung auf die Rechtsnatur, bereits die Rspr. zu §§ 3, 4 EEG 2000, vgl. BGHZ 155, 141 (159 ff.); BGH NVwZ 2006, 732 (733).

> Im Fall 14 ist der Netzbereich bereits durch den Strom aus der Biogasanlage ausgelastet, so dass E keine vorrangige Abnahme des Solarstroms verlangen kann. Da keine andere Möglichkeit für L besteht, seine Photovoltaikanlage an einem anderen Verknüpfungspunkt an das Netz anzuschließen, könnte E ihn auch nicht (auf der Grundlage des § 5 III EEG) auf diese Möglichkeit verweisen. L kann daher von E den Netzausbau verlangen (§ 5 IV iVm § 9 EEG). Der abgenommene Strom ist sodann unabhängig von einem Vertragsschluss nach §§ 16 ff. EEG zu vergüten.

24 Auch für den in **KWK-Anlagen** erzeugten Strom besteht eine Abnahmepflicht (§ 4 I KWKG). Als Vergütung sind ein vereinbarter Preis und ein gesetzlicher Zuschlag zu entrichten. Kommt hinsichtlich des Preises keine Vereinbarung zustande, gilt für diesen Vergütungsteil der „übliche", in Orientierung an der Strombörse ermittelte Preis oder der seitens eines kaufbereiten Dritten angebotene Preis (§ 4 III KWKG). Die Höhe des Zuschlags richtet sich gemäß § 7 KWKG nach Anlagenalter und -typ.

3. Missbrauchsaufsicht und Sanktionen

25 Um missbräuchlichem Verhalten von Netzbetreibern bei der Wahrnehmung ihrer Marktstellung zu begegnen, sehen §§ 30–33 EnWG spezielle **Eingriffsbefugnisse der Regulierungsbehörden** sowie Rechtsschutzmöglichkeiten der Betroffenen vor. Als missbräuchlich gelten Verstöße gegen die Vorschriften betreffend Netzanschluss und Netzbetrieb, Wettbewerbsbehinderungen, ungerechtfertigte Ungleichbehandlungen oder Begünstigungen sowie nicht marktgerechte oder diskriminierende Entgeltregelungen und Geschäftsbedingungen (§ 30 I 2 EnWG).

> Im Fall 14 liegt mit der Weigerung des E, den Netzausbau auf seine Kosten vorzunehmen, die Photovoltaikanlage anzuschließen und den Strom abzunehmen, ein missbräuchliches Verhalten vor.

26 Gegen derartige Missbräuche steht der nach Maßgabe von § 54 EnWG zuständigen (→ Rn. 22) Regulierungsbehörde folgendes **Instrumentarium** zur Verfügung:

- Gemäß § 30 II EnWG kann die Regulierungsbehörde den Netzbetreiber zur **Einstellung seines Verhaltens** verpflichten und die hierzu wirksamen Maßnahmen treffen, etwa eine Änderung der Entgelte und Bedingungen verlangen oder einen rechtswidrig verweigerten Netzanschluss oder Netzzugang anordnen.
- Im Wege eines **besonderen Missbrauchsverfahrens** (§ 31 EnWG) können in ihren Interessen erheblich berührte Personen und Personenvereinigungen, darunter auch Verbraucherzentralen und sonstige öffentlich geförderte Verbraucherverbände,[28] eine Überprüfung des Verhaltens des Netzbetreibers auf Rechtmäßigkeit beantragen, die regelmäßig innerhalb von zwei Monaten ab Vollständigkeit des Antrags mit einer Entscheidung gemäß § 73 I EnWG oder einer Mitteilung abzuschließen ist.
- Bei vorsätzlichen oder fahrlässigen Verstößen ist die Regulierungsbehörde gemäß § 33 EnWG befugt, den dadurch erlangten **wirtschaftlichen Vorteil abzuschöpfen** und das Unternehmen zu einer entsprechenden Zahlung zu verpflichten, so-

---

[28] Die Verbände sind bereits antragsbefugt, wenn sich die Entscheidung der Regulierungsbehörde auf eine Vielzahl von Verbrauchern auswirkt und letztere damit in ihrer Gesamtheit erheblich betroffen sind. Kritisch zu dieser weitreichenden Popularantragsbefugnis *C. Antweiler/F. Nieberding*, NJW 2005, 3673 (3674).

fern der Vorteil nicht bereits durch Schadensersatzleistungen, Bußgelder oder Verfallsanordnungen abgeschöpft ist.

- Maßnahmen gegen Missbräuche können ferner auf die **allgemeine Eingriffsbefugnisnorm des § 65 EnWG** gestützt werden, die neben § 30 II EnWG Anwendung findet (§ 65 IV EnWG).
- Gemäß § 95 I Nr. 4 EnWG kann die Regulierungsbehörde ein **Bußgeld** verhängen. Hinsichtlich der Zuständigkeitsverteilung verweist § 95 V EnWG hier ebenfalls auf § 54 EnWG.

Wie für ein Vorgehen gemäß § 65 EnWG gelten auch für die in den §§ 30 ff. EnWG speziell auf Missbräuche zugeschnittenen Maßnahmen ergänzend die **Verfahrensbestimmungen der §§ 66 ff. EnWG** (§ 55 I EnWG). Die Regulierungsbehörde kann also die dort vorgesehenen Ermittlungs- und damit verbundenen Eingriffsbefugnisse wahrnehmen. Gegen **Entscheidungen der Regulierungsbehörde** steht den Beteiligten gemäß §§ 75 ff. EnWG die **Beschwerde zum OLG** zu, dessen Entscheidungen im Falle der Zulassung durch das OLG wiederum mit der Rechtsbeschwerde (bzw. einer Nichtzulassungsbeschwerde) zum BGH angefochten werden können (§§ 86 ff. EnWG). Regulierungsbehördliche Entscheidungen sind somit – in Parallele zu §§ 63 ff. GWB und anders als im Telekommunikationsrecht (→ § 14 Rn. 18) – nicht auf den Verwaltungsrechtsweg, sondern an die Kartellsenate (§§ 106–108 EnWG) verwiesen. **Entscheidungen der nach Landesrecht zuständigen Behörden**, etwa betreffend die Zulassung von Energieversorgungsunternehmen gemäß § 4 EnWG (→ Rn. 9), sowie Planfeststellungsbeschlüsse (§§ 43 ff. EnWG, → Rn. 11), sind dagegen weiterhin nach §§ 40 ff. VwGO anfechtbar. 27

Eine Missbrauchsaufsicht der Kartellbehörden gemäß §§ 19, 20 GWB im Zusammenhang mit der Regulierung des Netzbetriebs, d. h. der 2. Stufe der Wertschöpfungskette, ist gemäß § 111 I, II EnWG ausgeschlossen.[29] Im Bereich des Vertriebs (3. Stufe) bleiben die **Aufgaben und Befugnisse der Kartellbehörden** unberührt, d. h. die Strom- und Gaslieferverträge mit den Kunden unterliegen der Prüfung nach Maßgabe des GWB. In diesem Zusammenhang schließt § 111 III EnWG dann allerdings konsequenterweise eine Inzidentprüfung der vom GWB ausgenommenen Netzentgelte durch die Kartellbehörden aus. 28

Zusätzlich zur Einschaltung der Regulierungsbehörde räumt § 32 EnWG den Betroffenen sowie rechtsfähigen Interessenverbänden zivilrechtliche **Beseitigungs- oder Unterlassungs- sowie Schadensersatzansprüche** ein, wobei die negatorischen Ansprüche bereits bei drohender Zuwiderhandlung eingreifen und auch bei Mitwirkung des Betroffenen am Verstoß nicht ausgeschlossen sind. Die in § 32 IV EnWG angeordnete Bindung des Gerichts an die Feststellung des Verstoßes in bestandskräftigen Entscheidungen gemäß § 31 EnWG erleichtert den Betroffenen die Durchsetzung dieser Ansprüche. 29

Auch für die bürgerlichrechtlichen Streitigkeiten enthält das EnWG **spezielle Bestimmungen**, so etwa die ausschließliche erstinstanzliche Zuständigkeit des Landgerichts (§ 102 I EnWG) sowie besondere Beteiligungsrechte der Regulierungsbehörde (§ 104 EnWG).

> Im Fall 14 kann L wahlweise oder auch kumulativ die Regulierungsbehörde anrufen und den Zivilrechtsweg beschreiten.

---

[29] Hierzu näher *C. Antweiler/F. Nieberding*, NJW 2005, 3673 (3675 f.).

IV. Versorgung der Letztverbraucher

1. Grundversorgungspflicht

30 Auf der 3. Stufe der Wertschöpfungskette sind Energieversorgungsunternehmen, die als Grundversorger fungieren, verpflichtet, in ihrem Netzgebiet sämtliche Haushaltskunden (→ Rn. 10) zu vorab veröffentlichten Allgemeinen Bedingungen und Preisen für Niederspannungs- bzw. Niederdruckenergie zu versorgen (§ 36 I EnWG). **Grundversorger** ist, wer aufgrund der Feststellung des Netzbetreibers in einem Netzgebiet der allgemeinen Versorgung (→ Rn. 15) die **meisten Haushaltskunden versorgt** (§ 36 II 1 EnWG). Wechselt der Grundversorger, gelten gemäß § 36 III EnWG die mit dem bisherigen Grundversorger geschlossenen Lieferverträge unverändert fort; es findet also kein Vertragsübergang auf den neuen Grundversorger statt.

31 Eine **Ausnahme** von diesem Anspruch auf Grundversorgung gilt wiederum für **Eigenanlagenbetreiber**, es sei denn für Notstromaggregate, KWK-Anlagen bis 50 kW elektrischer Leistung und Strom aus Erneuerbaren Energien (§ 37 I EnWG).

> Im Fall 14 gehört die zum Grundstück des L führende Freileitung zum Netzgebiet der allgemeinen Versorgung (→ Rn. 15), so dass L einen Anspruch auf Grundversorgung nach den Allgemeinen Bedingungen und Preisen gemäß § 36 I EnWG geltend machen kann. Die Ausnahme für Eigenanlagenbetreiber (§ 37 I 1 EnWG) greift hier nicht, da L Strom aus Erneuerbaren Energien erzeugt (vgl. § 37 I 3 EnWG). E kann daher keine übertariflichen Entgelte in Rechnung stellen.

32 Für die sog. **Ersatzversorgung**, d. h. den Energiebezug ohne erkennbare Zuordnung zu einer Lieferung oder ohne Liefervertrag, statuiert § 38 EnWG ein gesetzliches Schuldverhältnis des Inhalts, dass diese Energie als vom Grundversorger geliefert gilt und zu den für diese Tatbestände veröffentlichten Allgemeinen Preisen zu vergüten ist. Das Schuldverhältnis endet mit Abschluss eines Energieliefervertrags, spätestens aber 3 Monate nach Beginn der Ersatzversorgung.

2. Wegenutzung für Leitungsbetrieb

33 Gemeinden sind gemäß § 46 EnWG verpflichtet, **öffentliche Verkehrswege** für die Verlegung und den Betrieb von Leitungen für die unmittelbare Versorgung von Letztverbrauchern (→ Rn. 30) diskriminierungsfrei durch Vertrag zur Verfügung zu stellen. Hierfür sind privatrechtliche, in § 48 EnWG als „**Konzessionsabgaben**"[30] bezeichnete Entgelte zu entrichten. Zahlungspflichtig ist allein der Nutzungsberechtigte, und zwar auch dann, wenn nicht er selbst die Energie an die Letztverbraucher abgibt, sondern nur einen Weiterverteiler beliefert, der die Wege nicht in Anspruch nimmt (§ 48 I 2, III EnWG). Für Verträge betreffend Leitungen, die zum Netz der allgemeinen Versorgung gehören, gilt eine Laufzeitbeschränkung auf 20 Jahre; erfolgt nach Vertragsende keine Verlängerung, sind die Verteilungsanlagen dem neuen Nutzungsberechtigten gegen eine angemessene Vergütung zu überlassen (§ 46 II EnWG). Das Verfahren der Auswahl der Energieversorgungsunternehmen, mit denen nach § 46 EnWG unterfallende Nutzungsverträge abgeschlossen werden sollen, rich-

---

[30] Zur Kritik an diesem Begriff *Büdenbender*, EnWG § 14 Rn. 2.

tet sich nach § 46 III EnWG und ist ähnlich wie ein Vergabeverfahren (→ § 9) ausgestaltet.[31]

> **Lösungshinweise zu Fall 14**
> I. Anbringen einer zusätzlichen Leitung
>   1. Anspruch des L auf Anbringung der Leitung
>   a) Anschlusspflicht des E aus § 5 I EEG, § 18 I 1 EnWG (→ Rn. 16)
>   b) Kein Anspruchsausschluss wegen Deckung von Eigenbedarf des L nach § 18 II 1 EnWG, da Erneuerbare Energien iSv § 3 I EEG (→ Rn. 16)
>   2. Kosten für die Anbringung der Leitung trägt E (§ 14 EEG) (→ Rn. 16)
>   3. Ergebnis: Anspruch des L gegen E auf Anbringung der zusätzlichen Leitung auf Kosten des E
> II. Anspruch des E auf übertarifliche Preisgestaltung
>   1. Anspruch des L auf Grundversorgung zu Allgemeinen Preisen nach § 36 I EnWG (→ Rn. 31)
>   2. Keine Ausnahme wegen Eigenanlagenbetriebs durch L nach § 37 I 1 EnWG, da Strom aus Erneuerbaren Energien (§ 37 I 3 EnWG) (→ Rn. 31)
>   3. Ergebnis: Übertarifliche Preisgestaltung durch E wäre unzulässig.

---

[31] Im Einzelnen *E. Schüttpelz*, VergabeR 2013, 361 ff.

Sachverzeichnis

Fette Zahlen bezeichnen die Paragraphen, magere Zahlen die Randnummern.

Absprachen, informale **5** 28
Abwehrrechte
– Konkurrenten gegen Privatisierung **8** 21
– Nachbar **12** 3
– siehe auch drittschützende Normen
Aktiengesellschaft **7** 12 ff.
Amtshaftung des Beliehenen **4** 33
Änderung der Betriebsart einer Gaststätte **12** 35
Anfechtungsklage
– Beihilfegewährung an Konkurrenten **6** 134
– Erstattungsbescheid im Subventionsrecht **6** 121
– Gaststättenerlaubnis durch Dritten **12** 31
– Gewerbeuntersagung **10** 66 f.
– Handwerksrecht **11** 45
– Marktfestsetzung **10** 86
– Schließungsverfügung im Gewerberecht **10** 40
– Sperrzeitverlängerung **12** 44
– Subventionsgewährung an Konkurrenten **6** 128 f.
– Zulassung des Konkurrenten zum Markt **10** 91 f.
– siehe auch Klagebefugnis; Rechtsschutz
Angebotsfrist im Vergaberecht **9** 76
Angebotsphase im Vergaberecht **9** 76 f.
Anordnungen
– behördliche **5** 22 f.
– gerichtliche im Handwerksrecht **11** 37
Anspruch
– Ablegung der Gesellenprüfung **11** 48
– Abwehr wirtschaftlicher Betätigung des Staates **7** 59 ff.
– Ausgleich für Inhalts- und Schrankenbestimmung von Eigentum **3** 34
– Benutzung einer kommunalen Einrichtung **10** 97
– Beseitigung, Unterlassung oder Schadensersatz im Energiewirtschaftsrecht **15** 29
– Einschreiten gegen unzuverlässigen Gewerbetreibenden **10** 68
– Empfangsbescheinigung der Gewerbeanzeige **10** 33
– Erlaubnis bei Erlaubnisvorbehalt **5** 12
– Erlaubnis wegen Gewerbefreiheit **10** 26
– fehlerfreie Ermessensausübung **10** 40, 68
– Gaststättenerlaubnis **12** 14
– Marktfestsetzung **10** 85
– Reisegewerbekarte **10** 75
– Rückzahlung von Beihilfen **6** 113
– Rückzahlung von Subventionen **6** 88 ff.
– Schließungsverfügung gegen Gewerbetreibenden **10** 40

– Subventionsgewährung **6** 54 f.
– Teilnahme am Markt **10** 89 ff.
– Wiedergestattung nach Gewerbeuntersagung **10** 67
– siehe auch Anfechtungsklage; drittschützende Normen; Grundfreiheiten; Grundrechte; Schadensersatz
Anstalten
– bundesunmittelbare **4** 7
– selbständige **4** 7
Antragsbefugnis
– Bieter, unterlegener **9** 91
– siehe auch Klagebefugnis
Anwendungsvorrang **3** 13
Anzeige
– Bedeutung der Anzeigepflicht **5** 11, 29
– Pflicht bei Beteiligung an Unternehmen **7** 47
– Pflicht im Gewerberecht **10** 30 ff.
– Pflicht im Handwerksrecht **11** 36
– Rechtscharakter der Anzeige **10** 32
– Rechtscharakter der Aufforderung zur **10** 32
– siehe auch Meldepflichten; Mitteilungspflichten im Subventionsrecht
Arbeitnehmerfreizügigkeit
– Arbeitnehmerbegriff **3** 68
– Begleitrechte **3** 69
– Diskriminierungsverbot **3** 69
– siehe auch Grundfreiheiten
Arbeitsrecht **10** 81, 88
Arbeitsschutz **12** 3, 31, 42
Aufenthaltsrechte **3** 70
Auffangverantwortung bei Privatisierung **8** 2
Aufforderungsphase **9** 74
Aufgaben
– freiwillige **4** 14
– pflichtige siehe Pflichtaufgaben
Aufgabenprivatisierung **8** 9
Aufgabenüberschreibung bei Pflichtmitgliedschaft **4** 26 ff.
Aufgabenübertragung auf Zweckverband **7** 11
Aufgabenverantwortung bei Privatisierung **8** 2
Auflagen
– Gaststättenrecht **12** 11, 14, 25, 36 f.
– nachträgliche **5** 22
Aufsicht siehe Fachaufsicht; Missbrauchsaufsicht; Rechtsaufsicht; Staatsaufsicht über Handwerkskammern; Wirtschaftsaufsicht
Auftraggeber **9** 40 ff., 91
Auftragsbegriff **9** 25 ff.
Auftragsvergabe siehe Vergaberecht
Auftragswerte **9** 3

Sachverzeichnis

Aufzeichnungspflicht **5** 29
Ausführungsbedingungen im Vergaberecht **9** 64, 67
Auskunftspflichten
– Gaststättenrecht **12** 40
– Gewerberecht **10** 38
– Handwerksrecht **11** 41
Auskunftsverweigerungsrecht **5** 19
Auslegung, unionsrechtskonforme **3** 13
Ausnahmebewilligung im Handwerksrecht **11** 29 ff.
Ausschreibung **9** 70 f., 73 ff.
Aussteller **10** 83
Ausübungsberechtigung eines Handwerks **11** 25, 33
Auswahlentscheidung, Bedeutung für Berufsfreiheit **3** 20
Auswahlkriterien
– angebotsbezogene im Vergaberecht **9** 59 ff.
– bieterbezogene im Vergaberecht **9** 56 ff.
– Marktzulassung **10** 93 ff.

Bankenverfahren im Subventionsrecht **6** 63 f., 69
Barrierefreier Zugang **12** 3, 31
Baugenehmigung, Verhältnis der Gaststättenerlaubnis zur **12** 26 ff.
Baukonzession **9** 21, 41
Bauleistungen **9** 6 f.
Befähigungsnachweis
– allgemeines **3** 25
– großer im Handwerksrecht siehe Meisterprüfung
– kleiner im Handwerksrecht **11** 6
Befreiungsvorbehalt **5** 12
Befristung einer Gaststättenerlaubnis **12** 11
Beherrschungsvertrag **7** 7
Behörde siehe Beleihung; Erfüllungsgehilfe; Verwaltungshelfer; zuständige Behörde
Beihilfenkontrollverfahren **6** 49
Beihilfenrecht **6**
– Anfechtungsklage des Konkurrenten **6** 134
– Anspruchsgrundlage für Rückzahlung **6** 113
– Ausnahmetatbestände **6** 39
– Äußerungsrecht der Konkurrenten **6** 101, 133
– Begriff der Beihilfe **6** 2, 18 ff.
– Begünstigter **6** 18, 32 ff.
– Beihilfen im gemeinsamen europäischen Interesse **6** 46
– Beihilfen sozialer Art **6** 41
– Beihilfen zur Beseitigung wirtschaftlicher Störungen in einem Mitgliedstaat **6** 46
– Belastungsverminderung **6** 23
– De-minimis-Beihilfen **6** 38
– Drittschutz **6** 134
– Durchführungsverbot **6** 51, 100, 126, 134
– Effektivitätsgebot bei Rückforderung **6** 98, 104
– Entreicherung **6** 111

– Entscheidungsspielraum der Kommission **6** 42 f.
– Ermessensbeihilfen **6** 42 ff.
– Förmliches Prüfverfahren **6** 49, 98
– Frist für Rückforderung **6** 109
– grenzüberschreitendes Element **6** 37
– Grundsatz des privaten Investors **6** 18, 26 ff.
– Handelsbeeinträchtigung **6** 34 f., 36
– Horizontale Beihilfen **6** 45
– Inanspruchnahme staatlicher Mittel **6** 18 ff.
– keine marktgerechte Gegenleistung **6** 18, 24 ff.
– Klagebefugnis **6** 116 ff.
– Kommission **6** 17, 38, 39 f., 42 f., 45, 47 ff., 94, 98 ff., 106 ff., 112 ff., 117 f., 123 ff., 131 ff.
– Konkurrentenklage **6** 120
– Kontrollverfahren **6** 49
– Legalbeihilfen **6** 40 f.
– mittelbare Beihilfen **6** 32
– Naturkatastrophen **6** 41
– Nichtigkeit rechtswidriger Beihilfenverträge **6** 112
– Nichtigkeitsklage gegen Kommission **6** 117 f., 125 f., 135
– Notifizierung **6** 40, 48 ff., 100, 106
– öffentlich-rechtlicher Erstattungsanspruch **6** 113
– Positiventscheidung **6** 98
– Rechtsschutz **6** 116 ff.
– Rechtsweg **6** 123 ff.
– rechtswidrige Beihilfen **6** 54
– regionale Beihilfen **6** 44
– Rückforderung durch Mitgliedstaat **6** 103 ff.
– Rückforderungsanordnung, einstweilige **6** 100
– Rückforderungsbeschluss **6** 98 ff.
– Rückforderungspflicht der Mitgliedstaaten **6** 108
– Rückforderungsverfahren **6** 98 ff.
– Rücknahme von Beihilfebescheiden **6** 105 f.
– Sektorale Beihilfen **6** 45
– Selektivität der Maßnahme **6** 33 f.
– Sozialastenbefreiung **6** 31
– Steuerbefreiung **6** 31
– Stundung **6** 31
– Unerheblichkeit der Motivation **6** 22
– Unmöglichkeit der Rückforderung **6** 114 f.
– Untätigkeitsklage **6** 132
– Unternehmen **6** 32
– Vereinbarkeit mit dem Binnenmarkt **6** 39 ff.
– Vergünstigung **6** 23 ff.
– Verhältnismäßigkeit der Rückforderung **6** 100
– Vertrauensschutz in Beihilfebescheid **6** 106 f.
– VO 659/1999 **6** 50 f., 53 f., 94, 98 ff., 104, 124, 131, 134 f.
– Vorprüfung durch die Kommission **6** 49 f.
– Vorteilsgewährung **6** 18, 23 ff.
– Wettbewerbsverfälschung **6** 36
– Zurechnung der Vergünstigung **6** 19 ff.

– zuständiges Gericht **6** 119
– siehe auch Subventionsrecht
Beiträge **4** 18
Belastung, unzumutbare durch Meisterprüfung **11** 30
Beleihung
– Aufsicht **4** 33; **8** 15
– Begriff **4** 32
– Gesetzesvorbehalt **8** 12
– Gewährleistungsverantwortung **8** 15
– Haftung **4** 33
– privatrechtlich organisierter öffentlicher Unternehmen **7** 12
– Verwaltungshelfer, Unterscheidung zu **8** 5
– Weisungsbefugnis **8** 15
Benutzungsanspruch, kommunalrechtlicher **10** 97
Beruf siehe Berufsfreiheit
Berufe, freie
– Gewerbe, Abgrenzung zum **10** 19 ff.
– Handwerk, Abgrenzung zum **11** 13
– Mitgliedschaft in IHK **4** 14
– Niederlassungsfreiheit **3** 72
Berufsausübungsfreiheit siehe Berufsfreiheit
Berufsausübungsregelungen siehe Berufsfreiheit
Berufsbild siehe Berufsfreiheit
Berufsbildung
– Handwerk **11** 47 f.
– Handwerksinnungen **4** 14
– IHK **4** 14
Berufsfreiheit
– Auswahlentscheidung **3** 20
– Berufsausübung **3** 24
– Berufsbegriff **3** 17
– Berufsbilder **3** 18
– Berufswahl **3** 23, 24 ff.
– Berufszulassungsvoraussetzungen im Handwerksrecht **11** 2
– Drei-Stufen-Lehre **3** 23 ff.
– Eigentumsgewährleistung, Abgrenzung zur **3** 31
– Eingriffe **3** 21 ff.
– Gewerbefreiheit **10** 25
– Handwerk **11** 2 ff.
– Marktzugangsregulierung **3** 20
– Meisterprüfungspflicht **11** 4 ff.
– Schutzbereich **3** 16 ff.
– Verhältnismäßigkeit **3** 23 ff.
– Wirtschaftliche Freizügigkeit **3** 36
Berufswahlfreiheit siehe Berufsfreiheit
Beschaffung siehe Vergaberecht
Bescheinigung
– Empfangsbescheinigung nach Gewerbeanzeige **10** 33
– EU/EWR-HwV **11** 10
Beschleunigungsgebot im Vergaberecht **9** 92
Beschlusskammern siehe BNetzA
Beschränkungen, sonstige
– Begriff **3** 52

– Beispiele **3** 52
– Rechtfertigung **3** 55
– Typisierungen **3** 54
Beschwerde, sofortige im Vergaberecht **9** 94
Beseitigungsansprüche gegen Netzbetreiber **15** 29
Besichtigungsrechte **5** 20
Bestellung, provozierte **10** 73
Bestellung, Tätigwerden ohne vorhergehende **10** 73
Betätigung, allgemein-politische von Kammern **4** 28
Betätigung, wirtschaftliche
– Kammern **4** 30
– öffentliche Unternehmen **7** 43 f.
– Rechtsschutz gegen wirtschaftliche Betätigung des Staates **7** 59 ff.
Beteiligungsbericht **7** 50
Betretungsrechte
– Allgemeines **5** 20 ff.
– Gaststättenrecht **12** 40
– Handwerksrecht **11** 40, 42
Betrieb, selbständiger
– Gewerbe **10** 13 ff.
– Handwerk **11** 13
Betriebs- und Geschäftsräume **5** 20
Betriebsarten im Gaststättenrecht **12** 11, 35
Betriebsbeauftragter **5** 30
Betriebsbezogene Regelungen im Gaststättenrecht **12** 40 ff.
Betriebsformen des Handwerks **11** 19 ff.
Betriebsgeheimnisse **3** 19
Betriebsleiter
– Gewerbe **10** 56 ff
– Handwerk **11** 6, 26
Betriebsstätte
– Handwerk **11** 19
– ortsfeste im Gaststättenrecht **12** 6
Betriebszeitbeschränkungen einer Gaststätte **12** 10
Biergarten **12** 35
Bieterrechte **9** 91
Bildungssystem, duales **11** 47
Bindefrist für Bieter **9** 78
BNetzA
– Befugnisnorm, allgemeine **14** 16
– Behördenorganisation **13** 13 ff.
– Beschlusskammern **13** 17; **14** 15
– Beurteilungsspielraum **14** 21
– Einvernehmen mit Bundeskartellamt **14** 23
– Energiewirtschaft, Zuständigkeit **15** 22
– Entgeltregulierung **14** 45 ff.; **15** 22
– Entstehungsgeschichte **13** 13
– Ermessen **14** 43
– Fachaufsicht **13** 14 f.
– Frequenzvergabe **14** 11
– Konsolidierungsverfahren bei Marktdefinition **14** 24

Sachverzeichnis

– Marktanalyse **14** 26 ff.
– Marktdefinition **14** 19 ff.
– Missbrauchsaufsicht, besondere **14** 50
– Nummernverwaltung **14** 11
– Rechtsform **4** 7
– Rechtsweg gegen Entscheidungen **14** 18; **15** 27
– Regulierungsbehörde **14** 8
– Regulierungsverfügungen **14** 32 ff.
– Tätigkeitsfelder **13** 13 f.
– Telekommunikation, Zuständigkeit **14** 7 f., 14 ff., 21
– Verfahren **14** 17 f.
– Verwaltungsakt, privatrechtsgestaltender **14** 35
– Verwaltungsaktscharakter der Entscheidungen **14** 17
– Verwaltungsrechtsweg **14** 18
– Vorteilsabschöpfung **14** 13, 51
– Weisungsbefugnisse **13** 14 f.
– Widerspruchsverfahren **14** 18
– Zugangsanordnung **14** 36
– Zuständigkeit Energiewirtschaft **15** 22
– Zuständigkeit Telekommunikation **14** 7 f., 14 ff., 21
– siehe auch Energiewirtschaft; Telekommunikation
Bundeskanzler **4** 5
Bundeskartellamt
– Einvernehmen bei Marktdefinition **14** 23
– Rechtsform **4** 7
Bundesnetzagentur siehe BNetzA
Bundesoberbehörde, selbständige **4** 7
Bundesregierung
– Funktion, staatsleitende **4** 6
– Öffentlichkeitsarbeit **4** 6
– Warnung **4** 6, **5** 27
– Wirtschaftspolitik **4** 5

Call by Call **14** 42
Cassis de Dijon-Urteil **3** 55 f.
Contracting out **8** 4 f., 23
Contractingmodell bei PPP **8** 7
Culpa in contrahendo im Vergaberecht **9** 95, 98

Daseinsvorsorge **7** 3 f., 6, 25, 37 ff.
Dassonville-Formel **3** 56, 60 ff.
Dauerverwaltungsakt **10** 40
De-facto-Vergaben **9** 86 f.
De-minimis-Beihilfen **6** 38
Demokratische Legitimation bei Privatisierung **8** 15
Dienstleistungen höherer Art **10** 22
Dienstleistungsfreiheit
– Adressaten **3** 78, 81
– aktive **3** 81, 86
– Anwendungsbereich, persönlicher **3** 78, 80 f.
– Anwendungsbereich, sachlicher **3** 78, 82 ff.

– Arbeitnehmerfreizügigkeit, Abgrenzung zur **3** 79, 82
– Auffangtatbestand **3** 79
– Begriff der Dienstleistung **3** 82
– Begünstigte **3** 78, 80
– Beschränkungen **3** 78, 90
– Diskriminierung, mittelbare **3** 90
– Diskriminierung, unmittelbare **3** 90
– Entgeltlichkeit **3** 78, 84
– Genehmigungserfordernisse **3** 90
– Grenzüberschreitung **3** 78, 85 ff.
– Handwerksrecht **11** 8 ff.
– Leistungsempfänger **3** 78, 86, 88
– Leistungserbringer **3** 78, 85 f.
– Mitgliedstaaten **3** 78, 81
– Nichtkörperlichkeit **3** 83
– Niederlassungsfreiheit, Abgrenzung zur **3** 73, 79, 85
– passive **3** 81, 86
– Pflichtmitgliedschaft **4** 24
– Private **3** 78, 81
– Prüfungsübersicht **3** 78
– Rechtfertigung von Beschränkungen **3** 78, 90
– Verpflichtete **3** 78, 81
– Vorübergehende Erbringung **3** 78, 85
– Warenverkehrsfreiheit, Abgrenzung zur **3** 79, 83
– siehe auch Grundfreiheiten
Dienstleistungskonzession **9** 21
Diskothek **12** 26
Diskriminierung, umgekehrte **3** 42 f.
Diskriminierungsverbot
– Anwendungsbereich **3** 41
– mittelbare Diskriminierungen **3** 50 ff.
– Öffentliche Unternehmen **7** 22
– Rechtfertigung von Diskriminierungen **3** 55
– Telekommunikation **14** 41
– unmittelbare Diskriminierungen **3** 48 f.
– Vergaberecht **9** 54
– siehe auch Arbeitnehmerfreizügigkeit; Dienstleistungsfreiheit; Freiheit des Kapital- und Zahlungsverkehrs; Niederlassungsfreiheit; Warenverkehrsfreiheit
Drei-Stufen-Lehre **3** 23 ff.
Drittschützende Normen
– Bauplanungsrecht **12** 32
– Beihilfenrecht **6** 134
– Gaststättenrecht **12** 31 ff., 37
– Gewerbeuntersagung **10** 68
– kommunales Wirtschaftsrecht **7** 59 ff.; **8** 21
– Schließungsverfügung im Gewerberecht **10** 40
– Telekommunikationsrecht **14** 11, 25, 34, 49, 50
– Vergaberecht **9** 91
– siehe auch Abwehrrechte; Anfechtungsklage; Anspruch; Grundfreiheiten; Grundrechte

Sachverzeichnis

Duldungspflicht
– Einwirkungsinstrument **5** 19
– Handwerksrecht **11** 42
Dynamischer Handwerksbegriff **11** 14

Effektivitätsgebot bei Rückforderung von Beihilfen **6** 98, 104
Ehepartner, unzuverlässiger **10** 57
Eigenanlagenbetreiber **15** 31
Eigenbetriebe
– Begriff und Organisationsform **7** 8 f.
– Gesetzesvorbehalt **7** 30
– Grundrechtsberechtigung **7** 32
– Privatisierungsrecht **8** 3
– Vergaberecht **9** 23
Eigengesellschaft
– Öffentliche Unternehmen **7** 7, 30, 32
– Privatisierungsrecht **8** 2 f., 15
Eigentumsgewährleistung **3** 28 ff.
– Anspruch auf Ausgleich für Inhalts- und Schrankenbestimmung **3** 34
– Berufsfreiheit, Abgrenzung zur **3** 31
– Eigentumsbegriff **3** 29
– Eingriffe **3** 34
– Enteignung **3** 34
– Entschädigung **3** 34
– Gewerbebetrieb, Recht am eingerichteten und ausgeübten **3** 32
– Gewerbefreiheit **10** 25
– Gewinnchancen **3** 32
– Junktimklausel **3** 34
– konfiskatorische Besteuerung **3** 30
– Privatnützigkeit **3** 28
– Schutzbereich **3** 28 ff.
– Steuern **3** 30
– Verfügungsbefugnis **3** 33
Eigenüberwachungspflichten **5** 29 ff.
Eignung
– Gewerberecht **10** 52
– Handwerksrecht **11** 29
– Vergaberecht **9** 56, 66
Einfluss, beherrschender des Staates **7** 7
Eingriffsverwaltung, Privatisierung von **8** 11 f.
Eintragung in die Handwerksrolle **11** 6 f., 26 ff., 36 ff.
Endnutzer **14** 36
Energieanlagen **15** 5
Energiewirtschaft
– Alleinabnehmersystem **15** 18
– Anspruch auf Netzzugang **15** 17 ff.
– Begriff **15** 2 ff.
– Beseitigungsansprüche gegen Netzbetreiber **15** 29
– Bundesnetzagentur siehe BNetzA
– Eigenanlagenbetreiber **15** 31
– Energieanlagen **15** 5
– Entgelte für Netzzugang **15** 20 ff.
– Ersatzversorgung **15** 32
– Genehmigung der Aufnahme des Netzbetriebs **15** 9
– Genehmigung der Entgelte **15** 21
– gesetzliches Schuldverhältnis **15** 23
– Grundversorgungspflicht **15** 30 ff.
– Haushaltskunden **15** 10
– Kontrahierungszwang des Betreibers **15** 19
– Konzessionsabgaben **15** 32
– Leitungsgebundenheit **15** 3
– Missbrauchsaufsicht **15** 24 ff.
– Monopol, natürliches **15** 17
– Netzanschluss **15** 14
– Netze der allgemeinen Versorgung **15** 15
– Pflicht zum Netzanschluss **15** 14 f.
– Planfeststellung von Energieanlagen **15** 11
– Price-Cap-Regulierung **15** 20
– Rechtsquellen **15** 7 f.
– Rechtsschutz **15** 25, 27 ff.
– Revenue-Cap-Regulierung **15** 20
– Schadensersatzansprüche gegen Netzbetreiber **15** 29
– Systemverantwortung des Netzbetreibers **15** 13
– Unbundling **15** 6
– Unterlassungsansprüche gegen Netzbetreiber **15** 29
– Untersagung **15** 9 f.
– Versorgung der Letztverbraucher **15** 30 ff.
– Versorgungsbegriff **15** 4
– Vorteilsabschöpfung **15** 26
– Wegenutzung für Leitungsbetrieb **15** 33
– Wertschöpfungskette **15** 4 ff.
– Widerrufsvorbehalt **15** 21
– Zulassung von Energieanlagen **15** 11 ff.
– zuständige Behörde **15** 9, 11, 13, 22, 26 f.
– zuständiges Gericht **15** 29
– Zuverlässigkeit **15** 9 f.
– siehe auch BNetzA; Erneuerbare Energien; Kraft-Wärme-Kopplung; Regulierungsbehörden
Entgeltregulierung
– Energiewirtschaft **15** 20 ff.
– Telekommunikation **14** 45 ff.
Erfüllungsverantwortung **13** 9 f.
Erlaubnis
– Auflagen, nachträgliche **5** 22
– Ermessen **5** 12
– Rücknahme **5** 22
– Verbot mit Befreiungsvorbehalt **5** 12
– Verbot mit Erlaubnisvorbehalt **5** 12
– Widerruf **5** 22
– siehe auch Konzentrationswirkung; Konzession
Ermächtigungsgrundlagen
– Betretung- und Besichtigungsrechte **5** 20
– Warnungen, staatliche **5** 27
– siehe auch Anordnungen; Rücknahme; Widerruf

Sachverzeichnis

Ermessen
– Angebotsfrist im Vergaberecht **9** 76
– Eintragung in Handwerksrolle **11** 36
– Erlaubniserteilung **5** 12
– Gaststättenrecht **12** 37 ff.
– Gewerbeuntersagung **10** 60
– Lenkung durch Subventionsrichtlinien **6** 14
– Löschung aus Handwerksrolle **11** 38
– Pflichtmitgliedschaft **4** 22
– Regulierungsermessen **14** 33
– Schließungsverfügung im Gewerberecht **10** 39 f.
– Subventionsgewährung **6** 54 f.
– Telekommunikationsrecht **14** 37, 43
– Untersagung eines Handwerks **11** 44
– Wirtschaftsüberwachung **5** 17
– Zuschlagsfrist im Vergaberecht **9** 78
– Zuschlagskriterien im Vergaberecht **9** 61
– siehe auch Rücknahme; Widerruf
Ermessensbeihilfen **6** 42 ff.
Erneuerbare Energien
– Abnahmepflicht **15** 23
– Privilegierung beim Netzanschluss **15** 16
– siehe auch Energiewirtschaft
Eröffnungstermin im Vergaberecht **9** 77
Ersatzversorgung **15** 32
Erwerbermodell bei PPP **8** 7
Erwerbstätigkeit **3** 72
EU/EWR-HwV **11** 7, 10, 32
Europäische Union siehe Union, Europäische
Europäisches Wirtschaftsrecht **3** 37 ff.

Fachaufsicht **8** 15; **13** 14 f.
Fachkunde
– Eignungsprüfung im Vergaberecht **9** 56
– Genehmigungsvoraussetzung **5** 14
Festsetzung eines Marktes siehe Marktgewerbe
Feststellungsklage
– Aufgabenüberschreitung einer Pflichtmitgliedschaftsorganisation **4** 27
– Handwerk, Zulässigkeit der Ausübung ohne Eintragung **11** 45
Finanzielle Leistungsfähigkeit **5** 14
Finanzierungsprivatisierung **8** 7
Fiskalgeltung der Grundrechte **7** 31
Föderalismus **3** 11
Formelle Privatisierung siehe Privatisierung
Freie Berufe siehe Berufe, freie
Freie Kunst **10** 21
Freihändige Vergabe **9** 70, 83
Freiheit des Kapital- und Zahlungsverkehrs
– Gewährleistungsbereich **3** 91
– siehe auch Grundfreiheiten
Freiheit unternehmerischer Betätigung siehe Berufsfreiheit
Freiwillige Aufgaben der Gemeinden, Privatisierung von **8** 18
Freizügigkeit, wirtschaftliche **3** 36

Frequenzen siehe Telekommunikation
Funktionale Privatisierung siehe Privatisierung
Funktionsvorbehalt des Art. 33 IV GG **8** 11, 20
Gaststätte
– barrierefreier Zugang **12** 3
– Begriff **12** 5 ff.
– Betriebszeitbeschränkungen **12** 10
– Bewirtungstyp **12** 9
– Erlaubnispflicht **12** 4
– Gewerbebetrieb **12** 6 ff.
– Gewinnerzielungsabsicht **12** 6 f.
– private Geselligkeit, Abgrenzung zur **12** 10
– religiöse Veranstaltungen **12** 8
– Schankwirtschaft **12** 9
– Speisewirtschaft **12** 9
– Zugänglichkeit **12** 10
– siehe auch Gaststättenerlaubnis; Gaststättenrecht
Gaststättenerlaubnis
– Änderung der Betriebsart **12** 35
– Anfechtung durch Dritten **12** 31
– Anspruch auf Erteilung **12** 14
– Auflagen **12** 11, 14, 25, 36 f.
– Ausnahmen von Erlaubnispflicht **12** 11 f.
– Bar **12** 35
– Barrierefreie Nutzbarkeit **12** 31
– Baugenehmigung, Verhältnis zur **12** 26 ff.
– Befristung **12** 11
– Betriebsart **12** 11, 35
– Betriebsweiterführung **12** 15
– Biergarten **12** 35
– Café **12** 35
– Diskothek **12** 26
– Drittschutz **12** 31 ff.
– Erlaubnispflicht **12** 4, 11 f.
– Erlöschen **12** 11
– Ermessensspielraum bei Auflage **12** 37
– Ermessensspielraum bei Rücknahme **12** 38
– Ermessensspielraum bei Widerruf **12** 39
– Festlegung der Betriebsart **12** 35
– gebundene Erlaubnis **12** 12
– Gefahrenabwehr **12** 36 f.
– Genehmigungen, Verhältnis zu anderen **12** 11
– Immissionsschutzrecht **12** 25
– Inhalt und Reichweite **12** 11, 34 f.
– Konzentrationswirkung **12** 26
– mitwirkungsbedürftiger Verwaltungsakt **12** 12
– Präventives Verbot mit Erlaubnisvorbehalt **12** 30
– Räume **12** 11, 21 f., 34
– Rechtsschutz **12** 30 ff.
– Rücknahme **12** 11, 37 f.
– Schankwirtschaft **12** 35
– Schriftform **12** 11
– Schutz der Gäste und Beschäftigten **12** 31
– Sonderformen **12** 11

- Stellvertretererlaubnis **12** 11
- Tanzlokal **12** 35
- Trinkhalle **12** 35
- Unterrichtungsnachweis **12** 16
- Verhältnismäßigkeitsgrundsatz **12** 14, 25
- Verpflichtungsklage **12** 30
- Versagungsgründe, persönliche **12** 16 ff.
- Versagungsgründe, sachliche **12** 20 ff.
- Vorläufige Erlaubnis **12** 11
- Widerruf **12** 11, 37 ff.
- Widerspruch zu öffentlichem Interesse **12** 23 ff.
- Zeitpunkt, maßgeblicher **12** 30
- Zuverlässigkeit **12** 16 ff.
- siehe auch Gaststätte; Gaststättenrecht

Gaststättenrecht **12**
- Arbeitsschutz **12** 3, 31, 42
- Auskunftspflichten **12** 40
- barrierefreier Zugang **12** 3
- Betretungsrechte **12** 40
- Betriebsbezogene Regelungen **12** 40 ff.
- Jugendschutz **12** 3
- Landesgesetze **12** 1 f.
- Normenkontrolle gegen Sperrzeitverordnung **12** 44
- ordnungsrechtlicher Charakter **12** 3
- Prostitution **12** 19
- Rechtsschutz **12** 30 ff.
- Regelungsziele **12** 3
- Schutz behinderter Menschen **12** 3, 31
- Schutz der Beschäftigten **12** 3, 31, 42
- Schutz der Gäste **12** 3, 31
- Schutz der Nachbarschaft **12** 3, 31 ff., 37, 44
- Schutz der Nachtruhe **12** 42
- Schutz der Volksgesundheit **12** 42
- Schutz von Konkurrenten **12** 31
- Schutz vor Alkoholmissbrauch **12** 19, 42
- Schutz vor schädlichen Umwelteinwirkungen **12** 3
- Sperrzeitregelungen **12** 42 ff.
- Stilllegung **12** 41
- Struktur **12** 3 f.
- Überwachung **12** 40 f.
- Wohnung, Unverletzlichkeit der **12** 40
- siehe auch Gaststätte; Gaststättenerlaubnis

Gemeinde, wirtschaftliche Betätigung
- Abwehrrecht gegen exterritoriale Betätigung anderer Gemeinden **7** 58
- Anzeigepflichten **7** 47, 53
- Begriff wirtschaftliche Betätigung **7** 43
- Beschränkungen in räumlicher Hinsicht **7** 51 ff.
- Beschränkungen in sachlicher Hinsicht **7** 42 ff.
- Beteiligungsberichte **7** 50
- Daseinsvorsorge **7** 40 ff.
- Finanzhoheit **7** 40
- Genehmigungspflichten **7** 47, 53
- Gewinnerzielung **7** 44
- Haftungsbegrenzung **7** 49
- Leistungsfähigkeit **7** 45
- öffentlicher Zweck **7** 44
- Organisationshoheit **7** 40
- Rechtsschutz gegen Betätigung der Gemeinden **7** 59 ff.
- Schrankentrias **7** 44 ff., 48, 51
- Selbstverwaltungsgarantie **7** 39
- Subsidiaritätsklausel **7** 46
- Übersicht Zulässigkeit **7** 42
- Weisungsgebundenheit der kommunalen Vertreter **7** 50
- Zulässigkeit der Führung in Privatrechtsform **7** 48
- Zulässigkeit exterritorialer Betätigung **7** 55 ff.
- siehe auch Kommunen

Genehmigung
- Arten **5** 11 ff.
- Auflagen **5** 22
- Aufnahme des Netzbetriebs im Energiebereich **15** 9
- Bedeutung der Genehmigungspflicht **5** 11
- Eigentumsschutz **3** 29
- Entgelte im Telekommunikationsrecht **14** 45 ff.
- Entgelte in Energiewirtschaft **15** 21
- Gaststättenrecht **12** 26 ff.
- Gewerberecht **10** 34 ff., 41
- Regulierungsinstrument **13** 18
- siehe auch Konzession; Rücknahme; Widerruf

Generalübernehmer **9**
Generalunternehmer **9**
Gericht siehe Rechtsschutz; Rechtsweg; zuständiges Gericht
Geschäftsgeheimnisse **3** 19
Geselle
- Berufsbildung **11** 47 f.
- Geschichte **2** 6
- Mitgliedschaft in Handwerkskammer **4** 14

Gesellschaft, gemischt-wirtschaftliche **7** 33; **8** 7, 15
- Begriff **7** 7
- Grundrechtsberechtigung **7** 33

Gesellschaftsmodell bei PPP **8** 7
Gesetzesvorbehalt
- Beleihung **8** 12
- Organisationsvorbehalt **7** 30
- Privatisierung, funktionale **8** 12

Gesetzgebungskompetenz **3** 14; **10** 27; **14** 3 f.
Gewährleistungsstaat **13** 8
Gewährleistungsverantwortung
- Privatisierung **8** 2, 15;
- Regulierung **13** 9 f.
- Telekommunikation **14** 52

Gewerbe
- Begriff **10** 4 ff.
- handwerksähnliches **11** 24
- siehe auch Marktgewerbe; Reisegewerbe; stehendes Gewerbe

Sachverzeichnis

Gewerbebetrieb
- Begriff im Allgemeinen **10** 4 ff.
- Begriff im Gaststättenrecht **12** 6 ff.
- Begriff im Handwerksrecht **11** 13
- Recht am eingerichteten und ausgeübten **3** 32

Gewerbefreiheit
- Geschichte **2** 11 f.
- Inhalt **10** 11, 24 ff.
- siehe auch Freiheit von Handel und Gewerbe

Gewerbeordnung
- Norddeutscher Bund **2** 14
- siehe auch Gewerberecht

Gewerberecht **10**
- Anspruch auf Bescheinigung des Empfangs der Gewerbeanzeige **10** 33
- Anspruch auf Einschreiten gegen unzuverlässigen Gewerbetreibenden **10** 68
- Anspruch auf Erlaubnis **10** 26
- Anspruch auf fehlerfreie Ermessensausübung **10** 40, 68
- Anspruch auf Schließungsverfügung gegen Gewerbetreibenden **10** 40
- Anwendungsbereich **10** 2 f.
- Anzeigepflicht **10** 24, 30 ff.
- Arbeitsrecht **10** 81, 88
- Auskunftspflichten **10** 38
- Ausstellung siehe Marktgewerbe
- Befugnisse der Behörde **10** 76
- Begriff **10** 1
- Betriebsleiter **10** 56 ff.
- Besucher **10** 83
- Dauerhaftigkeit der Betätigung **10** 12
- Dauerverwaltungsakt **10** 40
- Dienstleistungen höherer Art **10** 22
- Drittschützende Normen **10** 40, 68
- Ehepartner, unzuverlässiger **10** 57
- Eignung für Gewerbe **10** 52
- Eintrittsgeld **10** 80
- Ermessen **10** 39 f., 60
- Festsetzung eines Marktes siehe Marktgewerbe
- Freie Berufe **10** 19 ff.
- Freie Kunst **10** 21
- Gebundener Verwaltungsakt **10** 61
- Gemeinnützige Zwecke **10** 11
- Genehmigungserteilung **10** 41
- Geschichte **2**; **10** 1
- Gesetzgebungskompetenz **3** 14
- Gewerbebegriff **10** 4 ff.
- Gewerbefreiheit **10** 11, 24 ff.
- Gewerberechtswidrigkeit, formelle **10** 39
- Gewerberechtswidrigkeit, materielle **10** 39
- Gewerbeschein **10** 33
- Gewerbeüberwachung **5** 6; **10** 38
- Gewerbeuntersagung siehe dort
- Gewerbsfähigkeit **10** 4, 16 ff.
- Gewerbsmäßigkeit **10** 4, 7 ff.
- Gewinnerzielungsabsicht **10** 9 ff.
- Gewinnverwendungsabsicht **10** 10
- Großmarkt siehe Marktgewerbe
- Jahrmarkt siehe Marktgewerbe
- kommunale Einrichtung **10** 78, 96 f.
- Konkurrentenklage **10** 86, 91 f.
- Konzentrationswirkung **10** 36, 87
- Konzessionen **10** 35
- Kunstgewerbe **10** 21
- Ladenschluss **10** 88
- Leistungsfähigkeit, wirtschaftliche **10** 50
- Marktfreiheit siehe Marktgewerbe
- Marktprivilegien siehe Marktgewerbe
- Messen siehe Marktgewerbe
- Nachschaubefugnisse **10** 38
- Nebenbestimmungen **10** 36, 75
- Niederlassung, gewerbliche **10** 72
- Ordnungsrecht, Verhältnis zum **10** 28
- Organ einer juristischen Person als Gewerbetreibender **10** 15
- Personalkonzessionen **10** 35
- Prognoseentscheidung **10** 44
- Prostitution **10** 8
- Rechtsschutz **10** 40, 66 ff.
- Rücknahme einer Erlaubnis **10** 37
- Scheinselbständige **10** 14
- Schließungsverfügung **10** 39 ff., 76
- Schutzauflagen im Marktrecht **10** 86
- selbständige Tätigkeit **10** 13 ff.
- Spezialregelungen **10** 2 f.
- Stehendes Gewerbe **10** 24, 29 ff.
- Stellvertreter als Gewerbetreibende **10** 15
- Straftaten und Unzuverlässigkeit **10** 47
- Strohmann **10** 58 f.
- Untersagungsverfügung **10** 76
- Unwertigkeit, Soziale **10** 8
- Unzuverlässigkeit **10** 42 ff.
- Urproduktion **10** 17 f.
- Verbote mit Erlaubnisvorbehalt **10** 35
- verbotene Tätigkeiten **10** 69
- Verkauf **10** 18
- Vermietung **10** 23
- Vermögensverwaltung **10** 23
- Verpflichtungsklage auf Einschreiten gegen unzuverlässigen Gewerbetreibenden **10** 68
- Viehzucht **10** 17 f.
- Volksfest siehe Marktgewerbe
- Vollstreckung **10** 32, 76
- Widerruf einer Erlaubnis **10** 37, 41
- Wirtschaftsüberwachung **10** 1, 30
- Wochenmarkt siehe Marktgewerbe
- Zeitpunkt, maßgeblicher bei Schließungsverfügung **10** 40
- Zielsetzung **10** 1 ff., 5
- Zurechnung **10** 44, 56
- Zuständigkeit **10** 52, 83
- Zuverlässigkeit **10** 42 ff.

Sachverzeichnis

– siehe auch Gewerbe; Gewerbebetrieb; Gewerbefreiheit; Gewerbeordnung; Gewerbeuntersagung; Marktgewerbe; Reisegewerbe; stehendes Gewerbe; Unzuverlässigkeit, gewerberechtliche
Gewerberechtswidrigkeit **10** 39
Gewerbeschein
– Bedeutung **10** 33
– Geschichte **2** 12
Gewerbesteuer
– Geschichte **2** 12
– Mitgliedschaft in IHK **4** 14
Gewerbeüberwachung **5** 6; **10** 38
Gewerbeuntersagung
– Adressatenkreis **10** 61 ff.
– Anfechtungsklage **10** 66 f.
– Anspruch auf Wiedergestattung **10** 67
– Anwendungsbereich **10** 53
– Betriebsleiter **10** 56
– Drittschützende Norm **10** 68
– Ehepartner **10** 57
– Erforderlichkeit **10** 60
– Ermessen **10** 60
– Fallgruppen **10** 24
– Personengesellschaften **10** 55
– Rechtsschutz **10** 67 ff.
– Regelungsgehalt **10** 63 f.
– Schließung der Betriebs- und Geschäftsräume **10** 65
– Strohmann **10** 58 f.
– tatsächliche Ausübung eines stehenden Gewerbes **10** 52 ff.
– teilweise Untersagung **10** 60
– Übersicht **10** 52
– Verfahren **10** 52
– Vertretungsberechtigte **10** 62
– Vollstreckung **10** 65
– Wiedergestattungsverfahren **10** 66 f.
– Zeitpunkt, maßgeblicher **10** 66 f.
– Zurechnung fremden Verhaltens **10** 56
– Zuständigkeit **10** 52
– siehe auch Unzuverlässigkeit
Gewerbsfähigkeit **10** 4, 16 ff.
Gewerbsmäßigkeit **10** 4, 7 ff.
Gewinnerzielungsabsicht
– Gaststättenrecht **12** 6 f.
– Gewerberecht **10** 9 ff.
Gewinnverwendungsabsicht **10** 10
Gewohnheitsrecht **2** 5
Gleichbehandlungsgebot
Gleichheitssatz, allgemeiner
– Anwendungsfelder **3** 36
– Handwerksrecht **11** 5 ff.
– Inländerdiskriminierung **3** 43
– Private und öffentliche Unternehmen **7** 22
– Vergaberecht **9** 55
GmbH **7** 12 ff.

Grundfreiheiten
– Berechtigung öffentlicher Unternehmen **7** 20
– Beschränkungen, sonstige **3** 52 ff.
– Diskriminierungen, mittelbare **3** 50 ff.
– Diskriminierungen, unmittelbare **3** 48 f.
– Kollektivregelungen **3** 47
– Strukturen **3** 46 ff.
– unmittelbare Wirkung **3** 45
– Vergaberecht, Bedeutung im **9** 5
– Verpflichtung öffentlicher Unternehmen **7** 19
– siehe auch Arbeitnehmerfreizügigkeit; Dienstleistungsfreiheit; Freiheit des Kapital- und Zahlungsverkehrs; Niederlassungsfreiheit; Personenverkehrsfreiheiten; Warenverkehrsfreiheit
Grundrechte
– Berechtigung öffentlicher Unternehmen **7** 31 ff.
– Fiskalgeltung **7** 31
– Grenze der Wirtschaftspolitik **3** 8 ff.
– privater Wettbewerber und Privatisierung **8** 21
– Verpflichtung öffentlicher Unternehmen **7** 31
– siehe auch Berufsfreiheit; Freizügigkeit; Gleichheitssatz, allgemeiner; Handlungsfreiheit
Grundversorgungspflicht **15** 30 ff.

Haftungsbegrenzung **7** 36, 49
Handlungsfreiheit **3** 36
Handwerk
– Begriff **11** 11 ff.
– Betrieb, selbständiger **11** 13
– Betriebsformen **11** 19 ff.
– Betriebsleiter **11** 6, 26 f.
– Betriebsstätte **11** 19 ff.
– Dynamischer Handwerksbegriff **11** 14, 17
– Freier Beruf, Abgrenzung zum **11** 13
– Geschichte **2** 15
– Gewerbe, stehendes **11** 13
– Handwerksähnliches Gewerbe **11** 11
– Hauptbetrieb **11** 20 ff.
– Hilfsbetrieb **11** 21
– Industrie, Abgrenzung und Vergleich zur **11** 5, 16
– Kernbereich **11** 15
– Kunst, Abgrenzung zur **11** 13
– Minderhandwerk **11** 16
– Nebenbetrieb **11** 20 ff.
– Organisationen **11** 49
– zulassungsfreies **11** 11, 24
– zulassungspflichtiges **11** 11 f., 24 ff.
Handwerksfähigkeit **11** 11 f., 14 ff.
Handwerksinnungen
– Aufgaben, freiwillige **4** 14
– Beiträge **4** 18
– Berufsbildung **4** 14
– Doppelnatur **4** 16
– Grundrechtsfähigkeit **4** 16
– Mitgliedschaft, freiwillige **11** 49
– Organisation **4** 18

329

Sachverzeichnis

– Pflichtaufgaben **4** 14
– Satzungen **4** 19
– Selbstverwaltungskörperschaft **4** 15; **11** 49
– Tarifvertragspartei **4** 14
– siehe auch Pflichtmitgliedschaft; Selbstverwaltung
Handwerkskammern
– Aufgaben, freiwillige **4** 14
– Beiträge **4** 18
– Betätigung, allgemeinpolitische **4** 28
– Betätigung, wirtschaftliche **4** 30
– Geschichte **2** 15
– Geselle, Mitgliedschaft **4** 14
– Grundrechtsfähigkeit **4** 16
– Handwerksrolle **11** 19, 36
– Organisation **4** 18
– Pflichtaufgaben **4** 14
– Rechtsaufsicht **4** 18
– Satzung **4** 19
– Selbstverwaltungskörperschaft **4** 15; **11** 49
– Staatsaufsicht **11** 49
– Wirtschaftspolitik **4** 29
– siehe auch Handwerksrolle; Pflichtmitgliedschaft; Selbstverwaltung
Handwerkskarte **11** 36
Handwerksmäßigkeit **11** 11 f., 17 f.
Handwerksordnung
– Anlage A **11** 5, 7, 11, 14 f.
– Anlage B **11** 11, 24
Handwerksrecht **11**
– Anfechtungsklage **11** 45
– Anordnung, einstweilige **11** 37
– Anzeigepflichten **11** 36
– Auskunftspflicht **11** 40 f.
– Auslegungsgesichtspunkte **11** 3
– Ausnahmebewilligung **11** 4, 29 f., 32
– Ausübungsberechtigung **11** 33
– Befähigungsnachweis, großer **11** 6, 28
– Befähigungsnachweis, kleiner **11** 6, 47
– Berufsbildung **11** 47 f.
– Betretungsrecht **11** 40, 42
– Betriebsleiter **11** 6, 26 f.
– Bildungssystem, duales **11** 47
– Dienstleistungsfreiheit **11** 8 ff.
– Duldungspflicht **11** 42
– Eignungsprüfung **11** 29
– Ermessen bei Untersagung **11** 44
– EU/EWR-HwV **11** 7, 10, 32
– Feststellungsklage **11** 45
– Gefahrenabwehr **11** 6
– Gleichheitssatz **11** 4 ff.
– Inländerdiskriminierung **11** 7 f.
– Meisterprüfung **11** 28
– Personenbezogenheit **11** 19
– Pflichtmitgliedschaft **11** 49
– Rechtsweg **11** 31, 37
– Selbstverwaltung **11** 49

– Verfassungsrechtliche Fragen **11** 2 ff.
– Überwachung **11** 40 ff.
– Unionsrecht **11** 8 ff.
– Untersagung **11** 40, 43 ff.
– Unzuverlässigkeit **11** 43
– Vollstreckungsmaßnahmen **11** 46
– Zielsetzung **11** 1
– Zulassungspflicht **11** 2 ff., 12
Handwerksrolle
– Eintragung **11** 6 f., 24 ff., 36 ff.
– Ermessen bei Eintragung **11** 36
– Ermessen bei Löschung **11** 38
– Handwerkskammer, Führung durch **11** 36
– Löschung **11** 38 f.
– Mitteilung der beabsichtigten Eintragung **11** 37
– Mitteilung der beabsichtigten Löschung **11** 39
– Personenbezogenheit **11** 19
– Pflicht zur Eintragung **11** 9, 3
– Unionsrechtskonformität **11** 9
– Verwaltungsakte **11** 37 f.
– Zeitpunkt, maßgeblicher **11** 39
– Zuständigkeit, örtliche **11** 19
Hauptbetrieb im Handwerksrecht **11** 20 ff.
Haushaltsgesetz **6** 15
Haushaltskunden **15** 10
Haushaltsplan **6** 14
Haushaltsrecht
– Grundsätze **7** 34 ff.
– Haftungsbegrenzung **7** 34 ff.
– Maximalprinzip **7** 34
– Minimalprinzip **7** 34
– Privatisierung, Vorgaben für **8** 22
– Subsidiaritätsklausel **7** 36
– Vergaberecht **9** 1
Hilfsbetrieb im Handwerksrecht **11** 21, 23
Hochmittelalter **2** 3
Horizontale Beihilfen **6** 45

IHK
– Aufgaben, freiwillige **4** 14
– Aufgaben, übertragene **4** 14
– Beiträge **4** 8
– Berufsbildung **4** 14
– Betätigung, allgemeinpolitische **4** 28
– Betätigung, wirtschaftliche **4** 30
– Gewerbesteuer **4** 14
– Grundrechtsfähigkeit **4** 16
– Organisation **4** 18
– Pflichtaufgaben **4** 14
– Rechtsaufsicht **4** 18
– Satzung **4** 19
– siehe auch Pflichtmitgliedschaft; Selbstverwaltung
Immissionsschutzrecht, Verhältnis zum Gaststättenrecht **12** 25
Industrie- und Handelskammer siehe IHK

Sachverzeichnis

Industrie, Abgrenzung und Vergleich zum Handwerk **11** 5, 18
Informales Verwaltungshandeln
– Absprachen **5** 28
– Gesetzesvorrang **5** 26
– Warnungen, staatliche **5** 27
Informationsbedürfnis, behördliches **5** 18
Infrastrukturdienstleistungen, kommunale **7** 8
Inhabermodell bei PPP **8** 7
In-House-Geschäfte **9** 23 ff.
Inländerdiskriminierung
– Grundgesetz **3** 43
– Handwerksrecht **11** 7 f.
– Unionsrecht **3** 42
Innungen **2** 15; **11** 49
– siehe auch Handwerksinnungen
In-State-Geschäfte **9** 33 ff.
Interessenverbände siehe Wirtschaftsverbände
Interventionismus **2** 15

Jugendschutz **12** 3
Junktimklausel **3** 34
Juristische Personen des öffentlichen Rechts
– Staatsverwaltung, mittelbare **4** 10
– Vergaberecht **9** 43, 49
– Wirtschaftsverwaltung **4** 10 f.
– siehe auch Anstalten; Handwerksinnungen; Handwerkskammern; Körperschaften; Selbstverwaltung

Kameralismus **2** 7
Kapazitätserweiterung eines Marktes **10** 93
Kapitalverkehr siehe Freiheit des Kapital- und Zahlungsverkehrs
Kartellbehörden **5** 9
Kartellrecht **3** 4
Kartellvergaberecht **9** 4, 6 ff.
Kaskadenprinzip **9** 6
Keck-Formel **3** 56, 63 ff.
Klagebefugnis
– Aufgabenüberschreitung einer Pflichtmitgliedschaftsorganisation **4** 27
– des Dritten bei Gaststättenerlaubnis **12** 31
– Förderung eines Konkurrenten **6** 130
– Marktfestsetzung **10** 86
– Telekommunikationsrecht **14** 11, 25, 34, 49, 50
– Vergabeentscheidung zugunsten eines Dritten **9** 91
– wirtschaftliche Betätigung des Staates **7** 59 ff.
– siehe auch Anfechtungsklage; Grundfreiheiten; Grundrechte; Konkurrentenklage; Rechtsschutz
Koalitionsfreiheit **3** 9, 35
Kollektivregelung als Beschränkung einer Grundfreiheit **3** 47
Kombinierte Konzession **5** 16

Kommission
– Beihilferecht **6** 17, 38, 39 f., 42 f., 45, 47 ff., 94, 98 ff., 106 ff., 112 ff., 117 f., 123 ff., 131 ff.
– Energiewirtschaftsrecht **13** 22
– Telekommunikationsrecht **13** 22; **14** 21, 24, 28
Kommunale Aufgaben, Privatisierung **8** 17 ff.
Kommunale Einrichtung
– Benutzungsanspruch **10** 97
– Marktgewerbe, Abgrenzung zum **10** 78
– Widmung **10** 96
Kommunalunternehmen **7** 10
Kommunen
– Wirtschaftsverwaltung **4** 9
– siehe auch Gemeinde, wirtschaftliche Betätigung
Konfiskatorische Besteuerung **3** 30
Konkurrentenklage
– Beihilferecht **6** 134
– Einschreiten gegen unzuverlässigen Gewerbetreibenden **10** 68
– Gaststättenerlaubnis **12** 31
– Marktfestsetzung **10** 86
– Subventionsrecht **6** 128 ff.
– Wirtschaftliche Betätigung einer Gemeinde **7** 59 ff.
– Zulassung zum Markt **10** 91 f.
– siehe auch Klagebefugnis
Konzentrationswirkung **10** 36, 87; **12** 26
Konzession
– Gaststättenrecht **12** 15
– gemischte **10** 35
– Gewerberecht **10** 35
– kombinierte **5** 16
– Personalkonzession **5** 14; **10** 35
– PPP **8** 7
– Sachkonzession **5** 15
– Vergaberecht **9** 19 ff.
Konzessionsabgaben in Energiewirtschaft **15** 32
Kooperation, informale **5** 26
Kooperationsmodell bei PPP **8** 7
Körperschaft
– bundesunmittelbare **4** 7
– Personalkörperschaft **4** 18
– Realkörperschaft **4** 18
– selbständige **4** 7
– Wirtschaftsverwaltung **4** 10 f.
Kraft-Wärme-Kopplung
– Abnahmepflicht **15** 24
– Privilegierung beim Netzanschluss **15** 16
– Vergütung **15** 24
– siehe auch Energiewirtschaft
Kreise siehe Kommunen
Kreishandwerkerschaft **11** 49
Krisen, wirtschaftliche **2** 1, 13
Kunst
– Abgrenzung zum Handwerk **11** 13
– Abgrenzung zum Kunstgewerbe **10** 21

Sachverzeichnis

Ladenschlussrecht **3** 24, 64; **10** 88
Landwirtschaftskammer **4** 13
Leasingmodell bei PPP **8** 7
Lebenszyklus bei PPP **8** 8
Legalbehilfen **6** 40 f.
Lehrling
– Berufsbildung **11** 47
– Mitgliedschaft in Handwerkskammer **4** 14
Leistungsbeschreibung im Vergaberecht **9** 73 ff.
Leistungsfähigkeit
– Finanzielle **5** 14
– Gewerberecht **10** 50
– Vergaberecht **9** 56
Leistungsverwaltung
– Privatisierung **8** 13 ff.
– siehe auch Daseinsvorsorge
Leitungsgebundenheit **15** 3
Letztverbraucher **15** 5
Liberalismus, ökonomischer **2** 10
Löschung aus der Handwerksrolle **11** 38 f.
Losweise Vergabe **9** 58
Losentscheid als Auswahlkriterium **10** 94

Manufaktur **2** 9
Marktfreiheit **3** 5; **10** 24, 77, 89
Marktgewerbe
– Anbieter **10** 83
– Anspruch auf Marktfestsetzung **10** 85
– Anspruch auf Teilnahme **10** 89 ff.
– Antrag **10** 83
– Arbeitsrecht **10** 81, 88
– Aussteller **10** 83
– Ausstellung **10** 80, 82
– Auswahlkriterien **10** 93 ff.
– Besucher **10** 83
– Durchführung von Marktveranstaltungen **10** 78 ff.
– Eintrittsgeld **10** 80
– Festsetzung **10** 77 f., 83 ff.
– Gaststättenrecht **10** 88
– Großmarkt **10** 80, 82
– Jahrmarkt **10** 80 ff.
– Kapazitätserweiterung **10** 93
– kommunale Einrichtung **10** 78, 96 f.
– Konkurrentenklage **10** 86, 91 f.
– Konzentrationswirkung einer Festsetzung **10** 87
– Ladenschluss **10** 88
– Losentscheid als Auswahlkriterium **10** 94
– Marktfreiheit **10** 24, 77, 89
– Marktprivilegien **10** 77 f., 81, 88
– Messen **10** 24, 80, 82
– Pflicht zur Durchführung der Veranstaltung **10** 87
– Privatmarkt **10** 78
– Rechtsnatur der Festsetzung **10** 85
– Rechtsschutz gegen Festsetzung **10** 86
– Reisegewerbe **10** 78, 88

– Rotationsprinzip als Auswahlkriterium **10** 94
– Schutzauflagen **10** 86
– Spezialmarkt **10** 80 ff.
– stehendes Gewerbe **10** 78, 88
– Straßenrecht **10** 78
– Systematische Einordnung **10** 24
– Teilnahmeanspruch **10** 89 ff.
– Teilnahmerechte **10** 77 f., 89 ff.
– Teilnehmer **10** 83
– Veranstalter **10** 83
– Veranstaltungstypen **10** 78
– Verpflichtungsklage auf Festsetzung **10** 85
– Verpflichtungsklage auf Zulassung **10** 85
– Verteilungsermessen **10** 78, 93 ff.
– Volksfest **10** 80, 82
– Widmung **10** 78
– Wochenmarkt **10** 80, 82
– Zulassung **10** 90, 92
– zuständige Behörde **10** 83
– Zuverlässigkeit des Antragstellers **10** 84
– siehe auch Gewerberecht
Marktprivilegien **10** 77 f., 81, 88
Marktregulierung
– Berufsfreiheit und **3** 20
– Telekommunikationsbereich **14** 12 ff.
Marktwirtschaft **3** 9 f.
Massenkommunikation **14** 2
Materielle Privatisierung siehe Privatisierung
Mediendienste **14** 4
Medienrecht **14** 3
Meister **11** 47
Meisterprüfung
– Geschichte **2** 6, 15
– Handwerksrecht **11** 25, 28, 48
Meisterprüfungspflicht
– Ausnahmebewilligung **11** 29
– Belastung, unzumutbare **11** 30
– Inländerdiskriminierung **11** 7
– Verfassungsmäßigkeit **11** 2 ff.
Meldepflichten
– Regulierungsinstrument **13** 18
– Telekommunikation **14** 8 ff.
– siehe auch Anzeige; Mitteilungspflichten im Subventionsrecht
Merkantilismus **2** 7
Minderhandwerk **11** 16
Missbrauchsaufsicht **5** 9
– Energiewirtschaft **15** 24 ff.
– Telekommunikation, besondere **14** 50
– siehe auch Aufsicht
Mitgliedschaft
– freiwillige siehe Handwerksinnungen
– pflichtige siehe Pflichtmitgliedschaft
Mitteilungspflichten im Subventionsrecht **6** 77
Mittelalter **2** 2 ff.
Mittelstand und Handwerk **11** 1, 6
Mittelstandsförderung

– Subventionen **6** 13
– Vergaberecht **9** 57
Monopol, natürliches **15** 17

Nachbarschaftsschutz **12** 3
Nachprüfungsverfahren **9** 4, 80, 88 ff., 88
Nachschaubefugnisse im Gewerberecht **10** 38
Nachverhandlungsverbot **9** 77
Nationalsozialismus **2** 17
Natürliches Monopol **15** 17
Nebenbetrieb **11** 20 ff.
Negativentscheidung im Beihilfenrecht **6** 50, 99
Netze der allgemeinen Versorgung **15** 15
Neuzeit **2** 2
Nichtigkeitsklage **6** 117 f., 125 f., 135
Niederlassung, gewerbliche **10** 72
Niederlassungsrecht, unionsrechtliches
– Adressat **3** 71
– Anwendungsbereich, persönlicher **3** 70 f.
– Anwendungsbereich, sachlicher **3** 70, 72 ff.
– Ausbildungsnachweis **3** 77
– Begünstigte **3** 70 f.
– Beschränkungen **3** 70, 77
– Dauerhafte Teilnahme am Wirtschaftleben eines anderen Mitgliedstaats **3** 70, 73 f.
– Dienstleistungsfreiheit, Abgrenzung zur **3** 73, 79, 85
– Diskriminierung, mittelbare **3** 70, 77
– Diskriminierung, unmittelbare **3** 70, 77
– Erwerbstätigkeit **3** 70, 72
– Grenzüberschreitung **3** 70, 76
– Handwerksrecht **11** 9
– Mitgliedstaaten **3** 70 f.
– Öffentliche Gewalt **3** 70
– Pflichtmitgliedschaft **4** 25
– Primäre Niederlassung **3** 70, 75 f.
– Private **3** 70 f.
– Prüfungsübersicht **3** 70
– Rechtfertigung von Beschränkungen **3** 70
– Sekundäre Niederlassung **3** 70, 75 f.
– Verpflichtete **3** 70 f.
– Wohnsitzerfordernis **3** 77
– Zweitniederlassungsverbote **3** 77
– siehe auch Grundfreiheiten
Normenkontrolle gegen Sperrzeitverordnung **12** 44
Notifizierung von Beihilfen **6** 40, 48 ff., 100, 106
Nummernverwaltung **14** 11

Offene Verfahren **9** 69
Öffentliche Unternehmen
– Abwehranspruch gegen wirtschaftliche Betätigung **7** 59 ff.
– AG **7** 12 ff.
– Begriff **7** 2 ff.
– Beihilfen **7** 23
– Betätigung, wirtschaftliche **7** 43 f.

– Beteiligungsberichte **7** 50
– Daseinsvorsorge **7** 4, 6, 26, 40 ff.
– Diskriminierungsverbot **7** 22
– Eigenbetrieb, **7** 8 f., 30, 32
– Eigengesellschaft **7** 7, 30, 32
– Einfluss, beherrschender des Staates **7** 7
– Finanzverfassung **7** 29
– Fiskalgeltung der Grundrechte **7** 31
– Gemeinden, wirtschaftliche Betätigung **7** 39
– Gesellschaft, gemischt-wirtschaftliche **7** 7, 33
– Gesetzesvorbehalt **7** 30
– Gleichbehandlung mit privaten Unternehmen **7** 22
– GmbH **7** 12 ff.
– Grundfreiheiten **7** 18 ff.
– Grundrechte **7** 31 f.
– Haftungsbeschränkungen **7** 17, 36
– Haushaltsrecht **7** 34 ff.
– Infrastrukturdienstleistungen, kommunale **7** 8
– Kartellverbot **7** 23
– Kommunalunternehmen **7** 10
– Konkurrentenklage **7** 59 ff.
– Missbrauchsverbot **7** 23
– Organisationsform **7** 7 ff.
– Organisationsvorbehalt **7** 30
– Rechtsaufsicht **7** 47
– Rechtsfähige Anstalt des öffentlichen Rechts **7** 10
– Regiebetrieb **7** 9
– Schrankentrias der kommunalen wirtschaftlichen Betätigung **7** 44 ff.
– Selbstverwaltung der Gemeinden **7** 39, 58
– Sparkassen **7** 10
– Sparsamkeitsgrundsatz **7** 34
– Subsidiaritätsklausel **7** 36, 46, 48, 66 f.
– Tätigkeit, wirtschaftliche **7** 2 ff., 18 ff., 28 ff.
– Trägerschaft **7** 7
– verfassungsrechtliche Zulässigkeit wirtschaftlicher Tätigkeit **7** 28 ff.
– Verwaltungsprivatrecht **7** 31
– Weisungsbefugnisse des Gemeinderats **7** 16
– Wettbewerbsrecht, deutsches **7** 36 f.
– Wettbewerbsregeln, gemeinschaftsrechtliche **7** 21 ff.
– Wirtschaftlichkeitsgrundsatz **7** 34
– Zweckverband **7** 11
– siehe auch Gemeinde, wirtschaftliche Betätigung; Wettbewerbsregeln, gemeinschaftsrechtliche; Wettbewerbsrecht
Öffentlicher Auftrag **9** 12 ff.
Öffentliches Netz **14** 9
Öffentliches Wirtschaftsrecht
– als Referenzgebiet **1** 1
– Bedeutung im Studium **1**
– Begriff **3** 1 f.
– Gegenstände **3** 2 ff.
– Gestaltungsfreiheit des Gesetzgebers **3** 7

333

– Unionsrecht **3** 2
– Wirtschaftsverfassungsrecht **3** 3
– Wirtschaftsverwaltungsrecht **3** 3
– Wirtschaftsvölkerrecht **3** 2
– Zuständigkeitsverteilung **3** 11 ff.
– siehe auch Wirtschaftsrecht
Öffentlichkeitsarbeit der Bundesregierung **4** 6
Öffentlich-private Partnerschaften siehe PPP
Öffentlich-rechtlicher Vertrag **5** 25
Ökologische Gesichtspunkte bei der Vergabe **9** 62 ff.
Ökonomischer Liberalismus **2** 10
ÖPP siehe PPP
Ordnungsrecht, Verhältnis zur Gewerbefreiheit **10** 28
Organisationsprivatisierung
– Vergaberecht **9** 25
– siehe auch Privatisierung
Organisationsvorbehalt **7** 30
Ortsansässigkeit als Auswahlkriterium **10** 94
Ortsfeste Betriebsstätte **12** 6
Outsourcing **8** 4 f., 23

Partnerschaften siehe PPP
Personalkonzession
– Allgemeines **5** 14
– Gaststättenrecht **12** 15
– Gewerberecht **10** 35
Personenverkehrsfreiheiten
– Begriff **3** 44
– siehe auch Arbeitnehmerfreizügigkeit; Dienstleistungsfreiheit; Grundfreiheiten; Niederlassungsfreiheit
Pflichtaufgaben
– Gemeinden **8** 19
– Handwerkskammern **4** 14
– Handwerksinnungen **4** 14
– IHK **4** 14
Pflichtmitgliedschaft
– allgemeine Handlungsfreiheit **4** 21 f.
– Aufgabenüberschreitung **4** 26 ff.
– Berufsfreiheit **4** 21
– Betätigung, allgemein-politische **4** 28
– Betätigung, wirtschaftliche **4** 30
– Dienstleistungsfreiheit **4** 24
– Handwerkskammern **4** 14; **11** 49
– IHK **4** 14
– Koalitionsfreiheit, negative **4** 21
– Niederlassungsfreiheit **4** 25
– Rechtsschutz gegen Aufgabenüberschreitung **4** 27
– Verhältnismäßigkeit **4** 22
Pflichtverband **7** 11
Planfeststellung von Energieanlagen **15** 11
Planwirtschaft **3** 5
Polizei, Bedeutung in der frühen Neuzeit **2** 8

PPP
– Aufgabenbereiche **8** 6
– Beendigung **8** 8
– Begriff **8** 6
– Contractingmodell **8** 7
– Erwerbermodell **8** 7
– Finanzierungsprivatisierung **8** 7
– Formalisierung **8** 8
– gemischtwirtschaftliche Gesellschaft **8** 7, 15
– Gesellschaftsmodell **8** 7
– Implementierung **8** 8
– Inhabermodell **8** 7
– Kooperationsmodell **8** 7
– Leasingmodell **8** 7
– Lebenszyklus **8** 8
– Projektidentifizierung **8** 8
– Projektspezifizierung **8** 8
– Vergaberecht **9** 37 f.
– Vermietungsmodell **8** 7
Präklusion im Vergaberecht **9** 85 f., 91
Preisgestaltungsfreiheit **3** 19
Preselection **14** 42
Price-Cap-Regulierung
– Energiewirtschaft **15** 20
– Telekommunikation **14** 46
Prioritätsprinzip als Auswahlkriterium **10** 94
Private
– Eigenüberwachungspflichten **4** 32, **5** 29 ff.
– Inpflichtnahme **4** 26
– Partnerschaft siehe PPP
– Zertifizierung **4** 37
Privateigentum siehe Eigentumsgewährleistung
Privatisierung
– Abwehrrecht privater Konkurrenten **8** 21
– Annexaufgaben **8** 23
– Auffangverantwortung **8** 2
– Aufgabenprivatisierung **8** 9
– Aufgabenverantwortung **8** 2
– Aufgabenwahrnehmung **8** 2
– Begriff **8** 1
– Beleihung **8** 5, 12, 15
– Contracting out **8** 4 f., 23
– demokratische Legitimation **8** 15
– Eigenbetriebe **8** 3
– Eigengesellschaft **8** 2 f., 15
– Eingriffsverwaltung **8** 11 f.
– Einordnung in das öffentliche Wirtschaftsrecht **3** 3
– formelle **4** 31; **8** 2 ff.
– Formen **8** 2 ff.
– freiwillige Aufgaben der Gemeinden **8** 18
– funktionale **8** 2, 4 ff.
– Funktionsvorbehalt des Art. 33 IV GG **8** 11, 20
– Gesetzesvorbehalt **8** 12
– Gewährleistungsverantwortung **8** 2, 15
– Grundrechte privater Wettbewerber **8** 21
– Haushaltsrecht **8** 22

Sachverzeichnis

– kommunaler Aufgaben **8** 17 ff.
– Leistungsverwaltung **8** 13 ff.
– matcriclle **8** 2, 9 ff.
– ÖPP **8** 6
– Organisationsprivatisierung **8** 3
– Outsourcing **8** 4 f., 23
– Pflichtaufgaben der Gemeinden nach Weisung **8** 19
– PPP **8** 6 ff.
– Privatisierungsfolgenverantwortung **8** 10
– Regiebetrieb **8** 3
– Regulierungsfolgenverantwortung **8** 10
– Regulierungsverantwortung **8** 2
– Selbstverwaltungsgarantie, kommunale **8** 17 ff.
– Sozialstaatsprinzip **8** 16
– staatliche Aufgaben der Gemeinden **8** 19
– staatliche Kernaufgaben **8** 11 f.
– unechte **8** 3
– Verantwortungsübertragung **8** 9
– Vergaberecht **8** 22
– Verwaltungshelfer **8** 5, 12
– Weisungsfreie Pflichtaufgaben der Gemeinden **8** 19
– Wesentlichkeitstheorie **8** 14
– Wirtschaftlichkeitsgebot **8** 22
– siehe auch PPP
Privatisierungsfolgenverantwortung **8** 10
Privatisierungsformen **8** 2 ff.
Prognoseentscheidung **10** 44
Projektidentifizierung bei PPP **8** 8
Projektspezifizierung bei PPP **8** 8
Prostitution **10** 8; **12** 19
Prüfung
– Gesellen **11** 48
– Meister siehe Meisterprüfung
Public Private Partnership siehe PPP

Rauchverbot **3** 24
Rechtsaufsicht **4** 18; **7** 47
– siehe auch Aufsicht
Rechtsberatung der Handwerkskammer **4** 14
Rechtsschutz
– Aufgabenüberschreitung einer Pflichtmitgliedschaftsorganisation **4** 27
– Beihilferecht **6** 116 ff.
– Energiewirtschaft **15** 25, 27 ff.
– Gaststättenrecht **12** 30 ff.
– Gewerbeuntersagung **10** 66 ff.
– Marktfestsetzung **10** 86
– Primärrechtsschutz im Vergaberecht **9** 88 ff, 96 ff.
– Schließungsverfügung im Gewerberecht **10** 40
– Sekundärrechtsschutz im Vergaberecht **9** 95, 98
– Subventionsrecht **6** 116 ff.
– Telekommunikation **14** 18
– wirtschaftliche Betätigung des Staates **7** 59 ff.
– Zulassung des Konkurrenten zum Markt **10** 90 ff.
– siehe auch Anfechtungsklage; Rechtsweg; Verpflichtungsklage; Unterlassungsklage
Regiebetrieb **7** 9; **8** 3
Regionale Beihilfen **6** 44
Regulierung
– Akteure **13** 6
– Energiewirtschaft **15**
– Regulierungsrecht **13**
– Telekommunikation **14**
– Überwachung **4** 1
– siehe auch Energiewirtschaft; Regulierungsbehörden; Regulierungsrecht; Telekommunikation
Regulierungsbehörden
– Zuständigkeit bei Telekommunikation **14** 7 f., 14 ff., 21
– Zuständigkeit in Energiewirtschaft **15** 22
– siehe auch BNetzA
Regulierungsermessen **14** 33
Regulierungsfolgenverantwortung **8** 10
Regulierungsrecht **13**
– Auffangverantwortung **13** 9 f.
– Begriff **13** 3 ff.
– Behördenorganisation **13** 12 ff.
– Beschlusskammern **13** 17
– BNetzA **13** 13 ff.
– Erfüllungsverantwortung **13** 9 f.
– Gewährleistungsstaat **13** 8
– Gewährleistungsverantwortung **13** 9 f.
– Instrumente **13** 18 f.
– Referenzgebiete **13** 2
– Regulierungsakteure **13** 6
– Regulierungsermessen **14** 33
– Regulierungsformen **13** 6 f.
– Regulierungsüberwachung **5** 8, **13** 11
– Regulierungsverbund, europäischer **13** 22
– Regulierungsverfügung **14** 32 ff.
– Strukturen der Verwaltung **13** 11 ff.
– Verantwortung, gestufte **13** 9 f.
– Verfahren **13** 18 f.
– Verwaltungsakt, privatrechtsgestaltender **13** 20
– Ziele **13** 3 f.
– siehe auch Energiewirtschaft; Telekommunikation
Regulierungsüberwachung **5** 8, **13** 11
Regulierungsverantwortung **8** 2
Regulierungsverbund, europäischer **13** 22
Regulierungsverfügung **14** 32
– Anspruch auf Erlass einer **14** 34
– Regulierungsermessen **14** 33
Reisegewerbe
– Anspruch auf Reisegewerbekarte **10** 75
– Befugnisse der Behörde **10** 76
– Begriff **10** 70 ff.
– Bestellung **10** 73

335

Sachverzeichnis

– Erlaubnispflicht **10** 69
– Handwerk **11** 13
– Marktrecht, Verhältnis zu **10** 78, 88
– Nebenbestimmungen **10** 75
– Niederlassung, gewerbliche **10** 72
– Reisegewerbekarte **10** 69, 75, 78
– Schausteller **10** 74
– Schließungsverfügung **10** 76
– Systematische Einordnung **10** 24
– Tupper-Partys **10** 73
– Untersagungsverfügung **10** 76
– verbotene Tätigkeiten **10** 69
– Verbraucherschutz **10** 69
– Vollstreckung **10** 76
– Zuverlässigkeit **10** 75
– siehe auch Gewerberecht
Religiöse Veranstaltungen **12** 8
Revenue-Cap-Regulierung **15** 20
Richtlinienkompetenz des Bundeskanzlers **4** 5
Rotationsprinzip als Auswahlkriterium **10** 94
Rückforderung von Beihilfen siehe Beihilfenrecht
Rückforderung von Subventionen siehe Subventionsrecht
Rücknahme
– Allgemeines **5** 22
– Beihilfenbescheid **6** 108
– Erlaubnis im Gewerberecht **10** 37
– Gaststättenerlaubnis **12** 11, 37 f.
– Subventionsbescheid **6** 82 f.
Rundfunk **14** 3

Sachkonzession **5** 15
Sachkundenachweise **3** 26
Satzung
– Handwerksinnung **4** 19
– Handwerkskammern **4** 19
– IHK **4** 19
Schadensersatz
– Energiewirtschaft **15** 29
– Telekommunikation **14** 51
– Vergaberecht **9** 98
Schankwirtschaft **12** 9, 35
Schausteller **10** 74
Scheinselbständige **10** 14
Schließungsverfügung
– Handwerksrecht **11** 43
– Reisegewerbe **10** 76
– stehendes Gewerbe **10** 39 ff., 53
– siehe auch Vollstreckung
Schrankentrias **7** 44 ff.
Schutz
– behinderter Menschen **12** 3, 31
– der Beschäftigten **12** 3, 31, 42
– der Gäste **12** 3, 31
– der Nachbarschaft **12** 3, 31 ff., 37, 44
– der Nachtruhe **12** 42

– der Volksgesundheit **12** 42
– von Konkurrenten **12** 31
– vor Alkoholmissbrauch **12** 19, 42
– vor schädlichen Umwelteinwirkungen **12** 3
Schutzauflagen bei Marktfestsetzung **10** 86
Schutzgüter
– gefahrenbezogene **5** 9
– strukturbestimmte **5** 9
– Verantwortung **5** 6
Schwellenwerte im Vergaberecht **9** 1, 3, 6 ff., 11 ff., 40 f., 51, 53, 59, 69 ff., 91
Sektorale Beihilfen **6** 45
Sektorenauftraggeber **9** 41
Sekundärer Rechtsschutz siehe Rechtsschutz
Selbständige Tätigkeit
– Gewerberecht **10** 13 ff.
– Handwerksrecht **11** 12 f.
Selbständiger Betrieb siehe Betrieb, selbständiger
Selbstausführungsgebot **9**
Selbstverwaltung
– Aufgaben, freiwillige **4** 17
– Aufgaben, pflichtige **4** 17
– Aufgaben, übertragene **4** 17
– berufsständische **4** 12
– Gemeinden **7** 39, 59
– Satzungshoheit **4** 19
– Wirtschaft **4** 10 ff.
– siehe auch Handwerksinnungen; Handwerkskammern; IHK
Selbstverwaltungsaufgaben
– Handwerkskammern **11** 49
– Pflichtmitgliedschaft **11** 49
Selbstverwaltungsgarantie, kommunale und Privatisierung **8** 17 ff.
Soziale Gesichtspunkte bei der Vergabe **9** 62 ff.
Soziale Unwertigkeit **10** 8
Sozialstaatsprinzip und Privatisierung **8** 16
Sparkassen **7** 10
Sparsamkeitsgrundsatz **7** 34
Spätmittelalter **2** 3 ff.
Speisewirtschaft **12** 9
Sperrzeitregelungen **12** 42 ff.
Spezialmarkt siehe Marktgewerbe
Staat und Wirtschaft, Entwicklung des Verhältnisses **2**
Staatliche Aufgaben der Gemeinden, Privatisierung von **8** 19
Staatliche Kernaufgaben, Privatisierung von **8** 11 f.
Staatsaufsicht über Handwerkskammern **11** 49
Staatsverwaltung, mittelbare **4** 10
Städte
– Bedeutung im Mittelalter **2** 4
– siehe auch Kommunen
Stehendes Gewerbe
– Anzeigepflicht **10** 30 ff.
– Begriff **10** 29

336

- Genehmigungsbedürftigkeit, besondere **10** 34 f.
- Gewerbeschein **10** 33
- Handwerk **11** 12 f.
- Marktrecht, Verhältnis zu **10** 78, 88
- systematische Einordnung **10** 24
- siehe auch Gewerberecht; Gewerbeuntersagung wegen Unzuverlässigkeit

Stellvertreter als Gewerbetreibende **10** 15
Stellvertretererlaubnis im Gaststättenrecht **12** 11, 15
Steuerbefreiungen, Behilfecharakter von **6** 31
Steuern
- Eigentumsgarantie **3** 30
- konfiskatorische Besteuerung **3** 30

Straftaten und Unzuverlässigkeit **10** 47
Straßenrecht **10** 78
Strohmann **10** 58 f.
Studium **1**
Stundung, Beihilfecharakter der **6** 31
Subjektives öffentliches Recht siehe Anspruch; Gewerbefreiheit; Grundfreiheiten; Grundrechte
Subordinationsrechtlicher Vertrag **5** 25
Subsidiaritätsklausel
- Führung in Privatrechtsform **7** 48
- gemeindliche wirtschaftliche Betätigung **7** 46
- Grundlage für Abwehrrecht privater Konkurrenten **7** 66 f.
- wirtschaftlicher Betätigung **7** 36

Subsidiaritätsprinzip **3** 12
Subventionen
- Anspruch auf Gewährung **6** 54 f.
- Begriff **6** 2 ff.
- Darlehenssubvention **6** 67 ff.
- direkte Subvention **6** 9
- Gewährleistungssubvention **6** 70
- indirekte Subvention **6** 9
- ohne marktmäßige Gegenleistung **6** 10
- Realsubvention **6** 65 f.
- Subventionstypen **6** 58 ff.
- verlorener Zuschuss **6** 9, 71
- Verschonungssubvention **6** 58
- Zahlungssubvention **6** 59 ff.
- siehe auch Beihilfenrecht; Subventionsrecht

Subventionsrecht
- Aufhebung des Subventionsbescheids **6** 78 ff.
- Bankenverfahren **6** 63 f., 69, 122
- Begriff der Subvention **6** 2 ff.
- Entreicherung **6** 91
- Ermessen bei Gewährung **6** 54 f.
- Ermessenslenkung durch Subventionsrichtlinien **6** 14
- Erstattungspflicht, Umfang **6** 91
- Gleichheitsgrundsatz **6** 55
- Haushaltsrechtliche Vorgaben **6** 13 ff.
- Konkurrentenklage, negative **6** 128 f.
- Konkurrentenklage, positive **6** 128
- Kündigung des Vertrags **6** 88
- Leistungsbescheid auf Subventionserstattung **6** 93 f.
- Leistungsklage auf Subventionserstattung **6** 93, 121
- Mittelstandsförderung **6** 13
- öffentlich-rechtlicher Erstattungsanspruch **6** 92
- Rechtsgrundlage **6** 14 ff.
- Rechtsschutz **6** 116 ff.
- Rechtsweg **6** 117 ff.
- Rückforderung **6** 88 ff.
- Rücknahme des Subventionsbescheids **6** 81 ff.
- Rücknahmeermessen **6** 83
- Subventionsempfänger **6** 6, 8
- Subventionsgeber **6** 6 f.
- Subventionsrichtlinien **6** 55
- Subventionsziel **6** 6, 11 f., 85
- Subventionszweck **6** 6, 12, 85
- Vertrauensschutz **6** 56
- Wesentlichkeitstheorie **6** 16
- Widerruf des Subventionsbescheids **6** 84 ff.
- Widerrufsermessen **6** 87
- Widerrufsgründe **6** 86
- Wirtschaftsförderung **6** 1
- zivilrechtlicher Bereicherungsanspruch **6** 92, 96
- Zuwendung **6** 3
- siehe auch Beihilfenrecht; Subvention; Subventionsverhältnis

Subventionsverhältnis
- Ausgestaltung nach Subventionstypen **6** 57 ff.
- Bankenverfahren **6** 63 f., 69
- Bewilligungsbescheid **6** 71
- Mitteilungspflichten **6** 77
- Rückabwicklung **6** 77 ff.
- Vertrag, öffentlich-rechtlicher **6** 72
- Vertrag, privatrechtlicher **6** 73
- Zwei-Stufen-Theorie **6** 74 ff.
- siehe auch Beihilfenrecht; Subvention; Subventionsrecht

Systemverantwortung des Netzbetreibers **15** 13

Tanzlokal **12** 35
Tätigkeit, wirtschaftliche des Staates
- Begriff **7** 2 ff., 4 ff.
- Teckal-Rechtsprechung **9** 26
- Zulässigkeit **7** 18 ff., 28 ff.

Teilnahmewettbewerb **9** 70, 82
Teledienste **14** 4
Telekommunikation **14**
- Allgemeingenehmigung **14** 8
- Allgemeinzuteilung der Frequenzen **14** 11
- Angebotspflicht **14** 35
- Befugnisnorm, allgemeine **14** 16
- Begriff **14** 2
- Beschlusskammern siehe BNetzA
- Bundeskartellamt **14** 23

337

Sachverzeichnis

- Call by Call **14** 42
- Diskriminierungsverbote **14** 41
- Drittschützende Normen **14** 49
- Einzelzuteilung von Frequenzen **14** 11
- Endnutzer **14** 36
- Entgeltregulierung **14** 45 ff.
- Ermessen **14** 37, 43
- Frequenzbereichszuweisungsplan **14** 11
- Frequenznutzung **14** 11
- Frequenznutzungsplan **14** 11
- Frequenzzuteilung **14** 11
- Genehmigung der Entgelte **14** 45 ff.
- Gesetzgebungskompetenz **14** 3 f.
- Gewährleistungsverantwortung für Universaldienstleistungen **14** 52
- gewerblicher Betrieb **14** 9
- Individualkommunikation **14** 2
- Klagebefugnis **14** 49
- Kommission **14** 21, 24
- Konsolidierungsverfahren bei Marktdefinition **14** 24
- Konsultationsverfahren bei Marktdefinition **14** 25
- Marktabgrenzung **14** 22
- Marktanalyse **14** 14, 26 ff.
- Marktdefinition **14** 14, 16, 19 ff.
- Marktregulierung **14** 12 ff.
- Massenkommunikation **14** 2
- Mediendienste **14** 4
- Medienrecht, Abgrenzung zum **14** 3
- Meldepflichten der Diensteanbieter **14** 8, 10
- Meldepflichten der Netzbetreiber **14** 8 f.
- Mietleitungen, Mindestangebot **14** 40
- Missbrauchsaufsicht, besondere **14** 48 f.
- Nummernverwaltung **14** 11
- Öffentliches Netz **14** 9
- Ordnungswidrigkeiten **14** 51
- Preselection **14** 42
- Price-Cap-Verfahren **14** 46
- Rechtsquellen **14** 5
- Rechtsschutz **14** 18
- Rechtsweg **14** 18
- Regulierungsbehörde **14** 8
- Regulierungsermessen **14** 33
- Regulierungsmaßnahmen **14** 14
- Regulierungsregime, Übersicht **14** 13
- Regulierungsverfahren **14** 14
- Regulierungsverfügung **14** 32 ff.
- Rundfunk, Abgrenzung zum **14** 3
- Schadensersatz **14** 51
- SMP-Unternehmen **14** 27
- Standardangebot, Verpflichtungen zur Vorlage **14** 41
- Telekommunikationsanlagen **14** 3
- Telekommunikationsdienste **14** 10
- Telekommunikationsnetze **14** 9
- Telemedien, Abgrenzung zu **14** 4
- Universaldienstleistungen **14** 52 ff.
- Verfahrensbeteiligung **14** 23, 31
- Vergabeverfahren für Frequenzzuteilung **14** 11
- Vorteilsabschöpfung **14** 13, 51
- Wettbewerbsrecht, Verhältnis zum allgemeinen **14** 7, 14
- Ziele des Regulierungsrechts **14** 1
- Zugangsanordnung bei unterbliebener Zugangsvereinbarung **14** 43 ff.
- Zugangsverpflichtungen **14** 36 ff.
- Zusammenschaltung **14** 35
- siehe auch BNetzA

Telekommunikationsanlagen **14** 3
Territorialstaat **2** 7 f.
Transparenzgebot **9** 55, 74
Trinkhalle **12** 35
Tupper-Partys **10** 73

Überwachung
- Eigenüberwachungspflichten **5** 29 f.
- Gaststättenrecht **12** 40 f.
- Handwerksrecht **11** 41 f.
- siehe auch Wirtschaftsüberwachung

Umstrukturierungsplan **6** 29
Unbundling **15** 6
Unechte Privatisierung **8** 3
Union, Europäische und Wirtschaftsverwaltung **4** 4
Unionsrecht, Europäisches
- Anwendungsvorrang **3** 13, 40
- Auslegung, unionsrechtskonforme **3** 13
- Binnenmarkt **3** 38
- Diskriminierungsverbot **3** 41
- Effektivitätsgebot **3** 40
- Inländerdiskriminierung **3** 42
- Rechtsquellen **3** 39
- Richtlinie **3** 39
- Verordnung **3** 39

Universaldienstabgabe **14** 54
Unsittlichkeit **12** 19
Unternehmen
- Begünstigter von Beihilfe **6** 32
- öffentliche **4** 9
- Vergaberecht **9** 57 ff.

Unterrichtsnachweis im Gaststättenrecht **12** 16
Untersagung der Ausübung eines Betriebs
- Allgemeines **5** 22 f.
- Energiewirtschaft **15** 9 f.
- Gaststättenbetrieb **12** 39
- Handwerk wegen Unzuverlässigkeit **10** 53
- Handwerksrolle, nach Löschung aus der **11** 39
- Reisegewerbe **10** 76
- siehe auch Gewerbeuntersagung

Untersuchungsgrundsatz im Vergaberecht **9** 92
Unwertigkeit, Soziale **10** 8
Unzumutbarkeit siehe Belastung, unzumutbare

Sachverzeichnis

Unzuverlässigkeit
- Bezug zum konkreten Gewerbe **10** 43
- Definition **10** 42
- Eignung **10** 52
- gerichtliche Überprüfbarkeit **10** 45
- Gesamtbewertung **10** 45
- Handwerksrecht **11** 40, 43
- Leistungsfähigkeit, wirtschaftliche **10** 50
- öffentlich-rechtliche Vorschriften, Verstoß gegen **10** 49
- Ordnungswidrigkeiten **10** 47
- Prognosegrundlage **10** 44
- Reisegewerbe **10** 75
- sozialversicherungsrechtliche Pflichten, Verstoß gegen **10** 48
- Steuerrecht, Verstoß gegen **10** 48
- Straftaten **10** 47
- Tatsachenbasis **10** 42 f.
- unbestimmter Rechtsbegriff **10** 45
- Untersagung, Voraussetzung für **10** 24
- Versagung, Voraussetzung für **10** 24
- Wegfall nach Erlaubniserteilung **10** 37
- zivilrechtliche Pflichten, Verstoß gegen **10** 49
- Zurechnung **10** 44, 56 ff.

Urproduktion **10** 17 f.
Ursprungszeugnisse **4** 14

Veranstalter eines Marktes **10** 83
Verantwortung, gestufte **13** 9 f.
Verantwortungsübertragung bei Privatisierung **8** 9
Verbleiberechte **3** 70
Verbot mit Befreiungsvorbehalt **5** 12
Verbot mit Erlaubnisvorbehalt **5** 12; **10** 35
Verbraucherschutz **10** 69
Vereinigungsfreiheit **3** 35
Verfahrensablauf im Vergaberecht **9** 72 ff.
Verfahrensarten im Vergaberecht **9** 69 ff.
Vergabekammern **9** 92
Vergaberecht **9**
- Angebotsfrist **9** 76
- Angebotsphase **9** 76 f.
- Antragsbefugnis **9** 91
- Anwendungsbereich, persönlicher **9** 40 ff.
- Anwendungsbereich, sachlicher **9** 12 ff.
- a-Paragraphen **9** 9
- Aufforderungsphase **9** 74
- Auftraggeber **9** 40 ff., 91
- Auftragsbegriff **9** 25 ff.
- Auftragsgegenstände **9** 17
- Auftragswerte **9** 3
- Ausführungsbedingungen **9** 63, 67
- Ausnahmetatbestände **9** 18 ff.
- Ausschreibung **9** 71 ff.
- Auswahlkriterien **9** 56 ff.
- Basisparagraphen **9** 9
- Baukonzessionäre **9** 41
- Baukonzessionen **9** 21
- Bauleistungen **9** 6 f.
- Begriff **9** 1 ff.
- Beschaffungscharakter **9** 15
- Beschleunigungsgebot **9** 92
- Beschwerde, sofortige **9** 94
- Beurteilungsspielraum **9** 56, 61
- Bieterrechte **9** 91
- Bindefrist für Bieter **9** 78
- culpa in contrahendo **9** 95, 98
- „De-facto-Vergaben" **9** 86 f.
- Delegation **9** 34
- Dienstleistungskonzession **9** 21
- Diskriminierungsverbot **9** 54
- Drittschützende Normen **9** 91
- Eigenbetriebe **9** 23
- Eignungsprüfung **9** 56, 66
- Entgeltlichkeit **9** 16
- Ermessen bei Zuschlagsfrist **9** 78
- Ermessen bei Zuschlagskriterien **9** 61
- Eröffnungstermin **9** 77
- Europäisches Vergaberecht **9** 2 ff.
- Fachkunde **9** 56
- Fehlerfolgen **9** 84 ff.
- Freihändige Vergabe **9** 70, 83
- Frequenzzuteilung **14** 11
- Gebietskörperschaften **9** 42, 51
- Gesamtauftrag **9** 58
- Gesellschaftsanteilsveräußerung **9** 15
- Gesellschaftsgründung **9** 15
- Gleichbehandlungsgebot **9** 55
- Grundfreiheiten des AEUV **9** 5
- Grundsätze **9** 53 ff.
- Grundstücksveräußerung **9** 15
- haushaltsrechtliche Lösung **9** 1
- In-House-Geschäfte **9** 23 ff.
- In-State-Geschäfte **9** 33 f.
- Kartellvergaberecht **9** 4, 6 ff.
- Kaskadenprinzip **9** 6
- Konzessionen **9** 19 ff.
- Leistungen, freiberufliche **9** 6 f.
- Leistungen, sonstige **9** 6 f.
- Leistungsbeschreibung **9** 64, 73 ff.
- Leistungsfähigkeit **9** 56
- Lose **9** 58
- Mandat **9** 34
- Mittelstandsförderung **9** 57
- Nachprüfungsverfahren **9** 4, 80, 88 ff.
- Nachverhandlungsverbot **9** 77
- Nationales Vergaberecht **9** 6 ff.
- nicht offene Verfahren **9** 69, 81
- Nichtigkeit des Vertrags **9** 85 ff.
- offene Verfahren **9** 69, 73 ff.
- öffentlicher Auftrag **9** 12 ff.
- ökologische Kriterien **9** 62 ff.
- Organisationsprivatisierung **9** 25
- Präklusion **9** 86, 91
- primärer Rechtsschutz **9** 88 ff., 96 ff.

339

Sachverzeichnis

– primäres Unionsrecht **9** 5, 22, 25, 51
– Privatisierung **8** 22
– Public Private Partnership **9** 37 f.
– Rechte, subjektive **9** 91
– Rechtsmittel **9** 94
– Rechtsquellen **9** 2 ff.
– Rechtsschutz **9** 88 ff.
– Schadensersatz **9** 98
– Schwellenwerte **9** 1, 3, 6 ff., 11 ff., 40 f., 51, 53, 59, 69 ff., 91
– Schwerpunkttheorie **9** 17
– Sektorenauftraggeber **9** 41
– Sektorenverordnung **9** 7
– Sektorenrichtlinie **9** 2, 9
– sekundärer Rechtsschutz **9** 95, 98
– sekundäres Unionsrecht **9** 2 ff.
– soziale Kriterien **9** 62 ff.
– Strukturprinzipien **9** 54 f.
– Teckal-Rechtsprechung **9** 26
– Teilnahmewettbewerb **9** 70, 82
– Transparenzgebot **9** 55, 74
– unmittelbares wirtschaftliches Interesse **9** 15
– Unternehmerbegriff **9** 52 ff.
– Untersuchungsgrundsatz **9** 92
– Verfahrensablauf **9** 72 ff.
– Verfahrensarten **9** 69 ff.
– Vergabekammern **9** 92
– Vergabesenate **9** 94
– Vergabe- und Vertragsordnungen **9** 6 ff.
– Vergabeunterlagen **9** 73 f.
– Vergabeverordnung **9** 3, 6 ff., 69, 80, 84 ff., 90, 98
– Verhandlungsverfahren **9** 69, 83
– Vertragsänderung **9** 14
– Verwaltungsverfahren **9** 93
– VOB/A **9** 6 ff., 21, 51, 69 ff.
– VOF **9** 6 ff., 81
– VOL/A **9** 6 ff., 51, 69 ff., 77 ff., 83, 98
– Vorab-Information **9** 85
– Wertung **9** 79
– Wertungsphase **9** 78 f.
– Wettbewerblicher Dialog **9** 69
– Wettbewerbsprinzip **9** 54
– wettbewerbsrechtliche Lösung **9** 1
– Wirtschaftlichkeitsprinzip **9** 59 ff.
– Zielrichtung **9** 1 ff.
– Zuschlag **9** 73, 80
– Zuschlagsfrist **9** 78, 80
– Zuschlagskriterien **9** 56 ff.
– Zuverlässigkeit des Bieters **9** 56
– Zweckverband **9** 34
– Zwei-Stufen-Theorie **9** 97
Vergabe- und Vertragsordnungen
– Aufbau **9** 8
– Bauleistungen **9** 6 f.
– Leistungen, freiberufliche **9** 6 f.
– Leistungen, sonstige **9** 6 f.

– Rechtscharakter **9** 7
Verkehrsgewerbe **3** 3
Verlorener Zuschuss **6** 9, 71
Vermietung als Gewerbe **10** 23
Vermietungsmodell bei PPP **8** 7
Vermögensverwaltung **10** 23
Vermutung, widerlegliche
– Befähigung zur Handwerksausübung **11** 29
– Handwerksfähigkeit **11**, 15
Verpflichtungsklage
– Einschreiten gegen unzuverlässigen Gewerbetreibenden **10** 68
– Einschreiten im Wege telekommunikationsrechtlicher Missbrauchsaufsicht **14** 50
– Erlass eine Regulierungsverfügung **14** 34
– Erteilung einer Gaststättenerlaubnis **12** 30
– Festsetzung eines Marktes **10** 85
– Verkürzung oder Aufhebung der Sperrzeit **12** 44
– Subventionsgewährung **6** 127
– Zulassung zum Markt **10** 85
Verschonungssubvention **6** 9
Verteilungsermessen bei Marktzulassung **10** 78, 93 ff.
Vertrag, öffentlich-rechtlicher **5** 25
Vertragliches Handeln **5** 24 f.
Vertragsänderung und Vergaberecht **9** 14
Vertragsfreiheit
– Geschichte **2** 16
– Grundrechtsschutz **3** 19
Vertrauensschutz **6** 56, 82, 106 f.
Verwaltungshandeln
– rechtsförmliches **5** 11 ff.
– siehe auch Informales Verwaltungshandeln
Verwaltungshelfer **4** 34 f.; **8** 5, 12
Verwaltungskompetenzen **4** 4 ff.
Verwaltungsprivatrecht
– Grundrechtsberechtigung **7** 32
– Grundrechtsbindung **7** 32
VOB/A **9** 6 ff., 21, 51, 69 ff.
VOF **9** 6 ff., 81
VOL/A **9** 6 ff., 51, 69 ff., 77 ff., 83, 98
Volksfest siehe Marktgewerbe
Vorab-Information der unterlegenen Bieter **9** 85
Vorläufige Erlaubnis im Gaststättenrecht **12** 11
Vorteilsabschöpfung im Bereich
– Energiewirtschaft **15** 26
– Telekommunikation **14** 13, 51
Vorteilsgewährung **6** 18, 23 ff.

Warenverkehrsfreiheit
– Adressaten **3** 55 f.
– Anwendungsbereich **3** 55 ff.
– Begriff der Ware **3** 56, 58
– Begünstigte **3** 55 f.
– Beschränkungen **3** 56, 59 ff.
– Cassis de Dijon-Urteil **3** 55 f.

- Dassonville-Formel **3** 56, 60 ff.
- Dienstleistungsfreiheit, Abgrenzung zur **3** 79, 83
- Einfuhrbeschränkung, mengenmäßige **3** 56, 59
- Handelsbehinderung **3** 56, 60 ff.
- Keck-Formel **3** 56, 63 ff.
- Ladenschlussregelungen **3** 64
- Maßnahme gleicher Wirkung **3** 56, 60 ff.
- Produktbezogene Regelungen **3** 56, 66
- Prüfungsübersicht **3** 56
- Rechtfertigung von Beschränkungen **3** 65 f.
- Verkaufsmodalitäten **3** 56, 63 ff.
- Vermarktungsbehinderung **3** 62
- Verpflichtete **3** 55 f.
- Werbung **3** 64
- siehe auch Grundfreiheiten

Warnungen, staatliche **3** 21; **4** 6; **5** 27
Weimarer Reichsverfassung **2** 16
Weisungsfreie Pflichtaufgaben der Gemeinden, Privatisierung von **8** 17 ff.
Werbung **3** 19, 64
Wertschöpfungskette in der Energiewirtschaft **15** 4 ff.
Wertungsphase **9** 78 f.
Wesentlichkeitstheorie
- Privatisierung **8** 14
- Subventionsrecht **6** 16

Wettbewerblicher Dialog **9** 69
Wettbewerbsfreiheit **3** 19
Wettbewerbsprinzip im Vergaberecht **9** 54
Wettbewerbsrecht, öffentliches
- Abwehranspruch gegen wirtschaftliche Betätigung des Staates **7** 59 ff.
- Ausnahmen **7** 24 ff.
- Beihilferegelungen **7** 23
- GWB **7** 37
- Kartellregelungen **7** 23
- Missbrauchsverbot **7** 23
- UWG **7** 38
- Verhältnis zum Telekommunikationsrecht **14** 7, 14
- Wettbewerbsregeln für öffentliche Unternehmen **7** 21 ff.
- siehe auch Gemeinde, wirtschaftliche Betätigung; öffentliche Unternehmen; Wettbewerbsregeln, unionsrechtliche

Wettbewerbsregeln, unionsrechtliche
- Ausnahmen **7** 24 ff.
- für öffentliche Unternehmen **7** 22 ff.
- siehe auch Gemeinde, wirtschaftliche Betätigung; öffentliche Unternehmen; Wettbewerbsrecht, öffentliches

Widerruf
- Allgemeines **5** 22
- Energiewirtschaftsrecht **15** 21
- Erlaubnis im Gewerberecht **10** 37, 41
- Gaststättenerlaubnis **12** 11, 37 ff.
- Subventionsbescheid **6** 84 f.

Widmung **10** 78, 96
Wirtschaftliche Betätigung **7** 43 f.
Wirtschaftlichkeit **8** 22; **9** 59 ff.
Wirtschaftsaufsicht
- Aufsichtsbedarf **5** 11
- Begriff **5** 4, 6 ff.
- Behörden **5** 11
- Regulierungsüberwachung **5** 8; **13** 11
- Ziel **5** 6
- siehe auch Aufsicht

Wirtschaftsförderung
- Begriff **5** 3
- Subventions- und Beihilfenrecht **6** 1

Wirtschaftsinformation **5** 1
Wirtschaftslenkung **5** 2
Wirtschaftsplanung **5** 1
Wirtschaftspolitik
- Bedeutung **3** 5
- Festlegungskompetenz **4** 5
- Kammern **4** 29

Wirtschaftsrecht
- Privates Wirtschaftsrecht **3** 4
- Wirtschaftsstrafrecht **3** 4
- siehe auch Europäisches Wirtschaftsrecht; Öffentliches Wirtschaftsrecht

Wirtschaftssystem **3** 5, 7
Wirtschaftsüberwachung
- begleitende Überwachung **5** 17
- Begriff **5** 7
- Eigenüberwachung **5** 30
- Ermessen **5** 17
- Gewerberecht **10** 1, 30

Wirtschaftsverbände siehe BDI; Handwerksinnung; ZDH
Wirtschaftsverfassung **3** 7 ff.
Wirtschaftsverwaltung
- Aufgaben **4** 1 ff.
- Behörden **4** 3
- durch juristische Personen des öffentlichen Rechts **4** 10 f.
- Funktionen **4** 1 ff.
- Kommunen **4** 8 f.
- Länder **4** 8
- Organisation **4** 1 ff.
- Private **4** 31 ff.
- Regulierung **4** 1
- staatliche **4** 4 ff.
- Union, Europäische **4** 4

Wirtschaftsvölkerrecht **3** 2 f.
Wochenmarkt siehe Marktgewerbe
Wohnsitzerfordernis **3** 77
Wohnung, Unverletzlichkeit der **3** 36
- Betretungsrechte im Allgemeinen **5** 20 ff.
- Betretungsrechte im Gaststättenrecht **12** 40
- Betretungsrechte im Handwerksrecht **11** 40, 42

Sachverzeichnis

Zahlungsverkehr siehe Freiheit des Kapital- und Zahlungsverkehrs
ZDH siehe Zentralverband des Deutschen Handwerks
Zeitpunkt, maßgeblicher
– Gaststättenerlaubnis **12** 30
– Gewerbeuntersagung **10** 66 f.
– Handwerksrolle, Löschung aus der **11** 39
– Schließungsverfügung **10** 40
Zentralverband des Deutschen Handwerks **4** 12
Zünfte **2** 6, 8 f., 12
Zurechnung
– Lärm zur Gaststätte **12** 32
– staatlicher Vergünstigungen im Beihilfenrecht **6** 19 ff.
– Unzuverlässigkeit im Gewerberecht **10** 44, 56
Zuschlag **9** 73, 80
Zuschlagsfrist **9** 78, 80

Zuständige Behörde
– Energiewirtschaft **15** 9, 11, 13, 22, 26 f.
– Gewerberecht **10** 52, 83
– Telekommunikation **14** 7 f., 14 ff., 21
– siehe auch Zuständigkeitsverteilung
Zuständigkeitsverteilung **3** 11 ff.; **4** 4 ff.
Zuverlässigkeit
– Bieter im Vergaberecht **9** 56
– Energiewirtschaft **15** 9 f.
– Gaststättenrecht **12** 16 ff.
– Genehmigungsvoraussetzung **5** 14
– siehe auch Unzuverlässigkeit
Zuwendung **6** 3
Zweckverband
– Öffentliches Unternehmensrecht **7** 11
– Vergaberecht **9** 34
Zwei-Stufen-Theorie
– Subventionsrecht **6** 75
– Vergaberecht **9** 97